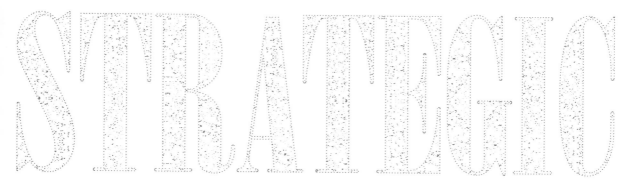

경영전략

장세진

MANAGEMENT

박영사

"이 책을 아버님과 어머님께 바칩니다"

머리말

2019년 말부터 전 세계를 강타했던 코로나 바이러스는 기업들의 생존과 전략에 큰 영향을 미쳤다. 소비자들의 수요패턴도 바뀌었고 기업들도 디지털기술을 활용하여 재택근무 및 비대면사업의 비중을 늘려왔다. 한편 미중 무역마찰과 같이 전 세계적으로 보호무역주의 경향이 강해지고 있어서 글로벌기업들 간의 경쟁은 앞으로 더욱더 치열해지리라 예상되고 있다. 특히 2022년 러시아의 우크라이나 침공과 중국에 집중되었던 글로벌공급망의 한계가 노출되면서 전 세계적으로 인플레이션이 범람하게 되었고 이를 막으려는 중앙은행들이 이자율인상은 스태그플레이션을 가져오는 조짐도 보이고 있다. 한편, 친환경자동차, 사물인터넷, 인공지능Artificial Intelligence과 같은 신기술이 등장하면서 새로운 사업기회도 속속 나타나고 있다.

이와 같은 환경에 직면한 한국기업들에게 효과적인 경영전략의 수립과 실행은 기업의 생존과 번영을 가늠하는 필수불가결의 요소이다. 경영전략이란 "제한된 경영자원을 집중하여 기업에게 경쟁우위를 제공하고 유지시킬 수 있는 주요한 의사결정"이라고 정의된다. 즉, 경영전략은 기업이 처해 있는 외부 및 내부의 경영환경을 냉철하게 분석하여 경쟁우위를 갖기 위한 창의적인 방법을 모색할 수 있게 해 준다. 본서는 경영현장에서 땀 흘리는 모든 경영자와 졸업 후 곧 그 역할을 수행하여야 할 경영학도에게 경영전략의 수립과 실행에 필요한 지식을 체계적으로 전달하기 위하여 쓰여졌다. 본서는 경영학과의 전공필수 교과목인 경영전략의 교과서로 사용될 수 있으며, 현업에 종사하는 경영자에게는 실용적인 전략가이드북의 역할을 할 수 있다.

1996년 본서의 초판 이후, 13판에 이르기까지, 본서는 경영전략의 최신의 분석기법과 초우량기업의 경영사례를 체계적으로 소개하여, 독자들의 '전략적 사고능력'을 배양하는 역할을 수행하여 왔다. 본서에서 특히 전략적 사고를 강조하는 이유는 경영전략이 더 이상 최고경영자나 기획실의 전유물이 아니라, 조직의 전 구성원이 전략적 사고를 갖고 격변하는 경영환경에 유연히 대응할 수 있는 능력을 갖추어야 하기 때문이다. 전략적 사고력은 엄밀한 분석과 종합의 과정을 통하여 배양될 수 있다.

본서를 집필하는 데에는 저자가 미국 펜실베이니아대학교의 와튼경영대학, 뉴욕대학교의 스턴경영대학, INSEAD, 싱가포르 국립대학교, 고려대학교와 KAIST 경영대학에서 주로 MBA수준의 경영전략을 강의할 때 작성하였던 강의노트가 기본골격을 이루었다. 본서의 구성의 특징은 각 장마다 먼저 세계적인 초우량기업들의 사례를 살펴보고 그 사례를 통하여 각종 전략개념과 분석방법을 소개하며, 장 후반에는 같은 산업에 있는 한국기업의 사례를 통해 앞으로의 전략적 대안을 모색하는 것이다. 본서에 소개된 사례는 반도체, 통신, 컴퓨터, 유통, 철강, 모터사이클, 자동차, 항공운수, 정밀기계, 화학, 제약, 온라인소셜미디어, 소프트웨어, 게임, 엔터테인먼트 등으로 한국경제에 중요도가 높은 산업들을 망라하고 있다. 이러한 다양한 사례를 공부함으로써 독자들은 자신의 기업이 처해 있는 산업 및 경영환경에 대응할 수 있는 유연성과 자신감을 얻을 수 있을 것이다.

본서는 전체적으로 5개의 주요 부분으로 구성되어 있다.

Ⅰ부에서는 현대기업경영에 있어서 전략적 사고의 중요성을 살펴본다. 제2장에서는 산업과 경쟁, 그리고 각종 사회제도의 글로벌화 경향과 그러한 환경에서 경제활동을 영위하는 기업이 추구해야 할 목표와 그에 수반하는 기업지배구조에 대해서 살펴보기로 한다.

Ⅱ부에서는 각종 전략수립에 필요한 기초적인 분석기법을 체계적으로 살펴보기로 한다. 먼저 기업의 외부환경을 중심으로 산업구조분석기법을 활용하여 경쟁의 성격을 이해하고제3장, 기업의 내부환경으로서 경영자원과 핵심역량제4장, 기업의 조직구조, 성과측정, 기업문화, 리더십제5장을 살펴본다. 이러한 기업의 외부 및 내부환경분석은 다음에 살펴볼 사업부수준의 경쟁전략과 기업수준의 전략을 수립하고 실행하는 데 기초적인 역할을 한다.

Ⅲ부에서는 사업부수준의 경쟁전략으로서, 경쟁기업에 대해 경쟁우위를 창출하는 방법제6장과 보다 구체적으로 비용과 차별화에서의 경쟁우위제7, 8장를 추구하며 경쟁하는 양상을 살펴본다.

Ⅳ부에서는 기업수준의 전략으로서 다각화제9장, 수직적 통합제10장, 해외시장진출제11장, 전략적 제휴, 합작투자, 기업인수합병제12장 등을 어떻게 추진하여야 할 것인가의 방향을 찾는다.

Ⅴ부에서는 미래를 지향하는 경영전략으로서 효과적인 구조조정의 추진방법제13장과 미래의 새로운 산업과 시장에서 취하여야 할 전략적 대안제14장을 검토한다.

마지막으로 개정과정 동안, 원고정리와 교정작업에 도움을 준 여러 연구조교와 박영사 편집부에게 감사의 마음을 전하고자 한다. 또한 가족의 넓은 이해와 사랑에 대해 감사의 말을 전하며, 저자의 성장과 학업을 위해 모든 것을 희생하시고 일에 묻혀 사는 저자를 아무 말씀 없이 이해해 주시는 아버님과 어머님의 은혜에 깊은 감사를 드리며, 이 책을 그분들에게 바치고자 한다.

2024년 8월

저   자

차 례

본서의 구성체계

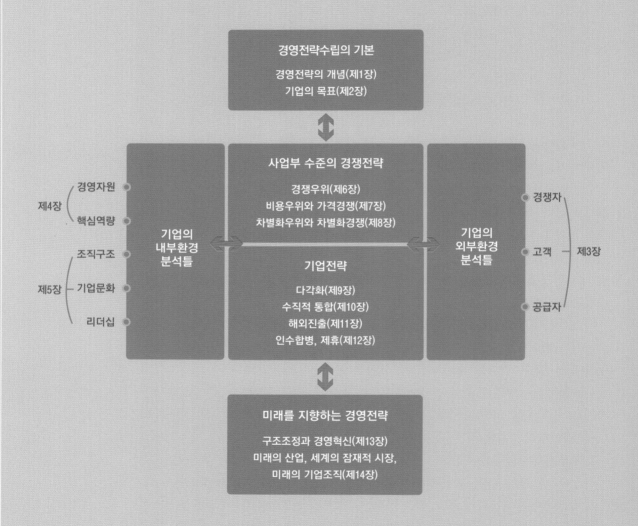

PART 01 경영전략수립의 기본

PART 02 **경영전략분석의 기본틀**

기업의 외부환경분석

Chapter
4

기업의 경영자원과 핵심역량

PART 03 사업부수준의 경쟁전략

Chapter
8

차별화우위와 차별화전략

PART 04　기업수준의 전략

Chapter 9　기업의 다각화전략

07 **결론 및 요약**   303

Chapter
10

수직적 통합과 아웃소싱전략

01 **서 론**   315

02 **거래비용이론과 기업의 범위**   316

03 **수직적 통합의 비용과 이득**   319

04 **수직적 통합의 정도 결정**   323

05 **전략적 아웃소싱과 가상통합**   327

06 **결론 및 요약**   331

Chapter
11

해외시장 진출전략

01 **서 론**   344

Chapter
12

전략적 제휴, 합작투자, 기업인수합병

PART 05 **미래를 지향하는 경영전략**

Chapter
13   **구조조정과 경영혁신**

Chapter
14

태동하는 미래의 산업, 세계의 잠재적 시장, 미래의 기업조직

01

PART

경영전략수립의 기본
Strategic Management

경영전략이란 무엇인가

적을 알고 나를 알면 백 번 싸워도 위태롭지 아니하다(知彼知己, 百戰不殆).

손자병법

손빈병법 중 전기(田忌)의 경마

　2천여 년 전, 제齊나라에는 전기田忌라 불리는 사람이 살았다. 그는 노름을 좋아하여, 제나라의 공자公子들과 기사경주騎射競走로 돈내기를 즐기곤 하였는데, 번번이 내기에 져서 돈을 잃고 있었다. 기사경주란 네 마리의 말이 끄는 수레를 한 조組로 하여, 3조의 수레가 각각 한 번씩 뛰기 내기를 하여 그 중 가장 많이 이기는 자가 승리하는 것이었다.

　어느 날 제왕齊王은 그에게 말하였다.

　"들자하니, 자네가 최근에 몇 필의 좋은 말을 샀다고 하던데, 우리 다시 한번 겨루어 보는 것이 어떠한가?"

　전기는 자신의 말이 훌륭하다고는 하나, 제왕의 말에는 미치지 못함을 알고 있었다. 지난번의 경주에서도 졌으나,

제왕은 계속 경마를 하자고 재촉하였다. 그래서 전기는 좋다고 대답하는 것 외에는 다른 도리가 없었다.

그때 손빈이라는 식객이 전기 장군이 번번이 패배하는 딱한 사정을 보다 못해, 마침내 장군에게 다음과 같은 귀띔을 해 주었다.

"장군께서 번번이 패하시는 이유를 저는 잘 알겠습니다. 장군과 같은 방식으로 경기를 하시면, 승리하실 기회가 좀처럼 없으실 것이옵니다."

전기는 그 말을 듣고 크게 놀라며,

"내가 번번이 패하는 이유가 어디에 있다는 말인가?"

손빈이 대답했다.

"제가 3조의 말을 각각 비교해 보옵건대, 3조의 말들은 속력에 있어서 각각 등급이 다르옵니다. 그런데 공자가 좋은 말을 출전시킬 때에는 장군께서도 좋은 말로 경쟁하려고 하시니, 그래가지고는 지는 것이 당연하시옵니다. 그러므로 이제부터는 경기방법을 근본적으로 바꾸도록 하시옵소서."

"어떤 방식으로 바꾸란 말인가?"

"3조의 수레를 세 등급으로 나누어, 상대방이 상등 수레를 출전시킬 때에는, 장군은 하등 수레를 내보내시고, 상대방이 중등 수레를 출전시킬 때에는 장군은 상등 수레로 맞붙여 놓으시고, 상대방이 하등 수레를 출전시킬 때에는 중등 수레로 경주하게 하시옵소서. 그렇게 하면 언제든지 2 대 1로 승리를 하게 되실 것입니다."

01 ›› 서 론

경영전략이란 경쟁에서 이기는 방법으로 한마디로 요약할 수 있다. 앞에서 살펴본 손빈병법의 사례는 자기가 가지고 있는 경영자원인 경주마의 능력을 미리 알고 이를 적절히 배치함으로써, 자신의 경영자원이 전반적으로 열세임에도 불구하고 경쟁에서 승리할 수 있다는 것을 보여 준다. 이와 같이 경영전략은 경쟁에서 승리하는 데 필수불가결한 요소이다.

본서는 날로 치열해지는 글로벌경쟁에서 기업들이 살아남기 위해 필요한 경영전략을 수립하고, 실행하는 데 필요한 여러 가지 분석기법을 제공한다. 본서가 경영전략의 분석기법을 강조하는 이유는 전략적 사고능력이 분석과 종합을 통하여 배양될 수 있다고 믿기 때문이다. 과거 한때는 경영전략이 최고경영자나 기획실의 전유물이라고 생각했었다. 즉, 최고경영자가 전략을 수립하면 하부조직은 이를 수행한다는 이분법적 논리였다. 그러나 경영전략론의 최근의 경향은 기업조직 전반적으로 전략적 사고능력을 갖추어야 성과가 높아진다는 사실을 강조한다. 즉, 경영전략은 더 이상 최고경영자나 기획실이 수행하는 업무가 아니라, 기업 내 모든 구성원이 전략적 사고방식을 갖추고 업무를 수행하는 것이며, 이에 필요한 전략적 사고는 학습을 통해 배양될 수 있다는 것이다. 만일 전략이 단순히 최고경영자의 직관이나 오랜 세월을 통해 축적된 경험에 의존한다면, 우리는 그러한 사람이 전략을 수립해 줄 때까지 기다리거나 추후 더 많은 경험이 축적될 때까지 기다리는 수밖에 없다. 그러나 오늘날과 같은 치열한 글로벌경쟁시대에 그렇게 기다릴 여유가 있는 기업은 없다. 따라서 본서는 기업의 모든 구성원들이 전략적 사고를 갖고 현업의 의사결정에 반영하도록 주요 개념과 분석기법을 제공하고자 한다. 본 장의 목적은 다음과 같다.

- 경영전략의 개념과 목표를 밝히고, 경영전략이란 학문분야가 어떠한 과정을 통해 성장해 왔는지 살펴본다.
- 경영전략의 주요한 분석기법을 제시하고, 이러한 분석기법을 체계적으로 전달하기 위한 본서의 구성체계를 밝힌다.

02 ›› 경영전략의 정의

우리는 최근, '경영전략' 또는 '전략경영'이라는 용어를 미디어를 통하여 자주 접하고 있다. 기업들 역시 기업전반적으로 전략적 사고를 강조하고 있고, 경영학의 각 기능별 분야에서도 마케팅전략, 재무전략, 생산전략과 같이 기능별 학문분야에 전략이라는 단어를 사용함으로써 전략적 사고의 중요성을 강조하고 있다. 이러한 현상은 치열한 글로벌경쟁에 직면하고 있는 한국기업에게는 경영전략이 차지하는 중요성을 잘 보여 주고 있다.

경영전략이란 '희소한 경영자원을 배분하여 기업에게 경쟁우위를 창출하고 유지시켜 줄 수 있는 주요한 의사결정'이라고 정의될 수 있다. **그림 1-1**은 전략에 대한 다양한 정의를 제시하고 있다. 경영전략의 정의에 있어서 중요한 요소는 '희소한' 경영자원을 배분한다는 사실이다. 만일 경영자원이 희소하지 않다면 전략을 논할 필요가 없다. 그러나 기업 또는 국가와 개인은 항시 시간, 자금, 인력 등 희소한 경영자원을 배분해야 하는 의사결정에 직면하고 있다. 또한 경영전략은 경쟁상황을 가정한다. 왜냐하면 경쟁이 없는 상황에서는 전략을 논할 필요가 없기 때문이다. 그러나 나날이 경쟁이 치열해져 가고 있는 현대사회에서 우리는 항상 경쟁상황에 직면하고 있다. 경영전략은 이와 같은 경쟁상황에서 어떻게 자신

그림 1-1 | 전략의 정의

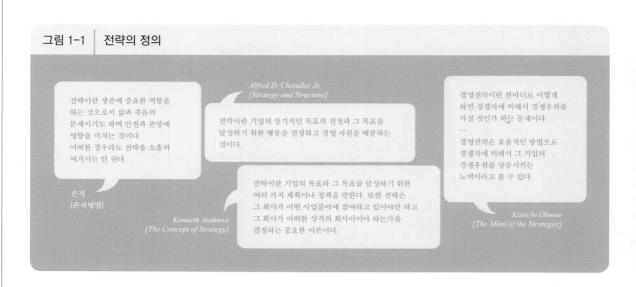

전략이란 생존에 중요한 역할을 하는 것으로서 삶과 죽음의 문제이기도 하며 안전과 존망에 영향을 미치는 것이다. 어떠한 경우라도 전략을 소홀히 여겨서는 안 된다.

손자
[손자병법]

Alfred D. Chandler Jr.
[Strategy and Structure]

전략이란 기업의 장기적인 목표의 결정과 그 목표를 달성하기 위한 행동을 결정하고 경영 자원을 배분하는 것이다.

경영전략이란 한마디로 어떻게 하면 경쟁자에 비해서 경쟁우위를 가질 것인가 하는 문제이다.
...
경영전략은 효율적인 방법으로 경쟁자에 비해서 그 기업의 경쟁우위를 상승시키는 노력이라고 볼 수 있다.

Kenichi Ohmae
[The Mind of the Strategist]

전략이란 기업의 목표와 그 목표를 달성하기 위한 여러 가지 계획이나 정책을 말한다. 또한 전략은 그 회사가 어떤 사업분야에 참여하고 있어야만 하고 그 회사가 어떠한 성격의 회사이어야 하는가를 결정하는 중요한 이론이다.

Kenneth Andrews
[The Concept of Strategy]

에게 경쟁우위를 가져다 줄 수 있는가를 체계적으로 분석하게 하여 주는 구체적인 방법론이다.

이와 같이 '희소한 경영자원을 배분하여 경쟁우위를 창출하고 유지시키는 전략적 의사결정'은 많은 경우 '선택'과 '포기'를 내포하고 있다. 왜냐하면, 전략이란 본질적으로 희소한 자원을 배분하는 결정이고 일단 한 방향으로 '선택'을 하여 경영자원을 몰입commitment하면 다른 방향은 '포기'할 수밖에 없기 때문이다. 이러한 '선택'과 '포기'의 결과 원래 위치로 되돌아 갈 수 없는 비가역성irreversible이 있다. 시저는 루비콘 강을 건너 로마로 진입할 때 "이미 주사위는 던져졌다"고 말했다. 이는 그만큼 하나의 선택 뒤에 많은 포기가 있음을 의미한다. 예를 들어 10억 원의 투자자금이 있다고 할 때, 5개 사업단위에 각각 2억 원씩 골고루 투자할 수 있고, 하나의 유망사업에 10억 원 모두 투자할 수 있을 것이다. 또한, 한 가지 사업에 전부 투자한다고 해도 그 10억 원을 생산시설의 개선에 투자하거나, 광고에 투자하거나, 또는 유통채널에 투자할 수 있다. 이와 같이 전략적 의사결정을 위해서는 여러 가지 사업단위간 또는 기능별 분야에서의 트레이드 오프trade-off관계를 이해하여야 한다.

Porter는 한국과 일본의 경영자들의 '전략적 의사결정strategy'과 '운영의 효율성operating efficiency'을 혼동하고 있다고 지적한 적이 있다.[1] Porter의 지적에 의하면 일본기업들은 과거 품질개선이나 비용절감과 같이 기존사업에서의 효율성을 높이는 데 치중하여 왔었다. 이와 같은 효율성 제고노력은 물론 일본기업들이 자동차, 전자, 반도체 등에서 세계적인 기업으로 성장하는 밑바탕이 되었다. 그러나 Porter는 이러한 일본기업들의 정책이 자신만의 독특한 경쟁우위를 창출하는 데 실패하였다고 지적한다. 왜냐하면 모든 기업들이 자신의 사업분야와 상관없이 똑같은 방식으로 운영의 효율성을 추구하였고, 고객의 모든 요구를 충족시키려고 하고, 그들이 참여하는 모든 사업분야에서 세계 최고를 지향하였기 때문이다. 즉, 전략적 우선순위를 고려하지 않고, 모든 분야에서 똑같은 방법으로 경쟁을 하였기 때문에 지속적인 경쟁우위의 창출에 실패하게 된 것이다. 이러한 문제는 전원합의에 의하여 의사결정을 하는 일본기업의 문화와 효율성 제고에 집착하는 사고방식이 그 주요 원인이 되었으나, 본질적으로는 일본기업들이 전략이 상충되는 여러 가지 목표간의 트레이드 오프라는 사실을 이해하지 못하는 데 기인하고 있다. Porter는 극단적으로 "일본기업에는 전략이 없다"라고까지 말하였다.

한국기업들도 과거 일본기업의 '전략의 부재'와 같은 상호모방적인 정책을 취해 왔다. 예를 들어 통신산업이 미래의 성장산업이 될 것이라는 예상하에 많은

Video

Porter의 전략이란 무엇인가?

기업들이 경쟁적으로 진출하여 결국 성장산업에서 과잉투자 현상이 일어났었고, 부실사업을 과감히 정리하지 못하여 기업 전체가 부실화되는 결과를 낳게 되었다. 이는 역시 한국의 경영자들이 전략적 사고를 갖고 있지 못했던 것에서 그 이유를 찾을 수 있다.

앞서 살펴본 손빈병법의 사례는 경쟁에 있어서 전략적 사고가 성공에 얼마나 중요한 역할을 하는가를 잘 보여 주고 있다. 손자병법의 저자 손무孫武의 후손으로 알려진 손빈孫臏은, 전기 장군의 말경영자원이 경쟁자에 비해 절대적으로 열세임에도 불구하고, 경기방식을 바꿈으로써 경주를 승리로 이끌 수 있었다. 그 이유는 다음의 네 가지 요인으로 설명할 수 있다.

첫째, 이 경기에는 아주 단순하며 구체적인 목표가 있었다. 즉, 네 마리의 말이 끄는 수레로 3회에 걸쳐 경기를 하되 그 중 많이 이기는 팀이 승리하도록, 성공의 구체적인 목표가 분명히 정해져 있었다. 이처럼 구체적인 경기방법이 제시된 상황에서 양측이 경쟁하였기 때문에, 경기방법을 보다 잘 이해하고 그 경기방법에 맞추어 적절한 경쟁방법을 수립할 수 있었던 것이 하나의 성공요인이었다.

둘째, 손빈은 경쟁환경에 대한 심오한 이해가 있었다. 위의 사례는 경영전략이 기업들이 경쟁하고 있는 상황에 대한 깊은 통찰력을 바탕으로 이루어져야 한다는 점을 보여 주고 있다. 특히, 경쟁자를 이해하고 경쟁자가 어떠한 방식으로 경쟁할 것인가를 미리 파악하는 것이 중요하다는 것을 보여준다.

셋째, 손빈은 무엇보다도 경쟁자와 자신의 경영자원에 대한 객관적인 평가를 하고 있었다. 그렇기 때문에 손빈은 자신의 강점을 최대한으로 활용함과 동시에 자신의 약점을 가장 잘 극복하는 방법으로 전략을 개발하였다. 전쟁사가인 Liddell Hart는 일찍이 전쟁에서 이기는 데에 있어 유일한 기본원리는 "자신의 강점을 적의 약점에 대해 집중하는 것"이라고 지적한 바 있다.[2] 결국, 손빈의 충고를 들은 전기 장군은 자신의 느린 말이 출전한, 즉 전략적으로 포기한, 한 회의 승부에서는 참패하였으나, 나머지 두 번의 시합에서는 이겨서 전체적으로 2 대 1로 승리하게 되었다.

넷째, 단순히 전략을 올바르게 수립하는 것뿐만이 아니라 그것을 효과적으로 수행하는 것이 중요하다. 만일 손빈의 전략이 경쟁자에게 미리 노출되었다면, 경쟁자는 자신의 수레의 출전순서를 바꿈으로써 손빈의 전략을 쉽게 무력화시킬 수 있었을 것이다. 이와 같이 전략의 성공 여부는 효과적인 전략의 수행에 좌우된다.

이상과 같이 전기의 경마사례는 기업이 경쟁에서 승리하기 위해서는 구체적인 목표의 설정, 경쟁상황에 대한 이해, 자신과 경쟁자의 경영자원에 대한 객관적

평가 그리고 효과적인 전략수행이 필수불가결한 요소임을 보여 주고 있다.

03 〉〉 경영전략의 학문적 발전과정

군사전략에 기원

경영전략은 경영학의 세부학문분야 중 가장 역사가 짧은 학문분야이다. 전략 戰略이라는 용어는 원래 병법 또는 군사학에 그 근원을 두고 있다.[3] 일찍이 중국 춘추, 전국시대에 손무와 손빈이 각각 손자병법과 손빈병법을 저술한 바와 같이, 서양에서도 시저와 알렉산더대왕 등은 자신들의 병법이론을 서술하였다. 영어로 전략이라는 의미를 지니는 Strategy란 단어는 그리스어 Strategos에서 나온 것으로 이 말은 군대를 의미하는 Stratos와 이끈다lead는 의미를 가진 -ag가 합쳐진 용어이다.

Lawrence Freedman,
전략의 역사

물론 전쟁과 기업간의 경쟁을 동일시하기는 어렵지만 유사한 점도 많다. 기업과 군대는 모두 인력, 자본, 장비, 기술을 갖고 경쟁하고 있고, 양자 모두 외부환경의 영향을 받고 있으며 경쟁기업이나 경쟁국가의 행동에 대해 민감하게 대응하고 있다. 뿐만 아니라 구체적인 경쟁사례를 보아도 전면공격, 수비전략, 정면돌파전략, 적을 기만하는 전략 등과 같이 군사전략과 유사하게 기업들이 경쟁하는 것을 볼 수가 있다.

한편 군사전략의 용어가 실제 기업경영을 이해하는 데 도움을 주기도 한다. 예를 들어, 앞서 서술한 바 있는 경영전략과 기능별 전략의 차이는 군사전략에서의 전략과 전술로서 이해할 수 있을 것이다. 전략strategy이 기업이나 국가가 경쟁우위를 갖기 위하여 경영자원을 배분하는 전반적인 계획이라고 하면, 전술tactic이라는 것은 특정한 기능분야 또는 시장에서 성과를 높이는 계획을 뜻한다. 즉, 전술이 소규모의 전투에서 승리하기 위한 작전을 의미한다면, 전략은 전투가 아닌 전쟁에서 승리하기 위한 계략이라고 볼 수 있다.

손자병법은 일찍이 전략의 다섯 가지 필수요소로 道, 天, 地, 將, 法을 제시하였다. 道란 국민과 지도자가 함께 추구하는 목적을 의미하며, 현대기업경영에서는 조직구성원들이 공유하고 있는 기업의 목표와 비전을 추구하는 것으로 해석할 수 있다. 天은 군사전략에서 낮과 밤, 또는 날씨의 변화를 의미한다. 삼국지의 적벽대전에는 제갈공명이 동남풍을 기다려 화공을 쓰는 일화가 나온다. 현대적인 의미에서의 天은 시장개방, 기술혁신과 같은 외부환경의 변화를 의미한다. 地는 지형의 험준함 또는 지형의 넓고 좁음, 산과 강의 위치를 의미한다. 이는 현대기업환경에서 산업의 구조적인 특성과 경쟁의 성격으로 해석할 수 있다. 將은 지도자의 능력, 지혜, 신의를 의미하며, 기업경영에 있어 최고경영자에 견주어 비교될 수 있다. 法은 군대의 편성과 명령계통을 나타내는 것으로, 기업의 조직구조와 관리프로세스로 해석할 수 있다.

장기전략계획의 대두와 쇠퇴

전략이 군사학의 영역에서 확장되어 기업을 위한 경영전략으로서 현대경영학의 중요한 일부분이 된 것은 1950년대와 1960년대에 미국의 거대기업들이 다양한 사업분야를 어떻게 효율적으로 운영할 것인가에 대한 문제에 직면하면서부터이다. 이러한 배경하에 각 사업단위를 최고경영자가 효과적으로 관리하기 위해 매년 매출 및 수익률 목표를 정하고, 각 사업에 필요한 투자자금을 적절하게 배분할 필요가 생겼고, 이를 위해 장기적인 목표와 전략계획이 선행되어야 했다.

그 당시 미국경제는 호황기를 맞아 안정된 성장을 누리고 있었다. 따라서 기업들은 중단기경기예측이나 시장수요에 대한 예측을 바탕으로 해서 중단기전략계획을 세우고 그에 맞춰 투자계획이나 재무 또는 마케팅전략을 수립하곤 했다. 기업들은 자신의 의사결정이 당해연도뿐만 아니라 장기간에 걸쳐서 영향을 미친다는 사실을 알고 중단기경영전략계획의 필요성을 더욱 절실하게 느꼈고, 5년 정도의 중단기전략계획을 세워서, 시장점유율이나 매출목표 등을 설정하고 각 사업부들은 이러한 목표들을 달성하기 위한 사업부별 장기전략계획을 수립하였다.

한편 경영학이란 학문분야가 생산관리, 마케팅관리, 인사관리, 재무관리, 회계학과 같이 구체적인 기능별로 분화되었기 때문에, 세분화된 기능별 분야를 종합할 수 있는 이론의 필요성이 대두되었다. 이러한 배경하에 경영전략은 한때 경영정책business policy이라는 이름으로 불리어, 각 기능별 분야를 종합하는 학문으로 정의되기도 하였다.

그 결과, 미국의 대부분의 대기업들은 기획조정실corporate planning departments을 설립하여 장기전략계획을 수립하였다. 한국의 재벌들도 1970년대부터 비서실 또는 종합기획실이란 이름의 스탭조직을 완비하여 기획업무를 담당하였다. 이들 기획실의 주요한 업무는 그룹의 장기성장전략을 수립하고, 개별계열사들의 성과를 높이도록 감독하는 것에 있었다. 그 당시 다각화는 기업들이 성장하는 가장 손쉬운 방법이었다. 따라서, 다각화전략에 초점을 맞추어 기업내부의 경영자원보다는 시장의 성장성과 매력도와 같은 기업외부환경에 초점을 맞추어 전략을 추구하였다.

이와 같은 배경하에 이 시기에는 제품포트폴리오매트릭스product portfolio matrix가 전략분석의 가장 중요한 분석도구로 사용되었다. 그 당시 다각화된 대기업이 직면한 가장 큰 문제는 경영자원, 특히 투자자금을 각각의 사업부에 어떻게 배분할 것인가였다. 전략계획의 선구자적인 역할을 한 GEGeneral Electric는 여러 컨설팅회사의 도움을 받아서 포트폴리오 관리기법을 만들어 냈다. 보스턴컨설팅그룹Boston Consulting Group의 BCG매트릭스로 대표되는 이 기법은 시장점유율과 시장성장률 두 가지 차원에서 개별사업부분의 특성을 나타낸 것이다(이 기법에 대하여는 제9장에 자세히 설명하고자 한다).

또한, 이 시기에는 SWOT분석이라는 일종의 상황분석이 널리 유행하였다. SWOT분석이란 기업의 강점strength과 약점weakness과 같은 기업내부의 상황과, 외부환경의 기회opportunities와 위협threats요소를 분석하는 것이다. 이와 같은 SWOT분석은 단순하게 기업의 강점을 토대로 주어진 기회는 적절히 활용하면서 위협에는 적절히 알아서 대처하여 약점을 보완하자는 다소 막연한 제안밖에 제시하지 못하였다.

이와 같이 전략을 하나의 장기적인 계획planning으로 이해하는 경향은 1970년대 당시의 다른 학문분야에서도 볼 수 있는 시대적인 조류였다. 경제학에서는 정부지출을 조절함으로써 경기순환을 상쇄하려는 Keynesian 거시경제정책이 풍미했고, 계량경제모형을 통한 경기예측이 성행하였다. 한편, 비용편익분석cost-benefit analysis이나 현재흐름할인법discounted cash flow를 통한 계량적 의사결정방법이 유행하였다. 즉, 이 시대에는 작게는 기업에서부터 크게는 국민경제 전체에 이르기까지 계획에 의해서 통제를 하려는 경향이 주류를 이루었다.

그러나 1970년대 후반부터 경제상황의 불확실성이 증가함에 따라, 장기전략계획의 유용성에 대한 회의가 나타나기 시작하였다. 먼저 두 차례의 오일쇼크는 경기순환을 예측하는 것 자체를 불가능하게 하였다. 또한 세계경제의 기복이 심해짐에 따라서 전략계획의 유용성 역시 떨어지게 되었다. 따라서, 중장기전략계획을 수립하고 이를 달성하도록 경영자들을 독려하기보다 시시각각 변하는 경기상황에 보다 민첩하게 대응할 수 있는 능력이 더욱 절실히 필요하게 되었고, 그를 위하여는 기업조직원 전체의 전략적 사고방식을 배양하는 것이 중요하다는 사실을 인식하기 시작하였다. 또한, 이 시기는 2차 대전 후 패전의 잿더미 위에서 성장한 독일과 일본기업들로부터의 도전에 직면해 미국기업들의 압도적인 우위가 흔들리고 있었던 때였다. 따라서 최고경영자들은 유용성이 없어진 중장기전략계획보다는 전략적인 분석과 사고능력을 키워 주는 경영전략에 더 큰 매력을 느끼게 되었다.

Mintzberg는 점점 유용성이 떨어지는 장기전략계획을 기업들이 포기해야 했던 이유를 다음과 같이 설명하고 있다.[4]

첫째, 장기전략계획이 예측력이 없어졌다. 즉, 외부환경을 더 이상 정확하게 예측할 수 없기 때문에 예측불가능한 것을 예측하려고 하는 것 자체부터 일단 잘못된 것이었다.

둘째, 장기전략계획은 통상적으로 전략기획실 또는 종합기획실에서 수립하고 이를 하부조직에서 실행하도록 되어 있었다. 그는 전략이란 계속적으로 진화·발전하는 것이지 어느 순간에 전략계획을 세우고 남은 기간 동안 전략을 수행하는 것과 같이 이분화될 수 없으므로, 이런 전략은 기업에 아무런 도움이 되지 않는다고 주장한다.

셋째, 정형화된 장기전략계획은 변화하는 상황에 따라 순발력 있게 대응하는 능력을 오히려 떨어뜨린다. 예를 들어, 장기전략계획은 각 세부 사업부별 목표를 할당하고, 개별 사업부는 어떤 수단과 방법을 통해서라도 그 목표를 달성하여야 한다. 이와 같은 체제하에서는 전략적 사고가 발휘될 여지가 없다.

최근 한국기업들 역시 이와 같은 경향에 맞추어 종래의 장기전략계획 위주의 기획실기능을 크게 개편하고 있다. 삼성그룹은 과거 비서실 또는 미래전략실 같은 그룹단위의 스탭조직을 축소하고 많은 권한을 개별계열사로 이양하는 추세를 보이고 있다. 이는 순발력이 떨어지는 장기전략계획으로부터 개별기업들이 순발력있게 경쟁우위를 창출·유지할 수 있기 위한 전략적 사고를 배양하는 체계로 바뀌는 것을 의미한다.

Video

Mintzberg의 전략이론

⠿ 산업구조분석의 풍미

1970년부터 장기전략계획이 쇠퇴하면서 Harvard 경영대학원의 Michael Porter 교수를 필두로 산업구조와 경쟁전략에 대한 분석방법이 대두되었다. Porter는 산업 내에서의 기업의 행동을 분석하는 산업경제학을 경영전략분야로 도입하는 데 큰 공헌을 하였다.[5]

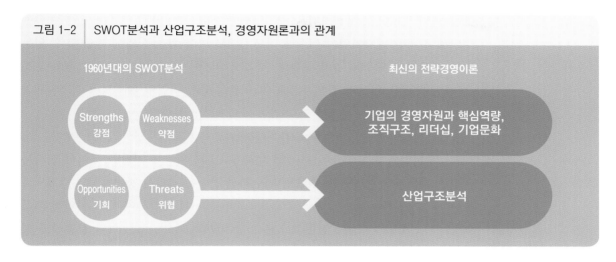

그림 1-2 | SWOT분석과 산업구조분석, 경영자원론과의 관계

장기전략계획에 대한 대안으로 Porter가 제시한 산업구조분석기법은 기업이 처해 있는 외부환경을 체계적으로 이해하는 방법론이다. 산업이란, 해당 기업과 경쟁하는 경쟁기업, 구매자, 원료공급기업, 대체재생산기업 등을 포괄적으로 나타내는 개념이다. Porter는 기업의 수익성이 그 기업이 참여하고 있는 산업의 구조적 특성에 의하여 결정된다고 밝혔다. 기업이 경쟁우위를 갖기 위하여는 산업의 특징을 이해하고 산업 내에서 적절한 포지셔닝을 정하는 것이 전략의 근간을 이룬다고 주장하였다. 따라서 경쟁기업에 대해 경쟁우위를 갖기 위하여는 각 산업의 특성에 따라 비용우위나 차별화우위를 가져야 한다고 제시하였다.

이러한 Porter의 산업구조분석기법들은 기업들에게 좋은 반응을 불러일으켰다. 이와 같은 산업구조분석기업은 과거 막연하게 외부환경의 기회opportunities요인과 위협요인threats을 분석하였던 SWOT분석방법론에 이론적인 배경을 제시하고, 보다 구체적으로 기업의 외부환경을 분석할 수 있는 분석틀을 제공해 준 것이다. 그림 1-2는 이러한 관계를 보여 준다. 본서의 제3장에서는 산업구조분석기법을 보다 자세하게 살펴본다.

⁖ 기업내부의 경영자원에 주목

1990년대에 이르러서는 산업구조분석기법만으로는 기업들이 실제로 전략을 수립하는 데는 한계가 있다는 비판이 대두되었다. 왜냐하면, 산업구조분석은 기업의 전략수립에 도움을 주는 외부환경을 분석할 뿐이지, 그러한 환경에 대해 어떻게 대응하여야 하는가의 구체적인 실천방향을 제시하지는 못하기 때문이었다.

예를 들어, 산업구조분석기법은 진입장벽이 높은 산업의 수익률이 높은 이유는 설명해 주지만 해당기업이 어떻게 하면 진입장벽이 높은 산업에 진출할 수 있는 가에 대해서는 도움을 주지 못한다. 따라서, 1990년대부터 경영전략분석의 관점은 산업과 같은 기업의 외부환경에 대한 분석에서, 기업의 내부적인 경영자원과 핵심역량을 분석하는 것으로 그 초점이 바뀌기 시작하였다.

즉, 기업의 경쟁우위는 Porter가 말하는 것처럼 포지셔닝positioning보다는 오히려 그 기업이 보유하고 있는 경영자원이나 핵심역량에 기반을 두어야 한다는 사고가 확산되기 시작했다. 경영전략의 최신 경향은 기업을 경영자원의 결집체로 보는 경영자원론resource-based theory of the firm에 기반하여 특히 기업의 핵심역량core competence에 집중하고 있다. Hamel과 Prahalad은 이와 같은 최근의 연구경향을 대표하고 있다.[6] 이와 같이 기업내부의 경영자원과 핵심역량을 강조하는 새로운 이론은 일견 SWOT분석에서의 강점strengths과 약점weaknesses을 분석하는 관행에 이론적 토대를 마련한 것으로 볼 수 있다. 본서의 4장은 기업의 내부의 경영자원과 핵심역량을 살펴보고, 5장에서는 기업의 조직구조, 리더십, 기업문화와 같은 요소를 살펴보고자 한다. 즉, 막연하게 기업의 강점과 약점, 환경의 기회와 위협을 분석하는 SWOT분석은 보다 이론적인 바탕에 체계적인 분석기법을 갖춘 산업구조분석과 기업의 경영자원과 핵심역량에 대한 분석으로 완전히 대체된다. 따라서 앞으로 본서에서는 SWOT분석이란 용어를 사용하지 않기로 한다.

Video

핵심역량이란

경영전략의 최신 경향

1990년대 후반부터 전세계는 인터넷의 폭발적인 성장과 벤처들의 약진에 흥분의 도가니에 들어갔었다. 정보통신기술은 전혀 새로운 산업을 탄생시킬 뿐만 아니라 기존기업들의 경쟁우위를 순식간에 잠식할 수 있는 폭발적인 잠재력을 가진 것으로 평가되었다. 예를 들어, Facebook, Amazon, Netflix, Google과 같은 인터넷 기업들이 놀라운 매출 성장을 기록하였다. 이와 같은 인터넷 벤처들의 약진에 비해, 전통적인 굴뚝산업brick and mortar에 있는 기업들은 인터넷이 가져오는 변화에 대응하지 못해 멸종위기에 처한 공룡과 같은 존재로 비유되었다.[7]

한편, 인터넷은 소비자와 생산자간의 전통적인 관계에도 큰 영향을 미치고 있다. 과거 가격 및 제품에 대한 정보가 부족하고, 개개인으로 공급자에 대한 교섭력이 부족했던 소비자들은 인터넷을 통해 많은 정보를 갖게 되어 공급자에 대한 교섭력이 증대되었다. 또한 소비자가 인터넷을 통해 공급자와 직접 연결하여 자신이

CHAPTER 1

원하는 제품이나 서비스를 생산하는 prosumer가 되는 경향도 생겨나고 있다.

　　한때 인터넷 벤처들의 전성기에는 이른바 신경제new economy라 하여, 기존의 경제이론이나 경영학의 이론이 더 이상 맞지 않는다는 극단적인 주장까지 나타나기도 하였다. 그러나 인터넷버블이 붕괴하게 되고 많은 인터넷 벤처들이 파산하게 되면서, 인터넷이 과연 경제학이나 경영학의 이론을 새로 써야 할 정도의 혁명적인 변화인가에 대한 근본적인 회의감이 증대되었다. 결론적으로 말하면, 인터넷이 상당히 중요한 기술진보임에는 분명하나, 기존의 경영전략이론을 뒤집을 만한 혁명적인 변화는 아니라는 점이다. 수많은 인터넷 벤처들이 몰락한 것은 이들이 지속가능한 경쟁우위의 창출이라는 경영전략의 기본 요소를 달성하지 못하였기 때문이다.

　　그러나 이와 같은 인터넷 벤처들의 흥망성쇠는 경영전략의 연구주제를 더욱 다양화하는 데 공헌하였다. 특히, 인터넷을 비롯한 최근 기술진보는 수확체증의 법칙increasing returns이나 네트워크 경제성network economy이 가져오는 전략적 의미에 대한 연구를 촉진시켰고, 벤처들과 기업가정신entrepreneurship에 대한 연구를 경영전략의 영역으로 끌어들였다.[8] 또한 인터넷과 같이 빨리 성장하는 산업에서 전략적 제휴의 중요성이 부각되었고, 네트워크형 기업조직network organization이나 가상조직virtual organization이 강조되었다. 인터넷과 같은 현상파괴적disruptive innovation 기술진보에 빨리 대응하지 못한 기존기업의 문제점에 대한 연구도 활발해졌다.[9] 또한 기존의 사업영역을 뛰어넘는 새로운 제품과 서비스를 제공하려고 하는 블루오션전략blue ocean strategy이 중요한 전략적 대안으로 제시되었다.[10]

　　한편 2010년대 이후, 공유경제shared economy가 부상하게 되면서 Uber, Grab, Airbnb와 같은 인터넷 기반 공유기업들은 소비자들이 더 이상 자동차나 별장 등을 소유하지 않고 필요할 때에만 사용하는 공유사업모형을 제시하여 큰 성공을 거두었다. 플랫폼 사업모형platform business model이 등장하면서 여러 가지 복합적인 사업들을 추가하는 플랫폼 기업들이 부상하였다. 또한 2019년 코로나 19 바이러스가 창궐하게 되자, Amazon과 같은 인터넷 유통업이 큰 성장을 이루었고 비대면으로 사업을 수행하는 기업들이 호황을 누렸다. 이와 같은 구조적인 변화는 궁극적으로 기업들의 사업모형을 디지털 기술을 활용해서 큰 폭의 변화를 유도하는 디지털 트랜스포매이션digital transformation을 가져오고 있다. 특히 최근에는 인공지능Artificial Intelligence 기술에 많은 투자가 이루어지고 있고, AI가 기존 사업에서의 경쟁우위뿐만 아니라 새로운 서비스를 창출할 수 있으리라 기대되고 있다.

04 ›› 경영전략의 분석방법

전략의 내용과 프로세스

지금까지 경영전략의 역사적 발전과정을 경영전략의 구체적인 내용content을 분석하는 방법을 중심으로 살펴보았다. 즉, 기업이 경쟁우위를 가지기 위하여 구체적으로 무엇을 할 것인가가 주요 주제였다. 예를 들어, 기업의 장기전략계획의 요체는 각 시장에서의 수요예측과 함께 각 사업부가 성취해야 할 매출과 수익률의 목표를 정하는 것이었고, 관리자들의 임무는 그 수익률목표 또는 매출목표를 달성하는 것이었다. 산업구조분석도 산업의 구조와 경쟁의 성격을 분석한 다음 특정 산업구조하에서는 어떠한 방식으로 경쟁을 할 것인가가 중심주제였다. 핵심역량분석에도 기업이 가진 경영자원과 핵심역량을 정확히 파악하여 이를 잘 활용하는 방법으로 경영전략을 수립하였다.

그러나 이와 같이 전략의 내용에 집중하는 경향은 전략의 수립formulation과 실행implementation이라는 이분법의 함정에 빠지기 쉽다. 최고경영자와 종합기획실이 외부환경을 분석하여 각 사업부가 추구하여야 할 전략을 수립하면, 그 조직의 하위 관리자들은 이렇게 수립된 전략을 수행하면 되었다. 그러나 실제 기업경영은 전략의 수립과 실행이라는 이분법으로 설명될 수 없다. 왜냐하면 전략의 수립과정에서 실제로 전략을 수행하여야 할 사람들의 의견이 반영되어야만 전략이 실행가능해지기 때문이다. 또한 전략의 수립과 시행의 단계 역시 확연히 구분된 것이 아니라, 종종 동시에 이루어지거나 깊은 상호연관성을 갖는다.

Mintzberg는 합리적인 전략분석을 통해 나오는 전략은 원래 의도deliberate strategy한 대로 나타나지 않는다고 비판하고 있다. 우리가 관찰하는 전략은 100% 확신하에 수립된 전략이 아니라, 상황에 맞게 즉흥적으로 솟아나오는 전략emergent strategy이 많다고 주장한다. 그는 "기업들은 완벽한 전략을 수립할 수 있는 정보가 없으며 최고경영자라고 할지라도 조직의 말단까지 장악하기가 힘들다. 조직의 하위레벨에 있는 관리자들은 상부에 있는 최고경영자들과 격리되어 있는 경우가 상당히 많다. 전략형성과정은 정교한 계획이 아닌 하나의 수작업crafting이다"라고까지 말하고 있다.[11] 이처럼 Mintzberg와 같이 조직프로세스의 측면에서 전략을 연구하는 학자들은 전략이 만들어지고 실행되는 과정을 강조하고 있다.

CHAPTER 1

따라서 본서에서는 구태여 전략의 내용과 프로세스를 나누어 보지 않고, 각 주제별로 이 둘을 동시에 살펴본다. 본서의 제5장에서는 기업의 조직구조, 인센티브제도, 리더십, 기업문화에 대한 보다 구체적인 논의를 전개하나, 이는 그 자체로서 전략의 프로세스측면을 담당하기보다 향후 사업부수준의 경쟁전략과 기업수준의 전략을 다룰 때, 전략의 수립과 실행을 동시에 살펴보기 위하여 먼저 기초적인 개념을 제공한다. 이후 제9장에서는 다각화전략을 논하면서, 다각화전략이 기업구조에 미치는 영향과 다각화전략을 성공적으로 수행하기 위하여 어떠한 인센티브제도가 필요한가를 같이 살펴보기로 한다.

사업전략과 기업전략

경영전략은 어떠한 수준에서 분석할 것인가에 따라 기업전략과 사업전략으로 나누어진다. **그림 1-3**과 같이 기업 전체적으로 참여할 사업영역을 결정하는 기업전략corporate strategy과 개별사업부 내에서의 경쟁전략을 다루는 사업전략business strategy이다. 기업이 성과를 높이기 위해서는 다음 두 가지 요소를 고려해야 한다. 첫째, 구체적으로 어떤 사업분야에 들어가서 경쟁을 할 것인가를 정한다. 둘째, 그 사업분야에서 구체적으로 어떻게 경쟁을 해서 수익률을 높일 것인가

그림 1-3 | 기업전략과 사업전략의 차이

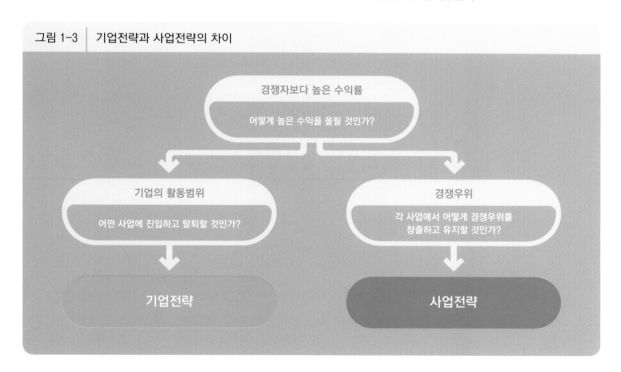

를 결정한다. 첫 번째 문제가 '기업수준의 전략'이고, 두 번째 문제가 '사업부수준의 경쟁전략'에 해당한다. **그림 1-3**은 이러한 기업전략과 사업전략의 차이점을 대비시키고 있다.

　　보다 구체적으로 기업전략은 그 기업이 경쟁하는 시장과 산업의 범위를 결정한다. 즉 다각화, 수직적 통합, 기업인수합병, 해외사업진출과 같은 신규사업진출 또는 기존 사업부문에서의 탈퇴와 각 사업분야로의 경영자원의 배분과 같은 결정을 의미한다. 이에 반하여 사업전략은 기업이 각각의 시장에서 경쟁하는 구체적인 방법을 다룬다. 기업이 경쟁에서 이기려면 경쟁기업에 대해 경쟁우위를 가질 수 있게 하는 전략이 필요하다. 그 경쟁우위를 확보하고 유지하는 전략이 사업부수준의 경쟁전략이다.

　　또한 개별 사업부보다 하위수준의 전략은 개별 사업부 내에 있는 기능별 조직, 즉 인사, R&D, 재무관리, 생산, 마케팅에서의 기능별 전략이다. 기능별 전략은 기업수준의 전략과 사업부수준의 경쟁전략이 수립된 이후, 각각의 영업활동, 제품기획, 자금조달 등 기능별 분야에서 세부적인 수행방법을 결정한다. 이러한 기능별 전략은 경영전략분야에서 다루지 않고 각각의 생산, 재무, 마케팅 등의 기능별 학문분야에서 연구한다.

　　이와 같이 기업전략, 사업전략, 기능별 전략은 조직의 다른 부문에서 이루어진다. 기업전략은 대체로 최고경영자와 기업의 종합기획실 같은 스탭조직에서 이루어지고, 사업전략은 각 기업의 개별 사업부단위에서 수립되고 시행된다. 기능별 전략은 사업전략이 수립된 이후 각각의 기능별 조직에서 수행한다.

05 〉〉 본서의 접근방법

⁝⁝ 본서의 구성

　　본서에서 경영전략을 접근하는 방법은 **그림 1-4**와 같다. 앞서 손빈병법의 사례를 통하여, 기업이 성공하기 위하여는 다음 네 가지 요인이 필수적임을 살펴보았다.

- 분명하고 일치된 목표
- 외부환경에 대한 정확한 이해
- 자신의 강점과 약점에 대한 객관적인 평가
- 효과적인 전략의 수행

현재까지의 경영전략 학문분야는 각기 다른 비중을 두고 이상의 네 가지 성공요소를 어떻게 분석할 것인가에 대한 구체적인 분석기법을 제공하며 발전하여 왔다고 볼 수 있다. 예를 들어, 장기전략계획은 명확한 목표의 제시와 이의 수행이 전략의 성공요인임을 강조하였고, 사업단위의 수익률을 중심으로 투자배분을 결정하는 기법을 개발하였다. SWOT분석은 기업의 외부환경의 위협과 기회요인을 파악하고 내부환경의 강점과 약점을 고려해야 한다는 다소 막연하지만 직관적인 제안을 하였다. 산업구조분석은 그 중 기업의 외부환경, 특히 산업구조를 체계적으로 분석함으로써 경쟁우위를 창출할 수 있는 방법을 모색하였다. 한편 내부 경영자원과 핵심역량에 대한 분석은 기업이 경쟁자에 대해 갖는 강점과 약점을 객관적으로 평가할 수 있게 해 주고, 장기적으로 기업의 장점을 활용하면서 약점을 보완하는 방법을 모색하게 도와준다. 따라서 산업구조분석과 기업의 경영자원

그림 1-4 | 본서의 구성체계

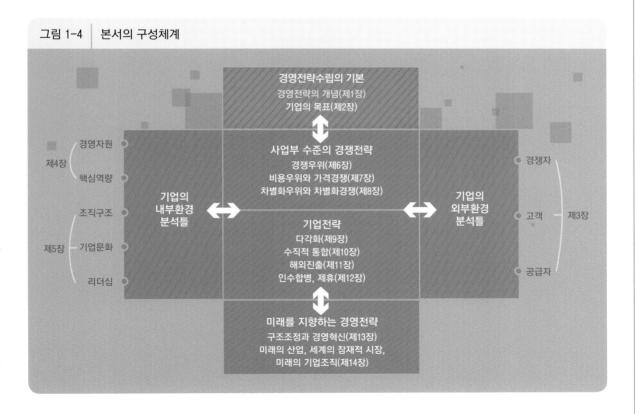

과 핵심역량의 분석은 SWOT분석을 보다 엄밀한 이론적 토대로 발전시킨 전략분석의 기본틀이라고 할 수 있겠다. 그리고 Mintzberg 등이 강조한 전략프로세스에 관한 내용을 통해 조직구조, 인센티브제도, 리더십, 기업문화가 전략의 효과성에 미치는 요인을 분석할 수 있다.

그림 1-5 | 본서의 구성체계

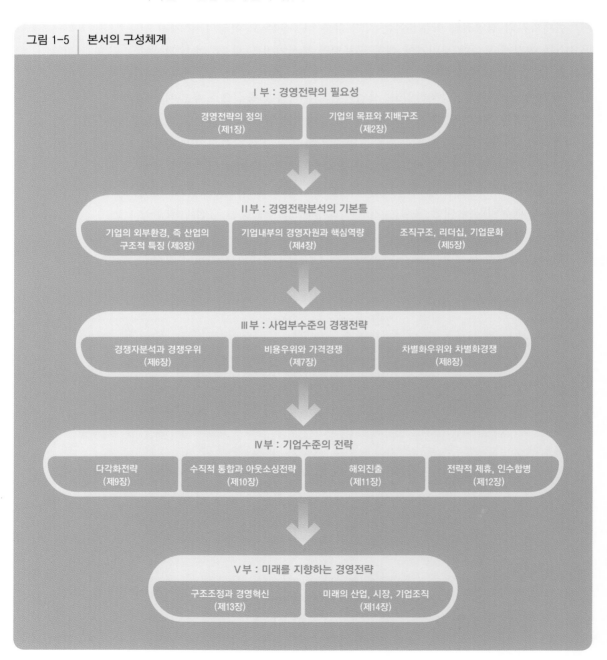

I 부 : 경영전략의 필요성
경영전략의 정의 (제1장)
기업의 목표와 지배구조 (제2장)

II 부 : 경영전략분석의 기본틀
기업의 외부환경, 즉 산업의 구조적 특징 (제3장)
기업내부의 경영자원과 핵심역량 (제4장)
조직구조, 리더십, 기업문화 (제5장)

III 부 : 사업부수준의 경쟁전략
경쟁자분석과 경쟁우위 (제6장)
비용우위와 가격경쟁 (제7장)
차별화우위와 차별화경쟁 (제8장)

IV 부 : 기업수준의 전략
다각화전략 (제9장)
수직적 통합과 아웃소싱전략 (제10장)
해외진출 (제11장)
전략적 제휴, 인수합병 (제12장)

V 부 : 미래를 지향하는 경영전략
구조조정과 경영혁신 (제13장)
미래의 산업, 시장, 기업조직 (제14장)

중요한 점은 이상의 네 가지 성공요인이 동시에 충족되어야 기업이 경쟁에서 승리할 수 있다는 점이다. **그림 1-4**는 기업이 자신의 목표를 달성하기 위하여는 기업의 외부환경과 기업의 내부경영자원 및 핵심역량, 조직구조, 관리시스템, 기업문화가 서로 일치하여야 한다는 점을 설명해 준다. 본서는 이와 같은 관점에 기초하여 구성되었다. 본서의 Ⅰ부에서는 경영전략의 기본개념과 변화하는 환경에서 기업이 추구해야 할 기본목표를 살펴본다. Ⅱ부는 위에서 밝힌 경영전략분석의 기본틀, 즉 산업구조분석을 중심으로 한 기업의 외부환경분석, 기업내부의 경영자원과 핵심역량, 기업의 조직구조, 리더십, 기업문화 등을 살펴본다. Ⅱ부의 기본분석틀은 향후 우리가 Ⅲ부와 Ⅳ부에서 구체적인 사업부수준의 경쟁전략과 기업수준의 전략을 추구하는 데 사용될 것이다. 본서의 Ⅲ부에서는 비용우위와 차별화우위를 중심으로 구체적인 사업부수준의 경쟁전략을 모색한다. Ⅳ부는 기업수준의 전략으로서 다각화, 수직적 통합, 해외진출, 전략적 제휴, 인수합병 등의 주제를 살펴본다. Ⅴ부는 미래를 지향하는 경영전략이라는 주제로 구조조정 및 경영혁신을 살펴보고, 미래의 시장과 산업에 진출하기 위하여 필요한 전략과 조직에 대하여 논의하기로 한다. **그림 1-5**는 본서의 구성을 요약하고 있다.

06 ›› 결론 및 요약

본 장은 경영전략의 개념을 정의하고 경영전략의 역사적 발전과정을 체계적으로 살펴보았다. 경영전략은 기업에 경쟁우위를 창출하고 유지시켜 줄 수 있게 하는 주요한 의사결정이라고 정의될 수 있다. 경영전략은 구체적인 목표의 설정, 외부환경에 대한 명확한 이해, 자신과 경쟁자의 경영자원의 강점과 약점에 대한 객관적인 평가, 전략의 효과적인 수행능력을 고루 갖추어야 성공할 수 있는 것이다. 과거 경영전략의 발전사는 이들 개별 성공요인을 탐구하는 과정이었다. 본서는 효과적인 경영전략을 위하여는 이들 외부환경, 내부의 경영자원과 핵심역량, 조직구조와 관리시스템, 리더십과 기업문화가 서로 일치하여야 한다는 대명제하에 논의를 전개한다.

포스코의 경영전략[12]

   포스코구 포항제철는 철강산업에서 전세계적으로 수위를 다투는 한국의 대표적인 우량기업이다(그림 1-6 참조). 포스코의 역사는 1968년에 시작되었다. 그 당시 박정희 대통령은 철강산업으로의 진출을 검토하고, 그 사업과제를 당시 대한중석의 사장이었던 박태준 사장에게 맡겼다. 박태준 사장은 사업계획서를 갖고 세계은행과 미국의 철강기업을 찾아가 자본과 기술을 제공해 줄 것을 요청하였으나, 번번이 거절당하고 말았다. 박태준 사장은 마지막 수단으로 대일청구권 자금을 확보하고 일본의 철강기업으로부터 기술이전을 약속받았다. 1973년 연간 백만 톤 규모의 제1고로를 가동하였으며, 제2, 제3, 제4고로를 준공하여 연간 910만

Video

포스코의 역사

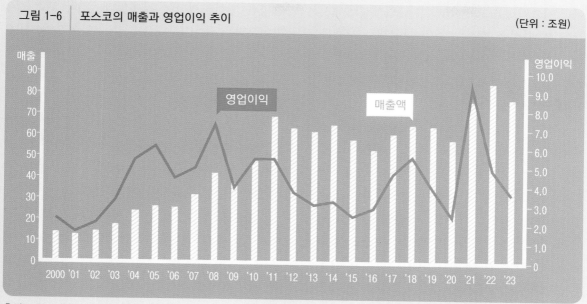

그림 1-6 │ 포스코의 매출과 영업이익 추이 （단위 : 조원）

출처: 포스코홀딩스. 연결기준 재무제표

톤의 생산시설을 갖추었다. 그 후 1985년부터 광양만에 신규투자를 시작하여 1992년에는 연간 1,140만 톤 규모의 광양제철소를 완공하였다. 또한 1992년에는 기존의 용광로 공법을 대신하는 '파이넥스'Finex 공법의 상용화 연구를 시작하여, 2007년 세계 최초로 연간 150만 톤 규모의 파이넥스 설비를 준공하였다. 파이넥스 공법이란 철광과 유연탄을 용광로 공법에 반드시 필요한 소결공장과 코크스공장을 거치지 않고 고로에 직접 넣어 그대로 쇳물을 뽑아내는 첨단기술이다. 파이넥스 공법은 기존의 용광로 공법에 비하여 투자비용은 80% 수준, 제조원가는 85% 수준에 그쳐 포스코의 비용우위를 통한 경쟁력을 크게 향상시켰다.

포스코는 현재 세계에서 가장 가격경쟁력이 높은 철강회사이다. 그러나 포스코가 향후에도 계속 비용면에서의 경쟁우위를 유지할 수 있는가에 대해서는 의문의 여지가 많다. 과거 포스코의 비

용우위의 원천이었던 낮은 인건비는 계속 상승추세에 있다. 포스코의 경쟁우위를 위협하는 또 한 가지 중요한 요소는 철강산업에서의 기술혁신이다. 제철소는 거대한 장치산업이다. 제철설비는 일단 완공하면 설비의 교체가 어렵다. 따라서 철강산업에는 최신의 설비를 도입한 후발업체가 선진기업보다 경쟁력이 높은 경우가 발생한다. 기술을 제공하는 선진업체가 자신의 기술을 이용하여 바로 자신의 설비를 대체할 수 없기 때문이다. 포스코가 일본기술을 전수받아 일본기업보다 더 높은 경쟁우위를 갖는 것은 바로 그 좋은 사례이다.

현재, 철강산업은 다시금 새로운 기술혁신의 바람이 불고 있다. 미국의 Nucor와 같은 전기로는 박슬라브법을 응용하여 과거 고로업계의 전유물이었던 열연강판을 생산하여 포스코의 강력한 경쟁자로 부상하고 있다. 또한 에너지 비용의 상승과 환경보호에 대한 규제의 강화는 포스코로 하

여금 기술혁신을 요구하고 있다. 포스코는 CO₂절
감을 위해 석탄 대신 수소를 환원재로 사용하는
하이렉스HyREX 수소환원제철 기술을 개발하여
2050년까지 점진적으로 기존 설비를 대체하며 상
용화하려고 노력하고 있다.

철강산업은 불황기라고 그 시설규모를 줄일
수 없다. 고로에 일단 불을 지피면 계속적으로 조
업을 해야 하기 때문이다. 이 때문에 철강산업은
흔히 '호황기의 왕자, 불황기의 거지'라고 일컬어
진다. 철강산업에 신규진입자가 계속 나타나는 가
운데 언제 철강업계가 공급과잉으로 구조적 불황
에 놓여질지 알 수 없는 일이다.

포스코는 이에 대한 대응으로 과거 철강산업
을 벗어나 다각화하려는 시도를 했었다. 1994년
김만제 회장의 취임 이후, 계열사를 철강사업부
문, 엔지니어링 및 건설사업부문, 정보통신부문,
물류·유통사업부문으로 확장하였다. 그러나 포스
코의 다각화전략은 실행 초기부터 그 타당성에 대
해 많은 논의를 불러일으켰다. 사실 미국과 일본
의 철강기업 역시 포스코에 앞서 다각화전략을 추
진한 경험이 있었다. 미국의 US Steel은 Marathon
Oil을 인수하여 에너지사업으로 다각화하였고, 新
日本製鐵 역시 신소재, 전자, 생화학, 서비스사
업으로 비관련다각화를 추구하였다. 그러나 이
들의 다각화전략은 대부분 실패로 돌아갔다.

포스코 역시 신규진입한 사업분야에서 어려
움에 직면하였고, CEO가 교체되자 이들 신규사
업들은 정리되었다. 포스코는 이러한 다각화전략
이 성공하려면 기업문화의 변신이 필수적이라는
사실을 뒤늦게 깨닫게 되었다. 즉, 철강제품의 독
과점 생산자로 가져왔던 고압적인 영업태도, 서
비스능력의 부재가 신규사업분야에서의 마케팅

능력을 저하시켰다는 것이었다. 특히 포스코의
기업문화는 흔히 '군대문화'라 일컬어진다. 철을
다루는 위험한 생산과정에서 사고의 위험을 줄
이고 일사분란한 제철소 운영을 위하여는 이와
같이 명령과 통제에 기반한 기업문화가 효과적
이었다. 또한 포스코는 설립시부터 국가와 민족
을 위해 봉사한다는 희생정신을 강조하였다. 그
러나 포스코가 신규로 진입하였던 사업분야는 보
다 창의적이고 자율적인 기업문화가 필요했다.

한편 2000년대 이후 전 세계적으로 철강산업
에서 구조조정이 이루어지면서, 대형 경쟁사들이
속속 등장하면서 포스코는 새로운 도전에 직면하
게 되었다. 유럽에서는 2001년 프랑스의 Usinor,
룩셈부르크의 Arbed, 스페인의 Aceralia가 합병을
통해 조강능력 4,600만 톤의 Arcelor라고 불리는
초대형 철강기업이 탄생하게 되었고, 미국에서는
2002년 철강산업의 침체를 견디지 못하고 도산한
LTV, National Steel, Bethlehem Steel 등을 신생
회사인 International Steel Group이 인수하였다.
이어서 2004년에는 인도출신 철강재벌 Mittal이
소유하고 있는 남아공의 Ispat Iscor과 네덜란드의
LNM Holings가 International Steel Group 인수를
발표함으로써 조강능력 6,000만 톤인 세계최대의
철강기업 Mittal Steel이 탄생하였다. 일본에서도
2, 3위인 일본 NKK와 가와사키제철소도 2003년
통합하여 'JFE 홀딩스'를 설립하였고, 2012년에는
1위인 신일본제철과 스미토모 철강이 합병하여
세계 2위의 철강기업으로 재탄생하였다. 2006년
에는 세계 1, 2위 철강업계인 Mittal Steel과
Arcelor가 합병하여 Arcelor-Mittal이라는 초대형
기업이 등장하였고, 중국에서도 정부주도의 구조
조정 및 합병을 통해 Hesteel, Baosteel, Shagang

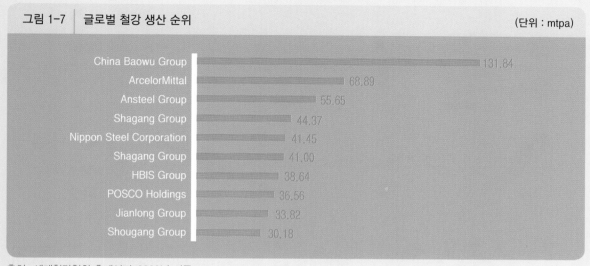

그림 1-7 글로벌 철강 생산 순위   (단위 : mtpa)

출처: 세계철강협회 홈페이지, 2022년 기준.

과 같은 대형 철강업체들이 출현하였다(**그림 1-7 참조**). 이 같은 세계 주요 철강사들의 대형화, 통합화를 통한 비용우위의 회복은 포스코에게 큰 위협을 주고 있다.

한편 포스코는 새로운 성장동력으로 신흥시장을 중심으로 한 해외시장투자를 강화하여 왔다. 포스코는 대련포금강판, 장가항포항불수강 등의 현지법인 외에도 칭다오와 랴오닝성에 합작공장을 설립하였다. 베트남에 냉연강판공장을 준공하였으며, 2013년에 인도네시아에 일관제철소를 준공하였고, 이외에도 2016년 브라질에 연간 300만 톤 규모의 일관제철소를 동국제강과 현지기업 Vale와 합작투자 형태로 운영하고 있고, 터키에도 스텐레스 냉연공장을 준공하여 글로벌 생산네트워크를 확충하고 있다. 또한 2010년 에너지 자원개발 능력을 보유한 대우인터내셔널을 인수하여 소재 및 에너지원을 확보하고, 이차전지의 원료인 리튬사업을 신성장 동력으로 삼아 적극적인 해외투자를 단행하였다. 그러나 2015년부터 공급과

잉과 중국시장에서의 수요감소로 인해 철강가격이 폭락하자, 새로 부임한 권오준 회장은 전임 정준양 회장이 추진했던 해외자원개발 사업들에 대한 구조조정을 시도하여 2015년 181개에 달하던 해외계열사를 2018년에는 139개로 감축하였다. 이 과정에서 단기적으로는 적자이나 장기적인 투자가 필요한 여럿 유망한 해외자원개발 프로젝트가 중도에 부실투자로 낙인찍혀 매각되는 경우도 있었다.

2022년 연임에 성공한 최정우 회장은 포스코를 지주회사체제로 전환할 것을 발표했다. 새로이 탄생하는 포스코홀딩스는 철강, 2차전지소재, 리튬·니켈, 수소, 에너지, 건축·인프라, 식량 등 그룹 7대 핵심사업을 관리하는 지주회사이고, 철강은 포스코홀딩스의 다양한 사업 중 하나가 되었다. 이러한 지주회사 체제로의 전환은 포스코가 다시금 사업다각화 전략을 추진할 수 있는 발판을 만들어 주었다.

이러한 포스코의 지난 50년간의 행보는 최고

Strategic Management

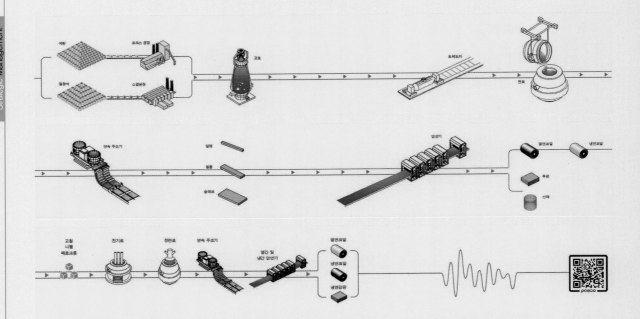

경영자가 바뀔 때마다 사업다각화와 본업으로의 집중을 반복하는 전략의 일관성이 없음을 보여준다. 이러한 전략의 부재는 또한 2000년 민영화 되었음에도 불구하고 정권이 바뀔 때마다 CEO 교체압력을 행사하는 정치권에 가장 근본적인 원인이 있다. 정치권의 개입은 CEO가 긴 안목을 갖고 장기적인 전략을 추구하는 것을 어렵게 한다. 한편 2024년 포스코는 신임 CEO로 정통철강맨이라 할 수 있는 장인화 회장을 임명하였다. 나날이 치열해져 가는 글로벌 경쟁하에 장인화 회장은 향후 어떤 전략을 추구할 것인가?

중국 철강사 통합

포스코의 지주사 전환

posco
포스코의 홈페이지
www.posco.co.kr

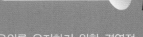
토 의 과 제

01 포스코가 주력사업분야인 철강사업에서 계속 경쟁우위를 유지하기 위한 경영전략을 구상하여 보자.

02 포스코의 새로운 사업분야로 진출하는 다각화전략과 철강 본업에 집중하는 전략의 타당성에 대해서 각각 검토해 보자.

03 최근 포스코가 지주회사로 전환하며 추구하는 사업다각화 전략의 향후 추진방향에 대해 평가해 보자.

참고
문헌   R e f e r e n c e

1 M. Porter, "What is Strategy?" *Harvard Business Review*, November-December 1996.

2 B. H. Liddell Hart, *Strategy*, New York: Praeger, 1968.

3 전략의 역사에 대해서는 Lawrence Freedman, *Strategy: A History*, Oxford University Press, 2013(한국어 번역판: 전략의 역사, 비즈니스 북스 2014).

4 Henry Mintzberg, *The Rise and Fall of Strategic Planning*, New York: Free Press, 1994.

5 Michael E. Porter, *Competitive Strategy*, New York: Free Press, 1980.

6 Gary Hamel and C. K. Prahalad, "Strategic Intent," *Harvard Business Review*, 1989, 5-6; "Strategy as Stretch and Leverage," Harvard Business Review, 1993. 3-4, pp.75~84.

7 Philip Evans and Thomas Warster, *Blown to Bits*, Harvard Business School Press, 1998.

8 Brian Arthur, "Increasing Returns and the New World of Business," *Harvard Business Review*, 1996, pp.100~109.

9 Bower, J. and Christensen, C., 1995, "Disruptive Technologies," *Harvard Business Review*, January.

10 김위찬, Rene Mauborgne, 블루오션전략, 교보문고 2005.

11 H. Mintzberg, "Crafting Strategy," *Harvard Business Review*, 65, 1987, p.70.

12 본 사례는 포스코의 여러 임직원과의 인터뷰에 기초하여 작성되었다.

CHAPTER 1

Chapter

2

글로벌경영환경하의 기업의 목표와 지배구조

현대의 산업은 세계를 하나의 시장으로 만들었다. …… 국가별로 존재하던 옛날의 모든 산업들은 붕괴되었거나 날마다 붕괴되어 가고 있는 중이다. 과거의 내수위주의 자급자족적인 경제는 이제는 모든 면에서 국가간의 상호의존성이 높아지는 세계경제체제로 바뀌고 있다.

Karl Marx and Friedrich Engels, Communist Manifesto.

아시아 외환위기와 글로벌 금융위기

1997년 7월 2일 "투기자금의 공격으로부터 태국 바트화의 가치가 달러당 30바트 수준까지 폭락했다"는 짧은 기사가 '긴급urgent'이라는 문패를 달고 방콕에서 세계 곳곳으로 타전됐다. 아시아 경제를 쓰러뜨리고 세계경제에 큰 충격을 준 아시아의 외환위기는 이렇게 막이 올랐다.

바트화가 폭락하자 보름만에 인도네시아와 말레이시아 등 주변국이 변동환율제로 전환했다. 환율이 흔들리자 이 지역에 투자되어 있던 달러자금이 썰물처럼 빠져 나갔고 동남아시아 국가의 환율은 더욱 폭락세를 거듭하였다. 1997년 7월까지만 해도 1달러당 2,430루피아였던 인도네시아의 환율은 6개월 뒤인 1998년 1월에는 9,630루피아로 4배 정도 폭

Strategic Management

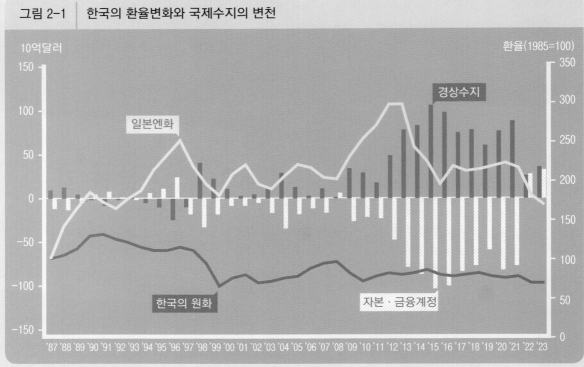

그림 2-1 | 한국의 환율변화와 국제수지의 변천

출처: 한국은행경제통계시스템.

락하였고, 태국의 바트화도 같은 기간 동안 52바트 수준으로 2배나 평가절하되었다. 말레이시아의 링기트도 폭락하였으며, 1997년 10월에는 홍콩 증시로 번졌고, 11월에는 한국의 원화까지 휘청거리기 시작했다. '펀더멘털경제의 기본요소이 튼튼하다'는 한국과 홍콩도 예외가 아니었다.

경제전문가들은 아시아의 외환위기의 가장 중요한 원인으로 아시아경제를 덮고 있던 '버블'자산가격인플레이션에 따른 거품경제을 꼽았다. 태국의 경우, 1995년 말 외채가 국내총생산의 25%를 차지할 정도로 커졌다. 이 돈은 생산시설에 효율적으로 투자되기보다는 부동산과 증권에 투자되었으며, 경제수준에 맞지 않는 사치품의 수요가 급증하였다. 제조업경쟁력이 무너지고 무역적자가 누적되면서

성장은 정체되었다. 더욱이 아시아의 국가들은 정부주도의 성장전략을 선택하여 시장원리에 따라 경제가 운용되지 않았으며 정경유착, 자본배분의 불투명성, 뇌물관행 등이 경제효율성을 저해하여 왔었다. 국제적인 헤지펀드들은 이 기회를 놓치지 않고 환투기를 했으며, 급기야 태국, 인도네시아, 한국 등은 국가부도를 막기 위해 국제통화기금IMF의 구제금융을 받기에 이르게 되었던 것이다. 1998년 아시아에서 시작한 외환위기는 멕시코와 브라질 역시 강타하였고, 러시아도 1998년 9월에는 정부가 국가파산의 지경까지 갔었다.

외환위기가 한국에도 영향을 미칠 가능성에 대해 한국정부는 '한국은 펀더멘털이 튼튼하다'는 이유를 들어 무시하였었다. 그러나 **그림 2-1**과 같

이 한국은 1990년 초반부터 경상수지적자가 가중되는 추세에 있었다. 1980년대 중반부터 시작된 노사분규는 날로 계속되었으며, 해외여행이 자유화되자 공항은 언제나 인산인해를 이루었다. 한편, 중국과 인도네시아를 비롯한 저개발국이 저가제품시장에 공세를 취하게 되고 일본의 엔화가 평가절하되면서 한국기업의 수출경쟁력도 떨어지고 경상수지는 계속 적자폭이 늘어왔다. 이러한 경상수지의 적자를 상쇄하기 위한 외국으로부터의 해외자본차입이 계속되었다. 한국의 원화는 경상수지적자로 인해 사실상 평가절하되었어야 함에도 불구하고, 외채로 인한 자본수지의 흑자로 인해 사실상 오랜 기간 고평가되었다.

그 결과 한국경제의 기초여건은 급격히 악화되었고, 1997년 초반부터는 붕괴의 조짐을 보이기 시작하였다. 1997년 1월 한보철강이 부도를 내게 되었고, 그 밖의 여러 중소 재벌이 부도행렬에 합류하게 되었다. 1997년 7월에는 재계 7위인 기아가 부도를 내었으며, 이는 협조융자를 강요받은 은행과 종합금융사에게 치명적인 타격을 주었다.

이와 같이 대기업집단의 연쇄부도와 한국정부의 처리과정을 유심히 지켜본 외국투자가들은 과연 한국경제의 펀더멘털이 지금까지 자신들이 믿어왔던 것처럼 튼튼하였는가에 대해 근본적인 회의를 갖기 시작하였다. 이들은 헐값으로 한국주식을 처분하였고, 원화를 달러로 바꾸어 한국을 떠나기 시작하였다. 외국의 금융기관 역시 처음에는 대출을 줄이더니 점차 한국의 금융기관에 대한 대출을 회수하기 시작하였다. 그 결과 주식시장과 외환시장은 폭락하였으며, 금리는 폭등하였고, 추가적인 대규모 부도사태가 잇달아 발생했다. 원화를 방어하려는 한국은행의 거듭된 시도는 결국 외환보

유고만 고갈시켰고, 만기가 돌아온 해외부채를 상환하지 못하는 은행들에 달러를 무리하게 공급한 결과 가용외환보유고는 50억 달러에 불과하게 되었다. 결국 한국정부는 IMF의 구제금융을 신청하게 되었다. 제일은행과 서울은행은 파산 직전 정부의 출자로 연명하게 되었고, 여러 종합금융사가 문을 닫게 되었다. 이어 진로, 해태, 고합, 뉴코아 등 재벌그룹들이 속속 부도행렬에 합류하였다. 금리는 치솟았고 실업률은 날로 증가추세에 있었다.

이와 같이 한국을 비롯한 아시아국가의 외환위기는 그동안 아시아의 기적적인 경제성장을 가져왔던 정치, 사회, 경제시스템의 총체적인 파산을 의미하며, 향후의 국가경제정책의 운용방식, 기업들의 경영전략, 더 나아가서 교육시스템 및 사회의 제반 시스템의 총체적인 변화의 필요성을 제기하게 되었다. 먼저, 과거 정부주도로 이루어졌던 각종 산업정책과 규제는 한국산업의 경쟁력을 저해하여, 외환위기의 기초적인 원인을 제공하여 주었다. 이는 한국을 모델로 삼아 경제발전계획을 수립하여 온 다른 아시아의 개발도상국에도 공통적인 문제점으로 작용하였다. 따라서, 외환위기의 가장 근본적인 책임은 시장경제원리를 무시한 비효율적인 정책을 펴 온 정부에 있다.

둘째, 외환위기의 또 하나의 주범은 아시아 각국에 공통적인 한국의 재벌과 유사한 기업집단이었다. 재벌과 같이 비관련사업분야로 다각화되고, 소수의 친족이 이들을 소유하고 동시에 경영하고 있는 형태의 기업조직은 개발도상국에서 흔히 찾아볼 수 있다. 과거 한국이 사회전반적으로 낙후되었고, 금융산업이 발달하지 못하였으며, 제반 사회간접자본과 부품산업 등이 불완전하였을 때에는 재벌이 그 나름대로의 효율성을 갖고 있었

던 것은 사실이다. 재벌은 각 계열사로부터 자금을 모아 신규사업에 투자하였고, 고도성장기의 희소한 경영자원인 인재를 새로이 설립한 계열사에 배치하여 활용하였었다. 낙후된 자본시장으로부터 쉽게 자본을 조달할 수 없었고, 유능한 인재도 확보하기 어려웠던 60년대와 70년대에는 재벌이라는 기업집단이 경제적인 순효과를 발휘하였던 것이다.

그러나 1980년대 후반부터 이와 같이 재벌주도형 산업구조는 그 한계를 보이기 시작하였다. 재벌의 내부자본시장은 균형감각을 잃어버리고, '오너'의 취미 또는 확장의욕 등으로 비효율적으로 자본을 배분하게 되었다. 즉, 그룹회장이 자동차를 좋아하기 때문에 사내외의 모든 반발을 불사하고 자동차산업에 진출하거나, 매출액으로 측정하는 재계순위가 다른 그룹에 비하여 밀리는 것을 싫어하여 무조건 외형을 늘리는 목적의 신규사업을 확장하는 등 사업의 매력도나 자신의 기술적·재무적 능력을 도외시한 투자를 한 결과, 파국을 맞게 된 것이다. 즉, 1997년 한국경제가 외환위기를 맞고 IMF로부터 구제금융을 받게 된 것은 궁극적으로 균형감각을 잃고 무분별하게 투자를 하였던 재벌에게 1차적인 책임이 있었고, 이 재벌의 불합리한 투자에 자금을 지원하였던 금융산업에 2차적인 책임이 있었다. 그러나 보다 더 근본적으로는 은행을 비롯한 금융산업에 절대적인 영향력을 행사하여 은행의 투자심사능력을 상실케 하고, 은행을 한낱 금고지기에 불과하게 만들었던 정부에 보다 근본적인 책임이 있는 것이었다.

한편 2008년에는 전세계경제가 다시금 글로벌 금융위기를 맞게 되었다. 1997년의 아시아의 외환위기와 달리 이번의 금융위기는 미국과 유럽을 중심으로 한 선진국에서부터 시작되었다. 이번 위기의 발단은 역시 부동산시장의 '버블'에서부터였다. 미국의 주택시장은 2006년을 정점으로 주택가격이 가파르게 올랐다. 주택가격이 오르자 자산가격상승으로 인해 소비자들은 자신의 소득수준 이상으로 소비를 늘렸고, 은행들은 신용등급이 낮은 사람들에게 낮은 이자로 대출하는 이른바 서브프라임 모기지subprime mortgage를 경쟁적으로 제공하였다. 은행들은 이러한 신용등급이 낮은 대출을 다시 자산화하여 투자자에게 넘겼고, 이러한 mortgage-back securitiesMBS 나 collateralized debt obligationCDO와 같은 파생상품은 또다시 잘게 나누어져 여러 가지 다른 자산들과 섞여서 전세계 투자자에게 유통되었다. 또한 이들 상품에 대한 보험적 성격을 가진 credit default swapCDS을 정확한 위험 평가 없이 제공하면서, 이들 파생상품의 위험은 더욱더 커져갔다.

결국, 2008년 중반에 이르러서 버블이 터지기 시작하였다. 2006년에 정점을 찍었던 미국의 주택가격은 20% 이상 하락하게 되었고, 주택담보대출이자가 높아짐에 따라서, 원래 이렇게 높은 이자를 부담할 수 있는 능력이 없었던 신용등급이 낮은 대출자들이 하나둘씩 대출을 연체하거나 파산하기에 이르렀다. 그러자 이들 불량채권을 가진 은행과 채권자들은 도산위기에 직면하였고, 그 결과 신용경색은 더욱 심해졌으며, 모든 금융기관들이 부도위기에 처해졌다. 미국의 거대 투자은행인 Lehman Brothers가 파산을 선언하고, Bear Sterns와 Merrill Lynch는 파산을 면하기 위해 헐값에 매각되었다. 미국정부는 파국을 막기 위해 대규모 구제금융을 지원하였다. 미국에서 시작한 금융위기는 곧 유럽에도 전파되어, 마찬가지로 자산가격의 버블이 붕괴하기 시작하였고, 유럽의 금융기관 역시 대규모 구제금융을 받기에 이르렀다. 금융위기는 곧 자금시장의 경색을 가져왔고, 기업의 경제활동 역시 큰 타격을 받아 전세계 경제가 불황을 맞게 되었다.

이러한 글로벌 금융위기는 MBS, CDO, CDS와 같은 파생상품에 대한 적절한 규제가 없었던 것이 그 원인이라는 지적도 있다. 또한 선진국 금융산업의 지나치게 단기적인 업적주의와 보너스 등이 서브프라임 모기지 시장의 버블을 초래했다는 것도 그 원인으로 지적되고 있다.

2011년부터 금융위기는 국가부도의 위기로 전개되었다. 특히 유럽의 정부들은 각종 사회보장제도로 인해 정부 지출이 크게 늘어났다. 또한 PIGS라는 약자로 불리는 Portugal, Italy, Greece, Spain은 유럽연합European Union에 가입하면서 화폐가 고평가되었고, 정부들은 채권을 발행하여 각종 사회보장제도를 확충하였다. 그 결과, 정부의 부채는 눈덩이처럼 불어나게 되었고, 이들 정부채권을 보유한 유럽과 미국의 은행들은 또다시 위험에 처하게 되었다. 더욱이 2016년 영국이 국민투표를 통해 EU 탈퇴를 결정하면서 유럽에서의 금융위기는 고착화되는 현상을 보였다.

글로벌 금융위기가 미국과 유럽을 강타한 것에 비해, 아시아 국가들은 비교적 직접적인 타격을 받지 않았다. 이는 한국을 비롯한 아시아의 국가들이 1997년의 외환위기를 극복하면서, 경제의 전반적인 운용시스템, 보다 투명한 기업경영실태의 공개, 합리적인 투자가 이루어지기 위한 금융산업의 발전과 정부재정의 건전화 등의 사회전반적인 개혁을 거쳐왔기 때문이다.

한편 2019년부터 코로나19 바이러스가 전세계에 창궐하게 되자, 전세계 경제는 얼어붙기 시작했다. 학교가 문을 닫고 기업들도 재택근무형태로 바뀌게 됨에 따라, 소비는 줄고, 실업자도 증가하며 경제성장률은 마이너스가 되었다. 이에 대해 전세계 각국은 양적완화 통화정책과 각종 보조금을 풀어 경제파국을 막으려고 노력하였다. 이에 대한 반작용으로 주식시장과 부동산시장은 폭등세를 거듭하고 있고 경제 전반적으로 거품이 쌓이고 있다. 2022년 코로나19 바이러스 대유행이 잠잠해지고, 러시아의 우크라이나 침공으로 인해 유가와 곡물가가 상승하며, 중국에 편중되었던 글로벌공급망Global Supply Chain이 그 한계를 드러내게 되자 전세계는 인플레이션 압력에 처하게 되었다. 미국의 연방준비은행이 금리를 올리자, 각국도 따라서 금리상승 압력을 받게 되었고, 2024년에도 인플레이션 압력이 지속되고 있다. 이런 추세가 계속되면 향후 인플레이션과 경기둔화가 동시에 오는 스태그플레이션Stagflation의 가능성도 예측되고 있다. 또 한번의 글로벌 경제위기가 오고 있는 것이다.

Warren Buffett이 본 금융위기

코로나 바이러스의 경제적 효과

금리인상과 인플레이션

01 ›› 서 론

　　본 장의 서두에 있는 마르크스와 엥겔스의 공산당선언Communist Manifesto의 인용구는 자본주의가 태동·발전하던 1848년 그 당시부터 이미 국가간의 시장경계가 무너지고, 전세계시장으로의 개편이 큰 문제로 대두되고 있었다는 점을 보여 준다. 이와 같이 국가간의 시장경계가 무너지고 경쟁이 세계화되는 과정은 이미 170년 전부터 계속적으로 진행되어 왔고, 향후 자본주의가 더욱 발전하게 되면서 더욱 빠른 속도로 국가간의 경계가 허물어지고 산업과 경쟁의 세계화가 이루어지리라 예상된다.

　　1997년 한국을 비롯한 아시아의 여러 나라가 겪었던 외환위기와 2008년부터 시작된 글로벌 금융위기도 거시적으로 보면, 마르크스와 엥겔스가 예견한 세계화의 과정에서 일어난 현상이라고 할 수 있다. 또한 2019년 이후 코로나19가 전세계

그림 2-2 │ 본서의 구성체계

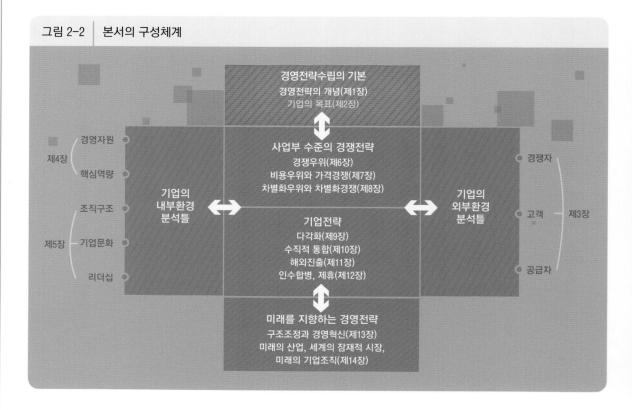

로 창궐한 이유도 이미 세계화가 진전되어 인력의 이동이 자유로워진 것에 기인한다. 제2차 세계대전 이후 국제무역에 대한 장벽은 GATT와 WTO로 인해 계속 낮아져 왔고, 금융시장은 이미 글로벌시장으로 편입되어, 컴퓨터의 키를 한 번 누름으로써 수백억 달러의 자금이 국가간으로 순식간에 이동하는 세계가 되었다.

아시아의 외환위기나 글로벌 금융위기에도 불구하고 세계경제의 글로벌화는 계속되고 있다. 물론 2016년 영국의 EU탈퇴 국민투표와 2020년 이후 가시화된 미국과 중국의 무역마찰은 그동안 글로벌화로 인한 소득격차의 증대 및 이민증가 등 글로벌화의 부작용에 기인하지만, 앞으로도 기업의 지배구조, 정부 역할의 재정립, 금융산업의 규제, 회계제도의 정비 등 정치, 경제, 사회 전반적인 글로벌 스탠다드global standard에 대한 필요성이 계속 커질 것이다.

따라서, 본 장에서는 이와 같은 글로벌화의 원인과 추세를 살펴보고 한국기업의 글로벌 경쟁력을 고찰한다. 또한 기업의 경영전략이 기업의 목표와 일치하게끔 하는 기업의 지배구조, 즉 이사회와 자본시장의 견제기능에 대해 살펴보기로 한다.

본 장에서는 다음과 같은 주제를 다룬다.

- 산업과 경쟁의 글로벌화를 촉진시키는 요인을 살펴본다.
- 글로벌경쟁에 직면해 있는 한국기업의 상황을 분석하고, 한국기업이 앞으로 추구해야 할 전략적 대안을 살펴본다.
- 전략수립에 앞서 기업이 추구해야 할 목표가 무엇인가 논의한다.
- 기업이 추구하는 전략이 기업의 목표와 같아지도록 통제하는 수단인 기업의 지배구조에 대해서 알아보기로 한다.

02 ›› 글로벌경영환경

글로벌화의 정의

글로벌화globalization란 기업이 국가단위로 각기 다른 전략을 취하는 것에서

Strategic Management

표 2-1   총매출에 따른 순위

순위	기업명	매출 (10억 달러)	순이익 (10억 달러)	순위	기업명	매출 (10억 달러)	순이익 (10억 달러)
1	Walmart	611.3	11.7	26	Costco Wholesale	227.0	5.8
2	Saudi Aramco	603.7	159.1	27	Hon Hai Precision Industry	222.5	4.8
3	State Grid	530.0	8.2	28	Industrial & Commercial Bank of China	214.8	53.6
4	Amazon	514.0	−2.7	29	China Construction Bank	202.8	48.1
5	China National Petroleum	483.0	21.1	30	Microsoft	198.3	72.7
6	Sinopec Group	471.2	9.7	31	Stellantis	188.9	17.7
7	ExxonMobil	413.7	55.7	32	Agricultural Bank of China	187.1	38.5
8	Apple	394.3	99.8	33	Ping An Insurance	181.6	12.5
9	Shell	386.2	42.3	34	Cardinal Health	181.4	−0.9
10	UnitedHealth Group	324.2	20.1	35	Cigna	180.5	6.7
11	CVS Health	322.5	4.1	36	Marathon Petroleum	180.0	14.5
12	Trafigura Group	318.5	7.0	37	Phillips 66	175.7	11.0
13	China State Construction Engineering	305.9	4.2	38	Sinochem Holdings	173.8	0.0
14	Berkshire Hathaway	302.1	−22.8	39	China Railway Engineering Group	171.7	2.0
15	Volkswagen	293.7	15.2	40	Valero Energy	171.2	11.5
16	Uniper	288.3	−20.0	41	Gazprom	167.8	17.6
17	Alphabet	282.8	60.0	42	China National Offshore Oil	164.8	17.0
18	McKesson	276.7	3.6	43	China Railway Construction	163.0	1.8
19	Toyota Motor	274.5	18.1	44	China Baowu Steel Group	161.7	2.5
20	TotalEnergies	263.3	20.5	45	Mitsubishi	159.4	8.7
21	Glencore	256.0	17.3	46	Ford Motor	158.1	−2.0
22	BP	248.9	−2.5	47	Mercedes−Benz Group	157.8	15.3
23	Chevron	246.3	35.5	48	Home Depot	157.4	17.1
24	Cencora	238.6	1.7	49	Bank of China	156.9	33.8
25	Samsung Electronics	234.1	42.4				

순위	기업명	매출 (10억 달러)	순이익 (10억 달러)	순위	기업명	매출 (10억 달러)	순이익 (10억 달러)
50	General Motors	156.7	9.9	76	China Energy Investment	121.6	5.7
51	Elevance Health	156.6	6.0	77	Comcast NBCUniversal	121.4	5.4
52	JD.com	155.5	1.5	78	AT&T	120.7	−8.5
53	JPMorgan Chase	154.8	37.7	79	Deutsche Telekom	120.1	8.4
54	China Life Insurance	151.5	6.9	80	Pemex	118.5	5.0
55	Electricité de France	150.9	−18.9	81	Meta Platforms	116.6	23.2
56	Equinor	150.8	28.7	82	Bank of America	115.1	27.5
57	BMW	150.0	18.9	83	China Southern Power Grid	113.7	1.5
58	Kroger	148.3	2.2	84	SAIC Motor	110.6	2.4
59	Enel	147.8	1.8	85	Hyundai Motor	110.4	5.7
60	Centene	144.5	1.2	86	China Post Group	110.3	4.9
61	ENI	140.6	14.6	87	COFCO	110.2	1.8
62	China Mobile Communications	139.6	14.7	88	Reliance Industries	109.5	8.3
63	China Communications Construction	138.3	1.3	89	Engie	109.2	0.2
64	Verizon Communications	136.8	21.3	90	Target	109.1	2.8
65	China Minmetals	133.5	0.9	91	AXA	109.1	7.0
66	Walgreens Boots Alliance	132.7	4.3	92	SK	106.0	0.9
67	Allianz	129.1	7.1	93	Mitsui	105.7	8.4
68	Alibaba Group Holding	126.8	10.6	94	Indian Oil	105.3	1.2
69	Xiamen C&D	126.0	0.5	95	Xiamen ITG Holding Group	103.1	0.3
70	Honda Motor	124.9	4.8	96	Itochu	103.0	5.9
71	Petrobras	124.5	36.6	97	Dell Technologies	102.3	2.4
72	Shandong Energy Group	124.1	0.0	98	Archer Daniels Midland	101.6	4.3
73	E.ON	121.6	1.9	99	Citigroup	101.1	14.8
74	China Resources	121.6	4.7	100	CITIC Group	100.8	3.9
75	Fannie Mae	121.6	12.9				

출처: Fortune Global500, 2023년 기준.

벗어나서 전세계시장을 하나의 시장으로 보고 동일한 전략을 수행하는 것을 의미한다. 국제화internationalization가 종전의 국가단위로 구성되었던 경제에서 한 국가에 있는 기업이 다른 국가로 진출하는 것을 의미하는 반면, 글로벌화는 국경에 따른 시장구분이 더 이상 의미가 없어졌다는 것을 뜻한다. 글로벌화된 산업에서는 자유무역의 환경하에서 제품·기술·서비스가 각국으로 자유롭게 이동하며, 인적자원과 자본의 흐름도 자유롭게 된다. 이렇게 제품과 서비스, 기술 및 자본과 인적자원의 이동이 자유롭게 되는 것은 특히 각국에 자회사를 둔 다국적기업들에 의해서 더욱 활발하게 이루어지고 있다. **표 2-1**은 전세계 주요 다국적기업의 현황을 보여준다.

한편 글로벌산업global industry에 반대되는 산업을 국가별산업multidomestic industry이라고 한다.[1] 국가별산업이란 각 국가마다 소비자의 선호가 다르기 때문에 그에 따라 기업활동이 다양한 제품을 생산하는 국가별로 조직되어 있는 산업을 뜻한다. 각 국가마다 시장특성과 정부규제가 다른 유통산업, 보험산업, 은행, 단순조립금속산업 등이 국가별산업의 대표적인 예이다. 국가별산업은 각각의 국가가 서로 상이한 유통구조를 갖고 있고 소비자의 선호도 다르므로 외국기업들보다 현지기업들이 경쟁력을 갖기 쉽다. 그러나 최근에는 전통적으로 국가별산업이라고 여겨졌던 유통산업과 금융산업에도 소비자의 수요가 동질화되고 각종 규제가 완화됨에 따라 외국기업의 진출이 가속화되어 글로벌화가 빠른 속도로 진행되고 있다.

반면 글로벌산업은 한 시장에서의 경쟁우위가 다른 나라의 시장에서도 중대한 영향을 미친다. 따라서 이런 산업에서 경쟁하는 기업들은 전세계적 생산 및 판매망을 통하여 자국에서 얻어 낸 경쟁우위를 다른 나라에서 활용함으로써, 즉 규모의 경제와 전세계 고객에 대한 서비스 제공능력과 세계적인 브랜드명성 등을 결합시켜, 경쟁우위를 창출해 낸다. 대표적인 산업으로는 항공기제작, 반도체, 전자, 자동차, 복사기, 시계산업 등이 있다.

이와 같이 많은 산업에서 글로벌화가 촉진되는 이유는 다음과 같다.

글로벌화를 촉진시키는 요인

소비자수요의 동질화

코카콜라와 펩시콜라가 전세계적으로 각광을 받는 청량음료가 되고, McDonald's 햄버거가 한국과 러시아에서도 성공하고 있는 것은 그만큼 젊은 세대에서 소비자의 수요나 구매행태가 전세계적으로 동질화되고 있다는 것을 의미한다.

이와 같은 소비자수요의 동질화를 이루게 한 것은 다름 아닌 커뮤니케이션기술의 발전이다. 예를 들어, 현대 젊은이들은 SNS, YouTube와 같은 전세계적인 커뮤니케이션 매체를 통해 점차 동질화된 취향을 갖게 된다. 이를 통하여 한국의 BTS가 발표한 신곡을 미국이나 유럽, 일본 등의 모든 국가의 젊은이들이 거의 동시에 듣고 즐길 수 있게 된 것이다. 또한 새로이 유행하는 T셔츠와 의상도 순식간에 전세계적으로 퍼져 나가고 있다. 이와 같은 커뮤니케이션기술의 발달은 전세계적으로 소비자수요의 동질화를 촉진시켰고, 기업도 이제는 전세계를 단일시장으로 보고 빠른 시간에 전세계 소비자들의 수요에 부응할 수 있는 제품을 만들어야만 한다.

수요의 동질성을 낳게 된 또 하나의 이유는 전세계적인 소득수준의 향상이다. 경제개발을 이룩한 신흥공업국의 국민도 소득수준이 오름에 따라 선진국에서 소비되는 제품을 선호하는 경향이 있다. 이와 같은 교육수준과 소득수준이 비슷해짐에 따라서 이들은 선진국과 비슷한 제품을 구매·소비할 수 있는 능력을 갖게 되었다.

자본집약적 생산방식

글로벌화를 촉진시키는 두 번째 요인은 자본집약적인 생산방식과 그에 따른 규모의 경제가 점점 더 중요해진다는 사실이다.[2] 최근 거의 모든 산업들이 노동집약적인 생산방식으로부터 자본집약적인 생산방식으로 전환되고 있다. 예를 들어 자동차산업에서 전체 자동차생산비용 중 임금이 차지하는 비율은 5% 미만에 불과하며 이 비율은 계속 낮아지고 있다. 그리고 장치산업인 반도체산업에서 임금은 무시해도 좋을 만큼 작다.

이같이 노동비용은 점차 감소하는 반면에 자본비용이 차지하는 비중은 크게 증가함에 따라서 규모의 경제economies of scale가 커지게 되었고, 이러한 자본재에 대한 투자를 회수하려면 대규모 생산체제를 갖추지 않으면 안 되게 되었다. 내수시장만으로는 이렇게 큰 자본재에 대한 투자를 회수할 수 없기 때문에, 기업들은 전세계시장을 목표로 한다. 따라서, 소비내구재, 자동차, 항공기, 전기, 전자, 철강, 화학산업들은 모두 자본집약적 산업이고, 전세계적으로 소수의 다국적기업들이 지배하고 있는 산업이다.

기술진보와 R&D투자

글로벌화를 촉진시키는 또 하나의 주요 요인은 빠른 기술진보와 이를 주로 뒷받침하는 R&D투자에 있다. 예를 들어, 전자, 통신, 컴퓨터, 정밀화학, 의약품제조산업 등과 같은 첨단산업에서는 총매출 중 연구개발비용이 차지하는 비중이 매우 높다. 연구개발비용이 많이 소요되는 산업에서는 내수만으로는 그처럼 높은 연구개발비를 회수하기 힘들다. 따라서 이들 첨단산업에서도 전세계시장을 염두에 두고 제품개발과 판매를 기획할 필요가 생겼다. 일반기초석유화학분야에서는 전체매출에서 R&D투자비용이 차지하는 비중이 2~3%에 불과한 반면, 정밀화학분야의 R&D투자비용은 총매출의 10% 이상을 상회하기 쉽다. 더 나아가 의약품산업에서의 R&D투자비용은 전체매출의 20% 이상까지 높아졌다. 그 결과 화학산업과 의약품산업에서 급속도로 글로벌화가 진행되어 많은 기업들이 해외로 진출하였고 또한 화학산업 내 기업들간에 국제적 인수합병이 활발히 이루어졌다.

무역장벽의 감소

GATT체계의 출범 이후 전세계적으로 무역장벽이 낮아졌고, 앞으로도 더욱 낮아질 것이라는 점에서 글로벌화는 보다 급속히 촉진될 것이라고 생각된다. 특히 WTO체제의 출범에 따라서 무역분쟁이 신속하게 해소되고 지적재산권에 대한 보호가 강화됨에 따라 기술이전도 훨씬 자유로워졌다. 또한 EU FTA와 한미 FTA와 같은 자유무역협정은 협정 당사국간의 무역장벽을 더욱더 없애는 효과를 낳는다. 향후, 서비스 등에 대한 제약도 없어지면, 서비스산업에서의 글로벌화는 더욱 가속화되리라 생각된다. 물론 트럼프 대통령이 촉발한 미국우선주의와 중국과의 무역갈등, 그리고 코로나19의 여파로 인한 생산기지의 다변화 등으로 당분간 글로벌화의 추세가 주춤하리라 생각되지만 글로벌화의 장기적인 트랜드는 막지 못할 것이다.

자본의 자유로운 이동

본 장의 서두에 살펴본 아시아의 외환위기의 배경에는 1990년대 초반에 이루어진 자본시장의 자유화가 있다. 한편 2008년 미국의 서브프라임 모기지의 부실화가 전세계적인 금융위기로 증폭되었던 것도 금융시장이 이제는 전세계적으로 통합된 사실에 기인한다.

이와 같은 자본시장의 글로벌화의 결과 각국의 법적, 제도 및 문화적 관습 역시 동질화되고 있다. 이른바 글로벌 스탠다드global standard라는 개념은 자본이 전세계로 자유롭게 이동함에 따라 이들 투자가를 유치하기 위하여 회계제도의 투명성, 규제시스템의 동질화, 영어사용 등 각종 사회제도 및 법률, 관습이 변하게 됨을 의미한다.

이상의 수요의 동질화, 규모의 경제, 높은 시설투자비용과 R&D비용, 무역장벽의 감소, 자본의 자유로운 이동 등은 글로벌화를 촉진시키는 주요 요인들이다.

03 ›› 한국기업의 글로벌경쟁력

비교우위의 변화

한국기업은 1960년대 경제개발계획추진 이후로 고도경제성장을 이룩하였다. 1960년대와 1970년대 초기까지 한국기업은 풍부한 노동력과 낮은 임금을 바탕으로 노동집약적인 산업인 섬유, 신발, 의류 등을 주요 수출품목으로 하여 외화를 획득하였고, 중화학공업에 대한 투자의 결과 TV, VCR 등 가전제품이 1980년대의 주요 생산품목이 되었다. 그리고 1990년대부터는 자동차와 철강, 조선 등의 분야에서 국제경쟁력을 갖추었고 최근에 반도체, 스마트폰 같은 IT분야는 세계최고의 경쟁력을 보유하고 있다. 이러한 한국기업들의 주요 수출품목들의 변화를 보면 노동집약적인 제품의 수출에서부터 점차 자본집약적인 제품의 수출로 이전되어 가고 있음을 알 수 있다.

이러한 한국기업의 산업별 비교우위의 이전과정은 **그림 2-3**의 비교우위의 연결고리를 통해 일목요연하게 살펴볼 수 있다. 비교우위의 연결고리란 미시경제학의 등생산량곡선isoquant curve을 각 산업별로 나타낸 것이다.[3] 노동과 자본을 두축으로 표시하였을 때 우하향에 위치하는 산업일수록 노동집약적인 산업이다. 즉, 섬유, 신발, 의류 등의 산업은 가장 노동집약적인 산업이고 TV나 VCR은 섬유보다는 훨씬 자본집약적이기는 하지만 자동차나 철강에 비해서는 훨씬 노동집약적인 산업이다. 자동차와 철강분야는 TV나 VCR보다는 자본집약적이면서 반도체나 IT, 생화학 같은 산업에 비하면 훨씬 노동집약적이다. 좌상향의 극단에 위치하

Strategic Management

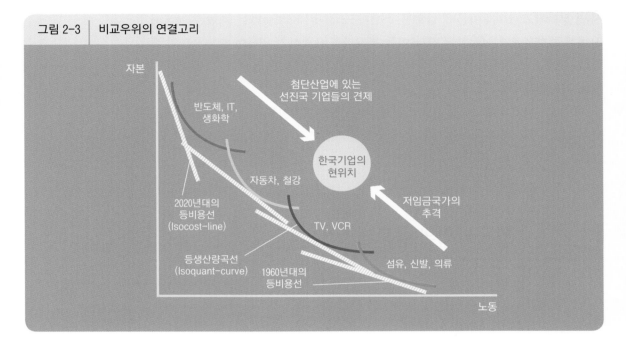

그림 2-3 | 비교우위의 연결고리

는 등생산량곡선으로 나타낼 수 있는 산업들은 자본집약적이고 연구개발집약적 이며, 반도체나 IT, 생화학 등이 이 부류에 속한다. 등비용선isocost line은 각국의 요소가격의 상대가격으로서 등비용선의 모양이 완만하다는 것은 노동이 상대적 으로 풍부하고 자본이 상대적으로 희소해서 노동이 상대적으로 저렴하다는 것을 의미한다. 반대로 등비용선이 가파른 것은 자본이 상대적으로 풍부하여 노동이 자본보다 상대적으로 비싸다는 것을 의미한다.

   이와 같은 등생산량곡선과 등비용선을 이용해 한국기업의 비교우위 이전과 정을 살펴보면, 1960년대와 1970년대 초반 임금이 싸고 자본재가 희귀했을 시기 에는 등비용선이 평탄하게 나타나는데 이러한 상황에서는 노동집약적인 산업에 비교우위가 있게 된다. 그러나 점차 경제개발이 진전되어 임금이 상승함에 따라 섬유나 신발, 의류와 같은 단순노동집약적인 산업은 경쟁력을 잃어 가고 TV나 VCR 같은 보다 자본집약적인 산업이 상대적으로 경쟁력을 얻게 되었다. 이후 임 금이 더욱 상승함에 따라 경공업분야에서는 한국보다 노동이 훨씬 풍부하고 값싼 중국과 같은 저개발국에게 비교우위를 상실하고 오히려 자동차나 철강쪽에서 비 교우위를 가지게 되었다. 최근 현대자동차와 삼성전자와 같은 한국기업들은 자동 차, 가전, 반도체와 IT 분야에서 세계 최고의 경쟁력을 가진 기업으로 대두되고 있 다. 그러나 아직도 AI를 비롯한 컴퓨터소프트웨어나 생화학기술분야 등에서는 한국기업들이 갖고 있는 비교우위는 미미하다. 이러한 산업에서는 연구개발에 대한 투자가 경쟁력을 결정하는 가장 중요한 요인이다.

따라서 한국기업은 위로부터는 첨단산업에 있는 선진국기업들의 견제를 받음과 동시에, 아래로부터는 저임금국가들로부터 가격경쟁의 추격을 받는 중간위치에서 큰 경쟁위협에 직면하고 있다.

한국기업의 특성

한국기업은 재벌기업중심의 대기업부문과 영세한 중소기업부문으로 이루어진 이중구조의 성격을 가지고 있다. 정부는 과거 수차례의 경제개발계획을 추진하면서 대기업위주의 성장전략을 취해 왔다. 따라서 수출위주의 대기업에는 막대한 특혜와 보조금이 주어졌으며 그 결과 한국의 재벌과 같은 기업집단business group이 나타나게 되었다(표 2-2 참조). 이러한 재벌조직의 특성은 흔히 문어발식 확장이라고 표현되기도 한다. 하지만 한국기업들의 확장을 보면 문어발식 확장에도 그 나름대로의 이유와 논리를 가지고, 상당히 체계적으로 추진되어 왔다.

즉, 각 재벌기업마다 수개의 주력기업들이 있고 그 주력기업들에 부품을 공급하는 보다 작은 규모의 부품공급업체들이 연결되어 있다. 그리고 종합상사는 이러한 각 계열사로부터 나오는 제품들을 해외로 수출하는 하방통합적인 성격을 갖고 있는 기업이다. 그리고 증권회사와 보험, 유통산업 등은 이러한 주력 제조기업에게 서비스를 제공하는 구조라고 볼 수 있다. 이와 같은 재벌의 사업구조를 보면, 한국의 재벌은 수평적으로는 비관련부분으로 다각화된 기업군이지만 상당히 수직적으로 통합된 기업군들이라고 볼 수 있다. 본서의 제9장과 제10장에서는 기업수준의 전략에서 왜 기업들이 다각화를 추구하며 또한 기업들이 수직적 통합을 할 것인가에 대해 구체적으로 살펴볼 것이다.

이와 같은 한국의 재벌은 과거 한국경제가 미발달된 개발 초기에는 긍정적인 기능을 수행한 측면도 있으나, 다음과 같은 측면에서 한계를 가졌다. 첫째, 같은 그룹에 있는 수많은 적자기업들을 살리기 위하여 이익을 내는 기업이 희생할 수 있다는 점이다. 손실을 보는 계열사를 돕는 기업은 그만큼 자신의 국제경쟁력을 강화하는 데 필요한 투자를 할 수 없기 때문이다. 둘째, 재벌기업군의 또 하나의 문제점은 소위 '오너'라고 불리는 대주주의 독단적인 의사결정으로 비합리적인 투자가 이루어졌다는 점이다. 9장의 사례에도 나오는 금호아시아나 그룹이 자신의 자금력이 부족한 점에도 불구하고 막대한 프리미엄을 지불한 대한통운과 대우

표 2-2	한국의 주요 기업집단 현황							(단위 : 개, 10억원)
순위	기업집단명	동일인	계열 회사수	자산 총액	자본 총액	부채총액	매출액	당기순이익
1	삼성	이재용	63	945,843	432,253	513,590	358,916	43,507
2	에스케이	최태원	219	334,360	174,992	159,367	200,962	659
3	현대자동차	정의선	70	354,852	183,331	171,521	285,234	20,515
4	엘지	구광모	60	177,903	87,375	90,528	135,401	2,141
5	포스코	포스코홀딩스(주)	47	137,098	96,902	40,196	93,611	2,597
6	롯데	신동빈	96	137,974	61,104	76,870	67,651	1,176
7	한화	김승연	108	243,326	58,696	184,630	72,664	1,943
8	HD현대	정몽준	29	84,792	40,828	43,965	70,764	2,393
9	지에스	허창수	99	80,824	41,921	38,902	84,338	3,372
10	농협	농업협동조합중앙회	54	573,735	69,367	504,368	55,626	3,577
11	신세계	이명희	53	62,052	32,164	29,888	36,609	659
12	케이티	(주)케이티	48	71,153	26,547	44,605	32,087	1,141
13	씨제이	이재현	73	39,856	20,045	19,811	31,174	840
14	한진	조원태	34	39,092	15,327	23,765	19,722	1,323
15	카카오	김범수	128	86,000	25,940	60,060	11,442	−1,601
16	엘에스	구자은	67	38,811	17,335	21,476	34,568	1,189
17	두산	박정원	22	26,960	14,598	12,362	10,370	241
18	DL	이해욱	45	26,769	14,169	12,600	12,956	480
19	셀트리온	서정진	8	25,696	21,765	3,932	2,825	937
20	에이치엠엠	에이치엠엠(주)	5	25,508	21,001	4,506	8,308	977
21	중흥건설	정창선	53	24,935	10,094	14,841	15,030	830
22	미래에셋	박현주	30	135,997	21,741	114,256	22,869	1,215
23	네이버	이해진	54	25,509	15,178	10,331	10,761	1,198
24	현대백화점	정지선	27	22,184	14,676	7,509	12,892	415
25	에쓰-오일	에쓰-오일(주)	2	21,640	9,089	12,550	35,600	952
26	부영	이중근	21	21,066	5,291	15,776	832	−513
27	쿠팡	쿠팡(주)	13	20,442	3,570	16,871	39,551	2,305
28	금호아시아나	박삼구	24	17,393	1,856	15,537	10,863	230
29	하림	김홍국	45	17,557	9,386	8,171	12,485	215
30	SM	우오현	58	17,084	9,346	7,738	5,642	−67
31	에이치디씨	정몽규	35	16,997	6,903	10,094	6,706	146
32	영풍	장형진	28	16,886	13,467	3,419	11,830	527
33	효성	조현준	57	16,720	8,104	8,615	16,424	225
34	호반건설	김상열	39	16,094	9,845	6,249	8,163	979
35	DB	김준기	25	72,984	14,563	58,421	22,931	1,846
36	케이티앤지	(주)케이티앤지	14	14,980	11,328	3,652	5,500	945

순위	기업집단명	동일인	계열 회사수	자산 총액	자본 총액	부채총액	매출액	당기순이익
37	케이씨씨	정몽진	14	14,201	7,972	6,229	7,091	726
38	장금상선	정태순	27	14,201	7,109	7,092	5,529	735
39	교보생명보험	신창재	14	130,860	12,651	118,209	16,853	468
40	코오롱	이웅열	48	13,059	5,583	7,476	11,199	85
41	오씨아이	이우현	24	12,721	7,211	5,510	7,268	660
42	태영	윤세영	82	12,315	1,963	10,353	6,600	−2,252
43	넥슨	유정현	19	11,909	9,991	1,918	4,242	1,476
44	세아	이순형	26	11,810	8,373	3,436	9,420	484
45	엘엑스	구본준	17	11,357	6,840	4,516	13,423	449
46	넷마블	방준혁	35	11,311	7,290	4,021	4,096	359
47	에코프로	이동채	23	11,219	6,480	4,739	9,002	518
48	이랜드	박성수	31	10,910	4,641	6,269	4,592	122
49	한국앤컴퍼니그룹 (舊 한국타이어)	조양래	24	10,383	8,567	1,816	4,224	691
50	태광	이호진	20	46,669	8,448	38,221	9,186	391
51	금호석유화학	박찬구	14	9,596	7,053	2,543	7,773	570
52	다우키움	김익래	48	54,761	8,244	46,517	10,255	507
53	두나무	두나무(주)	12	9,490	4,940	4,550	1,023	818
54	삼천리	이만득	47	9,429	5,760	3,669	6,442	334
55	동원	김남정	26	9,383	5,015	4,368	9,038	300
56	KG	곽재선	34	9,963	5,591	4,372	9,184	416
58	한국지엠	한국지엠(주)	3	8,775	3,039	5,736	14,990	1,209
59	아모레퍼시픽	서경배	13	8,350	7,601	749	3,325	176
60	대방건설	구교운	42	8,169	2,260	5,909	2,467	−119
61	한국항공우주산업	한국항공우주산업(주)	4	7,238	1,716	5,522	3,873	225
62	애경	장영신	31	7,125	2,904	4,221	4,683	207
63	엠디엠	문주현	15	7,460	4,052	3,408	1,841	612
64	크래프톤	장병규	8	7,040	6,186	853	1,891	718
65	삼양	김윤	13	6,927	4,476	2,451	4,641	338
66	보성	이기승	65	6,957	2,663	4,294	2,649	323
67	동국제강	장세주	12	6,765	3,847	2,918	4,825	−89
68	현대해상화재보험	정몽윤	13	44,315	6,537	37,778	16,462	783
69	중앙	홍석현	54	6,620	2,266	4,354	2,347	−42
70	글로벌세아	김웅기	20	6,373	2,663	3,710	5,087	63
71	아이에스지주	권혁운	36	6,325	3,352	2,974	2,433	320
72	유진	유경선	60	14,103	4,497	9,607	4,372	316

순위	기업집단명	동일인	계열 회사수	자산 총액	자본 총액	부채총액	매출액	당기순이익
73	영원	성기학	50	6,089	4,322	1,767	4,996	672
74	DN	김상헌	8	5,876	2,708	3,168	2,759	357
75	고려에이치씨	박정석	24	5,857	5,226	631	3,552	182
76	오케이금융그룹	최윤	16	22,982	5,835	17,147	2,647	−9
77	BGF	홍석조	18	5,804	3,382	2,422	9,131	265
78	대신증권	양홍석	117	23,485	4,750	18,736	4,655	874
79	하이트진로	박문덕	11	5,530	2,536	2,994	2,798	53
80	농심	신동원	23	5,688	3,578	2,111	4,462	153
81	신영	정춘보	33	5,397	650	4,747	1,770	−52
82	한솔	조동길	21	5,369	2,903	2,465	5,058	163
83	반도홀딩스	권홍사	18	5,335	3,911	1,425	1,525	88
84	삼표	정도원	33	5,281	2,582	2,699	2,768	210
85	하이브	방시혁	15	5,250	3,339	1,911	2,147	17
86	소노인터내셔널	박춘희	23	5,176	544	4,632	1,353	63
87	원익	이용한	54	5,039	3,424	1,615	2,660	−24
88	파라다이스	전필립	14	5,011	2,722	2,289	1,072	81

출처: 공정거래위원회, 2024년 5월 기준. 상호출자제한 및 공시대상 기업집단.

건설의 인수가 실패하고 그룹전체가 위기를 맞게 된 것은 그룹총수의 독단에 제동을 걸 체계적인 기업지배구조corporate governance system가 없었기 때문이다. 따라서 보다 철저한 기업지배구조를 확립하는 것이 급선무라고 하겠다.

한편 이와 같이 재벌기업군과 같은 대기업들이 존재하고 있는 반면, 많은 한국의 기업들은 중소기업의 형태를 띠고 있다. 대체로 중소기업은 자본과 기술에서 대기업에 비해 열세에 놓여 있는 것이 현실이다. 그러나 앞으로의 글로벌경쟁에서는 반드시 대기업들이 중소기업보다 유리하다고 보기는 힘들다. 예를 들어, Nissan과 Toyota에 베어링을 공급하는 MinebeaMitsumi라는 중소기업은 오히려 대기업들보다 더 높은 수준의 수익률을 보인다. 이러한 일본의 중소기업들은 특정분야에 있어서는 대기업 또는 세계의 어느 기업보다도 더 우수한 기술을 보유하고 있으며, 이러한 핵심기술로부터 나오는 핵심부품을 최종제품 생산단계의 대기업들에게 공급한다. 이런 중소기업들은 자신의 핵심기술들을 개발하고 확장시켜 가면서 대기업보다 규모는 작지만 높은 수익성을 유지하고 있다.

04 >> 기업의 목표와 비전

⚙️ 이윤극대화

　　제1장의 손빈병법의 사례는 효과적인 경영전략의 수립과 실행을 위하여는 무엇보다도 먼저 구체적인 목표설정이 필요하다는 사실을 살펴보여준다. 기사경주의 목표는 3회의 시합에서 누가 더 많이 이기는가였다. 즉 자신의 가장 느린 말들을 경쟁자의 가장 빠른 말들과 대전한 시합에서 얼마나 무참히 참패하든간에 나머지 두 회에서 이기기만 하면 되는 것이었다. 이처럼 명확한 목표의 수립은 전략의 수립과 실천에 선행되어야 할 중요한 과제이다.

　　기업은 종종 자신이 매출, 이익, 소비자만족, 사회에 대한 기여 등을 목표로 한다고 말한다. 그러나 경제학적 관점에서 볼 때 기업의 목표는 아주 단순하다. 그것은 '이윤극대화profit maximization'라는 단어 하나로 집약된다. 경제학에서 이윤극대화를 기업의 목표로 규정하는 이유는, 원래 기업이란 주주shareholder가 자본금을 내어 기업을 설립하고, 직원을 고용하고 원료를 구매하여 고객에게 제품을 팔거나 서비스를 창출함으로써 얻는 이익을 목적으로 설립된 조직이기 때문이다. 종업원 또는 원료공급자는 미리 정한 임금 또는 보수를 지불받으면서 거래관계가 종료된다. 그러나 주주는 최종제품과 서비스를 판매한 금액에서 종업원의 임금과 원료공급에 대한 비용을 지급한 나머지를 취하게 된다. 이렇게 주주에게 귀속되는 대가는 때로는 손해 또는 이익이 될 수 있는 불확실한 대가이다. 그러므로 이러한 불확실성을 상쇄하고 회사의 영속성을 유지하기 위해서는 이익을 극대화하여 주주에게 투자에 대한 확실한 보상을 해 주어야 한다. 만일 종업원들이 주주의 이윤극대화에 불만이 있다면, 자신 스스로 창업을 하거나 보수를 더 주는 기업으로 이직하면 되기 때문이다. 이러한 기업의 이윤극대화는 기업의 가치창조 value creation의 극대화를 의미한다. 만일 기업이 종업원을 고용하고 원료를 구매하여 생산활동을 한 후, 임금과 구매비용을 지불하고 남는 이윤이 없다면 그 기업의 가치창출은 영0이다.

사회적 책임과 이해당사자의 만족

Porter가 말하는
기업의 사회적 책임

　　기업의 본질적인 목적이 이윤극대화라는 경제학적 주장에 대해, 기업이란 주주만을 위한 이윤극대화가 아니라 기업에 참여하는 여러 이해당사자stakeholders를 만족시켜야 한다는 주장도 있다.[4] 즉, 기업은 기업내부적으로는 주주뿐만 아니라, 연봉, 권력, 사회적 지위 등이 주목적인 최고경영자와 임금, 노동조건, 고용안정 등이 목표인 종업원 등으로 구성된 이익집단의 결합체이며, 한편 기업외적으로도 고객, 협력업체, 정부까지도 이해당사자에 속한다는 견해이다. 실제로 독일에서는 노동자 대표가 기업의 장기경영전략과 주요 정책을 결정하는 최고의사결정기구에 참여하고 있다. 정부도 또한 실업을 방지하기 위하여 또는 기업들의 도산을 막기 위하여 기업경영에 개입할 수 있다고도 주장하고 있다. 이 견해에 따르면 기업의 최고경영자의 주요 목표는 이러한 서로 다른 이해당사자의 목표를 조화시키는 데 있다고 볼 수 있다.

　　최근에는 이와 같은 기업의 사회적 책임을 강조하는 경향이 뚜렷하게 나타나고 있다. 밀레니엄 세대들은 공정함과 윤리적 행동에 대해 큰 가치를 부여하는 특성을 갖고 있다. 따라서 많은 기업들이 주주이윤극대화와 기업의 사회적 책임과 이해당사자의 만족을 동시에 추구하기 위해 많은 노력을 하고 있다.

　　외견상에는 기업의 여러 이해당사자들이 서로 다른 목적을 추구하는 것처럼 보이지만 많은 경우에 있어서 이들의 상충되는 목적은 기업활동에서 창출되는 이윤을 어떻게 분배할 것인가의 문제로 조정되어질 수 있다. 예를 들어 기업이 종업원의 복지후생에 관심을 두고 그들의 잠재력을 발휘하기 위해 교육훈련을 베풀어주며, 협력업체와 고객을 존중하면서, 정부와 지역사회주민에게 환경친화적으로 사회적 책임을 다한다면, 이는 그 기업의 장기적인 이윤극대화와 결코 배치되지 않으면서 각각의 이해당사자의 목적을 효과적으로 조정할 수 있는 것이다. 종업원에 지불하는 후생복지비용, 공정한 부품대금지급, 환경오염방지설비 등은 일견 주주의 이익을 희생하는 것처럼 보이나 이는 종업원의 생산성 향상, 협력업체와의 장기적인 신뢰관계, 기업에 대한 고객의 좋은 이미지와 연결되어 기업의 장기적인 이윤추구에 부합되는 것이기 때문이다.

　　따라서 경영전략의 최근 경향은 여러 이해당사자의 목적을 기업의 이윤극대화라는 큰 목적에 일치시키려는 노력을 보이고 있다. 종업원에게 성과급을 지급하여 이윤극대화에 기여한 만큼 종업원이 그 이윤을 공유하도록 하거나, 기업의 지배구조를 강화하여 최고경영자가 주주의 이익에 반한 의사결정을 못하게 방지하고 또한 스톡옵션stock option을 통해 최고경영자가 이윤극대화에 일치하는 의사결정을 유도하는 것 역시 기업의 여러 이해당사자의 목표를 이윤극대화에 일치시키려는 시도라고 볼 수 있다. 기업의 지배구조에 대해서는 다음 절에서 더욱 자세히 다룰 예정이며, 성과급에 대해서는 제5장에서 살펴볼 예정이다.

이윤의 측정

앞서 살펴본 바와 같이 기업의 목적이 이윤극대화에 있다고 하더라도 실제로 기업이 전략을 추구하기 위해서는 구체적으로 이윤을 어떻게 정의할 것인가의 문제가 제기된다. 이론적으로 이윤이란 기업의 총수입에서 모든 투입요소에 대한 비용을 제외한 나머지로 정의된다. 그러나 실제로 기업경영에 있어서 이러한 경제적 이윤economic profit을 측정하기는 쉽지 않다. 우리가 기업경영성과에 대해 얻을 수 있는 정보는 주로 회계적인 정보이다. 회계적 이윤accounting profit은 주로 자기자본수익률ROE, Return on Equity: 당기순이익을 자기자본으로 나눈 값, 매출액수익률ROS, Return on Sales: 당기순이익을 총매출로 나눈 값, 총자산수익률ROA, Return on Asset: 당기순이익을 총자산으로 나눈 값 등으로 측정하고 있다. 그러나 이와 같은 회계정보에 의한 이윤측정은 측정하는 기간이 회계연도로 제한되어 있고, 회계처리기준에 따라 비용의 산정방법이 달라질 수 있다는 단점을 갖고 있다. 특히 최근 들어 위의 기존의 수익률지표가 자본비용을 명시적으로 고려하지 않는다는 비판도 제기되고 있다.

따라서 최근에는 자본비용을 명시적으로 고려하는 투하자본수익률ROIC, Return on Invested Capital과 경제적 부가가치EVA, Economic Value Added라는 지표가 각광을 받고 있다. 이 두 지표의 정의를 보면 다음과 같다.

EVA의 개념

투하자본수익률 = (세전영업이익 + 금융비용) / 총자산
경제적 부가가치 = 세전영업이익 − 법인세 − 가중평균자본비용

투하자본수익률은 기존의 다른 수익률지표에 비해 차입금에 대한 금융비용을 명시적으로 고려한다는 점에서 널리 사용된다. 이에 비해, 경제적 부가가치는 단순히 타인자본에 대한 비용뿐만 아니라 자기자본에 대한 기회비용까지 추가한 것으로 기업의 경제적 부가가치창출능력을 종합적으로 평가하는 지표로 사용되고 있다.[5] 경제적 부가가치 산정에 있어서 가중평균자본비용Weighted Average

Strategic Management

표 2-3   KOSPI 50 기업들의 EVA와 수익률

순위	기업명	EVA (10억원)	주당 순이익 (원)	매출액 증가율 (%)	ROE (%)	순위	기업명	EVA (10억원)	주당 순이익 (원)	매출액 증가율 (%)	ROE (%)
1	삼성전자	−26091.7	3,739	−19.50	11.70	22	HD현대중공업	−1159.3	240	31.91	4.06
2	SK하이닉스	−10775.2	−7,029	−27.03	−8.43	23	SK	962.9	6,514	22.76	2.28
3	LG에너지솔루션	−2094.2	−281	16.12	−0.39	24	삼성전기	−420.6	2,908	−5.96	3.77
4	삼성바이오로직스	745.7	13,290	20.57	12.17	25	SK텔레콤	527.9	4,798	1.41	10.18
5	현대차	1803.5	28,049	19.48	12.60	26	두산에너빌리티	57.7	−163	25.88	−1.73
6	기아	4130.3	20,266	26.09	27.13	27	HMM	−1010.4	1,774	−55.34	4.88
7	셀트리온	−0.4	3,953	−3.30	3.30	28	SK이노베이션	720.3	12,170	25.51	6.50
8	POSCO홀딩스	767.7	10,539	−83.07	1.69	29	아모레퍼시픽	−101.1	1,557	−15.13	1.54
9	NAVER	1020.5	1,172	1.76	13.28	30	고려아연	66.0	29,031	−9.78	6.81
10	삼성SDI	−242.7	12,279	13.41	6.30	31	HD한국조선해양	−215.1	4,263	49.53	2.66
11	LG화학	−2619.5	2,910	−11.88	1.12	32	KT	249.0	3,741	0.45	6.24
12	삼성물산	179.5	9,583	−7.32	5.74	33	하이브	−13.7	−4,570	9.69	−0.80
13	카카오	−19.8	233	1.75	1.43	34	포스코인터내셔널	−108.6	3,696	−12.37	11.72
14	포스코퓨처엠	−513.6	415	46.56	1.32	35	S−Oil	246.6	8,106	−16.10	10.79
15	현대모비스	−733.6	19,959	14.44	6.81	36	에코프로머티	−42.8	85	43.20	0.63
16	LG전자	−600.0	5,571	3.87	9.55	37	현대글로비스	289.1	22,664	9.43	13.08
17	한국전력	−9259.3	−5,061	24.47	−15.96	38	SK바이오팜	−43.1	−265	44.55	6.66
18	삼성에스디에스	−47.7	5,294	−0.15	6.75	39	LG생활건강	−112.7	23,252	−7.48	8.78
19	크래프톤	527.6	15,668	4.00	13.69	40	포스코DX	53.6	583	30.36	20.59
20	LG	667.7	4,575	−3.46	7.50	41	롯데케미칼	−717.4	4,906	−17.33	1.66
21	KT&G	456.8	6,993	−2.91	10.13						

출처: 한국신용평가정보, 2023년 12월 기준. 금융보험기관 9개는 제외.

Cost of Capital이란 기업의 투하자본을 부채와 자기자본의 비중으로 나누고 각각에 대해 자본조달비용과 기회비용을 산출하여 가중평균한 것으로 정의된다. 만일 경제적 부가가치가 영0보다 작다면 기업경영으로 얻은 수익이 자본비용을 상회하지 못하는 것으로 기업활동의 결과 오히려 가치파괴가 일어났다는 것을 의미한다. 왜냐하면, 주주의 입장에서는 자본을 투입하여 기업활동을 하는 것보다 그 자본을 은행에 예금하여 이자를 받거나 채권을 구입하여 이자수입을 얻는 것이 더 낫기 때문이다. **표 2-3**은 한국상장기업들 중 KOSPI 50에 속하는 기업들의 EVA와 이상에서 제시한 여러 수익률지표로 비교하고 있다.

그러나 경제적 부가가치에 의한 투자결정도 그 한계를 갖고 있다.

첫째, 경제적 부가가치의 개념이 경제적 이윤economic profit의 개념에 가장 가까운 것은 사실이나 회계정보를 사용하고 있으므로 그 역시 과거의 성과를 평가하여, 미래의 투자결정을 해야 한다는 단점을 갖고 있다. 그러나 경제적 부가가치를 계산해 놓고 향후 판매전망 및 마진율에 대한 적절한 가정과 함께 투자의 타당성을 분석한다면 유용한 도구가 되는 것은 사실이다.

둘째, 수익률 극대화는 최고경영자에게는 기업 전체의 가치를 극대화한다는 대명제를 제시해 주나, 조직의 하위부서의 사업부장, 팀장들에게 구체적인 목표를 제시하지는 못한다. 본서의 제5장에서는 이윤극대화 또는 기업가치극대화를 보다 구체적으로 사업단위 또는 팀단위의 성과목표로 해석해 주는 여러 가지 기법, 즉 성과목표performance target와 Balanced Scorecard 접근법에 대해서 알아보기로 한다.

기업의 가치관과 비전

우리는 앞서 기업의 목적이 주주의 이윤극대화에 있다고 보았다. 그러나 Meta의 Mark Zuckerberg가 단순히 이윤극대화를 위해 열심히 일하고 있다고는 볼 수 없다. 이미 수십억 달러의 재산을 가진 Mark Zuckerberg는 돈보다는 자기성취 또는 IT산업의 지배와 같은 목적에 더욱 심취하고 있을 것이다.

기업의 비전과 미션

그러나 이러한 기업의 가치관도 역시 궁극적으로는 장기적 이윤극대화와 깊은 관계가 있다. 예를 들어, 영국의 Body Shop이란 화장품 회사는 환경보호, 동물보호를 주요 가치관으로 삼고 샴푸나 화장품에 동물성 유지나 향료를 사용하지 않는다. 이러한 기업은 최근의 동물보호운동과 관련하여 기업이미지와 경쟁력을 강화하고 있다. 이와 같이 기업들이 표방하는 가치관은 기업 안의 여러 이해당사자들에게 기업이 추구하는 전략적 방향을 제시하여 각 이해당사자간의 목표를 일치시키는 역할을 한다. 예를 들어, 기업이 사회적 책임을 강조하는 것은 소비자한테 그 기업이 단순한 이윤추구보다 환경보호, 종업원에 대한 후생복지 또는 지역사회에 대한 공헌을 부각시킨다. 그 결과 소비자들이 해당 회사에 대해 갖는 이미지를 개선하므로 기업의 장기적인 이윤극대화에 도움이 된다.

기업의 가치관을 구성원에게 주지시키기 위하여 기업들은 종종 구체적인 비전vision을 제시한다. 예를 들어, 중장비 부문의 Komatsu의 목표는 Caterpillar를 격퇴하는 것이었고, 복사기산업에서의 Canon의 목표는 Xerox를 이기는 것이었다. NEC는 컴퓨터와 통신의 통합으로 사업간의 시너지효과를 유도하였고, Coca-Cola는 전세계의 소비자들이 코카콜라를 마시게 한다는 것이 그 목표였다. Hamel과 Prahalad는 이와 같은 기업의 비전 또는 목표를 전략적 의도strategic intent라고 정의하였다.[6]

05 ›› 기업의 지배구조

우리는 앞서 기업의 목표가 이윤극대화, 즉 기업의 경제적 부가가치창출의 극대화임을 살펴보았다. 그러나 실제 기업운영이 이윤극대화와 괴리되는 경우가 많이 있다. 기업지배구조corporate governance structure란 이와 같이 기업의 최고 경영자가 기업이 추구하여야 할 목표인 이윤극대화 또는 기업가치극대화와 일관된 의사결정을 하도록 감시하고 통제할 수 있게 하는 제도적 장치이다. 본 절에서는 먼저 한국에서 지금까지 기업지배구조가 실패했던 원인을 살펴보고, 향후 이러한 문제점을 보완하는 데 필요한 제도적 장치에 대해서 알아보기로 한다.

기업지배구조의 실패요인

한국경제가 외환위기를 맞게 된 가장 직접적인 원인은 기업들의 비합리적인 투자활동에서 찾을 수 있지만 보다 근본적인 원인은 이러한 기업들을 통제할 수 있는 지배구조가 없었다는 것이다. 기업지배구조corporate governance structure라는 개념과 그에 따르는 각종 제도는 미국과 서구의 선진국에서 자본과 소유가 분리되면서 나오게 되었다. 1930년대 미국에서 Berle와 Means는 전문경영인이 기업경영을 대신하게 되자, 이러한 전문경영인이 주주의 이익에 반하여 의사결정을 하는 것을 막기 위한 방편으로 지배구조의 필요성을 역설하였다.[7] 즉, 주주로부터 기업운영을 위탁받은 대리인agency인 전문경영인이 자신을 위한 자가용비행기를 회사비용으로 구입하거나 기업의 자금을 빼돌리는 것을 막을 필요성이 대두되었다. 또한 전문경영인은 자신의 사회적 지위를 과시하기 위하여 수익성 없는 사업으로 다각화하여 기업규모를 키우는 데 주력하거나 위험이 수반되는 투자를 기피하려는 성향도 갖고 있다. 이와 같이 전문경영인이라는 주주의 대리인이 발생시키는 문제들을 통틀어 대리인문제agency problem라고 말한다. 기업의 지배구조는 이러한 대리인문제를 방지하고, 전문경영인이 주주의 이해에 부합되는 의사결정을 하도록 강제하는 여러 가지 제도적 장치를 의미한다.

한편, 미국을 비롯한 서구기업의 지배구조가 주로 전문경영인이 주주의 이해에 부합하도록 고안되는 것에 비해서, 한국기업의 지배구조의 문제는 오히려 소위 '오너'라고 불리는 대주주가 기타 소액주주와 차입금을 제공하는 금융기관의 이해에 반하는 의사결정을 함으로써 발생한다. 예를 들어, 과거 삼성그룹의 이건희 회장이 자동차산업에 진출하는 결정을 내렸을 때, 이를 막을 제도적 장치는 아무것도 없었다. 일부 임원들이 반대의사를 표명하였으나, 이들은 곧 '오너'의 눈에 거슬려 제거되었고, 은행과 기관투자가 역시 삼성그룹이라는 거대한 조직에 대항할 자신이 없었다. 자동차사업진출을 위해 삼성그룹의 계열사들이 동원되어 출자와 채무에 대한 지급보증을 하였으나, 삼성전자, 삼성전관과 같은 상장회사의 소액주주는 이에 대한 반대의사를 표명할 제도적 장치가 전혀 없었다.

이와 같이 삼성의 자동차진출로 극명하게 드러내었던 한국기업의 지배구조의 문제점은 다른 모든 한국기업에게도 공통적으로 나타나고 있다. 한국의 지배구조의 가장 큰 문제점은 이들 '오너'라고 불리는 일부 대주주들이 계열사 상호간의 주식보유에 의해 실제 주식보유에 비해 과대한 권한을 행사하고 있다는 점이다. 사실상 '오너'라는 용어부터 잘못된 것이다. 특히 상장기업은 일반 대중이 지분을 소유하는 기업이다. 이러한 상장기업의 주식을 일부 소유한 '오너'가 마치 자신이 100%지분을 소유한 개인기업처럼 권한을 행사한 것은 한국의 기업에 있어서 지배구조라는 개념이 사실상 전무하였던 것을 극명하게 드러낸다.

한국기업의 지배구조상의 두 번째 문제점은 기업경영실적을 파악할 수 있는 회계자료가 투명하지 않다는 점이었다. 한국기업집단 내의 계열사들간에는 많은 내부거래가 이루어지고 있으며, 이러한 내부거래를 통해 부실계열사에 대한 지원 이나 '오너' 가족일가가 소유한 비상장기업에게 일감몰아주기 방식으로 이윤을 이전하는 일이 빈번하게 일어났다.

셋째, 한국의 지배구조에 관련된 각종 법령들은 대주주에게만 일방적으로 유리하게 되어 있고, 소액주주의 권리를 보호할 수 있는 장치나 이사회의 권한이 미약하였다. 예를 들어, 소액주주들이 대주주의 횡포에 대해 소송을 거는 데에는 막대한 비용이 들며, 상법상의 이사들의 선임과 권한이 모호하여 실제 도움이 되지 않았다. 또한, 적대적 기업인수를 통해 성과가 나쁜 기업을 인수하는 것도 사실상 불가능하였다. 2018년 스튜어트십 코드stewardship code를 도입한 것도 지배구조를 강화하려는 시도이다.

스튜어드십 코드란?

자본시장의 제재

기업외부에서 기업이 주주의 이윤극대화에 보다 충실하게 의사결정이 이루어지도록 하는 수단은 자본시장을 통한 제재이다. 자본시장을 통한 제재수단으로 적대적 기업인수, 기관투자자의 견제, 그리고 소액주주운동 등을 살펴볼 수 있다.

먼저, 적대적 기업인수hostile takeover란 그 잠재력에 비해 성과가 나쁜 기업을 증권시장에서 공개적으로 지배지분을 인수하여 최고경영층을 교체하여 성과를 높이는 방법이다. 이 방법은 무능한 경영자를 축출하는 수단으로 사용될 수 있다. 예를 들어, 1988년 미국에서는 여러 명의 투자자들이 유명한 담배 및 식료품 회사인 RJR Nabisco의 다른 소액주주들에게 공개서한green mailing을 보내어 자신에게 주주권 행사를 위임받아proxy fight: 위임장 대결 기존의 최고경영층을 바꾼 사례가 있다. 한국에서도 2020년 대한항공을 지배하는 한진칼의 경영권을 갖기 위해, 사모펀드 KCGI, 반도건설 등이 의결권 대결을 하였다. 한국에서는 아직 적대적 기업인수에 대한 인식이 부족하나 향후 경영성과가 나쁜 기업에 대한 주식시장에서의 공개매수가 보다 보편화될 가능성이 있다.

한진칼의 경영권분쟁

둘째, 기관투자자institutional investors는 주주총회에 참석하여 자신이 보유한 주식의 의결권을 행사함으로써 기업의 경영전략에 영향을 줄 수 있다. Mutual Fund나 종업원의 연기금을 관리하는 Pension Fund와 같은 대형기관투자자들은 기업의 경영층에게 정책을 변경하도록 압력을 가할 수 있고, 때에 따라서는 이사회에 압력을 넣어 경영층 자체를 교체할 수 있다. 한국의 국민연금, 각종 투자신탁회사, 은행들은 기업들의 주식을 상당부분 보유하고 있으나, 아직까지 실제로

의결권을 행사한 예는 많지 않다. 이에 비해 외국의 기관투자자는 자신이 주식이나 채권을 보유하고 있는 한국기업의 의사결정에 보다 적극적으로 개입하고 있다.

셋째, 현재까지 한국에서 기업지배구조에 대해 가장 적극적인 활동을 벌였던 집단은 소액주주운동shareholder activism이다. 과거 '참여연대'는 제일은행의 경영진에게 한보철강에 부실여신을 제공하여 은행을 부실하게 만든 책임을 묻는 주주대표소송을 벌여 제일은행장을 비롯한 4명의 임원이 총 400억원을 은행에 배상하라는 판결을 내리게 한 바 있다. 본격적인 집단소송제도는 2007년부터 전면 시행되었다.

⠿ 이사회의 견제

이사회board of directors란 주주를 대표하여 기업경영에 대하여 중요한 견제와 감독을 할 수 있는 제도적 장치를 말한다. 원래 이사회란 주식이 널리 분산되었을 때, 주주 자신들이 직접 경영을 감독할 수 없기 때문에 나타난 또 하나의 대리인 조직이다. 이사회는 기업의 자산을 보호하고, 주요한 전략 및 투자결정을 승인하며, 최고경영자 및 경영진의 임명과 성과에 대한 평가, 보수수준결정의 권한을 갖는다. 한편 이사는 다른 주주들의 대리인이므로 경영성과에 대해 이사들이 맡은 책무를 수행하지 못하였다고 판단될 경우에는 주주들의 소송의 대상이 된다. 일본항공전자공업의 경우에는 미사일부품의 부정수출사건으로 인하여, 이사 한 사람이 각각 12억 엔까지 변상하게 된 예도 있다.

그러나 현재 한국기업의 이사회에서 이사들이 기업경영에 그동안 충분한 견제와 감독을 하였다고 평가하기는 어렵다. 일반적으로 이사회의 구성원은 사업상 관련 있는 은행이나 변호사, 전직관료, 교수 등으로 채워져 있고 이들이 경영진에게 직언을 할 수 있는 사외이사outside directors의 역할을 기대하기 어렵다.

사실 자본주의가 훨씬 발달한 미국에서조차 이사회가 제 기능을 발휘하는가에 대해서는 아직까지도 논쟁의 대상이다. 미국에서 이사회가 어느 정도 제 기능을 발휘하기 시작한 것은 자본시장의 압력 때문이다. 최근 소액투자가들의 집단소송과 기관투자가의 압력에 따라 미국의 이사회가 최고경영자를 해임하는 사례가 종종 일어나고 있다. 이와 같이 서구의 기업에서 이사회의 기능을 강화한 과정을 살펴보면 한국에서도 향후 이사회의 책임과 권한이 제고되리라 예상할 수 있다.

예를 들어, 이사회의 역할을 강화하기 위해서는 이사회의 의장Chairman of

Strategic Management

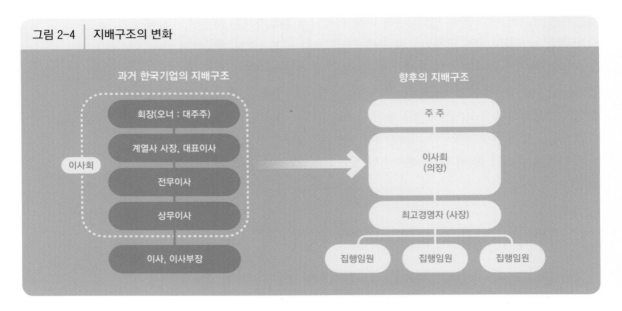

그림 2-4 | 지배구조의 변화

the Board과 최고경영자CEO, Chief Executive Officer의 역할을 분리하는 것이 효과적이다. 한국기업들은 흔히 법적으로 인정되지 않는 그룹총수를 회장으로 부르며, 회장이 이사회의 책임자인 동시에 계열기업들의 최고경영자 역할을 하고 있다. 최근 서구기업들의 경향은 이사회의 의장과 최고경영자를 달리 임명하는 추세를 보이고 있다. 이는 이사회가 최고경영자의 독주로부터 독립적으로 운영이 되도록 하는 목적이 있다. 또한 이사회의 구성원을 정하는 것도 과거에는 주로 최고경영자가 직접 지명하는 추세였으나 최근에는 이사회가 위원회를 구성하여 이사뿐만 아니라, 최고경영자를 천거하는 형태를 띠어가고 있다. **그림 2-4**는 과거 한국기업의 지배구조와 향후의 한국기업들이 추구하는 지배구조를 비교하고 있다.

06 >> 결론 및 요약

본 장에서는 현재 급속도로 진행되고 있는 산업 및 경쟁의 글로벌화를 촉진시키는 요인을 살펴보고, 이러한 급변하는 환경 속에 있는 한국기업이 취해야 할 전략적 선택에 대해 연구하였다. 글로벌화란 국경에 따른 시장의 구분이 없어지

고 전세계가 하나의 시장이 되어 경쟁하는 양상을 의미한다. 본 장의 서두에 인용
된 Marx와 Engels의 인용구에 잘 나타나 있듯이, 산업과 경쟁의 글로벌화는 어제
갑자기 닥친 현실이 아니라, 자본주의의 발전과 함께 계속되어 왔고 앞으로도 모
든 산업에서 빠른 속도로 진행될 것이다. 특히 아시아의 외환위기와 최근의 글로
벌금융위기는 상품과 자본이 글로벌하게 이동함에 따라 정치, 경제, 사회제도 역
시 글로벌 스탠다드global standard로 수렴되는 과정을 보여 준다.

　　한국기업은 현재 선진국기업들의 견제와 개발도상국기업들의 도전에 직면하
고 있다. 한국기업들의 과제는 우선, 어떻게 하면 선진국기업들의 견제를 물리치
고 더 빨리 부가가치가 높은 첨단산업으로 이전할 수 있는가이다. 이를 위해서는
연구개발에 대한 적극적인 투자, 핵심능력의 배양, 선진국과의 전략적 제휴가 필
요하다. 또한, 경쟁력을 유지하기 위해서는 제품브랜드와 유통시장의 강화 및 일
부 생산활동의 해외로의 이전이 필수적이다. 이러한 한국기업의 전략적 변화에
앞서 한국기업들이 추구하는 목표의 정립이 선행되어야 할 것이다. 과거의 양적
성장전략에서 기업의 가치를 극대화시키는 질적 성장전략으로 기업의 목표를 수
정하고, 기업이 추구하는 전략이 이러한 목표에 일치하도록 감독할 수 있는 기업
지배구조의 확립이 필요하게 되었다.

SK그룹의 사회적 가치실천[8]

"사람이 근육만 키우면 관절이 망가지듯이 기업도 마찬가지입니다. 단순히 이윤만 좇다 보면 관절의 부담이 커지고 마는데, 미리 관절운동을 하자는 것이 우리가 사회혁신을 준비하는 취지입니다. 과거에는 이익극대화만이 기업의 목표라고 생각했지만, 오늘날에는 기업이 사회적 가치social value: SV를 창출해야만 지속적으로 성장할 수 있습니다."

2017년 8월, 최태원 회장은 SK그룹이하 SK 구성원들이 함께 모여서 사회적 가치 실현방안과 미래발전방향을 모색하는 이천포럼 제1회를 맞아 새로운 패러다임의 전환을 강조했다. 최 회장이 취임한 지 어느덧 20년을 넘긴 SK는 경영활동의 목적함수objective function에 기존의 경제적 가치뿐만

Video

SK 사회적 가치 실천 활동

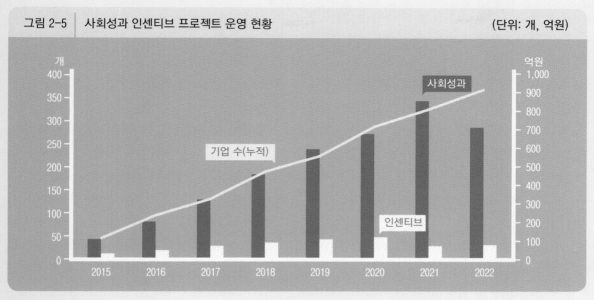

그림 2-5 | 사회성과 인센티브 프로젝트 운영 현황   (단위: 개, 억원)

출처: 사회적가치연구원.

아니라 사회적 가치를 포함시키기 위해 다양한 변화를 시도하고 있다.

사회적 가치를 창출하려는 SK의 노력은 최종현 선대회장 재임시절부터 시작하였다. 기업은 태생적으로 사회에 빚을 지고 있다는 사실을 강조하던 최종현 회장은 기업의 이익을 사회에 직접적으로 환원하고자 했다. 최종현 회장은 특히 국가를 이끌어 나갈 인재양성에 주력하여 1973년부터 MBC 문화방송의 장학퀴즈를 후원하기 시작했으며 한국고등교육재단을 설립하는 등 재임기간 동안 여러 장학사업에 참여했다. 최태원 회장이 경영권을 승계한 2000년대부터는 사회적 가치를 명시적으로 조명하며 이해관계자 행복을 추구하는 형태로 추진하였다. 이러한 변화의 근간에는 이해관계자들의 행복을 위해 기업이 창출하는 모든 가치가 곧 사회적 가치이며, 발전된 상호신뢰 관계를 바탕으로 더 큰 경제적 가치를 창출할 수 있으

리라는 믿음이 깔려 있었다.

사회적 가치 창출을 위해 SK가 가장 먼저 실천한 전략은 다름 아닌 사회적 기업social enterprise; SE 생태계를 활성화하는 방안이었다. 사회적 기업이란 영리기업과 비영리기업의 중간 형태로, 사회적 목적을 최우선으로 추구하면서 재화 및 서비스의 생산, 판매 등 영업활동을 수행하는 기업을 가리킨다. 구체적으로 SK는 실패에 대한 두려움으로 창업을 망설이거나 사회문제를 해결하기에는 내실이 부족한 사회적 기업의 현실을 타개하고자 사회문제를 해결한 성과일자리 창출, 사회 서비스 제공, 환경 문제 해결 등에 비례하는 인센티브를 사회적 기업에게 지급하는 사회성과인센티브social progress credit; SPC 프로젝트를 도입했다. SPC의 작동원리는 크게 두 가지 축으로 이루어진다. 첫번째는 사회적 가치 측정기능으로, 신뢰 가능한 측정값을 하나의 관리지표로써 다른 기업과의 비

교를 통해 개선점을 찾도록 도와준다. 또한, 임팩트투자 의사결정에 정보를 제공하여 정보비대칭 문제를 해소한다. 두 번째는 금전적 인센티브 기능으로, 당장의 생존가능성을 증대하도록 화폐 역할을 수행하며 동시에 사회적 기업의 투자매력도를 제고한다. 이를 통해 SK는 기업의 혁신을 유도하고, 투자와 인재 유입을 통해 창업을 활성화하며, 사회적 기업의 성공 가능성을 높여 궁극적으로 사회적 기업 생태계의 선순환을 구축하고자 하였다.

SPC가 실시된 첫해인 2015년 44개였던 참여기업 수는 2022년 368개로 대폭 증가했다그림 2-5 참조 2022년 기준 지급된 누적 인센티브는 603억 원, 달성된 사회성과는 약 6배에 달하는 3,930억 원 수준으로 집계되었다. SK가 출자해 설립한 비영리연구재단인 사회적가치연구원CSES에 따르면 SPC 2년차 참여기업의 53%가 매출액과 사회성과가 동시에 향상된 것으로 나타났다.

SK가 SPC 프로젝트와 더불어 사회적 기업 생태계를 활성화하기 위해 채택한 두 번째 전략은 사회혁신인재를 양성하는 것이었다. 사회적 기업가의 중요성에 비해 기존 일회성의 사회적 기업가 프로그램들은 실질적인 인재를 육성하는 데 한계를 가지고 있었다. 이에 따라 SK는 KAIST 경영대학과 협력하여 2013년에 2년 전일제 사회적 기업가 MBA 과정을 신설했다. 지속가능한 사회적 기업 사업모델을 발굴하고 구체화하여, 이를 성공적인 사업으로 연결하는 사회적 기업가를 양성하는 과정이다. 창업에 필요한 인적·물적 자원을 지원할 뿐만 아니라, 사회적 기업가센터를 통해 인큐베이팅 서비스를 제공하고 카이스트 청년창업투자지주를 통한 투자 등 다양한 지원제도를 운영하고 있다. SK 사회적 기업가센터에 따르면 2019년까지 졸업생의 사회적 기업 창업률은 80%를 상회했고, 7년 동안 설립된 87개 기업 가운데 47건의 투자가 유치됐으며 총 투자금액은 150억 원을 돌파했다.

2010년대 후반부터는 SK는 외부의 사회적 기업들이 성장하도록 생태계를 지원하는 활동을 넘어서서 조직 내부에서 사회적 가치를 향한 근본적인 변화를 추진하기 시작했다. 이와 같은 SK의 사회적 가치창출 범위확장 전략은 경영 전반에서 사회적 가치와 경제적 가치를 동시에 추구하는 'DBLdouble bottom line 경영'과 기업 내부 자산을 사회와 공유하는 '공유 인프라'로 요약된다. SK는 2019년부터 DBL 경영의 토대가 되는 사회적 가치 측정 시스템을 구축하여 실제 운영하기 시작했다. 사회적 가치 측정이란 기업이 창출한 경제적 가치를 재무제표에 기록하듯이 사회적 가치창출 성과를 화폐로 환산하여 관리하는 활동을 의미한다. SK SUPEX추구협의회 이형희 SV위원장은 "사회적 가치를 측정하는 이유는 더 많은 사회적 가치를 만들어 내기 위해서 기준점이 필요하기 때문"이라고 밝혔다. 기업 내부에서 발생하는 사회적 가치의 규모를 정량적으로 파악하면 긍정적 영향은 확대하고 부정적 영향은 개선하도록 목표를 설정할 수 있다는 것이 이 위원장의 논지였다.

각 관계사가 측정하는 사회적 가치는 경제간접 기여성과, 비즈니스 사회성과, 사회공헌 사회성과 등 세 가지 분야로 구분되며, 2018년부터의 측정 결과를 대외적으로 공시하고 있다. 2021년 주요 3개 관계사가 창출한 사회적 가치는 약 14조 원으로, SK이노베이션이 2조 8,260억 원, SK텔레콤이 2조 3,408억 원, SK하이닉스가 9조 4,173억

표 2-4　SK 주력 3사의 사회적 가치 측정치　　　　　　　　　　　　　　　　　　(단위: 억원)

	경제간접 기여성과	비즈니스 사회성과	사회공헌 사회성과	총합
SK이노베이션	17,115	9,489	1,656	28,260
SK텔레콤	19,334	−1,082	5,156	23,408
SK하이닉스	97,201	−9,527	6,499	94,173
총합	133,650	−1,120	13,311	145,841

출처: SK그룹, 2021년 기준.

표 2-5　SK의 사회적가치 측정치　　　　　　　　　　　　　　　　　　　　(단위: 억원)

	경제간접 기여성과	비즈니스 사회성과	사회공헌 사회성과	총합
SK	207,775	−27,598	25,389	258,553

출처: SK그룹, 2022년 기준. *2022년 이후 자료는 총합만이 보도됨

원을 창출한 것으로 평가되었다 표 2-4 참조.

　사회적 가치 측정을 바탕으로 SK가 추구하는 DBL 경영의 최종목표는 사업과 관련된 사회문제를 파악하고 사업모델을 혁신하는 기회로 활용하는 것이다. 2018년 SK하이닉스는 반도체 제조과정에서 발생하는 유해가스를 물을 사용하지 않고 정화하는 스크러버scrubber를 개발하여 연간 540억 원의 사회적 가치를 창출하는 것으로 조사되었다. 같은 해 SK텔레콤은 T map 모바일 내비게이션 서비스 사용자가 일정 안전운전점수를 달성할 경우 보험료를 할인해주고 나아가 교통사고를 예방함으로써 487억 원만큼의 사회적 가치를 창출하였고, SK이노베이션은 온실가스 저감효과가 있는 고급윤활기유 유베이스yubase 개발로 1,315억

원의 사회적 가치를 창출한 바 있다.

　SK이노베이션은 2022년에도 탄소 저감을 위한 '카본 투 그린Carbon to Green' 전략의 일환으로 전기차 배터리 제품 및 환경오염 유발 물질을 대체한 발포제, 아스팔트 등의 제품을 개발하였고, 2023년 SK텔레콤은 자체 개발한 보이스피싱 예방 서비스를 통해 범죄번호 수/발신을 차단하여 약 3,575억원의 사회적 가치를 창출하였으며, SK바이오팜은 뇌전증 치료제인 '엑스코프리XCOPRI'의 개발을 통하여 사회성과에 기여하였다고 발표했다. 2022년 기준 SK는 각 분야에서 경제간접 기여성과 약 20조 7,775억 원, 환경성과 −2조 7,598억 원, 사회성과 2조 5,390억 원을 기록하여 약 20조 6,000억 원의 사회적 가치를 창출하였

다고 발표했다.

한편 190조 원에 달하는 유무형의 내부자산을 외부사회구성원들이 함께 사용할 수 있도록 공유 인프라로 전환하려는 노력도 한창이다. SK에너지가 전국 3,600개에 육박하는 주유소를 물류거점으로 활용하는 '홈픽' 서비스가 대표적인 사례로 손꼽힌다. 소비자가 모바일에서 택배발송을 의뢰하면 수거인picker들이 물품을 수거하여 거점 주유소에 보관한 후, 제휴택배사가 배송지까지 운송하는 방식이다. 홈픽을 통해 택배회사는 집하 부담을 덜고 배송시간을 단축하여 물류 효율성을 높이게 되었다. 그 밖에도 SK텔레콤은 2018년부터 전국 1,000여 개의 SKT 매장, 200개의 대형 쇼핑몰, 그리고 500대 이상의 한국 야쿠르트 전동카트, 어린이집 등에 미세먼지 측정기를 설치하여 미세먼지 지도서비스 '에브리에어'를 운영하고 있다. SK하이닉스도 2018년부터 협력사들과의 동반성장에 초점 맞추어 '공유인프라 포털'을 운영 중

이다. 협력사들은 무상 또는 시중보다 저렴한 금액으로 반도체 지식과 노하우를 배우고, SK하이닉스 장비를 활용하여 웨이퍼분석/측정서비스를 이용할 수 있다.

이와 같은 SK의 적극적인 행보는 궁극적으로 다양한 사회주체들이 힘을 모아 단독으로는 만들어 내기 어려운 사회적 가치를 함께 효과적으로 창출하는 사회적 가치 공동체Social Value Community의 조성을 목표로 하고 있다. 과거에는 기업의 경제적 가치와 사회적 가치가 상충되는 트레이드오프 관계로 여겨진 탓에 소극적인 CSR 활동이 대부분이었다. 하지만 오늘의 SK는 사회적 문제를 해결하는 과정에서 다양한 참여자들이 함께 사업모델을 혁신하여 기업과 사회의 가치를 동시에 높일 수 있다고 생각한다. 이는 결국 지속 가능한 'New SK'로 재탄생하는 데 초석이 되기 위함이다.

최태원 회장이 말하는
사회적 기업

최태원 회장이 말하는
에너지전환과 탄소중립

SK의 홈페이지
www.sk.co.kr

토 의 과 제

01 SK의 다양한 사회적 가치 실천 전략들이 미래 기업의 성장에 어떠한 영향을 미칠 것인가에 대해 토론해 보자.

02 SK가 사회적 가치를 측정하는 방법론의 타당성에 대해 생각해 보자.

03 기업들이 사회적 가치와 경제적 가치를 동시에 추구할 수 있는 방안을 생각해 보자.

R e f e r e n c e

1 Michael E. Porter, *Competition in Global Industries*, Harvard Business School Press, 1985.

2 Kenichi Ohmae, *Triad Power: The Coming Shape of Global Competition*, New York: Free Press, 1985.

3 Bruce Kogut, "Designing Global Strategies: Profiting from Operational Flexibility," *Sloan Management Review*, 1985.

4 6. Stakeholder의 입장에서 기업의 목적을 보는 연구는 다음을 참조하라. K. Cameron, "Effectiveness as Paradox; Consensus and Conflict in Conceptions of Organizational Effectiveness," *Management Science*, 1986, pp. 539~553.

5 The Stern Stewart Performance 1000; A Ranking of America's Most Value-Adding Companies, New York, 1996.

6 Gary Hamel and C. K. Prahalad, "Strategic Intent," *Harvard Business Review*, 1989, pp. 5~6.

7 A. Berle and G. Means, *The Modern Corporation and Private Property*, 1932.

8 본 사례는 장세진 교수의 지도하에 카이스트 경영대학 배유로에 의해 SK그룹의 각종 보도 자료에 기초하여 작성되었다.

CHAPTER2

PART

02

경영전략분석의 기본틀

Strategic Management

Chapter

기업의
외부환경분석

C/O/N/T/E/N/T/S

사례 · 세계 반도체산업

서 론

산업의 수익률 결정요인

포터의 산업구조분석기법

포터모형의 유용성과 문제점

산업의 정의와 전략집단

결론 및 요약

사례 · 삼성전자의 반도체사업

사업에서의 성공은 그 실패의 싹을 내재하고 있다. 당신 사업이 성공하면 할수록 더 많은 사람들이 당신 사업의 일부를 빼앗아 가고, 또 빼앗아 간다. 마지막으로 아무것도 남지 않을 때까지……

Andy Grove, Intel 회장.

세계 반도체산업[1]

　　21세기의 원유라고까지 불리고 있는 반도체산업은 1947년 미국 AT&T의 벨연구소의 William B. Shockley와 그의 연구팀들이 고체트랜지스터를 처음 고안해 내면서부터 시작되었다. 그 후 1954년도에 미국의 Texas Instruments가 실리콘으로 트랜지스터를 만드는 방법을 발견하였고 1959년 Texas Instruments와 Fairchild 반도체회사가 각각 독자적으로 집적회로IC: Integrated Circuit에 대한 특허권을 신청하였다. IC의 발명으로 인해 수십만 개의 트랜지스터 연결을 매우 정교한 전기회로가 새겨진 하나의 칩으로 해결할 수 있게 되었으며, 이는 반도체의 집적화를 이루는 중요한 요인이 되었다.

Video

Intel

그림 3-1   반도체의 분류방식

반도체산업의 역사상 또 하나의 혁신적인 사건은 미국의 Gordon Moore와 Robert Noyce가 Fairchild 반도체회사에서 나와 Intel이라는 회사를 설립한 것이다. 1971년에 Intel은 반도체에 정보를 수시로 쓰고 다시 불러낼 수 있는 1024비트 메모리를 가진 1Kkilobit RAMRandom Access Memory을 개발하였다. 또한 Intel은 반도체 안에 컴퓨터의 중앙처리기능과 유사한 논리회로를 집어 넣은 단일 IC를 발명함으로써 반도체의 발전에 크게 공헌하였는데 이것이 바로 세계 최초의 마이크로프로세서이다.

반도체는 먼저 트랜지스터와 같이 성숙화된 제품인 Discrete Devices와 IC로 나누어지고 또한 IC도 디지털과 아날로그로 나누어진다. 이 중 디지털IC가 반도체산업의 성장을 주도하고 있으며 기술적으로 가장 빠른 진보를 보여 주고 있다. 디지털IC란 ON과 OFF의 스위치로 작동하는 것으로 메모리memory와 로직logic 두 가지 종류가 있다. 메모리란 정보를 저장하는 수단으로서 전원을 끄면 저장한 데이터가 사라지는 종류의 메모리반도체인 DRAMDynamic Random Access Memory과 전원이 나가도 정보를 보존하는 비휘발성의 특성이 있는 SRAMStatic RAM이 있다. EPROM Erasable Programmable Read Only Memory은 데이터를 쓰기 전에 자외선에 노출하여 지우기 동작이 필요하며, 최근 스마트폰에 사용되는 Flash Memory는 전기적으로 자료를 지울 수 있는 EPROM이다.

로직형 반도체는 정보를 단순히 저장만 하는 메모리형 반도체와는 달리 정보를 처리하는 칩으로 논리와 연산작용을 주로 수행한다. 우리가 잘 알고 있는 마이크로프로세서는 컴퓨터의 두뇌와 마찬가지로서, 컴퓨터에 필요한 논리적인 계산, 정보의 처리를 수행한다. 그리고 마이크로컨트롤러로 알려진 칩은 자동차엔진의 연료혼합조절기

CHAPTER3

| 그림 3-2 | 세계 반도체 산업의 성장추이 | (단위: 10억 달러) |

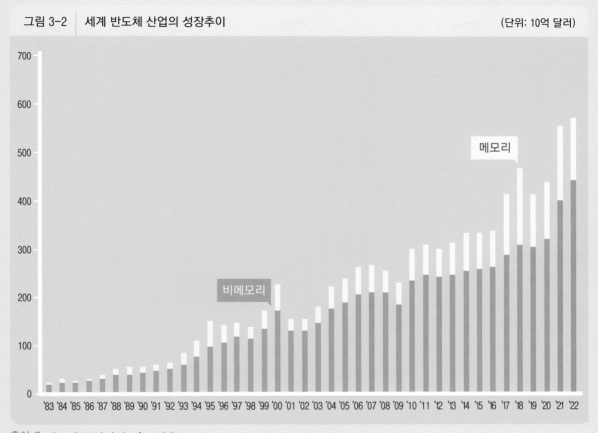

출처: Semiconductor Industry Association.

능electronic fuel injection과 같이 일정목적을 수행하는 반도체이다. ASICsApplication Specific Integrated Circuits는 가전제품, 특히 전자밥솥이나 냉장고의 온도조절기능과 같이 특정목적을 위해서 사용되는 칩을 말한다.

이러한 IC산업에서의 제품수명주기는 급속도로 짧아지고 있다. 반도체의 집적화가 가속됨에 따라 반도체의 수명이 급속도로 짧아져서 구모델 제품들은 시장에서 빠른 속도로 사라진다. 이와 같은 반도체 산업은 놀라운 속도로 성장하여 대표적인 성장산업으로 손꼽혀 왔다.

반도체산업의 가장 중요한 특징 중의 하나는

경험곡선효과experience curve effects가 상당히 크다는 것이다. 경험곡선이란 생산량이 두 배로 증가하는 시점에서 제품의 단위당 비용이 일정비율로 감소한다는 것인데, 예를 들어 DRAM은 누적생산량이 배로 늘어남에 따라, 즉 생산의 경험이 두 배 증가함에 따라서 비용이 대체로 30%씩 감소한다(이에 대해서는 제3장의 본문에 보다 자세하게 서술되어 있다). 이렇게 큰 폭의 경험효과가 존재하는 이유는 반도체 제조가 다른 제품의 제조보다 훨씬 복잡하고 조그만 실수에도 제품의 결함이 쉽게 생기기 때문이다. 즉, 반도체생산의 경제성은 수율yield에 의해서 결정된다. 수율이란 웨이퍼로 가공한 전체 칩 중에서 불량품을 제외한 정상품의 비율을 의미한다. 반도체산업에서 오랜 경험을 가진 기업들에 비해 신규진입기업들의 수율은 매우 낮기 때문에 기존기업들에 비해 상당히 불리한 위치에 놓여 있다. 또한 제품의 수율을 높이기 위한 제조공정상의 기술은 더 복잡한 반도체, 더 부가가치가 높은 반도체에 바로 이용될 수 있기 때문에 수율을 높이는 것은 매우 중요하다. 이와 같이 반도체산업에서의 높은 경험효과는 신규기업의 진입을 효과적으로 저지하는 진입장벽의 역할을 한다.

또한 반도체산업은 자본집약적인 산업으로 반도체 생산설비를 갖추기 위해서는 막대한 투자가 필요하다. 예를 들어 삼성전자는 새로운 반도체 생산라인에 수조원에 이르는 막대한 투자를 하고 있다. 이렇게 막대한 투자를 요구하기 때문에 반도체 생산에 있어서는 대량생산체제를 갖추지 않으면 경제성이 없다. 이 생산장비는 대당 수백만 또는 수천만 달러 이상의 값비싼 장비이지만 급격하게 노후화되어 감가상각된다. 또한 반도체 생산업체는 연구개발에 막대한 투자를 하여야 한다.

반도체산업의 주요 설비나 원료공급업자들은 웨이퍼의 가공, 검사, 조립 등에 필요한 장비를 공급한다. 이런 장비는 대단히 고가이며 품질과 기술수준에 따라 가격이 결정된다. 특히 ASML과 Nikon, Canon 등은 반도체 웨이퍼가공장비를 만드는 산업을 거의 독점하다시피 하고 있다.

반도체의 구매자들은 주로 컴퓨터와 가전제품, 자동차와 같은 최종제품을 만드는 생산자들이다. 어떤 기업이 어떻게 컴퓨터칩을 구매할 것인가를 결정할 때 고려해야 할 요소는 반도체 종류에 따라 다르다. 예를 들어, 메모리형 반도체에서는 가격이 가장 큰 고려대상이다. DRAM은 어느 회사의 제품이든 품질에 차이가 없기 때문에 일정한 테스트를 거친 것이라면 구매자들은 가격이 싼 것을 원한다. 그러나 마이크로프로세서와 같은 로직형 반도체에서는 성능이 가장 중요한 결정요소이다. 또한 품질과 납기일 준수도 중요하다.

반도체산업에서 기업들의 흥망성쇠는 매우 다양하다. 1970년대까지만 하더라도 미국기업은 반도체분야에서 선두를 달리고 있었다. 그러나 1980년대 후반에는 일본기업들이 메모리분야, 특히 SRAM과 DRAM분야에서 전세계를 석권하고 메모리부문의 미국기업들은 파산하거나 마이크로프로세서와 같이 훨씬 부가가치가 높은 로직분야로 이동하였다. 실제로, 미국의 Intel은 자신이 DRAM시장을 개척했음에도 불구하고, 1986년 DRAM사업에서 완전히 철수하고 마이크로프로세서에 전념하게 되었다.

이렇게 미국의 반도체생산업자들이 쇠락하고 일본의 반도체업자들이 성공한 이유는 일본의 대규모 반도체생산기업, 즉 NEC, Toshiba, Hitachi, Fujitsu, Mitsubishi, Matsushita, Sanyo, Sharp와 같은 기업들이 대부분 수직적 통합이 되었다는 점에 있었다. 이들은 대형컴퓨터와 통신기기제조업 또는 가전사업부로 진출하고 있어서, 반도체가 전체기업의 매출에서 차지하는 비중은 20% 정도에 불과하고, 대부분의 반도체 생산량을 자체수요의 충족에 쓰고 일부만을 외부시장에 판매하고 있었다.

전략측면에서도 일본과 미국기업들은 상당히 다른 입장을 취하고 있었다. 미국기업들은 기술혁신을 통한 신제품개발에 큰 비중을 둔 반면, 일본기업들은 수율을 높이고 원가를 절감하는 데 더

표 3-1   세계 주요 반도체업체들의 시장점유율   (단위: 10억 달러)

반도체 산업 전체		
회사명	매출액	시장점유율(%)
Intel	48.7	9.1
Samsung	39.9	7.5
Qualcomm	29.0	5.4
Broadcom	25.6	4.8
NVIDIA	24.0	4.5
SK Hynix	22.8	4.3
AMD	22.3	4.2
STMicroelectronics	17.1	3.2
Apple	17.1	3.2
Texas Instruments	16.5	3.1
기타	268.9	50.7
합계	531.7	100

DRAM 반도체		
회사명	매출액	시장점유율(%)
Samsung	21.9	42.3
SK Hynix	15.9	30.7
Micron	11.9	23.0
Nanya	1.0	1.9
Winbond	0.4	0.8
Powerchip	0.1	0.2
기타	0.6	1.2
합계	51.8	100

NAND Flash 메모리		
회사명	매출액	시장점유율(%)
Samsung	12.9	33.4
SK Group (SK Hynix + Solidigm)	7.3	18.9
WDC	5.9	15.3
Kioxia	6.5	16.8
Micron	4.4	11.3
기타	1.7	4.3
합계	38.7	100

출처: Gartner와 TrendForce, 2023년 기준.

큰 비중을 두어 왔다. 그 결과, 1980년대 말 일본의 기업들은 메모리형 반도체를 석권하였고 Intel을 비롯한 미국기업들은 마이크로프로세서분야에서 독점적인 우위를 나타내었다. 현재 미국에서는 Micron Technology 한 회사만이 메모리형 반도체를 생산하고 있다. Micron은 2013년 NEC와 Hitachi와의 합병으로 설립된 Elpida를 추가적으로 인수하여 거대 메모리업체로 등장하였다.

한국의 반도체 생산기업들은 1980년대 초부터 활발하게 반도체사업을 벌여왔었다. 삼성과 2001년 Hynix로 사명을 변경한 현대전자와 이에 합병당한 LG반도체는 DRAM분야에서 세계적으로 높은 시장점유율을 보여왔고 아남전자는 비메모리 반도체에 집중하여왔으나, 동부그룹에게 인수되었다. 또한 대만기업들이 DRAM사업에 진출하면서 그들의 시장점유율이 다소 증가하는 추세를 보여왔다.

이와 같은 반도체산업 중에서도, 특히 메모리형 반도체는 경기순환에 상당히 민감하다. 불황기마다 반도체산업은 생산설비가 남아 돌아서 막대한 손실을 입는다. 특히 DRAM과 같은 메모리형 반도체는 생산시설에 대한 고정투자가 크기 때문에 유휴설비로 인한 손해는 실로 막대하다. 1985~1986년에 대다수의 미국의 메모리형 반도체 회사들은 파산하거나 자발적으로 시장에서 철수하였다. 1996~1997년에도 반도체산업 전반적인 공급과잉으로 모두 수익이 격감하였으며, 2007년 중반부터 다시 공급과잉 현상을 보였다. 이렇듯 반도체 산업은 호황과 침체가 주기적으로 반복되고 있으며 이러한 현상은 본 장의 말미에 소개된 삼성전자 사례에서 보다 자세히 논의하고 있다.

반도체산업에 있어서 급신장하고 있는 분야는 주문생산이다. ASICs라고 불리는 주문형 반도체는 구매자들이 자사가 만드는 가전제품의 특수한 용도에 맞게 칩을 디자인해 줄 것을 요구한다. 따라서 이러한 주문형 반도체를 만드는 기업들은 구매자인 가전제품제조기업과 밀접한 관계를 유지하면서 빠른 시일 내에 자신이 주문받은 반도체가 공급될 수 있도록 노력한다. 또한 최근에는 ASSPappication-specific standard product라는 특정 기능을 수행하지만 다수의 구매자에게 표준적인 반도체에 대한 수요가 급증하고 있다. 한국의 반도체 제조업계 역시 최근에는 메모리형 반도체에 비해 높은 마진율을 보장하고 공급과잉에 따른 가격폭락의 위험이 상대적으로 적은 주문형 반도체와 ASSP의 제품개발 쪽으로 적극적인 투자를 하고 있다.

한편 반도체산업의 투자비가 나날이 증가함에 따라 많은 기업들은 반도체 디자인에 집중하는 팹리스fabless 회사와 이런 고객들을 위해 생산에만 집중하는 파운드리foundry 회사로 분화되고 있다. Qualcomm, Broadcom, NVIDIA, AMD 같은 팹리스회사는 디자인에 집중하고, 대만의 TSMC 같은 파운드리에게 생산을 위탁하고 있다. 삼성전자와 Intel도 자신의 유휴설비를 활용하기 위해 팹리스 사업에 적극적으로 투자하고 있다.

2021년부터 전세계 반도체의 공급이 부족하게 되고 미국과 유럽이 반도체 같은 첨단산업에서 중국을 견제하자 반도체산업은 중요한 전략산업으로 선정되어 각국 정부의 보조금지급과 현지생산에 대한 지원이 이루어지고 있다. 삼성전자도 2022년 미국 Texas Austin에 향후 20년간 250조원을 들여 11개의 반도체 공장을 투자할 계획을 발표했다. 인텔 역시 미국과 유럽에 188억 달러를 투자하여 대형 반도체 공장에 투자할 것을 발표했다.

2024년에는 AI 반도체가 주목받고 있다. Intel은 AI용 마이크로 프로세서를 개발하였고, SK Hynix는 고대역폭 메모리High Bandwidth Memory를 개발하여 NVIDIA에게 공급하고 있다.

TSMC의 파운드리 사업

Intel's Fab 42

AI 반도체

인텔의 홈페이지
www.intel.com

01 >> 서 론

　　본 장의 서두에서 살펴본 세계 반도체산업에 대한 사례는 미래의 성장산업으로 피상적으로만 이해해 왔던 반도체산업을 보다 구체적으로 이해하게 해준다. 본 장에서 반도체산업 사례를 중심으로 기업의 외부환경을 분석하는 분석기법에 대해 살펴보기로 한다.

　　그림 3-3과 같이 본 장에서 살펴볼 외부환경분석의 주요 분석기법인 산업구조분석은 사업부수준의 전략과 기업수준의 전략을 수립하는 데 매우 중요한 역할을 한다. 제1장에서 살펴본 바와 같이 기업전략은 그 기업이 어느 신규사업분야로 진출하고, 어느 사업분야에서 탈퇴할 것인가에 관한 결정을 한다. 그러한 결정을 내리기 위해서는 그 기업의 개별사업분야가 속해 있는 산업이 유망한 정도를 판단할 필요가 있다. 또한 사업부수준의 경쟁전략을 수립하기 위해서도 산업의 구

그림 3-3 | 본서의 구성체계

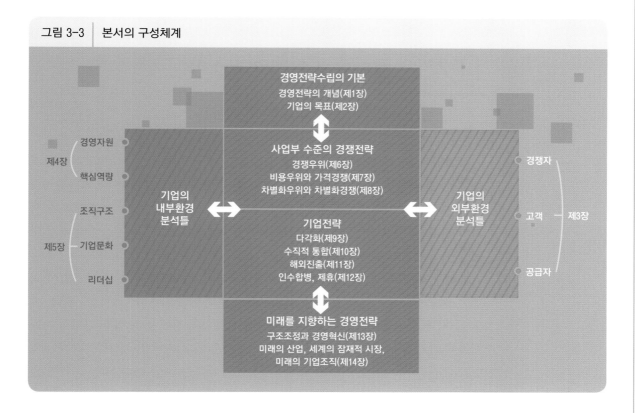

조적 특성을 이해해야 한다. 본 장의 목적은 이러한 사업부수준의 경쟁전략과 기업전략을 수립하고 실행하는 데 있어 중요한 판단의 근거가 되는 산업의 구조적 특성을 살펴보는 데 있다. 산업의 구조적 특성을 이해하면 그 산업의 미래의 전망에 대해서도 분석할 수 있게 될 것이다. 이러한 산업구조의 분석을 통해 궁극적으로 기업이 어떠한 전략을 수립하여야 수익률을 높일 수 있는가에 대한 해답을 구할 수 있다. 또한 기업이 그 산업에서 성공하는 데 필요한 산업 특유의 성공요인 key success factor을 알 수 있다.

본 장에서 다룰 주요 내용은 다음과 같다.

- 기업의 경쟁방식과 수익률을 결정하는 산업의 구조 특성을 연구한다.
- 이러한 산업분석을 통하여 그 산업의 향후 전망을 도와준다.
- 기업이 그 산업에서 수익률을 높이기 위해서는 어떠한 요소들이 필요한가, 즉 경쟁의 방법이나 산업에서의 성공요인을 발견할 수 있게 해준다.
- 기업이 산업구조를 자기한테 유리하도록 바꾸기 위한 전략을 개발할 수 있게 해준다.

02 ›› 산업의 수익률 결정요인

기업의 환경이란 기업의 행동방식과 경영성과에 영향을 주는 여러 가지 요소들로서, 경제적 환경, 기술적 환경, 사회적 환경, 정부와의 관계 등 다양한 환경이 있다. 이러한 다양한 기업환경 중 가장 중요한 요소로 공급자와의 거래관계, 고객과의 관계, 경쟁기업들간의 경쟁관계를 포함한다. 이와 같이 특정산업내 경쟁자, 공급자, 고객과의 관계를 체계적으로 분석하는 것이 산업구조분석이다.

인구의 변화, 사회·정치적 변화나 인터넷과 같은 기술혁신도 역시 기업이 직면한 주요한 환경이면서 동시에, 산업구조의 변화로 수렴하여 나타나게 된다. 예를 들어, 환경문제에 대한 사람들의 인식이 점차 높아짐에 따라 정부 및 소비자단체들이 기업들에 사회적인 책임을 강조하는 것은 기업의 비용구조에 즉각적인 영향을 미친다. 왜냐하면 기업은 공해방지시설에 투자를 해야 하며, 이는 곧 기업의 원가상승부담으로 직결되어 나타나기 때문이다. 또한 IT기술의 발전으로 소비자가 보다 나은 가격정보를 토대로 공급자에 대한 교섭력이 높아지는 것도 산업구조의 주요한 변화이다. 따라서 우리는 산업구조에 초점을 맞춤으로써 기업의 중요한 환경을 분석할 수 있다.

앞의 제1장에서 전략이란 기업이 경쟁에서 승리할 수 있게 하고 궁극적으로 기업의 이윤을 증가시키는 데 그 목적이 있음을 밝혔다. 따라서 기업전략 및 사업부전략의 수립에 선행되어야 할 요소는 과연 무엇이 산업의 수익률 또는 그 산업 내의 기업의 수익률수준을 결정하는 요인인가를 규명하는 일이다. 궁극적으로 기업의 이윤을 증가시키기 위해서는 소비자에게 가치를 창출시켜 주어야 한다. 기업의 생산활동은 결국 자본, 노동, 기술 등을 투입하여 소비자에게 필요한 재화나 서비스를 제공해 주는 것이다. 기업의 생산활동으로 생기는 재화나 서비스의 가치가 생산활동에 대한 투입비용보다 높아야만 이윤이 생기고, 소비자가 느끼는 생산물의 가치가 비용보다 높으면 높을수록 기업의 이윤율은 높아진다.

자본주의 시장경제에 있어서 재화나 서비스의 생산을 통한 가치창조는 결국 소비자가 느끼는 욕구의 강도 여부, 대체재의 존재 유무, 투입비용의 많고 적음에 따라 결정되나, 이러한 생산활동으로 창출되는 가치를 그 기업이 얼마나 가질 수 있는가는 궁극적으로 소비자와 생산자간의 상대적인 힘에 따라서 결정된다. 예를 들어, 사막의 오아시스에서 갈증에 허덕이는 여행자들이 느끼는 물의 가치는 높고 따라서 가격을 높게 요구할 수 있을 것이다. 이 경우 모든 가치를 공급자가 가져간다. 반면 물이 풍부한 곳에서의 물의 가치는 낮고 공급자의 이윤은 역시 낮아진다. 이와 같이 수요자와 공급자와의 관계는 기업이나 산업의 수익률을 결정하는 중요한 요소가 된다. 또한 대규모 구매자가 구매력을 행사하여 가격을 낮추게 되면 공급하는 기업의 수익률은 역시 낮아지게 된다. 산업의 수익률은 산업에 참여하는 여러 주체들의 상대적인 힘에 따라 결정된다.

표 3-2는 한국의 주요 산업의 수익률을 보여주고 있다. 석유정제품, 화학제품, 정보서비스업은 상당히 높은 수익률을 보이는 데 비해 광업 등은 낮은 수익률을 보이고 있다. 이와 같이 다양한 산업의 수익률은 우연의 산물이 아니라 상당히 체계적이며 근본적인 산업의 특성에 기초하고 있다.

산업구조와 경쟁방식, 그리고 산업의 수익률에 대한 관계는 일찍이 경제학의 산업조직론에서 발전되었다.[2] 산업조직론은 산업의 구조를 완전경쟁과 독점간의 중간형태로 나타낸다. 독점이란 산업에 단 하나의 기업만 있어서 그 기업이 소비자로부터 독점이윤을 얻고 있는 상황을 말한다. 그리고 완전경쟁이란 시장에 수

표 3-2	한국의 산업별 수익률(총자산영업이익률)													(단위: %)
산업	2009	2010	2011	2012	2013	2014	2015	2016	2017	2018	2019	2020	2021	2022
A01 농업	1.9	1.8	3.7	−1.2	−1.2	3.4	3.7	2.9	4.4	0.8	−0.7	0.7	3.0	1.3
A03 어업	7.8	8.1	7.8	7.5	0.1	−1.1	−0.7	2.5	4.3	2.3	−0.4	1.7	3.9	4.4
B 광업	3.4	3.1	2.0	1.8	1.6	1.5	1.0	1.1	0.9	0.4	0.7	0.2	0.0	1.0
C10 식료품	5.9	6.0	5.2	4.9	4.9	4.9	5.3	5.5	4.7	4.9	4.2	4.4	3.9	3.6
C11 음료	7.2	5.2	7.0	7.4	8.0	6.3	7.4	6.7	6.9	7.1	6.5	6.8	6.6	7.4
C13 섬유제품(의복제외)	4.7	6.3	5.1	3.5	4.5	3.5	3.9	4.4	3.4	2.6	2.6	4.8	2.1	2.5
C14 의복, 의복액세서리 및 모피제품	7.5	7.6	7.8	6.6	6.7	4.6	5.8	4.7	4.6	4.8	4.8	3.1	5.3	7.8
C15 가죽, 가방 및 신발	7.9	7.9	8.2	8.6	9.1	7.9	5.8	5.8	6.1	5.2	6.1	2.4	4.2	6.1
C16 목재 및 나무제품(가구 제외)	4.4	3.2	4.1	3.1	4.1	4.5	4.7	4.9	3.6	3.4	2.7	2.6	3.7	2.8
C17 펄프, 종이 및 종이제품	6.5	4.9	3.9	5.6	4.9	3.9	3.3	4.6	3.1	5.5	5.0	5.3	4.9	4.8
C18 인쇄 및 기록매체 복제업	3.1	3.5	4.3	5.0	5.0	4.9	5.0	5.6	5.1	4.3	4.4	3.9	3.5	3.3
C19 코크스, 연탄 및 석유정제품	3.9	6.9	9.4	3.1	2.7	−1.8	6.9	11.1	10.1	5.7	3.3	−6.7	7.1	11.4
C20 화학물질 및 화학제품(의약품 제외)	9.3	11.2	9.6	5.5	5.6	4.7	7.2	8.6	9.6	7.9	5.3	4.9	7.6	4.8
C21 의료용 물질 및 의약품	8.4	8.1	7.2	5.1	4.9	5.2	5.5	5.1	6.0	4.5	4.1	8.4	9.0	7.0
C22 고무제품 및 플라스틱제품	5.6	6.9	5.8	7.1	6.3	6.2	6.0	6.3	4.6	4.1	4.0	3.9	3.0	2.8
C23 비금속 광물제품	10.7	10.6	8.0	6.6	6.2	4.9	6.5	6.8	6.2	4.7	4.2	3.7	4.0	3.7
C24 1차 금속	5.1	7.9	6.9	4.5	3.6	3.9	3.8	4.6	4.6	4.3	3.3	2.3	7.9	5.4
C25 금속가공제품(기계 및 가구 제외)	5.2	5.1	5.2	5.0	5.1	4.8	5.2	5.1	4.5	3.6	3.7	3.5	3.7	4.4
C26 전자부품, 컴퓨터, 영상, 음향 및 통신장비	5.2	8.1	4.3	8.1	8.9	6.0	6.6	5.7	14.1	15.1	4.1	6.1	9.9	7.4
C27 의료, 정밀, 광학기기 및 시계	5.9	7.5	7.3	6.6	7.1	5.3	5.9	5.7	6.7	5.7	4.5	4.7	5.2	6.2
C28 전기장비	5.2	5.2	4.0	4.2	3.5	2.9	2.4	1.7	3.5	3.4	2.5	2.6	2.2	2.1
C29 기타 기계 및 장비	5.8	7.5	7.0	5.6	4.6	4.3	4.6	4.9	6.5	5.4	4.4	4.2	4.8	5.5
C30 자동차 및 트레일러	4.8	7.1	7.5	6.4	6.5	5.2	5.5	4.6	2.8	1.7	2.9	1.6	2.4	3.6
C31 기타 운송장비	4.9	6.5	5.7	2.8	−0.1	−2.4	−5.6	−0.1	0.5	−0.2	0.0	−0.5	−4.6	−2.1
C32 가구	4.2	5.9	4.2	3.5	3.6	5.9	6.9	6.2	6.4	5.5	3.8	4.3	3.9	2.0
C33 기타 제품 제조업	7.7	7.4	7.1	8.1	6.5	6.8	7.3	7.5	7.0	5.6	4.2	3.9	4.5	5.8
C34 산업용기계 및 장비수리업	4.1	6.9	7.4	8.5	9.1	8.3	6.9	5.4	6.8	7.3	6.7	5.6	3.8	4.9
D351 전기업	1.6	1.8	−0.3	0.2	1.3	3.0	5.2	5.2	2.4	0.5	0.1	1.9	−1.4	−8.3
E 하수ㆍ폐기물 처리, 원료재생 및 환경복원업	5.6	5.2	4.8	4.3	4.3	4.7	4.4	5.0	6.0	7.1	6.4	6.0	6.2	6.1
F 건설업	3.8	2.6	2.4	1.9	1.7	2.8	2.9	4.5	5.6	5.2	4.7	3.7	4.1	4.5
G 도매 및 소매업	4.5	5.5	5.7	4.9	4.7	5.0	4.5	4.6	4.7	4.2	3.8	3.3	4.1	4.5
H 운수 및 창고업	0.0	2.7	1.7	1.8	1.6	2.5	2.9	2.5	2.8	2.2	2.4	0.3	3.8	6.0
I 숙박 및 음식점업	1.0	1.6	2.0	2.2	1.9	1.4	0.8	1.2	0.9	0.9	1.3	−2.7	−0.5	1.8
J58 출판업	5.6	7.0	6.7	6.1	5.8	5.4	5.2	5.3	5.6	4.8	4.5	4.9	3.5	1.6

산업	2009	2010	2011	2012	2013	2014	2015	2016	2017	2018	2019	2020	2021	2022
J59 영상 · 오디오 기록물 제작 및 배급업	−0.9	0.8	2.1	1.5	2.8	3.0	2.4	2.5	1.5	0.6	2.5	−0.1	1.0	1.3
J60 방송업	4.7	6.0	6.2	3.2	2.6	2.1	3.4	2.6	2.9	1.0	0.3	1.2	2.9	2.2
J61 우편 및 통신업	5.6	7.7	7.6	4.2	4.4	2.6	5.1	5.1	5.0	4.0	2.9	3.5	4.0	4.7
J62 컴퓨터 프로그래밍, 시스템 통합 및 관리업	5.8	5.8	6.2	6.5	5.6	5.7	4.9	4.4	5.0	5.3	6.6	6.5	5.1	2.5
J63 정보서비스업	12.2	13.8	13.6	11.3	9.7	9.8	8.7	9.0	9.9	9.5	6.3	6.6	10.4	5.8
L 부동산업	0.8	0.8	0.6	0.7	0.8	1.3	1.9	3.1	3.3	2.7	1.8	1.9	2.3	1.7
M 전문, 과학 및 기술 서비스업	4.2	4.7	4.7	4.9	3.0	4.1	4.3	4.8	4.4	3.3	3.1	3.4	3.5	3.2
N 사업시설관리 및 사업지원 및 임대서비스업	2.1	3.9	4.2	3.2	4.9	3.6	4.4	4.0	3.5	3.1	3.3	2.2	2.4	2.8
P 교육 서비스업	5.4	6.0	3.5	2.9	3.5	4.1	4.1	3.9	3.3	4.0	4.0	0.4	3.4	2.2
R 예술, 스포츠 및 여가관련 서비스업	4.0	3.4	3.2	3.4	3.2	3.8	4.1	4.4	4.2	4.1	4.3	1.2	3.6	5.1

출처: 한국은행.

많은 기업이 있어서 아무도 시장가격 결정에 영향을 미치지 못하고 단지 시장에서 형성된 가격을 주어진 것으로 받아들이는 경우이다. 따라서 완전경쟁의 경우는 어느 기업도 초과이윤을 얻을 수 없다. 그러나 실제의 산업들은 완전경쟁이거나 완전독점이 아닌 그 중간에 위치하고 있어서 과점적인 구조나 경쟁에 가까운 산업구조이기가 쉽다.

03 ›› 포터의 산업구조분석기법

산업구조를 분석하는 기법을 처음으로 경영전략에 도입한 사람은 Harvard 경영대학원의 Michael Porter이다.[3] Porter는 1980년 Competitive Strategy라는 저서에서 경제학의 산업조직론에서 발전된 산업구조분석을 기업에 적용하기 쉽도록 변형시킨 분석틀을 제시하였다. 그의 분석틀에 의하면 다섯 가지 경쟁적인 세력에 의해 산업의 수익률이 결정된다. 이 다섯 가지 경쟁 중, 세 가지는 수평적인 경쟁으로 대체재와의 경쟁, 잠재적 진입자와의 경쟁, 기존사업자와의 경쟁이 이

Video
포터의 산업구조분석

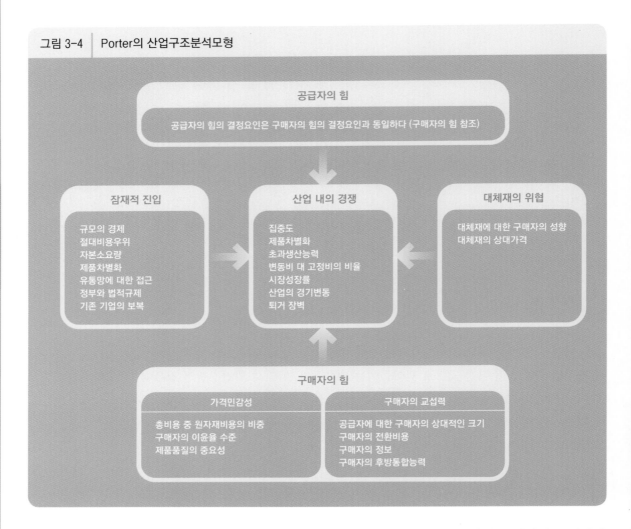

그림 3-4 | Porter의 산업구조분석모형

공급자의 힘

공급자의 힘의 결정요인은 구매자의 힘의 결정요인과 동일하다 (구매자의 힘 참조)

잠재적 진입

규모의 경제
절대비용우위
자본소요량
제품차별화
유통망에 대한 접근
정부와 법적규제
기존 기업의 보복

산업 내의 경쟁

집중도
제품차별화
초과생산능력
변동비 대 고정비의 비율
시장성장률
산업의 경기변동
퇴거 장벽

대체재의 위협

대체재에 대한 구매자의 성향
대체재의 상대가격

구매자의 힘

가격민감성

총비용 중 원자재비용의 비중
구매자의 이윤율 수준
제품품질의 중요성

구매자의 교섭력

공급자에 대한 구매자의 상대적인 크기
구매자의 전환비용
구매자의 정보
구매자의 후방통합능력

에 해당한다. 그 밖의 두 가지는 수직적인 경쟁으로 공급자와 구매자의 교섭력이 이에 해당한다. 구체적인 다섯 가지 경쟁분석요소는 **그림 3-4**와 같이 정리되어 있다. 본 절에서는 Porter의 산업구조분석의 주요 요소를 차례로 살펴보기로 한다.

⠿ 기존기업과의 경쟁

대부분의 산업에서 경쟁의 양상과 산업 전체의 수익률을 결정하는 가장 중요한 요인은 이미 그 산업 내에서 경쟁하고 있는 기업들간의 경쟁관계이다. 어떤 산업에서는 기업들끼리의 과당경쟁으로 인해 가격이 생산원가 이하로 내려 가서 산업 전체적으로 손해를 보는 경우도 있으며, 기업들이 가격경쟁을 피하기 위해 담합을 하기도 한다. 또한 기업들은 광고 또는 신제품개발, 기술혁신 등으로 경쟁하는 경우도 많다. 이와 같이 산업 내의 기존기업들간의 경쟁양상과 강도를 결정하는 요소는 다음과 같다.

산업의 집중도

먼저 집중도concentration란 동일 산업에 속하는 기업의 수와 그 개별기업의 규모를 말한다. 한국의 공정거래위원회에서 상위 3개 기업들의 시장점유율을 더한 3사집중도3 firm concentration라는 지표를 사용한다. 만일 어느 산업에 단 세 개의 기업만 존재한다면 그 산업에서의 3사집중도는 100%가 될 것이다. 그에 비하여 어느 산업 내의 세 개의 상위 기업들의 시장점유율을 합한 것이 10~20% 정도라고 하면, 이 산업은 비교적 경쟁적인 산업이라고 볼 수 있다.

만일 산업에 하나의 기업만이 존재한다면 이런 산업 내에서는 경쟁이 없고 지배적 기업이 마음대로 가격을 조정할 수 있을 것이다. 실례로 표 3-2의 여러 산업 중 수익률이 높은 산업들은 산업 내에 소수의 기업들이 경쟁하는 과점산업인 경우가 많은데, 이러한 과점산업에서는 가격경쟁을 자제하고 기업들끼리 암묵적인 가격담합을 하는 모습을 흔히 찾아볼 수 있다.

산업의 집중도 측면에서 볼 때 반도체산업에는 많은 경쟁자가 있고, 기존경쟁자들간의 경쟁은 매우 치열하다. 특히 일상재의 성격을 가진 메모리분야에서는 비슷한 규모의 세계적인 기업들이 치열하게 경쟁하기 때문에 수익률이 낮아지는 요인이 된다. 이에 반해 비메모리분야의 마이크로프로세서에서는 Intel이 70% 이상의 시장점유율을 가지고 있고, AMD 등의 소수의 회사만이 경쟁에 참여하고 있기 때문에 상대적으로 집중도가 높으며 따라서 수익률도 높은 편이다. 최근 NVIDIA는 AI용 GPUGraphic Processor Unit를 독보적으로 생산하여 높은 주가를 기록하고 있다.

이와 같이 산업이 집중되어 있을수록, 즉 그 산업에 참여하고 있는 기업의 수가 적을수록 산업의 전반적인 수익률은 높아지게 되며, 그 산업이 경쟁적일수록, 즉 많은 기업들이 경쟁에 참여할수록 산업의 수익률은 낮아지게 된다.

경쟁기업의 동질성과 이질성

산업 내 기업들간의 경쟁을 피하기 위해 담합을 할 수 있는 가능성은 참여하는 기업의 수뿐만 아니라 그들 기업들의 전략, 목적에 따라 다양하다. 일반적으로 기업들의 전략, 목적 등이 유사할 경우 훨씬 명시적 또는 암묵적인 담합이 쉬워진

다. 예를 들어, 과거 GM이나 Ford와 같은 미국의 자동차 회사들은 비슷한 비용구
조를 갖고 있었고, 모두 단기적인 수익극대화를 목표로 삼고 있었다. 이들 동질적
인 미국기업들끼리는 담합에 의해 가격경쟁을 자제하면서 높은 수준의 수익률을
누릴 수 있었다. 그러나 일본기업과 한국기업이 미국시장에 진출하여 적극적으로
가격을 내리고 시장점유율을 넓히는 전략을 취함에 따라 미국자동차산업 내에서
의 공존은 깨지고 가격경쟁이 불붙기 시작하였다. 이러한 사실은 국제경쟁이 심
화될수록 이질적인 목표나 전략을 가진 국제기업들과 경쟁을 하게 되기 때문에
기업들간의 암묵적인 담합이 점차 어려워진다는 것을 의미한다. 국내기업들의 가
격과 행동, 그리고 자신이 가격을 낮추었을 때 그에 대한 상대기업의 보복 등은
상당히 정확히 예측할 수 있는 반면, 외국기업들이 어떻게 행동할지는 예측하기
어렵기 때문이다.

또한 산업 내 기업규모의 분포 역시 산업 내의 경쟁강도에 영향을 미친다. 산
업조직론의 연구에 따르면, 기업들의 규모가 비슷할수록 경쟁의 강도는 심해진
다. 반면 산업 내 지배적 기업이 존재할 경우, 즉 한 기업의 규모가 다른 경쟁기업
들에 비해 월등히 큰 경우, 규모가 작은 기업들은 큰 기업에 대항하여 가격경쟁을
하기보다는 큰 기업이 정한 가격을 그대로 따르는 경우가 많다. 즉 지배적인 기업
의 선도에 따라서 가격이 결정되는 것이다. 일본 자동차산업에서는 Toyota의 일
본 내 시장점유율이 높기 때문에, Honda나 Nissan과 같은 기업들은 Toyota에 대
하여 가격경쟁을 하기보다는 Toyota가 정하는 가격을 따라가는 경향이 있다. 반
면 시장지배적인 사업자가 없고 기업간의 크기가 비슷한 경우에는 가격경쟁이 훨
씬 치열해진다.

제품차별화

산업 내에서 경쟁기업들의 디자인이나 품질이 동일할수록 소비자들은 특정
회사제품을 선호할 이유가 없어지고, 가격 외에는 경쟁할 만한 수단이 없어지게
된다. 이러한 제품을 우리는 일상재commodity라고 부른다. 예를 들어, 메모리형
반도체는 품질과 디자인 면에서 어느 회사의 제품이든 별 차이가 없다. 따라서,
소비자들은 컴퓨터를 구입할 때 컴퓨터가 원활히 작동되기만 한다면 그 안의 메
모리가 삼성전자제품이든 Micron제품이든 개의치 않는다. 이러한 일상재의 경우
에는 가격 외에는 다른 경쟁수단이 없기 때문에, 가격경쟁이 심화되는 현상을 보
인다.

반면 의약품이나 음식료품과 같이 소비자들의 특정 제품브랜드에 대한 선호

도가 높은 산업일수록 가격보다는 광고나 신제품발매 등의 차별화기법으로 경쟁한다. 차별화된 산업일수록 수익률이 높고, 일상재에 가까운 산업일수록 수익률이 낮아지게 된다. 예를 들어, DRAM은 일상재이기 때문에 가격경쟁이 치열하며 따라서 수익성도 낮은 편이나, 비메모리분야는 고객이 원하는 제품을 적기에 납품하는 것이 중요하므로 차별화가 가능하며 메모리에 비해 상대적으로 수익성이 높다.

초과설비

산업의 수익률은 초과설비와 경기순환에 따라 민감하게 변하기도 한다. PIMSProfit Impact of Market Share의 실증연구에 따르면 생산설비와 수요가 일치할수록 기업의 수익률이 높아진다.[4] 불황기의 많은 기업들은 유휴설비 때문에 많은 고민을 한다. 특히 자본집약도가 높은 산업일수록, 즉 거대한 생산설비가 필요할수록, 불황기의 기업들은 고정비용을 줄이기 위해 가격을 인하해야 할 필요성을 느낀다. 이러한 불황기의 유휴설비로 인한 가격인하는 산업의 수익률을 더욱 악화시킨다.[5] 예를 들어, 반도체산업은 주기적으로 호황과 불황이 반복되어 대략 5년의 주기로 생산설비의 과잉현상과 공급부족이 발생한다. 따라서 기업들은 생산설비를 최대한 활용하기 위해서 불황기에 가격을 덤핑하는 경향이 있다.

그러나 주기적으로 불황과 호황을 반복하는 경기순환이 아니라 장기적으로 그 산업의 유휴설비가 있는 경우, 산업의 수익률은 퇴거장벽의 높이에 따라 결정된다.[6] 퇴거장벽exit barrier이란 진입장벽entry barrier과 마찬가지로 산업에서 철수하는 데 어려움이 있는 경우를 말한다. 만일 기업들이 쉽게 다른 산업으로 옮길 수 있다면 구조적인 불황에 처해 있는 산업 내의 기업수는 자유롭게 조정이 되어 산업 내의 유휴설비는 금방 없어지게 된다. 그러나 실제로 산업 내 퇴거장벽이 상당히 높은 경우가 많다. 왜냐하면 대부분의 산업은 그 산업에만 이용될 수 있는 전문적인 기계설비들이 많기 때문이다.

이와 같은 이유로 퇴거장벽이 높은 산업에 있는 기업은 구조적 불황하에서도 쉽사리 철수하지 못하고, 계속 시설을 가동하기 위해 대폭적인 가격인하를 감행하기도 한다. 예를 들어, 전세계 조선산업의 구조적인 불황 속에서도 한화오션구대우조선해양과 현대중공업은 쉽게 이 조선산업에서 철수하지 못하였다. 왜냐하면 조선산업에 쓰이는 독dock과 같은 설비들은 다른 산업에 전용될 수 없기 때문이다. 따라서 이들 기업들에 대한 구조조정은 되풀이되는 경향이 있다.

비용구조

가격경쟁 정도는 또한 산업의 비용구조에 따라 다르다. 비용구조는 고정비용과 가변비용의 비중을 뜻한다. 예를 들어, 항공운수회사의 경우 국내선은 정부규제에 따라 가격이 고정되어 있으나, 국제선은 비행기의 좌석이 얼마만큼 남아 있느냐에 따라서 가격이 수시로 달라진다. 왜냐하면, 여객기의 운행비용은 좌석이 얼마만큼 채워졌는가에 관계없는 고정비용이기 때문이다. 즉, 손님을 한 명 더 태우는 데 추가되는 가변비용은 거의 없으며, 일단 출발하면 비행기는 새로운 손님을 더 태울 수 없다. 따라서 이륙시 비어 있는 좌석의 가치는 영0이므로 비행기의 출발시간이 가까워질수록 항공사는 비행기표가격을 반 또는 그 이하로라도 인하하여 빈 좌석을 채우려고 한다. 화학산업, 철강산업, 타이어산업 등과 같이 고정비용이 큰 산업에 있는 기업들도 고정설비의 유휴도를 낮추기 위하여 가변비용을 상회하는 한 얼마든지 가격을 인하하려는 인센티브가 강하다.

반도체산업의 비용구조를 살펴보면 자본설비에 대한 투자와 연구개발에 대한 투자가 대부분을 차지하고 원재료비는 꾸준히 감소하는 추세이다. 특히 메모리 반도체에 대한 투자금액은 기하급수적으로 증가하고 있다. 삼성전자의 경우, 1M DRAM의 개발에는 15개월 동안 개발비용이 235억 원이 들었지만, 256M DRAM에는 30개월에 1,700억 원이나 들었다. 최근에는 조 단위의 투자가 요구되고 있으며, 나날이 늘어만 가고 있다.

반면 임금이 차지하는 비중은 극히 미미하고 비용의 대부분이 고정비용이므로, 기업들은 생산설비의 활용도를 높이기 위해 가격경쟁을 시도할 유인이 크게 존재한다. 따라서 이 모든 분석을 종합해 볼 때 일상재인 메모리형 반도체시장에서의 기존기업간의 경쟁은 심한 편이며 이는 수익률을 저하시키는 요인으로 작용하고 있다.

잠재적 진입자와의 경쟁

만일 어느 산업의 수익률이 높거나, 유망한 산업이라면 모든 기업들은 그 산업에 진입하고 싶어할 것이다. 만일 진입이 자유롭게 허용된다면, 수익률이 높은 산업일지라도 새로운 진입자들에 의하여 수익률은 점차 낮아질 것이다. 또한 실제적으로 진입이 일어나지 않는다고 하더라도 경쟁기업들이 언제든지 그 산업에 뛰어들 준비가 되어 있다면, 그 산업에 있는 기존기업들은 잠재적 가격을 경쟁적인 수준으로 낮추어 이러한 진입을 막을 필요가 있다. 경제학에서는 이와 같이 진입장벽entry barrier 또는 퇴거장벽exit barrier이 없는 경우를 경쟁가능 시장contestable market이라고 한다. 따라서 진입장벽이 없는 산업에서는 가격이 경쟁적인 수준으로 낮아지고, 이윤 역시 시장 내의 기업의 수와 상관없이 정상이윤밖에 얻지 못한다. 준경쟁적 시장의 경쟁의 정도는 산업에 매몰비용sunk cost의 존재 유무에 따라서 결정이 된다. 매몰비용이 있는 경우에는 기업들이 쉽게 진입할 수도 없고 쉽게 빠져나갈 수도 없다. 이러한 매몰비용이 없는 경우에만 기업들의 진입과 탈퇴가 용이하며, 가격이 경쟁적인 수준으로 낮아진다.

이와 같이 기존기업들이 신규진입기업에 대해 갖는 우위를 진입장벽entry barrier이라고 한다.[7] 진입장벽이란 신규진입기업들이 기존기업들에 대해 부담하는 상대적인 불리함이다. 진입장벽들은 그 산업에서의 경쟁기업의 진입을 저지하고 높은 수익률을 유지할 수 있게 한다. 진입장벽을 피하기 위해 신규진입자들은 종종 새로운 기술, 새로운 경영능력, 새로운 브랜드를 가지고서 진입을 시도한다. 예를 들어, 과거 PC시장에서 IBM이 갖고 있었던 소비자의 브랜드인지도와 강력한 딜러시스템을 피하기 위해서 Dell은 새로운 유통시장, 즉 전화나 온라인 주문 방식을 처음으로 도입하여 IBM이 가지고 있던 강력한 진입장벽인 유통망을 우회하여 진입할 수 있었다.

대표적인 진입장벽은 자본소요량, 규모의 경제, 절대적인 비용우위, 제품차별화, 유통망, 정부규제 등이 있다.

자본소요량

신규기업이 산업에 진입할 때 투자액이 많이 소요되는 경우, 소수의 기업을 제외하고는 진입이 어려워진다. 예를 들어 Boeing과 Airbus가 중대형 항공기 제작산업을 지배하는 이유는 워낙 큰 자본재의 투입과 막대한 연구개발비용이 필요하므로 진입이 제한되어 있기 때문이다. 반도체산업에서도 생산라인당 수조 원이라는 큰 액수의 투자가 필요하기 때문에 이러한 대규모 투자를 할 수 있는 기업들은 많지 않다. 이렇게 자본소요금이 많은 산업에서는 신규기업의 진입이 원천적으로 저지되어 있다.

규모의 경제

자본집약적이거나 연구개발투자가 많이 소요되는 산업에서 효율적으로 조업하기 위해서는 대규모 투자가 필요하다. 예를 들어 자동차산업에서는 규모의 경

Strategic Management

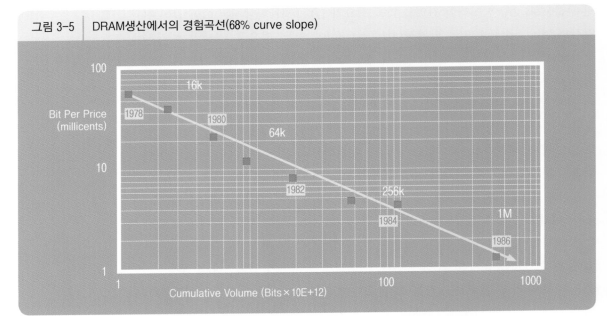

그림 3-5 DRAM생산에서의 경험곡선(68% curve slope)

출처: David Yoffie, "The Global Semiconductor Industry in 1987," Harvard Business School Case 9-388-052.

제가 크기 때문에 연간 백만 대 이상의 자동차를 생산해서 판매할 능력이 없는 기업들은 진입을 할 수 없다. 또한 자동차산업에는 점점 더 규모의 경제가 커져가고 있고 연구개발집약도가 높아지고 있기 때문에 전세계적으로 소수의 기업만이 살아남을 수 있다. 따라서 과거 자동차산업에서는 소규모 기업들이 큰 기업들에게 인수되는 현상을 자주 볼 수 있었다. 예를 들어 AMC/Jeep는 Chrysler에, 영국의 Rover는 독일의 BMW에 각각 인수되었다. 한국에서도 현대자동차의 기아자동차 인수와 같은 자동차산업의 구조조정이 일어났다. Tesla 역시 일정 규모의 생산과 판매가 이루어질 때까지 수년간 큰 적자를 기록하였다. 이와 같은 규모의 경제의 중요성에 대해서는 제7장의 비용우위전략에서 더 상세히 논의한다.

절대적인 비용우위

기존기업들은 신규진입기업들에 비해 때로는 절대적인 비용우위에 있기도 하다. 이러한 비용우위를 초기진입자의 이익first mover's advantage이라고 한다. 초기진입자는 산업에 일찍 참여함으로써 신규진입기업들에 비해 원료를 싸게 구입할 수 있는 방법을 알고 있고, 경험효과experience effects의 이득을 더 많이 볼 수 있다. 예를 들어, 그림 3-5에서 보는 바와 같이 반도체산업에서는 누적생산량이 두 배가 됨에 따라서 비용이 30%씩 감소하고 있다. 이와 같이 경험이 누적될수록 비

Video

경험효과

용이 감소하는 효과를 경험효과라고 한다. 경험효과는 생산에 대한 경험이 늘어남에 따라 수율이 높아지고, 공정이 개선됨으로써 발생한다. 실제로 반도체시장에서의 1Megabit당 평균가격은 매년 평균 30% 정도의 지속적인 하락추세를 보여왔다. 경험효과에 대해서는 제7장에서 더 자세히 논의한다.

제품차별화

제품차별화가 가능한 산업에서 기존기업들은 신규진입기업들에 비해 브랜드인지도 및 소비자들의 상표충성도 측면에서 큰 이득을 보고 있다. 소비자들은 자신에게 잘 알려지지 않은 기업들의 제품보다는 더 잘 알려진 기업들의 제품을 더 높은 가격을 주고서라도 구매하려는 경향이 있다. 이는 브랜드제품의 신뢰성에 대해 높은 비용을 지불하는 것으로, 그 결과 신규기업들은 차별화된 시장에서 자사의 브랜드를 정착시키기 위하여는 많은 광고를 하여야 한다. 따라서 제품차별화가 된 시장에 신규진입하기 위하여는 자신의 브랜드에 대한 투자를 하여야 하므로, 진입을 저지하는 하나의 진입장벽으로 작용하게 된다.

유통채널

기존기업들이 이미 강력한 유통채널을 확보한 경우, 소매상들은 신규진입기업의 제품을 취급하지 않으려는 경향을 보인다. 왜냐하면 소매상들이 제품을 진열할 수 있는 공간은 한정되어 있고 따라서 잘 알려지지 않은 신규기업들의 제품보다는 널리 알려진 제품을 진열하기를 원하기 때문이다. 예를 들어 하이트진로와 같이 강력한 유통망을 갖고 있는 경우 소매상들은 하이트진로 이외의 다른 소주를 갖다 놓을 필요를 크게 느끼지 못한다. 소비자들이 이미 널리 알려진 하이트진로의 제품을 찾는다는 이유 외에도 하이트진로와 같은 지배적인 기업으로부터 공급중단과 같은 보복을 받을 것을 우려해서 타경쟁사 제품을 진열해 놓을 인센티브가 없어지기 때문이다.

정부규제와 제도적 진입장벽

정부규제는 신규기업의 진입을 막는 가장 효과적인 진입장벽이다. 예를 들어, 정부는 개인택시 사업자의 수를 제한함으로써 경쟁을 제한한다. 그리고 은행이나 금융기관의 설립요건 역시 까다로우며, 특히 재벌기업들이 은행을 소유하는 것을 적극 제한하고 있다. 그리고 방송·통신사업분야에서도 정부의 허가없이 사업을 하는 것은 불가능하다. 정부는 또한 특허권, 저작권 등 독점적인 권한을 인

정해 주기도 한다. 최근 한국에서는 각종 정부규제를 철폐함으로써 경쟁을 촉진하려는 여러 움직임이 일고 있다. 예를 들어, 통상압력에 굴복하여 여러 시장이 개방되었고 이로 인하여 경쟁이 촉진되고 가격도 하락하고 있다.

기존사업자의 보복

진입장벽은 신규진입자에 대한 기존사업자의 보복가능성이 높을수록 훨씬 더 효과적이다. 기존기업들이 신규진입자에게 가할 수 있는 보복은 진입을 막기 위한 가격인하, 광고 및 마케팅활동의 증대, 신규진입자에 대한 법적 제소 등의 방법이 있을 수 있다. 영국의 British Airways는 대서양항공노선에 신규진입한 Virgin Atlantic을 시장에서 몰아내기 위하여 장기간 가격인하를 감행하였다. 일본기업들은 미국시장에 진출할 초기에는 소형자동차와 소형TV시장 등 수익성이 낮은 시장부터 진입하였기 때문에 미국기업들은 일본기업들의 진입을 초기부터 막으려 하지 않았다. 그러나 일단 이런 작은 시장에 진입한 후 일본기업은 다음 단계의 중·대형차시장과 중·대형TV시장에 진입하며 자신의 시장을 확대하여 왔다. 만일 미국기업들이 일본기업들의 초기진입단계부터 가격인하와 같은 수단을 이용하여 적극적으로 진입을 저지하였다면, 일본기업들이 미국시장에서 현재와 같이 높은 시장점유율을 갖기는 힘들었을 것이다.

이상의 논의에서 볼 때 반도체산업의 진입장벽은 상당히 높다고 할 수 있다. 왜냐하면 막대한 자금의 장기적인 투자와 고도의 기술이 필요하기 때문이다. 이러한 조건을 모두 구비한 기업의 신규진입은 크게 제한된다. 특히 로직IC분야에서는 기존기업의 특허권을 침해하지 않으면서 기존제품과 호환성을 갖는 반도체를 만드는 것은 상당히 어렵기 때문에 진입장벽이 높다. 한편 메모리용 반도체에 있어서도 과거에는 메모리가 로직에 비해 회로설계가 단순하고 기술을 쉽게 공여받을 수 있는 장점이 있었으나 점차 외국기업들이 기술공여를 꺼리면서 신규기업들이 메모리반도체분야로 진입하는 것이 점점 더 어려워지고 있다. 반도체산업에서 신규기업에 가장 불리한 진입장벽은 높은 경험곡선효과이다. 누적생산량이 두 배 증가함에 따라 반도체의 생산비용은 30%씩 줄어들기 때문에 신규후발업체들은 이미 생산경험이 많은 기존업체들에 비해서 절대적인 비용상의 불이익을 갖는다. 실제로 메모리형 반도체산업에 진입한 후발 중국업체가 삼성전자의 생산기술을 훔친 사례나 Hynix 반도체의 매각에 대해 중국기업들이 높은 관심을 보였던 것도 기술을 습득하여 자신의 높은 비용을 빠른 시일 내에 낮추기 위한 목적이었

다. 이와 같이 높은 경험곡선은 후발 반도체업체를 견제하는 자연적인 진입장벽
의 역할을 한다.

대체재와의 경쟁

　산업의 수익률은 소비자가 그 제품이나 서비스에 대해 기꺼이 지불하려는 가
격에 따라 결정되므로 대체재substitute의 유무에 따라 크게 달라지게 된다. 앞서
예를 들었던 사막의 오아시스에서 경쟁기업이 코카콜라를 공수하여서 판다면, 물
의 가격은 코카콜라의 가격에 대해 상당히 민감하게 반응할 것이다. 이와 같이 대
체재가 많으면 많을수록 기업들이 자신의 제품이나 서비스에 높은 가격을 받을
수 있는 가능성은 줄어든다. 예를 들어 버스와 택시, 지하철은 서로 긴밀한 대체
재 관계가 있다. 만일 택시요금이 너무 많이 오른다면 버스나 지하철로 사람들이
발길을 돌릴 것이다. 반면 지하철이 자신의 독점적인 지위를 이용하여 요금을 올
린다면 버스나 택시회사에 손님을 빼앗기게 될 것이다. 따라서 이렇게 긴밀한 대
체관계에 있는 교통수단은 요금인상이 동시에 이루어지는 것이 통상적이다.

　이와 같이 대체재의 존재가 그 산업의 가격결정에 영향을 미치는 정도는 크
게 다음 두 가지 요소에 좌우된다. 첫째, 소비자들이 쉽게 대체재로 옮겨갈 수 있
는가 하는 문제이다. 만일 소비자들이 어떤 특정 브랜드에 대하여 높은 충성도를

그림 3-6　각 세대별 DRAM의 가격추이　(단위: 달러)

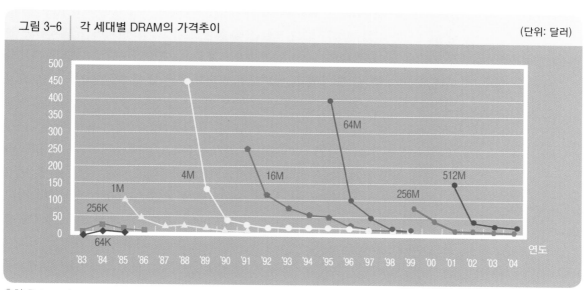

출처: Dataquest.

갖고 있을 때에는 그 브랜드제품의 가격이 오른다고 해서 쉽게 다른 대체재로 옮겨가지 않는다. 특히 소득수준이 높은 계층에서는 상당한 브랜드충성도를 갖고 있기 때문에 가격 변화에 따라 쉽게 다른 대체재로 이동하지 않는다. 그러나 버스나 지하철은 가격에 민감한 대중교통수단이므로 서로의 가격에 민감하다. 둘째, 대체재가 가진 유용성이다. 유명디자이너의 의류가 브랜드가 없는 옷으로 쉽게 대체되지 않는 이유는 가격에 비한 품질의 차이가 크기 때문이기도 하다.

반도체산업의 경우 현재의 전자기술에서 반도체를 대신할 기술은 아직은 없다. 그러나 반도체제품은 그 자체로서 대체재가 되기도 한다. 예를 들어 8G DRAM은 2개의 4G DRAM으로 대체가 가능하다. 따라서 제품수명주기상 4G DRAM이 성숙기를 지나고 8G DRAM이 나올 경우, 4G DRAM의 가격은 폭락하는데, 이는 또한 8G DRAM의 가격을 지나치게 높게 받지 못하게 하는 역할을 하기도 하였다(**그림 3-6** 참조).

⁘ 구매자의 교섭력

모든 산업의 기업은 궁극적으로는 소비자들에게 제품이나 서비스를 공급함으로써 기업활동을 영위한다. 구매자의 교섭력을 결정하는 데에는 다음 두 가지 요소가 중요하다. 첫째는 구매자들이 얼마나 가격에 민감한가의 정도이고, 둘째는 공급자에 대한 구매자들의 상대적인 교섭능력이다.

먼저 제품차별화가 심할수록 구매자는 가격에 대해 민감하지 않게 된다. 예를 들어, 과자, 의류 등과 같은 제품은 종종 높은 마진으로 팔리며, 구매자들은 높은 가격을 지불하더라도 자신이 선호하는 제품을 사기 마련이다. 그러나 차별화되지 않은 제품, 즉 철강제품, 메모리형 반도체 등은 구매자들이 어느 특정 회사 제품에 대하여 브랜드충성도를 갖고 있지 않으므로 가격이 낮은 제품으로 쉽게 대체하려는 성향을 갖고 있다. 그러나 어떤 특정부품이 제품의 품질을 결정하는 데 중요한 역할을 한다면 소비자들은 그 특정부품을 비싸게라도 구입하려고 한다. 예를 들어 구매자들은 Intel의 마이크로프로세서와 호환가능한 제품을 팔고 있는 AMDAdvanced Micro Devices의 제품에 대해 과연 100%의 호환성이 보장되는가에 의심을 가질 수밖에 없었다. 더욱이 Intel이 Intel Inside와 같은 광고를 통해 브랜드를 강조하는 것은 소비자의 선호에 큰 영향을 미쳤다.

그러나 구매자의 교섭능력에 더 큰 영향을 미치는 것은 판매하는 기업과 구매하는 기업간의 교섭력의 차이이다. 첫째, 구매자의 공급자에 대한 상대적 크기가 중요한 요소가 된다. 예를 들어, 한국타이어는 현대자동차에게 매년 수백만 개의 타이어를 공급하고 있다. 만일 현대자동차가 가격인하에 응하지 않을 경우 거래선을 바꾸겠다고 위협할 경우, 이들 타이어업체는 이들 대규모 구매자의 요구에 응하지 않을 수 없다. 이와 같이 강한 구매자의 힘은 타이어 생산업체의 이윤을 압박하는 요인이 된다.

둘째, 구매자들이 공급자의 제품, 가격, 비용구조에 대해 보다 자세한 정보를 가질수록 구매자의 교섭력은 강해진다. 만일 구매자가 공급자의 비용구조에 대한 아무런 정보가 없으면 어느 정도까지 가격인하가 가능한지 알 수 없을 것이다. 이러한 측면에서 가격비교 인터넷사이트의 등장은 소비자에게 많은 정보를 제공함으로써 구매자의 교섭력을 증대시켰다. 소비자는 이 가격정보를 활용해서 가장 싼 인터넷 쇼핑몰에서 구매할 수 있을 뿐 아니라, 전통적인 매장에서도 이 가격정보를 활용해서 가격협상에 임할 수 있다. 그러나 품질에 대한 불확실성이 존재하는 경우, 구매자의 힘은 제한될 수밖에 없다. 만일 머리를 손질하기 이전에 요금을 흥정하면 그 이발사가 얼마 정도의 시간과 노력을 들여 머리를 제대로 다듬어줄 것인지 불확실해진다. 이와 같은 경우 구매자들은 공급자들이 요구하는 가격을 대체로 다 지불하고 서비스를 받는다.

셋째, 구매자들이 공급선을 바꾸는 데 많은 전환비용switching cost이 든다면 구매자의 교섭력은 떨어진다. 현대자동차는 한국타이어에서 금호타이어로 타이어 공급처를 바꾸는 데 거의 비용이 들지 않는다. 이와 같은 경우 구매자의 교섭능력은 더욱 강화된다. 그러나 자동차산업에서의 주요 부품을 바꿀 경우, 생산방식을 변경해야 되기 때문에 전환비용을 감수해야 하고 그 결과 구매자의 교섭능력은 떨어지게 된다.

넷째, 수직적 통합이 가능한 경우 구매자의 교섭력은 강화된다. 만일 공급자가 터무니없이 높은 가격을 요구할 경우, 구매자는 자기가 직접 그 부품사업을 하겠다고 위협하여 가격을 인하시킬 수도 있다. 수직적 통합은 주요 공급자를 견제하고 상대적인 교섭력을 높이는 주요한 수단이 된다.

이와 같이 구매자의 교섭능력이 공급자들의 가격과 이윤을 낮춘다는 사실은 이미 여러 실증연구에서 확인된 바 있다. PIMS데이터를 이용한 연구에 따르면 구매자가 공급자보다 더 큰 기업일수록, 구매자의 구매금액이 공급자의 매출에서 차지하는 비중이 크면 클수록, 구매자가 훨씬 가격에 민감할수록, 공급하는 기업의 수익률은 낮아지게 된다.

반도체산업에서의 구매자의 교섭력을 살펴보려면 우선 메모리와 비메모리분야로 나누어서 살펴보아야 한다. 메모리분야는 제품이 차별화되어 있지 않고, 컴퓨터제조업자 등 대형구매자가 존재하기 때문에 메모리분야에서의 구매자의 교섭능력은 강하다고 볼 수 있다. 그러나 비메모리분야, 즉 로직분야에서의 구매자의 힘은 약하다. 왜냐하면 마이크로프로세서시장에서 Intel이 독점에 가까운 시장점유율을 갖고 있을 때, 다른 마이크로프로세서를 사서 컴퓨터를 만들 수 없기 때문이다. 따라서 Intel이 높은 수익을 누리고 있는 것은 독점적인 공급자로서 그만큼 구매자들의 교섭력이 약하기 때문이다.

공급자의 교섭력

강력한 구매자가 교섭력을 행사하여 공급자로부터 이익을 빼앗을 수 있는 것처럼, 공급자들도 자신의 교섭능력이 강할 때 가격을 높임으로써 자신의 이윤의 폭을 넓힐 수 있다. 구매자의 교섭능력을 분석하는 데 사용된 똑같은 요인들이 공급자의 교섭능력을 결정한다. 예를 들어 제품이 덜 차별화되고 일상재화될수록 공급자의 구매자에 대한 상대적인 교섭력은 떨어지고 공급자의 가격과 이윤은 점차 낮아질 것이다.

많은 산업에서 일상재를 공급하는 기업들은 종종 자신의 교섭능력을 높이기 위해 카르텔을 형성하기도 한다. OPEC는 산유국의 교섭력을 높이려는 카르텔이고, 노동조합도 노동자들의 단체교섭력을 높여 구매자인 기업으로부터 더 많은

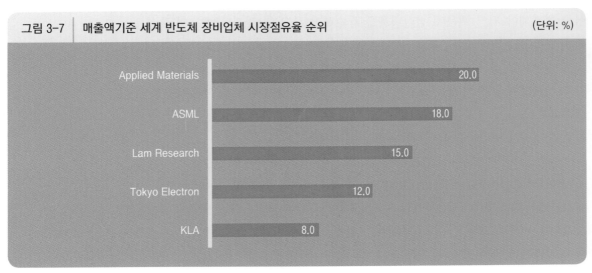

| 그림 3-7 | 매출액기준 세계 반도체 장비업체 시장점유율 순위 | (단위: %) |

- Applied Materials: 20.0
- ASML: 18.0
- Lam Research: 15.0
- Tokyo Electron: 12.0
- KLA: 8.0

출처: Statista, 2022년 기준.

이익을 얻기 위한 조직이라고 이해할 수 있다.

반도체산업에서 공급자의 힘은 대체적으로 매우 강하다고 볼 수 있다. 반도체제조를 위한 첨단장비와 재료는 소수기업에게 편중되어 생산·제공되고 있으므로 이들 첨단장비 제조업체들은 자신의 제품성능이 우수하기만 하면 얼마든지 높은 가격을 받을 수 있다. 실제로 ASML의 반도체 노광장비를 구매하기 위해 삼성전자와 TSMC는 향후 수년간의 생산량을 확보하기 위해 치열한 경쟁을 하고 있다. 또한 반도체제조에 필요한 에칭가스나 감광제를 만드는 기업은 전세계적으로 소수의 기업이 독점하고 있다. 이러한 독점적인 원재료 및 생산장비의 공급자들은 높은 가격을 요구하기 때문에 반도체를 제조하는 기업입장에서는 공급자의 힘이 강하다고 할 수 있다. 2019년 일본정부가 한국정부에 대한 보복조치로 이들 핵심원자재에 대한 수출규제를 시도한 결과, 반도체 생산기업들은 공급선을 다변화하려고 노력하고 있다.

산업구조분석기법에 의한 반도체산업 분석

본 절에서는 포터의 산업분석모형에 반도체산업을 적용하여 분석해 본다. 반도체산업을 분석하려면 먼저 메모리분야와 비메모리분야로 시장을 나누어서 생각해 볼 필요가 있다. 이 분석에 따르면 메모리형 반도체산업의 산업구조의 전망이 반드시 좋다고 판단할 수는 없다.

첫째, 메모리형 반도체는 많은 경쟁자가 존재하기 때문에 산업 내 경쟁이 치열하다. 또한 경쟁으로 인해 기업들이 신제품개발에 막대한 투자를 하므로 제품수명주기는 점점 짧아지고 있다. 둘째, 반도체산업은 진입장벽이 매우 높다. 반도체사업은 대규모 투자와 고도의 기술력이 필요하고 규모의 경제와 경험의 축적에 의한 학습효과가 크기 때문에, 기존기업이 절대적인 비용우위를 누리고 있으며, 더욱이 기술특허가 강화되어 기술을 얻기가 힘들기 때문이다. 그러나 메모리형 반도체의 경우, 마이크로프로세서와 달리 기술측면에서 진입장벽이 높지 않기 때문에, 대만이나 중국이 국가적 차원에서 지원할 경우 강력한 신규진입자로 대두할 가능성이 있다. 셋째, 메모리분야에서는 제품세대간 서로 대체재의 관계에 있다고 볼 수 있다. 따라서, 대용량의 신제품이 나오면 소용량메모리의 가격은 폭락하며 이러한 대체재의 존재는 신제품도 가격을 높게 받지 못하게 되는 이유가 되기도 한다. 넷째, 메모리형 반도체는 일상재이기 때문에 구매자의 힘이 강하고 따라서 대형구매자는 가격인하를 요구할 가능성이 높다. 다섯째, 메모리형 반도체에서는 공급자의 교섭력 역시 강하다. 반도체생산설비 공급업자들과 에칭가스나 감광제를 공급하는 소수의 기업들이 과점상태에 있기 때문에 이들 공급자는 높은 가격으로 설비와 재료를 판매한다. 따라서 반도체 생산업체의 이윤의 폭은 그만큼 축소된다.

이러한 메모리형 반도체산업은 산업에 있는 기업들 전체를 평균하면 과거 거의 모든 기업들이 손실을 본 경험이 있는 산업이다. 5년 주기로 오는 반도체산업의 공급과잉현상은 고정비용이 높은 이 산업 내의 기업들에게 큰 타격을 주었었다. 실제로 1996~1998년의 기간과 2002년, 그리고 2007~2008년에도 삼성을 비롯한 메모리형 반도체 생산기업들은 생산설비 과잉으로 가격이 폭락하여 큰 손실을 보았다.

이에 비해서 비메모리분야는 훨씬 매력적인 산업구조를 가지고 있다. 첫째, 마이크로프로세서는 Intel이 독점하고 있고 특허권으로 기술을 보호받고 있기 때문에 신규기업의 진입이 상당히 제한되어 있다. AI용 GPU시장에서도 NVIDIA는 독보적인 위치에 있다. 또한 ASICs분야에서도 특정 구매자를 위해서 반도체생산업체가 주문제작하기 때문에 신규진입자의 경쟁은 아주 적다고 볼 수 있다. 둘째, 비메모리형 반도체는 제품의 호환성이 부족하기 때문에 대체재의 위협으로부터 보호받고 있으며, 구매자의 교섭력 역시 마이크로프로세서에서는 호환성문제와 브랜드충성도 때문에 제한받고 있다. ASICs분야에서도 구매자와 ASICs공급자는 쌍방독점체제로 구매자의 독점수요력과 공급자의 독점공급력이 서로 맞물려서 교섭력이 제한이 되고, 높은 전환비용은 구매자의 힘을 감소시킨다. 위와 같은 산업구조분석에 의하면 비메모리분야에서의 산업구조는 향후에도 상당히 유망하다고 볼 수 있다.

또한 포터의 산업구조분석기법은 미래의 산업수익률을 예측하는 데 도움을 줄 수 있다. 반도체산업에서의 최근 동향을 살펴보면 다음과 같다. 첫째, AI용 반도체가 증가하는 추세이다. 한국과 일본의 반도체기업들은 점차 메모리형 반도체에 대한 의존도를 줄이고, HBM이나 GPU같은 고성능 반도체쪽으로 적극적으로 투자를 하고 있다. 둘째, 생산시설이 더욱 자동화됨에 따라 자본설비에 대한 투자액이 늘어나고 그에 따른 규모의 경제가 증가하고 있으며, 반도체생산에 있어서 R&D집약도가 점차 높아지는 경향을 보이고 있다. 셋째, 국제적으로 지적소유권이 강화되고 있으며 기업들이 자신의 기술에 대한 보호에 훨씬 적극적으로 나서고 있다. 2011년 Apple과 삼성전자가 서로 상대방을 특허침해로 제소한 것도 기술특허가 주요 경쟁수단이 되는 것을 반영한다.

이러한 추세는 향후 반도체산업을 훨씬 더 매력적으로 만들 것이라고 예상된다. 먼저 주문형 반도체가 늘어난다는 것은 그만큼 구매자의 힘을 약화시킨다. 주문형 반도체가 늘어나고, 경쟁기업들간에 차별화의 정도가 심해짐에 따라 기업들은 점차 차별화된 제품을 팔면서 높은 마진을 얻을 수 있기를 바란다. 또한 주문형 반도체에서는 구매자들이 한 기업에서 다른 기업으로 공급자를 전환할 때에 소요되는 전환비용switching cost이 높아지게 된다. 구매자 역시 가격탄력성이 낮아지게 되어 반도체의 공급업자들은 서비스와 품질, 신뢰도와 기술력에 따라서 경쟁할 수 있게 된다. 그리고 규모의 경제가 커지고 R&D비용이 증가하며 지적소유권에 대한 감시가 강화됨에 따라 산업에서 효과적으로 경쟁할 수 있는 기업의 수는 줄고 소수의 대형기업들만이 살아남는 체제가 될 것이다. 실제 과거 NEC와 Hitachi의 반도체부문 통합으로 이루어진 Elpida가 2013년 미국의 Micron에게 인수되었듯이 수많은 DRAM업체들이 인수합병을 통해 정리되었다. 이는 결국 산업의 집중도가 더 높아지게 되어 살아남은 DRAM기업들의 입지가 더 강화되는 효과로 나타났다.

아울러, 반도체산업에서는 기업들간에 전략적 제휴가 활발히 일어나고 있다. 반도체생산에서 규모의 경제가 커지고 높은 설비투자가 필요하게 됨에 따라 위험부담도 커지며 지적소유권도 강화되기 때문에 단일 기업의 힘만으로는 기술력이나 생산력 측면에서 성공하기가 힘들어지게 되었기 때문이다. 따라서 위험을 분산하고 높은 투자자금을 분담하는 체제로서의 전략적 제휴가 활발하게 일어나고 있는 것이 최근의 추세이다.

실제로 대부분의 대만의 반도체업체들은 DRAM의 디자인에 중점을 두지 않고 DRAM의 설계업체들로부터 하청을 받아서 생산하는 Foundry 사업에 중점을 두고 있다. 업체들로는 Nanya, ProMOS, Powerchip 등의 기업들이 있으며, 각 업체별로 소량의 DRAM을 생산하고 있다. 2011년에 파산한 독일의 Qimonda는 ProMOS, Powerchip, Nanya와 같은 대만의 중소 Foundry 업체들과의 전략적 제휴를 통해 삼성전자나 Micron에 대응하려고 하였다. Qimonda는 대만의 Foundry 업체들을 자신들의 통제권 안에 두고서 DRAM 기술을 이전하여 줌으로써 생산설비에 대한 투자를 대만업체들이 대신하는 전략적 제휴관계를 맺었다. 이러한 제휴관계에 있어서, Qimonda는 기술이나 일부 생산라인만을 보유하고, 대만업체들을 이용하여 OEM 방식으로 제품을 생산하는 방식을 취하였다. 이러한 제휴관계를 통해 대만기업은 DRAM의 선진 기술을 습득하려고 노력하였다. 한편 대만업체들은 Foundry만을 가지고 있기 때문에 DRAM의 수요가 줄면 다른 제품을 생산할 수 있어 유연성이 높다는 장점이 있다.

04 ›› 포터모형의 유용성과 문제점

포터모형의 응용 예

산업의 미래에 대한 예측

포터의 산업분석기법은 산업구조의 이해를 통해 산업 전체의 수익률의 높고 낮음을 효과적으로 설명해 줄 수 있다. 또한 각 개별산업의 추세를 살펴봄으로써 그 산업의 미래의 수익성을 예측할 수 있다. 예를 들어 과거의 세계 자동차산업은 높은 보호무역장벽과 각국의 이질적인 소비자들로 인하여 자국의 내수시장을 기반으로 한 기업들이 군웅할거하는 상황이었다. 즉, 이탈리아는 Fiat, 독일은 Volkswagen, 프랑스는 Renault, 영국에는 Rover와 같이 각 국마다 소수의 자동차회사들이 내수시장을 기반으로 큰 시장점유율을 갖고 있었다. 그러나 소비자들의 수요가 점차 동질화되어 감에 따라서 산업의 글로벌화가 촉진되어 경쟁이 치열해졌다. 중소형 승용차들은 모두 4기통의 엔진을 달고 있는 전륜구동형차가 주종이었고, 외형도 유사해져 버렸다. 다시 말하면 제품의 글로벌화가 추진되었던 것이다. 또한 제품의 글로벌화에 발맞추어 기업 자체도 글로벌화되었다. 예를 들어, 일본기업들과 현대자동차는 미국으로 진출하여 미국현지공장을 세웠다. 이 같은 산업 전체의 글로벌화로 인하여 세계 자동차산업에서는 경쟁이 더욱 치열해졌고 따라서 산업 전체의 수익률은 점차 악화되었던 것이다.

이와 같이 자동차산업구조의 향후 추세를 예측해 보면, 자동차산업의 수익률은 앞으로 더욱 악화될 것이라고 예상할 수 있다. 첫째, 포터의 산업구조모형에 입각하여 분석해 보면, 먼저 기존기업들간의 경쟁이 더욱 치열해진다고 볼 수 있다. 자동차산업에서는 규모의 경제가 더욱 중요해지고 있으며 새로운 자동차모델을 개발하는 데 필요한 연구개발비 역시 계속적으로 높아만 가고 있다. Ford자동차는 Mondeo라는 새로운 모델을 개발하는 데에만 총 $65억을 투자하였다. 이 같은 엄청난 연구개발비와 생산설비에 투자되는 비용을 회수하려면, 전세계를 목표로 제품을 개발·생산·판매하여야 하고, 그 결과 기업들의 글로벌화는 보다 촉진될 것이다. 그러나 이러한 글로벌경쟁의 결과로 가격경쟁이 더 심화되고 그 결과 기업들의 이윤은 점차 더욱 축소될 것이라 예측할 수 있다. 둘째, 신규진입측면에서도 중국과 인도 등의 신흥개발도상국가에서 자동차산업을 적극적으로 육성하여 산업에 참가할 때, 전세계적으로 경쟁이 훨씬 더 심화될 것으로 예상된다. 셋째, 공급자의 힘 역시 앞으로 더욱 강해질 것으로 예상된다. 자동차를 생산하는데는 전기·전자 등의 정밀부품이 많이 소요된다. 따라서 전기부품을 전문적으로 생산하는 독일의 Bosch와 같은 전문부품업체의 교섭력은 앞으로 점차 더 강해질 것이 예상된다. 특히 전기차가 보다 대중화됨에 따라 배터리팩을 생산하는 LG에너지솔루션, 삼성SDI, Panasonic과 같은 기업의 교섭력은 더욱 커지고 있다. 넷째, 공해문제와 교통난으로 말미암아 점차 자동차로부터 다른 대체수단, 즉 전기자동차나 대중교통수단인 지하철 등이 훨씬 발달하여, 자동차산업의 대체재가 점차 더 많아지리라고 예상된다. 최근 Tesla가 Model 3와 같은 중저가 전기자동차의 가격을 인하하고, 기존의 자동차업체들도 전기차 개발에 역량을 집중하면서 전기자동차업체 간의 경쟁은 향후 더욱 심해질 것이라 예상된다. 이와 같이 포터의 산업구조의 틀을 통해서 자동차산업의 미래의 수익률을 예측해 보면, 자동차 생산업체들에게 점차 불리해지는 산업구조로 바뀌고 있다는 것을 알 수 있다.

산업구조를 변경시키는 전략

이와 같이 미래의 산업구조를 예측하는 것과는 반대로, 포터의 산업구조분석 틀을 응용하여 산업의 구조적인 특성을 이해할 수 있다면, 그 산업의 구조적인 특성을 자사에게 유리한 방향으로 바꾸는 것도 가능해진다. 예를 들어, 전세계 석유화학산업에서는 공급과잉이 산업 전체의 수익률을 저하시키는 근본적인 원인이었다. 따라서 기업들은 국제적인 인수합병과 생산시설을 줄이는 합리화를 통해 수익성을 제고하려고 하였다. 이와 같은 산업 전체의 합리화노력은 수익률저하의 근본적인 원인이었던 공급과잉을 제거하며, 그 산업의 수익률 수준을 높이려는 시도라고 볼 수 있다.

포터모형의 문제점

정태적 분석

포터의 산업구조분석모형에 대한 가장 큰 비판은 본질적으로 정태적 모형이기 때문에 산업구조가 동태적으로 변한다는 사실을 충분히 구체적으로 고려하고 있지 못하다는 점이다. 포터의 분석은 산업의 구조가 그 산업 안에 있는 기업들의 경쟁방식을 결정하고, 이러한 기업들의 행동이 산업 또는 기업의 수익률을 결정하는 요인이 된다는 것이다. 그러나 산업구조는 고정되어 있는 것이 아니라 항상 변화하고 있다. 실제의 산업구조는 석유화학산업의 예와 같이 그 산업 내의 기업들의 전략적 의사결정과 기업들간의 인수합병에 따라서 얼마든지 다양하게 변화할 수 있다. 따라서 포터의 분석방법의 가장 큰 맹점은 기업의 전략과 산업의 구조가 상호작용을 하면서 계속적으로 변화하고 있다는 점을 명시적으로 고려하지 못한다는 점이다. 경쟁전략 분석에서 가장 중요한 점은 기업의 전략에 따라서 경쟁이 끊임없이 계속되는 역동적인 과정이며, 이 과정에서 산업구조는 계속적으로 변화하고 있다는 점이다.

포터의 모델이 이런 점에서 한계를 지니고 있음에 반해, 경제학에서 Schumpeter는 일찍이 경쟁과 산업구조의 동태적인 상호작용을 인식하고 이에 주목하였다.[8] Schumpeter는 기업의 혁신이 산업의 진화·발전에 주요 원동력이 된다고 보았다. Schumpeter의 지지자들은 현재 독점체제에 있는 기업들도 새로운 기술, 새로운 유통망, 새로운 제품을 갖고 진입해 오는 새로운 경쟁자에 의해서 독점적 지위를 빼앗기고 시장은 점차 경쟁적인 체제로 바뀐다고 본다. 따라서 기업혁신으로 산업구조가 빠른 속도로 바뀌고 있다면, 일정 시점에서 산업을 분석하는 포터의 기법은 기업들에 별로 도움을 주지 못할 것이다.

기업간의 상호작용

포터의 분석체계의 또 하나의 문제점은 기업들간의 구체적인 경쟁전략을 다루지 못한다는 점이다. 한 기업이 가격을 인하하여 자사의 시장점유율을 높이려 할 때, 경쟁기업이 이에 대응하여 가격을 경쟁적으로 내린다면, 결국 두 기업간에는 가격차이가 없어지고 원래 의도한 시장점유율 증대가 어렵게 된다. 이같이 기업의 경쟁방법을 분석하기 위해서는 기업들간의 구체적인 경쟁행위를 살펴볼 필요가 있다. 이러한 측면에서 다음 제6장에서 살펴볼 게임이론은 기업들간의 구체적인 경쟁행위를 살펴볼 수 있는 분석틀을 제공해 준다.[9]

Branden-burger와 Nalebuff는 게임이론을 사용하여 포터의 산업구조분석모형을 약간 변형한 가치망value net이란 개념을 선보였다.[10] 그림과 같은 가치망을 사용하여 기업 자신을 중심으로 경쟁자, 고객, 공급자, 보완재의 상대적인 힘을 살펴볼 수 있다. 포터의 모형과의 차이는 대체재와 잠재적 진입자의 분석을 생략하고 보완재complement를 추가한 것이다. 보완재는 자신의 제품의 가치가 다른

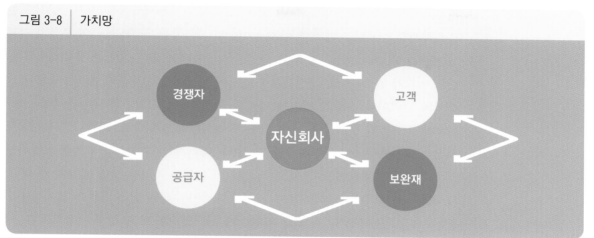

그림 3-8 | 가치망

출처: A. Brandenburger and B. Nalebuff, *Co-opetition*, Doubleday, 1996.

재화의 존재 여부에 따라 달라지는 것을 말한다. 예를 들어, Intel과 Microsoft는 보완재관계에 있다. 만일 Intel이 더 빠른 마이크로프로세서를 출시하면, Microsoft의 Windows가 빨리 실행이 되어 최신 Windows에 대한 수요가 증가한다. 또한 성능이 향상된 Windows의 출시는 Intel의 차세대 칩에 대한 수요를 증가시킨다. 이와 같이 포터의 모형이 주로 경쟁competition에 치중하는 것에 비해 가치망 개념은 협조cooperation도 함께 고려할 수 있다는 점에서 활용가치가 더 크다고 할 수 있다.

05 ›› 산업의 정의와 전략집단

산업의 정의

우리가 실제로 산업구조를 분석할 때 당면하는 가장 어려운 문제는 과연 산업을 어떻게 정의할 것인가의 문제이다. 현재로서는 명확한 산업의 경계선은 없다. 한국에서는 표준산업분류라고 하는 산업분류체계가 있으나, 이는 정부의 통계조사 목적을 위한 것이지 정확하게 기업들이 경쟁하는 산업의 범위를 결정짓는 분류체계라고 할 수는 없다. 예를 들어, 트럭과 승용차시장이 같은 시장인지 또는 승용차시장 중에서도 배기량 3000cc 이상의 고급차종과 2000cc급의 중형차 그리고 1500cc 미만의 소형차가 과연 동일한 시장이라고 볼 수 있는가에 대해서도 논란의 여지가 있을 수 있다. 경제학자들은 한 시장에서의 가격의 변화가 다른 시장에서의 가격이나 수량의 변화에 영향을 주지 않는, 시장간의 교차탄력성cross-elasticity이 영0인 것을 다른 산업 또는 시장이라고 정의한다. 그러나 현실적으로 시장의 교차탄력성이 완전히 없을 수 없다. 따라서 산업과 시장의 범위를 정하는 것은 관찰자의 주관에 달려 있고, 그 분석의 목적에 따라서 달리 정할 수가 있다. 왜냐하면 산업이란 궁극적으로 자의적인 개념일 수밖에 없기 때문이다. 즉 '산업' 또는 '시장'은 분석자의 목적에 따라서 때로는 넓게도 또는 좁게도 정의될 수 있다. 예를 들어 산업의 범위를 넓게 정의하여, 자동차산업을 하나의 산업으로 보고 분석을 할 수도 있으며, 좁게 정의하여 자동차산업을 대·중·소형차 세 개의 시장으로 나누어 각 시장에서의 특성을 분석할 수도 있다. 이처럼 산업을 작은 시장으로 나누어 분석하는 것을 세분화분석segment analysis이라고 말한다.

세분화란 산업을 작은 단위의 몇 개의 시장으로 구분하고 포터의 산업구조분석기법을 각각의 세분시장에 적용하는 것이다. 필요에 따라서 구매자의 유형에 따라 시장을 세분화할 수도 있고 제품의 특성에 따라 세분화할 수도 있다. 이와 같은 세분화분석은 산업을 넓게 정의하고 분석하는 경우에 비해 개별시장에서의 차이를 이해하는 데 도움을 줄 수 있다. 일례로 소형차시장은 소득수준이 상대적으로 낮고 가격탄력성이 높은 소비계층을 대상으로 판매를 하고 있으며, 대형차는 가격탄력성이 낮은 부유층이 주요 고객이다. 따라서 이와 같은 개별시장에서는 각각 다른 경쟁방법을 사용하는 것이 효과적인 전략이 된다. 즉, 소형차시장에서는 가격인하와 할부금융비용의 절감 등 가격에 기초한 마케팅전략이 훨씬 효과적이고, 중·대형차시장에서는 가격을 높은 수준으로 유지하면서 고급품질이나 고급이미지를 강조하고, 광고를 통한 제품차별화를 통해 경쟁하는 것이 더욱 효과적이다. 이같이 가격단위에 따라 시장을 세분화하는 방법은 자동차산업에서는 오래전부터 이루어져 왔다. GM은 가격세분화에 따라서 Chevolet는 소형차, Buick은 중형차, 그리고 대형 고급차종은 Cadillac으로 구분하여 각 세분화된 시장에서 각기 다른 마케팅전략을 추구하여 왔다.

전략집단

위에서 살펴본 세분화분석은 그 제품의 가격과 특성에 따라서 산업을 구분한 것에 비해 본 절에서 살펴볼 전략집단strategic groups이란 개념은 기업들을 전략적인 특성에 따라서 구분한 것이다. 전략집단의 개념은 Caves와 Porter를 중심으로 개발되었다.[11] 전략집단은 어느 한 산업에서 유사한 전략을 추구하는 기업들의 집단이라고 정의할 수 있다. 구체적으로 어떠한 제품군 또는 지역시장에 집중하고 있는가, 또는 어떤 유통채널을 선택하고 있는가, 제품의 질은 어느 수준에서 결정되고 있는가, 그리고 수직적 통합의 정도, 기술의 선택 등과 같은 여러 가지 측면에서 기업들의 전략을 평가하여 유사한 전략을 추구하는 기업들을 묶어서 전략집단이라고 정의한다.[12] Reger와 Huff에 의하면 경영자들은 대체로 비슷한 전략을 추구하는 기업들을 하나의 집단으로 파악하는 데에 일치된 견해를 갖고 있다는 것을 알 수 있다.

반면 다른 연구에 의하면 이와 같은 전략집단의 분석은 실제의 경영전략분석에 크게 도움이 되지 않는다는 주장도 있다.[13] 이는 특정 전략집단에 소속해 있다고 하더라도 그 기업이 반드시 같은 전략집단에 있는 기업들과 경쟁하는 것은 아니기 때문이다. 예를 들어, 내수시장에 집중하는 기업들은 각각 서로 다른 국가의 내수시장에서 경쟁하기 때문에, 전략집단 내의 기업끼리는 경쟁하지 않는다. 따라서 전략집단의 개념은 구체적인 전략수립에 도움을 주기보다는 단순히 현재의 기업이나 산업구조를 묘사하고 이해하는 데 더 큰 유용성을 갖는다.

Video

전략그룹지도

06 ›› 결론 및 요약

모든 산업은 그 구조와 특성이 서로 상이함에도 불구하고 우리는 동일한 분석틀을 가지고 개별산업에서의 경쟁양상을 분석할 수 있다. 본 장에서 살펴본 Porter의 산업구조분석기법은 산업 내 경쟁의 양상과 수익률을 결정하는 요인들을 체계적으로 분석할 수 있게 해 준다. Porter의 분석기법은 산업에 참여하는 여러 주체간의 경쟁관계를 기존기업과의 경쟁, 잠재적 진입자와의 경쟁, 대체재와의 경쟁, 구매자와의 경쟁, 공급자와의 경쟁으로 묘사한다.

　　Porter는 이상 다섯 가지 경쟁관계에서의 상대적 우위에 따라 기업과 산업의 수익률이 결정된다고 보았다. 산업구조분석기법의 가장 큰 장점은 특정산업에 대한 오랫동안의 경험축적이 없어도, 이 다섯 가지 기본적인 산업구조를 분석하는 것만으로 그 산업에서 어떻게 경쟁이 이루어지는가에 대한 이해를 가능케 하는 것이다. 본 장에서는 특히 반도체산업을 중심으로 산업구조분석기법을 제시하였다. 그러나 산업구조분석기법은 산업의 동태적 변화를 고려하지 못하고 기업간의 구체적인 경쟁행위를 묘사하지 못한다는 단점이 있다.

　　다음 제4장과 제5장에서는 본 장에서 살펴본 기업의 외부환경분석에 이어 기업의 내부환경적 요소인 경영자원과 핵심역량, 조직구조, 기업문화와 리더십 등에 대해서 알아보기로 한다.

More speed. Less energy.

Samsung's new eco-friendly 20nm class DDR3 and SSD
together now use 38% less energy and are 3.5x faster than
the conventional memory configuration.* That's great news
for your servers and even better news for the planet.

samsung.com/greenmemory

SAMSUNG

사례

case

Video

반도체 강국의 이면

삼성전자의 반도체사업[14]

1983년 2월 7일 밤, 일본 동경의 오쿠라호텔에서 故이병
철 회장은 심각한 갈등을 겪고 있었다. '할 것이냐, 말 것이
냐.' 그가 곧 내릴 판단에 따라 삼성그룹의 앞길이 바뀌게 되
는 것이었다. 이 날 밤도 꼬박 지새운 이 회장은 날이 밝자마
자 홍진기 당시 중앙일보 회장에게 전화를 걸었다. "삼성은
누가 뭐래도 반도체를 할 테니 이 사실을 내외에 공포해 주
시오." 그동안 미국과 일본산업을 면밀히 검토한 결과 부가
가치가 높고 고도의 기술을 요하는 제품인 반도체사업에 대
한 투자를 결정한 것이다.

그 해 3월 15일 삼성이 반도체사업진출을 공표하자 청
와대는 물론 친분 있는 재벌그룹 총수들도 발벗고 나서서

말렸다. "반도체처럼 불확실한 사업에 대규모 투자를 했다가 실패하면 국민경제에 엄청난 악영향을 미칠 것이다." "미국, 일본의 최고 기업들도 힘겨워하는 산업이다." "3년도 못 가서 실패할 것"이라는 우려에서였다. 그러나 손톱만한 크기의 '마법의 돌'이 장차 돌풍을 일으킬 것이라고 판단한 이병철 회장은 뜻을 굽히지 않고 투자에 착수했다.

삼성전자와 반도체의 인연은 삼성이 '한국반도체'라는 업체의 지분 50%를 인수한 1974년 12월 20일로 거슬러 올라간다. 삼성은 한국반도체를 인수하여 이름을 '삼성반도체'로 바꾸고 여기서 삼성전자가 사용할 부품을 생산한다는 방침을 세웠다. 그러나 트랜지스터같은 단순한 부품은 자급자족할 수 있었지만 전반적인 기술이 워낙 부족해 삼성전자가 필요로 하는 핵심부품의 대부분은 여전히 일본에서 수입해야만 했으며 사업을 확대할 자금도 없어 5년간을 별다른 성과 없이 보냈다. 삼성전자는 반도체 연구개발에 본격적으로 나서기 시작하여 VLSI초대규모 집적회로급 반도체의 기술개발을 위해 1981년 8월부터 6개월간의 공사를 거쳐 부천공장에 반도체연구소를 건립했다. 하지만 이 때까지 삼성전자가 벌이던 반도체사업은 오늘날과는 전혀 다른 것이었다. 가전제품에 들어가는 반도체를 소규모로 개발하고 생산했을 뿐 DRAM은 생각조차 못하던 시절이었다.

1982년 9월부터 삼성전자는 반도체사업부를 삼성반도체통신이라는 계열사로 독립시킨 후, 반도체산업에 관한 자료를 활발히 수집함과 동시에 전담팀을 구성하여 기존의 반도체사업에 대한 전면적인 재검토와 반도체에 대한 시장조사 및 사업성분석 작업에 들어갔다. 동시에 미국 반도체산업의 중심지인 실리콘밸리에도 출장팀을 파견하여 기술자료를 입수하는 한편, 현지의 한국인 과학자들을 찾아 그들과 공동으로 사업계획을 만들기 시작했다.

삼성은 반도체사업에 대한 신규투자에서 메모리제품, 그 중에서도 DRAM생산을 위주로 하는 제품전략을 채택하였다. 이는 시장규모가 크고, 기초기술 위주여서 후발국의 성공이 비교적 용이하다는 점과, 세계적으로 규격이 통일되어 있어 대량생산이 가능하고, 투자회수기간이 짧아 재투자의 여력이 많고, 이후로도 보다 높은 수준의 반도체제품을 개발하기 위한 기술확보측면에서 가장 접근하기 쉽다는 요인들을 고려한 것이었다.

삼성전자는 1983년 5월 미국 San Jose에 현지법인SSI을 설립하였으며 이 법인과 한국 내의 기술진들이 외국기업과의 기술제휴를 통해 불과 6개월만인 1983년 11월 국내최초로 64K DRAM의 개발에 성공하였다. 삼성이 미국 Micron Technology에서 칩 설계기술을, 또한 일본 Sharp에서 공정기술을 도입하여 개발한 64K DRAM은 그 당시 미국과 일본에 비해 10년 이상 뒤떨어졌던 한국의 반도체 기술개발의 간격을 4년 정도로 줄였다는 데 큰 의의가 있었다. 반도체산업은 무엇보다도 타이밍이 중요한 산업이다. 특히 메모리형 반도체는 시장의 수급상황에 따라 가격등락이 매우 심한 경기순환주기실리콘 사이클를 가지고 있고, 동일 집적도를 가진 제품의 세대간 라이프 사이클이 매우 짧기 때문에 호황과 불황을 반복하는 급속한 경영환경의 변화를 극복하면서 적절한 시기에 투자와 경쟁자보다 선행개발을 통해 선발주자가 되는 것이 매우 중요하였다. 특히 DRAM 사업은 대량생산 개시 후 불과 1~2년 사이에 신제품의 가격이 초기가격과 비교하여 1/5 이하로 급락하는 제품으로, 시간과의 싸움이라고 말해도 과언이 아니다. 이 때문에 반도체 산업에서의 경쟁력의 확보는 곧바로 안정된 투자회수와 대규모의 이익실현을 보장하지만 경쟁력의 약화는 곧바로 업체에 막대한 손실을 가져올 수도 있는 고수익, 고위험 산업이다.

또한 1983년 9월, 기흥공장 기공식에서 이병철 회장은 "6개월 만에 공장건설을 완료하라"는 지시를 내렸다. 미국, 일본 등 선진국의 상식화된 VLSI공장 건설기간은 공장건설에만 1년 반이 소요돼 준비기간까지 감안하면 2, 3년은 족히 소요되는 것이었으나, 시간과의 싸움인 반도체산업에서 후발주자인 삼성은 준비기간을 없애고 설계와 공사를 동시에 병행하여 6개월 내에 공장을 건설할 수 있었다. 이는 선진경쟁사와의 격차를 건설에서만 약 2년 정도 앞당길 수 있었기 때문에 제품의 시장진입을 그만큼 앞당길 수 있었던 주요 성공요인이었다. 또한 이듬해인 1984년 5월에는 6인치 웨이퍼를 양산하는 2라인을 건설하였다. 당시에 6인치 웨이퍼의 양산기술은 Intel, National, NEC 등이 보유하고 있었으나 양산라인이 아닌 파일럿 라인만을 갖추고 있었다는 점을 고려해 볼 때 상당히 파격적인 결정이었다. 그것은 6인치 웨이퍼를 이용하면 투자회수 기간을 5인치 웨이퍼와 비교하여 1년 정도 빨리 앞당길 수 있었기 때문에 그만큼 3라인에 선행투자할 수 있다고 판단하였기 때문이었다. 삼성은 이러한 과감한 라인증설을 통해서 선진업체에 대한 기술열세를 생산성으로 극복하고자 하였다.

이러한 승승장구도 잠시, 1984년 말부터 세계적인 공급과잉으로 인한 불황이 닥친데다, 이에 따른 일본기업들의 가격덤핑으로 인해 1984년 상반기에 4달러 수준이던 64K DRAM 가격이 1985년에는 70센트까지 급락하는 현상이 나타났다. 당시의 삼성전자의 주력제품이던 64K DRAM의 생산원가는 1달러 70센트, 이에 따라 제품을 한 개 팔 때마다 삼성은 1달러씩 손해를 보게 됐다. 반도체는 보통 수백만 개씩 생산한다. 경험곡선효과가 큰 반도체산업에서 VLSI생산을 시작한 지 얼마 안 된 삼성은 미·일 등의 경쟁상대보다 더 큰 타격을 입을 수밖에 없었다. 더욱이 1986년 미국 TI의 특허제소로 삼성은 9천만 달러라는 엄청난 배상금을 물어야 했다. 1985년에서 1986년 2년 동안 삼성은 무려 2천억 원의 손실을 기록하였다. 이 시기에 미국의 Intel도 DRAM사업에서 철수하였고, 일본업체도 설비투자를 삭감하였다.

삼성반도체에 서광이 밝아온 것은 1987년부터이다. 일본이나 미국업체들은 1M DRAM의 생산에 열을 올리고 있었는데, 갑자기 256K DRAM의 수요가 폭발적으로 늘기 시작했다. 당시 삼성전자의 주력생산품은 256K DRAM이었다. 일본기업들은 이미 256K DRAM은 구형제품이 되었다고 믿고 256K DRAM 생산라인을 철거한 이후였다. 또한 그 당시 미·일 반도체 무역협정에 의거한 공정거래가격제도의 도입으로 인해 가격상승이 나타났다. 이로 인해 삼성전자는 1987년에는 지난 3년 동안 쌓인 누적적자를 말끔히 해소하고 흑자로 돌아서게 되었다.

1991년 또다시 이변이 일어났다. Toshiba, NEC, Hitachi 등 일본의 반도체 3강이 반도체산업의 불황에 대비해 적극적인 투자를 미루고 있었던 당시, 아무도 예상하지 못했던 1M DRAM의 가격이 오르기 시작했다. 컴퓨터기업들이 값이 싼 1M DRAM을 선호했기 때문이었다. 삼성이 1M DRAM의 대표적 공급자로 떠오르는 순간이었다.

때마침 Microsoft의 'Windows'가 폭발적인 인기를 누리면서 불황으로 예상되었던 반도체시장이 끊임없이 달아오르고 일본의 엔화절상으로 가격경쟁력이 높아져서 세계컴퓨터기업의 반도체구매 담당자들의 발길이 삼성전자로 이어졌다. 1992년 미국 Dataquest세계정보산업조사기관는 삼성전자가 메모리부문에서 일본 Toshiba를 제치고 세계 1위의 메이커로 올라섰다고 공식발표했다. DRAM 산업에 진출한 지 10년 만에 세계정상에 우뚝 선 것이다. 또한 삼성전자는 DRAM에 관한 한 더 이상 기술을 해외에 의존하지 않고, 연구개발에 주력하여, 삼성전자가 미국에 출원하는 특허건수는 매년 증가하고 있다(그림 3-9 참조). 또한 2017년부터는 인공지능과 사물인터넷이 본격적으로 보편화되면서 전 세계적으로 반도체 수요가 급증했다. 이러한 반도체 호황에 힘입어 삼성전자의 재무성과도 역대 최대치를 기록하게 되었다(그림 3-10 참조).

삼성전자의 이윤우 전 부회장은 메모리 반도체 사업에서의 성공요인에 대해 다음과 같이 말하였다.

"반도체 사업 중에서 DRAM 사업은 우선 시장이 매우 크지만 설계기술은 그렇게 어렵지 않았습니다. 그래서 하나만이라도 잘하자는 의견하에 모든 자원을 메모리에 집중하였습니다. 선진국과의 기술격차를 극복하기 위해서 설비투자를 집중하였고, 여기에 타이밍도 절묘하게 맞아 떨어졌습니다. 이렇게 고위험, 고수익형인 사업에는 한국식오너 경영체제가 도움이 되었습니다. DRAM 사업은 빠른 의사결정이 중요합니다. DRAM이 워낙 경기변동이 심하고 위

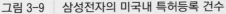

그림 3-9　삼성전자의 미국내 특허등록 건수

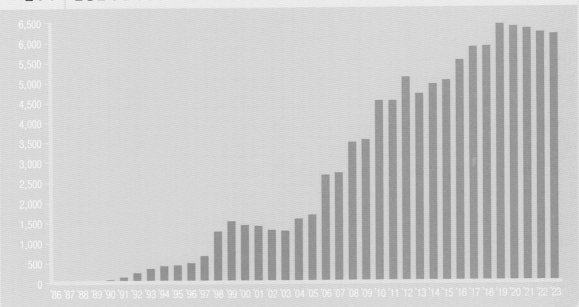

출처: IFI Claims Patent Services.

그림 3-10　삼성전자의 매출액과 영업이익의 추이　　(단위: 조원)

출처: 삼성전자 연차보고서.

험이 큰 사업이므로, 전문경영인 체제가 정착된 미국과 일본기업들은 삼성전자처럼 과감한 투자결정을 하지 못하였습니다. 메모리 산업의 특성상 적절할 때 투자를 못하면, 다음 경기순환의 상승국면에서 이익을 내지 못하고, 이로 인해 투자자원이 부족해서 다음 호경기를 위한 투자를 못하게 되는 악순환이 반복됩니다. 과거 삼성전자는 한국식오너 경영체제였기 때문에, 불황기에도 적극적으로 투자하여 선두의 자리를 차지할 수 있었습니다."

반면 삼성전자의 비메모리 반도체 분야는 아직 취약하다. 메모리형 반도체는 전자산업의 경기에 매우 민감하다. 막대한 자금을 투자한 뒤 대량 생산해서 박리다매형으로 판매하는 제품이기 때문에 경기가 침체되면 불황을 면하기 어렵다. 삼성전자는 이와 같은 메모리형 반도체의 위험성을 깨닫고 일찍부터 비메모리사업의 확장에 힘을 기울여 왔다. 동시에 삼성전자는 메모리 사업 내에

서도 DRAM의 비중을 줄이고 휴대전자기기에 쓰이는 Flash Memory의 비중을 높여 왔다. 한편, 삼성전자는 내부적인 기술개발만으로는 비메모리사업을 확장하는 데 한계가 있다는 사실을 절감하고, 선진기술을 도입하기 위하여 해외업체에 대한 지분투자나 선진업체의 기술도입을 적극 추진하였다.

삼성전자를 비롯한 메모리업체들이 비메모리사업을 확충하려는 노력에 대해, 마치 돈만 쏟아부으면 메모리사업이 되듯이, 비메모리사업에 진출하려 한다는 비판적인 시각도 존재한다. 비메모리사업에서 성공하려면 장기적인 신뢰관계, 창의적인 엔지니어, 그리고 자유로운 기업문화가 필요하다는 사실을 지적하고 있다. 미국의 비메모리 전문기업인 LSI Logic의 Corrigan 사장은 다음과 같이 말한다.

"Logic 사업에 뛰어드는 메모리 업체들은 Logic 사업에서 성공하는 것이 얼마나 어려운지 특히 고객과의 긴밀한 협조가 얼마나 중요한지 모르는 것 같습니다. 그들은 마치 점포 하나 열지도 않은 채 소매업으로 진출하려는 도매업자와 같습니다."

한편, 삼성전자 내부에서도 비메모리사업이 생각만큼 쉽지 않다는 사실을 절감하고 있다.

"비메모리사업은 메모리사업처럼 심플한 다이나믹스가 존재하지 않습니다. 각각의 제품군마다 다이나믹스가 다양합니다. 예를 들어 이동통신의 경우에는 빠른 제품개발이 중요하고, PDA의 경우에는 복합기능을 디자인할 수 있는 능력 등과 같이 각 제품군별로 중요한 핵심역량이 너무 달랐습니다. 또한 제품의 개발과 생산이 고객에 의해서 주도되기 때문에 삼성전자가 독자적으로 통일된 전략을 수립하는 것이 어려웠습니다. 비메모리사업은 시스템과 제품을 잘 알고 있어야 하지만 삼성은 선진업체들에 비해 ASIC 분야에 대한 경험이 부족하여, 사용자들의 Application을 이해하는 능력이 부족하였다고 생각합니다."

한편, 삼성전자의 메모리에 익숙한 기업문화가 비메모리의 성장에 저해요인으로도 작용했다는 지적도 조심스럽게 나오고 있다. Business Week은 다음과 같이 말하고 있다.

"Logic Chip은 DRAM보다 훨씬 복잡하고 디자인과 마케팅에 민첩한 접근이 필요합니다. 삼성전자의 칩 생산기술은 1류지만, 가장 큰 도전은 DRAM에나 적합한 위계질서가 강하고 유연하지 못한 조직을 Logic에 맞게끔 바꾸는 것일 것입니다."

비메모리는 상담에서 디자인, 생산, 판매까지의 소요기간이 1년 정도로서 장기적이며, 많은 경우에는 시장의 변동으로 인하여 고객이 제품개발을 포기할 경우 연구개발을 사장시키는 결과를 초래하기도 한다. 따라서, 비메모리에는 전략적 비전을 갖고 장기적으로 투자를 하는 것이 필수적이라는 지적도 많이 존재하고 있다.

"메모리사업은 잘 아시는 대로, 막대한 투자를 필요로 하지만, 그에 대한 회수도 금방 일어납니다. 투자 후 2~3년 후, 경기가 좋으면 한 해에도 과거의 투자금액을 모두 회수할 수 있지요. 이와는 달리, 비메모리사업에는 단기간에 성과를 보기 힘듭니다. 투자 후 최소한 3~4년은 손해를 볼 각오를 해야지요. 그러나, 한정된 투자금액을 갖고, 메모리와 비메모리 간의 배분을 할 때, 누군들 비메모리사업에 손해를 보면서 장기적인 투자를 하자고 나서겠습니까? 메모리에 투자를 하면, 곧 투자자금을 회수할 수 있으니까요."

이와 같은 경험을 토대로 삼성전자는 비메모리사업에 대한 투자전략에 전면적인 수정을 가하게 되었다. 과거 삼성전자가 기술축적을 목적으로 투자를 해왔다면, 최근 삼성전자는 과거 메모리 분야에서 축적한 역량을 이용하는 방안으로 비메모리사업의 투자전략을 바꿨다. 이러한 삼성의 비메모리 반도체에 대한 투자에 대해 임형규 전 대표는 다음과 같이 말했다.

"과거 인수나 라이센스 등으로 해외기술을 도입하려고 시도했으나, 국내 엔지니어들이 제대로 흡수할 수 없었던 점이 있었습니다. 또한 비메모리사업을 위해 많은 해외 기술인력 등을 영입했었으나, 그들도 뿌리를 내리지 못하고 떠나갔습니다. 이와 같은 사실로 볼 때, 국내의 기술인력이 흡수할 수도 없는 고등 기술을 도입하는 것은 앞으로 지양하고, 한국의 연구개발조직이나 생산조직이 받아들일 수 있고 더 발전시킬 수 있는 기술을 중심으로 사업을 전개하고자 합니다…. 또한, 저는 삼성전자가 잘 할 수 있는 비메모리사업이 무엇인가를 먼저 생각해야 한다고 생각합니다. 삼성전자가 메모리에서 성공을 거둘 수 있었던 이유 중 하나는 메모리사업이 대량생산이 가능한 제품이었고, 기술에 연속성이 있어서 차세대 제품개발에 그간 축적한 기술을 응용하여 더욱 발전시킬 가능성이 있었기 때문입니다. 따라서 향후, 비메모리사업을 추진함에도 대량생산이 가능하고, 향후 기술의 진보가 가시적인 분야를 집중 육성하려고 합니다."

한편 삼성전자는 비메모리사업 중에서도 자신이 강점을 가질 수 있는 파운드리Foundry: 반도체의 설계를 위탁받아 생산만을 전문적으로 수행하는 것 사업에 집중하는 전략을 추진하고 있다. 2017년에는 시스템LSI Large Scale Integrated Circuit: 대규모 집적회로사업부에서 파운드리사업부를 분리해 별도 사업부로 승격시켜 이러한 전략에 박차를 가하고 있으며, 상대적으로 뒤떨어지는 반도체 설계·개발은 자체 R&D뿐만 아니라 국내·외의 팹리스Fabless: 제조설비 없이 반도체 설계만을 전문으로 하는 회사 업체와 적극적으로 협력하겠다는 방침이다. 2017년까지만 해도 대만의 TSMC가 글로벌 파운드리 시장에서 50% 이상의 점유율을 차지하고 있었으며, 삼성전자는 GlobalFoundries와 UMC에 이은 점유율 5%의 4위 기업이었다. 하지만 꾸준한 투자의 결과로 삼성전자는 2019년 3분기에 점유율을 20%까지 상승시켜 2위를 차지하며 TSMC를 빠르게 추격 중이다. 삼성전자는 2021년부터 가동 가능한 10조 규모의 평택 파운드리 공장 건설 계획을 발표했고, 2030년까지 시스템 반도체 분야 세계 1위 목표 달성을 위해 속도를 내고 있다.

한편, 메모리 반도체 시장의 불화가 계속되고 인공지능Artificial Intelligence, AI의 활용도가 높아짐에 따라, AI 서비스의 수행을 위한 대량 연산을 담당하는 AI 반도체 분야가 새로운 시장으로서 부상하였다. 이에 삼성전자는 차세대 AI 반도체 솔루션 개발을 위해 전력을 다하고 있다.

Video

Video

삼성전자의 AI반도체　　　　삼성전자 반도체라인

토 의 과 제

01 삼성전자가 반도체산업에서 성공한 이유는 미래를 내다본 전략적 직관과 행운 중 어느 쪽의 비중이 더 크다고 생각이 되는가?

02 삼성전자가 주력하고 있는 메모리형 반도체의 앞으로의 산업전망은 어떠한가?

03 삼성전자가 비메모리형 반도체의 비중을 높이기 위해서 앞으로 해결해야 할 과제는 무엇인가?

SAMSUNG

삼성전자의 홈페이지
www.sec.co.kr

참고
문헌

Reference

1 본 사례는 저자가 공동집필한 사례, "Samsung Electronics' Semiconductor Division (A)&(B)," Stanford Business School Case IB24에 기초하여 작성되었다.

2 산업조직론에 대한 보다 체계적인 자료는 F. Scherer, *Industrial Market Structure and Economic Performance*, Rand McNelly, 1980과 윤창호 · 이규억, 『산업조직론』, 법문사를 참조할 것.

3 포터의 모형에 대해서는 Michael E. Porter, *Competitive Strategy: Techniques for Analyzing Industries and Competitors*, Chapter 1, New York: Free Press, 1980 또는 "How Competitive Forces Shape Strategy," Harvard Business Review, 1979, pp. 86~93 참조.

4 PIMS 데이터베이스는 Strategic Planning Institute에 의해 수집 · 관리 · 분석되고 있다. PIMS 데이터베이스는 북미와 서유럽의 3,000개가 넘는 전략사업단위에서 제공하는 정보로 구성된다. PIMS는 다양한 전략과 산업구조변수들이 사업별 수익성에 미치는 영향력을 측정하는 데에 다중회귀분석을 이용한다. Robert D.Buzzell and Bradley T.Gale, *The PIMS Principles: Linking Strategy to Performance*, New York: Free Press, 1987, pp. 273~284를 참조할 것.

5 과잉설비와 퇴거장벽으로 인한 문제에 관해서는 Charles Fuller, *Strategic Management of Excess Capacity*, Oxford: Basil Blackwell, 1990 참조.

6 William Baumol, John Panzar, and Robert Willig, *Contestable Markets and the Theory of Industry Structure*, New York: Harcourt Brace Jovanovich, 1982.

7 J. S. Bain, Barriers to New Competition, Cambridge: Harvard University Press, 1956.

8 Joseph Schumpeter, *The Theory of Economic Development*, Cambridge: Harvard University Press, 1934.

9 게임이론의 원리와 그 실제적인 응용에 관한 저서로는 Thomas C. Schelling, *The Strategy of Conflict*, 2nd ed., Cambridge: Harvard University Press, 1980과 A. K. Dixit and B. J. Nalebuff, *Thinking Strategically: The Competitive Edge in Business, Politics, and Everyday Life*, New York: W. W. Norton, 1991;Pankaj Ghemawat, *Commitment: The Dynamics of Strategy*, New York: Free Press, 1991을 참조할 것.

10 Adam Brandenburger and Barry Nalebuff, *Co-opetition*, Doubleday, 1996.

11 Richard E. Caves and Michael E. Porter, "From Entry Barriers to Mobility Barriers: Conjectural Decision and Contrieved Deterrence to New Competition," *Quarterly Journal of Economics* 91, 1977, pp.241~262.

12 전략분석에 있어서 전략집단의 응용에 대해서는 John McGee and Howard Thomas, "Strategic Groups: Theory, Research and Taxonomy," *Strategic Management Journal* 7, 1986, pp.141~160을 참조할 것.

13 A. Feigenbaum and H. Thomas, "Strategic Groups and Performance: The U.S. Insurance Industry," *Strategic Management Journal*, 11, 1990, pp.197~215;

참고
문헌

R e f e r e n c e

Karel Cool and Ingmar Diericks, "Rivalry, Strategic Groups, and Firm Profitability," *Strategic Management Journal*, 14, 1993, pp.47~59.

14 본 사례는 저자가 공동집필한 사례, "Samsung Electronics' Semiconductor Division (A)&(B)," Stanford Business School Case IB24와 저자의 저서 Sony versus Samsung, wiley, 2008에 기초하여 작성되었다.

CHAPTER3

기업의 경영 자원과 핵심역량

많은 사람들은 기업의 자산을 공장이나 설비처럼 볼 수 있고, 만질 수 있고 평가할 수 있는 것만으로 너무 좁게 정의하는 경향이 있다. 그러나 기업이 보유한 기술력, 축적된 마케팅정보, 브랜드명, 명성, 기업문화와 같은 무형자산은 기업의 경쟁력을 결정하는 데 있어 매우 중요한 역할을 한다. 이러한 무형자산이야말로 오랜 시간 동안 지속될 수 있는 유일한 경쟁우위의 산실이다.

이타미 히로유키, The Invisible Asset.

사례

case

Canon

Canon의 홈페이지
www.canon.com

Canon의 핵심역량경영

    Canon은 카메라, 프린터와 같은 컴퓨터주변기기, 팩시밀리, 복사기와 같은 다양한 사무용기기사업과 반도체 생산장비에 강한 경쟁력을 가진 회사이다. 1937년에 창업한 이후 Canon은 상업용 카메라를 본격적으로 제작하기 시작하였다. 카메라에서 성공을 거두자 Canon은 자신의 광학기술과 정밀기술을 이용하여 사무용기기 제작분야로 진출하게 되었다. 1964년 탁상용 전자계산기를 개발하였으며 1970년대부터는 복사기, 오버헤드 프로젝터, 컴퓨터분야로 진출하였다.

    그 당시 전세계 복사기시장은 미국의 Xerox가 독점적인 특허권을 갖고서 석권을 하고 있던 시기였다. 따라서 Canon

의 연구개발조직의 가장 큰 과제는 Xerox의 특허권을 침해하지 않으면서 새로운 기술을 개발하는 것이었다.

Canon은 처음에는 미국의 RCA의 처리기술과 호주회사의 액체토너 기술을 병합하여 최초로 피막처리방식의 복사기coated paper copier를 만들어 미국과 일본 등에 공급하기 시작하였다. Canon의 혁신은 복사기 내의 드럼의 표면에 빛에 민감하게 반응하는 화학물질을 발라서 복사를 하는 방식이다. 그 후 Canon은 이 기술을 응용한 레이저프린터laser printer시장에도 진출할 수 있게 되었다.

Canon은 점차 자신이 갖고 있는 광학기술, 정밀제조기술에 전자기술을 융합한 새로운 제품들을 만들어 내기 시작하였다. 1980년대 후반에는 복사기시장에서 개발한 액체분사 토너기술을 프린터시장에 응용하여 레이저프린터보다 싼 가격에 같은 품질의 프린팅을 할 수 있는 잉크젯 프린터를 개발하였다. 또한 Canon은 지금까지 갖고 있던 광학기술, 정밀제조기술, 전자기술을 더욱

발전시켜 반도체생산설비를 만드는 사업을 시작하였다. 반도체의 실리콘 웨이퍼가공에 필요한 기술은 눈에 보이지 않는 미세한 회로를 웨이퍼 위에 그리는 것으로서 높은 광학기술과 정밀제조기술, 첨단전자기술의 총집합체라고 할 수 있다.

Canon의 핵심역량 중 첫째는 정밀광학기술이다. Canon은 원래 현미경제작에서 얻은 광학기술을 사용하여 카메라사업으로 진출하였다. 이어서 Canon은 복사기생산을 위한 R&D조직을 설립하고 Xerox의 특허권을 침해하지 않는 복사기를 개발하고, 많은 특허를 보유하게 되었다. 결국 현미경에서 카메라로 이어지는 광학기술을 바탕으로 Canon은 프린터와 복사기 시장에 진출한 것이다.

둘째로 Canon이 가진 중요한 핵심역량은 정밀기계기술이다. Canon은 카메라의 제조에 필요한 정밀기계기술을 관련산업에 계속 응용하면서 발전하였다. 복사기의 드럼, 레이저프린터의 프린터엔진 등은 정밀기계기술이 바탕이 되어서 개발된 핵심부품이라고 할 수 있다.

셋째, Canon이 갖고 있는 또 한 가지의 핵심

그림 4-1   Canon의 제품별 매출비중의 변화추이

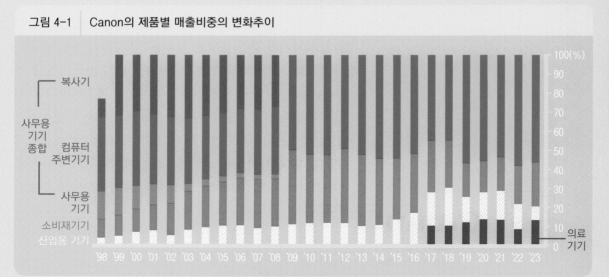

출처: Canon 연차보고서.

역량은 첨단전자기술이다. Canon은 계속적으로 전자기술에 R&D투자를 하여 레이저빔기술을 개발하는 한편, 최초로 마이크로프로세서가 컨트롤하는 복사기를 개발하였다. 이로써 복사기가 단순히 기계적으로 작동하는 것이 아니라 전자제어를 통하여 소비자가 원하는 축소·확대복사, 자동 종이걸림안내와 같은 기능을 갖게 되었다. 이는 Canon이 정밀기계기술과 광학기술에 전자기술이 결합된 신제품을 지속적으로 개발하였다는 것을 보여 준다. Canon은 전자기술부문을 더욱 발전시켜 컴퓨터용 레이저프린터, 최근에는 반도체생산설비 제작사업까지 사업영역을 확장하면서 핵심역량을 축적하고 있다.

　　그러면 위와 같은 핵심역량을 이해하고 이를 강화시키기 위해서 Canon은 어떠한 조직활동을 수행하였는가? Canon을 조직활동측면에서 분석해 보면 다른 대기업들처럼 기업의 인재배치와 투자자금의 배분을 사업부단위로 하지 않았다. 즉, 새로운 사업기회가 포착되면 각 사업부의 관리자들은 필요한 인력을 다른 사업부에서 자유롭게 끌어 모을 수 있는 권한이 있었다. 이렇게 함으로써 전통적인 사업분야인 카메라나 복사기, 광학제품 사업부 등에서 축적된 기술을 새로운 사업분야로 확산시키고 또한 연구인력들에게 새로운 제품을 만들 수 있는 더 많은 기회를 제공할 수 있었다. 즉, 연구자들은 자신의 사업부만을 위해 연구하는 것이 아니라 Canon 전체의 핵심역량을 개발하는 데 더 힘쓸 수 있었다. 그 결과 Canon은 미국특허의 취득건수가 수위를 달리는 놀라운 성과를 보이게 되었다(**표 4-1** 참조).

　　Canon이 한국기업들에게 주는 중요한 시사점은 처음부터 모든 핵심기술을 갖고 있지는 않았다는 사실이다. Canon이 처음 복사기 시장에 진출할 때만 해도 Xerox의 특허권을 침해하지 않기 위하여 외국기업으로부터 라이센스를 받아 사업을 시작했지만 자체 연구개발에 투자하여 몇 년 이내에 독자적인 기술을 개발하였다. 그 밖에도 새로운 기술을 배우기 위하여 다른 선진국 기업과 전략적 제휴를 하는 것도 서슴지 않았다. 포켓형 계산기를 만들기 위해 Texas Instrument와 합작투자를 하였고, 컴퓨터를 만들기 위하여 Hewlett Packard와 라이센스계약을 맺었고, 소프트웨어쪽에서는 Apple사와, 의료장비에서는 미국의 Kodak과, 그리고 팩스기계에 필요한 인터페이스기술에서는 독일의 Siemens와 전략적 제휴를 맺어서 필요한 기술을 배워 나갔다. 즉, 외국기업의 기술을 라이센스하는 것에 그치지 않고, 그 기술을 빨리 자기 것으로 만들고 보다 더 뛰어난 새로운 기술을 개발할 수 있는 능력을 갖추는 것이 바로 Canon의 핵심역량에 기초한 전략의 근본이라는 것을 잊어서는 안 되겠다.

　　한편, Canon은 2016년 말 Toshiba Medical Systems를 인수하여 의료기기 시장으로 진출했다. 의료기기는 고도의 광학기술과 정밀한 제어시스템을 요구하는 제품이기 때문에 Canon의 뛰어난 기술적 역량을 활용하기에 적합한 시장이었다. 이후 Canon은 의료기기 사업을 그룹 전체 매출의 13%까지 늘리며 주력 사업으로 편입하는 데 성공하였다. 최근에는 인공지능(AI) 기술과 IT의 융합을 추구하는 솔루션의 개발을 목표로 하면서 회사의 핵심역량을 적극적으로 활용하고 있다.

Strategic Management

표 4-1 미국특허 획득 10대 기업 순위

순위	2014 회사명	2014 건수	2015 회사명	2015 건수	2016 회사명	2016 건수	2017 회사명	2017 건수	2018 회사명	2018 건수	2019 회사명	2019 건수	2020 회사명	2020 건수	2021 회사명	2021 건수	2022 회사명	2022 건수	2023 회사명	2023 건수
1	IBM	7,534	IBM	7,355	IBM	8,090	IBM	9,043	IBM	9,100	IBM	9,262	IBM	9,130	IBM	8,540	삼성전자	6,248	삼성전자	6,165
2	삼성전자	4,952	삼성전자	5,072	삼성전자	5,521	삼성전자	5,837	삼성전자	5,850	삼성전자	6,469	삼성전자	6,415	삼성전자	8,517	IBM	4,398	Qualcomm	3,854
3	Canon	4,055	Canon	4,134	Canon	3,665	Canon	3,285	Canon	3,056	Canon	3,548	Canon	3,225	LG	4,388	TSMC	3,024	TSMC	3,687
4	Sony	3,224	Qualcomm	2,900	Qualcomm	2,925	Intel	3,023	Intel	2,735	Microsoft	3,081	Microsoft	2,905	Canon	3,400	Huawei	2,836	IBM	3,658
5	Microsoft	2,829	Google	2,835	Google	2,842	LG	2,701	LG	2,474	Intel	3,020	Intel	2,867	Huawei	2,955	Canon	2,694	Canon	2,890
6	Toshiba	2,608	Toshiba	2,627	Intel	2,793	Qualcomm	2,628	TSMC	2,465	LG	2,805	TSMC	2,833	Intel	2,835	LG	2,641	Samsung Display	2,564
7	Qualcomm	2,590	Sony	2,455	LG	2,430	Google	2,457	Microsoft	2,353	Apple	2,490	LG	2,831	TSMC	2,807	Qualcomm	2,625	Apple	2,536
8	Google	2,566	LG	2,242	Microsoft	2,410	Microsoft	2,441	Qualcomm	2,300	Ford	2,468	Apple	2,792	Toyota	2,753	Intel	2,418	LG	2,296
9	LG	2,122	Intel	2,048	TSMC	2,288	TSMC	2,425	Apple	2,160	Amazon	2,427	Huawei	2,761	Raytheon	2,694	Apple	2,285	Micron	2,233
10	Panasonic	2,095	Microsoft	1,956	Sony	2,184	Samsung Display	2,273	Ford	2,123	Huawei	2,418	Qualcomm	2,276	Sony	2,624	Toyota	2,214	Intel	2,145

출처: IFI Claims Patent Services.

01 〉〉 서 론

　　Canon의 사례는 기업이 자신의 핵심역량을 개발하고 확충하면서 개별사업단위의 경쟁력을 높이고 또한 새로운 사업부문으로 진출하는 과정을 살펴보았다.

　　앞서 제3장에서 산업구조분석으로 기업의 외부환경을 분석하는 기법을 살펴보았다. 본 장과 다음 제5장에서는 기업의 외부환경보다는 기업이 갖고 있는 경영자원이나 핵심역량, 조직구조, 기업문화, 리더십과 같은 내부환경을 분석하는 방법을 소개한다. 제3장의 산업구조분석은 산업환경과 경쟁자에 대하여 경쟁우위를 갖는 방법에 주력한 반면, 기업이 보유한 경영자원, 조직구조 등의 기업의 핵심역량 같은 기업의 내부환경은 상대적으로 등한시하였다.

　　반면, 군사전략은 일찍부터 내부자원의 중요성을 강조하여 왔다. 전쟁 역사가인 Liddell Hart는 전쟁에서 가장 중요한 요소는 "자신의 강점을 적의 약점에 대

그림 4-2 │ **본서의 구성체계**

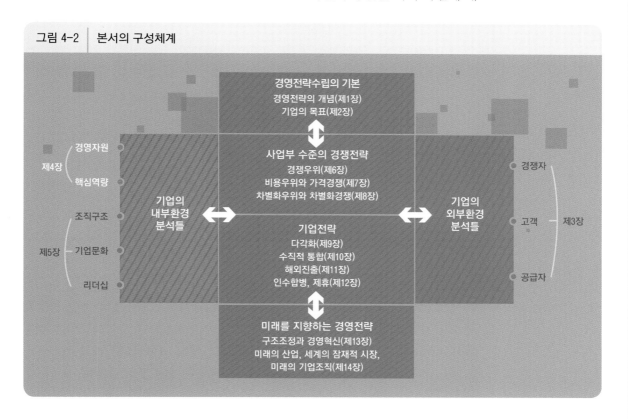

하여 집중하는 것"이라고 일찍이 설파하였다.[2] 제2차세계대전 당시 독일군은 연합군에 비해 동부전선, 서부전선, 북아프리카전선뿐만이 아니라 바다와 하늘에서 동시적으로 전쟁을 수행할 수 있는 기본적인 능력이 열세에 있었다. 따라서 본서의 제1장에서 소개된 손빈병법의 전기의 경마사례와 같이 전반적으로 자원의 역량이 부족한 경우, 자원을 배분하는 전략의 부재가 패전의 근본적인 원인이었다.

경영전략분야는 종래의 기업외부환경에 치중하는 분석을 지양하고 점차 기업내부를 분석하기 시작하였다. 이러한 경향은 경영자원론resource-based theory of the firm으로 대표되는데, Penrose는 "기업이란 여러 생산적인 경영자원의 집합체"라고 정의하였다.[3] 이러한 경영자원론적인 관점은 Prahalad와 Hamel에 의하여 '기업의 핵심역량Core competence of corporation'이란 논문이 발표되고부터 더욱 발전하게 되었다. Prahalad와 Hamel이 제시한 기업의 핵심역량이론은 종래의 경영자원론적 관점의 이론들보다 더 동태적으로 기업의 성장을 분석할 수 있는 이론적인 틀을 제공하여 주었다.

본 장은 기업의 경영자원론적인 관점과 핵심역량이론을 중심으로 하여서 기업의 내부적인 경영환경을 분석하는 방법을 살펴본다. 본 장에서 살펴볼 주제는 다음과 같다.

- 기업의 경영자원과 핵심역량이 경영전략의 기본이 되는 이유를 이해한다.
- 어떻게 기업의 경영자원과 핵심역량을 파악하고 평가할 것인가를 살펴본다.
- 경영전략이 현재 보유하고 있는 경영자원과 핵심역량으로부터 최대한의 이윤을 얻는 것뿐만이 아니라, 기업의 성장을 좌우함을 이해한다.

02 ›› 기업의 경영자원

앞서 제1장의 손빈병법의 사례는 자신과 경쟁자의 경영자원에 대한 냉철한 평가가 전략의 기초라는 점을 보여준다. 그러나 구체적으로 기업의 경영자원을 분석하려면 기업의 경영자원이 무엇을 의미하며, 이를 어떻게 측정해야 하는지에 대한 이해가 선행되어야 한다. 기업의 경영자원은 기계와 같은 자본재, 종업원들이 보유한 기술, 기업이 보유한 특허권과 브랜드 등을 포함한 총체적인 자원을 말한다. 이러한 기업의 경영자원을 구체적으로 어떻게 분류할 것인가에 관하여 정해진 원칙은 없으나 다음과 같이 유형자원tangible resource, 무형자원intangible resource, 인적자원human resource의 세 부류로 나누어 살펴볼 수가 있다.

유형자원

　기업이 갖고 있는 유형자원은 눈에 보이며 우리가 가장 쉽게 평가할 수 있다. 대차대조표에 나타나는 공장, 기계, 건물 등의 물적자산과 금융자산은 기업이 보유한 주요한 경영자원이다. 그러나 회계자료는 기업이 갖고 있는 유형자산의 가치를 완벽하게 측정하지 못한다. 기업의 인수합병시 인수기업과 피인수기업간에

표 4-2	기업의 경영자원의 분류와 특성	
경영자원	주요 특성	핵심지표
물적자원	공장과 설비의 규모와 위치, 기술의 정밀성과 유연성, 건물과 토지의 용도전환과 위치가 중요하다. 원자재의 획득가능성이 기업의 생산가능성을 제한하며 비용 및 품질우위를 결정한다.	고정자산의 재판매가치 자본설비의 수명 공장의 규모 고정자산의 용도전환가능성
금융자원	기업의 자금차입능력과 내부 자금의 운용가능성이 기업의 투자능력을 결정한다.	부채/자본의 비율 자본지출에 대한 현금보유 비율 신용등급
기술자원	특허권, 저작권, 기업비밀 등의 독점기술과 노하우 등 전문기술을 포괄하는 기술자원, 기술혁신자원, 연구설비, 기술인력	특허권의 수와 중요성 독점 라이센스로부터 얻는 수익 전체종업원 중 연구개발인력의 비중
브 랜 드	소비자들에게 널리 알려진 상표를 기업이 보유함으로써 소비자들과 좋은 관계를 만들어 갈 수 있으며, 기업이 만드는 제품에 대하여 소비자들에게 신뢰감을 줄 수 있다.	브랜드 인지도 경쟁브랜드에 대한 가격프리미엄 재구매비율 제품품질에 대한 객관적인 측정
인적자원	종업원에 대한 훈련과 그들이 보유한 전문기술이 그 기업이 활용할 수 있는 기술수준을 결정한다. 종업원들의 유연성이 기업이 계획한 전략의 유연성을 결정한다. 종업원들의 충성과 헌신이 경쟁우위를 유지할 수 있는 기업의 능력을 결정한다.	종업원의 교육, 기술, 전문자격 산업평균대비 임금수준

의견의 차이가 큰 것은 과연 피인수기업의 자산을 어떠한 방법으로 얼마로 평가할 것인지에 대한 의견 차이 때문이다.

또한 기업이 보유하고 있는 유형자산의 가치는 인수하려는 기업의 전략에 따라서 달라질 수가 있다. 예를 들어, 외국기업이 평가하는 인수대상기업의 국내유통망의 전략적인 가치는 매각하는 기업보다 인수하는 기업에서 더 높게 평가될 수가 있다. 따라서, 기업의 유형자산은 그 가치가 객관적으로 평가될 수 있는 것이 아니라 이러한 유형자산을 갖고 어떠한 전략을 추구하는가에 따라서 달라질 수 있다.

무형자원

기업이 갖고 있는 좋은 이미지나 명성, 브랜드와 같은 무형의 경영자원은 경쟁기업이 쉽게 모방할 수 없는 중요한 경영자원이 된다. 예를 들어 전세계적으로 팔리고 있는 Coca-Cola의 브랜드의 가치는 얼마나 될까? Coca-Cola의 최대주주인 Warren Buffett은 농담으로 다음과 같이 말한 바 있다. "만일 어떤 사람이 나에게 1,000억 달러를 주고 Coca-Cola가 갖고 있는 전세계적인 경쟁우위를 빼앗아 달라고 하면, 나는 그 돈을 되돌려주며 거절할 수밖에 없다. 그것은 불가능한 일이라고 말할 것이다." 기업이 갖고 있는 기술이나 특허도 금액으로 평가하기 힘든 기업특유의 무형자원이다.

Warren Buffett on Coke

특허나 저작권은 일정기간 동안 독점적인 권리를 주나, 특허로 보호되지 않는 기업의 노하우 역시 중요한 경영자원이다. 이러한 무형의 경영자원에서 주목하여야 할 점은 기업들이 자기가 보유한 기술로부터 항상 수익을 얻고 있는 것은 아니라는 점이다. 예를 들어, Xerox는 그래픽 유저 인터페이스Graphic User Interface를 제일 처음 발명하였으나, 이를 어떻게 상품화할 것인가에 대한 고려를 하지 않았고, 결국 이 기술은 컴퓨터산업의 Apple과 Microsoft에 의해서 상업화되었다. 반면 성공적인 기업들은 자신이 발명하거나 획득한 노하우나 기술을 보호하며 이로부터 최대한의 이익을 얻어 내는 기업이다. DuPont이나 Intel과 같은 회사들은 이러한 기술적인 경영자원을 보호하고 이를 상업화하는 데 성공한 대표적인 기업이며, Walt Disney, American Express, Coca-Cola는 회사가 가지고 있는 좋은 이미지나 브랜드를 적극적으로 활용하고 있는 기업이라고 볼 수 있다. 제2장의 **표 2-3**에 제시된 수익률이 높은 한국기업은 대체적으로 독점적인 기술력이나 브랜드와 상표trademark와 같은 무형적인 경영자원을 갖고 있는 기업이라고 할

표 4-3 │ 세계 50대 브랜드 (단위: 10억 달러)

순위	브랜드	브랜드 가치	국가	순위	브랜드	브랜드 가치	국가
1	Apple	502.6	United States	26	J.P.Morgan	25.8	United States
2	Microsoft	316.6	United States	27	HONDA	24.4	Japan
3	amazon	276.9	United States	28	American Express	24.1	United States
4	Google	260.2	United States	29	IKEA	22.9	Sweden
5	SAMSUNG	91.4	South Korea	30	accenture	21.3	United States
6	TOYOTA	64.5	Japan	31	Allianz	20.8	Germany
7	Mercedes	61.4	Germany	32	HYUNDAI	20.4	South Korea
8	Coca-Cola	58.0	United States	33	ups	20.3	United States
9	Nike	53.7	United States	34	GUCCI	19.9	Italy
10	BMW	51.1	United States	35	pepsi	19.7	United States
11	McDonald's	50.9	United States	36	SONY	19.1	Japan
12	Tesla	49.9	United States	37	VISA	18.6	United States
13	Disney	48.2	United States	38	salesforce	18.3	United States
14	LOUIS VUITTON	46.5	France	39	NETFLIX	17.9	United States
15	CISCO	43.3	United States	40	PayPal	17.8	United States
16	Instagram	39.3	United States	41	Mastercard	17.1	United States
17	Adobe	34.9	United States	42	adidas	16.6	Germany
18	IBM	34.9	United States	43	ZARA	16.5	Spain
19	Oracle	34.6	United States	44	AXA	16.4	France
20	SAP	33.1	Germany	45	Audi	16.3	Germany
21	FACEBOOK	31.6	United States	46	Airbnb	16.3	United States
22	CHANEL	31.0	France	47	Porsche	16.2	Germany
23	HERMES PARIS	30.1	France	48	Starbucks	15.4	United States
24	intel	28.3	United States	49	GE	15.3	United States
25	YouTube	26.0	United States	50	VW	15.1	Germany

출처: Interbrand, 2023년 기준.

수 있다.

인적자원

인적자원 역시 중요한 경영자원이다. 인적자원은 일종의 유형자원처럼 보인다. 기업에서 일하고 있는 사람들을 볼 수 있고 이 사람들이 누구인지 쉽게 파악할 수 있기 때문이다. 그러나 인재人材라고 불리는 인적자원이 기업에 제공하는 서비스는 사람들에게 체득된 노하우, 기술, 의사결정능력과 같이 눈에 보이지 않는 무형의 것이다. 경제학에서도 인간이 갖고 있는 생산적인 능력을 무형자산이나 유형자산에 대비하여 인적자원human capital이라는 말로 나타내고 있다.

인적자원은 그 성과를 측정하기 어렵다. 왜냐하면 기업의 주요한 의사결정이나 생산활동은 개인보다는 팀 단위로 이루어지는 경우가 많기 때문이다. 그럼에도 불구하고, 인적자원을 기업의 가장 중요한 경영자원으로 파악하는 이유는 많은 경우 기업의 무형 경영자원이 그 기업에서 일하는 사람들에게 체화體化되어 있기 때문이다. 예를 들어, 생산과정의 노하우는 관리매뉴얼에 쓰여져 있기보다는 공장에서 일하는 종업원들의 손끝에 체화된 숙련된 경험에 기초한다. 그리고 기업이 비용절감 노하우 역시 종업원 개개인의 마음 속에 있는 근검절약정신과 같은 기업문화에 기초하고, 서비스정신 역시 종업원들을 교육시키는 기업의 능력에 달려 있다.[4]

일본의 이타미 히로유키 교수는 인적자원의 중요성에 대하여 다음과 같이 강조하였다. "인적자원이 중요하다고 하는 것은 인적자원이 기업이 갖고 있는 각종 경쟁우위의 원천이기도 하지만, 경쟁우위가 되는 기술이나 노하우를 축적하고 관리하는 근본적인 주체이기 때문이다."[5]

한편, 기업이 갖고 있는 기업문화 역시 경쟁우위의 중요한 원천이 될 수도 있다. In Search of Excellence의 저자인 Peters와 Waterman은 "지속적으로 높은 수익률을 보이는 기업들의 공통된 특징은 종업원이 기업 특유의 가치관을 공유하고 있다는 사실이다"라고 하였고, Jay Barney는 기업문화가 경쟁우위의 요인이 된다는 사실을 명확하게 지적하였다. 이렇게 기업문화가 중요한 이유는 기업문화가 유형·무형·인적 자원을 하나로 결집시키는 역할을 하기 때문이다. 기업문화에 대해서는 다음 제5장에서 더욱 자세히 살펴보기로 한다.

03 ›› 기업의 핵심역량

핵심역량의 정의

　　Prahalad와 Hamel이 언급한 핵심역량core competence은 Selznick과 Ansoff 가 사용한 독보적 역량distinctive competence과 비슷한 개념이다. 독보적인 역량 이란 개념은 어떤 조직이 경쟁기업에 비하여 더 잘 할 수 있는 활동을 지칭한다.[6] Hamel과 Prahalad는 핵심역량을 "고객에게 가치를 높이거나 그 가치가 전달되는 과정을 더 효율적으로 할 수 있는 특정한 능력을 나타내며 또한 이러한 능력은 기 업이 신규사업으로 진출할 수 있는 능력이 된다"고 정의하였다.[7] 그렇지만 핵심역

Video
핵심역량이란?

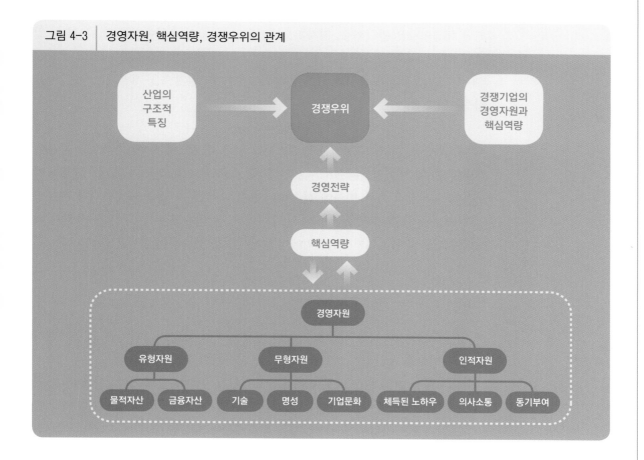

그림 4-3 │ 경영자원, 핵심역량, 경쟁우위의 관계

량이 단순히 어느 기업이 잘하는 활동, 즉 A기업은 유통이 강하고 B기업은 생산기술이 강하다고 묘사하는 것처럼 단순히 '잘하는' 활동을 의미하지는 않는다. 핵심역량이란 개념은 항상 경쟁기업에 비하여 그 기업이 더 잘할 수 있는 상대적인 경쟁능력을 말한다. 즉, A기업이 마케팅능력이 강하다고 하더라도 다른 경쟁기업도 이와 비슷한 수준의 강한 마케팅능력을 갖고 있다면 그 마케팅능력은 A기업의 핵심역량이 될 수 없다. 왜냐하면 그 기업에 경쟁우위를 가져다 줄 수 없기 때문이다. 따라서, 핵심역량이란 '기업의 여러 가지 경영자원 중 경쟁기업에 비하여 훨씬 우월한 능력, 즉 경쟁우위를 가져다 주는 기업의 능력'이라고 이해되어야 한다.

사업부의 경쟁우위의 원천으로서의 핵심역량

핵심역량을 파악하며 이를 지속적으로 발전시키는 것은 개별사업단위와 기업전체의 경쟁우위에 많은 영향을 끼친다. 서두 사례에서 살펴본 Canon의 기술적인 핵심역량은 광학기술, 전자기술, 정밀기계기술의 융합이라고 할 수 있다. 일본의 NEC는 C&CComputer & Communication라는 캐치프레이즈를 내걸고 전사적全社的으로 컴퓨터와 통신과 그에 기초가 되는 디지털기술을 개발하는 데 역량을 집중하였다.

단기적인 기업의 경쟁력은 판매되고 있는 제품의 가격, 성능, 특성 등에서부터 나오나, 장기적인 경쟁력은 경쟁자보다 낮은 비용으로 더 빨리 새로운 제품을 개발할 수 있는 핵심역량에서 비롯된다. 즉, 경쟁우위의 진정한 원천은 개별사업분야에서 시장의 빠른 변화에 신속히 적응할 수 있는 기업의 핵심역량과 전사적인 기술을 통합할 수 있는 경영자의 능력이다. 본서의 Ⅲ부에서는 경영자원과 핵심역량의 관점에서 개별사업단위에서 경쟁우위를 창출하는 방법을 모색한다.

기업성장의 근원으로서의 핵심역량

Canon이 지속적인 성장을 거듭한 가장 중요한 이유는 광학기술, 정밀기계기술, 전자기술을 융합하여 새로운 사업분야로 다각화하였기 때문이다.

다각화된 기업은 큰 나무에 비유할 수 있다. 나무의 큰 줄기와 가지들은 기업이 만드는 핵심제품이고 더 작은 가지들은 개별사업부들이다. 그리고 나무의 잎과 꽃, 열매들은 사업부에서 생산하는 최종제품이라고 볼 수 있다. 그러나 핵심역량은 그 나무에 영양분을 제공하고 안정성을 보장하여 주는 뿌리라고 이해할 수 있다. 나무의 끝인 잎과 열매와 같은 최종제품에 집중하는 기업은 경쟁력의 근원인 핵심역량을 등한시하기 쉽다. 이처럼 기업성장의 요인이 되는 핵심역량은 다음과 같은 특징을 갖고 있다.

첫째, 핵심역량은 다양한 시장으로 진출할 수 있는 가능성을 제공하여 준다. 즉 디스플레이에서 핵심역량을 갖고 있는 회사는 TV, 휴대용컴퓨터 등 여러 가지 사업에 진출할 수 있다. 삼성전자가 TV시장에서 경쟁우위를 갖는 이유는 LCD 패널에 핵심역량이 있었기 때문이다.

| 그림 4-4 | 경쟁우위의 근본으로서의 핵심역량 |

둘째, 핵심역량은 최종제품에 대하여 고객이 느끼는 편익을 증대시켜 준다. Apple의 디자이너들은 고객의 욕구를 충족시키기 위하여 항상 노력하고 있다.

셋째, 핵심역량은 경쟁자들이 흉내를 내기가 어려워야 한다. 특히 어느 기업의 핵심역량이 기업 내에 존재하는 여러 가지 개별기술과 생산능력을 복합적으로 재구성recombination하는 조직상의 역량이라면 이를 경쟁자가 모방하기는 매우 어렵다. 즉, 경쟁기업들이 핵심역량을 구성하는 몇몇 개별기술은 획득할 수 있지만 이러한 개별기술을 조합하여 새로운 제품을 개발하는 조직상의 능력을 모방하기는 훨씬 더 힘들기 때문이다.

이와 같이 기업의 핵심역량에 대한 시각은 기업전체의 전략, 즉 기업의 다각화, 수직적 통합, 해외진출 등에 큰 도움을 준다. 핵심역량접근법이 기업전략의 수립에 어떠한 도움을 주는지를 살펴보면 다음과 같다.

첫째, 핵심역량적 관점은 다각화에 대한 지침역할을 한다. 기업들은 흔히 자신의 사업분야와 무관한 비관련부문으로 다각화하려는 충동을 많이 느낀다. 기존 사업분야의 핵심역량을 이전할 수 없는 분야로 진출할 때의 성공가능성은 자신의 핵심역량을 활용할 수 있는 분야로 진출할 때에 비해 훨씬 낮다. 또한 기업들은 현재 사양산업이라고 판단되는 사업분야에서 잘못 철수함으로써 핵심역량을 잃을 수도 있다. 과거 미국의 많은 TV생산기업들은 일본업체와의 심한 경쟁에 시달리다 이 성숙산업에서 철수하였으나 그 결과 차세대에 등장한 DVD사업에서의 기회를 놓친 사례가 있다. Prahalad와 Hamel은 "당신이 어떤 사업이나 제품을 포기하게 되면 그 잠재적인 기술을 이용할 수 있는 시장을 포기하는 것과 마찬가지이다"라고 지적하였다. 핵심역량에 기초한 다각화전략은 제9장에서 자세히 살펴보기로 한다.

둘째, 기업의 핵심역량을 파악하는 것은 기업의 수직적 통합 또는 아웃소싱의 주요 판단근거가 된다. 예를 들어 자동차업체는 엔진이나 트랜스미션 같은 주요한 핵심부품을 외주에 의존함으로써 핵심부품에 관한 역량을 잃어버릴 수도 있다. 이와 같이 기업이 어떤 분야를 직접 수행하고, 어떤 분야를 외주에 의존할 것인지에 관한 전략은 제10장에서 보다 자세히 논의하기로 한다.

셋째, 핵심역량 접근방법은 기업의 글로벌화를 촉진시켜 주는 역할을 한다. 글로벌화를 위해서는 자신의 핵심역량을 여러 가지 다른 사업분야로 분산시키기보다는 소수의 경쟁력 있는 사업부를 키워야 할 필요성이 있다. 핵심역량적 사고방식은 글로벌산업에서 경쟁하기 위해서 어느 사업부문에 집중할 것인가를 살펴볼 수 있게 해준다. 해외시장진출전략에 대해서는 제11장에서 보다 심도있게 살퍼본다.

넷째, 핵심역량적 관점은 전략적 제휴를 효과적으로 운용할 수 있게 한다. Canon은 새로운 핵심역량을 개발하는 데 있어서 모든 것을 자신의 기술에 의존하지는 않았고 라이센스나 전략적 제휴를 통하여 발전시켰다. 전략적 제휴와 인수합병에 관하여는 제12장에서 자세히 살펴본다.

이상과 같이 핵심역량에 입각한 사고방식은 앞으로 살펴볼 기업수준의 전략, 즉 다각화, 수직적 통합, 해외진출, 인수합병을 분석할 수 있는 좋은 기반을 마련하여 준다.

04 ›› 핵심역량의 파악

가치사슬

기업의 핵심역량을 파악하기 위해서는 기업의 생산활동을 가치사슬을 사용하여 분석할 필요가 있다. 가치사슬이란 McKinsey컨설팅사가 개발한 Business System을 Michael Porter가 훨씬 정교한 분석틀로 발전시킨 것이다.[8] Porter에 따르면 가치사슬기법은 기업의 전반적인 생산활동을 주활동부문primary activities과 보조활동부문support activities으로 나누어서 구매 및 재고관리부터 시작하여 물류, 생산과정, 판매, 애프터서비스단계에 이르기까지 각각의 부문에서 비용이 얼마나 들고 소비자들에게 얼마나 부가가치를 창출하는지를 보다 정교하게 분석할 수 있게 해준다. **그림 4-5**와 **그림 4-6**은 각각 McKinsey와 Porter의 가치사슬을 보여준다.

이와 같이 가치사슬을 사용해서 기업들의 활동분야를 여러 단계로 나누어 본다음, 각 단계별로 가장 뛰어난 경쟁자와 벤치마킹을 통해서 자신이 경쟁우위가 있는 부문과 열위가 있는 부문을 알 수 있고, 이 결과를 종합적으로 분석함으로써 핵심역량이 어디에 있는지 파악할 수 있다. 예를 들어 Toyota가 가지고 있는 핵심역량은 다품종소량생산시스템인 Toyota시스템과 재고비용을 줄이는 생산프로세스 기술인 Just-In-Time시스템에서 나온다는 것을 알 수 있다. 또한 Pepsi나

가치사슬이란

그림 4-5 | McKinsey의 Business System의 개념

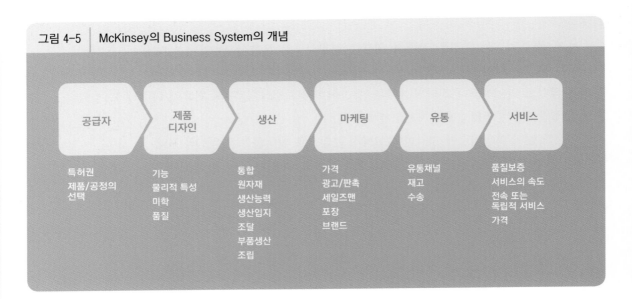

그림 4-6 | Porter의 가치사슬

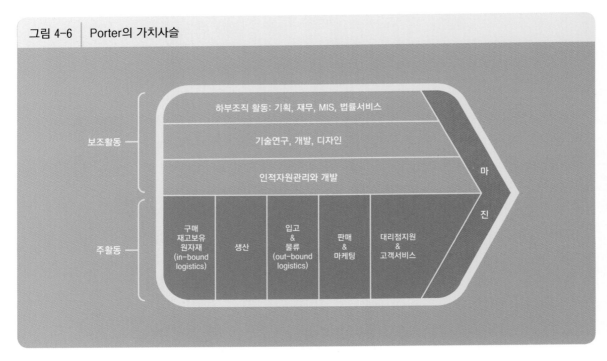

P&GProcter & Gamble와 같은 회사의 핵심역량은 브랜드를 개발하고 이를 잘 관리하는 마케팅능력으로 요약될 수 있다. 그리고 Merck와 같은 제약회사의 핵심역량은 신약을 개발할 수 있는 연구개발능력이라고 할 수 있다.

그러나 핵심역량을 기업이 갖고 있는 단순한 기능별 능력functional capability

으로 치부하면 안 된다. 많은 경우, 기업이 갖고 있는 핵심역량은 생산기술이나 마케팅능력처럼 각각의 기능별 능력에서 나온 역량뿐만 아니라 이러한 여러 가지 기능별 능력들을 종합하여 활용할 수 있는 조직상의 능력organizational capability 이다. 조직상의 능력은 기업조직 내에서 그 기업이 갖고 있는 여러 가지 기능별 부서의 능력을 종합하고 새로운 조합을 이루어서 활용할 수 있는 능력이다.[9]

예를 들어, **그림 4-7**은 통신기계 제조장비기업에서 조직의 핵심능력을 여러 단계로 구분하여 본 것이다. 가장 근본이 되는 능력은 기업조직 내의 개개인이 갖고 있는 생산기술이다. 이러한 생산기술은 궁극적으로는 제조능력과 관련이 되고 이보다 더 높은 단계에서의 생산능력은 단지 이러한 제조능력뿐만 아니라 자재관리와 프로세스엔지니어링 기술, 제품테스트능력까지 포함되어 있다. 그리고 그 기업의 가장 높은 수준에서의 기술은 기능별 기술이기보다 여러 기능별 기술을 조합할 수 있는 조직상의 능력을 의미한다. 즉, 신제품개발능력이나 고객확대능력 그리고 품질관리능력은 단순히 생산기술뿐이 아니라 생산과 연구개발, MIS, 마케팅, 인사관리, 신제품개발 등의 능력들이 종합되어야만 갖출 수 있게 된다. 즉, 보다 높은 차원의 기업의 핵심역량은 이와 같이 낮은 차원에서의 개별적 또는 기능별 핵심역량을 조합하고 이를 적절히 통합할 수 있는 능력이다. 이와 같은 통합능력이 뛰어난 기업일수록 더 높은 성과를 보이기 마련이다.

실제로 Canon이 보유하고 있는 주요한 핵심역량은 광학기술, 정밀기계기술, 전자기술 등과 같은 기능별 능력뿐만 아니라, 이들 기능별 능력을 조합하여 신제품을 만들 수 있는 조직상의 능력을 포함하는 것이다.

이상에서 논의된 바와 같이 기업의 핵심역량을 파악하기 위한 방법을 정리하면 다음과 같다.

1) 기업의 활동을 세부활동분야로 나눈다. 이때 가치사슬분석기법을 흔히 사용한다.
2) 각 세부활동분야에서 뛰어난 경쟁기업과 벤치마킹을 통하여 자신이 경쟁우위/열위를 갖는가를 파악한다.
3) 자신이 열위에 있는 분야에는 만회를 위한 학습활동을 증가시키고, 자신이 뛰어난 분야는 더욱 발전시킨다.
4) 자신의 조직상의 능력을 평가하여 본다. 조직내부간의 핵심역량의 공유는 활발하게 이루어지고 있는가 또한 새로운 핵심역량에 대한 학습은 신속하게 이루어지고 있는가를 살펴본다.

Strategic Management

그림 4-7 통신기계 제조장비회사의 사례에서 찾아본 조직구조상에서 기업의 핵심역량

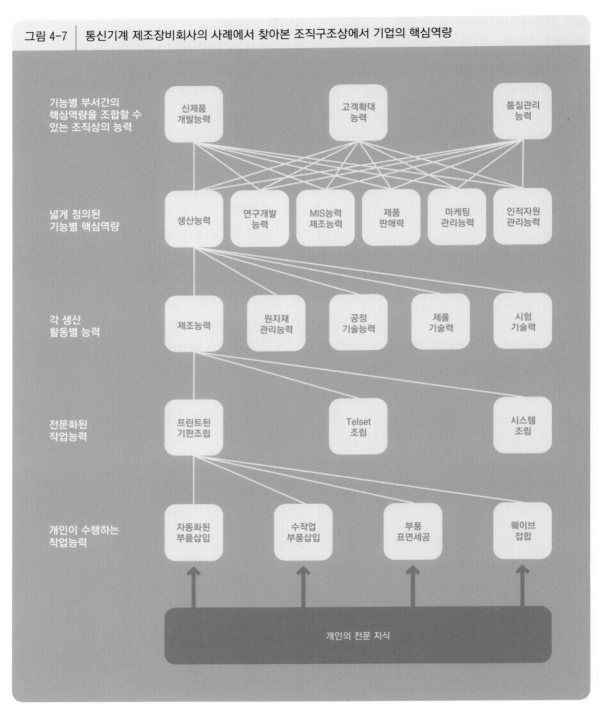

출처: R. Grant, "Prospering in Dynamically-competitive Environments: Organizational capability as knowledge integration," Organization Science, 1996, p.378의 그림을 수정·보완함.

| 표 4-4 | Volkswagen의 핵심역량 평가 |

핵심역량의 종류	전략적 중요도	Volkswagen의 경쟁우위의 벤치마킹결과	주요 사유
제품개발	9	4	신제품개발이 뒤짐
구　매	7	5	전통적으로 약했으나 최근 GM으로부터 Lopez를 스카우트함으로써 개선
엔지니어링	7	9	전통적으로 강하였음
생　산	8	4	독일에 위치하여 고비용구조를 가짐 고용조정이 유연하지 못함
재　무	6	4	재무관리기법이 낙후
R&D	6	4	전통적인 우위부분임. 그러나 최근 부품 공급자의 연구개발이 더욱 중요하게 됨
마케팅 · 판매	9	4	세계 각국의 소비자수요의 차이를 충족 하지 못함
대정부교섭능력	4	8	중국 등 신흥시장진출

주: (1~10까지의 스케일, 1=매우 낮음, 5=보통, 10=매우 높음)
출처: R. Grant, *Contemporary Strategy Analysis*, Blackwell, 7th edition, 2010, p. 141.

　　실제로 가치사슬을 이용한 핵심역량의 파악을 다음의 Volkswagen의 예를 통하여 알아보기로 하자. 제1단계 작업으로서 Volkswagen의 여러 활동분야를 나누어 보고, 각각의 활동분야의 전략적 중요도strategic importance를 파악한다. 그리고 각각의 활동분야에서 Volkswagen과 주요 경쟁자인 GM, Ford, Toyota, Honda, Nissan, Fiat 등을 벤치마킹함으로써 핵심역량이나 경쟁우위의 유무를 판단할 수 있다. 이러한 작업의 결과 **표 4-4**와 같이 주요 가치사슬상의 경쟁우위 여부와 그 주요 원인을 파악할 수 있었다. 이러한 분석결과를 **그림 4-8**과 같이 정리하면 Volkswagen은 엔지니어링에서는 우위를 갖고 있으나, 마케팅, 재무쪽에 약점을 갖고 있다는 점을 파악할 수 있다. 따라서 Volkswagen은 엔지니어링분야의 핵심역량을 유지하면서, 마케팅과 재무분야를 강화하는 전략을 세워야 할 것이다. 또한 엔지니어링으로부터의 핵심역량을 활용하여 다른 사업분야로 진출할 가능성도 모색하여야 한다.

Volkswagen CEO
Interview

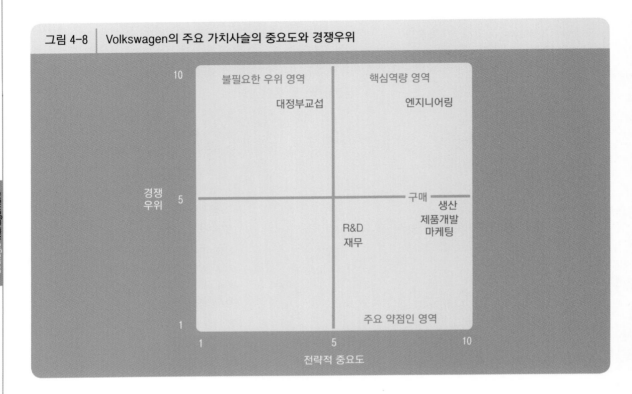

그림 4-8   Volkswagen의 주요 가치사슬의 중요도와 경쟁우위

⦿ 벤치마킹

기업의 핵심역량의 파악에서 중요한 것은 얼마나 객관적으로 자신의 핵심역량을 경쟁기업에 비해 측정할 수 있는가 하는 문제이다. 종종 기업들은 자신의 핵심역량을 실제보다 과대평가하기 쉽다. 따라서 기업들은 벤치마킹benchmarking을 통해 핵심역량을 객관적으로 평가하곤 한다. 기업들이 벤치마킹을 할 때 반드시 같은 산업의 업체를 벤치마킹을 할 필요는 없다. 예를 들어, 정확한 배송시스템을 벤치마킹을 하려면 미국의 Federal Express와 같이 배송시스템이 발달된 회사에서 배울 것이 훨씬 많고, 일관된 품질관리기법을 배우기 위해서는 오히려 McDonald's가 어떻게 햄버거의 품질을 전세계적으로 일관성 있게 유지하는가를 벤치마킹하는 것이 유리하다. 벤치마킹의 구체적인 방법론에 관하여는 제13장에서 보다 자세히 논의하기로 한다.

05 ›› 결론 및 요약

본 장에서는 기업외부의 산업환경에서 기업내부환경으로 눈을 돌렸다. 기업의 내부환경이란 기업이 보유하고 있는 유형, 무형의 경영자원과 인적자원 그리고 핵심역량을 의미한다. 특히 핵심역량은 개별사업단위에서 경쟁우위의 원천이기도 하며 기업성장의 근원이다. 본 장의 서두에서 소개된 Canon의 사례는 이와 같이 핵심역량이 개별사업단위에서 경쟁력을 키우게 하며 동시에 신규사업으로 확장하는 주요 원천이 되었음을 보여 주었다. 이러한 본 장의 학습내용은 앞으로 Ⅲ부에서 살펴볼 사업단위의 경쟁전략과 Ⅳ부에서 살펴볼 기업전략의 기초가 될 것이다.

CJ그룹의 엔터테인먼트 사업진출[10]

"그냥 설탕이나 팔지 그래?"

제일제당이하 CJ에게 본업이나 충실하지 왜 뜬금없는 엔터테인먼트 사업에 투자해서 손실을 보고 있느냐는 비아냥이었다. CJ는 1995년 Steven Spielberg, Jeffrey Katzenberg, David Geffen이 10억 달러의 자본금으로 설립한 Dream Works SKG에 3억 달러를 출자하게 되면서 엔터테인먼트 사업에 진출하였다. 이 무렵 CJ그룹이 삼성으로부터 독립하면서, 이재현 회장당시 CJ 그룹 상무보은 향후 CJ그룹의 4대 핵심 사업으로 기존의 식품, 바이오와 함께 신유통과 미디어 엔터테인먼트 부문을 선정하였다. 이재현 회장의 누나인 이미

경 부회장이 CJ와 DreamWorks 중간에 다리를 놓았지만, DreamWorks에 투자하겠다는 투자자는 CJ 말고도 많았다. CJ가 투자자로 낙점된 이유는, 한국 정서에 맞는 음악과 영화를 제작하도록 노하우를 체계적으로 전수받아 언젠가는 경쟁력 있는 문화상품을 만들겠다는 꿈을 추구하는 데 도와 달라는 진정성이 통한 까닭이었다.

그러나 설탕, 밀가루, 조미료와 같은 식품제조 밖에 몰랐던 CJ는 엔터테인먼트 사업에 아무런 핵심역량이 없었고, 따라서 수많은 시행착오를 겪게 되었다. 그럼에도 불구하고, DreamWorks에 대한 지분투자는 영화배급, 마케팅, 리스크 관리, 원가관리 같은 노하우를 전수받는 데 큰 도움이 되었다. DreamWorks가 제작한 영화를 배급하면

서 영화수요예측, 마케팅 비용, 관리회계 등 노하우를 어깨 넘어 배우게 되었고, 이를 활용하여 국내영화제작에 적용하기 시작했다. CJ는 1997년 음악전문 케이블 채널인 Mnet을 인수하였고, 1998년에는 국내 최초의 멀티플렉스Multiplex 극장 체인 CGV의 영업을 개시했다. 설립초기, '여명의 눈동자,' '모래시계'를 성공시킨 김종학 감독과 송지나 작가가 차린 J COM에 투자했지만, '인샬라,' '산부인과,' '쿠데타' 등의 영화가 잇따라 흥행에 크게 실패하게 되면서, 기업 내부와 외부 모두 CJ가 과연 비관련다각화인 엔터테인먼트 사업에서 성공할 수 있는가에 대해 깊은 회의를 가질 수밖에 없었다. 1999년 전후로 SK, 삼성, 대우 등 재벌기업들이 영화산업에서 철수를 결정하게 되었을

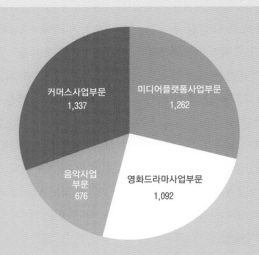

그림 4-9   CJ ENM의 매출구성   (단위: 10억 원)

출처: CJ ENM 연차보고서, 2023년 기준.

때, 이강복 전 대표는 이재현 회장으로부터 다음과 같은 제의를 받았다.

삼성, SK, 대우 등 재벌 기업이 영상산업에서 손을 털고 나갔다. 영화산업이 밑빠진 독인지 황금알을 낳는 거위인지 당신이 판단해서, 이대로 엎어 버릴 것인지 아니면 계속해야 할 것인지 말해 달라.[11]

그는 제일제당에서 원료구매 등의 업무를 통해 리스크 관리의 전문가로 인정받으며 20년의 경력을 보냈던 인물로, 이전까지 영화산업과는 아무런 연관도 없었다. 하지만 영화산업이 근본적으로 높은 위험을 갖고 있기 때문에 이강복 대표의 위험관리능력은 곧 그 힘을 발휘했다. 그는 경영의 주안점을 영화 배급사인 CJ Entertainment와 전국 극장체인을 보유한 CJ CGV의 수직적 통합을 바탕으로 안정적인 유통망을 확보하고, 극장에 배급할 충분한 영화공급 라인업을 짜기 위해 한국영화에 대한 제작과 투자를 병행하는 점에 두었

다. 그 결과, CJ Entertainment는 시네마 서비스와 함께 한국영화배급 시장을 양분하는 강한 배급력을 갖게 되었고, 자회사인 CJ CGV의 영업실적 호조에 힘입어 2002년 2월 영화업계에서 최초로 코스닥에 등록하는 기업이 되었다. 2010년에는 영화분야의 CJ엔터테인먼트, 방송분야의 CJ미디어, CJ가 인수한 온미디어, 음악분야의 Mnet미디어, 게임의 CJ인터넷을 하나로 통합하며 CJ E&M을 출범했다. CJ는 1997년부터 2012년까지 방송산업에 7,000억 원, 영화·극장·음악 등의 분야에 2조 7,000억 원을 투자했고 누적손실은 1,000억 원 이상이 되었다고 알려져 있다.[12] 이재현 회장은 "우리 회사가 먹고 사는 문제가 아니라 국가의 미래가 달려있다"는 신념으로 계속해서 투자를 계속해왔다.

CJ는 그동안 주먹구구식으로 운영되었던 충무로 영화계를 시스템화하기 시작했다. 영수증처리라는 기본도 없었던 무원칙한 회계관행을 고쳐

비용을 철저히 관리하였고, 체계적으로 마케팅 계획을 짜서 광고를 집행하면서, 정기적으로 계약서에 의거하여 수익을 공정하게 분배하게 되었다. CJ는 한국에서도 블록버스터 영화를 만들어보자는 전략을 추구했다. 블록버스터란 스타워즈 시리즈처럼 엄청난 자금을 투입해서 작품의 완성도를 높이고 흥행성까지 추구하는 할리우드에서는 검증된 전략이다. CJ는 투자금액을 늘리고 좋은 시나리오에 과감하게 투자하였다. 2000년 명필름이 제작하고 박찬욱 감독이 메가폰을 잡은 'JSA공동경비구역'을 CJ가 배급하면서 500만 명 이상의 관객을 동원하는 큰 성공을 이루었다. 반면, 흥행을 점쳤던 '태풍'과 '중천'은 쓰디쓴 실패를 경험하였다.

CJ가 그동안의 영화투자의 실패를 경험하면서 얻은 교훈은 더 이상 글로벌 엔터테인먼트 기업들의 블록버스터 전략을 그대로 답습하면 안 된다는 것이었다. 또한 할리우드 블록버스터를 벤치마킹하면서 컴퓨터 그래픽CG과 같은 기술적인 측면은 발전했지만, 고객을 사로잡을 만한 자신만의 스토리가 없었다는 점도 처절하게 깨닫게 되었다. 이러한 반성 끝에 오히려 한국의 관객을 감동시킬 만한 컨텐츠를 개발한다면 글로벌 시장에서도 통할 수 있으리라는 믿음을 갖게 되었다. 많은 시행착오 끝에 좋은 시나리오를 파악하는 안목도 점점 늘게 되었고, 한국 관객들에게 좀더 친밀한 스토리를 선택하고 이에 적합한 배우를 캐스팅하는 데 노력했다. 이러한 시도는 2007년 '화려한 휴가', 2008년 '좋은 놈. 나쁜 놈. 이상한 놈', 2009년 '해운대', 2013년 류승완 감독의 '베를린'과 봉준호 감독의 '설국열차'가 흥행에 성공하게 되면서 점차 빛을 발휘하기 시작했다. 2014년에는 '명량'이 1,000만 관객을 돌파해서 새로운 이정표를 세웠다.

CJ는 한편 드라마 사업부문이 분사해 자회사가 된 스튜디오드래곤과 TvN을 통해 드라마 제작과 유통에도 큰 성과를 보였다. '미생,' '응답하라 시리즈'가 크게 성공하였고, 이어 '도깨비', '미스터 선샤인'과 같은 드라마도 엄청난 파장을 몰고 왔다. '꽃보다 시리즈', '삼시세끼'와 같은 예능프로그램도 새로운 포맷으로 성공하였다. 이와 같은 TvN의 성공은 나영석 PD, 이명한 PD 같은 유능한 인재를 높은 연봉을 보장하면서 지상파 방송국에서 스카우트한 것에 기인한다. 지상파 방송국의 적은 예산제약과 관료주의적 기업문화 속에서 자신의 능력을 발휘하지 못했던 이들은 CJ로 이적하자마자 히트작을 쏟아 내기 시작했다. 그러나 TvN의 성공은 수년간 계속된 적자에도 불구하고 장기적인 비전하에 매년 1,000억 이상의 제작비를 투입했던 CJ의 장기적인 투자에 기인한다. 또한 자율권을 보장하고 실패를 용인하는 CJ의 경영 시스템도 큰 역할을 하였다.

CJ가 엔터테인먼트 사업을 시작한 후, 정확하게 25년이 되는 2020년 봉준호 감독의 '기생충'은 아카데미 영화제에서 감독상, 작품상, 극본상, 국제영화상을 수상하는 쾌거를 이루었다. 봉준호 감독은 수상소감으로 다음과 같이 말했다.

어렸을 때 제가 항상 가슴에 새겼던 말이 있었는데. 영화 공부를 할 때 '가장 개인적인 것이 가장 창의적인 것이다' 그 말을 하셨던 분이 누구였냐면. 책에서 읽은 거였지만 그 말은 마틴 스콜세지 감독이 한 말이었습니다.

이어 '기생충'의 책임 프로듀서의 자격으로 무

대에 등장한 CJ그룹의 이미경 부회장은 감격한 어조로 다음과 같이 말하였다.

'기생충'에 참여해주신 모든 분들께 감사합니다. 그리고 특히 때로는 불가능한 것처럼 보였던 우리의 꿈을 만들기 위해 늘 지원해준 내 동생에게 감사하고 싶습니다.

그 밖에도 2022년 칸 영화제에서 감독상을 수상한 박찬욱 감독의 '헤어질 결심'과 배우 송강호가 남우주연상을 받은 고레에다 히로카즈의 '브로커' 모두 CJ ENM에서 투자, 배급이 이루어졌다. 한편, CJ ENM은 2010년 출시한 OTT 서비스인 TVING을 통해 국내 콘텐츠 유통에 박차를 가하고 있다. 2020년, CJ ENM은 TVING을 자회사로 분할하여 JTBC와의 합작법인을 설립하였다. 이에 더하여 2022년에는 타 OTT 플랫폼인 Seezn과의 합병을 추진하여 콘텐츠를 확장하였으며, 2023년 Wavve와의 합병을 위한 논의를 시작하여 OTT 시장에서 우위를 선점하기 위한 노력을 이어 오고 있다. 또한, CJ ENM은 2021년 미국 영상투자업체 '엔데버 콘텐츠Endeavor contents'를 인수하여 해외사업 확장에 대한 의지를 보여주고 있다.

CJ ENM의 콘텐츠 투자전략

TVING의 성과와 비전

토 의 과 제

01 CJ의 엔터테인먼트 사업 진출은 과연 좋은 전략이었는가? CJ그룹이 엔터테인먼트 사업에 투자한 경영자원을 다른 신규사업이나 기존의 사업분야에 투자했을 때 더 많은 수익을 가져올 수 있었을까?

02 CJ그룹이 엔터테인먼트 사업에 진출하여 핵심역량을 축적한 과정을 살펴보자. 새로운 핵심역량을 획득하는 더 효과적인 방법이 있었을까?

03 향후 CJ가 엔터테인먼트 사업에서 더 좋은 성과를 얻기 위한 전략은 무엇인가?

R e f e r e n c e

1 본 사례는 Lar Bengtsson & Jessica Ohlin, "A Comparative Study of Canon and Hasselbrad's Strategy Formulation Process and Their Knowledge Acquisition Strategies," Working Paper, Lund University, 1992 및 관련자료에 기초하여 작성되었다.

2 B. H. Liddell Hart, *Strategy*, New York: Praeger, 1954, p.365.

3 경영자원론적 관점은 E. Penrose, *The Theory of the Growth of the Firm*, E. Sharpe, 1959; B. Wernerfelt, "A Resource-Based View of the Firm," *Strategic Management Journal*, 1984, pp.171~180; J. B. Barney, "Firm Resources and Sustained Competitive Advantage," *Journal of Management* 17, 1991, pp.99~120; J. Mahoney and J. R. Pandian, "The Resource-Based View with the Conversation of Strategic Management," *Strategic Management Journal* 13, 1992, pp.363~380을 참조할 것

4 Jay Barney, "Organizational Culture: Can It Be a Source of Sustained Comparative Advantage?" *Academy of Management Review*, 2, 1986, pp.656~665.

5 Hiroyuki Itami, *Mobilizing Invisible Assets*, Boston: Harvard University Press, 1987, p.125.

6 P. Selznick, *Leadership in Administration: A Sociological Interpretation*, New York: Harper & Row, 1957; Igor Ansoff, *Corporate Strategy*, Harmondsworth, U.K.: Penguin, 1965.

7 C. K. Prahalad and G. Hamel, "The Core Competences of the Corporation," *Harvard Business Review*, May-June 1990, pp.79~91.

8 M. Porter, *Competitive Advantage*, Free Press, 1985.

9 이러한 조직상의 능력을 동태적 핵심역량이라고도 말한다. Teece DJ, Pisano G, Shuen A., "Dynamic Capabilities and Strategic Management," *Strategic Management Journal*, 1997, pp. 509-533; Helfat CE, Eisenhardt KM, "Inter-temporal Economies of Scope, Organizational Modularity, and the Dynamics of Diversification," *Strategic Management Journal*, 2004, pp. 1217-1232 참조

10 본 사례는 장세진, 경영전략사례집, 박영사, 2003년에 수록된 CJ Entertainment 의 수직적 통합 사례와 고성연, CJ의 생각, 열림원, 2016, 그 밖에 신문에 실린 인터뷰 기사 등을 참조해 작성하였다.

11 동아일보, 2001년 12월 6일.

12 곽은경, "콘텐츠로 세상을 바꾸다 — CJ E&M 김성수 대표," 자유기업원, 2016.

조직구조, 성과
통제, 기업문화,
리더십

"기업의 조직구조는 전략을 따른다."

Alfred D.Chandler.

"아니다. 전략은 기업의 조직구조를 따른다."

L. J. Bourgeois.

사례

case

Dexter사의 사업부제조직[1]

　　지금은 인수합병되어 존재가 없어진 Dexter사는 한때는 New York Stock Exchange에 최초로 상장된 회사였다. Dexter는 반도체밀봉용 화학물질제조사업과 코팅관련사업으로 진출하였고 또한 음료수처리사업, 생명과학부문에 이르기까지 폭넓은 사업다각화를 추구하였다. Dexter사는 이렇게 다각화된 사업들을 효과적으로 관리하기 위해서 미국의 컨설팅회사인 **BCG**Boston Consulting Group의 도움을 받아 여러 사업분야를 5개의 큰 사업부에 속해 있는 26개의 작은 사업단위조직으로 구성하였다. Dexter사의 조직구조는 **그림 5-1**과 같다. Dexter사는 5개 사업부를 사업부장에게 맡겨 책임경영을 하도록 하였으며 이들 5개 사업부의 경영성과는

그림 5-1 Dexter의 조직구조

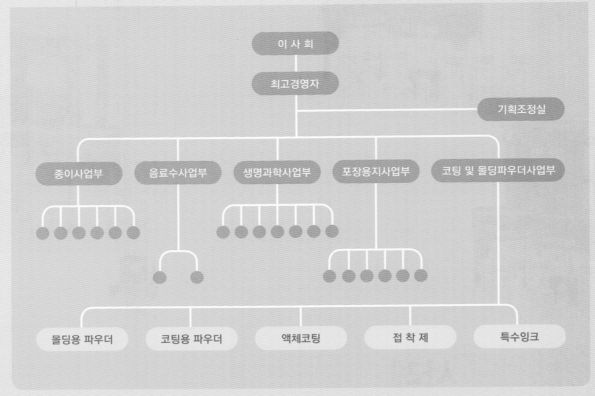

월 단위로, 26개의 작은 사업단위의 경영성과는 연 단위로 최고경영자에게 보고하도록 하였다. Dexter사는 사업부제조직을 실시하면서 보너스를 각 사업부의 경영성과에 따라 차등지급하는 제도를 확립하였다. 이를 위해 매년 각 사업부가 벌어들인 사업부의 영업이익 중 20%를 보너스를 위한 적립금으로 정하고, 그 사업부의 모든 종업원이 일정비율로 나누어 가진다. 따라서 어느 사업부가 그 회계연도에 벌어들인 수익이 높으면 높을수록 개인에게 지급되는 보너스는 점점 높아지는 것이다. 이와 같이 사업부에 있는 모든 종업원들의 보너스가 개별사업부의 경영성과와 직결됨에 따라서 사업부장을 비롯한 해당 사업부의 모든 종

업원들은 경영성과를 높이기 위한 높은 인센티브를 가지게 되었다.

그러나 Dexter는 코팅 및 몰딩용 파우더사업부에 속한 반도체용 몰딩파우더 사업단위의 성과가 부진하다는 사실을 발견하였다. 문제가 되고 있는 코팅 및 몰딩용 파우더사업부는 코팅용 파우더, 몰딩용 파우더, 액체코팅, 접착제, 특수잉크와 같은 5개의 작은 사업단위로 구성되어 있었다. 그 중 접착제사업은 비행기용 접착제를 제조하고, 특수잉크 사업부는 PCB전자기판의 제조에 사용되는 제품을 만들고 있었다. 액체코팅제품은 반도체 생산의 초기에 사용되던 낡은 기술로 반도체의 회로 위를 덮어씌우는 플라스틱수지의 한 종류이다.

표 5-1 코팅 및 몰딩용 파우더사업부의 개별사업단위의 성과

사업단위	사업부문 매출액구성비(%)	세전 투자수익률 (ROI, %)	향후 5년 계획	
			실질매출 성장률(%)	순현금흐름 (단위: 백만 달러)
몰딩용 파우더	26	16	18	(-0.2)
코팅용 파우더	13	33	10	0
액체코팅	24	52	9	2.1
특수잉크	9	35	13	0.3
접 착 제	16	25	18	0.9
기타사업부문	12	48	10	0.5
전 체	100%	35%	14%	3.6

출처: White and Hamermesh, "The Dexter Corporation," Harvard Business School Case 9-379-112.

이런 액체코팅 외에도 코팅용 파우더가 있는데 이는 에폭시수지를 가루로 만든 후에 강한 열을 쬐어 그 가루를 녹게 하여 코팅이 되게 하는 또 다른 제품 중의 하나이다. 마지막으로 전기용이나 반도체생산용으로 많이 사용되고 있는 몰딩용파우더는 최근 빠르게 성장하는 사업이었다. 특히 반도체용 몰딩파우더는 IC기판을 겉에서 밀봉하는 역할을 하는 제품으로서 기존의 반도체 생산에 사용되었던 전기용 몰딩파우더, 액체코팅용 파우더와 비교했을 때 품질면에서 상당히 고급화된 제품이었다. **표 5-1**은 코팅 및 몰딩사업부의 경영성과를 제시하고 있다.

Dexter의 가장 성장률이 높은 사업분야인 반도체용 몰딩파우더는 시장점유율 2위의 지위에 있지만 계속하여 시장점유율을 잃어가고 있었다. 코팅 및 몰딩용 파우더사업부장은 다음과 같이 말했다.

"지금 우리 사업부는 전환기를 맞고 있습니다. 우리 사업부의 가장 큰 문제는 고성장을 이루고 있는 사업부문에 투자를 안 하고 있다는 사실입니다. 지금 우리는 높은 수준의 성장률을 지닌 사업분야에 더 높은 연구개발투자와 판매비를 투자하여야 할 것입니다."

당시 이 사업부의 영업조직은 반도체용 파우더와 코팅용 파우더, 액체코팅 등을 같은 부서에서 판매를 하고 있었다. 영업부서는 어느 사업부문의 시장이 더 빨리 증가하고 있으며 또 마진은 어디가 더 높을 것인가에 대한 명확한 계산 없이 단순히 만들어진 제품을 판매하는 데 주력하였다. 당시 코팅 및 몰딩용 파우더사업부 내의 다른 사업단위들은 12~15% 정도의 저성장을 보이나, 반도체용 몰딩파우더사업은 20%에 가까운 성장세를 보이고 있었다. 따라서 영업부 직원들은 반도

체용 몰딩파우더 사업단위에 아무 문제가 없다고 생각하고 있었다. 그러나 실제로 반도체용 몰딩파우더 산업 전체는 약 30%의 성장을 하고 있었던 것이다. 즉, 산업 전체적으로는 30%의 성장을 하는 데 비해 Dexter사는 20% 정도의 성장을 보이고 있었기 때문에 계속해서 Dexter사가 시장점유율을 잃어가고 있는 것은 놀랄 만한 일이 아니었다.

이렇게 시장점유율이 계속 하락하는 사실에 주목한 코팅 및 몰딩사업부의 사업부장은 도대체 어떤 요인이 현재 반도체용 몰딩파우더사업부에 대한 투자를 저해하여 왔는지를 BCG에 의뢰하여 조사해 보았다. BCG의 조사결과, 높은 성장을 보이고 있는 반도체용 몰딩파우더에 저투자가 이루어지는 현상은 Dexter의 사업부의 성과에 따른 보너스지급규정에 기인한다는 사실을 밝혀 내었다. 코팅 및 몰딩용 파우더사업부에 있는 모든 관리자와 종업원들은 이 코팅용 및 몰딩용 파우더사업부에 있는 다섯 개의 사업단위를 모두 합한 사업부 전체의 경영성과에 따라서 보너스를 지급받고 있었다. 즉, 모든 사람들은 자신이 속해 있는 사업부 전체의 수익을 단기적으로 높여야지만 높은 보너스를 받을 수 있는 것이었다. 따라서 현재 순현금흐름net cash flow이 마이너스를 보이며 손실을 보고 있었으나 장기적으로 큰 이익을 얻을 수 있는 성장사업인 반도체용 몰딩파우더사업단위에 투자하기보다는, 단기적으로 수익률을 많이 내고 있는 사업단위, 특히 지금 성장률이 둔화되었으나 아직도 수익률은 높은 성숙사업인 액체코팅사업에 더 많은 투자를 하고 있었다. 즉, 성과급 보너스의 지급기준이 사업부 전체의 단기적 수익에 좌우되기 때문에 현재는 손실을 보고 있지만 장기적으로 이익을 가져올 성장사업단위에 대한 투자를 꺼리게 되는 것이었다. BCG에서 파견나온 컨설턴트는 Dexter사의 문제점을 해결하기 위해서 현재 5개의 큰 사업부로 구성된 조직을 개편하여 기존의 26개의 작은 사업단위별로 독립적인 사업부를 구성하여 각각의 사업부의 성격에 따라서 각각 다른 인센티브제도를 도입할 것을 제시하였다. 즉, 시장성장이 높은 사업분야에서는 현재의 단기적 수익률보다는 장기적인 투자를 촉진시킬 수 있도록 시장점유율증가에 입각한 성과급을 지급하고, 이에 비해서 현재 수익은 높으나 성숙화된 산업에서는 수익률 그 자체에 보다 더 많은 가중치를 주는 경영성과 지표를 만들 것을 제안하였다.

01 >> 서 론

본 장에서는 기업의 내부환경 중 경영자원과 핵심역량을 형성하는 데 중요한
역할을 하는 조직구조와 성과통제, 기업문화, 리더십에 대해 살펴본다. **그림 5-2**
는 본 장에서 살펴볼 내용과 전략과의 관계를 보여 준다. 본 장의 서두에 인용된
Chandler의 경구는 다각화전략을 추구함에 따라 사업부제조직구조로 변화한 사
실을 의미한다. 한편, Bourgeois는 반대로 기업의 조직구조가 기업이 추구할 수
있는 전략을 제한하는 요소가 된다고 말하고 있다.[2] Dexter의 사례는 잘못된 조직
구조와 인센티브제도가 기업의 전략에 부정적인 영향을 주는 사례를 보여 준다.
즉, 단기적인 성과에 의거한 성과급제도의 부작용으로 장기적인 투자가 필요한
성장 사업에 투자를 못했던 것이 Dexter가 계속 시장점유율을 잃어 가고 있는 주
요인이었다.

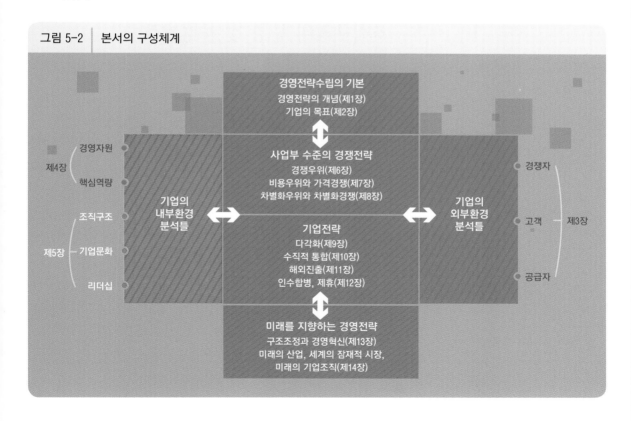

그림 5-2 | 본서의 구성체계

반면 공식적인 조직구조와 성과측정시스템 이외에 기업의 전략수립과 실행에 영향을 미치는 내부환경에는 기업문화와 리더십이 있다. 기업문화는 기업의 구성원이 공유하는 가치관으로 기업의 구성원들의 능력을 결집시키는 역할을 하고 최고경영자를 중심으로 한 리더십은 이렇게 결집된 구성원들의 능력을 하나의 전략적 방향으로 이끌어 주는 역할을 한다. 본 장에서는 이와 같이 기업의 전략과 내부환경과의 관계에 초점을 맞추어 다음과 같은 주제를 살펴본다.

* 기업의 조직구조의 여러 유형 및 변천과정을 살펴보기로 한다.
* 현재 많은 기업들이 채택하고 있는 사업부제 조직구조를 이해하고 사업부제 조직구조에서 많이 이용되는 전략사업단위strategic business unit: SBU를 이해하고자 한다.
* 기업의 성과측정의 방법과 이의 문제점에 대해 살펴본다.
* 기업문화와 리더십이 경쟁우위를 향상시킬 수 있는 가능성을 살펴보기로 한다.

02 >> 조직구조의 유형 및 운영원리

기능별 조직

조직구조라고 하면 흔히 부部·과課와 같은 기능별로 세분화된 위계질서를 생각하기 쉽다. 또한 위계질서에 입각한 한국기업의 조직구조는 군대조직을 연상시킨다. 아직도 아무리 능력이 있어도 입사하여 대리까지 되려면 3~4년의 경력이 필요하고, 책임자인 과장이나 팀장의 지위에 오르기까지 훨씬 더 많은 시간이 소요된다. 일찍부터 군대는 현재의 대기업과 비슷한 조직으로 존재하였다. 로마시대에는 한 명의 장교가 백 명의 군사를 거느리는 백인장centurion이라는 제도가 있었다. 군대가 일찍부터 계급에 입각한 위계질서를 갖추게 된 것은 그만큼 군사작전에서의 통제의 필요성을 절실히 느끼기 때문이다. 전쟁에서 승리하기 위해서는 모든 군사들이 동일한 목표를 향해 동시에 공격해야 승리할 수 있게 되는 것이다. 병사들 각자의 판단에 근거하여 움직이는 군대는 오합지졸일 뿐이다.

CHAPTER5

그러나 인간사회에서 위계질서에 따른 경제조직이 나타나게 된 것은 근세 이후였다. 과거 봉건시대만 하더라도 모든 생산활동은 소수의 수공업자로부터 도제제도에 의한 기술전수가 이루어졌다. 수공업자들에게는 오늘날 우리가 보는 복잡한 조직구조가 필요하지 않았던 것이다. 그러나 증기기관과 통신의 발달로 인하여 대량생산기술이 발전됨에 따라 이러한 기술을 활용할 수 있고 전국적으로 또는 전세계적으로 판매하는 대규모 기업이 출현하게 되었다. 이와 같이 회사의 규모가 커지기 시작하고 많은 사람들이 같은 조직 내에서 함께 일을 해야 될 필요성 때문에 나타나게 된 조직상의 혁신이 위계질서에 입각한 조직구조이다. 기계를 움직이려면 많은 사람들이 필요하고, 따라서 이들을 효과적으로 운용하기 위한 공장현장관리자가 나타났다. 또한 과거 독립적인 상인들을 통해 판매하던 형태에서 벗어나 경쟁기업과 효과적으로 경쟁하기 위하여 자체적인 마케팅조직을 만들었다. 그리고 원자재의 구매 역시 원가절감을 위하여 과거 상인들을 통해 공급받던 체제를 지양하고 자체적인 구매부서를 조직해 구매하기 시작하였다.

이와 같이 산업혁명 이후 기업조직이 커짐에 따라서 조직원들이 기능별로 전문화되는 현상이 일어나는 것은 다음의 두 가지 큰 이점이 있기 때문이다. 첫째, 조직원들을 각각 기능별로 전문화시킴으로써 전문화specialization의 이점을 가질 수 있다. Herbert Simon은 사람의 정보처리능력의 한계 때문에 이 같은 위계질서적 구조hierarchical structure가 나타난다고 설명하였다.[3] 즉, 사람의 정보처리능력과 기억력에는 한계가 있을 뿐만 아니라 여러 가지 작업을 동시에 수행하기에도 부족하다. 따라서 기업규모가 커짐에 따라 종업원들을 영업, 생산, 재무관리와 같은 각각의 기능별로 전문화시킴으로써 훨씬 더 작업의 효율성을 높일 수 있었다. 둘째, 이와 같은 조직구조는 전문화된 개인을 효율적으로 연결하고 조정coordination 할 수 있기 때문에 나타났다. 왜냐하면 이런 전문화된 업무를 수행하는 사람들에게 적절한 작업을 할당해 주고, 전문화된 기능별 부서의 작업을 다른 기능별 부서와 연결하여 주며 기능별 부서간의 정보전달과 조정과정을 수행하는 기능이 필요하기 때문이다. 이러한 기능은 최고경영자를 비롯한 관리자들에 의해 수행된다. 즉, 최고경영자는 각각의 기능별 부서를 담당하는 기능별 부서관리자를 임명하고, 각 기능별 부서의 관리자는 최고경영자의 의사결정에 따라서 각각 다른 부서의 관리자와 정보를 교환하여 기업 전체의 이윤극대화를 위해서 원활하게 기업의 생산활동이 수행될 수 있도록 도와 준다. **그림 5-3**은 이와 같이 기능별로 조직된 조직구조를 보여 준다.

Video

Steve Jobs on
Organization Structure

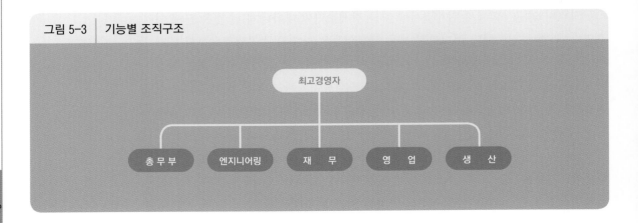

그림 5-3 | 기능별 조직구조

사업부제 조직

기능별 조직구조는 제품의 종류가 많지 않거나 판매하는 지역이 넓지 않을 때 보다 효과적인 조직구조이다. 그러나 미국과 유럽의 기업들이 제품별 다각화나 지역별 다각화를 수행함에 따라서 이런 대규모 기업들이 사용하는 조직구조는 점차 기능별 조직구조에서 사업부제 조직구조로 변화하게 되었다. Chandler는 미국의 다각화된 기업들이 점차적으로 기능별 조직구조에서 사업부제 조직구조로 바뀌는 과정을 자세하게 묘사하였다.[4] 예를 들어 GM은 소형차를 담당하는 Chevoret, Pontiac과 중형차를 담당하는 Olsmobile과 Buick, 그리고 대형고급차를 생산하는 Cadillac을 만들어 이들 개별사업부가 자신이 담당하는 제품의 생산, 영업, 연구개발, 인사관리와 같은 모든 기능별 분야를 독립적으로 수행할 수 있게 조직하였다. 이와 같은 사업부제 조직구조는 마치 하나의 사업부가 기능별 조직구조를 갖는 하나의 작은 회사와 유사한 체제를 갖고 있다. Williamson은 Chandler가 밝힌 조직구조의 변천을 제10장에서 살펴볼 거래비용이론transactions cost theory의 관점에서 재해석하였다.[5] 즉, 다각화된 거대기업이 기능별 조직구조를 버리고 사업부제조직구조로 바뀌는 것은 다각화의 정도가 높아짐에 따라서 발생하는 내부조직의 비효율성을 줄이기 위해서라는 것이다. 만일 기능별 조직을 고수하면서 다각화된 여러 종류의 제품을 여러 지역과 함께 관리한다면, 영업부서는 수많은 다각화된 제품들을 동시에 판매하여야 하고, 생산부서 역시 성격이 다른 여러 제품의 생산활동을 동시에 수행하여야 하기 때문에 조직의 효율성이 떨어질 수 있다. 또한 한 명의 최고경영자가 수많은 제품의 생산, 판매, 연구개발을 동시에 관리하는 것에도 한계가 있으므로 개별사업단위에 대한 효과적인 통제

역시 힘들게 된다.

이에 반하여 다각화된 기업이 사업부제조직으로 바뀌면 최고경영자는 개별 사업부장에게 개별사업부의 생산과 판매에 이르는 모든 권한을 위임하고, 각 사업부는 해당 사업부의 경영성과에 대해 책임을 진다. 즉, 사업부운영에 필요한 '일상적 의사결정'operational decision making을 사업부장에게 위임함으로써 최고경영자 자신은 신규사업진출, 신시장개척, 사업부들의 성과평가 등과 같은 보다

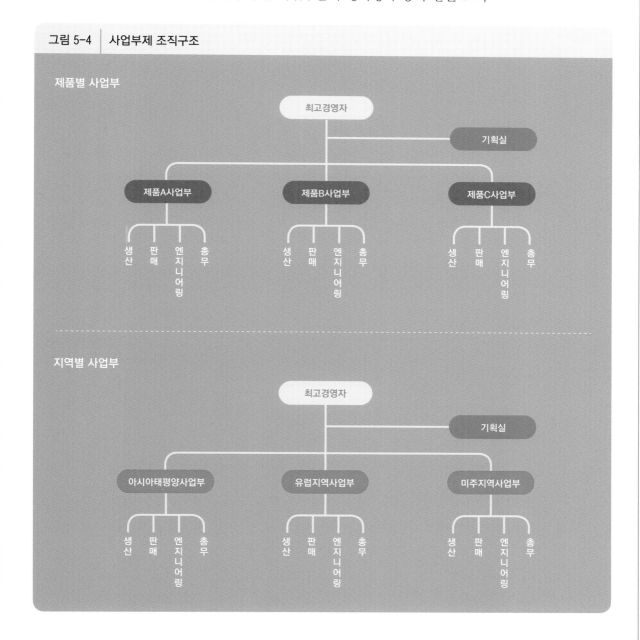

그림 5-4 | 사업부제 조직구조

중요한 '전략적 의사결정'strategic decision making에만 전념할 수 있게 된다. 이와 같은 사업부제조직은 결국 관리기능의 전문화라고 볼 수 있다. Williamson이 제기한 사업부제의 효율성을 주장하는 M-form가설multidivisional-form hypothesis은 많은 실증연구를 통해 입증되었다.[6]

　　그림 5-4는 제품별 사업부와 지역별 사업부가 어떻게 구성되어 있는지를 보여 준다. 그림 5-5는 기업구조가 다각화의 진행에 따라 어떻게 변천하는지 그 과정을 보여준다. 즉, 수직축을 제품의 다양성, 그리고 수평축을 지역의 다양성으로 보았을 때, 제품과 지역이 제한되어 있을 때는 기능별 조직으로 충분히 기업활동을 수행할 수 있으나, 판매지역이 다양해지면 지역별 사업부조직으로 바뀌고, 제품의 종류가 많은 경우에는 제품별 사업부조직으로, 제품과 지역 양 측면에서 더욱 다각화된 경우에는 매트릭스조직으로 변화한다. 한편 기능별 조직에서 사업부제조직으로 변화함에 따라서 기업 내의 기획조정실 또는 비서실과 같은 스탭기능이 강화된다. 기획조정실과 같은 스탭조직은 기획, 인사, 세금관계, 법률관계 서비스를 각 사업부에 제공하고, 각각의 사업부의 경영성과를 수집하여 최고경영자의 전략적 의사결정을 돕는다. 이와 같이 사업부제조직이 확립됨에 따라서 기획조정실의 기능이 강화되는 것은 다각화된 조직에 공통적으로 일어나는 현상이다.

　　저자의 연구에 따르면, 한국의 재벌기업은 지금까지 사실상 하나의 큰 사업

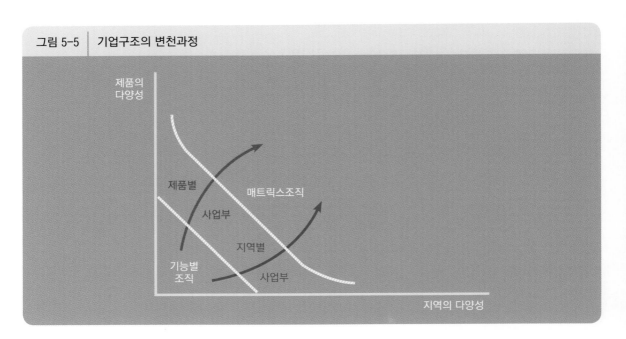

그림 5-5　기업구조의 변천과정

부제조직으로 운영되어왔고, 사실상 최고경영자는 재벌총수였다. 이들을 보좌하는 비서실 또는 그룹기획조정실과 같은 조직은 다각화기업의 전형적인 스탭조직이었다.[7] 예를 들어, 삼성그룹의 주요 계열사, 즉, 삼성전자, 삼성생명과 같은 주요 계열사가 큰 단위의 사업부의 역할을 하고, 삼성전자의 사장은 삼성그룹의 전자부분을 총괄하는 사업부장으로 볼 수 있다. 그러나 삼성전자 내부를 살펴보면 반도체사업부, 가전사업부, 통신사업부와 같이 보다 세분화된 제품별 사업부로 나누어져 있는 것을 알 수 있다. 그리고 삼성전자의 임원들은 이 세분화된 삼성전자 내의 각 사업부서장들로서 반도체사업부, 통신사업부, 가전사업부의 경영을 책임지는 책임경영체제로 되어 있다.

국제화된 사업부제 조직구조

국제사업부제 조직

기업들이 내수시장에 대한 의존을 줄이고 점차 수출을 확대하고 해외직접투자를 통해 국제화가 진전됨에 따라서 이들 기업의 조직구조는 점차 확대되는 국

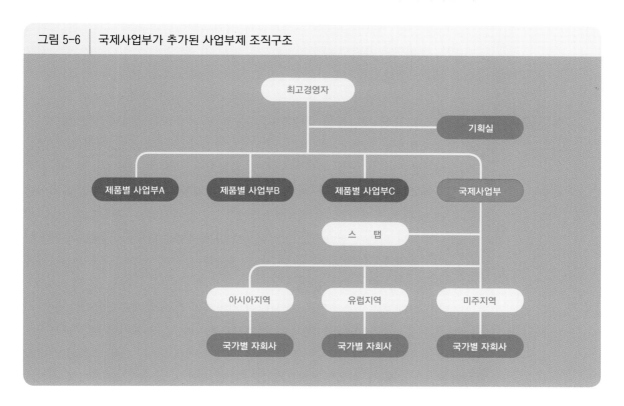

그림 5-6 | 국제사업부가 추가된 사업부제 조직구조

제사업을 반영하도록 조정되어야 한다. 국제사업의 중요성 증대에 대응하여 왔던 방법으로 해외영업부 또는 해외사업부가 기존의 사업부조직에 추가되었다. **그림 5-6**과 같이 기존의 국내제품별 사업부 A, B, C가 존재하였을 경우 기업은 해외영업부나 해외사업부와 같은 새로운 사업부를 설립함으로써 국제업무를 담당하였다. 그리고 해외사업부 안에는 지역별로 아시아태평양지역, 유럽지역, 미주지역과 같이 더 세분화된 부서를 두었다. 이는 국제사업부를 하나 더 추가함으로써 국제화에서 발생하는 조직상의 문제를 해결하는 방식이다.

매트릭스조직

앞에서 살펴본 국제사업부를 덧붙인 사업부제조직은 점차 글로벌화가 심화되는 경영환경에 대한 효과적인 대응방안이 되지 못하였다. 왜냐하면 제품별로 조직된 사업부는 내수생산과 판매에만 관심을 두고 있고, 모든 해외시장은 국제사업부가 관장하기 때문에 개별 제품별 사업부가 갖고 있는 기술을 해외의 생산기지로 이전하는 데 많은 어려움이 있기 때문이다. 또한 해외에 있는 자회사와 국내의 내수사업부간의 기술교류와 자원공유, 신제품 관련기술의 빠른 상품화 측면에서 상당히 많은 문제점을 경험하게 되었다.

이와 같이 기업의 조직이 내수부분과 해외부분으로 분리되는 단점을 보완하기 위해서 미국과 유럽의 다국적기업들은 매트릭스조직matrix structure으로 조직구조를 개편하였다. 미국의 화학업체인 Dow Chemical과 중전기분야의 ABBAsea Brown Boverie는 기업을 크게 두 개의 차원, 즉 제품차원과 지역차원으로서 나누어서 조직에 속한 모든 사람들을 제품과 지역 양쪽 조직에 소속하게 한 매트릭스조직을 시도하였었다. 예를 들어, ABB는 먼저 발전설비, 로봇과 같이 여러 가지 제품별로 사업을 나누고 이를 다시 미주지역, 유럽지역, 아시아태평양지역 등과 같이 여러 지역으로 구분하였었다. 이런 매트릭스조직에 있는 사람들은 제품별·지역별로 각기 다른 상사가 있었다. 즉, ABB에 있는 어떤 관리자는 제품별로는 발전설비를 담당하나 다른 한편으로는 지역적으로 유럽지역을 담당하기 때문에 제품별로는 발전설비와 지역별로는 유럽지역을 담당하는 각기 다른 두 명의 상사에게 보고를 하는 시스템인 것이었다.

다시 말해 매트릭스조직은 한 사람이 지역적인 측면과 제품적인 측면을 동시에 같은 비중으로 관리할 수 있게 하는 조직구조이다. 그러나 위와 같은 매트릭스조직을 취했던 많은 기업들은 얼마 가지 못하여 매트릭스구조를 포기하고 다시 지역별 또는 제품별 사업부조직으로 돌아가게 되었다. 매트릭스조직이 실패하게

Video

Dow Chemical의 조직구조

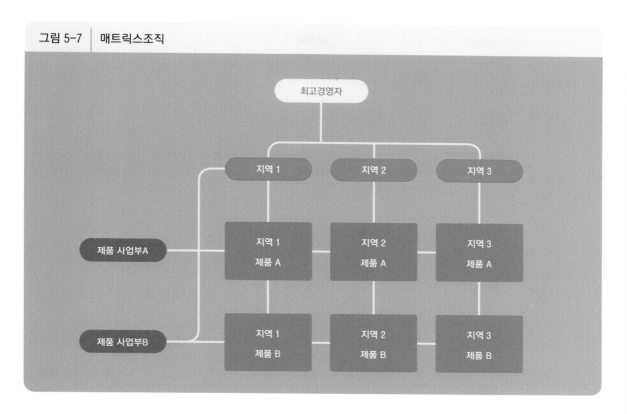

그림 5-7 | 매트릭스조직

된 가장 큰 이유는 매트릭스조직 그 자체가 상당히 혼란스러운 조직이기 때문이다. 특히 두 명의 상급관리자의 지시를 받아야 하는 중간관리층에게 만일 제품별 상급관리자와 지역별 상급관리자의 의견이 서로 상충되는 경우 어느 의견을 따라야 할 것인가는 대단히 혼란스럽다. 기업조직 내의 사람들의 사고가 국제화되어 있지 않은 상태에서 조직구조만 매트릭스조직으로 변화하여 동시에 제품과 지역을 추구하려는 시도는 실패로 돌아갔다.[8]

매트릭스 조직의 실제

글로벌사업부제조직

국제사업부가 별도로 존재하였던 제품별 사업부제조직에서는 내수부문은 제품사업부로, 그리고 해외부문은 국제사업부로 각각 나누어 내수와 해외가 분리된 형태를 취했었다. 그러나 기업들이 매트릭스조직을 버리고 회귀한 글로벌사업부제조직은 **그림 5-8**에서 보는 바와 같이 개별제품별 사업부가 내수사업과 해외사업을 모두 관장하는 형태의 조직이다. 현재 글로벌경쟁을 하고 있는 서구의 다국적기업들의 구조를 살펴보면 대부분의 경우 글로벌제품별 사업부제조직을 갖춘 기업들이 많다. 제품별 사업부가 내수사업만이 아니라 해외영업, 전세계에 대한

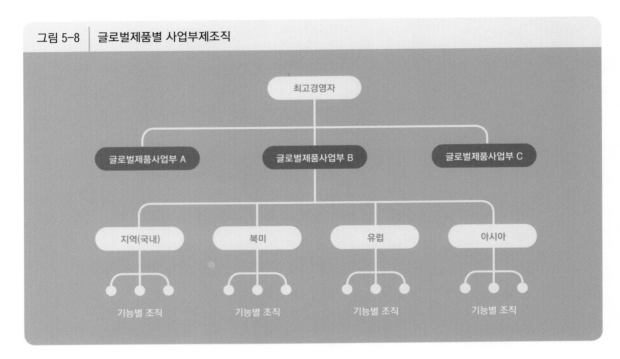

그림 5-8 | 글로벌제품별 사업부제조직

최고경영자

글로벌제품사업부 A 글로벌제품사업부 B 글로벌제품사업부 C

지역(국내) 북미 유럽 아시아

기능별 조직 기능별 조직 기능별 조직 기능별 조직

모든 생산과 판매활동을 함으로써 규모의 경제를 살리고, 제품을 동시다발적으로 많은 시장에 판매하는 등 효율적인 생산체제를 갖출 수 있다는 점에서, 글로벌사업부조직이 다국적기업의 일반적인 조직구조로 자리잡고 있다.

사업부제조직의 운영원리

다각화기업들은 Chandler가 관찰한 바와 같이 사업부제조직으로 변화하였다. 이러한 다각화된 사업부제조직의 여러 가지 관리기법을 가장 많이 개발하고 누구보다도 잘 활용한 기업은 우리가 앞으로 13장에서도 살펴볼 GEGeneral Electric이다.

전략사업단위의 기능

전략사업단위strategic business unit는 GE가 McKinsey컨설팅회사의 자문을 얻어서 만든 제도로 전략계획을 위한 일종의 사업부제 조직구조이다. 전략사업단위란 서로 다른 경쟁전략을 수립할 필요성이 있는 사업부로 정의된다. 즉, 전략사업단위는 독자적인 전략수립이 필요한 사업을 묶은 조직이다. 이와 같이 전략사업단위로 구분하는 것은 다음과 같은 효과를 갖는다. 첫째, 자원배분의 효율성을 높일 수 있다. 전략사업단위로 구성되어 있는 사업부제조직의 개별사업부는 자본조달시 서로 극심한 경쟁관계에 있다. 예를 들어, 한 기업에 5개의 사업부가 존재하는 경우 이들 개별사업부들은 다음 회계연도에 투자할 자금을 확보하기 위해서 다른 사업부와 경쟁을 한다. 기획조정실은 각 전략사업단위의 경쟁력과 시장동향 등을 분석한 결과에 따라 어느 사업부로부터 자금을 조달하여 다른 어느 사업부로 투자를 할 것인지를 결정한다. 따라서 개별사업부들은 다른 사업부들과 경쟁적으로 자금을 더 확보하기 위해서 자신의 경영성과를 높이려는 경쟁을 하게 된다.

둘째, 전략사업부제조직은 책임경영을 추구할 수 있게 된다. 즉, 개별사업부서장들은 사업부의 성과에 대해 전적으로 책임을 진다. 경영성과가 떨어지는 경우 그 사업부서장은 이에 대한 책임을 지고 자신의 보너스가 삭감되는 반면, 높은 성과를 올리게 되면 높은 보너스를 지급받게 된다. 즉, 이러한 사업부제조직은 외부자본시장이 할 수 없는 세세한 면까지 통제를 가할 수 있기 때문에 훨씬 더 책임경영을 추구할 수 있으며, 경영효율을 높일 수 있다. Williamson은 자본배분의 효율성과 책임경영제도가 사업부제조직을 통하여 효율성을 향상시킬 수 있는 근본요인이라고 간파하였다.

기획조정실의 기능

사업부제조직을 운영하는 기업에서 개별사업부를 관장하는 최고경영자와 최고경영자를 보조하는 기획조정실corporate planning office은 다음의 세 가지 주요한 기능을 수행한다.

첫째, 기획조정실은 기업 전체의 사업포트폴리오를 관리한다. 즉, 신규사업의 진출, 기존사업으로부터의 탈퇴, 각각의 사업부로의 자원배분을 결정한다. 제9장에서는 다각화된 기업에서 사업포트폴리오관리를 통하여 기업전체 수준에서 경영자원을 관리하는 방법에 대해 자세히 살펴보기로 한다.

둘째, 기획조정실은 경영전략수립에 많은 도움을 준다. 대부분의 기업수준의 전략은 최고경영자에 의해 수립되고 실행되지만 사업부수준의 전략은 기획조정실과 개별사업부의 사업부서장이 함께 협력하여 수립하고 실행한다. 경영성과가 높은 사업부에 대해서는 기획실의 개입이 비교적 적으나, 손실을 보고 있는 사업부에 대해서는 기획실이 더 깊숙이 관여할 여지가 높아진다. 또한 사업부간의 기술적인 관련성이 많아질수록 상호조정이 필요하기 때문에 기획실에서는 훨씬 더 많은 개입을 하게 된다. 특히 다각화된 기업에서 범위의 경제성을 창출하기 위해서는 사업부간 경영자원의 공유와 기술이전의 촉진을 위해 기획조정실과 같은 본사의 스탭조직이 사업부의 전략수립에 깊숙이 관여할 필요가 있다.

셋째, 기획조정실은 개별사업부의 경영목표의 조정과 경영성과에 대한 평가를 행한다. 특히 다각화된 대기업의 기획실은 각각의 사업부마다 각 분기 또는 당해 연도의 성과목표를 설정하고 사업부장이 정해진 성과를 달성하도록 사업부를 독려하는 체제를 갖추고 있다. 성과목표는 수익률처럼 재무적인 목표일 수도 있고, 시장점유율이나 신제품개발과 같은 전략적인 목표가 될 수도 있다. 이렇게 성과목표를 달성하는 사람에게는 급여인상이나, 보너스, 주식공여와 같은 금전적인 보상이나 승진과 같이 조직상의 지위향상을 제공한다. 이러한 구체적인 목표의 설정과 이 목표를 성공적으로 달성한 사람들에 대한 적절한 보상은 여타의 사람들에게 보다 열심히 일을 하게 하는 유인을 제공한다.

03 ›› 전략목표수립과 성과통제

이번 절에서는 전략목표수립과 성과통제시스템을 살펴본다. 이는 여러 세부부서로 구성되어 있는 조직이 어떻게 통합되어 운영되는가를 결정하는 구체적인 통제와 조정시스템 중 가장 중요한 요소이다. 전략목표와 성과통제는 기업의 공식적인 통제메커니즘인 반면, 다음 절에 살펴볼 기업문화와 리더십은 비공식적인 통제메커니즘에 속한다.

전략목표수립

제2장에서 기업의 목표를 '장기적인 이윤극대화'라고 정의하였다. 이와 같이 기업 전체의 목표를 장기적인 이윤극대화라고 정의하는 데에는 모두 동의하나, 기업세부조직, 즉, 사업부, 군소사업단위, 기능별부서, 팀 등에서 과연 어떻게 자신이 목표를 정할 것인가는 불분명하다. 전략적 통제는 이러한 의문에 대하여 어떻게 기업 전체의 목표, 즉 이윤극대화를 세부조직의 목표로 연결시킬 수 있는가를 의미한다. **그림 5-9**는 기업 전체의 이윤극대화라는 목표가 개별사업단위, 기능

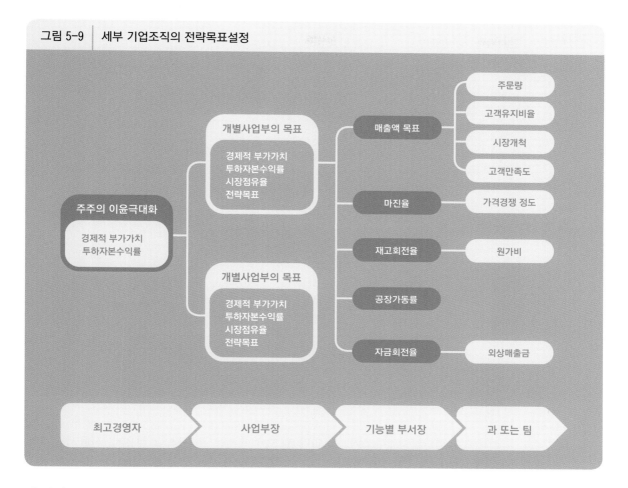

그림 5-9   세부 기업조직의 전략목표설정

별 부서, 또는 팀 단위에서의 전략목표로 해석되는 하나의 예를 보여 준다. 관리회계기법과 컴퓨터프로그램이 발전하여, 이제는 기업 전체의 대차대조표, 손익계산서뿐만 아니라, 주요 사업부 단위의 대차대조표, 손익계산서를 실시간으로 계산할 수 있다.

　기업이 개별사업부의 목표를 정할 때에는 해당 사업부장과 기획실, 그리고 최고경영자가 함께 의논하게 된다. 많은 기업들은 회계연도의 종료에 맞추어 그 다음 회계연도의 경영목표를 수립하고 개별사업부는 월별, 분기별 또는 반 년 단위로 목표와 실제성과를 비교해 본다. 이와 같이 사업부별로 경제적 부가가치, 투하자본수익률 등 수익률지표를 계산하고, 시장점유율과 기타 전략적 목표를 추구하려는 것에 비해 영업부, 생산부, 자금부 등 사업부 내의 기능별 부서는 사업부장이 정한 그 해당 사업부의 목표를 추구하기 위한 보다 구체적인 매출목표, 마진율, 재고회전율, 공장가동률, 자금회전율 등 기능별로 주요 세부목표를 정한다. 이

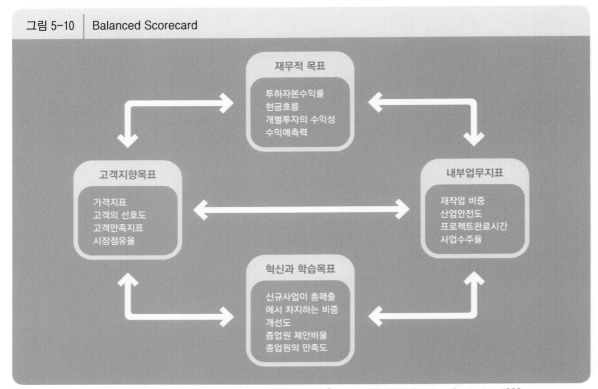

그림 5-10 | Balanced Scorecard

재무적 목표
투하자본수익률
현금흐름
개별투자의 수익성
수익예측력

고객지향목표
가격지표
고객의 선호도
고객만족지표
시장점유율

내부업무지표
재작업 비중
산업안전도
프로젝트완료시간
사업수주율

혁신과 학습목표
신규사업이 총매출에서 차지하는 비중
개선도
종업원 제안비율
종업원의 만족도

출처: R. Kaplan and D. Norton, "Putting the Balanced Scorecard to work," *Harvard Business Review*, September 1993.

보다 더 낮은 세부조직, 즉 과나 팀 단위에서는 주문량, 고객유지, 신규시장개척, 고객만족도, 원가비, 외상매출금 등 보다 세부적인 지표를 관리하게 된다. 그러나 개별사업부의 이윤을 각 사업단위의 목표로 연결함에 있어서 어디까지나 이것이 '장기적'인 이윤극대화를 위한 것임을 명심해야 한다. 단기적으로 손실을 보고 있더라도 계속 투자하면 장기적으로 큰 수익을 얻으리라 기대될 때, 계속적인 투자를 할 수 있는 유인을 제공해 주어야 한다. 앞서 살펴본 Dexter의 사례와 같이 지나치게 단기적인 수익률 목표를 모든 사업부에 동일하게 부과하면, 현재는 수익성이 없으나 만일 지속적인 투자를 한다면 미래에 높은 수익성을 보일 수 있는 사업부에 투자가 이루어지지 않는 폐단이 생길 수 있다.

따라서 최근에는 기업 전체의 이윤극대화와 개별사업단위 또는 기능별 부서의 목표를 연결하기 위하여 Balanced Scorecard라는 이른바 기업의 종합적인 성적표의 개념이 도입되기도 하였다. Kaplan과 Norton은 회계적인 업적평가의 단점을 보완하고 개별세부부서에서의 목표를 지정해 주기 위하여 다음과 같은 질문에 답을 줄 수 있는 여러 가지 성과지표를 제시하였다.[9]

Video

Balanced Scorecard

1. 우리 회사가 주주에게 어떻게 보일 것인가? 이 질문에 답하기 위하여는 현금 흐름, 수익성지표 등과 같은 재무적인 지표가 필요하다.

2. 고객들은 우리를 어떻게 볼 것인가? 고객의 관점에서 파악하기 위하여는 고객의 만족도, 불량률 등을 고려해야 한다.

3. 우리가 어떤 점에서 남보다 우수할 수가 있는가? 이는 기업내부적인 업무프로세스상의 생산성, 노동숙련도, 생산비용 등 여러 가지 기능별 척도를 포함한다.

4. 우리가 계속적으로 개선을 하고 성장할 수 있는가? 이는 기술혁신과 학습을 통한 신제품개발, 기술적 우위 등에 대한 성과지표를 요구한다.

그림 5-10은 Rockwater라는 회사의 Balanced Scorecard의 예를 보여 준다. 이 기업의 관리자들은 이러한 Balanced Scorecard를 갖고 지나치게 단기적인 이윤극대화를 지양하며 기업의 장기적인 목표를 전 직원에게 알리는 데 성공하였다고 한다.

성과통제

성공적인 경영전략을 위해서는 개별사업부에 충분한 권한을 이양하고 그들의 성과에 대하여 충분한 보상과 제재를 하여야 한다. 그러나 전략사업부의 운영에서 발생하는 가장 중요한 문제 중 하나는 개별사업부들의 성과를 과연 어떻게 측정할 것이며, 또 그 성과에 따른 인센티브시스템을 어떻게 고안해 내야 할 것인가 하는 점이다.

Dexter사의 사례는 기업들이 성과에 대한 인센티브제도를 채택하면서 나타날 수 있는 가장 큰 문제를 보여 준다. 즉, 개별사업의 특성을 고려하지 않은 채 단기적인 수익성으로만 사업성과를 측정하기 때문에, 단기적으로는 수익성이 악화되나 장기적으로 기업의 경쟁력 강화에 도움을 줄 수 있는 투자를 피하게 된다는 사례를 보여 준다. 이 사례는 각 사업부의 성격에 따라서 각기 다른 인센티브제도를 도입하는 것이 사업부의 성과를 높인다는 사실을 보여 준다.

Stonich는 기업들이 사업부의 경영성과를 측정하는 세 가지 주요 방법을 제시하였다.[10] 첫째로는 여러 경영성과지표를 제시하고 이에 가중치를 주는 가중평가방법weighted factor method이며, 둘째로는 예산할당budget과 상황에 따른 조정contingency plan을 동시에 사용하는 방법이다. 셋째, 스톡옵션stock option을 줌으

표 5-2	가중치에 의한 성과측정방법의 한 예

사업단위의 유형	성과지표	가 중 치
고 성 장	수 익 률	10%
	현금흐름	0%
	전략기금계획	45%
	시장점유율 증가	45%
		100%
중 성 장	수 익 률	25%
	현금흐름	25%
	전략기금계획	25%
	시장점유율 증가	25%
		100%
저 성 장	수 익 률	50%
	현금흐름	50%
	전략기금계획	0%
	시장점유율 증가	0%
		100%

출처: P. Stonich, "Using Rewards in Implementing Strategy," *Strategic Management Journal*, 1981.

로써 기업의 장기적인 이윤극대화에 노력하게 하는 방법이다.

먼저 가중평가방법weighted factor method은 기업의 여러 사업부의 성장성을 그 정도에 따라서 고성장, 중성장, 저성장으로 규정하고, 각 사업부마다 여러 성과지표에 각기 다른 가중치를 부여하는 방법이다. 예를 들어 **표 5-2**와 같이 사업의 성과측정지표 중 수익률, 현금흐름, 전략기금계획, 시장점유율 증가와 같은 4개의 지표를 제시하고 사업의 성격에 따라 이들의 가중치를 달리한다. 구체적으로 고성장사업부문에서는 시장점유율증가와 전략기금계획strategic fund program에 많은 가중치를 주어 그 업적을 평가하고, 저성장사업분야에서는 수익률과 현금흐름cash flow의 두 가지에 치중하여 업적을 평가한다. '전략기금계획'이란 미래지향적인 전략적 계획을 얼마만큼 추진해 왔는가 하는 주관적인 척도로서 최고경영자가 평가한다. 신제품개발이나 신시장개척, 새로운 마케팅캠페인의 성과 등이 이러한 전략기금계획의 예이다. 그리고 성장률이 중간 정도인 사업에서는 수익률, 현금흐름, 전략기금계획, 시장점유율의 증가에 비슷한 가중치를 부여한다. 이처럼 각 사업의 성격에 따라서 각기 다른 비중의 성과지표를 제시함으로써 사업부들이 지나치게 편협하고 단기적인 시각을 갖게 되는 것을 사전에 방지할 수 있다.

Dexter의 사례로부터의 교훈은 기업들이 모든 전략사업부의 성과를 자기자본수익률과 같은 단기적인 수익성에 따라서 일률적으로 평가하면 많은 문제가 발생한다는 것이다. Dexter에서 고성장사업에 투자를 못했던 이유는 너무 넓게 정의된 사업부 전체의 단기적인 성과에 따라 성과급이 결정되었기 때문이다. 5개의 사업부 안에 있는 성격이 다른 사업단위, 즉 성장률이 높으나 현재 손실을 보고 있는 반도체용 파우더에 투자를 덜 하게 되었고, 성장률은 낮으나 현재 높은 수익률을 보이고 있는 액체코팅이나 코팅파우더사업부에 필요 이상의 투자가 집중되었다. 이 사업부 자체가 장기적으로 높은 수익을 얻으려면 현재 높은 수익을 내고 있는 성숙된 사업단위인 액체코팅과 코팅용 파우더사업단위에서 얻고 있는 수익으로 앞으로 높은 성장이 예상되는 반도체용 몰딩파우더에 투자를 하여야 한다. 이와 같은 사업포트폴리오관리에 대해서는 제9장에서 보다 자세히 다루고자 한다.

한편, 가중평가방법은 개별회사의 경영이념과 사업부의 성격에 따라서 매우 다양하게 변형된 형태가 있을 수 있다. 기업문화와 사업부의 성격을 잘 이해한 다음, 사업부의 관리자들이 모두 공감할 수 있도록 그 사업부의 단기 및 장기 성과를 공정히 평가할 수 있는 평가지표를 마련해 주어야 사업부제가 보다 성공적으로 운영될 수 있다.

사업부의 경영성과를 평가하는 또 한 가지 방법은 매년 적절한 경영성과목표를 할당하는 방법, 즉, 목표예산할당budget process방법이다. 이는 각각의 사업부마다 매년 수익률의 증가목표, 시장점유율의 증가목표, 매출액의 증가목표와 같은 여러 가지 성과목표를 지정하여 주고 각 사업부의 책임자가 이 목표를 달성하도록 독려하는 방법이다. 이러한 목표예산할당에는 적절한 목표를 제시하는 것이 중요하다. 만일 경영성과목표budget가 너무 높게 책정되어 있으면 사업부들은 이를 달성하고자 하는 노력을 포기할 것이고 반대로 경영성과목표가 너무 낮게 책정되어 있으면 인센티브의 의미가 없어진다. 즉, 각 사업부마다 열심히 노력하였을 때 달성할 수 있는 목표를 적절하게 할당하여야지만 개별사업부는 자신에게 할당된 목표를 달성하기 위하여 전력투구하게 된다.

이러한 목표예산할당제도budget process는 대체로 기획조정실에 있는 스탭과 개별사업부의 사업부서장간에 매년의 시장과 산업의 동향에 대한 예측을 토대로 수립된다. 주어진 목표 이상으로 초과달성을 하면 해당 사업부는 높은 성과급을 지급받게 되고, 주어진 목표를 달성하지 못하였을 때는 낮은 성과급을 지급받게 되는 인센티브를 제공해 준다. 때로는 이런 성과목표할당을 작성할 당시 외부경영환경의 변화에 대비하여 조정안contingency plan을 만들 수도 있다. 예를 들어, 환율이 다음해에 인상되거나 또는 인하되는 경우를 대비하여 각기 다른 목표예산을 준비하거나, 제품가격이 5% 인하하거나 20% 이상으로 폭락하는 경우에 대비하여 각각 다른 목표예산을 만들 수 있다.

이같이 예상할 수 없는 시장환경의 변화에 따라서 예산할당제도를 훨씬 더 유연하게 조정할 수 있게 하는 조정안도 실제 많이 사용되고 있다. 셋째, 스톡옵션stock option을 공여하는 것은 종업원에게 기업의 장기적인 이윤극대화를 위하여 노력하게 하는 인센티브를 제공한다. 이미 한국기업에도 도입되고 있는 이 제도는 경영자들에게 주식옵션을 제공하여, 증권가격이 일정 수준 이상 상승하였을 때만 그 옵션을 행사하여 주식을 낮은 가격으로 구매하도록 허용한다. 따라서 경영자는 주식가격을 높이려고 많은 노력을 기울이게 된다.

04 ›› 기업문화와 리더십

기업문화

앞에서 살펴본 기업의 세부조직별 목표수립과 성과통제는 기업이 공식적인 프로세스를 통하여 전략과 기업의 내부환경을 일치시키는 과정이라고 볼 수 있다. 그러나 본 절에서 살펴볼 기업문화와 리더십은 비공식적인 통제메커니즘이다. 기업문화corporate culture란 조직의 구성원들이 공통적으로 갖고 있는 가치관과 업무를 수행하는 규범들을 말한다. 신유근은 한국기업문화의 공통적인 특징으로 인간중심의 가부장적인 기업문화, 명분주의와 집단주의에 의한 행동방식, 상하간의 위계질서를 파악하였다.[11] 이와 같은 기업문화는 기업이 종업원, 노동조합, 주주, 납품업자, 지역사회와 어떠한 관계를 맺을 것인가를 결정한다. 기업문화의 주요 요소인 관행과 가치체계는 기업의 창시자 또는 최고경영자에 의해 만들어지고 유지·보수된다. 즉 조직에 있는 구성원들은 공통적으로 가지고 있는 가치체계와 관행들을 유지하며, 신규로 이 조직에 참여하는 사람들에게 이러한 기업문화를 주입시켜서, 일부 구성원들이 조직을 떠나게 되더라도 기업문화가 존속되게 하는 특징이 있다. 기업이 전략을 성공적으로 수행하기 위하여는 그 기업이 선

Video

넷플릭스의 기업문화

택한 전략과 그 기업의 문화가 서로 일치하여야 한다. Barney는 명시적으로 기업
문화가 경쟁우위의 근본이 될 수 있다고 주장하였다.[12] Kotter와 Heskett 역시 기
업문화와 기업의 전략이 일치할수록 그 기업의 종업원들이 전략수행을 더욱 효율
적으로 할 수 있다고 주장하였다.[13] 이와 같은 관계에 비춰 볼 때 최고경영자의
가장 중요한 임무 중의 하나는 기업이 추구하는 경영전략을 그 기업만의 독특한
기업문화에 맞추어 추진하는 것이다. 만일 어떤 전략이 기존의 기업문화와 배치
되는 전략이라면 이러한 전략을 효과적으로 수행하기 위하여 기업문화의 일부 요
소를 바꾸어야 할 필요성도 있다.

☼ 리 더 십

비전제시 및 변화의 주역

최고경영자의 리더십은 기업문화의 유지와 창출, 그리고 새로운 전략에 맞추
어 기업문화를 변화시키는 데 중요한 역할을 한다. 최고경영자가 수행하는 중요
한 역할 중의 하나는 대대적인 문화적 변혁을 주도하여야 한다는 것이다. 조직에
게는 지금까지 그 조직이 수행하였던 운영방법과 가치관을 계속적으로 유지하려
고 하는 관성inertia이 존재한다. 조직이 지금까지 수행했던 전략을 버리고 새로운
전략을 추구하는 것은 근본적으로 매우 어려운 일이다. 많은 경우 조직구성원은
자발적으로 조직을 변화시키고 스스로 변화를 추구하기가 매우 어려운 처지에 있
다. 따라서 이러한 변화를 추구할 수 있는 사람이 최고경영자밖에 없는 경우가 많
다. 최고경영자는 조직구성원들로 하여금 좋은 아이디어를 찾게 하고 그들에게 동
기를 유발시켜 줄 수 있다. 또한 새로운 가치관을 정립시켜 줄 수도 있고 기업이 나
아가야 할 비전을 제시하여 주기도 한다. 또한 최고경영자는 그 조직 구성원으로
하여금 창의적인 생각을 하도록 변화의 주도자champion의 역할을 할 수 있다.[14]

정치적 협상

최고경영자는 내부정치internal politics를 수행한다. 최고경영자는 정치적인 감
각이 있어야 하고, 정치적으로 협상을 하고 타결점을 찾는 데 능숙하여야 한다. 기
업조직이 일사분란한 조직일 수는 없다. 조직 내에는 학연, 지연 등의 이해관계가
얽힌 여러 개의 그룹들이 공존한다. 각 그룹들은 자신의 이익을 보호하기 위해서
많은 정치적인 행동을 한다. 예를 들어, 노동자들의 이해를 대변하는 노동조합과

Organizational Politics

경영자들의 대립은 정치적인 양상을 띠고 있으며 같은 경영층에서도 영업부 관리조직과 생산부 관리조직 사이에서도 미묘한 역학관계가 존재한다. 개별사업부들도 때로는 상호견제와 경계를 하는 등 기업조직 내의 수많은 집단들은 자신의 그룹의 이익을 증진시키기 위해서 때로는 정치적인 담합이나 협상을 통하여 기업의 의사결정에 큰 영향을 미친다. 따라서, 전략을 수행하기 위해서는 기업내부의 정치적인 역학관계를 충분히 고려하여 조직구조와 개별부서장의 임명을 결정해야 한다.

Quinn의 연구는 기업조직 내의 여러 세력이 자신의 이익을 증진시키기 위해서 얼마나 치열하게 정치적으로 흥정을 하고 있으며 이러한 내부정치를 막기 위한 기업의 구조개편에 대하여 이들이 어떻게 저항하는가를 실제 사례를 중심으로 보여 준다.[15] 특히 전략의 수립과 실행에서 기업내부의 정치적 역학관계가 중요한 이유는 새로운 전략을 추진함에 따라 내부의 힘의 균형이 깨지기 때문이다. 즉, 과거의 기업이 추진하고 있던 전략을 수행하고 있던 사람들은 새로운 전략의 도입으로 자신의 세력이 약해질까 걱정되어 그 새로운 전략수행에 협조를 하지 않거나 심지어는 방해할 수도 있다. 오히려 새로운 전략을 통해서 기업의 성과가 증대되면 그들에게도 도움이 된다는 것을 설득하고 이해시킴으로써 내부갈등을 잠재울 수 있다.

최고경영자의 임무는 이와 같은 기업조직 내의 정치적 갈등을 되도록이면 잠재우고 내부의 정치적 역학관계를 효과적으로 통제하여 경영전략의 수행에 장애가 되지 않도록 조정하는 일이다. GE의 Jack Welch는 기업 내부에서 정치적인 문제를 없애기 위해 근본적으로 관리자들을 바쁘게 만들었다고 한다. Jack Welch에 따르면 바쁜 관리자가 더 효과적인 관리자가 될 수 있다는 것이다. 즉 자기가 수행할 업무가 많은 관리자는 사소한 문제에 매달리지 않고 대부분을 하급자에게 권한을 위임하고 자신은 주요한 의사결정에만 참여한다. 그 결과 내부정치문제에 쏟을 수 있는 시간을 줄임으로써 궁극적으로 내부의 정치문제를 없애는 것이다.

기업윤리의 강조

최고경영자가 수행하는 주요한 업무 중의 하나는 기업윤리를 강조하는 것이다. 높은 윤리적인 기준을 갖고 있는 조직은 대부분 최고경영자들이 공개적으로 윤리적인 행동이나 도덕적인 활동을 강조하는 경우가 많다. 기업들은 또한 윤리적인 기준을 유지하기 위해서 윤리강령code of conduct을 제시하여 종업원들에게 이런 윤리적인 행동의 필요성을 강조할 필요가 있다. 또한 최근 환경문제가 대두됨에 따라서 기업들이 공해방지를 위해서 노력할 것과 종업원들에 대한 근로조건

개선과 같은 면에도 신경을 쓰고 있다. 이와 같은 기업 전체의 윤리도덕적인 성격의 강화는 최고경영자가 기업조직 전체에 대하여 명확한 기준을 마련하여 주지 않으면 효과적으로 수행할 수 없다.

05 ›› 결론 및 요약

본 장에서는 기업의 조직구조와 성과측정, 기업문화와 리더십과 같은 내부환경이 전략의 수립과 실행에 미치는 영향을 살펴보았다. 본 장의 서두에 살펴본 Dexter의 사례는 기업이 사업부를 지나치게 넓게 정의하고, 개별사업의 성격을 무시한 채 획일적으로 단기수익률에 입각한 성과급제도를 시행한 결과, 성장사업에 저투자를 하게 하고 그 결과 계속 시장을 잠식당하게 되었던 경우를 보여 준다. 본 장에서 살펴본 기업의 구조는 개별기업의 제품별 다각화, 해외사업의 중요도에 따라 여러 형태로 나타날 수 있다. 그러나 대기업에서 흔히 볼 수 있는 기업조직은 사업부제조직이다. 사업부제조직의 장점은 분권화에 의해 의사결정의 효율성을 높이고, 책임경영을 추구하는 데 있다. 또한, 기획조정실은 사업부운영을 감독하고 최고경영자를 보좌하는 역할을 수행한다. 한편, 사업부의 경영성과를 평가하고 그에 상응하는 성과급을 지급하는 데에는 많은 실제적인 어려움이 존재한다. 그러나 분권화와 책임경영을 추구하는 사업부제조직은 앞으로 경쟁이 더욱 치열해짐에 따라 보다 철저히 시행되리라 기대된다.

Video

삼성물산 소개 영상

사례

case

삼성물산의 사업부제조직[16]

삼성물산의 역사는 한국기업의 역사라고 해도 과언이 아니다. 삼성물산은 삼성그룹의 창립자인 고 이병철 회장이 1938년 설립한 삼성상회가 그 모체이다. 삼성물산은 무역업을 토대로 출범하여, 1975년에는 종합무역상사로 최초로 지정되어 한국의 수출드라이브전략을 주도하여 왔다. **그림 5-11**은 삼성물산의 매출 및 손익을 보여주고 있다. 이 그림에서 삼성물산의 매출이 2003년부터 크게 감소한 것은 과거 대행수출 총액을 매출로 계상하여 왔다가 수수료만 매출로 계상하게 된 회계기준의 변화 때문이다.

삼성물산은 1995년에는 삼성건설을 합병하여, 건설과 무역부문의 시너지창출을 도모하였다. 삼성물산의 건설부문은 대규모 토목공사, 플랜트수출, 원자력발전소 건설 등의 프로젝트를 수행중이며, 말레이시아에서는 당시 세계에서 가장 높았던 Petronas Tower를 건설한 바 있다. 주택부문은 '래미안'이라는 브랜드의 아파트를 공급하며, 재건축·재개발 등 주택수주사업에서 국내 최고의 시장점유율을 자랑하고 있다. 또한 과거 삼성물산은 유통업에 진출하여 외국기업이 본격적으로 진출하는 신업태인 할인매장과 하이퍼스토어사업에도 진출하였었고, 인터넷사업도 적극적으로 추진하였다.

이와 같은 다각화의 결과, 삼성물산의 매출과 당기순이익 등은 크게 성장하였으나, 다양한 사업을 가진 거대조직을 어떻게 효율적으로 관리할 수 있을 것인가의 문제가 항상 제기되어 왔다. 특히, 경제적 부가가치economic value added의 개념이 확산되면서 삼성물산의 경영성과를 살펴본 결과, 당기순이익은 흑자가 나오고 있었으나 자본비용을 고려한 경제적 부가가치는 수년 동안 수백억 이상의 적자를 기록하고 있었다는 놀라운 사실에

접하게 되었다. 삼성물산은 이와 같은 문제점에 직면하면서 삼성물산은 1999년부터 대대적인 구조조직개편과 아울러 성과급제를 실시하게 되었다.

먼저 삼성물산은 기존의 상사, 건설, 주택개발, 유통, 인터넷 등 5개 부문으로 구성된 대규모 사업부조직을 보다 자세히 구분된 40개의 사업유니트unit로 재편성하였다. 과거의 사업부와 새로운 사업유니트는 부여되는 권한과 책임에서 큰 차이가 있었다. 삼성물산이 기존에 실시하던 사업부제 조직은 사업부장에게 인력, 경비, 자금 등에 관한 주요한 권한이 주어져 있지 않았고, 보상체계가 명확하지 않았다. 또한, 해외경비와 지원부서의 경비를 명확하게 규명하지 않고, 과거에 누적된 부실과 당해 연도의 성과가 혼재하여, 손익관리역시 투명하지 않았다. 또한 조직설계에 있어서도 사업의 성격보다는 사람위주의 조직을 운영하였고 온정주의적 인사관리로 많은 비효율성이 파생되었음을 알게 되었다. 특히, 과거에는 사업부장을 임원만이 할 수 있었기 때문에 사업부의 숫자

그림 5-11   삼성물산의 매출과 영업이익 추이   (단위: 조원)

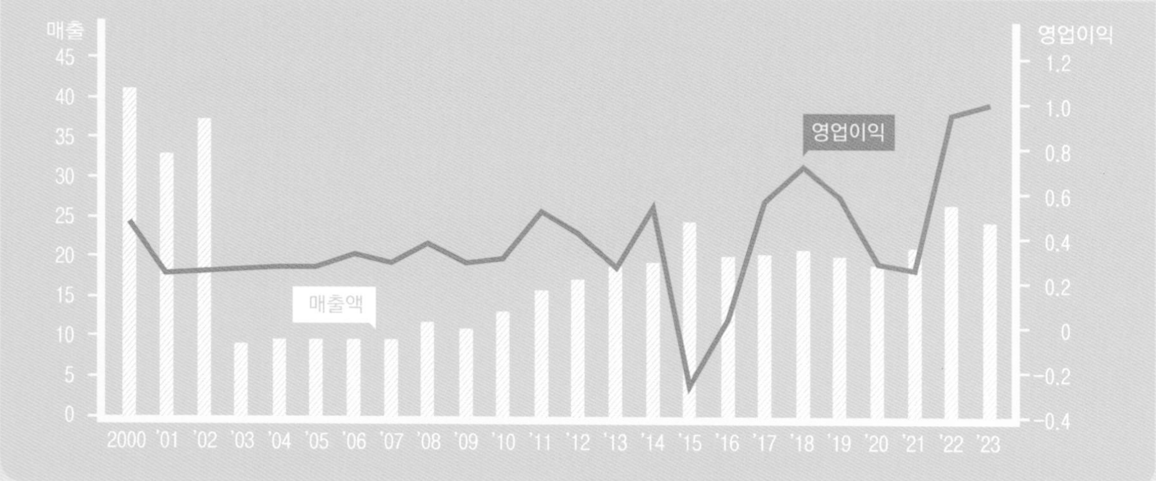

출처: 삼성물산 연차보고서.

를 임원수로 제한하였던 것에 비하여, 새로이 조직되는 사업유니트는 임원이 아닌 경우에도 부서장을 맡을 수 있게 하여 조직을 보다 자세히 구분할 수 있게 되었다.

삼성물산의 사업유니트제는 개별사업유니트가 독자적인 대차대조표와 손익계산서를 갖는 별도의 회사와 유사한 조직이었다. 삼성물산의 최고경영자는 마치 지주회사holding company의 본사와 같이 개별사업유니트의 경영자를 임명하고, 자본금을 투자한다. 한편, 사업유니트장은 직원채용과 인력배치, 평가, 보상, 승진에 대한 모든 인사권을 행사하고, 본사가 정해준 한도 이내의 자본투자 및 영업에 대한 모든 자율권을 행사할 수 있다. 보다 구체적으로 사업유니트장은 매년 본사의 최고경영자와 면담을 통하여 자신의 사업유니트의 사업계획을 설명하고 자신의 사업유니트가 필요한 자본을 조달받고, 투자가능한 자금의 한도와 자신이 필요한 인력을 스스로 결정한다. 또한 사업유니트장은 자신의 판단에 의하여, 자신의 사업유니트 내의 여러 소규모 사업단위를 서브유니트sub-unit로 나누고 서브유니트장을 자신이 임명한다.

이와 같이 자신의 사업에 대한 절대적인 권한을 위양받아 한 해의 사업을 운영하는 사업유니트는 당해 연도의 자신의 매출에서 매출원가와 직접비자신의 사업유니트에 소속한 직원의 인건비 포함와 보유자산의 평가충당금을 제하고, 영업간접비, 해외경비, 운전자금이자, 영업지원경비, 영업외수지와 관계자회사의 손익을 고려한 한계이익을 산정하게 된다. 이 한계이익에서 본사가 제공한 자본금에 대한 배당, 각종 법인세 부담금을 제외한 나머지 처분가능이익의 일부를 투자와 부실정리를 위

한 적립액으로 정하고 그 나머지 모두를 당해 연도 그 사업유니트의 직원에게 성과인센티브로 배분하게 되는 것이다. 구체적으로 집단성과급에는 PIProductivity incentive와 PSProfit sharing가 있으며, PI는 경영목표달성도에 따라 반기별로 지급하며, PS는 경영성과를 일정지표를 통해 이익목표를 초과한 부분을 연 1회 직원들에게 배분한다.

이와 같은 삼성물산의 사업유니트제는 마치 본사가 은행과 같은 역할을 하고 개별 사업유니트는 독자적으로 운영하는 회사처럼 조직된 체제이다. 즉, 본사가 제공한 자본금을 토대로 자신의 사업유니트의 직원의 월급을 주고, 본사의 스탭조직에는 마치 서비스용역에 대한 대가처럼 간접비를 부담하며, 각종 부실채권이나 재고 역시 매년 재평가하여 평가충당금의 형식으로 회계에 반영하고, 자본금에 대해 배당을 지급하며 법인세부담, 투자 및 부실정리를 위한 적립금을 제외한 나머지를 모든 사업유니트의 직원이 공유하는 시스템이다. 한편, 사업유니트 내에 있는 직원은 개개인에 대한 실적평가를 통해, Excellent, Need to Improve 등의 4등급에 따른 개인적 성과급을 지급받는다.

실제로 삼성물산에서는 이러한 사업유니트제도를 시행하게 되자 많은 변화가 있었다. 과거에는 개별사업부가 가능하면 많은 인력을 자신의 사업부에 배정받기 위해 인사과에 청탁을 하곤 했었다. 인력에 대한 비용을 사업부가 지불하지 않기 때문에 더 많은 인력이 배치될수록 더욱 좋기 때문이었다. 그러나 이러한 새로운 제도가 시행됨에 따라, 개별 사업유니트들 사이에서는 오히려 신규인력을 받지 않으려는 풍조가 생겨났다고 한다. 인력을 많이 받을수록 자신의 직접비용이 증가하

고 따라서 실적배당이 작아지기 때문이었다.

그러나 회사 한편에서는 새로운 사업유니트 제도에 대한 비판도 일었다. 먼저, 이와 같이 모든 사업유니트에 공통적으로 단기적인 경영성과에 의한 평가를 실시하게 되면 장기적인 투자가 이루어지지 않는다는 비판이 제기되고 있다. 특히, 40개 사업유니트 안의 많은 서브유니트 중에는 현재는 손실을 보게 되나 장기적인 투자를 요하는 성장사업이 있을 수 있었다. 업적평가가 개별사업유니트별로 이루어지므로 이들 성장사업에 대해 투자가 이루어지지 않을 가능성이 높다는 지적이었다. 이에 대해, 삼성물산은 전략적 투자를 요하는 사업유니트는 최고경영자가 별도로 평가한다는 정책을 세워놓고 있다. 둘째, 이와 같은 사업부제로 나타날 수 있는 단점 중의 하나는 개별사업유니트가 서로 경쟁적이 되어 사업유니트간의 시너지 창출이 어렵다는 점이다. 특히 여러 사업유니트가 보유하는 경영자원을 공유하여 새로운 사업기회를 추구할 때, 개별사업유니트가 이에 적극적으로 협조할 수 있을 것인가의 문제가 제기되었다. 이에 대해, 삼성물산은 상사부문에 있는 같은 산업에 있는 여러 개의 사업유니트들을 묶은 디비전컴퍼니Division Company를 만들었다. 이로써 동종산업 내의 사업유니트간의 시너지 창출을 보다 용이하게 하고 있다. 삼성물산의 사업유니트제는 분권화와 책임경영이라는 목표를 달성하기 위하여 사업부제조직을 철저하게 시행하려는 시도였다.

삼성물산은 2006년 11월 유통사업과 인터넷 쇼핑몰사업부문을 애경그룹에 5,000억 원에 매각하였다. 1997년 분당에 문을 연 이후 삼성물산의 삼성플라자는 매출과 이익 측면에서 높은 성과를 보여 왔으나, 신세계, 롯데, 현대백화점이 막대한 자금과 입지우위를 기반으로 빠른 속도로 점포를 늘려가는 상황에서 삼성물산의 자금과 인력만으로는 경쟁적으로 점포를 늘리는 것이 불가능하다고 깨달았다. 삼성물산은 또한 영국 Tesco와 합작 투자를 하였던 홈플러스의 지분도 2011년까지 모두 매각하였다. 이와 같이 유통부문에 대한 과감한 매각과 사업구조조정은 삼성물산이 그동안 추진해 온 사업부제조직과 성과급제가 없이는 불가능하였을 것이다.

한편 삼성물산은 2015년 9월 제일모직에 합병됨으로써 사업구조에 큰 변화를 맞이했다. 한국 최초의 종합상사인 삼성물산은 합병으로 인해 소멸하고, 합병 이후 제일모직이 삼성물산으로 사명을 변경하게 된 것이다. 제일모직은 2014년 삼성에버랜드와 합병하여 삼성그룹의 지주회사 역할을 하고 있었다. 따라서 합병 이후 삼성물산은 기존의 건설 및 상사 부문과 함께 과거 삼성에버랜드가 수행하던 지주회사의 역할 및 레저사업, 그리고 제일모직의 패션사업 등을 총괄하게 되었다.

따라서 삼성물산은 전체 사업군을 건설부문, 상사부문, 패션부문, 리조트부문의 4개로 수정하고, 기업의 비전을 "Global Business Partner & Lifestyle Innovator"로 수정하여 토탈라이프서비스를 제공하는 글로벌 가치창조기업으로 재정의하였다. 삼성물산의 건설부문은 건축, 토목, 플랜트, 주택, 개발사업을 영위하고 있고, 높은 기술력이 필요한 고층빌딩, 교량, 발전사업, 철도사업 등에 역량을 집중할 계획이다. 상사부문은 화학소재, 철강제품, 자원 등의 산업소재를 중심으로 한 트레이딩 사업과 발전플랜트, 신재생에너지, 인프라투자 등 오거나이징 사업을 수행한다. 패션부문은 빈폴, 갤럭시 등의 대표브랜드를 중심으로 경쟁력을 강화해 나간다는 전략이다. 리조트부문은 에버랜드라는 강력한 브랜드로 유락시설 및 골프장을 운영하고 있다. 합병 직후인 2015년, 건설부문의 국내 석탄발전 프로젝트 수행 과정에서 원가 증가 등으로 일시적인 손실이 발생하여 영업이익이 하락하였으나, 이후에는 4개 부문 모두에서 꾸준한 성장세를 기록하고 있다.

또한 그룹 차원의 전사전략을 수립하던 미래전략실이 2017년 해체되면서 2018년 삼성물산 내에 'EPC경쟁력강화태스크포스EPC T/F'가 신설되었다. EPC는 설계Engineering, 조달Procurement, 시공 Construction의 약어로, 삼성그룹 내에서 해당 사업

들을 수행하는 삼성물산, 삼성중공업, 삼성엔지니어링 등의 EPC사업을 조율하는 것을 의미한다. 이로써 삼성물산은 비전자 계열사의 전략과 인사 등을 총괄하는 지주회사 역할까지 하게 되었다. 향후 어떻게 삼성물산, 삼성엔지니어링, 삼성중공업의 사업영역을 조율할 것인가가 현안과제이다. 삼성물산이 그동안 쌓아온 사업부제조직의 노하우로 패션·리조트와 같은 다양한 비관련사업부문들을 효과적으로 관리할 수 있을까? 사실상 그룹의 지주회사 역할을 하는 삼성물산은 그룹 차원의 사업포트폴리오 관리를 어떻게 효율적으로 수행할 수 있을까?

삼성물산과 제일모직의 합병

토 의 과 제

01 삼성물산이 새로운 사업유니트제로 전환을 시도한 이유에 대하여 논의하시오.

02 사업유니트제를 비롯한 사업부제 조직이 가진 장점과 단점을 논의하고, 만일 단점이 있다면 그러한 문제점을 어떻게 극복할 수 있는지 논하시오.

03 한국의 경영환경에 맞는 사업부제조직의 운영방법에 대해 논의하시오.

SAMSUNG

삼성물산의 홈페이지
www.samsungcnt.co.kr

참고문헌

R e f e r e n c e

1 본 사례는 Balaji Chakravathy and Peter Lorange, "Dexter Corporation," *Strategy Process*, Prentice Hall, 1987과 Rodrick White and Richard Hamermesh, "Dexter Corporation," Harvard Business School Case 9-379-112를 참조하여 작성되었다.

2 J. L. Bourgeois, "Strategic Management and Determinism," *Academy of Management Review*, 1984.

3 Herbert Simon, *Administrative Behavior*, The Free Press, 1947.

4 Alfred D. Chandler, *Strategy and Structure*, Cambrige: MIT Press, 1962; A. D. Chandler, *The Visible Hand: The Managerial Revolution in American Business*, Cambrige: Harvard University Press and Belknap Press, 1977.

5 Oliver E. Williamson, *Markets and Hierarchies: Analysis and Antitrust Implications*, New York: Free Press, 1975; Oliver E. Williamson, "The Modern Corporation: Origins, Evolution, Attributes," *Journal of Economic Literature*, 19, 1981, pp. 1537~1568.

6 Peter Steer and John Cable, "Internal Organization and Profit: An Empirical Analysis of Large UK Companies," *Journal of Industrial Economics*, 21, September 1978, pp. 13~30; Henry Armour and David Teece, "Organizational Structure and Economic Performance: A Test of the Multidivisional Hypothesis," Bell Journal of Economics, 9, 1978, pp. 106~122; David Teece, "Internal Organization and Economic Performance," *Journal of Industrial Economics*, 30, 1981, pp. 173~199.

7 Sea Jin Chang and Unghwan Choi, "Strategy, Structure, Performance of Korean Business Group," *Journal of Industrial Economics*, December 1988.

8 Christopher Bartlett and Sumantra Ghoshal, "Matrix, Not a Structure but a Frame of Mind," *Harvard Business Review*, July-August, 1990.

9 Robert Kaplan and David Norton, "Putting the Balanced Scorecard to Work," *Harvard Business Review*, September-October 1993, pp. 134~149.

10 Paul Stonich, "Using Rewards in Implementing Strategy," *Strategic Management Journal*, 1981.

11 신유근, 「한국의 경영」, 박영사, 제3편 참조.

12 Jay Barney, "Organizational Culture: Can It Be a Source of Sustained Competitive Advantage?" *Academy of Management Review*, 1986, pp. 656~665.

13 John Kotter and James Heskett, *Corporate Culture and Performance*, New York: Free Press, 1992.

14 Thomas Peters and Robert Waterman, Jr., *In Search of Excellence*, New York: Harper & Row, 1982.

15 James Brian Quinn, *Strategies for Change: Logical Incrementalism*, Richard D. Irwin, 1980.

16 본 사례는 고려대학교 대학원 손경배와 김문구가 작성하였다.

CHAPTER5

PART

사업부수준의 경쟁전략

Strategic Management

Chapter

6

경쟁우위와 경쟁전략

어느 토요일 오후 시카고 중심가에서 저명한 자유시장 경제학자이며 노벨경제학상 수상자인 Milton Friedman이 쇼핑을 하는 도중 그의 아내가 외쳤다. "저봐요, Milton! $20짜리 지폐가 저기 떨어져 있어요." Friedman이 대답하기를 "여보, 어리석은 소리 하지 말아요. 만일 그게 사실이라면 지금쯤 이미 누군가가 주워 가고 없을 거요."

– 작자미상의 경제학자 일화 중에서.

사례

case

Honda와 Yamaha의 모터사이클 전쟁[1]

1950년대 초반, 일본의 모터사이클산업은 50개가 넘는 경쟁자들이 치열하게 경쟁하고 있었다. Honda는 기술력을 바탕으로 명실공히 일본 모터사이클산업의 최고로 떠올랐다. 반면 다른 많은 모터사이클 제조업자들이 파산하거나 이 산업에서 철수하였다. 1950년대에 50여 개 제조업체들이 경쟁하던 것이 1960년에는 30개, 1965년에는 8개, 1969년에는 4개 업체, 즉 Honda, Yamaha, Suzuki, Kawasaki로 줄어들었다.

Honda는 모든 주요 국가의 모터사이클시장에서 선도기업이 되기 위하여 확장전략을 추진하였다. 이후 Honda는 자동차산업으로 다각화하여 1975년에는 모터사이클보다 자동차사업에서 더 많은 수익을 얻게 되었다. Honda는 자동차사업에서의 성공을 위해 기업의 가장 우수한 경영자원, 즉 뛰어난 인력, 이용가능한 자금, 기술력을 자동차사업에 집중해야 했다. 자동차사업에 대한 엄청난 투자는 모터사이클사업에서 벌어들인 자금으로 충당했다.

Honda의 자동차 매출이 성장세를 탈 무렵, 또 다른 모터사이클 제조업체인 Yamaha는 일본에서 모터사이클의 생산을 증가시키기 시작했다. Honda의 일본에서의 모터사이클 시장점유율은 1960년대 후반 일본시장 전체의 65%를 차지한 것을 정점으로 해서, 1981년까지 약 38% 정도로 꾸준히 감소하고 있었다. 이에 반해 Yamaha는 1960년대 중반까지 10%에도 못 미치던 시장점유율을 1981년에는 37%까지 증가시켰다(이것은 Honda의 감소분과 거의 일치한다). Yamaha는 일본의 시장선도자이며 세계제일의 모터사이클 생산자인 Honda를 위협할 정도로 근소하게 추격해 온 것이다. Yamaha의 경영진들은 Honda를 따라 잡을 호기가 왔음을 확신했다. Honda는 자동차사업을 추진하는 데 여념이 없었고, 경영자원의 상당부분을 모터사이클에서 자동차로 전환시키고 있었기 때문이었다. Yamaha의 최고경영자는 언론을 통해 Honda의 심기를 불편하게 하는 발언을 공공연히 하였다.

"Honda의 관심은 오직 네 발 달린 것에 있습니다. 모터사이클분야에서 일하던 그들의 최고인력은 대부분 자동차로 옮겨 가 버렸어요. 그들에 비하면 우리 Yamaha는 모터사이클 생산만 전문으로 하고 있죠."

"생산설비만 충분히 있다면 우리가 Honda를 이길 수 있을 텐데."

Yamaha는 모든 경영자원을 모터사이클과 그 관련제품에 집중시킴으로써 Honda를 바짝 추격할 수 있었다. 1970년대 초반에 Honda가 35개, Yamaha가 18개의 모델을 가졌던 것에 비해 1981년에는 Yamaha가 60개의 모델을 가짐으로써 Honda의 63개와 엇비슷한 수준이 되었다. 1970년대 초반에 Yamaha가 1개의 새 모델을 내놓을 때마다 Honda는 2개의 새 모델을 선보이던 것이 1981년에는 Honda가 17개의 신모델을 내놓은 데 반해 Yamaha는 18개의 신모델을 출시하는 수준으로 따라왔다.

1981년 8월 Yamaha는 연간 100만 대의 생산능력을 갖춘 새 공장을 짓겠다고 발표하였다. 이 공장의 건설계획은 Yamaha의 연간 총생산능력을 Honda보다 약 20만 대 상회하는 400만 대에 이르는 것이었고, 만약 이 공장을 풀가동하면 Yamaha의 시장점유율은 약 60%에 도달할 것으로 예상되었다. 고이케 사장은 1981년 8월 공장건설계획을 발표하며 감격에 찬 어조로 말했다.

"우리와 Honda와의 격차는 우리의 공급능력에 달려 있습니다. 여러분들은 이제 우리 Yamaha가 모터사이클의 주요 생산자로서 더 이상 2위 자리에 머무르지 않을 것임을 기대하셔도 좋습니다."

게다가 1982년 1월 주주총회에서의 발언은 훨씬 더 노골적이어서 Honda를 자극하기에 충분하였다.

"1년 후면 우리가 국내시장의 리더가 될 것입니다. 그리고 2년 뒤 세계 1위는 우리의 것입니다."

Yamaha의 경영자들은 모터사이클의 시장점

유율에서 수위자리를 차지하려고 사운을 건 큰 도박을 하고 있었다. Yamaha는 성장잠재력을 가진 다른 사업분야가 없었기 때문에 모터사이클에 엄청난 투자를 할 마음의 준비가 되어 있었다. 하지만, Yamaha는 사운을 걸었다 해도 과언이 아닐 만큼의 막대한 투자를 모터사이클사업에 하면서 내부자금보다 외부차입금으로 투자비를 충당하였다. Yamaha에게는 Honda와의 격차를 줄이기 위해 은행에서 빌린 부채부담이 점점 더 가중되었다. Honda와 수익성은 비슷했지만 Yamaha와 그 자회사는 부채 대 자기자본비율이 3:1 정도인 반면 Honda그룹은 1:1에도 못미쳤다. 그러나 제품라인이나 규모에 있어서는 Honda에 근접해서 1981회계연도에 생산량과 수익면에서 모두 기록을 세웠다고 1982년 6월 발표했다.

Honda는 미국에 대규모 자동차생산 시설투자를 시작하면서 여전히 자동차사업에 주력을 하고 있는 것처럼 보였다. 그러나 Yamaha의 공공연한 도발적인 발언 및 행동 그리고 성공을 Honda가 모를 리 없었다. 1978년 초, Honda의 카와시마 사장은 "내가 이 회사의 사장으로 있는 한 우리는 어느 누구에게도 1위 자리를 내주지 않을 것이다"라고 확언하였다. 1979년 카와시마 사장은 또 한 차례 "1960년대 후반부터 지금까지 자동차 제품개발에 우리의 노력을 집중시켜 온 것은 사실이다. 다른 모터사이클 경쟁사가 우리를 바싹 추격해 왔다는 것은 부인할 수 없는 상황이다"라고 인정하였다. 그러나 1982년 1월 Yamaha의 주주총회에서 고이케 사장의 발언은 마침내 Honda의 분노를 폭발시키고 말았다. 카와시마 사장은 Yamaha와의 전쟁을 선포했다.

"Yamaha 따위가 잠자는 사자의 꼬리를 밟았다.

Yamaha를 박살내고 말겠다."

그리고 Honda는 즉시 그것을 실행에 옮겼다. Honda는 가격을 내리고 판촉비용과 매장재고를 증가시켰다. Honda와 Yamaha간의 경쟁이 최고조에 달했을 때 인기모델의 소매가격은 30% 이상 하락하였다. 그 당시 일본에서 가장 많이 이용되던 50cc 모터사이클은 10단 기어가 달린 자전거보다 더 싸게 팔렸다. 이러한 엄청난 가격할인에도 불구하고 Honda는 Yamaha보다 10%나 높은 마진율을 딜러들에게 보장해 주었다. 그 후 18개월 동안, Honda의 시장점유율은 1981년의 당시의 38%에서 47%로 증가하였고 Yamaha는 37%에서 27%로 감소하였다.

또한 Honda는 반격의 경쟁무기로 제품다변화를 활용하였다. Yamaha와의 일전을 선포한 후 18개월 동안 Honda가 81개의 신모델을 출시한 반면, Yamaha의 신모델수는 겨우 34개에 지나지 않았다. 1970년대 말에 두 회사 모두 총 60개의 모델만을 각각 보유하고 있었던 것을 고려해 볼 때, 이것은 도저히 믿기 어려운 수치였다. 단종모델을 검토하면서 Honda는 제품라인을 훨씬 완벽하게 새단장하였다. 즉, Honda는 1년 반 사이에 81개의 새 모델을 도입하고 32개의 모델을 단종시키면서 총 113개의 제품라인의 변화를 가져온 반면 Yamaha는 겨우 3개의 모델만 없애고 34개의 새 모델을 선보여 총 37개만 바뀌었을 뿐이었다.

Honda의 신모델 출시전략은 Yamaha에게 가격인하만큼이나 치명적인 것이었다. 신모델 도입은 기술면에서나 디자인면에서나 소비자에게 훨씬 강력하게 어필하였고, 딜러들은 Honda제품을 팔 때 큰 인센티브를 가지게 되었다. 신모델의 증가는 구모델의 희생 위에서 이루어져야 했기 때문에, 기존모델들의 수명주기는 점차 짧아지고 수요도 급격히 감소하였다. 이러한 상황은 추종자의 입장에서는 더욱 힘들 수밖에 없었다. 왜냐하면 시장추종자들은 주어진 시간 내에 필요한 연구개발비를 충당할 수 있는 능력이 부족하고, 늘어나는 구형제품의 재고를 방출하기 위해 엄청난 가격인하를 감수해야 하기 때문이다.

그 결과, Yamaha의 모터사이클 매출은 50% 정도로 급격히 감소하였고 커다란 손실을 볼 수밖에 없었다. 1983년 초, Yamaha의 팔리지 않은 재고량은 일본 모터사이클산업 전체재고량의 절반을 차지하였다. 그 당시 Yamaha의 판매율을 기준으로 볼 때, 재고량은 일년 매출액과 거의 비슷한 수준이었다. 재고를 처분할 수 있는 유일한 방법은 딜러들에게 판촉비를 지원하고 가격인하를 하는 것이었다. 하지만 Yamaha는 그럴 만한 형편이 되지 못하였다. Yamaha의 재무상태는 급격히 악화되기 시작하였다. 부채 대비 자기자본비율이 1981년에는 3:1 미만이던 것이 1983년에는 7:1로 증가하였다. 반면 같은 기간 동안 Honda의 재무상태는 자동차사업에서의 계속되는 성공으로 인해 엄청나게 튼튼해졌다.

1983년 1월, Honda의 반격이 시작된 지 불과 1년 만에 Yamaha의 사장 고이케는 마침내 Honda에게 무릎을 꿇고 항복을 선언하였다.

> "우리는 제품개발에서나 판매력에서나 결코 Honda의 경쟁상대가 될 수 없습니다.… 저는 이제 Honda와의 전쟁을 끝내고 싶습니다.… 앞으로는 경거망동을 삼가고 Yamaha의 상대적인 지위에 만족하겠습니다."

1983년 4월 Yamaha는 후반기 손실이 40억 엔임을 발표하였다. 배당은 80% 삭감되었고 차기배당은 하지 않는 것으로 예정되었다. 생산계획은 18% 축소된 180만 대로 결정되었고 2년에 걸쳐 700명의 인원을 감축할 것이라고 발표하였다. Yamaha그룹의 회장인 가와카미는 "우리는 다이빙제트기처럼 뛰어들었다. 나의 무지는 비난받아 마땅하다"고 말하고 고이케 대신 에구치를 새로운 사장으로 앉혔다.

그러나 이러한 조치에도 불구하고 Yamaha의 쇠퇴는 그칠 줄 몰랐다. Honda는 더욱 강력한 제품다변화로 계속해서 Yamaha를 조여 갔다. 파산을 면하기 위해 Yamaha는 토지와 건물, 설비 등의 자산을 160억 엔에 매각하고 평균봉급도 239,000엔에서 216,000엔으로 삭감하는 한편, 일체의 보너스를 지급하지 않기로 했다. 인터뷰에서 Yamaha의 사장 에구치는 울먹이며 애원하듯 말했다.

> "현재의 시장상황은 모두가 Yamaha의 책임이기 때문에 저는 먼저 우리의 위치를 다시 한번 돌이켜 생각해 보고 다른 회사(Honda)와의 우호적인 협력관계를 발전시키고 싶습니다.… 물론 경쟁은 있겠지만… 저는 우리의 제2인자로서의 상대적인 위치에 대한 상호인식을 바탕으로 할까 합니다."

Honda는 Yamaha의 이와 같은 무조건 항복 발표가 있은 이후, Yamaha와의 전쟁을 끝마쳤다. 그 이후, 모터사이클시장에서 Honda의 위치에 도전하는 기업은 아무도 없었다.

HONDA 혼다의 홈페이지 www.honda.co.jp

YAMAHA® 야마하의 홈페이지 www.yamaha-motor.co.jp

01 ›› 서 론

　서두의 사례는 일본의 모터사이클산업에서 Yamaha가 자신의 능력과 경쟁사의 의도 및 능력을 오판하고 Honda에 도전했다가 참패했던 사례를 보여 준다. Yamaha가 고전을 면치 못한 원인을 살펴보면 다음과 같다. 첫째, Honda는 Yamaha보다 경영자원과 핵심역량이 더 풍부한 기업이었다. 둘째, Yamaha의 수입원은 모터사이클에만 전적으로 의존하고 있었던 반면, Honda는 매출의 2/3를 자동차사업에서 얻고 있었기 때문에 Yamaha와 일전을 벌이는 동안에도 계속해서 성장할 수 있었다. 셋째, Yamaha는 자신의 능력에 비해 무리하게 새로운 공장 건설에 투자했다.

　우리는 지난 제3장에서 산업구조를 분석하여 산업 내 경쟁의 특성을 이해하는 분석기법을 공부하고, 제4장과 제5장에서 기업의 경영자원과 핵심역량, 조직

그림 6-1 │ 본서의 구성체계

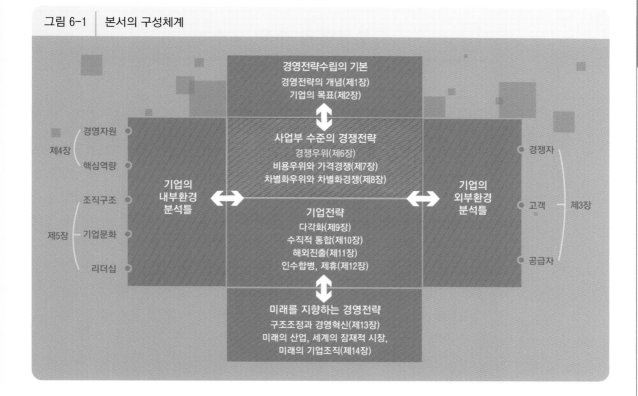

CHAPTER6

구조, 기업문화, 리더십 등 전략분석의 기초적 개념을 살펴보았다. **그림 6-1**은 Ⅲ 부에서 살펴볼 사업단위에서의 경쟁전략과 우리가 Ⅱ부에서 배운 기본적인 분석 들과의 관계를 보여 준다.

경쟁전략을 수립하는 데 가장 중요한 관심은 어떻게 하면 경쟁자에 비해서 경쟁우위를 확보할 수 있는가의 문제이다. 즉, 경쟁전략은 상대방 경쟁자의 강점 에 비추어 어떻게 하면 우리 회사의 강점을 가장 효율적으로 사용할 수 있는가를 파악하는 것이다.

이에 따라 본 장에서는 다음과 같은 사항을 살펴본다.

- 각 개별산업의 성공요인에 대하여 알아보고 경쟁우위가 어떻게 창출되고 유지 되는가를 분석한다.
- 경쟁기업의 행동을 분석할 수 있는 분석기법을 소개하고, 이러한 경쟁기업 의 행동이 자신의 경쟁우위의 창출과 유지에 어떠한 영향을 미치는가를 분 석한다.

02 ›› 경쟁전략의 주요 요소

그림 6-2는 경쟁전략 수립시 고려해야 할 세 가지 주요 요소를 보여 주고 있 다. 경쟁전략 수립시 고려해야 할 첫째 요소는 제3장에서 살펴본 것처럼 산업구조 를 분석하고 그 개별산업의 특성을 이해하는 일이다. 그 과정을 통해 각 산업특유 의 성공요인을 알 수 있다. 둘째 요소는 제4장과 제5장에서 살펴본 분석방법을 사 용하여, 기업의 경영자원 및 핵심역량, 기업문화, 리더십을 분석하는 일이다. 셋째 요소는 경쟁사의 전략을 이해하는 것이다. 경쟁전략이란 적의 약점에 대해 자신 의 강점을 집중하는 것이기 때문에 경쟁사에 대한 깊은 이해가 필요하다. 즉 경쟁 전략은 경쟁기업의 행동에 따라 달라질 필요가 있는 것이다. 만일, 한 기업이 시 장점유율을 늘리기 위해 가격인하를 시도한다고 하자. 이에 맞서 경쟁기업이 똑 같은 폭의 가격인하를 감행한다면 소비자들이 느끼는 두 기업의 상대가격은 변함 이 없다. 결국 두 기업 모두 자신의 이윤만 줄어들 뿐, 각 사의 시장점유율은 변하

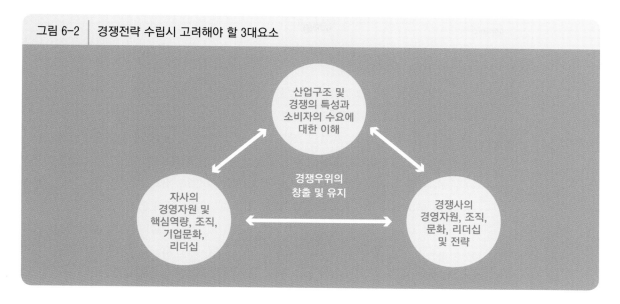

그림 6-2　경쟁전략 수립시 고려해야 할 3대요소

지 않는다. 또한 한 기업이 신제품을 발표하였을 때, 경쟁사가 똑같은 제품을 곧 출시하면 그 기업의 차별화된 경쟁우위는 유지될 수 없게 된다.

　이와 같이 산업구조 및 경영자원에 대한 분석, 자사가 가진 핵심역량에 대한 분석, 경쟁사의 경쟁전략 및 경쟁우위에 대한 분석이 행해져야만 효과적인 경쟁 전략의 수립이 가능해진다. 다음 절에는 산업의 주요 성공요인을 살펴보고, 개별 기업들이 경쟁우위를 창출하고 유지하는 방법과 경쟁자를 분석하는 방법을 살펴 보기로 한다.

03 ›› 산업의 주요 성공요인의 파악

　제3장에서는 산업구조 및 특성을 분석함으로써 개별산업에서 높은 수익률을 얻는 요소를 파악할 수 있었다. 이와 같이 한 산업에서 성공하기 위하여 기업들이 갖추어야 할 조건들을 '산업의 주요 성공요인key success factor'이라고 말한다. Kenichi Ohmae는 산업의 주요 성공요인을 파악하기 위해서 다음 두 가지 조건을 고려해야 한다고 하였다.[2] 첫째, 기업은 고객이 원하는 것을 제공해야 한다. 둘째,

기업은 경쟁에서 이겨야 한다. 따라서 어떤 산업의 주요 성공요인은 위의 두 가지 성공요소, 즉 우리의 고객이 무엇을 원하고 있고, 우리 기업이 경쟁에서 살아 남으려면 도대체 무엇을 해야만 하는가를 파악하는 것에 있다.

첫째 요소, 즉 고객들이 무엇을 원하는가를 파악하는 것은 기업들로 하여금 소비자들이 원하는 제품을 만들 수 있게 한다. 이는 제3장의 산업구조분석에서처럼 소비자들을 단순히 기업의 이윤확보에 방해가 되는 구매자의 힘으로서 보는 것이 아니라 기업이 그 산업이 존재하는 근본적인 이유로 보는 것이다. 이는 전략수립의 선행조건이 된다. 만일 어떤 기업이나 산업이 소비자가 원하는 것을 만들어 주지 못한다면 그 같은 산업과 기업은 존재할 필요성이 없는 것이다.

둘째 요소는 제3장의 산업구조분석을 통해 그 산업의 경쟁방식을 이해하는 것이다. 즉 경쟁에서 이기려면 어떤 요인이 가장 중요한 것인가를 이해하는 것이다. 예를 들어 제품차별화가 잘 이루어져 있지 않은 일상재에 가까운 제품의 가장 중요한 경쟁수단은 가격일 수밖에 없다. 따라서 가격경쟁에서 살아남으려면 기업은 비용을 낮추어야 한다. 이와 같은 산업의 경쟁방식은 그 산업의 주요 성공요인의 파악에서 매우 중요한 것이다.

예를 들어, 식료품 위주의 슈퍼마켓이 성공하려면 먼저 고객이 무엇을 원하는지를 파악하여야 한다. 고객들은 대체로 낮은 가격, 이용하기가 편리한 위치, 다양한 제품을 원한다. 이러한 산업에서는 소비자들의 가격탄력성이 상당히 높기 때문에 가격경쟁이 치열할 수밖에 없다. 따라서 슈퍼마켓기업은 구매자의 교섭력을 발휘하여 공급가격을 낮추어야 한다. 그리고 대규모 슈퍼마켓을 운용함으로써 점포운영측면에서의 규모의 경제를 활용하고 또한 광고에서도 규모의 경제를 활용해야 한다. 따라서 슈퍼마켓사업의 성공요인은 어떻게 하면 비용을 낮출 수 있는가 하는 문제와 직결된다. 또한 슈퍼마켓들간에 차별화를 하기 위해서는 주차시설확보와 편리한 입지, 온라인주문과 배송, 소비자들이 선택할 수 있는 제품의 폭을 늘리는 방법이 있을 수 있다.

그러나 이 같은 산업의 성공요인의 개념에 대한 비판의 소리 역시 만만치가 않다. Ghemawat은 산업에서 모든 기업에게 적용되는 주요 성공요인을 찾기는 불가능하다고 말한다.[3] 왜냐하면, 기업들은 서로 다른 경영자원과 핵심역량을 갖고 있기 때문에 자신의 경영자원을 잘 활용할 수 있도록 서로 다른 경영전략을 수립할 필요가 있기 때문이다. 이러한 관점에서 볼 때, 산업의 주요 성공요인이란 단지 산업의 보편적인 특성을 더 잘 이해하고자 하는 것일 뿐이지, 산업 내 모든 기업에 적용되는 보편타당한 전략을 추구해서는 안 될 것이다. 따라서 '산업의 주요 성공요인'은 앞서 살펴본 제3장의 산업구조분석과 소비자의 욕구에 대한 분석결과에서 나온 '산업의 주요 특성'으로 이해하기로 한다. 기업의 전략을 보다 잘 수립하려면 산업의 성공요인뿐만이 아니라 개별기업이 갖고 있는 경영자원에 대한 분석과 경쟁기업의 전략과 경쟁기업의 경쟁우위를 이해하는 데 더 많은 관심을 기울여야 할 것이다. 따라서 다음 절에서는 경쟁우위의 창출과 유지를 살펴보고, 경쟁기업의 전략을 분석하는 기법을 살펴본다.

04 ›› 경쟁우위의 창출 및 유지

경쟁우위란

사업부단위에서의 경영전략의 핵심은 경쟁자에 대해 어떻게 하면 경쟁우위를 가질 수 있는가 하는 문제이다. 그러나 경쟁우위를 발견하고 경쟁우위를 평가하려면 경쟁자에 비해서 기업이 갖고 있는 경영자원의 강점과 약점에 대한 분석이 선행되어야 한다. 먼저 어느 기업이 갖고 있는 경영자원, 즉 기술력이나 브랜드가 경쟁자에 비해서 우위를 가지려면 다음의 두 가지 조건이 충족되어야만 한다. 첫째, 그 기업이 가진 경영자원은 다른 기업들이 보유하지 못하는 희소한 자원이어야 한다. 만일 그 기업이 갖고 있는 기술이 산업 전반에 널리 알려져 경쟁사들도 그 기술을 쉽게 획득할 수 있다면 그 기술은 더 이상 그 해당 기업에 경쟁우위를 가져다 줄 수 없다.

둘째, 그 기업이 갖고 있는 경영자원과 핵심역량은 현재 그 산업에 적합한 것이어야 한다. IBM은 한때 대형컴퓨터시장에서 오랫동안 독보적인 경쟁우위를 누려 왔었다. 그러나 IBM이 갖고 있던 경영자원과 핵심역량, 즉 대형컴퓨터를 견고하게 잘 만드는 능력은 급속도로 성장하는 서버시장에서는 별로 도움이 되지 못했다. 왜냐하면 대형컴퓨터시장에서 성공할 수 있는 주요 성공요인과 서버시장에서 성공할 수 있는 주요 성공요인이 서로 달랐기 때문이다.

경쟁우위의 창출

경쟁우위는 정부규제의 완화, 환율의 변동과 같은 기업외부환경과 기업내부로부터의 새로운 혁신을 통해 창출된다.

외부환경의 변화

일반적으로 산업의 외부환경의 변화가 심할수록 기업의 상대적인 경쟁우위와 산업 내의 수익률 분포는 크게 변하게 된다. 예를 들어, 기업환경의 변화가 비교적 작은 일상소비재산업에서의 경쟁우위는 안정적인 편이나, 환경의 변화와 소비자수요의 변화가 잦은 가전, 패션과 같은 산업에서는 기업들의 부침이 매우 잦게 일어나고 있다.

한편 경쟁우위는 단순히 외부환경의 변화뿐만 아니라, 변화하는 환경에 기업들이 대응하는 방식에 따라서도 달라진다. 특히 이런 외부환경의 변화를 빨리 포착하고 이에 대응하는 능력은 기업마다 상이하다. 예를 들어, 갑자기 일기예보에 없던 소나기가 올 때, 남다른 능력이 있어 비가 올 것을 예측하거나, 창고에 쌓여 있는 우산을 빨리 꺼내어 팔 수 있는 상점은 순발력이 떨어지는 상점보다 훨씬 많은 우산을 판매할 수 있다. 일반적으로 시장의 불확실성이 높을 때 외부환경에 더 민첩하게 대응할 수 있는 능력은 기업이 경쟁우위를 창출하는 데 아주 중요한 핵심역량이 되기도 한다. 예를 들어, 의류산업의 Zara는 첨단정보시스템을 통해서 개별점포에서의 매일의 매출정보를 분석하여 소비자들의 수요의 변화를 파악하고, 이러한 정보를 생산공장으로 보내어 민첩하게 대응하고 있다.

이렇게 변화하는 환경에 민첩하게 대응할 수 있는 요인은 크게 두 가지 요소에 근거하고 있다. 첫째 요소는 정보의 획득이다. 정보수집능력은 외부환경의 변화를 인식하고 이를 예측할 수 있는 능력을 기업에 가져다 준다. Amazon의 고객 데이터베이스는 소비자들의 수요를 파악해서 상품과 선물에 대한 추천을 하게 해준다. 둘째로 조직차원의 유연성으로서, 이는 외부환경의 변화에 맞추어 기업들이 갖고 있는 경영자원을 신속하게 재배치하는 것을 가능하게 해준다. 유연성은 공장이나 기계와 같은 하드웨어가 아니라 주로 조직에서 나오는 소프트웨어적인 성격을 갖는다. 관료주의적인 기업보다 의사결정이 분권화되어 있고 조직 내에 협조체계가 잘 되어 있을수록 유연성은 훨씬 높아진다.

이렇게 외부환경의 변화에 신속히 대처할 수 있는 능력은 최근 많은 산업에서 주요한 성공요인이 되었다. George Stalk은 Honda나 Panasonic, Toyota 등의

Amazon의 경쟁우위

일본기업이 갖고 있는 경쟁우위가 궁극적으로는 신속히 외부환경에 대처할 수 있는 능력, 즉 시간을 단축시킬 수 있는 능력에서 나온다고 보았다.[4] 삼성전자의 디지털제품에서 경쟁력 역시 빠르게 신제품이 일상재화되는 디지털제품의 제품개발속도에서 비롯된다. 이러한 기업들이 갖고 있는 경쟁우위는 '시간에 의거한 time-based 경쟁우위'라고 말할 수 있다.

기술혁신

경쟁우위는 기업내부의 혁신로부터도 발생한다. Schumpeter는 혁신과정을 '창조적인 파괴의 과정'creative destruction이라고 보았다. 혁신은 새로운 아이디어, 새로운 유통망, 새로운 기술, 새로운 판매지역의 개척을 통해서 기존기업들이 갖고 있던 생산기술, 판매망, 판매지역을 무용지물로 만든다. Apple의 iPod과 iTunes는 디지털오디오라는 하드웨어와 음원매출 시스템을 결합하는 혁신적인 제품이어서, 기존의 mp3 플레이어 시장을 무력화하는 데 성공하였다.

이렇게 혁신을 통해서 경쟁우위를 창출하려면 물론 풍부한 상상력과 직관이 필요하다. 그러나 많은 경우, 혁신은 Steve Jobs 같은 천재들만이 할 수 있는 것이 아니다. 경쟁기업이 갖고 있는 경쟁우위를 분석함으로써, 그 경쟁우위를 낡은 것으로 만들기 위해 어떤 능력이 필요한지를 역산할 수 있다. 즉, 분석을 통해서 혁신의 기회를 찾을 수 있는 것이다. 예를 들어 Nike는 전통적으로 노동집약적 사양산업으로 여겨졌던 신발산업에서 자신은 광고와 디자인에만 집중하고, 실제 운동화를 만드는 생산공정은 저임금국가의 하청기업을 활용하는 혁신을 하였다. 이와 같이 많은 성숙된 산업에서조차도 전략적 혁신은 그런 혁신을 하는 기업에 상당한 경쟁우위를 가져다 주며 또한 이런 혁신은 산업구조 자체를 변화시킨다.

Nike의 경쟁우위

경쟁우위의 유지

높은 수익률을 얻기 위해서는 단순히 경쟁우위를 창출하는 것뿐만 아니라 이를 유지해야 한다. 만일 어느 기업이 가진 경쟁우위가 쉽게 모방될 수 있다면 그러한 경쟁우위는 금방 사라지기 때문이다. 경쟁우위의 유지 여부는 다음 세 가지 기준에 달려 있다.

지 속 성

지속성durability은 경쟁우위를 창출하는 개별 경영자원의 성격에 따라 다르다. 예를 들어, 특허권patent은 일정시간이 지나면 소멸된다. 그러나 기업이 가진 좋은 평판 또는 이미지는 상당히 오랫동안 지속가능하다. 주위에서 쉽게 볼 수 있는 브랜드제품들은 오랫동안 소비자들에게서 신뢰를 쌓았기 때문에 신규기업들의 진입을 어렵게 만든다.

획득가능성

경쟁우위를 창출하는 경영자원을 시장에서 쉽게 구매할 수 있으면resource mobility 또는 resource transferability, 그러한 경쟁우위는 쉽게 없어진다. 예를 들어, 어느 제과점의 빵이 맛있기 때문이 아니라 단순히 넓은 매장과 산뜻한 실내장식 때문에 소비자들이 그 제과점을 이용하고 있다면, 경쟁자들이 쉽게 모방할 수 있다. 그러나 하이트 맥주가 지하 250m의 암반수를 사용한다고 광고할 때, 경쟁기업들은 경쟁우위를 창출하는 요인이 경우 지하 250m의 암반수을 확보하여 상대방의 전략을 무력화시키기 힘들었을 것이다. 또한 경쟁기업의 경쟁우위가 정확히 어디에서부터 비롯되었는지를 밝히기 위해서는 상당히 많은 양의 정보와 시간이 필요하게 된다. 이러한 불완전한 정보 때문에 기업의 경쟁우위는 상당히 오랫동안 지속될 수 있다.

Video

하이트 1994년 광고

모방가능성

경쟁우위의 유지는 경쟁기업의 모방능력resource replicability에 달려 있다. 예를 들어, 금융산업에서 새로운 금융상품은 경쟁기업이 쉽게 모방하여 유사한 금융상품을 선보일 수 있어서 지속적인 경쟁우위를 어렵게 만든다. 인터넷버블기의 많은 벤처기업들이 도산한 주요 이유는 이들 인터넷 벤처기업들의 사업모형 business model이 쉽게 모방가능하다는 사실이었다. 예를 들어, 회원을 끌어들여 인터넷 배너광고로 수입을 얻는 사업모형은 수많은 무료회원사이트의 남발로 순식간에 무력화되었다. 그러나 브랜드 이미지 같은 경영자원은 쉽게 모방할 수 없는 경영자원이다. 예를 들어, Starbucks는 오랫동안 소비자들 사이에서 명성을 쌓았기 때문에 신규기업들이 쉽게 모방할 수도 없다.

또한 기업의 조직에 기초한 핵심능력, 예를 들어, 기업 특유의 문화에서 비롯된 경영자원이나 핵심능력은 다른 기업이 쉽게 모방할 수 없는 특징을 갖고 있다.

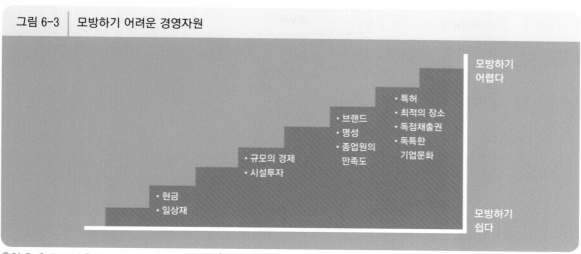

그림 6-3 | 모방하기 어려운 경영자원

출처: D. Collis and C. Montgomery, *Corporate Strategy*, Irwin, 1997, p. 35.

만일 삼성전자의 반도체사업에서의 성공요인이 삼성 특유의 경영관리능력과 미세한 반도체의 생산공정의 품질관리능력에서 비롯된 것이라면 삼성과 다른 기업문화를 갖고 있는 경쟁자들이 이를 모방하기가 힘들 것이다.

　　Porter는 모방하기 어려운 경쟁우위를 액티비티 시스템Activity System이란 개념으로 설명하고 있다. 액티비티 시스템이란 기업의 가치사슬의 구성요소간 상호관련성을 보여준다. **그림 6-4**는 Southwest 항공사의 액티비티 시스템을 예시로 보여준다. Southwest 항공사는 미국의 중서부에서 중소도시간의 직항노선에 취항하는 신규진입 항공사였다. 미국의 항공산업의 주역들은 American, United, Delta와 같이 주요 대도시를 중심으로 이들과 중소도시를 연결하는 이른바 자전거바퀴와 같은 시스템hub and spoke system을 근간으로 하고 있었다. 이러한 시스템은 대도시간을 여행하는 여행객에는 편하지만, 중소도시에서 다른 중소도시로 이동하기 위해서는 대도시를 경유해서 비행기를 갈아타야 하는 불편함이 있었다. Southwest와 같은 저가항공사는 이러한 틈새를 파고들어 진입하였다.

Southwest 항공사의 전략

　　Southwest 항공사는 이러한 중소도시간의 직항편에 집중하며, 다른 항공사와의 연계서비스나 수화물 연결서비스도 제공하지 않는다. 기내서비스도 없고, 9/11테러로 보안검색이 강화되기 전까지는 좌석배정도 따로 하지 않았으며, 자동발권서비스로 예약을 하고 티켓을 받도록 되어 있다. 따라서 여행사에 수수료도 지불하지 않는다. 그 대신 Southwest 항공사는 소비자에게 저렴한 항공요금과 잦은 출발시간을 제공한다. 이는 중소도시간을 여행하는 고객들이 원하는 수요를 충족시키는 것이었다. 한 번이라도 더 항공편을 운행하기 위하여, Southwest의 항

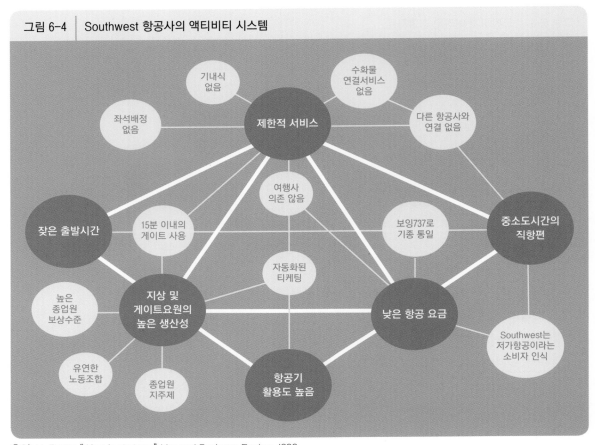

| 그림 6-4 | Southwest 항공사의 액티비티 시스템 |

출처: M. Porter, "What is strategy," *Harvard Business Review*, 1996.

공기는 게이트에 도착하면 15분 내에 도착하는 승객을 내려놓고, 탑승객을 태운 다음 출발한다. 이를 위해서는 지상 및 게이트요원들의 높은 생산성이 필수적이 다. 따라서 Southwest 항공사는 종업원의 보수수준을 높게 책정하고, 종업원지주 제를 통해 주인의식을 고취시키며, 노동조합도 유연하게 협조하고 있다. 항공기 역시 보잉 737기종으로 기종을 통일하여, 정비의 전문성과 속도를 높여 항공기의 활용도를 높이는 요인이 되고 있다.

이와 같은 Southwest 항공사의 액티비티 시스템을 분석해 보면, 이 회사의 가치사슬의 각 부분들이 중소도시간의 직항편에 집중한 저가항공서비스라는 전 략적 포지셔닝을 위해 서로 최적화되어 있다는 점을 알 수 있다. 특히, 가치사슬 의 구성부문들간의 연계성inter-relatedness이 높을수록, 이러한 가치사슬을 경쟁 자가 모방하기 어려워진다. 왜냐하면 Southwest 항공사를 모방할 때, 가치사슬간

Video

Southwest 항공사의 비전

의 연계성 때문에 일부분만 모방해서는 그 효과가 없거나 오히려 부정적일 수 있기 때문이다. 따라서, 전체를 모방하지 않고서는 Southwest의 경쟁우위를 모방할수 없다. 실제 미국의 Continental 항공사는 Southwest를 모방해서 Continental Light란 저가항공사를 운영한 적이 있었다. Continental 항공사는 Southwest의 높은 성과가 단지 중소도시간의 직항편의 저가항공이라고 파악하여 유사한 저가 항공서비스를 제공하였다. 문제는 Continental이 계속 여행사에 수수료를 지급하고, Continental의 전체 항공네트워크와 연계를 계속하였기 때문에, 좌석지정과 수화물 체크인서비스를 제공하였다는 점에 있었다. 그 결과, 대도시를 출발하여 연계되는 항공편은 지연되기 쉬웠고, 수화물이 제대로 실리지 않는 문제들이 발생하였으며, 그 결과 경영성과는 악화되기에 이르렀다. 이는 경쟁사의 액티비티 시스템에 내재되어 있는 가치사슬간의 상호연계성을 이해하지 못한 부분적인 모방이 오히려 성과에 부정적인 영향을 미치는 사실을 보여 준다. Southwest 항공사와 같이, 가치사슬의 구성요소간의 상호관련성이 높으면 높을수록 이에 기반한 경쟁우위를 모방하는 것은 어렵다.

모방전략과 방어전략

경쟁우위를 갖고 있는 기존기업의 입장에서는 어떻게 하면 자신의 경쟁우위를 모방하려고 하는 기업들을 따돌릴 것인가 하는 것이 주요한 과제이고 후발기업의 입장에서는 어떻게 하면 선발기업의 경쟁우위를 모방할 것인가 하는 것이 문제가 된다. Lippman과 Rumelt는 이러한 과정을 '따돌리는 과정isolating mechanisms'이라고 정의했다.[5] 만일 기존기업들이 효과적으로 경쟁기업들이 자신의 경쟁우위를 모방하는 것을 막을 수 있다면 훨씬 오랫동안 경쟁우위를 유지할 수 있을 것이다. 실증연구에 따르면 경쟁우위를 가진 기업들을 따라 잡기 위해서는 실제로 상당히 오랜 시간이 걸린다고 한다. 그 한 가지 증거로서 각 산업마다 수익성이 높은 기업과 낮은 기업간의 편차는 매우 크다. 만일 수익성이 높은 기업들이 가진 경쟁우위가 쉽게 모방될 수 있는 것이라면 산업에서 기업들간의 수익성의 편차는 크지 않을 것이다.

앞서 언급한 바 있는 지속성, 획득가능성, 모방가능성의 세 가지 기준을 통해 평가할 때 선두기업이 가진 경쟁우위를 효과적으로 모방하거나 선두기업이 자신의 경쟁우위를 방어하기 위하여는 다음과 같은 네 가지가 필요하다.

첫째, 선도기업은 자신의 높은 수익률을 감춤으로써 경쟁자가 자신의 경쟁우위를 파악하지 못하게 할 수 있다. 개인기업이 상장기업에 비해 보유한 장점은 자신의 수익률과 같은 재무정보를 외부에 공개할 필요가 없다는 것이다. 이런 관점에서 볼 때, 자신이 돈을 많이 벌고 있다고 떠들고 다니는 기업은 마치 경쟁자로 하여금 신규진입을 하도록 유도하는 것과 같다.

둘째, 경쟁자가 선도기업의 경쟁우위를 모방하는 데 소요되는 비용이 커야 한다. 기존기업은 신규기업들의 진입비용을 높이기 위하여 진입장벽entry barrier을 쌓거나 진입저지를 할 수도 있다. 경쟁기업이 진입을 못하도록 생산시설을 확충해 놓거나 충분한 재고를 비축해 둠으로써 경쟁기업에 진입시 가격전쟁이 벌어질 수 있다는 것을 암시하는 것과 같은 진입저지전략은 진입시 필요한 높은 비용 때문에 경쟁자의 진입을 포기하게 만들 수 있다.[6] 이와 같은 서두 사례에서의 Honda의 과감한 투자와 확충은 신규진입시 Honda와 치열하게 가격경쟁을 하여야 한다는 암시를 주어 다른 기업들이 감히 모터사이클시장으로 진입하는 것을 사전에 막는 역할을 하였다.

셋째, 경쟁기업이 기존기업의 경쟁우위를 모방하려면 그 기업이 경쟁우위를 창출하는 성공요인을 이해하여야 한다. 그러나 많은 경우에 있어서 그 기업이 왜 성공하였는지를 이해하는 것은 매우 어렵다. 예를 들어 할인판매점에서 성공한 Walmart의 중역은 다음과 같이 말한다. "유통산업은 열린 산업입니다. 절대 기업의 비밀이란 있을 수 없습니다. 우리 경쟁자들은 언제든지 우리 가게에 와서 무엇을 얼마에 어떻게 팔고 어떻게 진열하고 있는지를 알 수가 있습니다." 그러나 무슨 이유인지 경쟁자들은 Walmart의 경쟁우위를 모방하는 것이 무척 어려웠다. 즉 판매장 위치선정 때문인지 또는 구매, 창고, 유통 등에서 나오는 우위인지, 경영관리시스템 때문인지, 경영정보시스템MIS 때문인지, Walmart란 회사특유의 기업문화 때문인지를 파악하기 힘들었다. 이렇게 경쟁기업이 상대방 기업의 경쟁우위를 창출하는 요인을 쉽게 파악할 수 없는 것을 Rumelt는 '인과관계에서의 모호함causal ambiguity'이라고 말한다.[7] 앞서 Southwest 항공사의 사례에서 살펴본 바와 같이 기업의 가치사슬의 구성요소간의 상호연계성이 높을수록, 경쟁우위를 창출하는 요인을 파악하기 어렵게 된다.

넷째, 기업의 경쟁우위를 경쟁자가 모방하려면, 모방에 필요한 경영자원을 확보하여야 한다. 이는 앞서 살펴본 경영자원의 획득가능성과 모방가능성에 달려 있다. 획득가능성이 없다는 것은 그러한 경영자원을 쉽게 외부에서 구입할 수 없다는 것을 뜻한다. 자원의 모방가능성이 없다는 것은 그 기업이 독자적으로 비슷한 경영자원을 만들 수 없다는 것을 뜻한다.

이와 같이 경쟁기업이 성공적인 기업의 전략을 모방하는 것이 어렵다는 것은

'최초진입자가 누리는 우위first mover's advantage'가 생기는 원인이 된다. 최초로 산업에 진입한 기업들이 어떠한 전략적인 우위를 갖고 있을 때 후발경쟁자들이 쉽게 이를 모방하여 따라할 수 없는 것을 최초진입자의 우위라고 한다.

경쟁우위의 유형

경쟁기업에 비해서 높은 수익률을 얻는 데에는 크게 두 가지 방법이 있다. 첫째 방법은 동일한 제품을 훨씬 낮은 비용에 만들어 싸게 파는 방법이고, 둘째 방법은 다른 경쟁기업과는 다른 차별화된 제품을 제공함으로써 소비자로 하여금 차별화를 하는 데 소요된 비용 이상의 가격프리미엄을 받는 것이다. 우리는 전자를 비용우위cost advantage라고 말하고 후자를 차별화우위differentiation advantage라고 말한다. 두 가지 전략을 추구하는 기업들은 시장에서의 포지셔닝 또는 그들이 가진 경영자원과 핵심능력 그리고 조직상의 특성에서 서로 다르다.

Porter는 위의 두 가지 경쟁우위의 전략, 즉 비용우위와 차별화우위전략의 선택과 그리고 그 기업의 제품의 폭이 얼마나 넓은가에 따라서 기업의 전략을 비용우위, 차별화우위, 집중화focus의 세 가지로 나누었다.[8] Porter의 이론에 따르면 비용우위전략과 차별화전략은 서로 상반되는 전략이다. 기업은 이 중 하나만을 선택해야지 양쪽을 다 추구하는 '중간에 걸치는 것stuck in the middle'은 결국 차별화와 비용우위를 둘다 얻지 못하는 잘못된 전략이라고 보았다. 왜냐하면, 차별화와 비용우위간에는 서로 trade-off관계에 있기 때문이다. 즉, 차별화를 추구하다보면 비용이 높아지는 경향이 있고, 지나치게 비용절감에 집중하면 차별화우위를 찾기 어렵게 된다. 이에 반해 집중화란 아주 작은 세분시장niche market에 집중하

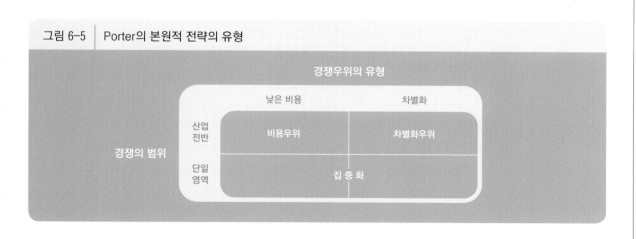

| 그림 6-5 | Porter의 본원적 전략의 유형 |

경쟁우위의 유형

		낮은 비용	차별화
경쟁의 범위	산업 전반	비용우위	차별화우위
	단일 영역	집 중 화	

| 그림 6-6 | 비용과 차별화간의 관계 |

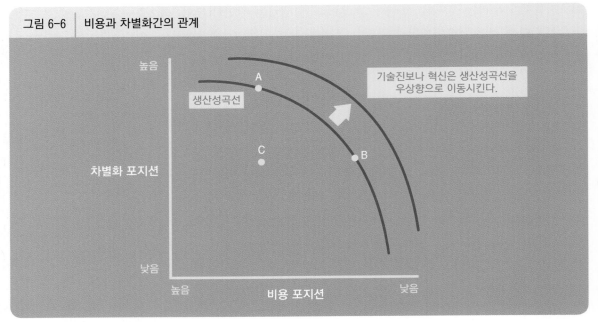

출처: Porter(1996).

는 전략이다. 집중화는 비교우위에 기반한 저가시장에서도 가능하고 차별화우위에 기초한 고가특수제품시장에서도 가능하다.

이와 같이 비용과 차별화간의 trade-off관계를 잘 보여주는 것은 이른바 생산성곡선productivity frontier의 개념이다. **그림 6-6**에 예시된 생산성곡선이란 현재의 기술수준에서 기업들이 당면하는 비용과 차별화간의 trade-off이다. 이 곡선상에 있는 A회사는 경쟁하는 C회사에 비해 같은 비용에 더 높은 차별화우위를 갖는다. 반면 B회사는 C회사에 비해 같은 차별화 수준이나 높은 비용우위를 갖는다. 따라서, C회사는 A회사나 B회사에 비해 경쟁우위를 갖지 못하며 운영상 비효율성을 갖는다. 그러나 A회사가 B회사 또는 B회사가 A회사보다 더 우수하다고 볼 수 없다. 왜냐하면 A회사, B회사는 각자의 경쟁우위가 다를 뿐이지 그 나름대로는 가장 효율적이기 때문이다. 따라서 생산성곡선상에 위치한 A회사나 B회사는 경쟁우위를 갖고 있고, C회사는 향후 생산성곡선으로 이동하기 위해, 비용을 절감하거나 차별화우위를 높이려는 노력을 해야 한다. 또한 생산성곡선은 기술진보나 혁신에 따라 우상향으로 이동한다. 즉, 같은 비용에도 더 높은 차별화가 가능하거나, 같은 차별화수준을 더 낮은 비용에 가능하게 하는 기술진보나 혁신은 생산성곡선을 우상향으로 이동시켜서, 모든 기업들이 새로운 생산성곡선으로 이동을 해야 경쟁우위를 유지하는 것이 가능하도록 한다.

한편 상황에 따라서는 비용우위와 차별화우위를 동시에 추구하는 것도 가능하다. 예를 들어, 비용우위의 전략을 추구한다고 하면 일반적으로 표준화된 제품의 대량생산라인을 갖는 것을 의미하지만, 그 기업들이 제공하는 제품이 차별화가 되어 있는 경우도 많다. 즉, 맥도널드 햄버거는 저가의 표준화된 제품이기는 하지만, 외식산업에서 차별화된 이미지를 주고 있다. 또한 자동차산업에서도 기업들이 비용우위를 지향하면서도 어느 정도 차별화를 시도하는 것을 볼 수 있다. 예를 들어, Toyota나 현대자동차같이 시장점유율이 높은 기업의 입장에서는 소형, 중형, 대형차 등 차별화된 제품을 생산하면서도 각각의 세분시장에서는 비용우위를 가지려고 노력한다. 위와 같은 두 가지 사례에서 보는 것처럼 차별화우위전략과 비용우위전략은 항상 서로 배치되는 것은 아니다.

특히 최근에는 정보통신기술과 컴퓨터를 사용한 디자인과 생산기술CAD/CAM이 발전함에 따라 차별화와 비용우위를 동시에 추구하는 것이 가능해지고 있다. 일본의 한 자전거제작업체는 소위 '대량주문생산mass customization'이라는 기술을 응용하여 차별화된 제품에서 비용우위를 유지하고 있다. 이 자전거제작업체는 고객의 키, 몸무게, 다리길이 등을 측정하여 컴퓨터 단말기에 입력하고 이 정보는 곧장 공장에 있는 컴퓨터로 전송되어 자전거 프레임에 쓰이는 파이프를 손님의 규격에 맞게끔 절단하고 로봇이 이를 용접함으로써 생산한다. 물론 마지막으로 고객이 원하는 색상으로 도색하고 고객의 이름을 자전거에 새기는 것도 잊지 않는다. 이러한 대량주문생산기술은 패션, 뉴스제공, 오락제공 등의 영역에 빠른 속도로 응용되고 있다. 한편, 최근 각광을 받고 있는 가치혁신value innovation 또는 블루오션전략은 소비자의 수요를 보다 정확하게 파악하여, 소비자가 원하지 않는 서비스를 혁신적으로 줄이거나 없애고, 소비자가 원하나 기존의 생산업체가 이를 충족시키지 못하였던 요소를 추가함으로써 동시에 비용우위와 차별화우위를 추구하고 있다. 가치혁신 또는 블루오션전략에 대해서는 제8장에서 보다 자세하게 논의하고자 한다. 그러나 이러한 가치혁신이나 블루오션전략은 근본적으로 비용과 차별화간의 trade-off관계를 없애기보다는 생산성곡선을 우상향으로 이동시키는 결과를 낳는다. 즉, 생산성곡선이 이동하기 때문에 예전보다 비용과 차별화를 동시에 추구하는 것처럼 보이지만, 새로운 생산성곡선상의 포지션에서의 비용과 차별화에 대한 trade-off관계는 여전히 존재한다.

이와 같이 '유지가능한 경쟁우위sustainable competitive advantage'의 근본적인 원천은 쉽게 모방하기 어려운 경영자원과 핵심역량이다. 즉, 외부환경변화에 적절히 대처하고 내부혁신을 할 수 있는 능력은 경영자원과 핵심역량에 기초하는

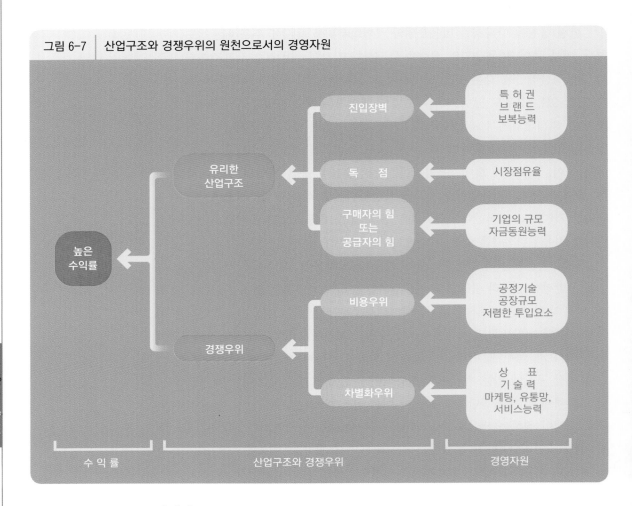

그림 6-7   산업구조와 경쟁우위의 원천으로서의 경영자원

것이다.

또한 경영자원과 핵심역량은 기업에 유리한 산업구조를 형성시켜 줄 수 있다. 즉, 독과점적인 산업구조로 인해 얻는 높은 수익률은 기업이 갖고 있는 높은 시장점유율과 특허권 또는 상표권 등의 진입장벽과 신규진입자나 경쟁기업들과 가격경쟁을 할 수 있는 자금력에 좌우된다. 기업의 교섭능력, 즉 구매자의 힘과 공급자의 힘에 대하여 기업이 대항할 수 있는 능력 역시 기업의 규모와 자금력에서 비롯된다는 것을 알 수 있다.

비용우위와 차별화우위 역시 궁극적으로는 기업의 경영자원과 핵심역량에서 비롯한다. 앞으로 제7장에서 살펴볼 비용우위는 기업이 보유한 생산프로세스기술, 공장의 규모, 값싼 투입요소에 기초한다. 또한 제8장에서 살펴볼 차별화우위 역시 기업이 보유한 브랜드와 제품생산기술, 마케팅능력, 유통장악능력과 같은 기업특유의 경영 자원과 핵심역량에서 비롯되고 있다. 결국 유망한 산업에 위치하며 경쟁기업에 비하여 높은 경쟁우위를 갖는 근본적인 원천은 기업이 갖고 있는 경영자원과 핵심역량으로 귀결된다. **그림 6-7**은 이 사실을 요약하여 정리하고 있다.

05 ›› 경쟁기업분석

경쟁기업을 분석하는 주된 목적은 경쟁기업의 행동을 예측하는 데 있다. 경쟁기업의 행동을 분석하는 것이 얼마나 중요한 것인가는 개별산업의 특성에 따라 크게 달라진다. 완전경쟁형태에 가까운 산업에서는 기업들이 표준화된 제품을 만들어서 판매하므로 시장가격만 중요할 뿐 다른 기업들의 전략이나 행동을 이해할 필요는 없다. 그러나 산업집중도가 높은 산업, 특히 그 산업에 소수 기업만이 존재하는 과점적인 성격을 지닌 산업에서 한 기업의 행동은 다른 기업의 반응에 따라 크게 결과가 달라지기도 한다. 예를 들어, 상업용 항공기산업에서는 미국의 Boeing과 유럽의 Airbus가 서로 치열한 경쟁을 하며 신형비행기를 개발하고 있고, Coca-Cola와 Pepsi는 콜라 시장의 시장점유율을 놓고 오랫동안 치열하게 경쟁해 왔다. 이와 같은 과점적인 성격을 지닌 시장에서는 한 기업의 전략은 다른 기

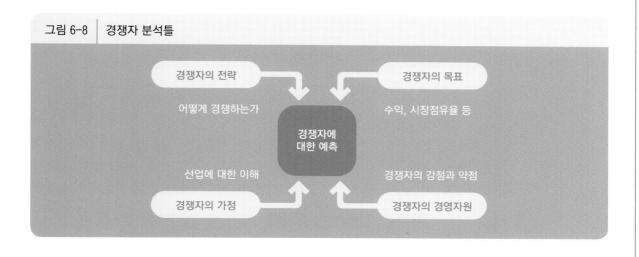

그림 6-8 | 경쟁자 분석틀

업들의 전략적 대응과 밀접한 관계를 갖고 있으며, 한 기업이 전략을 수립할 때 다른 경쟁기업의 반응을 예측하지 않고서는 올바른 경영전략을 수립할 수가 없다. 따라서 경쟁기업 분석은 자사의 전략에 대한 경쟁자의 대응을 예측하게 하여 자사에 가장 도움을 줄 수 있는 방향으로 전략을 수립하게 한다. 이처럼 경쟁기업의 행동을 예측하기 위해서는 다음의 네 가지 요소를 파악하여야 한다.

경쟁기업의 전략

경쟁기업을 분석하는 데 선행되어야 할 일은 과연 경쟁기업이 어떤 전략을 취하고 있는가의 문제이다. 우리는 경쟁기업의 최근 동향을 분석함으로써 경쟁기업이 앞으로 어떠한 전략을 취할 것인지를 어느 정도 예측할 수 있다. 즉, 최근에 얼마나 많은 설비투자를 하였는가, 최근에 얼마나 많은 직원을 고용하였는가, 신제품이 언제쯤 출하될 예정인가, 해외기업과의 전략적 제휴나 해외인수를 추진하고 있는가, 광고캠페인을 준비중인가 하는 것들과 기타 주변에서 흘러나오는 정보 또는 루머를 가지고 경쟁기업의 경영전략을 예측할 수 있다.

경쟁기업의 목표

자신의 경영전략의 수립시 명확한 목표가 있어야 하듯, 경쟁기업을 예측하기 위해서도 경쟁기업의 목표를 이해해야 한다. 중요한 목표 중의 하나는 과연 그 경쟁기업이 단기적인 이윤극대화를 추구하는지 또는 장기적인 이윤극대화를 추구하고 있는지의 문제이다. 과거 일본기업들은 시장점유율의 확대를 위해서 단기적으로는 손해를 보더라도 가격인하를 유도하였고, 이에 비하여 단기적인 이익을 추구하는 미국기업들은 일본기업들이 진입한 시장을 버리고 더 높은 마진을 보장하는 다른 시장으로 옮겨가곤 하였다. 즉, 기업이 추구하는 목표의 차이가 해당 시장의 경쟁방법을 바꾸어 놓은 것이다.

경쟁기업의 가정

또한 경쟁자를 이해하기 위하여는 그들이 산업에 대해 갖고 있는 가정을 이해하는 것이 중요하다. 왜냐하면 경쟁기업의 전략은 그 기업들이 산업을 어떻게 이해하는가에 따라서 달라지기 때문이다. 과거 미국시장을 지배하였던 Harley-Davidson은 일본기업이 저가 모터사이클시장에 진입하였을 때 오히려 이를 반겼다. 왜냐하면 싸구려 일본모터사이클을 구매하는 소비자들도 결국은 모터사이클에 흥미를 느끼고서 Harley-Davidson 같은 대형모터사이클을 사게 될 것이라고 생각하였기 때문이다. Harley-Davidson의 사장이었던 William Davidson은 다음과 같이 말하였다.

> "우리는 소형모터사이클시장에 대한 기대를 하지 않았습니다. 우리는 모터사이클이 스포츠를 위한 것이지 기본적인 운송수단이 되리라고는 생각지도 않았죠. 우리는 자동차가 기본 운송수단이고 모터사이클은 다만 레저용이라고 생각했어요. 우리도 소형모터사이클을 만들어 봤지만 전혀 팔리지 않았습니다. 따라서 우리는 소형모터사이클은 전망이 없다고 판단하고 일본기업들이 싸구려 모터사이클로 시장에 들어오는 것을 보고도 그냥 넘겨 주었습니다."[9]

경쟁기업의 경영자원

손자병법에 知彼知己면 百戰不殆라는 말이 있듯이 경쟁기업의 능력을 객관적으로 평가하는 것이 중요하다. 따라서, 경쟁기업의 경영자원 및 핵심역량, 즉 자금보유, 기술력, 관리기술 및 브랜드 강도를 객관적으로 평가하는 것은 경쟁자 분석의 기초인 것이다. 예를 들어, 막대한 자금력을 가진 기업을 상대로 가격경쟁을 시작하였을 때, 자본력이 부족한 기업은 결국 지구전에서 불리할 수밖에 없게 된다. 단순히 기술적인 능력, 제품의 성격만을 고려하여 공격적인 경쟁전략을 펼치다가는 경쟁기업이 막강한 자금력과 기술력을 바탕으로 공격해 올 때 오히려 큰 손해를 입을 수도 있다. 본 장의 서두에서 살펴본 Honda와 Yamaha의 사례는 Yamaha가 Honda의 경영자원과 목표에 대해 오판을 한 결과 크게 반격을 당한 경우를 보여준다.

이상의 경쟁기업에 대한 분석은 경쟁기업의 행동을 예측할 수 있게 한다. 만일 경쟁기업의 현재의 목표와 전략을 정확히 이해하고 경쟁기업이 그 산업에 대해서 갖고 있는 가정과 경쟁기업이 갖고 있는 능력을 정확히 평가하면, 그 기업이 소비자의 선호의 변화나 기술혁신과 같은 외부환경 변화가 있을 때 어떠한 행동을 취할지를 예측할 수가 있다. 또한 우리 기업의 행동에 어떻게 경쟁기업이 반응할지도 예측할 수 있다.

예를 들어, 실무에서 경쟁전략을 수립할 때 다음과 같은 질문을 통해 자신의 해당기업과 경쟁자, 산업에 적용하여 보기로 하자.

- 그림 6-6의 생산성곡선을 활용하여 현재 자신의 기업이 어느 곳에 위치하고 있는가를 확인한다. 자신의 기업이 생산성곡선상에 위치하고 있는가? 차별화와 비용간의 trade—off상의 위치는 어느쪽인가? 또는 안쪽에 위치하여 경쟁우

위를 갖지 못하고 있는가?

- 나의 경쟁자들은 같은 생산성곡선상의 어디에 위치하고 있는가?
- 나의 경쟁자들은 향후 어느 방향으로 움직이고 있는가? 그들이 갖고 있는 산업에 대한 가정, 추구하는 목표, 그리고 그들의 경영자원과 핵심역량이 그러한 움직임과 일치하고 있는가?
- 우리 기업은 어느 방향으로 이동하고 있는가? 우리가 갖고 있는 산업에 대한 가정, 추구하는 목표, 그리고 우리의 경영자원과 핵심역량이 이러한 움직임과 일치하고 있는가?
- 향후 생산성곡선을 이동시키는 기술진보나 외부환경의 변화가 기대되는가? 만일 그렇다면 우리와 경쟁자는 어느 위치로 이동하게 되는가?

06 >> 게임이론[10]

게임이론game theory은 기업의 경쟁전략을 분석하는 좋은 분석틀을 제공한다. 게임이론은 기업이 경쟁기업의 행동에 대하여 어떻게 반응할 것인가에 대한 보다 구체적인 해답을 제시해 줌으로써 기업간의 경쟁행위와 협조행위를 분석할 수 있게 해 준다. 이러한 이유로 게임이론은 경영전략 이외에도 경제학, 정치학, 행정학, 군사전략학 등에서 널리 사용되고 있다.

게임이론은 합리적인 경제주체인 기업이 마찬가지로 합리적으로 판단하는 경쟁기업과 경쟁하고 있다는 것을 가정한다. 과연 현실의 기업들이 이 가정처럼 합리적인 의사결정을 하는지에는 의문의 여지가 있지만, 기업이 이윤을 추구하는 주체라는 합리성은 부인하기 힘들 것이다. 더욱이 게임이론이 발전됨에 따라 이 같은 경제주체의 합리성에 대한 가정은 점차 완화되어 가는 추세에 있다.

이러한 가정하에, 게임이론에서 묘사하는 기업들의 행동은 순차적sequential인가 아니면 동시적simultaneous인가로 나누어 볼 수 있다. 장기나 바둑은 순차적인 게임이다. 장기를 두는 사람은 상대편의 수를 보고, 이에 대응하여 자기에게 가장 유리한 방향으로 다음 수를 둔다. 그리고 다음 수를 둘 때는 자신의 수에 상대방이 어떻게 대응할 것인지를 예측하고 자기의 말을 운용하여야 한다. 이에 반하여 우리가 흔히 사용하는 가위, 바위, 보와 같은 게임은 동시적인 게임이다. 즉, 둘 이상의 사람이 동시에 가위, 바위, 보를 냄으로써 승자를 결정한다. 가위, 바위, 보 게임에서는 순차적으로 가위, 바위, 보를 낼 수 없다. 상대방이 무엇을 낼 것인 지를 알면 거기에 따른 나의 반응은 이미 정해져 있기 때문이다. 실제 기업들의 경 쟁은 순차적인 게임일 수도 있고 동시적인 게임일 수도 있다. 먼저 동시적인 게임 부터 살펴보고, 다음으로 순차적인 게임을 살펴보기로 한다.

동시적 게임

본 장의 서두에 소개된 모터사이클산업에서 Honda와 Yamaha가 신제품을 발표할 것을 고려하고 있다고 하자. Yamaha가 신제품을 발표함으로써 얻을 수 있 는 이익은 Honda가 얼마나 신속하게 경쟁하는 신제품을 시장에 출시할 것인가에 달려 있다. 즉 Honda의 행동에 따라서 Yamaha의 행동의 결과가 달라지는 것이 다. 이와 같은 두 기업 사이의 경쟁상황을 쉽게 묘사하는 것이 손익행렬payoff matrix이다. 손익행렬은 경쟁관계에 있는 두 기업의 행동선택에 따라 각 기업이 얻 는 이익 또는 손실을 나타낸 것이다. 만약 모터사이클산업에서 이들 두 기업만이 경쟁을 하고 있을 때, 각 기업의 행동은 신제품을 발표할 것인가 아니면 구형제품 만을 판매할 것인가 하는 두 가지 선택의 기로에 있다. 각각의 결과는 두 기업이 어떤 선택을 하였는지 그 여부에 따라서 달라진다.

그림 6-9에 예시된 바와 같이 Yamaha의 행동에 따른 손익행렬의 우상향의 숫자는 Yamaha의 손익이고 좌하향의 숫자는 Honda의 손익이다. 만일 이 두 기 업 모두 신제품을 출시하지 않고 구형제품만을 판매한다면 양쪽기업은 100만큼 의 이익을 얻을 것이다. 그러나 Yamaha가 신제품을 발표하고 Honda가 신제품을 발표하지 않을 경우 Yamaha의 이익은 250이 되고 Honda는 30만큼의 손실을 보 게 된다. 또한 반대의 경우, 즉 Honda가 신제품을 발표하고 Yamaha가 신제품을 발표하지 못할 경우, Yamaha는 30만큼의 손해를 보고 Honda는 250만큼의 이익 을 본다. 마지막으로 이들 두 기업이 모두 신제품을 출시할 경우에는 이들 두 기 업 모두 영의 이익을 얻는다고 보자. 즉 이들 두 기업간의 경쟁이 심화되고 개별 기업마다 신제품개발의 비용이 들기 때문에 결국 모두 영의 이윤을 얻는다는 것 이다.

위와 같은 게임에서 두 기업은 동시에 의사결정을 하고 상호간에 정보교환은 없다고 가정한다. 손익행렬을 이용하면 우리는 재미있는 경쟁의 결과를 살펴볼 수 있다. 즉, Yamaha에서 가장 유리한 선택은 Honda가 신제품을 발표하지 않은 상태에서 Yamaha가 신제품을 발표하는 것이다. 이 경우 Yamaha는 250의 이익을 얻게 되어, 구형제품을 생산할 때의 100의 이익에서 150만큼 증가한다. 한편 Honda가 신제품을 발표한 경우에 있어서도 Yamaha의 입장에서는 신제품을 발표하여 영의 이익을 얻는 것이 구형제품을 생산하여 30의 손해를 입는 것보다 30만큼 유리하다. 그러나 이 같은 상황은 Honda의 입장에서도 마찬가지이다. Honda도 신제품을 발표하는 것이 더 유리하기 때문에 신제품을 발표하기 마련이다. 결국 두 회사 모두 신제품을 발표하는 것이 개별기업의 입장에서 보면 주전략 dominant strategy이 된다. 따라서 이 두 기업 모두 자신의 입장에서만 생각할 때에 자신에게 가장 유리한 전략, 즉 주전략인 신제품발표전략을 채택함으로써, 두 회사 모두 신제품을 발표하고 두 기업 모두 영의 이익을 보게 된다. 이 경우는 두 기업 모두 신제품을 발표하지 않기 때문에 양쪽 기업이 모두 100의 이익을 얻고 있는 경우보다 훨씬 더 수익률이 낮아지게 된다. 이 같은 상황을 게임이론에서는 '비협조적인 게임의 균형'이라고 말한다. 우리가 종종 '죄수의 딜레마prisoners' dilemma'라고 하는 것도 이 같은 비협조적인 게임non-cooperative game의 일종이다.

　여기서 주전략dominant strategy이란 경쟁기업의 행동과 상관 없이 자신의 입장에서 보았을 때의 최적의 전략을 말한다. 죄수의 딜레마란, 예를 들어, 경찰이 두 명의 범인을 개별신문하면서, 공범자가 범행을 하였다는 사실을 자백하게 하면 자신은 풀려나고 그 공범자만 감옥에 갇힌다고 유혹하였을 경우에, 서로 상대편 공범자의 범행을 시인함으로써 결국은 둘 다 감옥에 갇히게 된다는 상황이다. 만일 두 범인이 모두 자백을 하지 않을 경우, 둘 다 증거부족으로 풀려날 수 있었음에도 불구하고, 두 명이 서로 상대방을 고발함으로써 결국은 둘 다 감옥에 갇히

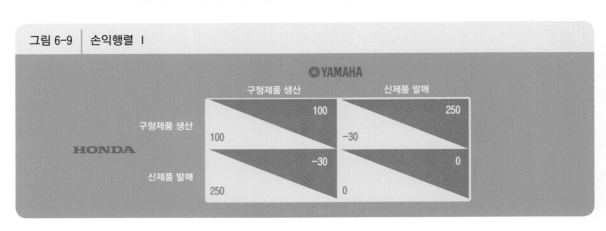

그림 6-9   손익행렬 Ⅰ

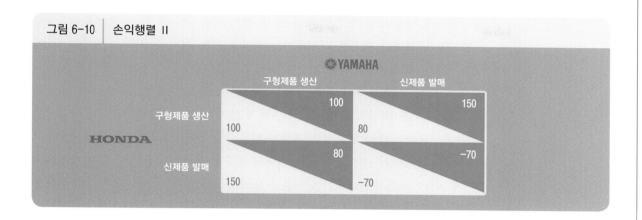

그림 6-10 | 손익행렬 II

게 된다. 그러나 각각의 범인의 입장에서 보면, 상대방을 고발하는 것이 자신에게 는 더 유리한 전략, 즉 주전략dominant strtegy이 되는 것이다.

　이와 같이 양쪽기업이 주전략이 있는 경우, 그 게임에서 어떤 결과가 나오는 가를 알기는 비교적 쉽다. 그러나 모든 상황마다 주전략이 존재하지는 않는다. **그 림 6-10**의 예에서는 주전략이 없다. 왜냐하면 Yamaha가 신제품을 발표하는 것이 유리한지, 아니면 구형제품을 생산하는 것이 유리한지 여부는 Honda의 행동에 따라서 달라지기 때문이다. Honda가 신제품을 발표하지 않는다면, Yamaha의 이 익은 Yamaha와 Honda 두 회사가 구형제품만 생산할 경우의 100에서 Yamaha가 신제품을 발표할 경우 150으로 50만큼 증가한다. 따라서 이러한 경우에는 Yamaha의 입장에서는 신제품을 발표하는 것이 더 유리하다. 그러나 만일 Honda 가 신제품을 발표한다면, Yamaha의 이익은 Yamaha가 구형제품을 고수할 때에는 80이나 Yamaha가 신제품을 발표할 경우 −70으로 낮아져서 총 150만큼 감소하게 된다. 따라서 이러한 경우에는 Yamaha가 신제품을 발표하는 것이 오히려 더 불리 하게 된다. 즉, **그림 6-9**와는 달리 **그림 6-10**의 상황에서는 Yamaha가 신제품을 발 표하는 것이 유리한지 불리한지 여부는 Honda가 신제품을 발표하는 사실 여부에 따라 결과가 달라진다는 것을 알 수 있다. 이와 같이 우리가 어떻게 경쟁기업을 예측할 수 있는가는 궁극적으로 각각의 개별기업이 직면한 상황이 **그림 6-9**의 손 익행렬 Ⅰ과 같은 상황인가 또는 **그림 6-10**의 손익행렬 Ⅱ와 같은 상황인가에 따 라서 달라지게 된다.

　위에서 살펴본 비협조적 게임에서 죄수의 딜레마는 이러한 게임이 1회로 끝 나는 것이 아니라 무한히 계속될 경우에는 해결될 수 있다. 예를 들어, 먼저 죄수 의 딜레마와 같은 상황에서 만일 어느 한 강도가 공범자를 밀고하였을 때 이러한 배신행위에 대하여 출감 후 보복을 할 수 있는 가능성이 존재한다면, 두 강도들은 공범자를 밀고하는 행위를 자제하려는 경향을 보일 것이다. 따라서 단 한 기간에 행하여지는 게임이 장기간으로 연장될 경우 이 게임에 참가하는 사람들은 장기적인 안목을 갖고, 서로 협조하는 체제로 균형을 이룰 가능성이 있다. Axelrod의 컴퓨터시뮬레이션 실험결과에 따르면 이렇게 장기적으로 계속되는 게임상황에서는 시간이 경과됨에 따라 협조적인 체제가 더욱더 공고하게 된다는 것을 보여준다.[11]

즉, **그림 6-9**와 같이 죄수의 딜레마와 같은 상황에서도 기업들이 장기적으로 경쟁을 하다 보면, Yamaha가 신제품을 발표하였을 경우 Honda도 똑같이 신제품을 발표하면 결국 두 기업이 신제품을 발표하기 이전에 얻던 100만큼의 이익보다 훨씬 작은 0의 이익을 얻는다는 것을 경험하게 될 것이다. 결국 그 다음 해에 두 기업이 신제품을 발표할 때는 서로 상대방이 신제품을 발표하기 전까지는 이를 자제하는 경향을 나타낼 것이다. 그러나 한 기업이 이러한 암묵적인 밀약을 깨뜨리고 신제품을 발표하는 경우에는 상대방 기업은 똑같이 신제품을 발표하여 약속을 깨뜨린 기업에 대하여 보복을 한다. 이와 같이 협조와 비협조의 관계가 지속될수록 두 기업은 서로 협조를 하여 신제품을 발표하지 않는 것이 궁극적으로는 두 기업 모두의 이윤극대화에 도움이 된다는 것을 알고, 상대방이 먼저 밀약을 깨뜨리지 않는 한 이 협조관계를 깨뜨리지 않는다는 일종의 신사협정과 같은 것이 자연스럽게 나타나게 된다.

주의하여야 할 것은 두 기업들이 비협조의 결과로 나타나는 보복의 위협 때문에 상호협조한다는 점이다. 실제로 소수의 기업들이 경쟁하고 있는 경우에, 이 같은 신사협정을 통한 협조적인 경쟁, 즉 암묵적인 카르텔이 종종 형성되곤 한다. 그리고 기업들이 한 시장에서만 경쟁하는 것이 아니라 여러 시장에서 동시에 경쟁을 하는 다시장경쟁multi-market competition인 경우, 만일 어느 기업이 한 시장에서 경쟁기업과의 밀약을 깨뜨리고 가격경쟁을 시도하였을 때는, 경쟁기업은 그 시장이 아닌 다른 시장, 즉 밀약을 깨뜨린 기업이 가장 취약한 시장에서 그 기업을 괴롭힐 수 있다. 따라서, 기업들이 한 시장뿐만이 아니라 여러 시장에서 만나게 되는 경우, 훨씬 더 협조적인 체제를 만들거나 암묵적인 카르텔을 형성하기가 더욱 쉬워진다.

순차적 게임

우리가 지금까지 살펴본 게임은 두 기업이 동시에 의사결정을 하는 동시적

게임이었다. 그러나 많은 경우, 한 기업의 행동과 경쟁기업의 반응은 시차를 두고 나타나는 순차적인 행동, 예를 들어, 바둑이나 장기와 같은 게임이 되기가 쉽다. Dixit와 Nalebuff는 이러한 순차적인 게임전략에 대하여 많은 연구를 하였다.[12] 이런 순차적 게임에는 경쟁기업의 반응을 보고 의사결정을 하게 된다. 이와 같이 순차적인 게임을 할 때는 의사결정나무decision tree를 만들어서 생각하는 것이 편리하다. 이런 의사결정나무는 기업들이 취할 수 있는 여러 가지 행동들을 나열하고, 그 행동들에 따라 경쟁기업이 어떠한 선택을 하게 될 것인지를 나누어 분석함으로써 각 행동에 따른 결과를 살펴볼 수 있게 한다. 이제 **그림 6-9**에서 살펴본 바와 같은 상황을 순차적 게임으로 풀어가 보기로 하자.

예를 들어, Yamaha가 먼저 신제품개발을 결정한다고 가정하자. 그러면 Honda는 Yamaha의 행동을 보고 그 다음에 의사결정을 하게 된다. 이와 같은 경우에 선택의 가지 수는 **그림 6-11**에 나와 있는 의사결정나무와 같다. 만일 Yamaha가 먼저 신제품을 생산하거나 신제품생산 발표를 자제하는 경우, Honda는 Yamaha의 선택을 보고 신제품을 발표할 수도 있고 안 할 수도 있다. 그 결과는 다음 **그림 6-11**의 O_1에서 O_4와 같이 나타난다. O_1의 결과는 Honda와 Yamaha가 신제품을 발표하지 않는 경우이다. 이 경우 두 기업은 모두 100만큼씩의 이익을 얻는다. 그러나 O_2의 경우는 Yamaha가 신제품을 발표하지 않았음에도 불구하고 Honda는 신제품을 발표하였다. 따라서 Yamaha는 30만큼의 손해를 보고 Honda

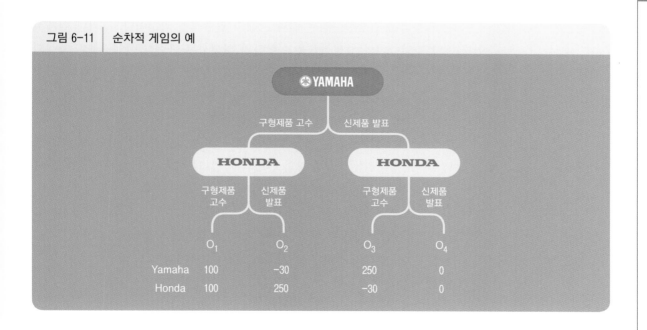

그림 6-11　순차적 게임의 예

는 250만큼의 이익을 얻는다. 그러나 O_2의 결과는 Yamaha도 신제품을 발표하고 Honda도 신제품을 발표하는 O_4의 결과에 비하여 훨씬 Yamaha에는 불리한 상황이다. 따라서 Yamaha는 이 같은 상황에서 일단은 신제품을 발표하는 것으로 행동을 취하고, Honda 역시 이에 대하여 신제품을 발표하므로 결국은 O_4와 같은 죄수의 딜레마가 나타날 수 있다.

이와 같은 게임이론은 전략을 수립하는 이에게 자신이 어떤 전략을 수행할 때, 경쟁자가 어떻게 반응할 것인가를 예측가능하게 한다. "나의 경쟁자가 나의 전략에 대해 어떻게 반응할 것인가?" 또한 더 나아가서 "그들의 반응에 대해 어떻게 대응하는 것이 좋은가?"를 체계적으로 살펴볼 수 있게 해 준다. 다음의 제7장과 제8장에서는 보다 자세히 가격결정과 신제품개발에서 게임이론을 사용한 분석결과를 살펴볼 것이다.

07 ›› 결론 및 요약

제Ⅱ부에서 살펴본 산업구조분석기법과 자신의 경영자원 및 기업문화, 리더십에 대한 분석은 경쟁전략의 수립과 시행의 필수적인 과정이다. 그러나 실제로 어느 해당 사업단위의 경쟁전략을 수립하기 위해서는 단순한 산업구조와 자신의 내부환경에 대한 이해 이상으로 특히 경쟁자의 전략에 대한 이해가 필요하다. 경쟁자가 누군지, 어떠한 전략을 추구하는지에 대한 이해 없이 전략을 세우면 의도하는 전략적 목표를 성공적으로 달성할 수 없다.

본 장에서는 경쟁우위는 어떻게 창출되며, 또한 그 우위가 지속가능한가를 살펴보았다. 경쟁우위는 외부환경의 변화와 기업내부에서의 혁신에 의하여 창출된다. 그러나 이러한 경쟁우위를 창출하는 요인을 경쟁기업이 쉽게 획득하거나 모방할 수 있으면, 경쟁우위는 순식간에 사라진다. 따라서 성공적인 경쟁전략을 위해서는 경쟁기업의 행동을 예측하여야 한다. 경쟁기업의 행동을 예측하기 위해서는 경쟁기업의 현재의 전략, 경쟁기업의 목표, 경쟁기업이 산업에 대해 가진 주요 가정, 경쟁기업이 소유한 경영자원에 대한 이해가 필요하다.

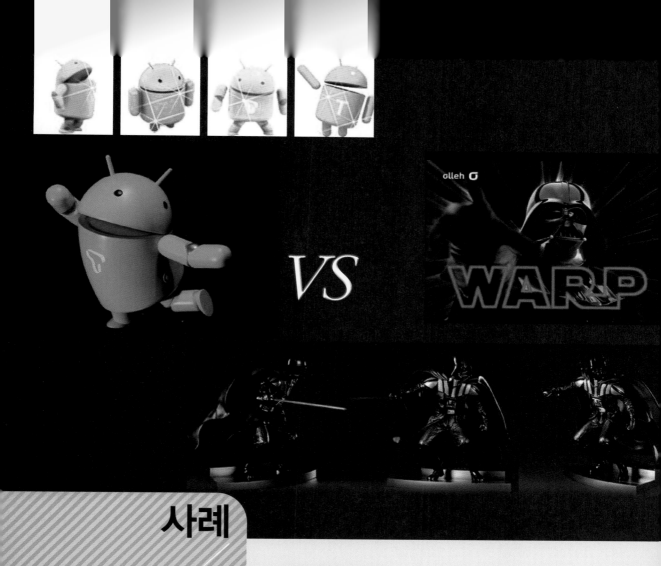

case

SKT 대 KT[13]

이동통신산업은 정보화사회로 발전해 나아가는 데 있어서 중요한 역할을 담당하고 있다. 이동통신시스템이 추구하고 있는 주목적은 사용자가 언제·어디서나 통화와 데이터통신이 가능하도록 무선을 매체로 전체 통신망의 기능을 활용할 수 있도록 하는 데 있다.

한국의 무선통신사업은 정부가 이동전화의 수요를 충족하기 위해 1984년부터 한국이동통신(주)을 설립하여 아날로그 이동전화서비스를 보급하면서 시작하였다. 이후 정부는 CDMACode Division Multiple Access: 코드다중분할접속기술을 국가표준으로 삼고, 한국이동통신을 SK텔레콤으로 민영화하고, 그 밖에도 CDMA방식의 신세기통신, PCSPersonal

Communication System방식의 LG텔레콤, 한국통신, 한솔PCS의 경쟁체제로 돌입하였다. 이후 이동통신산업은 치열한 경쟁을 경험하게 되었다.

이동통신산업의 1차 대전은 1997년부터 시작한 이른바 'PCS대전'으로 불리는 2개의 셀룰러방식의 사업자SK텔레콤과 신세기통신와 3개의 PCS사업자간의 치열한 경쟁이었다. 기존의 아성을 수성하려는 SK텔레콤과 신규진입자간의 경쟁의 제1라운드는 광고였다. 5개의 이동통신사업자는 주요 고객인 청장년층을 대상으로 하여 그들에게 어필할 수 있는 광고를 제작하였는데, 각 회사의 광고는 많은 화제를 낳았다.

5개 업자가 격돌한 또 한 가지 전장은 신규가입자를 끌어들이는 단말기보조금 전쟁이었다. 통신사업은 사용자가 얼마이든간에 이미 수백만 명의 고객을 운영할 수 있는 전국적인 통신망에 대한 투자가 필요하다. 고정비용의 성격이 강한 통신산업에서는 가능한 가입자가 많을수록 이 막대한 고정비용을 분담할 수 있다. 이로 인해 업체들

간에 고객확보를 위한 경쟁이 심화되면서 휴대폰 가격을 비롯한 가입비용과 통화요금이 크게 떨어졌다. 그러나 이와 같은 가입자의 지불능력을 고려하지 않은 가입자유치는 많은 불량가입자를 발생시켰고, 정보통신부는 단말기보조금을 규제하기 시작하였다.

이와 같이 단말기보조금에 의존한 소모적인 경쟁이 주춤해지자, SK텔레콤의 반격이 시작되었다. SK텔레콤의 시장점유율이 낮아진 이유는 무엇보다도 젊은층을 공략하지 못했기 때문이라는 자체판단이 나왔다. 시장조사에 나선 결과 011은 '아저씨가 쓰는 휴대폰'으로 브랜드 이미지가 고정되어 있었다. 이에 SK텔레콤은 1999년 'TTL'이라는 새 브랜드를 가지고 공격적으로 젊은 시장을 공략하기 시작하였다. TTL은 10, 20대들에 대한 유인요소가 많기는 하지만 연령에 제한 없이 누구나 가입할 수 있어 사실상 모든 가입자를 대상으로 한 실질적인 요금인하 효과가 발생하여, SK텔레콤으로서는 PCS업체들에 대한 대대적인 공세

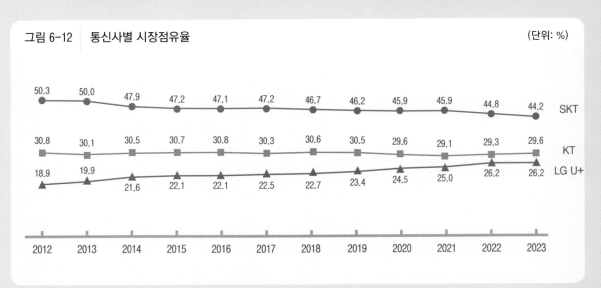

그림 6-12   통신사별 시장점유율   (단위: %)

	2012	2013	2014	2015	2016	2017	2018	2019	2020	2021	2022	2023	
SKT	50.3	50.0	47.9	47.2	47.1	47.2	46.7	46.2	45.9	45.9	44.8	44.2	SKT
KT	30.8	30.1	30.5	30.7	30.8	30.3	30.6	30.5	29.6	29.1	29.3	29.6	KT
LG U+	18.9	19.9	21.6	22.1	22.1	22.5	22.7	23.4	24.5	25.0	26.2	26.2	LG U+

출처: 미래창조과학부.

를 편 것이다. 이러한 노력으로 인해 SK텔레콤은 TTL서비스 이후 8월 한달 만에 TTL브랜드로만 25만의 신규가입자를 확보하였으며, 전체적으로는 약 50만이 넘는 가입자수를 기록하여 PCS업체들의 가입자증가율을 압도하였다.

TTL의 폭발적인 반응에 대해 한국통신프리텔은 처음에 당황하지 않을 수 없었다. PCS의 주 소비자층인 20대가 SK텔레콤으로 이동하기 시작한 것이다. 한국통신프리텔 역시 'Na', 'drama' 등 다양한 브랜드로 대응하였다. drama는 다이어트, 성형수술 등 여성들이 가지는 각종 서비스들에 할인을 제공하며, 요금, 단말기, 멤버십 서비스 등을 여성 전용으로 꾸미고 남성은 아예 가입도 안 되게 하였다. 이에 대해, SK텔레콤은 사회적으로 가장 왕성하게 활동하면서 실제로 전체 이동통신 사용 연령층 중 가장 많은 통화량을 기록하는 20~30대 직장인들을 대상으로 'UTO' 브랜드를 출시하였고, 이에 맞서 한국통신프리텔은 'Main'이란 브랜드를 출시했다. 이와 같은 SK텔레콤의 반격과 한국통신프리텔의 대응, 그리고 이들간의 격렬한 경쟁은 결국 군소업자들의 몰락을 가져왔다. SK텔레콤은 신세기통신과 합병하였고, 한국통신프리텔은 한솔PCS를 합병하였다.

2004년 1월 1일부터 SK텔레콤 고객이 기존 자신의 번호로 KTF나 LG텔레콤의 서비스로 전환할 수 있는 부분적인 '번호이동성 제도'가 시행되면서 업체간 경쟁이 새로운 국면에 접어들었다. 그동안 휴대폰 번호를 바꿔야 하는 불편함 때문에 통화품질 및 서비스내용이 마음에 들지 않아도 실제적으로 해지 및 신규 가입이 어려웠던 소비자들에게 새로운 선택의 기회가 열리게 된 것이다. 반면 이동통신업체는 번호이동에 따른 신규고객 유치의 기회와 기존 고객의 이탈이라는 위협을 동시에 안게 되었다.

이동통신산업의 2차 대전은 2007년부터 시작한 3세대 이동통신서비스이하 3G에서 일어났다. WCDMA광대역코드분할다중접속방식를 기반으로 하는 3G는 멀티미디어 전송을 목적으로 개발되었고, 영상통화서비스를 완벽히 구현하였고, 고속무선인터넷 플랫폼과 다양한 사업을 연계한 컨버전스사업도 제공할 수 있는 기회가 될 것으로 예측되었다. 이 때문에 후발주자인 KTF는 3G 시장을 선점하고 이를 바탕으로 업계 1위로 올라서기 위하여 대대적인 마케팅공세를 취하기 시작하였다. 2007년 3월 'SHOW'라는 브랜드로 시작한 3G 서비스는 48일 만인 누적가입자 30만 명을 돌파하면서 3G 1위 업체로 등극하게 되었고, 2007년 말 기준으로 KTF는 320만 명의 신규가입자를 확보함으로써 249만 명에 그친 SK텔레콤을 제치고 우위를 선점할 수 있었다.

SK텔레콤은 2G와 3G서비스 브랜드를 'T'브랜드로 통합하고 이를 중심으로 마케팅 활동을 강화하였다. SK텔레콤은 특히 'T'가 이동통신서비스를 넘어 고객의 일상속에서 친근한 브랜드로 자리잡을 수 있도록 '생각대로 T'라는 캠페인 테마를 유지하였다. 이와 더불어 '되고', '비비디 바비디 부', '생각대로 해 그게 답이야' 캠페인 등을 시도함으로써 소비자들에게 친근감 있는 브랜드로 각인시키는 데 성공하였다. 이러한 노력을 통해 3G 서비스 시장에서도 점유율 1위를 차지하였다.

한편 2008년 유선 및 인터넷사업자인 하나로통신이 SK텔레콤에 인수되어 SK브로드밴드가 되고, 2009년 KT와 KTF의 합병을 계기로 업체간 경쟁은 유무선의 통합이라는 새로운 흐름이 시작되었다. 합병과 함께 KT는 새롭게 'QOOK' 브랜드를 선보였으며 'QOOK'과 'SHOW'를 결합한 다양한 유무선 통합서비스상품을 출시하면서 통신서비스의 혁신을 주도하였다. 또한 '올레Olleh KT'라는 슬로건을 통해 소비자들의 이목을 집중시키는 데 성공하였다. 한편, LG이동통신 역시 2010년, 과거 2000년 인수한 데이콤과 2002년 인수한 파워컴을 합병하여 통합함으로써 통합사업명을 LG U+로 사용하여, 통합통신서비스를 개시하였다.

이로써 이동통신, 유선, 데이터 시장으로 분할되었던 통신산업 시장은 통합된 3대 업자들의 치열한 경쟁으로 대표되는 3차 대전의 시대를 맞이하였다.

3차 대전은 스마트폰 경쟁에서부터 시작하였다. KT는 2009년 11월에는 '아이폰 3GS'를 출시하여 먼저 치고 나갔다. KT는 단말기 보조금을 올리고 '아이폰'을 위한 저렴한 요금제를 출시하는 등 대대적인 마케팅노력을 투입하였다. 이러한 노

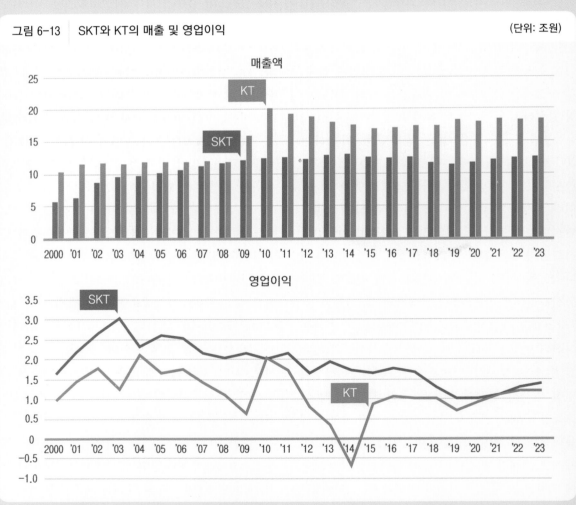

그림 6-13 　SKT와 KT의 매출 및 영업이익　　　　　(단위: 조원)

출처: 각사 연차보고서.

력을 통해 출시 10일 만에 9만 명, 출시 6개월 만에 60만이 넘는 가입자 수를 확보하였다. 이에 SK텔레콤은 삼성전자의 'T옴니아'를 출시하고 이후에도 '안드로이드' 기반 스마트폰을 집중투입하는 방식으로 대응하였으며 2011년 3월에는 '아이폰 4'를 출시하여 KT에 맞대응하였다. 이러한 양사의 전략 결과 국내 스마트폰 가입자 수는 2009년 80만 명에서 2011년 2,258만 명으로 2년 만에 28배 급상승하였고, 이동전화 가입자 중 스마트폰 가입자 비중도 2009년 1.7%에서 2011년 43%로 25배 이상 증가하게 되었다.

한편 LG U+는 스마트폰 사업에 늦게 진출하였던 문제를 극복하기 위해, 4세대 이동통신인 LTELong-term Evolution를 먼저 치고 나갔다. LTE는 3G보다 5배 빠른 75Mbps 속도로 고화질HD 영상통화를 비롯하여 영화와 같은 대용량 동영상의 실시간 전송을 가능하게 하였다. 이에 따라 LG U+는 빠른 성장세를 보였다. 2021년 12월 기준으로 SK텔레콤은 2,453만 명, KT는 1,555만 명, LG U+는 1,337만 명의 스마트폰 가입자를 확보했다. LG U+의 시장점유율은 LTE가 상용화된 이듬해인 2012년 18.9%에서 2021년 25%까지 꾸준히 증가했다. 이에 따라 LG U+는 빠른 성장세를 보였으며 시장점유율이 꾸준히 증가하였다.

국내 이동통신 산업은 총인구 대비 100%의 보급률을 넘어서 성숙기에 접어들었다. 각 통신사들은 브랜드 및 상품, 판매 서비스에서 경쟁하고 있으며 소비자 니즈에 맞는 차별화된 서비스를 앞다투어 소개하고 있다. 특히 독점적인 콘텐츠 제공을 통해 가입자에게 혜택을 주는 전략이 대표적인데, 일례로 LG U+는 2015년 HBO와 단독 제휴를 맺기도 했다. SK텔레콤은 기존의 Btv mobile과 hoppin 서비스를 통합한 OTT 서비스 옥수수를 2016년부터 운영했으며, 2019년에는 지상파 3사의 푹POQQ과 옥수수를 합친 웨이브WAVVE를 출범했다. 이어 2023년에는 3사 모두 가입 고객 전

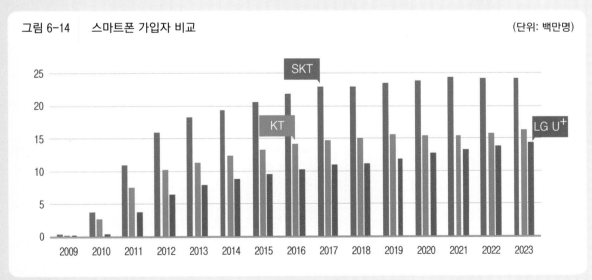

그림 6-14   스마트폰 가입자 비교   (단위: 백만명)

출처: 미래창조과학부.

용 구독 서비스의 혜택에 Youtube Premium을 추가하여 콘텐츠 제공의 폭을 넓히고 있다.

한편, 2017년부터 대두된 정부의 통신요금 인하 압력은 이동통신 시장에 꾸준한 파장을 불러오고 있다. 2018년에 국무총리실 산하 규제개혁위원회는 저렴한 요금제 출시를 의무화하는 '보편요금제' 도입 법안을 통과시켰고, 통신사들은 기존 요금제를 개편하는 등 다양한 방법으로 대응하고 있다. 앞으로도 정부의 압박이 계속되면 통신사들의 신용등급과 수익성이 하락할 것으로 평가받고 있다. 2019년 4월부터 5세대 이동통신5G 기술을 활용하여 속도 및 서비스 품질 경쟁을 벌이고 있다. 과학기술정보통신부의 2021년 12월 발표에 따르면 다운로드 속도에서는 SKT가, 다중이용시설을 포함한 교통인프라에서는 KT가, 영상다운로드 속도는 U+가, 각각 상대적 우위에 있는 것으로 나타났다.

최근에는 알뜰폰이 SKT, KT, U+의 시장점유율 경쟁에 새로운 요소로 등장하였다. 알뜰폰은 이동통신 3사의 기존 통신망을 임차하여 사용자에게 서비스를 제공하는 사업자로, 이동통신 3사에 비해 저렴한 가격이 특징이다. 과학기술정보통신부에 따르면 알뜰폰 사용자는 2021년 1,036만 명, 2022년 1,283만 명, 2023년 1,585만 명 이상을 기록하며 매년 꾸준히 증가하는 추세이다. 이는 SKT, KT, U+ 3사의 무선통신 가입자 수의 증가 추이와 비교하였을 때 5배 이상의 차이를 보이고 있다. 이러한 알뜰폰 시장의 성장은 향후 SKT, KT, U+ 삼자 간의 경쟁과 그 방향에 큰 영향을 미칠 것으로 보인다.

SKT, KT, LG U+
삼자경쟁

"알뜰폰의 시대 활짝 열렸다"

SK텔레콤의 홈페이지
www.sktelecom.com

KT의 홈페이지
www.kt.com

토의과제

01 SKT와 KT가 추구하는 경쟁우위는 비용우위인가 또는 차별화우위인가?

02 SKT와 KT가 대응과 맞대응해 온 과정을 시기별로 살펴보고, 이를 제6장에서 다룬 경쟁자 분석의 방법론으로 분석하라.

03 향후 SKT 또는 KT, LG U+가 경쟁우위를 확보하는 방법을 모색해 보자.

참고문헌

R e f e r e n c e

1　본 사례는 James Abegglen and George Stalk, *Kaisha: The Japanese Corporation*, Basic Books, pp. 43~55에 기초하여 작성되었다.

2　Kenichi Ohmae, *The Mind of the Strategist*, McGraw-Hill, 1982.

3　Pankaj Ghemawat, *Commitment: The Dynamics of Strategy*, New York: Free Press, 1991.

4　George Stalk, Jr., "Time-the Next Source of Competitive Advantage," *Harvard Business Review*, July-August 1988, pp.41~51.

5　S. A. Lippman과 R. P. Rumelt, "Uncertain Imitability: An Analysis of Interfirm Differences in Efficiency under Competition," *Bell Journal of Economics*, 13, 1982, pp. 418~438.

6　경쟁적 생산시설 확충에 관한 연구는 Michael E. Porter와 A. M. Spence, "The Capacity Expansion Process in a Growing Oligopoly: The Case of Corn Wet Milling," in *The Economics of Information and Uncertainty*, J. McCall, ed., Chicago: University of Chicago Press, 1982를 참조.

7　Richard P. Rumelt, "Towards a Strategic Theory of the Firm," in *Competitive Strategic Management*, R. Lamb, ed., Englewood Cliffs, NJ: Prentice-Hall, 1984, pp. 556~570.

8　Michael E. Porter, *Competitive Advantage*, New York: Free Press, 1985, p. 13.

9　Pascale, "Honda (A)," Harvard Business School Case 9-384-049, 1983.

10　게임이론에 대한 기초는 Von Neumann과 O. Morgenstern, *Theory of Games and Economic Behavior*, Princeton, NJ: Princeton University Press, 1944; Thomas C. Schelling, *The Strategy of Conflict*, 2nd ed., Cambridge: Harvard University Press, 1980을 참조할 것.

11　R. Axelrod, *The Evolution of Cooperation*, Basic Books, New York, 1984.

12　Dixit와 Nalebuff, *Thinking Strategically*, Norton, pp. 131~135.

13　본 사례는 장세진 교수의 지도하에 고려대학교 대학원의 박훤정과 김영건이 작성하였다.

비용우위와 가격경쟁

나는 달팽이보다는 참새가 되고 싶어. 그래, 그래야지. 가능하면 그렇게 해야지.
나는 못보다는 망치가 되고 싶어. 그래, 그래야지. 가능하면 그렇게 해야지.
나는 길보다는 숲이 되고 싶어. 그래, 그래야지. 가능하면 그렇게 해야지……
— Simon과 Garfunkel의 "El Condor Pasa" 가사의 일부분.

Walmart의 할인판매점[1]

    Walmart는 1962년 미국 아칸소 주의 조그만 소매상으로 시작한 이후 경이적인 속도로 매출과 점포수를 늘려 온 할인판매점이다. 그림 7-1과 같이 Walmart는 경이적인 성장을 기록하면서 매출과 점포수를 늘려왔다. 그림 7-2와 같이 Walmart와 경쟁업체는 큰 격차를 벌이고 있다. Walmart는 미국 내의 성장에 만족하지 않고 전세계적으로 사업을 확장하고 있는 중이다. Walmart가 이렇게 아칸소 시골의 작은 소매상으로부터 전세계에서 가장 규모가 크고 수익성이 높은 유통업자로 성장하게 된 비결은 과연 무엇일까?

    Walmart는 주요 경쟁자인 백화점들이 상당히 높은 마진을 붙여 소비자들에게 판매하는 것에 반하여, 자신의 구매가

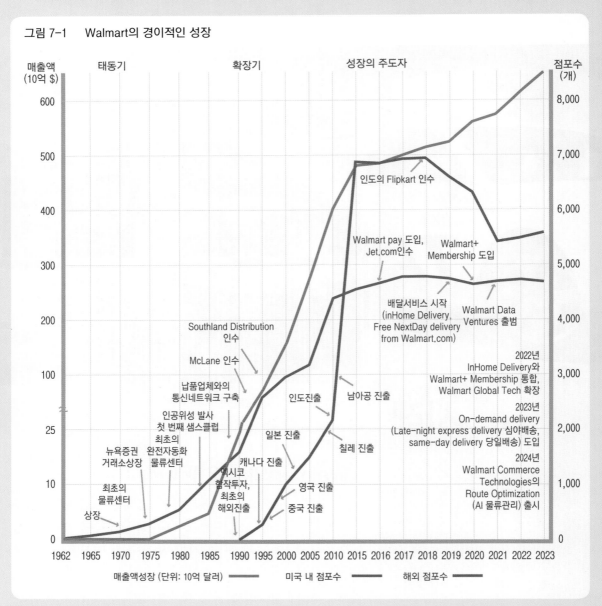

그림 7-1   Walmart의 경이적인 성장

출처: Walmart 연차보고서.

격에 단지 10~15% 정도의 낮은 마진을 붙이는 할인판매점으로 유통업계에 진출하였다. 할인판매점discount store에서는 슈퍼마켓과 같이 소비자들에게 낮은 가격으로 생활필수품을 판매하기 위해서 비용을 극도로 줄인다. 따라서 할인판매점은

기존의 백화점과는 다르게 실내장식에 투자를 하지 않으며 판매원도 최소한으로 줄인다. 이렇게 1960년대와 1970년대를 통하여 Walmart가 유통업계에 할인매장으로 진입한 것은 시기적으로 아주 적절하였다. 그 당시 소비자들은 과거보다 가

그림 7-2   세계 10대 유통기업의 매출 비교   (단위: 10억 달러)

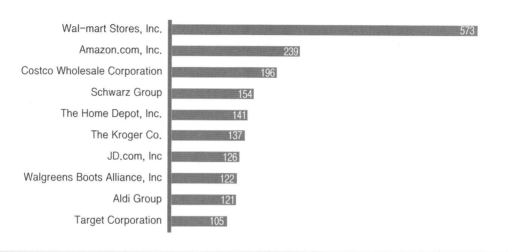

Wal-mart Stores, Inc.	573
Amazon.com, Inc.	239
Costco Wholesale Corporation	196
Schwarz Group	154
The Home Depot, Inc.	141
The Kroger Co.	137
JD.com, Inc	126
Walgreens Boots Alliance, Inc	122
Aldi Group	121
Target Corporation	105

출처: Deloitte, 2023년 기준.

격에 대한 정보를 더 많이 가질 수 있었고, 싼 가격을 찾아서 다소 먼 곳이라도 자동차를 타고 나가 구매하는 소비성향을 보였다. 또한 슈퍼마켓을 통해 소비자들은 셀프서비스라는 개념에 익숙해져 있었고, 대규모 유통업체가 훨씬 더 싼 가격으로 물건을 공급할 수 있다는 사실을 알고 있었다.

Walmart는 성장 초기에는 인구가 많지 않은 지방에 점포를 만들기 시작하여, 점차 도시외곽지역으로 점포를 확장해 갔다. Walmart가 초기에 주력한 지역은 미국의 중서부지역으로 이 지역은 인구밀집지역이 아니어서 K-Mart나 백화점들이 점포를 많이 만들어 놓지 않은 지역이었다. 이처럼 경쟁자가 없는 지역에 Walmart가 먼저 진입함으로써 경쟁자의 추격 없이 점포수를 늘려 갈 수 있었다.

Walmart는 다른 할인매장과 마찬가지로 중앙집중적인 구매방식을 택하고 있다. Walmart는 자신에게 상품을 공급하는 업자들의 공급가격을 깎

기로 유명하다. Walmart가 워낙 대규모로 구매를 하기 때문에 Walmart에 물건을 공급하는 업체는 가격인하 요구에 응하지 않을 수 없는 경우가 많다.

경쟁자들이 개별상품에 대한 수요예측을 하고 이를 토대로 전매장에 공급하는 행태와 달리, Walmart는 컴퓨터네트워크를 통해 각 점포에서 오는 주문정보를 중앙컴퓨터에서 처리하여 이를 지역별로 위치한 물류센터에 보유중인 재고에서 필요한 상품을 배달하고, 재고수준이 낮으면 다시 주문하는 방식의 물류시스템을 갖추었다. 그리고 제품에 대한 주문부터 배달까지의 시간을 줄이기 위하여, Walmart의 중앙컴퓨터는 납품기업의 컴퓨터와도 연결되어 있다. 예를 들어, Walmart에 일상소비재를 공급하는 P&G본사의 컴퓨터와 Walmart의 컴퓨터를 연결하여, 소비자수요의 동향, 경쟁업체의 동향 등 P&G가 소비자들의 수요를 파악하는 데 필요한 모든 마케팅데이터를 즉각

적으로 얻을 수 있도록 정보네트워크를 구축하였다. 이에 따라 Walmart에 물건을 공급하는 업자들은 Walmart가 지역별로 설립한 물류센터에 제품을 공급하고 Walmart의 트럭들은 이를 즉시 각 매장에 배달한다. 따라서 주문시간으로부터 약 48시간 이내에 모든 매장에 물건이 공급되도록 처리하고 있다. Walmart는 계속적으로 첨단정보시스템의 구축에 노력하여, 자신이 인공위성을 쏘아 올려 미국 전 지역을 연결하는 방대하고 즉각적인 정보네트워크를 구축하였다. 이런 정보네트워크를 구축하는 데 막대한 비용이 소요되었으나 이와 같은 투자의 결과 물류비용이 차지하는 비중이 크게 줄어들었다.

Walmart의 할인매장은 대체로 일주일 내내 문을 열고 있으며, 아침 9시부터 밤 9시까지 영업하고 있다. Walmart의 할인매장은 상품의 종류별로 나누어져 있고, 옷이나 수건과 같은 소프트한 제품보다는 하드한 제품, 즉 가정용구나 자동차부품, 가전제품에 강조를 두고 있다. 왜냐하면 이들 제품들은 소프트한 제품들에 비해 진열하거나 재고를 쌓아 두는 데 공간을 훨씬 적게 차지하기 때문에 매장의 면적대비 판매액을 극대화시키는 전략이기 때문이다. 또한 가정용 소비재들은 소비자들이 항상 구매하는 재화이므로 세일 등의 가격인하를 할 필요가 없다. Walmart가 주력으로 파는 기타 제품은 문구류, 캔디류, 운동용구, 완구류 그리고 의약품 등이다.

Walmart는 매장운영에서의 생산성을 높이기 위해 다른 할인판매점보다 빨리 POSPoint of Sale 시스템을 채택하였다. POS시스템은 전자스캐너로 물건의 바코드를 읽는 것으로, 출구에서의 계산속도를 빨리 할 뿐만 아니라, 판매정보가 즉각

Walmart의 중앙컴퓨터로 연결되어 소비자수요패턴을 즉시 분석할 수 있게 해 준다. 또한 Walmart는 소비자에게 이미 널리 알려진 상표의 제품을 주로 팔기 때문에 따로 광고비를 지불할 필요가 없다.

Walmart의 마케팅전략은 "Everyday low price"와 같은 캐치프레이즈에서 잘 알 수 있다. 즉 Walmart는 경쟁업체와는 달리 정기세일을 전혀 하지 않으며, 그 대신 자신이 일년 내내 세일가격으로 물건을 판매하고 있다는 광고를 한다. 소비자들은 이를 매우 긍정적으로 받아들이고 있다. 왜냐하면 소비자들은 종종 세일기간까지 구매를 연기하기 때문이다. Walmart가 특정 세일기간 없이 언제나 낮은 가격으로 판매하고 있다는 것은 소비자들로 하여금 언제든지 구매할 수 있다는 신뢰감을 가져다 준다.

Walmart의 성공은 Walmart 특유의 인사관리에 기인하기도 한다. Walmart는 항상 "다른 유통업자와 우리 회사와 차이를 내는 것은 바로 우리 종업원들이다"라는 슬로건을 내걸고 최고경영자도 대부분의 시간을 개별상점을 방문하면서 보낸다. 각 매장에 있는 종업원들은 어떤 제품을 판매할 것인가를 점포장에게 건의할 수 있으며 많은 경우 이 의견들은 채택된다. 개별점포의 관리자는 정규봉급 외에도 매점의 이익이 회사에서 지정한 목표를 초과할 경우 일정수준의 보너스를 받는다. Walmart의 기업문화는 검소함을 강조한다. Walmart 본사건물은 굉장히 허름하며 가능한 한 낭비적 요소가 없는 기업문화를 엿볼 수 있다.

1984년 Walmart는 백화점과 경쟁하던 기존의 할인매장 이외에도 'Sam's Warehouse Club'이라는 창고형 매장을 만들었다. 창고형 매장은 종래

의 할인매장과는 달리, 소수의 품목을 거의 도매수준의 가격으로 상자단위나 또는 대규모포장단위로 제품의 공급가격에 9~10%의 마진만을 붙여서 판매한다. 따라서, 소비자들의 일상생활에 필수적인 제품인 식·음료품, 샴푸, 문방구 등과 같은 소수의 품목에 대해서 대량구매를 할 경우 저렴하게 살 수 있다. 소비자들은 대체적으로 매년 연간가입비를 $40 정도 내고 창고형 매장에 입장한다.

또한 Walmart는 1992년 식료품에 주력하는 슈퍼센터라고 불리는 초대형 슈퍼마켓을 만들어 식료품분야에도 의욕적인 진출을 하였다. 즉 Walmart의 할인매장과 Sam's Warehouse Club이 비식료품계통에 주력해 온 반면, 슈퍼센터는 식료품분야에 주력함으로써 거의 모든 유통분야에서 가격파괴의 선구자가 된 것이다.

Walmart는 이제 미국에서의 성공에 만족하지 않고 전세계로 확장하고 있다. 1993년~1995년 멕시코, 브라질, 아르헨티나에 진출한 이후, 1996년에는 중국과 인도네시아에도 점포를 내는 등 해외진출을 가속화하고 있다. 한편, 1998년 4개 매장을 보유한 한국마크로를 인수하여 한국 진출을 시도하였으나, 한국 할인마트와의 경쟁에서 실패하여 2006년 한국매장을 이마트에 매각하고 한국시장에서 완전히 철수한 바 있다.

한편 Walmart는 나날이 성장하는 온라인 유통에도 철저히 대비하였다. Amazon과 같은 온라인 유통업자와 경쟁하기 위해 Walmart는 2019년까지 무려 150억 달러를 온라인 사업에 투자했다. 초기에는 온라인사업에 적응하는 데 어려움을 겪었으나 기존의 오프라인 매장과 온라인 매장을 통합하는 전략이 2019년 전세계를 혼란에 빠트린 코로나19 바이러스 사태에 빛을 발휘하기 시작하였다. 고객들이 Walmart의 온라인 매장에서 주문을 하면 2시간 내에 근처 오프라인 매장에서 배달하거나 픽업할 수 있는 서비스를 전격 확대하였으며, 동시에 심야배송과 당일배송 시스템을 도입하였다. 이러한 온라인-오프라인 겸용전략은 특히 신선식품과 같은 쪽에서 Amazon에 비해 우위를 갖고 있는 Walmart의 경쟁력을 최대한 활용하는 전략이었다. 반면, Wholefoods를 인수해서 신선식품 오프라인 사업에 진입했던 Amazon은 오프라인 매장에서의 배송에 많은 문제를 겪었다. Walmart의 "Everyday Low Price"전략은 온라인 고객에게도 통하는 전략임이 밝혀졌다.

2022년 러시아의 우크라이나 침공으로 유가와 곡물가가 상승하고, 전세계적으로 공급망 문제가 심화되자, Walmart는 인플레이션에 직면하여 판매가격 상승과 구인난으로 인해 임금이 상승하는 압력에 직면하고 있다. "Everyday Low Price" 전략이 향후 인플레이션과 경기둔화가 같이 있는 스태그플레이션 상황에도 적용될 수 있을 것인가?

Walmart CEO 인터뷰

Video
Walmart와 공급망위기

월마트의 홈페이지
www.walmart.com

01 ›› 서 론

전통적으로 경영전략은 경쟁우위의 기초로서 비용에서의 우위를 강조하여
왔다. 20세기에 들어 대기업들이 규모의 경제와 범위의 경제를 통해서 대량생산
과 대규모유통에서의 이익을 추구해 왔던 사실은 비용우위의 중요성을 한층 더
느끼게 한다. 더욱이 최근 기업들은 구조조정restructuring, 다운사이징downsizing,
아웃소싱outsourcing과 같은 프로그램들을 통해 비용의 효율성을 높이는 데 주력
해 왔다. Walmart가 경이적인 성장을 해 온 이유도 선구적으로 비용을 감축하고
이를 바탕으로 낮은 가격을 책정하는 경영을 해 왔기 때문이다.

비용우위는 특히, 제품이나 서비스가 일상재화된 산업에서 경쟁우위를 창출
하는 중요한 원천이기도 하다. 일상재commodity에서는 비용 이외의 다른 방법으
로 경쟁할 수 있는 가능성이 극히 제한되어 있다.

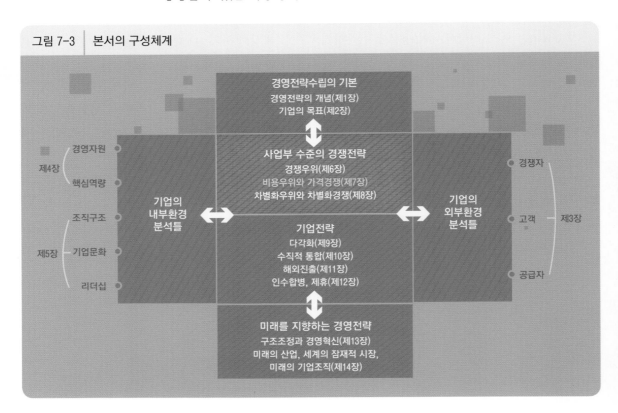

그림 7-3   본서의 구성체계

본 장에서는 비용우위의 원천을 밝혀 보고, 원가절감전략을 이용하기 위한 여러 가지 구체적인 분석틀을 살펴보려고 한다. 본 장에서 살펴볼 주제는 다음과 같다.

- 비용우위의 근본적인 원천은 어디에 있는 것인가?
- 기업의 활동을 세분하여 산업 내에서 비용우위를 평가할 수 있는 방법은 무엇인가?
- 비용에 대한 분석기법을 이용하여 궁극적으로는 가격전략을 어떻게 수립할 것인가?

02 ›› 비용우위의 원천

각 산업마다 그리고 개별기업이 수행하는 활동영역마다 비용을 결정하는 주요 결정요인은 서로 다르다. 우리는 각 산업 또는 기업에 미치는 비용결정요인의 상대적인 중요성을 살펴봄으로써, 한 기업의 단위당비용이 경쟁자와 다른 이유를 이해할 수 있고, 또한 어떻게 비용을 절감할 수 있는가를 알 수 있다. **그림 7-4**는 본 절에서 살펴볼 비용우위의 주요 결정요인을 요약하고 있다.

규모의 경제

규모의 경제economies of scale란 투입량을 증가시킬 때 산출량이 투입량증가비율 이상으로 증가하는 것을 말한다. 달리 말하면, 산출량이 증가할수록 단위당 투입비용이 비례 이상 감소하는 것을 의미한다. **그림 7-5**는 전형적인 규모의 경제의 예를 보여 준다. 이 그림에서 보는 바와 같이 산출량이 최소효율규모minimum efficient scale까지 늘어날수록 산출량의 증가에 따라 단위당 평균비용은 감소한다. 이와 같이 규모의 경제는 생산설비의 규모에 따라서 발생하기도 하지만 구매, R&D, 유통, 광고와 같은 활동에서도 뚜렷하게 나타난다. 규모의 경제는 다음과 같이 세 가지 주요 원천에서 발생한다.

Strategic Management

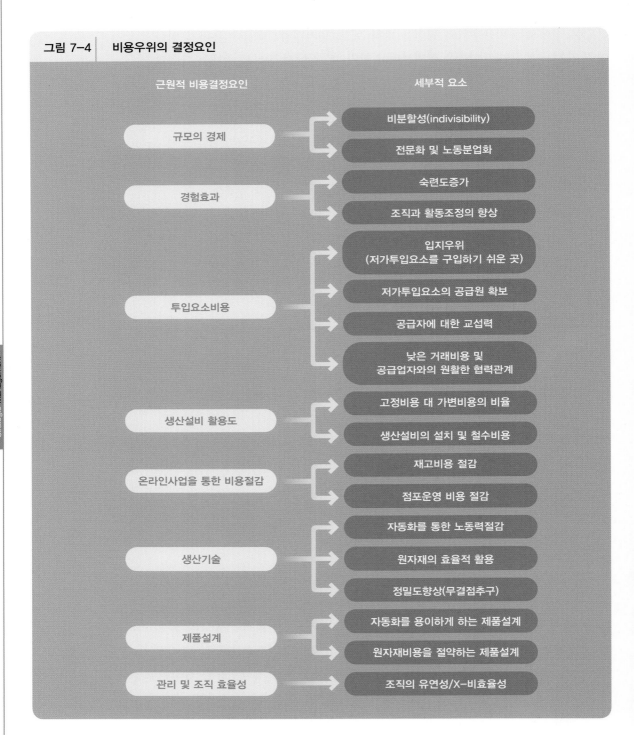

그림 7-4   비용우위의 결정요인

근원적 비용결정요인	세부적 요소
규모의 경제	비분할성(indivisibility)
	전문화 및 노동분업화
경험효과	숙련도증가
	조직과 활동조정의 향상
투입요소비용	입지우위 (저가투입요소를 구입하기 쉬운 곳)
	저가투입요소의 공급원 확보
	공급자에 대한 교섭력
	낮은 거래비용 및 공급업자와의 원활한 협력관계
생산설비 활용도	고정비용 대 가변비용의 비율
	생산설비의 설치 및 철수비용
온라인사업을 통한 비용절감	재고비용 절감
	점포운영 비용 절감
생산기술	자동화를 통한 노동력절감
	원자재의 효율적 활용
	정밀도향상(무결점추구)
제품설계	자동화를 용이하게 하는 제품설계
	원자재비용을 절약하는 제품설계
관리 및 조직 효율성	조직의 유연성/X-비효율성

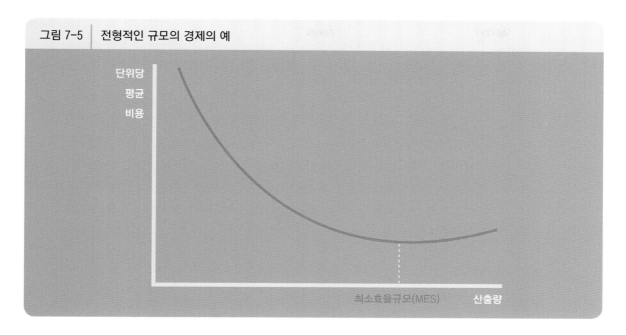

그림 7-5 | 전형적인 규모의 경제의 예

단위당 평균 비용

최소효율규모(MES)　산출량

첫째, 규모의 경제는 기술적 특성에서 비롯한다. 우리가 흔히 자연독점natural monopoly이라고 부르는 전력, 통신산업은 기술상의 특징 때문에 하나의 기업이 전국의 전력과 통신의 네트워크를 운영하는 것이 효율적이다.

둘째, 규모의 경제는 투입요소의 비분할성에서 발생한다. 비분할성indivisibility 이란 생산에 필요한 투입요소를 일정량 이하로는 구매할 수 없는 경우를 말한다. 예를 들어, 트럭은 한 대 또는 두 대 단위로 구입할 수 있는 것이지, 트럭의 반 또는 1/3을 구입할 수는 없다. 따라서, 생산규모가 클수록 고정비와 연구개발비에 많은 투자가 필요한 산업에서 유리하게 된다.

셋째, 규모의 경제는 전문화specialization의 이득을 활용할 수 있게 한다. 예를 들어 대형투자신탁회사나 컨설팅회사, 소프트웨어개발회사에서는 직원들을 산업별 또는 시장별, 업무별로 특화시킬 수 있기 때문에 소규모기업에 비해 전문화에서 생기는 이점을 더 많이 활용할 수 있다.

이와 같이 어떤 산업에서 규모의 경제가 두드러지면 그 산업에서는 소수의 기업만이 살아남을 수 있다. 즉, 산업의 집중도는 점차 높아진다. 각 산업에서의 규모의 경제는 그 산업에 있어서의 최소효율규모minimum efficient scale를 비교함으로써 측정할 수 있다. 컴퓨터, 자동차, 항공기제작사의 최소효율규모는 상당히 크고, 따라서 이들 산업에서의 집중도 역시 높게 나타난다.

그러나 일부 산업에서의 집중도는 생산 이외의 다른 활동에서의 규모의 경제에 기인하기도 한다. 즉, 담배, 가정용 합성세제, 맥주, 청량음료 등의 산업에서의 높은 집중도는 생산측면의 규모의 경제이기보다는 광고와 마케팅활동에서의 규모의 경제로 나타난 결과이다. 예를 들어, TV나 신문광고는 비용이 많이 들기 때문에 전국적으로 대량판매되는 제품일수록 단위당 광고비용이 줄어들게 된다.

또 다른 산업에서는 생산 및 마케팅활동에서뿐만 아니라 신제품개발면에서 규모의 경제가 중요할 때도 있다. 자동차산업에 있어서는 신제품개발비용이 산업의 집중도를 높이는 데 중요한 역할을 하고 있다. 최근 신형차모델을 만드는 데 필요한 연구개발비용은 기하급수적으로 증가하였다. 이같이 승용차산업의 신모델개발에 천문학적인 비용이 소요됨으로써 자금이나 시장점유율면에서 열세인 기업들은 신모델의 개발이 불가능해지고 결국은 대형기업에 인수합병당하는 현상이 나타난다.

규모의 경제 활용의 제약조건

실제로 기업이 얼마나 규모의 경제를 활용할 수 있는가는 다음과 같은 요인들에 의해서 제약을 받는다.

첫째, 제품차별화product differentiation의 정도는 규모의 경제를 제약한다. 소비자들이 표준화된 제품을 싸게 사는 것보다 다소 가격이 높더라도 다양한 제품을 원한다면, 한 가지 제품을 대량생산하여 비용을 낮출 수 있는 기회는 그만큼 제한되기 때문이다. 예를 들어 의류, 화장품 등의 산업에서는 소비자들의 수요가 다양하기 때문에 규모의 경제를 충분히 활용할 수 없다.

둘째, 유연성flexibility의 확보가 필요한 경우 규모의 경제를 충분히 활용하기 어렵다. 예를 들어, 수요의 변화가 잦고 소비자의 선호가 자주 변화할 때에는 표준화된 제품을 대량생산하는 것보다 다품종 소량생산을 하는 것이 훨씬 더 유리하다.

셋째, 규모의 경제의 부작용으로 기업내부조직상의 문제가 대두되기도 한다. 규모의 경제가 큰 산업은 대부분 대기업이고 이들 대기업은 관료주의적 성향이 팽배해 있다. 따라서 관료주의화된 거대한 기업조직에서 종업원들에게 적절한 동기를 부여하고 조정하는 데 큰 조직상의 비효율성이 따를 수 있다.

경험효과

경험효과experience curve effect 또는 학습효과learning curve effect는 기업의

비용우위를 결정하는 중요한 요인이다. **그림 3-5**와 같이 반도체산업에서는 누적
생산량이 2배가 될 때마다 비용이 30% 이상 줄어든다.

경험효과는 2차대전 중 항공기생산과정에서 처음 발견되었고, 그 후 보험,
장거리전화에 이르기까지 누적생산량이 증가함에 따라 규칙적으로 그 비용이 하
락한다는 사실이 발견되었다.[2] 이러한 경험효과는 생산공정에 있는 작업자들이
생산과정을 반복하면서 작업효율성을 높이는 방법을 고안하고, 낭비와 비효율을
없앰으로써 생산성을 높이기 때문에 발생한다. 또한, 축적된 경험은 공정을 개선
하거나 제품재설계를 통하여 생산비용을 절감할 수 있게 해 준다. 이와 같은 경험
효과는 생산공정 및 제품의 개선에서 발생하므로 경험곡선의 기울기는 생산공정
이 복잡할수록, 또는 부품수가 많을수록 큰 경향이 있다. 반도체와 항공기제작산
업에서 경험곡선의 기울기가 특히 가파른 것은 이를 반영한다.

BCG의 경험법칙에 따르면 누적생산량이 2배로 됨에 따라 평균비용은 일정
한 비율로 떨어진다. 이를 수식으로 표현하면 다음과 같은 등식이 성립한다.

$$C_n = C_1 \cdot N^{-a}$$

여기서 C_n은 n번째 단위의 생산비용이고 C_1은 제품 첫 단위의 비용, N은 누
적생산량, a는 생산량에 따른 비용의 탄력성을 나타낸다.

이 같은 비용의 감소를 도표로 나타내면, **그림 7-6**과 같다. 누적생산량이 증

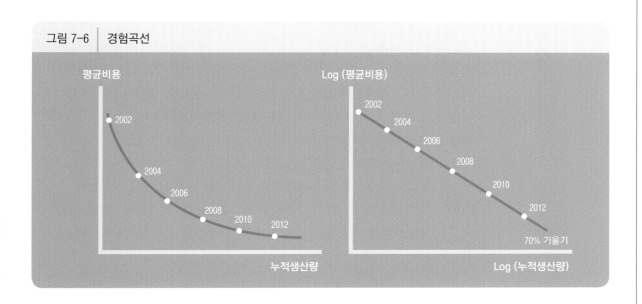

그림 7-6 │ 경험곡선

가함에 따라 평균비용이 감소하는 곡선으로 나타나는데, 평균비용과 누적생산량의 양쪽에 로그를 취하면 오른쪽 그림처럼 직선의 형태로 나타난다.

이러한 경험효과는 실제의 경영전략의 수립에 중요하다. 경험곡선과 같이 생산량이 누적됨에 따라서 비용이 체계적으로 감소한다면, 경쟁기업에 비해 비용우위를 가질 수 있는가 여부는 누가 먼저 산출량을 더 크게 늘릴 수 있는가에 달려있다. 즉, 생산량을 더 빨리 증가시켜서 경험효과를 최대한도로 활용하는 기업이 낮은 비용을 발판으로 가격을 더욱 낮추면 후발기업은 결국 비용상의 불리함으로 인해서 그 기업과 경쟁할 수 없게 된다.

경험곡선은 이와 같이 각 산업별 또는 각 기업별 자료를 구할 수 있다면 얼마든지 쉽게 그릴 수 있다. 경험곡선을 그리기 위해서는 제품 한 단위당 생산비용과 생산량에 대한 장기간의 자료가 필요하다. 이런 비용자료는 반드시 인플레이션을 제거한 실질비용으로 측정하여야 하며, 제품의 성격이 변하지 않을수록 더 정확하게 측정할 수 있다. 만일 시간이 지남에 따라 그 제품의 특성이 변한다면, 경험곡선을 작성할 때 이러한 제품 특성의 변화를 고려한 비용하락분을 고려하여 측정하는 것이 어렵기 때문이다.

한때 BCG는 모든 기업들이 현재의 비용수준에 맞추어 가격을 책정하기보다 경험곡선을 활용하여 미리 적극적으로 가격을 인하해야 한다고 주장하였다. 즉, 생산량이 크게 늘어나는 경우 경험효과에 따라 추가적으로 하락할 수 있는 비용수준에 맞추어 가격을 낮게 책정해야 한다고 주장하였다.[3] 대표적인 실증연구는 PIMSProfit Impact of Market Share연구로 시장점유율과 기업의 수익률 사이에 아주 밀접한 상호관계가 존재함을 보여 주었다.[4] 그러나 시장점유율과 수익률은 BCG가 제시하는 바와 같은 특별한 인과관계가 있다기보다는 우연한spurious 관계라는 것이 밝혀지고 있다.[5] 즉, 시장점유율 그 자체가 기업의 수익률에 영향을 미치기보다는 기업의 경영자원이 동시에 시장점유율과 수익률을 증가시킨다는 것이다.

실제로 BCG의 조언을 듣고 경험곡선을 활용하기 위하여 가격을 인하했던 기업들은 큰 효과를 보지 못하였다. 경험곡선이 나타나기 위해서는 생산현장에서 생산공정을 지속적으로 개선하려는 근본적인 노력이 있어야 하기 때문이다. 예를 들어, 제3장의 반도체산업의 사례에서와 같이 수율을 높이는 공정기술 및 근로자들의 생산방식의 개선과 같이 기업의 조직, 제품설계, 자재관리, 공정혁신 등의 결과로서 경험효과가 발생하는 것이지, 단순히 생산량을 증가시킴으로써 자동적으로 나타나는 것은 아니다.

또한 모든 기업이 스스로의 경험을 통해서 비용을 낮출 필요는 없다. 기업은 컨설팅회사의 노하우를 전수받을 수 있고, 현재의 생산방식을 바꾸는 신기술로 비용을 낮출 수도 있다. 따라서 경험효과를 전략의 수립에 효율적으로 이용하려면, 이런 경험곡선이 생산직 직원들의 학습, 혁신, 숙련도를 높이는 내부적인 노력에 의해서만 나타나는 것임을 결코 잊어서는 안 될 것이다.

투입요소비용

투입요소비용의 차이는 다음과 같은 이유에서 비롯한다. 먼저 공장의 입지에 따라 상당한 투입요소비용의 차이를 가져올 수 있다. 이 중에서 가장 중요한 것은 국가간의 임금의 차이이다. 특히 노동집약적인 산업, 즉, 의류, 신발, 장난감산업에서는 저임금국가에서 생산하는 것이 비용을 낮출 수 있다. 또한 시멘트제조회사가 경쟁자보다 싸게 석회석을 채굴할 수 있다면 비용상의 우위가 발생한다. 또한 대량구매를 통해 구매가격을 하락시킬 수도 있다. Walmart와 같은 대형유통체인이 크게 성장한 이유도 대규모 구매력을 이용하였기 때문이다. 그 밖에 부품공급업자들과 안정적인 관계를 유지하거나 노동조합과 원만한 관계를 유지하는 것도 기업 전체적으로 비용을 줄이는 방법이라 볼 수 있다.

생산시설의 활용도

고정비용이 높고 자본집약적인 석유화학산업과 제철산업에서는 불황기에도 계속 시설유지비용이 지출되기 때문에 높은 비용을 부담해야 한다. 또한 이러한 산업에서 호황기에 주어진 생산설비 이상으로 생산량을 늘리려고 하는 것 역시 잔업수당의 증가와 품질관리의 어려움 등으로 비용을 상승시킨다. 이와 같이 고정비용이 높은 산업에서는 기업이 신축적으로 유휴설비를 줄일 수 있는 능력이 기업의 비용우위를 가져다 주는 주요한 요인이다.

온라인사업을 이용한 비용절감

온라인사업은 그 자체로 새로운 사업기회를 제공하는 한편, 기존의 오프라인 기업에 비해 비용우위를 제공할 잠재력을 갖고 있다. Dell은 온라인으로 고객이 선택한 사양으로 주문이 나옴과 동시에 생산을 시작하여, 우송하는 방식으로 성장하여 왔다. 이와 같은 생산방식에 의해, Dell은 부품재고를 가질 필요가 없으며,

또한 팔리지 않는 제품을 처리하기 위해 세일을 할 필요도 없어지게 되었다. 컴퓨터산업에서 이러한 온라인 생산방식이 갖는 비용우위는 막대한 것이다. 컴퓨터의 주요 부품들 즉, 마이크로 프로세서, 메모리, 하드디스크들은 계속 신제품들이 나오면서 성능이 높아지고, 부품의 가격은 시시각각 하락하고 있다. 따라서 재고부품의 성능은 매일 같이 낙후되며, 시장가치가 떨어진다. 때문에 주문과 동시에 부품을 그 시점에서의 시가에 구매하고, 생산과 동시에 판매가 이루어지는 Direct Model은 Dell에게 엄청난 비용우위를 가져다 주었다.

그 밖의 비용우위요소

위에서 살펴본 다섯 가지의 비용-우위요소 이외에 추가적인 비용절감의 가능성을 살펴보면 다음과 같다.

생산공정 및 제품디자인의 개선

기업은 생산공정 및 제품디자인의 개선을 통해서 생산성을 최대한도로 높일 수 있다. 예를 들어, 퍼지로직fuzzy logic을 사용한 각종 가전제품들은 TV, 세탁기, 전자오븐 등에 있던 복잡한 기능을 없애거나, 스스로 알아서 적절히 조정해 주고 있다. 이와 같은 제품디자인의 개선은 소비자가 원하지 않는 각종 특수기능을 생략함으로써 생산비용을 절감하게 해 준다. 한편, 자동차산업에서는 수많은 모델의 자동차를 몇 개의 플랫폼platform으로 묶어, 같은 군소형, 중형, 대형에 있는 모델들끼리 주요 부품을 공유하는 방식을 취하고 있다. 이렇게 공유부품 수를 늘림으로써, 부품생산에서의 규모의 경제를 살리고 부품의 재고비용을 줄이게 되어 궁극적으로 생산비용을 절감할 수 있다.

조직의 효율성 증대

경영상의 효율성을 높임으로써 비용을 낮출 수도 있다. X-비효율X-inefficiency이라고 하는 것은 대기업과 같은 관료화된 조직에서 발생하는 비효율성을 말한다.[6] 이러한 비효율성은 곧 비용상승으로 나타나게 된다. 따라서 조직의 효율성을 높이는 여러 가지 활동, 즉 리엔지니어링과 같은 활동은 비용을 줄이는 중요한 방법이 된다.

03 ›› 가치사슬에 의한 비용우위분석

가치사슬에 의한 비용분석

비용측면에서의 경쟁우위를 어떻게 창출하는가를 살펴보기 위해 제6장에서 살펴본 가치사슬Value Chain의 기법을 활용한다. 가치사슬을 통하여 비용을 분석하기 위해서는 우리는 통상 다음 단계를 거쳐서 접근한다.

(1) 기업활동을 가치사슬분석기법에 따라 세분한다.
(2) 분리된 세부활동이 총비용에서 차지하는 중요성을 파악한다.
(3) 각 활동별 비용의 결정요인을 분석한다.
(4) 각 단계간의 비용의 연관성을 파악한다.
(5) 구체적으로 어떻게 비용을 줄일 것인가를 파악한다.

가치사슬분석에서 처음 단계는 기업의 활동을 세분된 각각의 활동분야로 나누는 것이다. 구체적으로 기업의 생산활동을 얼마나 자세하게 나누는가는 분석자의 필요에 따라서 얼마든지 다양하게 결정할 수 있다.

둘째, 이렇게 나눈 개별활동이 그 제품의 총비용에서 차지하는 상대적인 중요도를 파악한다. 이렇게 하는 이유는 기업의 어느 활동분야가 핵심분야인가를 알 수 있게 하기 위함이다. 실제로 회계장부를 뒤져서 각 활동단계별 비용자료를 계산하는 것은 힘든 작업이다. 그러나 각 단계별 비용을 구하여야만 경쟁자와 비교가능해지고, 자료를 모으는 과정에서 비용절감의 방법에 대한 아이디어가 생기기도 한다.

셋째, 각 활동부문에서 비용의 결정요인을 분석한다. 이런 비용분석을 통해서 기업들은 임금, 규모의 경제, 투입요소비용 중의 어떠한 요인이 중요한 역할을 하는가를 알 수 있게 된다. 예를 들어, 자동차와 같이 자본집약적 산업에는 생산시설의 적절한 활용이 주요 요인이 되고, 노동집약적 산업에서는 임금, 불량률 등이 주요 요인이다.

넷째, 각 단계마다의 비용의 연관성을 파악한다. Xerox는 자사제품의 수리비용이 높은 이유가 복잡한 디자인에서 발생한다는 사실을 파악하고, 복사기를 단순하게 디자인함으로써 수리비용과 유지비용을 대폭 줄일 수 있었다. 이와 같이 각 단계간에 서로의 연관성을 확인해 보는 것이 비용절감의 중요한 출발점이 된다. 또한 제6장의 Southwest 항공사의 사례에서 살펴보았듯이 기업의 가치사슬간의 연관성이 높을수록, 이러한 가치사슬에 입각한 경쟁우위는 쉽게 모방할 수 없다.

다섯째, 구체적으로 어떻게 비용을 줄여야 할 것인지를 분석한다. 예를 들어, 어떤 활동부문에서 규모의 경제가 중요하다면 이 규모의 경제를 활용하기 위해서 생산규모를 얼마나 증가시켜야 하는가를 알 수 있다. 만일 주요 활동부문이 노동집약적인 경우, 저임금국가로 이전함으로써 비용을 줄일 수 있다. 또는 외주를 주거나 부품공급기업을 다른 업체로 교체하여 비용을 절감할 수 있는가 검토한다.

가치사슬의 응용 예

본 절에서는 가치사슬을 이용하여 Walmart가 지속가능한 경쟁우위를 창출하였는가를 분석한다. Walmart는 무엇보다도 입지선택에 신중하였다. Walmart는 초기성장기에 경쟁자가 많지 않은 지방에서부터 점포수를 늘리기 시작하였기 때문에 일찍부터 초기진입자의 우위를 누릴 수 있었다. 또한 대량구매자의 지위를 활용하여 구매가격을 크게 낮출 수 있었다. Walmart는 진열하는 상품을 선택함에 있어서도 옷과 같은 소프트한 제품보다, 공간을 덜 차지하는 하드웨어제품에 집중함으로써 매장 단위면적당 매상을 극대화할 수 있었다. 가격책정에서도 본부에서 일괄적으로 가격을 책정하는 것이 아니라 각 매장의 관리자가 지역의 특성을 고려하여 자유롭게 가격을 책정하도록 하였다.

또한 Walmart는 정보통신에 일찍부터 투자하여 POS시스템과 인공위성을 사용하는 정보네트워크를 통해 소비자의 기호를 즉각적으로 파악할 수 있었고 소비자가 원하는 제품을 적시적소에 공급함으로써 재고비용을 줄일 수 있었다. 한편 "Everyday low price"와 같은 광고문구와 같이, 평상시에 세일가격과 동등한 수준으로 가격을 낮추어 판매함으로써 판촉비용을 줄이고 소비자들에게 Walmart는 언제 가더라도 세일가격에 살 수 있다는 인식을 심어 주었다. 그리고 조직측면에서도 낭비요소를 줄이고 본부의 기능 역시 점포관리자에게 대부분 이양하여, 소비자들의 요구에 더욱 민첩하게 반응할 수 있도록 도와주었다. Walmart 역시 나날이 성장하는 Amazon에 대응하기 위해 온라인/오프라인을 결합해서 대응하고 있다. 고객이 온라인으로 주문하면 가장 가까운 Walmart의 오프라인 매장에서 집에까지 신속하게 배달함으로써 Amazon에 대응하고 있다. 그 결과 물류비용, 임

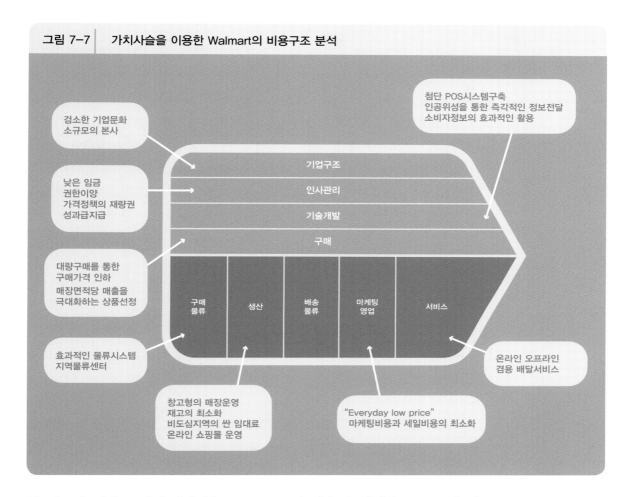

그림 7-7 가치사슬을 이용한 Walmart의 비용구조 분석

검소한 기업문화
소규모의 본사

첨단 POS시스템구축
인공위성을 통한 즉각적인 정보전달
소비자정보의 효과적인 활용

낮은 임금
권한이양
가격정책의 재량권
성과급지급

기업구조
인사관리
기술개발
구매

대량구매를 통한
구매가격 인하
매장면적당 매출을
극대화하는 상품선정

구매
물류 / 생산 / 배송
물류 / 마케팅
영업 / 서비스

효과적인 물류시스템
지역물류센터

온라인 오프라인
겸용 배달서비스

창고형의 매장운영
재고의 최소화
비도심지역의 싼 임대료
온라인 쇼핑몰 운영

"Everyday low price"
마케팅비용과 세일비용의 최소화

금, 광고비, 임대료, 기타 영업비용-operating cost은 낮출 수 있었다. **그림 7-7**은 이상의 논의를 가치사슬에 적용시킨 것이다.

다음으로는 Walmart의 이러한 경쟁우위가 지속될 수 있는지를 살펴보자. 경쟁기업들이 Walmart가 이미 각 지역별로 구축해 둔 효율적인 지역별 물류센터를 모방하기 위해서는 상당히 많은 투자가 필요하다. 따라서 초기에 투자를 한 Walmart는 후발기업에 대해서 물류비용면에서 상당한 우위가 있고 이는 신규진입을 효과적으로 저지하는 역할을 한다.

또한 Walmart가 도시보다는 지방에 주력하여 성장해 온 결과, 경쟁이 치열한 도시부터 진입하였던 경쟁기업에 대해서 상당히 오랜 기간 동안 경쟁우위를 유지하게 해 준다. 도시에 있는 할인매장들은 같은 지역에 있는 경쟁자들과 심한 가격경쟁을 할 수밖에 없다. 그러나 지방의 매장은 임대료도 싸면서 근처에 주민들이 별로 없기 때문에 그만큼 경쟁기업이 진입을 꺼릴 것이다. 즉, 잠재적인 진입자로부터의 위협이 그만큼 적다고 볼 수 있다.

　　Walmart가 진출한 초기에, 많은 경쟁기업들이 Walmart의 도전에 반응하지 않았던 또 한 가지 이유는 지방을 중심으로 성장한 Walmart의 확장방식이 과연 성공할 수 있을까 하는 의구심을 가졌기 때문이었다. Walmart가 지방에서 시작하여 경영의 노하우를 축적하며 성장하는 동안, 다른 경쟁기업은 지방에서 할인판매점을 어떻게 운영하는가를 잘 배울 수 없었다. 반면, Walmart는 점차 경쟁이 치열한 지역인 도심근처로 확장함으로써 다른 지역에서 얻은 노하우와 이익을 활용할 수 있었다. 그리고 성장률이 높은 창고클럽과 슈퍼센터로 확장하고 온라인과 오프라인 매장을 결합함으로써 기존 할인매장 시장이 포화상태에 이른 Walmart가 성장할 수 있는 새로운 길을 터 주었다.

04 ›› 가격경쟁전략

　　비용우위를 경쟁우위의 가장 중요한 요소로 평가하고 있는 이유는 궁극적으로 낮은 비용이 기업들이 가격경쟁을 하는 데 유리하게 작용하기 때문이다. 특히 차별화가 안 된 일상재에서는 가격 외에는 효과적인 경쟁수단이 없기 때문에 경쟁기업보다 낮은 비용구조를 갖는 기업들이 궁극적으로 경쟁에서 승리하게 된다. 본 절에서는 기업들이 가격을 이용하여 경쟁하는 방법을 구체적으로 살펴보기로 한다.

∴ 기존기업과의 가격경쟁

　　한 기업의 가격인하에 대하여 경쟁기업이 반응하는 정도는 각각의 시장과 개별기업의 특성에 따라서 다르다. 각 개별시장의 특성에 따라서 가격전략을 추구하는 경향은 다음과 같다.

　　첫째, 가격인하는 가격탄력성이 높은 재화에서 훨씬 더 효과적인 경쟁수단이다. 가격탄력성price elasticity이 낮은 재화는 가격을 인하하여도 판매량이 증가하지 않는다. 예를 들어, 전화 요금이 10원 내리거나 오른다고 해서 사람들이 시내 전화를 더 많이 또는 더 적게 사용하지는 않는다. 그러나 가격탄력성이 높은 재화에서의 가격인하는 시장수요를 증대시킨다. 또한, 실제로 가격인하의 효과는 경쟁기업이 이에 맞서 경쟁적으로 가격을 인하할 것인가의 여부에 따라 결정된다. 아무리 수요가 탄력적인 재화라고 하더라도 경쟁기업이 똑같은 폭의 가격인하를 감행한다면, 가격인하로 인한 시장수요의 증가는 경쟁기업과 나누어 가질 수밖에 없다. 한편, 가격인하의 효과는 가격인하가 경쟁자에게 빨리 알려질수록 감소하게 된다. 그러나 만일 기업이 어느 특정 고객에게만 비밀리에 가격인하를 해 주면서 그 특별가격인하를 다른 기업들에게 알려지지 않게 할 수 있으면, 공개적인 가격인하보다 효과적으로 시장점유율을 늘릴 수 있다.

둘째, 초과설비와 재고량의 증가는 가격경쟁을 유발시킨다. 산업에 초과설비 excess capacity가 있는 경우, 기업은 가격인하를 통해 생산량을 늘리려는 경향을 갖는다. 또한 재고가 많이 쌓이면 가격인하를 해야 할 필요성을 더욱 크게 느끼게 된다.

셋째, 가격경쟁은 시장지배적 사업자보다는 군소사업자에게 훨씬 유리한 전략이다. 만일 규모가 작은 기업이 시장점유율을 늘리기 위해서 가격인하를 감행한다면 그 효과는 산업 전반에 큰 영향을 미치지 못한다. 따라서 그 산업의 지배적인 기업은 작은 기업의 가격인하에 대해서 보복을 하지 않을 가능성이 높다. 그러나 경쟁자인 대기업의 가격인하는 큰 위협으로 간주되어, 이에 민감하게 대응한다. 또한 가격인하는 본질적으로 당사자들에게 큰 손해를 가져다 주므로, 오랜 기간 동안 가격경쟁을 할 때, 시장점유율이 큰 회사는 작은 회사보다 훨씬 더 큰 비율로 손해를 감수할 수밖에 없다. 시장점유율이 작은 기업은 자신의 시장점유율만큼 손해를 보지만 시장점유율이 큰 기업은 가격인하로 인해 자신의 모든 시장에서 손해를 보기 때문에 손실폭이 더욱 크게 마련이다. 따라서 산업 내의 지배적인 기업은 가격 이외의 다른 방법으로 경쟁하려는 경향을 갖고 있는 반면 신규 기업과 같은 작은 기업들은 시장점유율을 늘리기 위하여 가격을 인하하려는 경향을 보인다.

넷째, 가격인하는 비용우위를 가진 기업들에게 더 성공적인 전략이다. 비용우위가 크면 클수록 경쟁기업에 대한 가격인하를 더 오랫동안 유지할 수 있다. 비용이 높은 기업과 비용이 낮은 기업의 가격이 같은 폭으로 인하될 경우, 비용이 높은 회사가 느끼는 고통은 낮은 기업에 비해 상대적으로 더 크다. 따라서, 경쟁기업보다 비용면에서 불리한 기업은 쉽사리 가격경쟁에 끼어들지 않으며, 오랜 기간 동안 가격경쟁을 하지 않는다.

다섯째, 여러 시장에서 경쟁자와 만나는 다각화된 기업일수록 가격인하를 자

표 7-1	가격경쟁을 유발하는 요인과 억제하는 요인

가격인하를 주경쟁수단으로 한다	가격인하를 자제한다
• 가격탄력적인 수요	• 비탄력적인 수요
• 높은 고정비용	• 낮은 고정비용과 유연한 생산방식
• 비용우위	• 비용에서 열위
• 초과설비	• 설비부족
• 군소 경쟁자	• 지배적 사업자
• 신규진입자	• 시장에서 오랜 경험을 가진 기업
• 단일품목기업	• 여러 시장에서 경쟁기업과 경쟁하는 경우
• 비밀리에 행하는 거래가 많다	• 가격이 쉽게 노출된다

제하려는 경향을 보인다. 만일 두 기업이 열 개의 시장에서 동시에 경쟁하고 있을 때multimarket competition, 어느 한 시장에서라도 가격전쟁이 시작되는 경우에는 나머지 아홉 개의 시장에서도 가격전쟁이 일어날 소지가 있다. 특히, 상대방 기업이 가장 취약하다고 느끼는 시장에서 가격경쟁을 감행하면 그 기업이 느끼는 고통은 훨씬 더 클 것이다. 따라서 여러 시장에서 경쟁하는 기업들은 경쟁기업과의 가격경쟁을 자제하는 경향이 있다.

표 7-1은 지금까지 살펴본 가격인하를 유발하는 요인과 가격경쟁을 억제하는 요인을 정리한 것이다.

신규진입을 저지하기 위한 가격전략

신규기업이 시장에 진입할 가능성이 있을 때, 현재 시장에서 높은 수익을 얻고 있는 기존기업의 입장에서는 자신의 시장을 보호하기 위해 다음 세 가지 선택이 있을 수 있다.

첫째, 기존기업은 신규기업들의 진입을 저지하기 위하여, 일부러 낮은 가격을 책정할 수 있다.[7] 둘째, 기존기업들은 신규기업의 진입가능성에도 불구하고 정상적인 가격을 유지하다가, 신규기업이 진입하면 즉시 가격을 낮추는 전략을 구사할 수 있다. 이러한 전략은 비용이 아무리 많이 들더라도 자신이 신규기업의 진입을 반드시 저지한다는 악명reputation을 업계에 쌓이게 한다. 셋째, 기존기업은 현재의 높은 이윤을 유지하면서 신규진입을 그냥 허용해 주는 방법이다. 이와 같이 신규기업의 진입에 대한 세 가지 대응전략은 시장상황에 따라 상당히 달라진다.

진입저지가격설정

시장에 진입하려는 기업은 궁극적으로 이윤을 얻기를 기대한다. 그러나 시장 진입 후에 얻을 수 있는 기대이윤이 자신의 자본투자를 회수하지 못할 정도로 낮다면, 그 시장진입은 별로 매력적이지 못하다. 특히 시장에 있는 지배적인 사업자가 신규진입을 저지하려는 목적으로 가격을 일부러 낮게 책정하고 있으면, 신규기업의 진입은 그만큼 효과적으로 저지될 수 있다. 왜냐하면 기존기업이 평소에 가격을 낮게 책정한다는 것은 그만큼 자신이 비용우위에 있고, 신규기업이 진입할 경우 가격을 보다 더 낮출 수 있다는 것을 보여주는 수단이 되기 때문이다. 따라서 낮은 가격에 나타난 기존기업의 비용상의 우위는 그 자체로서 신규기업의 시장진입을 막는 효과를 가져온다.

예를 들어, Apple은 iPad의 가격을 충분히 더 높게 받을 수 있음에도 불구하고 경쟁자인 삼성제품과 비슷한 수준으로 책정하여 신규진입을 억제하고 있다. 실례로 iPad를 처음 출시하였을 때, 대부분의 경쟁자의 생산원가보다 낮은 가격을 책정하여 경쟁자들이 놀랐다고 한다. 이러한 진입저지가격전략limit pricing strategy은 기존기업이 신규기업에게 자신의 비용상의 우위를 잘 알려 주는 홍보효과가 있다. 그러나 진입저지가격전략이 효과적이기 위해서는 자신의 비용구조를 진입가능성이 있는 기업이 모르게 할 필요가 있다. 비용구조를 모를 경우, 기존기업은 실제보다 훨씬 과장되게 자신이 비용우위에 있음을 홍보할 수 있기 때문이다. 기존기업들이 자신의 비용우위에 대해 과장된 정보를 유포하는 것은 신규기업들의 진입을 더욱 어렵게 만든다.

이와 같은 진입저지가격전략은 기존기업의 비용우위가 그다지 크지 않을 때 더욱 효과적인 전략이다. 만일 기존기업의 비용이 상당히 낮아서 어느 잠재적 진입기업도 그 기업과 경쟁할 수 없다고 할 때는 구태여 이런 진입저지가격전략을 수행할 필요가 없다. 왜냐하면 평소에 가격을 높게 받고 있다가도 신규기업이 진입할 때에 이를 쫓아낼 수 있을 정도로 대폭의 가격인하를 감행할 능력이 있다면, 진입저지가격전략보다는 진입시 가격인하를 단행하는 것이 오히려 효과적이고 비용도 적게 드는 것이 되기 때문이다. 처음부터 진입을 막기 위해 가격을 낮게 설정하는 것은 비용우위가 있는 기업들에게는 그만큼 이윤을 포기하는 것과 같다.

진입 후 가격인하

신규진입을 고려하는 기업의 입장에서는 기존기업이 시장점유율을 고수하기 위하여 얼마만큼의 가격인하를 감행할 것인가를 예상해야 한다. 기존기업이 단순 견제의 목적으로 소폭의 가격인하를 할 것인가, 또는 신규진입기업을 격퇴하기 위하여 비용 이하로 가격을 인하할 것인가, 아니면 신규진입자를 받아줌으로써 공생의 길을 선택할 것인가를 예상해 보아야 한다. 이와 같이 신규진입기업들이 기존기업들의 반응을 예상하는 것은 그만큼 시장진입의 성공 여부가 기존기업들의 반응에 달려 있기 때문이다.

만일 기존기업이 과거에 적극적인 가격인하전략을 펼쳐서 신규기업을 결국 시장에서 쫓아낸 전력이 있다면, 앞으로도 계속해서 신규기업에 대하여 비슷한 방식의 대응을 할 것이라고 예상할 수 있다. 기존기업의 입장에서는 이렇게 악명reputation을 쌓는 것이 단기적으로는 손해일지 모르지만 장기적으로는 신규기업의 진입을 효과적으로 저지할 수 있는 방법이 되기도 한다.[8] 따라서 기존기업의 입장에서는 잠재적 진입기업에게 최소의 비용으로 자신이 상대하기 힘든 적극적인 경쟁자라는 것을 알려 줄 필요가 있다. 따라서 가장 효과적인 방법은 먼저 신규기업이 하나 시장에 진입하면 일부러 가격을 대폭 인하하여 이를 격퇴하는 일이다. 이렇게 최초의 신규진입자를 격퇴하는 데 쓰이는 손실은 앞으로 또 다른 신규기업의 진입을 막는 효과적인 투자라고 할 수 있다.

이와 같이 진입시 가격을 인하하는 방법은 기존기업이 상당히 큰 생산설비를 보유하고 있거나 많은 재고를 보유하고 있을 때 더욱 믿을 만한 위협이 된다.[9] **그림 7-8**의 기존기업과 진입예상기업의 손익행렬은 기존기업을 우상향, 신규기업을

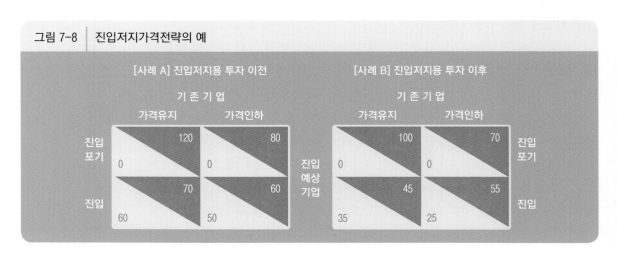

그림 7-8 | 진입저지가격전략의 예

좌하향에 묘사한다. [사례 A]에 있는 기존기업은 진입예상기업이 진입할 경우와 포기할 경우 모두, 자신의 현재가격을 유지하는 것이 가격인하보다 유리하다_{진입포기시 120>80, 진입시 70>60}. 만일 신규기업의 입장에서 기존기업이 이와 같은 손익행렬을 갖는다는 것을 안다면, 자신의 진입시 기존기업이 적극적인 가격인하를 하지 않을 것임을 충분히 짐작할 수 있다. 기존기업이 아무리 가격인하를 하겠다는 위협을 해도, 이는 공갈협박_{incredible threat}에 지나지 않는다.

그러나 만일 기존기업이 일시적으로 손해를 보더라도 신규진입을 막기 위해 재고를 확보해 놓거나, 생산시설을 필요 이상 확충해 놓으면, 이는 실제적인 위협으로 변화한다. 이와 같이 진입저지의 목표로 재고를 확보하거나 생산시설을 확충하는 것은 그 기업에게 단기적으로는 이익을 감소시키는 것으로 작용한다. **그림 7-8**의 [사례 B]에서와 같이 기존기업의 이익은 모든 상황에서 [사례 A]의 경우에 비해서 낮다. 그러나 [사례 B]에 의하면 기존기업은 신규기업진입시 반드시 가격인하를 할 것이라는 것을 보여 준다_{기존기업의 손익은 가격유지시 45, 가격인하시 55이다}. 가격인하의 위협이 [사례 B]에서 더 이상 공갈협박이 아닌 실제의 위협_{credible threat}이 된 이유는 기존기업이 현재의 이익을 포기하면서도 생산시설을 확충해 놓거나 재고를 쌓아 둠으로써 자신의 손익행렬구조를 고의적으로 바꾸어 놓았기 때문이다. **표 7-2**는 이와 같은 진입저지전략을 정리한 것이다.

그러나 우리가 이상에서 살펴본 여러 가지 가격전략, 특히 진입을 막기 위한 진입저지가격전략이나 혹은 신규기업을 시장에서 쫓아 내기 위한 가격전략은 현재 우리 나라가 시행하고 있는 공정거래법에 저촉되는 행위이다. 공정거래법은 기존기업이 이처럼 신규기업의 진입을 막고 독점력을 확보할 목적으로 가격을 책정하는 행위를 '약탈적 가격책정행위_{predatory pricing}'로 간주하여 불법으로 규제하고 있다. 약탈적 가격책정은 기업이 가격을 이용하여 신규 또는 기존기업을 의

표 7-2 │ 진입저지가격전략의 선택

진입을 막게 미리 가격을 낮춘다	진입시 가격을 인하하여 격퇴한다
1. 기존기업의 비용우위가 실제로 미비할 때	1. 기존기업이 악명을 쌓는 것이 타시장에서의 진입을 막기 위한 좋은 투자일 때
2. 다른 진입장벽이 낮을 때	2. 기존기업이 초과설비 또는 재고를 갖추고 있을 때
3. 기업이 장기적인 이윤극대화를 추구할 때	

도적으로 공격하는 행위를 말한다. 이와 같은 행위를 금지하는 이유는 일단 그 기업이 경쟁자나 신규기업의 진입을 저지하고 독점기업이 된 후에는 궁극적으로는 소비자들에게 가격을 높게 받을 가능성이 있기 때문이다.[10]

그러나 이 법을 적용함에 있어서 기업이 과연 순수한 경쟁의 목적으로 가격을 인하하였는지, 또는 신규기업의 진입을 저지하거나 경쟁기업을 쫓아내려고 가격을 인하하였는지에 대한 명확한 기준이 없다. 따라서, 실제 이 법의 운용은 Areeda와 Turner가 1975년에 제시한 바와 같이 기업이 평균가변비용 이하로 가격을 내릴 경우에만 약탈적 가격행위로 판단한다.[11] 왜냐하면, 평균가변비용 이하로 가격을 인하할 경우는 이윤극대화와 배치되므로, 이 경우 경쟁기업을 쫓아내고 시장을 독점하려는 의도로 간주되기 때문이다.

05 ›› 결론 및 요약

글로벌경쟁이 점차 더 치열해지는 오늘날의 기업에게는 가격경쟁력을 갖추는 것이 생존을 위한 필수조건이 된다. 가격경쟁에서 승리하려면 무엇보다도 비용상의 우위가 필수적이다.

본 장에서는 최근 가격파괴현상이 일어나고 있는 유통업 사례를 중심으로 비용우위를 창출하는 요인을 살펴보고, 기업의 비용구조를 분석하는 기법을 제시하였다. 비용우위를 창출하는 요인은 규모의 경제, 경험효과, 투입요소비용, 생산시설의 활용, 온라인사업모형의 활용, 생산공정 및 디자인개선, 조직상의 효율성 등이 있으며, 이들 요인의 상대적 중요성은 각 생산활동의 단계마다 상이하다. 또한 가치사슬기법을 사용하여 각 단계에서의 비용결정요인을 분석하고 경쟁자와의 비교, 타 단계와의 연결성을 분석할 수 있는 실례를 제공하였다.

한편, 비용우위에 근거한 가격전략은 개별시장의 특성과 경쟁자의 특성에 좌우된다. 적극적인 가격전략은 특히 가격탄력성이 높은 재화에서, 자신이 초과설비를 보유하고 있을 때, 규모가 작은 기업일수록, 그리고 비용에서 경쟁우위가 있을 때 선호된다. 또한 신규진입을 저지하기 위해서도 자신의 비용우위, 초과설비의 존재, 장기적인 이윤극대화의 추구 여부에 따라 진입저지가격을 설정한다.

할인점
- 이마트: 대한민국 1등 할인점
- 이마트 트레이더스: 자영업자를 위한 순수 EDLP 매장

온라인몰
- 이마트몰: 전국 이마트 매장을 물류거점으로 활용, 지역밀착형 온라인 쇼핑몰로 신속하고 편리한 서비스 제공

카테고리 킬러
- 몰리스펫샵: 반려동물이 한 가족이 되는 토탈 솔루션 전문점
- 분스: 헬스 & 뷰티 전문점
- 스포츠빅텐: 토탈 스포츠, 아웃도어 샵
- 페이리스: 온가족을 위한 슈즈 멀티샵

사례

case

이마트[12]

신세계 백화점의 전신은 1930년 미쓰코시 경성지점으로, 1945년 삼성그룹이 인수하여 1963년 (주)신세계 백화점으로 상호를 변경하여 운영하여 왔다. 1992년 삼성그룹으로부터 분리한 후, 1993년 이마트 창동점을 개시로 할인유통업에 진출하였고, 신세계 건설, 신세계 푸드시스템, 신세계 인터내셔널, 신세계 I&C, 조선호텔 등으로 사업을 확장하여 왔다. 신세계는 국내에서 처음으로 새로운 형태의 판매점을 도입하였는데 그것이 한국형 할인매장인 이마트였다.

그림 7-9는 소매업에서 대형할인점이 차지하는 비중을 보여주고 있다. 한때 한국의 유통업체는 Walmart와 같이 자본력과 기술력을 가진 다국적기업들이 한국시장에 진출하

면 모두 도산하게 될 것이라는 위기감에 쌓인 적이 있었다. 이와 같은 위기감 속에 한국의 할인유통업은 선점효과를 노리고 외국기업의 진출을 저지하기 위해 확장전략을 폈다. 한국고객들이 할인매장을 선택하는 주요 고려요인 중의 하나는 접근성이기 때문에 주요한 위치를 선점하는 것이 필수적이었다. 이러한 입지우위는 각 지방자치단체가 교통영향평가와 도시계획심의 등을 강화하면서 더욱 빛을 발휘하였다. 이마트는 **그림 7-10**에서 보는 바와 같이 할인점 업계 1위로서의 위상을 지켜나가고 있다.

이마트는 다른 외국계 할인점과 달리 '한국형 할인매장'이라는 토착화 전략을 구사했다. 이마트는 Walmart나 까르푸 등 다국적기업들이 한국적 상황을 무시하고 창고와 같은 매장 분위기를 연출한 데 비해, 매장을 백화점 수준으로 단장하고, 상품진열대를 한국인의 체형에 맞게 만드는 등 한국형 할인점의 모델을 제시했으며, 패밀리 레스토랑, 어린이 놀이방, 자전거 보관실, 시청 민원실 등 각종 편의시설을 통해 고객에게 원스톱 쇼핑환경을 구축하였다.

한편, 비용우위를 갖기 위해 이마트는 PB Private Brand상품을 개발하여 가격경쟁력을 확보하였다. PB상품은 유통업체가 고유브랜드를 가지고 자체적으로 기획, 개발, 생산 및 판매과정의 일부 또는 전부를 수행하는 상품을 말하는데, 주로 품질의 차이가 크지 않은 휴지, 식품, 문구류, 의류, 드라이어나 이어폰과 같은 단순한 전자제품 등 개발기간이 짧고 생산라인 운영이 용이한 제품군이 주를 이룬다. 이마트의 경우 기저귀, 화장지,

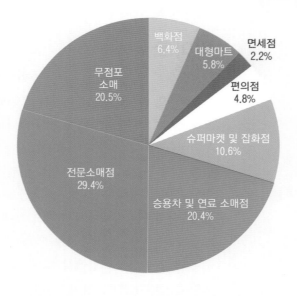

그림 7-9   소매업태 실태

출처: 통계청, 2023년 기준.

계란, 라면 등의 상품 브랜드인 이플러스, 화장품, 의류, 패션잡화 브랜드인 자연주의, 캐주얼 의류 브랜드인 이베이직 등을 PB상품으로 운영하였다. 특히 이마트의 새로운 PB 브랜드인 노브랜드는 2015년 출시 이후 큰 성공을 거두며 새로운 성장 동력으로 주목받기도 했다. 노브랜드는 감자칩, 물티슈 등 소비자가 느끼는 품질의 차이가 없는 제품을 위주로 점차 상품군을 확대시키고 있다.

한편, 통합 EDI시스템을 통해 협력업체와 전 거래과정을 인터넷으로 처리하는 B2B를 실시하고 있고, 적시적소의 상품공급을 위해 이마트 전용 물류센터를 경기도 용인과 대구 등지에 건립/운영했다. 특히 경기도 광주에는 식품유통센터를 확보하여 수만톤의 신선식품을 보관, 분류, 가공

그림 7-10 대형마트 3사 점포 증가 추이   (단위 : 개)

출처: 2023 4분기 이마트 투자정보.

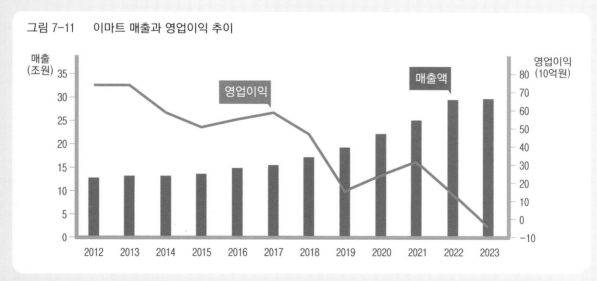

그림 7-11 이마트 매출과 영업이익 추이

출처: 이마트 연차보고서. 연결기준 재무제표.

하여 각 점포에 당일공급하는 체제를 구축했다. 또한 이마트가 국내 할인점 시장에서 지속적인 우위를 누리기 위해 빠른 시간내 점포를 늘렸던 전략은 구매협상력을 이용한 원가절감의 효과를 가져왔다. 하지만 내수경기 침체, 온오프라인 채널과의 경쟁심화, 정부규제 등으로 한국 할인점 시장의 전망이 밝기만 한 것은 아니었다.

특히 한국의 Amazon을 추구하는 쿠팡의 성장은 이마트에게 큰 도전이 되고 있다. 쿠팡은 주문 다음날 도착하는 '로켓배송'시스템을 도입하고, 과감한 물류시스템 투자를 통해 전국 30개 지역에 100개 이상의 물류센터를 보유하고 있다. 2017년 2조 6천억원의 매출이 2023년에는 31조 8천억원으로 크게 성장하여 이마트에 필적할 만한 규모가 되었다. 쿠팡의 유료서비스인 와우멤버십 회원은 1,400만명에 달하고 있다. 한편 마켓컬리는 '새벽배송'을 통해 품질이 높은 신선식품을 고객 대문 앞까지 배송하는 전략을 통해 2023년 2조 7천억 매출을 달성하였다.

이에 대해 이마트는 2021년 지마켓, 옥션, G9을 이베이로부터 인수하여 온라인 사업을 확장하려고 하였으나 온오프 시너지 창출에 많은 어려움을 겪고 있다. 2023년에 되서야 온라인 계열사인 지마켓, SSG닷컴과 오프라인 계열사인 이마트, 신세계백화점, 스타벅스, 신세계면세점을 통합한 멤버십 '신세계 유니버스 클럽'을 출시하였다. 이와 같은 노력에도 불구하고 2023년부터 알리익스프레스, 테무 등 중국발 대형 이커머스 업체들이 본격적으로 한국 시장에서의 고객 확보에 나서면서 이마트의 실적은 지속해서 하락세를 기록하하였다. 이마트의 영업이익은 2021년에는 3천억 이상이었다가 2023년에는 적자를 기록하였다. 이마트는 이에 대응하여 오프라인 매장 수를 줄이고 구조조정을 실시하는 등 대대적인 점포와 인원 감축을 실시하고 있다.이마트는 그 밖에도 베트남을 중심으로 한 해외진출도 도모하고 있다.

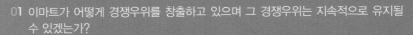

토 의 과 제

01 이마트가 어떻게 경쟁우위를 창출하고 있으며 그 경쟁우위는 지속적으로 유지될 수 있겠는가?

02 한국형 할인매장인 이마트와 미국에서 발전한 Walmart와의 성장전략에 있어서 유사점과 차이점을 밝히시오. Walmart가 한국시장에서 실패하고 철수한 이유는 무엇인가? 또한 이마트가 중국과 베트남 등에 해외진출을 해서 경쟁우위를 가질 수 있는지 생각해 보시오.

03 향후 이마트가 쿠팡이나 마켓컬리와 같은 온라인유통에 대해 어떻게 대응할 수 있을 것인가?

Video

이마트의
이베이코리아 인수

이마트의 홈페이지
www.emart.com

참고문헌

R e f e r e n c e

1 본 사례는 Arthur Thomson, Kem Diregar and Tracy Kramer, "Walmart Store Inc.," in Thomson and Strickland, *Strategic Management*, 6th Edition, Irwin, 1995, 그리고 "A Survey of Retailing," The Economist, March 4, 1995, 기타 Business Week, 매일경제신문 기사를 바탕으로 작성되었다.

2 Boston Consulting Group, *History of the Experience Curve*, Perspective No. 125, Boston: Boston Consulting Group, 1973.

3 서로 다른 기울기를 갖은 경험곡선상에서 시장점유율과 수익률의 관계분석은 David Ross, "Learning to Dominate," *Journal of Industrial Economics*, 34, 1986, pp. 337~353과 Boston Consulting Group, *Strategy Alternatives for the British Motorcycle Industry*, London: Her Majesty's Stationery Office, 1975를 참조.

4 Robert D. Buzzel, Bradley T. Gale, and Ralph Sultan, "Market Share—A Key to Profitability," *Harvard Business Review*, January—February 1975; Robert Buzzel and Fredrick Wierema, "Successful Share—Building Strategies," *Harvard Business Review*, January—February 1981; Robert Jacobson and David Aaker, "Is Market Share All That It's Cracked Up To Be?" *Journal of Marketing*, 49, Fall 1985, pp. 11~22.

5 Richard Rumelt와 Robin Wensley는 시장점유율과 수익성간의 관계는 우연적 (spurious)인 관계임을 PIMS데이터를 이용하여 밝혔다(*In Search of the Market Share Effect*, Academy of Management Proceedings, 1981).

6 H. Leibenstein, "Allocative Efficiency versus XEfficiency," *American Economic Review*, June 1966.

7 진입저지가격설정에 대한 초기의 연구는 J. Bain, *Barriers to New Competition*, Cambridge, MA, 1956을 참조할 것. 진입저지가격설정의 가치에 대한 해석은 P. Milgrom and J. Roberts, "Limit Pricing and Entry with Incomplete Information: An Equilibrium Analysis," *Econometrica*, 50, 1982, pp. 443~460과 S. Salop, "Strategic Entry Deterrence," *American Economic Review*, May 1979, pp. 335~338을 참조하라.

8 P. Milgrom and J. Roberts, "Predation, Reputation and Entry Deterrence, *Journal of Economic Theory*," 27, 1982, pp. 280~312와 D. Kreps and R. Wilson, "Reputation and Imperfect Information," *Journal of Economic Theory*, 27, 1982, pp. 253~279.

9 이 모델은 D. Fudenberg and J. Tirole, "A Signal—Jamming Theory of Predation," *Rand Journal of Economics*, Autumn 1986, pp. 366~376에서 상세히 언급하고 있으며 관련 논문으로는 M. Riordan, "Imperfect Information and Dynamic Conjectural Variations," *Rand Journal of Economics*, Spring 1985, pp. 41~50을 참조하라.

10 이규억·윤창호, 산업조직론, 6장, 법문사, 1985 참조.

11 P. Areeda and D. Turner, "Predatory Pricing and Related Practices Under Section 2 of the Sherman Act," *Harvard Law Review*, February 1975.

12 본 사례는 장세진 교수의 지도하에 고려대학교 경영대학원의 박세근과 김문구가 작성하였다.

CHAPTER7

Chapter

8

차별화우위와
차별화전략

만약 당신이 $1천억를 주면서 "코카콜라의 전세계 음료시장에서의 리더십을 없애 버리시오!"라고 부탁한다면 나는 그 돈을 당신에게 되돌려 주면서 "그것은 불가능한 일입니다"라고 말할 것입니다.
— Coca-Cola 최대주주 중의 한 사람이자 Berkshire Hathaway의 사장인 Warren Buffett.

Apple[1]

전세계 소비자들이 열광하는 제품을 만들어내는 Apple 은 공교롭게도 만우절인 1976년 4월 1일에 대학중퇴자인 Stephen Wozniak과 Steve Jobs가 자기집 차고에서 Apple I 을 발명함으로써 시작되었다. 이들이 처음에 만든 Apple I 은 주로 오락용으로 판매되기 시작해서 점차 가정과 학교로 보급되었고, 1980년에는 10만 대 이상의 Apple II가 판매되고 매출액도 $1억를 넘게 되었다.

그 당시는 IBM, NEC, Fujitsu 같은 회사들의 대형컴퓨터가 컴퓨터산업을 주도하던 시기였고, PC는 대개 학교에서 사용하거나 집에서 취미로 사용하는 오락용으로 간주되었다. 따라서 그 당시 대형컴퓨터시장을 주도하였던 IBM은 오

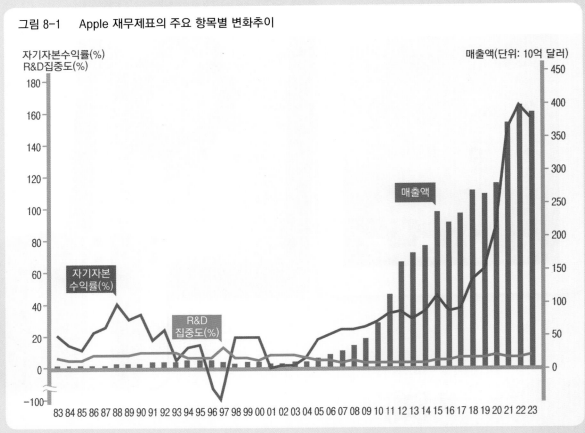

그림 8-1   Apple 재무제표의 주요 항목별 변화추이

출처: Apple 연차보고서.

픈시스템open-system으로 PC시장에 진입하였다. 오픈시스템이란 IBM이 개발한 PC의 사양을 공개하고 어느 누구라도 IBM PC와 같은 기능을 가지는 복제품을 만들 수 있도록 허용한 것이다. 그 결과, PC시장에는 수없이 많은 IBM호환기종이 나오기 시작하였고 Apple의 시장점유율은 급격히 하락하였다.

이에 대응하여 Apple은 1985년에 Macintosh라는 혁신적인 컴퓨터를 출시하여 IBM의 PC보다 뛰어난 성능과 GUIGraphic User Interface를 제공하였다. Apple은 성능이 우수한 모니터와 레이저프린터 등의 주변기기도 함께 제공하여, IBM 기종

이 따라 올 수 없을 정도의 우수한 성능과 편리함으로 PC시장에서 독보적인 존재가 되었다.

그러나 1990년대 초반부터 Apple은 시련기를 맞게 되었다. IBM호환기종은 극심한 경쟁으로 매년 20~30%씩 가격이 인하되고 성능도 계속해서 좋아졌다. 특히 Apple에게 가장 치명적인 타격을 입힌 것은 Microsoft의 Windows였다. 원래 IBM호환기종은 문자위주의 DOS운영체계를 채택하여 왔으나, Microsoft가 Windows 3.0을 발표하면서 Apple과 IBM호환기종 컴퓨터간에 있었던 사용자 편의 차이가 대폭 좁혀졌다. 즉 더 이상 차별화우위를 누릴 수 없게 된 것이다. 이로 인해

Apple의 시장점유율은 크게 하락하였고, 수익률 역시 폭락하게 되었다(**그림 8-1**).

　IBM호환기종의 PC는 마이크로프로세서는 Intel이, 운영시스템은 Microsoft가 담당하고, 컴퓨터에 들어가는 하드디스크, 키보드, 마더보드, 모니터 등의 주변기기들은 각각 전문화된 기업들에 의해서 생산된다. 이러한 특성 때문에 주변기기를 생산하는 업체들간 치열한 경쟁으로 관련 제품들의 기술진보가 빠르고 공급가격은 지속적으로 하락하여 왔다. 이에 비하여 Apple의 Macintosh는 운영체계에서부터 프린터, 키보드, 마더보드, 마우스에 이르기까지 대부분의 컴퓨터시스템을 Apple이 독자적으로 생산하였기 때문에 IBM호환기종에 비하여 연구개발비용이 상당히 높아지게 되었다. 이는 결국, 연구개발비용을 혼자 부담하여야 하는 Apple에게는 더욱 큰 비용의 증가로 연결되었다.

　Apple은 또한 과거 자사의 대리점을 통해서만 판매를 하였다. 이와 같은 대리점 유지를 위하여 높은 판매마진을 보장해 주어야 했다. 이러한 높은 마진과 높은 연구개발비용은 결국 높은 가격으로 연결되어 Apple 제품을 구매하려는 소비자에게 부담이 되었다.

　한편, 소프트웨어 개발비용이 기하급수적으로 높아짐에 따라, 과거에 Apple의 사용자를 위하여 소프트웨어를 개발하였던 응용소프트웨어 제작업자들도 전체시장의 90% 이상을 차지하는 IBM호환기종용 소프트웨어를 우선순위로 제작하고 Apple용 소프트웨어 제작은 뒤로 미루었다. 그 결과, Apple의 사용자들은 점차 Apple을 버리고 IBM호환기종으로 옮겨 가게 되었다. 이로 인해 Apple은 차별화된 제품생산을 위한 막대한 연구개발투자로 인한 비용상의 압박이 더욱 증가하였으며 또한 IBM호환기종과의 치열한 가격경쟁으로 수익성은 더욱 악화되었다.

　이렇게 Apple의 경영상태가 악화됨에 따라 Apple이 Intel과 Microsoft처럼 퍼스널컴퓨터의 핵심부품인 마이크로프로세서와 운영시스템에 집중하여야 한다는 논의가 제기되었다. 그러나 1985년부터 Apple의 회장직을 맡아 왔던 John Sculley는 Macintosh를 폐쇄시스템으로 유지함으로써 IBM호환기종과의 기술적 차별화전략에 집착하였다. 그러나 Powerbook, Quicktime 멀티미디어소프트웨어, 음성인식컴퓨터와 같은 Apple의 혁신적인 기술은 짧게는 단지 몇 개월 만에 IBM호환기종에 의해서 곧바로 모방되었다. 또한 Sculley가 사운을 걸고 개발하였던 Newton이란 멀티미디어 PDA Personal Digital Assistant 역시 시장확대에 실패하였다. 그 결과 Sculley 회장은 이사회에서 해고되었고, 1996년 Apple은 무려 8억 달러의 적자를 기록하였다. 그 당시 Wall Street Journal은 인터넷신문에 블로그를 열어 Apple의 장래에 대한 토론을 진행하였다. 의견개진을 한 대부분의 사람들은 Apple의 장래에 대해 비관적인 예측을 하였다. 즉, Apple이 망할 것인가 안 망할 것인가의 문제보다 언제 망할 것인가 하는 점이 토론의 주요 쟁점이 되었다.

　이와 같이 모든 사람이 사망선고를 내렸던 Apple이 회생의 조짐을 보이기 시작한 것은 Apple의 설립자인 Steve Jobs가 Apple에 돌아오면서부터이다. Steve Jobs는 John Sculley에 의해 Apple에서 쫓겨났었다. Jobs는 먼저 Apple의 외주생산비중을 늘렸고, 대리점 중심의 영업에서 전화와 인터넷 주문방식으로 판매방식을 바꾸었다.

또한, 1998년에는 iMac과 G3컴퓨터 그리고 iBook이라는 신제품을 발매하기 시작하였다.

Apple이 회생을 하게 된 결정적인 계기는 2001년 출시한 디지털음악플레이어인 iPod의 매출 호조였다. iPod는 음원판매프로그램인 iTunes와의 보완재성격을 활용하여, 하드웨어와 콘텐츠 간의 시너지를 창출하는 데 성공하였다. Apple은 2007년에는 iPod을 바탕으로 iPhone이라는 새로운 휴대전화를 출시하였다. iPhone은 휴대폰과 iPod 그리고 PDA기능을 결합한 것으로 소비자들이 손을 사용하여 쉽게 사용할 수 있게 한 스마트폰이었고, 2010년에는 iPad라는 혁신적인 단말기를 출시함으로써 그 영역을 확대하였다. 이러한 새로운 제품들의 성공에 힘입어 Apple의 매출은 매년 두 자리 수 이상의 고속성장을 기록하였다.

2007년에 Apple computer는 자신의 사명에서 computer라는 단어를 공식적으로 삭제하였다. 이는 Apple이 더 이상 PC를 만드는 회사가 아니라 디지털제품의 새로운 승자가 됨을 의미한다. 동시에 지금까지 Apple의 미래를 어둡게 해왔던 PC산업과의 단절을 의미한다. 이러한 변화의 결과 Apple은 스마트폰의 강자로 군림하고 있으며, 최대의 온라인 음원 판매업자, 온라인 애플리케이션 판매업자로서 자리잡았다.

2011년 Steve Jobs가 사망하고 관리형 경영자인 Tim Cook이 새로운 CEO가 된 이후에도 Apple의 성장은 지속되었다. 2011년 3천억 달러였던 시가총액은 2024년 3조 3천억 달러가 되어 7배나 커졌다. Tim Cook은 Steve Jobs를 모방하기보다 그가 만든 제품을 개선하면서 Apple이 가진 혁신동력과 브랜드를 유지하려고 하였다. Tim Cook은 그의 장기인 글로벌공급망 관리를 활용하여 중국 하청 생산기지에서 생산하여 원가를 낮춤으로써 마진율을 극대화하였다. 최근에는 중국과 무역마찰이 심해지자 Apple은 베트남과 인도로 생산기지를 점차 이전하고 있다. 이와 같이 현재 수익성이 높고 시가총액도 전세계적으로 가장 높은 Apple이기는 하나 iPhone 편중적인 사업구조는 잠재적 위험을 갖고 있다. iPhone이 성숙되면 그 뒤를 이을 신제품은 무엇인가? Apple이 가진 가장 큰 숙제이다.

iCloud를 소개하고 있는 Steve Jobs.

Video

Tim Cook 인터뷰

Apple의 홈페이지
www.apple.com

01 〉〉 서 론

우리가 앞서 살펴본 바 있는 제2장의 **표 2-3**과 제3장의 **표 3-2**와 같이 높은 수익을 보이는 기업 또는 산업은 비용우위보다 소비자의 브랜드충성도, 기술혁신 같이 차별화된 경쟁우위를 갖고 있는 경우가 많다. Apple의 사례는 뛰어난 기술력에 의한 차별화우위가 경쟁자, 특히 Microsoft에 의해 모방됨에 따라서 급격하게 상실되었으며, Steve Jobs의 혁신적인 신제품으로 다시 차별화우위를 갖게 된 상황을 보여준다. 또한 이는 차별화우위를 유지하기 위하여는 높은 수준의 비용이 수반되고, 이 높은 비용구조는 차별화우위가 없어지게 되면 기업에게 큰 부담이 된다는 사실을 보여준다.

본 장에서는 다음과 같은 사항을 살펴본다.

그림 8-2 | 본서의 구성체계

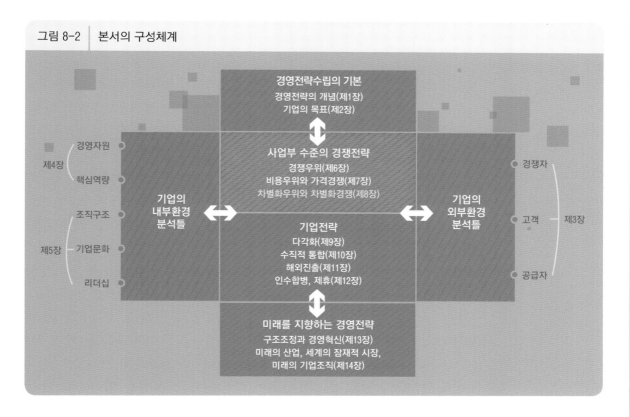

- 차별화란 무엇이며, 차별화에 기초한 경쟁우위는 어떻게 창출되며 유지되는가를 이해한다. 또한 차별화의 종류로서 국지적인 차별화와 시장전반적인 차별화의 차이에 대하여 살펴본다.
- 기업들이 소비자의 차별화된 수요에 대응하여, 차별화우위를 창출하는 구체적인 제품, 광고, 유통전략을 연구한다.
- 혁신적인 방법으로 소비자의 가치를 증대시키는 블루오션전략에 대해 알아보기로 한다.

02 ›› 차별화우위의 요소

⦂⦂ 차별화의 정의

차별화변수

차별화우위differentiation advantage는 소비자에게 독특한 가치를 제공하여 줌으로써 높은 가격프리미엄을 얻는 것을 말한다. 기업들이 소비자들에게 차별화된 제품이나 서비스를 제공할 수 있는 가능성에는 제한이 없다. 또한 기업들마다 특성이 서로 다르기 때문에 제품차별화의 기회는 모든 기업들에게 각각 다를 수 있다.

차별화에는 유형tangible의 차별화와 무형intangible의 차별화가 있다. 유형의 차별화란 크기, 모양, 중량, 색상, 디자인, 기술적인 면에서 소비자의 선호에 따라서 눈으로 관찰가능한 제품이나 서비스의 특성을 말한다. 이러한 유형의 차별화는 성능, 일치성, 속도, 안전도와 같은 측면으로 측정할 수 있다. 이에 비해 무형의 차별화란 소비자가 제품이나 서비스에 대하여 느끼는 사회적, 감정적, 심리적 차이를 말한다. 일례로 사회적 지위를 과시하고 싶은 욕망, 자신의 개성을 나타내고 싶은 욕구 등이 개인별로 차이가 있기 때문에, 무형의 차별화는 구체적인 제품의 특성보다는 전반적으로 그 제품을 공급하는 기업이 갖는 이미지에 의해서 생겨난다. 이같이 제품의 이미지에 의한 차별화는 소비자가 정확하게 구매하는 제품의 품질을 판단할 수 없을 경우, 예를 들어, 화장품이나 교육 또는 의료서비스와 같은 제품을 구매할 경우에 더욱 중요하게 나타난다.

차별화와 세분화

먼저 차별화와 세분화는 다른 개념이다. 차별화differentiation는 기업이 어떻게 경쟁할까 하는 방법에 의해서 결정이 되고, 제3장에서 다루었던 세분화 segmentation는 기업이 어느 시장에서 경쟁하는가의 문제이다. 즉 세분화는 시장이 어떻게 분할되어 있는가 하는 시장의 특성을 나타내고, 차별화는 기업들이 전략적으로 경쟁기업과 자신을 차별화하는 독특한 제품이나 서비스의 특성을 말한다. 다시 말하면 세분화는 시장구조의 특성이고, 차별화란 기업이 선택한 전략의 특성이다. 따라서 기업이 어떤 세분화된 시장segment에 위치한다고 하여 같은 시장에 있는 경쟁기업과 차별화되어 있다는 것은 아니다. 성공적인 차별화전략이란 궁극적으로는 소비자들이 갖고 있는 차별화에 대한 욕구를 기업들이 충족시켜 주는 방법을 의미한다.

제품의 특성과 포지셔닝

차별화의 기회는 근본적으로 그 제품이 갖고 있는 특성에 의해 좌우된다. 일상재commodity인 철강, 메모리형 반도체는 차별화가 어렵다. 이러한 일상재는 물리적으로 제품을 차별화할 수 있는 여지가 별로 없기 때문이다. 그러나 자동차나 항공기와 같이 아주 복잡한 제품 또는 여행서비스와 같이 복잡한 개인의 선호를 맞추어야 하는 서비스는 제품차별화의 가능성이 많다. 이와 같이 제품이나 서비스를 차별화할 수 있는 가능성은 그 제품이나 서비스의 물리적인 특성에 의존한다.

그러나 우리가 주위에서 쉽게 발견할 수 있는 샴푸나 비누 등과 같은 단순한 제품에서도 여러 종류의 브랜드가 존재한다는 사실은 차별화가 단순히 제품이나 서비스의 물리적인 특성뿐만이 아니라 광고와 같은 인위적인 노력에 의해서도 가능하다는 사실을 보여 준다. 이는 제품차별화가 물리적인 특성을 넘어서 어떻게 소비자에게 만족을 주는가를 파악함으로써, 즉 고객과 회사간의 접촉하는 방법에 따라서도 가능하다는 것을 보여 준다. 예를 들어, McDonald's의 차별화된 우위는 단순히 햄버거라는 제품의 특성뿐만이 아니라 소비자에게 제공되는 방법에서도 보여진다. 즉, 빠른 서비스, 표준화된 품질, 깨끗한 실내공간의 유지 등으로 소비자들에게 깊은 인상을 주고 있다. 따라서 향후 차별화전략을 논할 때, 단순한 제품측면에서의 차별화뿐만이 아니라 기업과 고객간의 관계에서 기업이 고객의 수요를 어떻게 충족시킬 것인가 하는 방법에서 더 근본적인 차별화의 가능성이 있다는 점을 명심해야 한다.

따라서 성공적인 차별화전략의 근본은 소비자의 수요의 특성을 이해하는 데 있다. 마케팅에서는 오래전부터 이 같은 제품의 특성과 선호를 파악하는 기법을 개발하여 왔다. 예를 들어, 다차원척도법multi-dimensional scaling이란 소비자가 느끼는 여러 가지 제품의 유사성과 차이점을 제품이 갖고 있는 주요 특성을 축으로 하여 2차원 또는 3차원 공간에 그림으로 나타낸 것이다.[2] 한편 컨조인트 분석기법conjoint analysis은 소비자가 서로 다른 제품의 특성에 대해 가지고 있는 선호의 강도를 분석한다.[3] 이와 같은 기법을 통하여 우리는 소비자가 갖고 있는 선호체계와 각 제품의 특성간의 상관관계에 대하여 더 자세하게 알게 되고, 제품의 차별화를 구체적으로 어떻게 할 것인가에 대한 자료를 얻을 수 있다.

사회적 · 심리적 요인

어떤 제품이나 서비스를 구매하는 것은 자신의 심리적·사회적 동기에 의한 경우가 많다. 예를 들어, 소비자들은 자신을 과시하고 싶은 욕망의 발현으로 대형

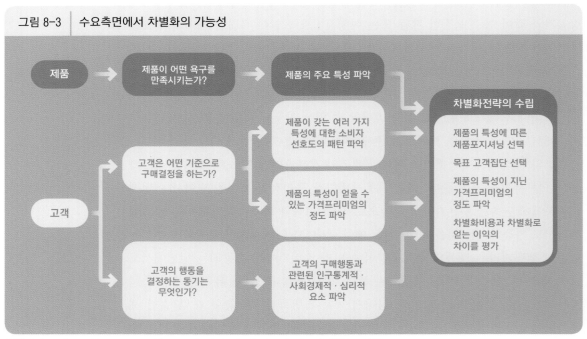

그림 8-3   수요측면에서 차별화의 가능성

출처: Robert Grant, *Contemporary Strategy Analysis*, 7th Edition, Blackwell, 2010, p. 254.

차를 선호하기도 하며 자신의 개성을 뚜렷이 나타내기 위해서 어떤 특별한 색상을 선호하기도 한다. 따라서 우리가 소비자의 수요를 보다 더 잘 이해하고 차별화할 수 있는 방법을 찾기 위해서는, 그 제품의 특성뿐만 아니라 소비자의 특성도 분석해 보아야 한다. 만일 소비자들의 구매결정이 사회·심리적인 요인에서 기인한 것이라면, 우리는 소비자의 거주지역, 연령, 소득수준, 교육수준, 개성, 라이프 스타일과 같은 여러 사회·심리적 특성들을 분석해 보아야 한다. 이렇게 함으로써 우리는 효과적인 차별화의 방향을 발견할 수가 있다.

그림 8-3은 이상에서 살펴본 바와 같이 수요측면에서 차별화를 할 수 있는 가능성을 찾는 방법을 정리한 것이다.

온라인사업을 통한 차별화

과거 차별화의 가능성은 소비자 개개인에 대한 정보의 부족으로 크게 제한되어 왔었다. 소비자 개개인의 수요에 대한 정보가 부족하였기 때문에, 기업들은 일부 소비자에 대한 시장조사결과를 바탕으로 표준적인 제품을 만들어 공급하는 단계를 벗어나지 못하였다. 즉, 정보의 윤택성이란 정보의 깊이와 질에 대한 개념이고, 도달성이란 얼마나 많은 사람에게 정보가 전달되는가의 문제로, 이 둘 사이에는 상쇄관계trade-off가 존재했다.

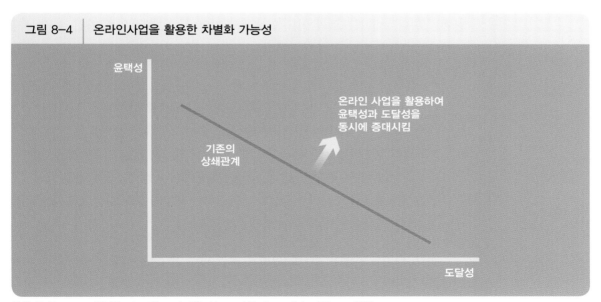

그림 8-4 | 온라인사업을 활용한 차별화 가능성

출처: P. Evans and T. Wurster, *Blown to Bits*, Harvard Business School Press, 1999.

Evans와 Wurster는 인터넷이 이러한 정보의 윤택성과 도달성간의 상쇄관계를 극복하는 혁신적인 기술진보라는 점을 지적하였다.[4] 예를 들어, Amazon에서 상품을 구매한 소비자의 구매정보를 데이터베이스화하여 고객이 웹사이트를 재방문했을 때 과거 구매기록에 의거한 관심 상품을 추천해 주고 있다. 이와 같이, Amazon은 개개인 고객의 수요에 대해 많은 정보를 갖고 있으면서도 도달성의 제약을 받지 않는다. 수천만의 고객이 Amazon의 웹사이트에 시간, 지역의 제한에 구애받지 않고 접속할 수 있기 때문이다. 이와 같이 인터넷과 같은 정보통신기술의 발달은 기업으로 하여금 윤택성과 도달성의 상쇄관계를 극복하여 차별화를 가능하게 하고 있다.

03 >> 가치사슬에 의한 차별화우위분석

차별화우위의 분석방법

제7장에서 비용우위를 분석한 것과 마찬가지 방법으로 기업의 생산활동을 단계별로 나누어 봄으로써 어느 단계에서 기업이 차별화우위를 가질 수 있는지 분석할 수 있다. 이같이 가치사슬value chain에 의해 차별화우위를 분석하는 과정을 보면 다음과 같다.

(1) 기업과 소비자들을 연결하는 가치사슬의 구성요소를 파악한다.
(2) 각 활동에서 독특한 차별화우위를 낼 수 있는 요인들을 찾아낸다.
(3) 기업이 자신에게 가장 유리한 차별화우위를 제공해 주는 변수들을 선택한다. 특히 차별화변수를 선택할 때, 각 생산활동에서 독창성의 원동력이 될 수 있는 개별활동을 조사하고 경쟁자가 제공하는 제품에 비해 자신이 독창성을 확보할 수 있는 변수들을 파악할 필요가 있다.

또한, 기업은 차별화변수를 선택할 때는 다음 세 가지 사항을 주의깊게 고려해야 할 것이다.

첫째, 어떻게 경쟁기업보다 낮은 비용으로 또한 어떻게 경쟁기업에 비해 높은 수준의 차별화를 취할 수 있을 것인가를 고려하여야 한다.

둘째, 차별화우위를 갖기 위하여 각 생산활동간의 연관관계를 살펴볼 필요가 있다. 예를 들어, 제품의 품질을 향상시키기 위해서는 생산활동뿐만 아니라 투입 요소, 품질테스트와 애프터서비스 등에 이르기까지 모든 단계의 관계를 살펴보아야 한다. 앞서 제6장의 Southwest 항공사의 사례에서 살펴보았듯이 가치사슬의 각 부분간의 상호연관성이 높을수록, 그 기업의 경쟁우위를 모방하는 것이 어렵게 된다.

셋째, 이런 차별화우위가 과연 얼마나 오래 지속될 수 있는가를 고려해야 한다. 가능하면 경쟁자가 자신의 경쟁우위를 쉽게 모방할 수 없는 차별화우위를 찾는 것이 중요하다.

가치사슬의 적용 예

그러면 가치사슬을 통해서 Apple의 차별화전략을 분석해 보기로 하자. **그림 8-5**는 Apple의 생산활동을 여러 단계의 가치사슬로 나누어 본 것이다. 먼저 기업의 하부구조를 보면 Apple은 종업원의 창의성을 높이기 위해 대학 캠퍼스와 같은 환경을 조성하고 있다. Apple은 실제로 자신의 본사를 '캠퍼스'라고 부르고 있다. 정말 대학과 같이 연구중심적이고 자유로운 환경에서 사람들이 일하고 있는 것이다. Apple이 계속 차별화우위를 유지하기 위해서는 창의력을 가진 엔지니어들이 필요하고 직원들의 독창성을 북돋아 주기 위해 자유로운 환경을 제공할 필요성이 있기 때문이다.

또한 Apple은 연구개발비를 많이 지출하였다. Apple은 폐쇄시스템전략을 취하고 있으므로 모든 주요 부품, 운영시스템, 마이크로프로세서, 마우스, 모니터, 프린터를 자체적으로 개발하고 디자인한다. 이러한 이유로 IBM호환기종에 비해 훨씬 높은 수준의 R&D비용을 부담하고, iPhone 역시 Android계열 스마트폰 생산 업체에 비해 주요 R&D비용을 독자적으로 부담한다. 그리고 인사관리차원에서도 차별화우위를 유지하기 위해 새로운 아이디어를 내는 종업원에게 그 실용성과는 관계없이 포상하는 제도를 가지고 있다.

주요 부품의 구매에 있어서도 Apple은 좋은 품질의 부품을 구매하고, 많은 경우 주요 부품을 자기가 직접 생산하여 왔다. 그리고 조립단계에 있어서도 Apple은 자사제품의 품질을 높게 유지하기 위하여 자체공장이나 Apple의 강한 통제하에 있는 하청공장에서 생산하여 왔다. 예를 들어, 대만기업인 Foxconn은

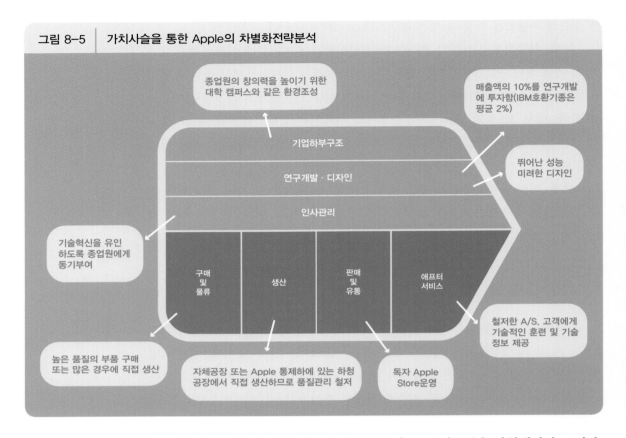

그림 8-5   가치사슬을 통한 Apple의 차별화전략분석

중국에서 대규모 공장을 운영하면서 Apple의 주요 제품들을 하청생산하고 있다. 한편 유통, 판매, 영업활동은 자사직영점을 통해서 판매하는 형식을 취하여 왔다.

그러나 이와 같이 Apple이 차별화를 유지하기 위해 사용하는 여러 차별화변수는 결국 비용을 높이는 효과를 가져온다. 폐쇄시스템을 뒷받침하기 위한 높은 연구개발투자, 창의력을 높이려는 대학캠퍼스 같은 환경조성 등은 높은 비용을 수반하는 것이다. 이에 대해 Apple은 하청생산에 의존하는 비율을 높임으로써 비용을 낮추고 있다. 또한 Apple Store를 통해 직접판매를 하거나 온라인주문판매를 통해 수수료나 영업비용을 낮추려 하고 있다.

차별화우위의 유지

Apple의 사례는 또한 차별화우위가 유지되기 어렵다는 사실을 보여 준다. Apple의 위기는 Microsoft의 Windows가 Apple의 운영시스템을 모방함으로써 시작되었다. 현재 Android 운영체제 기반으로 삼성, LG 외에도 중국의 Huawei,

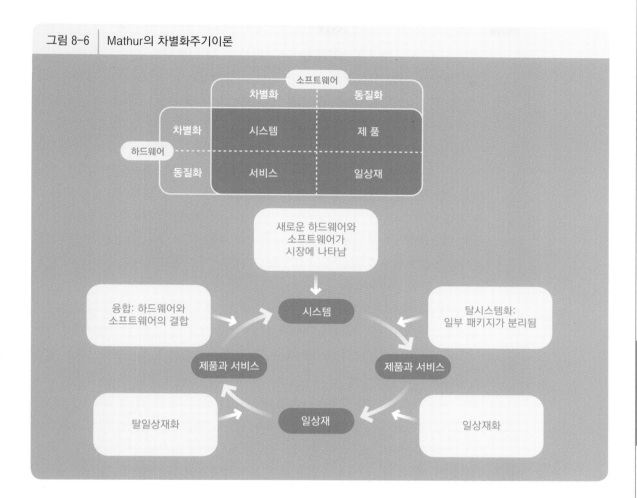

그림 8-6 | Mathur의 차별화주기이론

Xaomi, Oppo와 같은 중국업체가 스마트폰 시장에 진입하여 점유율을 높이고 있다. 그 밖에도 기업의 혁신에 의해 차별화가 이루어지나 경쟁기업의 모방에 의해 곧 차별화우위가 없어지고 일상재화되었다가 또 다른 혁신에 의해 차별화가 이루어지는 사례를 흔히 관찰할 수 있다.

Mathur는 **그림 8-6**과 같이 차별화를 하드웨어적인 성격과 소프트웨어적인 성격으로 나누어 봄으로써, 차별화가 어떻게 창출되고 유지되는가를 보여준다.[5] 그는 하드웨어와 소프트웨어가 둘 다 차별화된 것을 시스템system, 하드웨어는 차별화되었는데 소프트웨어는 차별화가 안 된 것을 우리가 흔히 말하는 제품product, 그리고 하드웨어는 차별화되지 않았는데 소프트웨어만 차별화된 것을 서비스 service, 둘 다 차별화 안 된 것을 일상재commodity라고 구분하였다.

시장의 생성 초기에는 소비자들의 지식이 불충분하고 시장이 발달되지 않았

Video

Tim Cook의
중국시장 전망

기 때문에 기업들이 종종 하드웨어와 소프트웨어가 결합된 형태의 시스템을 제공해 준다. 즉 하드웨어와 소프트웨어측면에서 둘 다 차별화된 것이다. 그러나 시장이 성숙되고 산업이 발달하면서 점차 이 시장에서는 脫시스템화가 이루어진다. 하드웨어와 소프트웨어를 구분하고 보다 보편적인 제품이나 서비스를 만들어 내는 것이다. 즉, 하드웨어면에서 脫시스템화된 것이 서비스이고, 소프트웨어면에서 脫시스템화한 것이 제품이다. 이러한 과정을 거쳐서 제품들은 일상재 commodity화되어 간다. 그러나 소비자의 선호가 점차 다양해지고 기업들이 차별화우위의 새로운 원천을 개척함에 따라서 하드웨어와 소프트웨어면에서 각각 다시 차별화가 나타나는 脫일상재화과정을 겪는다. 즉, 일상재가 다시 제품과 서비스로 변화된다. 그 후, 이 시장에서는 완전히 새로운 혁신이 일어나 새로운 하드웨어와 소프트웨어를 결합한 신제품이 나타나서 시스템적인 상품을 만들어 내는 순환과정을 거치게 된다.

예를 들어, 퍼스널컴퓨터산업의 성장과정은 이 같은 순환과정의 대표적인 예이다. 초기에 퍼스널컴퓨터시장에 진입하였던 IBM과 Apple은 하드웨어, 즉 컴퓨터본체, 모니터, 프린터와 소프트웨어, 즉 운영시스템이나 응용프로그램이 결합된 시스템을 제공해 주었다. 그 후 Intel의 마이크로프로세서와 MS-DOS를 주축으로 한 표준화작업이 일어나서 퍼스널컴퓨터시장은 점차 탈시스템되었고, 수많은 기업들이 치열한 경쟁을 벌이는 일상재화되었다. 그러나 기업들이 새로운 차별화우위를 찾기 시작한 결과, 현재에는 단순히 컴퓨터만 판매하는 것이 아니라 네트워크설비, 데스크톱 출판시스템과 같이 하드웨어와 소프트웨어를 결합한 새로운 시스템을 제공함으로써 차별화전략을 추구하고 있다. 즉, 하드웨어와 소프트웨어를 결합하는 새로운 방법을 고안해 냄에 따라 차별화우위를 재창출하는 것이다. 이와 같은 시스템 역시 경쟁자의 모방에 의해 궁극적으로 다시 일상재화되고, 이와 같은 순환을 통해 차별화우위는 새로이 창출되고 없어졌다가 다시 창출되는 현상을 보인다.

블루오션전략

블루오션전략

최근 각광을 받고 있는 블루오션전략Blue Ocean Strategy은 가치혁신value innovation의 방법론을 제시하고 있다.[6] 김위찬 교수와 Rene Mauborgne 교수가 제공하는 이 방법론은 신제품이나 새로운 서비스를 체계적으로 개발하기 위해 사용될 수 있다. 가치혁신의 당위성은 기업들이 서로 모방적인 제품을 갖고 소모적인 경쟁을 하고 있다는 전제에서 시작한다. 즉, 어느 기업이 새로운 기능을 추가한 신제품을 만들면, 경쟁기업 역시 그와 유사한 제품으로 대응하곤 한다. 또 다른 기업이 가격을 내리면, 경쟁기업 역시 자신의 가격을 내리는 것과 같은 소모적이고 모방적인 경쟁방법은 이른바 피비린내 나는 레드오션red ocean과 같다는 지적이다. 이에 비해, 가치혁신은 주어진 것으로 가정했던 사고방식을 깨고, 혁신적으로 새로운 사업기회를 찾는 것을 의미한다. 즉, 충족되지 않은 다양한 소비자의 수요를 찾아 이를 충족시키면, 소모적인 경쟁을 하지 않는 블루오션blue ocean에 다다를 수 있다는 주장이다.

물론, 혁신적인 방법으로 경쟁하라는 것은 결코 새로운 주장은 아니다. 일찍이 Schumpeter도 기업의 혁신을 강조하며, 새로운 재결합recombination을 통해 혁신을 하라고 강조하였다. 가치혁신론이 경영전략분야에 공헌한 점은 이렇게 신제품을 개발하고 혁신을 추구하는 체계적인 방법론을 제시한 것이다. 예를 들어, 태양의 서커스Le Cirque du Soleil는 전통적인 서커스가 사양화된 상황에서 기존의 서커스의 일부 요소만 남기고, 우리가 알고 있는 서커스에는 없었던 음악, 스토리 등 뮤지컬적인 요소들을 빌려와 결합한 새로운 예술작품이다. 이와 같은 새로운 상품을 만들기 위해서는 이른바 '가치곡선'value curve을 사용한다. 가치곡선이란 예를 들어, 서커스나 뮤지컬과 같은 서비스들이 소비자에게 주는 효용의 강도를

Video

태양의 서커스

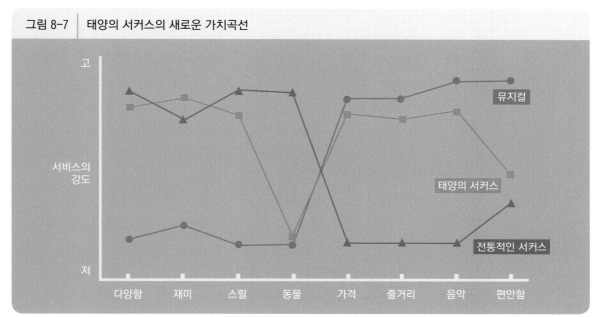

그림 8-7 │ 태양의 서커스의 새로운 가치곡선

출처: 김위찬, Rene Mauborgne.

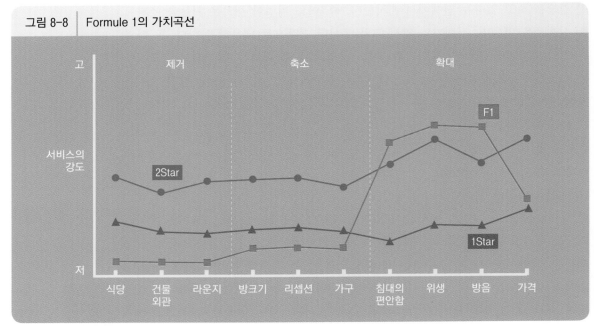

그림 8-8 | Formule 1의 가치곡선

출처: 김위찬, Rene Mauborgne.

높고, 낮음의 형태로 표현한 것이다. **그림 8-7**에 있는 바와 같이, 태양의 서커스는 전통적인 서커스의 재미와 스릴, 다양한 기술 등의 요소는 그대로 유지하고 전통적인 서커스에서 사용되었던 동물의 곡예와 같은 요소들은 과감히 삭제하였다. 반면, 뮤지컬에서 음악과 스토리를 빌려와 새로운 가치곡선을 창출한 것이다. 그 결과, 태양의 서커스는 더 이상 기술만을 강조하지 않고, 훨씬 고급화된 예술 작품이 되어 높은 가격을 받을 수 있게 되었다. 전통적인 서커스가 어린이를 주요 고객으로 하는 반면, 태양의 서커스는 고액을 지불할 수 있는 성인고객이 대부분이며, 여러 가지 주제를 번갈아 공연하기 때문에 자주 찾을 수 있게 되었다. 또한 이들 고객들이 높은 티켓가격을 지불하고 공연을 즐길 수 있도록 편안하고 고급스런 환경을 제공한다.

가치혁신의 또 한 가지 사례로 유럽의 저가모텔체인인 Formule 1을 들 수 있다(**그림 8-8**). 기존의 저가호텔 즉, 한국의 등급시스템으로 볼 때 별 하나나 둘 정도의 호텔들이 같은 등급의 호텔들과 호텔 내 식당, 외관, 라운지, 방 크기, 리셉션 등의 요소에서 치열하게 모방하며 경쟁하는 것에 비해, 이 호텔체인은 식당, 호텔 외관, 라운지 등은 과감히 없애고, 방 크기, 가구, 리셉션은 축소하며, 그 대신 침대의 편안함, 위생도, 조용함, 가격 등의 요소는 현저히 확대하였다. 이는 저가모

텔체인을 이용하는 고객들이 대부분 장거리 여행객이나 트럭운전수 등이며, 이들
이 원하는 것은 그날 밤을 잘 자고 그 다음날 일찍 다시 떠날 수 있도록 피로를 회
복하는 것에 있다는 사실을 고려한 결정이었다. 이들에게는 호텔의 외관이나 라
운지, 식당 등은 전혀 필요 없는 서비스였다. 기존의 저가 호텔들이 이렇게 고객
에게 불필요한 서비스를 제공해왔던 이유는 단 하나, 경쟁자가 그런 서비스를 제
공하기 때문이었다.

　　이처럼 소비자가 진정으로 원하지는 않으나, 경쟁자가 제공하기 때문에 아무
런 효과 없이 비용만 낭비하는 요소들을 혁신적으로 축소하고 그동안 충족되지
못하였던 소비자들의 욕구를 충족시키므로 비교우위와 차별화우위를 동시에 제
공할 수 있다. 그러나 가치혁신으로 인해 달성된 비용절감과 차별화우위는 일회
적으로 발생한 것이고, 경쟁자의 모방도 가능하며, 근본적인 비용우위와 차별화
우위간의 상충trade-off관계는 변함이 없다. 가치혁신은 비용우위와 차별화우위
간의 상충관계를 없애기보다는 한 차원 높은 수준으로 올린 것이기 때문이다. 따
라서 차별화우위와 비용우위를 동시에 추구하려면, 지속적으로 가치혁신을 추구
해야 한다.

04 ›› 차별화전략

제품기획

　　소비재분야에는 수많은 종류의 제품이 있다. 예를 들어, 비누, 치약, 샴푸 등
은 경쟁회사 제품과 포장, 향, 크기에서 서로 다르다. 이들 제품은 경쟁회사 제품
과 경쟁할 뿐만 아니라 자사의 다른 브랜드와도 경쟁관계에 있다. 예를 들어,
Coca-Cola는 Diet Coke, Sprite, Diet Sprite, Fanta 등 여러 가지 청량음료를 만들
고 있다. 또 LG생활건강에서도 죽염치약, 페리오치약과 같이 여러 종류의 치약을
생산하고 있다. 자동차회사들 역시 차체의 크기가 다른 여러 종류의 차를 만들어
내고 있다. 그러면 과연 얼마나 많은 종류의 제품을 만들어야 하고, 각각의 제품
을 서로 얼마나 다르게 할 것인가는 제품기획면에서 중요한 선택이 된다.

이와 같은 문제의 해답을 얻으려면 우리는 먼저 소비자들의 수요체계를 이해할 필요가 있다. 이에 관하여 우리에게 유용한 분석틀을 제공해 줄 수 있는 것이 앞에서 살펴본 다차원척도법multi-dimentional scaling이다.

이와 같은 제품지도를 잘 이용하면 개별소비자가 느끼는 제품의 차이를 직관적으로 이해할 수 있고 제품의 어떤 특성을 강조하여 제품차별화를 하는 것이 더 유리한지를 알 수 있다. 예를 들어, 제품지도상에서 서로 가까이 있는 제품들은 서로 유사한 제품들이므로 그들간의 경쟁이 훨씬 심할 것이다. 일반적으로 소비자의 선호가 차별화될수록 크기, 색상, 품질, 기타 여러 가지 제품에 대한 특성이 다양해진다. 이 경우에는 제품지도상에 다양한 종류의 제품이 나타날 수 있다.

차별화의 비용

차별화전략을 수립하는 데 있어서 비용측면을 고려해야 한다. Apple의 사례에서 보듯, 차별화는 대부분 높은 비용을 수반하기 마련이다. 고품질로서 차별화를 하려면 고품질의 투입요소를 사용하여야 하며 서비스를 향상시키기 위해서도 충분한 재고를 확보해야 한다. 브랜드를 강화시키기 위해서는 막대한 광고비용이 소요된다. 생산측면에 있어서도 차별화된 제품은 제품당 생산량이 적으므로 규모의 경제를 충분히 활용할 수 없게 된다. 또한 신제품개발이 잦은 경우, 경험곡선에 의한 생산효율을 달성할 수 없다. 이는 신제품이 나올 때마다 새로운 경험곡선을 따르기 때문이다. 이와 같이 차별화전략이 항상 높은 비용을 수반하기 때문에, 기업들은 차별화를 추구하면서 동시에 비용의 효율성을 추구하는 방법을 모색하곤 한다.

예를 들어, 자동차산업은 비용절감과 차별화를 동시에 추구하기 위하여 가치사슬의 후반부에서 차별화를 시도한다. 많은 경우, 규모의 경제는 주요 부품의 생산과정에서 나타난다. 따라서 제품의 생산과정을 몇 개의 주요한 모듈로 만들고, 각 모듈에서 공통된 부품을 가능한 한 많이 사용하여 대량생산에 따른 규모의 경제성을 활용하게 하고, 최종조립단계에서만 소비자의 선호에 따라 제품을 다양하게 만들 수 있으면 제품차별화를 이루면서 동시에 비용을 낮게 유지할 수 있다. 예를 들어, 현대자동차의 소나타와 기아자동차의 K5는 본질적으로 같은 차체로 많은 부품을 공유하고 있다. 그랜저 역시 소나타와 플랫폼을 공유하면서 외형과 내장재에서 약간의 변화를 준 제품들이다.

또한, 기술측면에서도 앞서 제6장에서 살펴본 대량주문생산mass customization은 컴퓨터를 사용한 기법들을 사용하여 하나의 생산라인에서 여러 가지 다양한 제품들을 만들면서도 비용이 상승하는 것을 억제할 수 있다.

광역차별화와 니치전략

이상에서 살펴본 바와 같이 소비자의 수요와 차별화의 비용을 고려하여 기업은 시장 전체에서의 차별화전략, 즉, 광역차별화broad-based differentiation를 할 것인가, 아니면 니치, 즉, 세부시장에 집중화된 차별화focused differentiation를 할 것인가를 결정한다. 예를 들어, 소비재를 만드는 P&G와 같은 회사들은 수많은 종류의 세제, 치약, 샴푸 등을 생산한다. 반면에 코카콜라는 다이어트코크, 체리코크 등의 다양한 제품이 있기는 하지만 모두 코카콜라에다 약간의 향을 첨가한 좁은 범위의 집중화된 차별화를 시도하고 있다. 기업들이 시장 전반에 걸친 광역차별화를 할 것인가, 또는 국지적인 집중화된 차별화를 할 것인가는 궁극적으로 소비자의 선호체계와 차별화비용과의 관계에 의해서 결정된다.

우선 기업이 집중화된 차별화, 또는 니치전략niche strategy을 선택하는 가장 중요한 이유는 다음과 같다. 첫째, 생산 또는 유통에서의 규모의 경제는 차별화의 정도를 제한한다. 생산이나 유통에서 규모의 경제가 큰 경우에 광역차별화를 하려면 큰 폭의 비용상승이 수반되므로 기업들은 차별화 정도를 억제한다. 둘째, 신제품개발에 많은 비용이 소요될 경우에도 역시 광역차별화에 한계가 있다. 또한 이미 차별화가 많이 되어 있는 제품을 더욱 차별화하기 위해서는 기존제품에 소요되는 연구개발비보다 훨씬 더 많은 연구개발비용이 소요되기 때문이다.

그러나 기업들은 때로는 시장 전체로 광역차별화를 할 필요가 있는데, 첫 번째로 소비자가 확연히 다른 선호체계를 갖고 있을 경우 소비자들의 다양한 선호체계는 기업들로 하여금 광역차별화를 해야 할 필요성을 느끼게 한다.

둘째, 차별화된 제품간에 범위의 경제성economies of scope이 존재하는 경우 기업은 광역차별화를 할 수 있다. 범위의 경제성이란 두 제품을 두 기업이 따로 생산하는 것보다 한 기업이 두 제품을 동시에 생산함으로써 나올 수 있는 경제성을 의미한다. 예를 들어 두 제품을 서로 다른 기업이 동시에 광고하려면 광고비용이 많이 소요될지 모르나, 한 기업이 두 제품을 같이 생산하는 경우, 광고의 효과는 두 제품에 동시에 영향을 미칠 수 있다. 이와 같이 광고나 유통에 있어서 범위의 경제성이 있는 경우, 기업들은 차별화의 범위를 넓히려는 시도를 할 수 있다.

셋째, 광역차별화는 신규기업의 진입을 효과적으로 방지할 수 있다. 신규기업의 진입을 막기 위해서 미리 시장 전체적으로 다양한 브랜드를 갖추어 놓는 것은 효과적으로 신규기업들의 진입을 저지하는 진입장벽을 쌓는 것과 같다. 표 8-1

표 8-1	제품전략의 고려요인

제품의 차별화를 확대시키는 요인	제품의 차별화를 억제시키는 요인
• 소비자의 선호가 각기 다르다.	• 생산과 유통에서 큰 규모의 경제가 있다.
• 다양한 브랜드 사이에 범위의 경제성이 존재한다.	• 신제품개발에 많은 연구개발비용이 소요된다.
• 신규기업의 진입이 예상되어 이에 대한 진입장벽을 쌓을 필요가 있다.	

은 이상의 차별화를 확대시키거나 억제시키는 요인을 정리하고 있다.

광고전략

　　우리는 TV와 인터넷으로부터 같은 매체로부터 매일 수많은 광고를 접하고 있다. 특히 식·음료품, 의약품, 의류 및 각종 소비재산업들은 많은 광고비를 지출하고 있다. **표 8-2**는 업종별 광고비지출액을 보여준다.

　　이같이 기업들이 막대한 광고비용을 지출하는 이유는 무엇이며, 과연 그렇게 광고를 하는 것이 경쟁우위를 창출하는 데 어떤 효과를 주는 것일까? 차별화전략이 성공적이려면 그 기업은 자신의 제품이 개별소비자들의 선호에 맞게 제작되어 있다는 사실을 소비자들에게 알릴 필요가 있다. 소비자들은 자신이 구매하는 제품의 특성이나 품질에 대해 완벽한 정보를 갖기가 어렵기 때문이다. 특히 그 제품의 품질이나 특성을 소비자들이 직접 조사해야 알 수 있는 탐색재search goods나 병원의 의료서비스나 이발서비스와 같이 그 재화나 서비스를 사용한 이후에야 품질이나 특성을 이해할 수 있는 경험재experience goods의 경우, 소비자들이 자신이 소비하는 재화의 품질이나 특성에 대하여 선험적으로 알기는 어렵다.

　　이같이 소비자가 상품의 품질이나 특성에 대하여 미리 알 수 없는 경우 제6장의 게임이론에서 살펴본 바와 같은 죄수의 딜레마prisoners' dilemma가 나타난다. 기업은 고품질의 고가품을 만들 것인가 또는 저품질의 저가품을 생산할 것인가의 선택에 놓여 있고, 소비자들은 제품의 품질에 대하여 사전적으로 알 수 없고 단지 가격만 보고 높은 가격의 제품과 낮은 가격의 제품 중에서 선택을 한다고 가정하자. 이렇게 제품의 품질에 대하여 미리 알 수 없을 때 게임이론의 균형점은 우리가 제6장에서 살펴본 죄수의 딜레마와 같이 생산자는 저품질의 제품을 공급

표 8-2		업종별 매체별 광고비				(단위: 10억원, %)	

업종	TV	라디오	신문	잡지	합계	비중(%)
가정용전기전자	269.0	3.4	89.8	6.6	368.9	6.4
가정용품	204.8	18.1	42.8	10.4	276.0	4.8
건설,건재및부동산	33.1	15.7	58.5	1.7	109.0	1.9
관공서및단체	167.9	14.5	282.1	4.6	469.1	8.1
교육및복지후생	51.0	11.9	31.4	1.6	95.8	1.7
그룹및기업광고	42.8	0.0	152.1	2.6	197.6	3.4
금융,보험및증권	229.3	26.1	540.6	11.2	807.2	14.0
기초재	33.9	6.2	40.5	1.1	81.7	1.4
산업기기	17.6	2.8	18.8	1.3	40.5	0.7
서비스	303.7	36.0	104.5	5.9	450.0	7.8
수송기기	238.8	21.4	41.8	4.3	306.2	5.3
식품	435.5	27.9	118.1	3.4	584.8	10.2
유통	101.7	11.4	39.8	1.3	154.1	2.7
음료및기호식품	225.7	6.3	17.8	2.7	252.4	4.4
정밀기기및사무기기	16.4	2.6	16.1	18.0	53.1	0.9
제약및의료	396.6	25.4	28.1	1.6	451.6	7.8
출판	23.9	2.5	33.4	2.9	62.7	1.1
컴퓨터및정보통신	258.6	12.5	210.3	4.0	485.4	8.4
패션	131.4	7.6	37.2	83.5	259.6	4.5
화장품및보건용품	186.9	3.5	27.6	18.7	236.7	4.1
화학공업	13.2	0.9	3.1	0.6	17.8	0.3
총계	3,381.6	256.6	1,934.4	187.8	5,760.4	100.0

출처: 닐슨 코리아, 2023년 기준.

하고 소비자는 저가의 제품을 구매하게 된다. 그러나 **그림 8-9**에서 볼 수 있듯, 각 셀Cell에서 우상향의 손익이 기업, 좌하향의 손익이 소비자라고 할 때, 기업과 소비자 모두에게 더 유리한 것은 기업이 높은 품질의 제품을 공급하고 소비자도 또한 높은 품질의 제품을 구매하는 것이다. 그렇지만 경험재와 같이 소비자들이 제품의 품질을 구매 전에 사전적으로 알 수 없는 경우, 죄수의 딜레마에서처럼 기업과 소비자 모두 손실을 보는 현상이 나타난다.

이와 같은 죄수의 딜레마를 극복하기 위해서 기업들이 소비자들에게 광고를 통해 자신의 품질을 적극적으로 알려야 한다. 예를 들어, 자동차회사가 종래에 1년간만 품질보증warranty을 하던 것을 3년간으로 연장하는 것은 소비자들에게 자신의 제품이 높은 품질의 제품이라는 것을 널리 알리는 수단이 된다. 일본의 자동

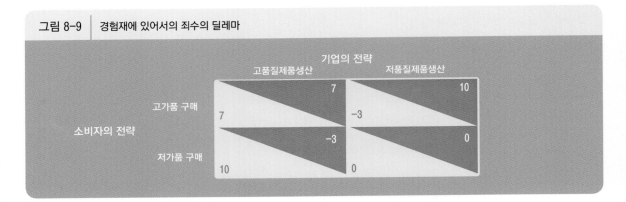

그림 8-9 | 경험재에 있어서의 죄수의 딜레마

차업계는 미국기업들이 종래 단 1년만 품질보증과 무상수리서비스를 하는 것에 비해 품질보증기간을 3년으로 늘렸다. 그렇지만 미국의 자동차회사들은 맞대응하여 품질보증기간을 연장하지 않았다. 그 당시 미국자동차의 품질이 너무 조악하였으므로, 품질보증기간을 3년으로 연장하면 보증서비스를 하는 데 드는 추가비용을 도저히 감당할 수 없었던 것이다. 이처럼 품질보증기간의 연장은 미국의 소비자에게 일본자동차의 품질에 자신이 있다는 것을 알리는 좋은 차별화전략이었다. 한편, 현대자동차는 미국에서 판매하는 차종의 품질보증기간을 10년으로 보장하고 있다.

　　TV나 신문의 광고 역시 기업들이 자신의 제품의 품질에 대하여 널리 알리고자 하는 수단이다. 왜냐하면 TV광고에 막대한 광고비용을 지출한다는 것은 그만큼 자신의 제품이 고품질의 제품이라는 것을 알려서 소비자의 브랜드충성도를 구축하기 위한 투자이기 때문이다. 만일 이런 기업들이 조악한 품질의 제품을 판매한다면, 그 기업들이 막대한 광고비용을 들여서 구축한 브랜드이미지는 곧 땅에 추락할 것이다. 따라서 소비자들은 이렇게 막대한 광고비를 투자하는 기업들은 자신이 투자한 브랜드이미지를 보호하기 위하여 품질을 높게 유지할 것이라고 믿게 된다.

　　또 다른 방법은 소비자들에게 샘플을 제공하여 주는 것이다. 예를 들어, 소비자들은 현재 사용하고 있는 화장품을 선호하고 새로운 제품에 대한 구매를 꺼려하기 쉽다. 따라서 작은 병에 샘플을 넣어 소비자들에게 무료로 제공한다면 소비자들은 일단 그 제품의 품질을 실험해 보고 그 제품을 구매할 것인지를 결정하게 된다. 샘플을 주는 것 역시 광고 및 판매촉진비용에 들어가며, 이런 샘플을 통한 광고 역시 자신의 높은 품질을 소비자들에게 알리는 중요한 방법이 된다.

　　그러나 광고는 단순히 소비자들에게 자신의 높은 품질을 알리는 것 이외에도 차별화된 시장에서 중요한 경쟁수단이 될 수 있다. 차별화된 시장에서의 경쟁의 특징은 기업들이 가격으로 경쟁하기보다 광고를 통해 차별화우위를 가지려고 노력하고 있다는 것이다. 우리가 주위에서 접하는 차별화된 제품, 즉, 치약, 의약품, 각종 소비재 등에서는 가격경쟁을 찾아보기가 힘들다. 가격경쟁보다는 오히려 광고에 투자함으로써 자사의 제품을 경쟁사의 제품에 비하여 차별화하려고 노력한다. 이같이 기업들이 광고에 투자하여 차별화경쟁을 시도하는 것은 소비재와 음·식료품산업, 의약품산업의 특징적인 형태이다.

유통전략

기업들은 강력한 유통망을 통해서도 차별화 우위를 가질 수 있다. 실제로 많은 제조업체들은 소비자에게 직접 판매하기보다 소매상을 통하여 제품을 파는 경우가 많다. 이처럼 제조업자의 손을 떠나 소비자의 손에 도착하기까지의 유통과정에서 일부 기업들은 다른 경쟁기업들에 비하여 상당한 우위를 확보할 수 있다. 이 같은 전략을 유통전략distribution strategy이라고 한다.

극단적인 경우, 제조업자가 유통산업까지 수직적으로 통합하여 유통까지 통제할 수도 있으나 많은 경우에 있어 제조업자와 유통업자는 서로 독립적인 관계인 경우가 많다. 이 같은 독립적인 유통업체를 상대로 하는 제조업체는 유통업체를 자기편으로 만들기 위하여 상당한 노력을 한다. 우리가 소매상에서 볼 수 있는 아이스크림을 담은 냉장고는 롯데나 빙그레와 같이 아이스크림 제조업자들이 무료로 제공해 주는 경우가 많다. 이는 소매업자에 대한 광고 및 유통전략의 일환다. 그리고 백화점에는 화장품회사의 직원이 직접 나와 판촉을 도와주기도 한다. 이 같은 행위는 제조업체가 소매상을 직접·간접적으로 지원함으로써 유통시장에서 자기제품의 경쟁우위를 확보하려는 시도이다.

또한 제조업체는 '재판매가격 유지행위resale price maintenance'와 같은 방법을 통해서 소매단계에서의 가격을 자신이 결정하기도 한다. 소매상에서 사는 제품의 옆면에는 흔히 '희망소비자가격' 또는 '권장소비자가격'이라는 것이 적혀 있다. 이런 재판매가격 유지행위는 소매업자와 제조업체 모두에게 도움이 된다. 왜냐하면 재판매가격 유지행위는 소매상에게는 높은 마진을 보장해 주기 때문이다. 제조업체들은 재판매가격 유지행위를 통해서 자신의 제품의 소매단계에서의 가격경쟁을 원천적으로 봉쇄해 버린다. 그러나 이러한 재판매가격 유지행위로 인해 궁극적으로 피해를 보는 것은 소비자들이다.[7] 이렇게 제조업체와 유통업체가 서로 담합을 하여 소매단계에서의 가격경쟁을 봉쇄하는 것은 궁극적으로 소비자들이 높은 소매가격을 부담한다는 것을 의미한다. 따라서 한국의 공정거래법에서는 재판매가격 유지행위를 불공정거래행위로 규제하고 있다.

또한 제조업체의 힘이 막강하여 유통시장에 지배적인 영향력을 행사하는 경우에는 끼워팔기tie-in-sales와 같은 방법이 사용되기도 한다. 과거 진로가 Cass로 맥주시장에 진출했을 때, 또한 OB맥주가 경월소주를 인수하였을 때, 양사는 자사의 유통시장에 대한 강력한 영향력을 행사하여 소매상들에게 일정분량의 소주와 맥주를 끼워 동시에 공급하였다. 이같이 강한 유통망을 바탕으로 제품을 시장에 내보내는 전략을 푸시push전략이라고 한다. 재판매가격 유지행위와 마찬가지로 끼워팔기전략도 공정거래법에서 규제하는 불공정거래행위의 한 유형이다.

05 >> 결론 및 요약

많은 기업들이 비용우위보다 차별화우위에 더 매력을 느끼는 이유는 차별화에 기초한 경쟁우위가 경쟁자가 모방하기가 쉽지 않기 때문이다. Apple의 사례는 뛰어난 기술력을 바탕으로 상당기간 동안 차별화우위를 유지하고 높은 수익을 얻을 수 있다는 것을 보여 준다. 그러나 이 사례는 또한 차별화우위를 유지하는 데는 큰 비용이 들며, 차별화우위가 경쟁자의 모방으로 없어지는 순간, 높은 비용구조는 기업에게 영업상의 커다란 부담이 된다는 것도 보여 준다.

차별화의 기회는 제품의 특성과 소비자의 선호체계에 달려 있다. 차별화전략은 소비자의 선호를 만족시키기 위하여 독특한 제품 또는 서비스, 그리고 그 제품과 서비스가 소비자에게 전달되는 방법을 고안해 내는 것이다. 가치사슬은 기업의 생산활동을 단계별로 구분하여, 어떻게 그 기업이 독특한 방법으로 소비자에게 더욱더 큰 가치를 제공해 줄 것인가를 분석하는 틀을 제공해 준다. 본 장에서 살펴본 제품기획, 광고, 유통전략 등이 그 구체적인 방법이다.

아이리버[8]

아이리버구 레인콤, 현 드림어스컴퍼니는 1999년 삼성전자에서 비메모리 반도체를 수출하던 양덕준 사장이 지인들과 함께 설립한 벤처기업이었다. 초기 레인콤은 브랜드, 자금력, 마케팅 등과 같은 역량이 부족하였기 때문에 자체 브랜드로 제품을 판매하는 대신 당시 북미 최대 휴대용 오디오 기기업체였던 Rio에 iMP-100를 주문자 상표부착 생산original design management: ODM방식으로 납품하였다. Rio 브랜드로 출시된 iMP-100은 출시와 동시에 미국시장 점유율 1위를 차지하게 되었다. 이에 자신감을 얻은 레인콤은 2001년 국내시장에 '아이리버'라는 자체브랜드로 제품을 출시하였으며 단숨에 시장점유율 1위를 달성하였다. 이듬해인 2002년에는 미국시장에

Strategic Management

도 '아이리버' 독자브랜드로 제품을 출시하였다.

자체브랜드로 성공을 거둔 레인콤은 디자인 역량의 강화에 집중하였다. 양덕준 사장은 당시 세계적으로 명성을 떨치던 이노디자인의 김영세 사장을 찾아가 디자인 아웃소싱계약을 체결하였다. 이런 요인들 덕분에 1999년에 창업한 레인콤은 5년 만에 2004년 4,540억 원의 매출을 기록하는 등 높은 성장을 기록하였다. 또한 순이익도 2004년에 464억 원을 실현하여 레인콤은 대한민국의 대표적인 성공한 벤처기업들 중 하나로 성장하였다.

Apple은 레인콤보다 조금 늦은 2001년 10월에 하드디스크를 저장매체로 이용한 iPod을 개발하여 MP3P시장에 진출하였다. 2003년 고객들이 합법적으로 음원을 다운받아서 음악을 즐길 수 있는 iTunes Store를 오픈하자 iPod을 사용하는 고객층이 급증하기 시작하였다. Apple은 2004년 1인치 미니하드디스크를 탑재한 iPod mini를 출시하였다. 당시 iPod mini는 2GB와 4GB의 미니 하드디스크 메모리를 채택하고도 가격이 각각 199달러와 249달러였다. 이는 용량이 작은 플래시 타입 MP3P와 비슷하거나 오히려 낮은 수준이었다. 이를 통해 Apple은 미국시장에서 60%가 넘는 시장점유율을 확보할 수 있었다. 또한 Apple은 2005년 1월 자사 최초의 플래시 메모리 타입 MP3P인 iPod shuffle을 출시하였다. 이 제품은 동일한 용량의 경쟁제품들보다 가격이 절반에 불과하였다. 이와 같이 Apple은 이전 세대의 주력제품의 가격을 인하하고 새로운 세대의 주력제품의 가격을 이전 세대의 주력제품과 동일시 하는 전략을 추진하였다.

이러한 Apple의 공세에 대응하기 위해 경쟁자들은 어쩔 수 없이 자사 제품의 가격을 따라서 인하할 수밖에 없었고, 이는 아이리버와 같이 MP3P의 비중이 높은 업체들에게는 큰 위협이 되었다. 이 때문에 플래시 메모리 기반 MP3P분야에서 1위였던 레인콤은 Apple을 넘어서지 않고서는 MP3P 시장에서 1위의 지위를 유지하는 것이 어렵다고 판단하였다. 특히 하드디스크 타입 MP3P시장에서 Apple은 독점적인 지위를 통해 고수익을 올리고 있었기 때문에, Apple을 견제하기 위해서는 하드디스크 타입 제품을 개발하여 Apple과 직접 경쟁해야 한다는 주장이 제기되었다. 이에 레인콤은 iPod mini를 주요 타겟으로 선정하고 'Kill iPod' 프로젝트를 추진하였다. 당시 Apple의 iPod mini가 4GB 제품이 주류였기 때문에 레인콤은 이보다 용량이 1GB정도 더 크고 컬러액정화면을 가진 H10을 기획하고 제품개발을 시작하였다.

한편 MP3P시장에서 iPod과 iTunes를 앞세운 Apple의 독점을 견제하려는 움직임이 나타났다. 마이크로소프트는 자사의 Media Player의 입지가 약화될 것을 우려하여 Anti-Apple전략을 주도하였으며 냅스터도 iTunes Store의 성장을 견제하기 위해서 마이크로소프트에 협력하고 있었다. 이 때문에 아이리버는 이들 Anti-Apple 진영의 전폭적인 지원을 받을 수 있었다. 레인콤은 H10의 마케팅비용으로 200억 원을 책정하고 적극적으로 미국시장 공략에 모든 역량을 집중하였다. 2004년 12월 레인콤은 H10을 시장에 출시하고, 미국 내 대형유통업체인 Best Buy와 온라인 쇼핑몰인 Amazon.com, eBay 그리고 온라인 음원판매업체인 냅스터의 홈페이지 등을 통해 판매하기 시작하였다. 특히 냅스터 홈페이지를 통해 H10을 구매한 소비자들은 3개월 동안 무료로 음악을 다운로드 및 재생할 수 있는 서비스를 제공받을 수 있었

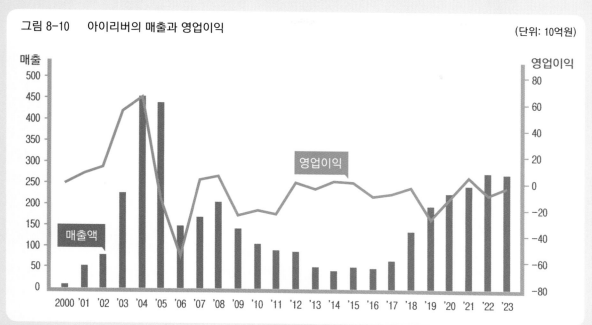

그림 8-10　　아이리버의 매출과 영업이익　　　　　　　　　　　　　(단위: 10억원)

출처: 아이리버 홈페이지 IR. 2023년 기준.

다. 마이크로소프트사의 빌게이츠 회장은 CES세
계정보가전박람회 기조연설에서 직접 H10을 시연하
는 방식으로 측면지원하기도 하였다. 이처럼 주변
상황은 레인콤에게 매우 우호적이었다.

　　그러나 제품이 출시된 후 얼마 되지 않아 H10
에 대한 대규모 A/S수요가 발생하였다. 소프트웨
어 문제로 인해 작동 중 꺼지거나 오작동하는 경
우가 자주 발생하였다. 운영소프트웨어의 개발을
외주한 것이 문제의 핵심이었다. 당시 레인콤은 하
드디스크 타입에 대한 경험이 부족했고 기간도 매
우 짧았기 때문에 본사는 제품의 디자인과 개발에
집중하는 대신 운영소프트웨어는 인도업체와 계
약을 통한 아웃소싱하는 방식을 선택하였다. 이와
같은 이원화된 개발전략으로 인해 제품의 출시 이
전에 충분한 시간을 갖고 제품을 테스트할 필요가
있었으나, Best Buy나 Circuity City 등과 같은 대형
유통업체 등과 체결한 출시일정을 준수해야만 하

는 상황이어서, 낮은 완성도에도 불구하고 출시할
수밖에 없었다. 심지어 미국에서 A/S문제를 해결
하기 위해 계약한 외주업체가 소프트웨어 문제에
적절하게 대처하지 못하면서 문제를 더욱 악화시
켰다. 이 때문에 H10에 대한 고객들의 불만이 고
조되었으며 환매요구도 증가했다. 레인콤은 미국
내 대형 유통업체인 Best Buy와의 협상에서 자신
에게 유리한 거래계약을 요구할 만큼 교섭력이 크
지 않았다. 이 때문에 Best Buy의 요구로 고객들의
반품요구가 있을 경우에는 어떤 경우라도 레인콤
의 책임하에 제품을 환불해 주어야 한다는 계약내
용이 포함되어 있었다. 결국 고객들의 환불요구로
상당수 제품들이 반품되었으며 제품오류 등에 대
한 소문으로 H10의 신규판매도 순조롭지 못했다.

　　이러한 상황하에서 2005년 9월 Apple의 iPod
nano가 시장에 출시되었다. 이는 고용량 플래시
메모리 타입 MP3P시장에서 본격적인 경쟁을 위

해 개발한 제품으로 굉장히 얇았으며, 메모리 용량도 경쟁사들 제품의 2배에서 4배인 2GB와 4GB를 채택하고 있었다. 또한 제품의 가격도 199달러와 299달러로 저렴하였다. 이 때문에 iPod nano에 대한 시장의 반응은 가히 폭발적이었다. 2004년 iPod과 아이리버의 판매량의 차이는 그렇게 크지 않았지만 iPod nano가 출시된 2005년에는 7배가 넘는 판매량의 차이를 기록하였다. 결국 낮은 가격에 출시된 iPod에 대응하기 위해 경쟁사들은 제품가격을 인하할 수밖에 없었고 이로 인해 업체들의 수익성은 급감했으며 레인콤의 타격은 더욱 컸다. Apple이 이처럼 낮은 가격에 제품을 출시할 수 있었던 것은 공급업체와 독점공급계약을 체결하였기 때문이다. 당시 Apple의 주문수량은 삼성전자의 전체 플래시 메모리 생산량의 40%에 육박하는 수준이었다. 이 때문에 Apple은 협상을 통해 충분히 할인된 가격으로 제품을 공급받을 수 있었으며, 결과적으로 경쟁업체들의 예상을 깨고 매우 낮은 가격에 iPod nano를 출시할 수 있었다.

결국 Apple을 타도하자는 'Kill iPod 프로젝트'는 오히려 레인콤의 생존이 위협받는 결과를 초래하였다. 이러한 H10의 실패에 대해서 당시 이 프로젝트에 관여했던 전 임원은 다음과 같이 말하였다.

당시 Apple은 저희들이 알고 있던 이전의 Apple과는 달랐습니다. Apple은 전통적으로 한정된 매니아 층을 대상으로 고가의 제품전략을 추진하던 기업이었습니다. 이 때문에 Apple이 저가전략으로 반격해 올 것이라는 것을 전혀 예상하지 못했습니다. 특히 플래시 메모리의 가격이 매우 높았기 때문에 고용량 제품은 계속해서 미니하드디스크로 간다고 보았습니다.

결국 2004년까지 플래시타입 MP3P부문에서

상위에 있던 Rio와 RCA 등이 시장에서 완전히 철수하였으며 Creative는 iPod의 승리를 인정하고 'Made for iPod'이라는 iPod용 액세서리를 납품하는 공급자인증 프로그램에 가입하였다. 레인콤도 어쩔 수 없이 해외시장을 공략하기 위한 전략을 포기하고 상대적으로 강점을 보인 국내시장에 주력하는 방향으로 전략을 수정하였다. 그 결과, 2004년 4,540억 원에 달하였던 매출은 2006년에는 1,495억 원으로 1/3 수준으로 감소하였고, 손실규모는 계속 증가하였다.

이런 상황에서 사모펀드 중 하나인 보고펀드로부터 레인콤에 대한 경영참여를 전제로 자본투자를 하겠다는 제안이 들어왔다. 자본참여를 통해 보고펀드는 2명의 비상임이사와 2명의 사외이사를 선임하고 레인콤의 경영에 참여하였다. 보고펀드의 투자를 계기로 레인콤은 마케팅, 기획, 개발부문의 핵심인력들을 확충할 수 있었으며, 향후 매출성장을 이끌 수 있는 신제품과 신사업에 대한 연구개발투자를 재개할 수 있었다. 이를 통해 Clix, B20, Mplayer 등과 같은 신규제품들을 안정적으로 출시할 수 있었다. 특히 Mplayer는 디즈니의 미키마우스를 형상화한 제품으로 경영위기 후 처음으로 아이리버 브랜드의 이미지를 선보인 제품으로 평가를 받았으며 단숨에 시장점유율 1위를 달성하였다.

새로운 레인콤의 경영진이 주력한 것은 수익원의 창출이었다. 레인콤은 과거 MP3P부문에 집중된 사업구조를 지양하려고 하였다. 2007년에 세계 최초로 듀얼 액정시스템을 갖춘 NV를 개발함으로써 네비게이션 사업에도 진출하였으며, 네트워크 단말기 분야에서도 KT와 공동으로 Style폰을 개발하기도 하였으며 기존 제품군들에도 네트워크 속성을 추가하는 방식으로 제품개발을 추진하였다. 이

그림 8-11　　아이리버의 매출 구성

출처: 아이리버 사업보고서, 2023년 기준.

러한 활동들을 통해서 레인콤은 다양한 제품군을 갖게 되었으며 사업구조도 과거 MP3P중심의 사업구조에서 탈피하여 다양화할 수 있었다.

그러나 2008년 말 시작된 글로벌 금융위기의 여파로, 레인콤은 수익성이 다시 악화되게 되었다. 이에 따라 레인콤은 2009년에 사명을 아이리버로 변경하며 핵심역량에 집중하고자 했다. 구체적으로 아이리버는 전자책 단말기를 중심으로 한 네트워크 사업과 아스텔앤컨Astell & Kern과 같은 고급 오디오 사업에 주력하기 시작했다. 특히, 아스텔앤컨은 아이리버가 초심으로 돌아가 아이리버만의 핵심역량을 찾기 위하여 2011년 개발에 착수한 휴대용 초고음질 음향기기다. 아이리버는 아스텔앤컨 제품의 판매 호조에 힘입어 2014년, 6년 만의 흑자 전환에 성공했다. 같은 해 아이리버는 SK텔레콤에 인수되었으며 2015년에는 보급형 아스텔앤컨 제품 출시 및 적극적 마케팅 활동으로 전년대비 약 20%의 매출 증가와 함께 고음질 플레이어 시장에서 선도적 위치에 올라섰다.

SK텔레콤에게 인수된 이후, 아이리버는 디바이스를 넘어서서 콘텐츠 플랫폼으로 사업영역을 확장하기 위해 다양한 노력을 시도하고 있다. 2017년에 SM엔터테인먼트는 교차투자의 일환으로 아이리버 지분의 17%를 취득하여 2대 주주가 되었으며, 아이리버는 계열사 SM모바일커뮤니케이션즈를 흡수합병했다. 아이리버는 같은 해부터 SM엔터테인먼트, JYP엔터테인먼트, 빅히트엔터테인먼트의 음원과 음반을 유통하는 등 B2B 음원 유통사업에서 활발한 움직임을 보이고 있다. 2018년에는 AI 추천 기반의 음원 스트리밍 서비스인 플로FLO를 런칭하면서 1위 업체 멜론에게 도전장을 내밀기도 했다. 그리고 2019년 3월, 아이리버는 또 한 번 사명을 드림어스컴퍼니Dreamus로 변경하고 SK텔레콤 뮤직사업TF장을 역임했던 이기영 대표를 선임하였다. 드림어스는 Dreamer와 Us의 합성어로, '창작자와 소비자가 다채로운 세상을 함께 꿈꾼다'는 뜻이다. 음원뿐만 아니라 향후 폭넓은 의미에서 엔터테인먼트 분야로 사업을 확장하여 차별화우위를 추구하겠다는 전략이었다. 신설된 드림어스컴퍼니는 음원 스트리밍 서비스 FLO, 고음질 플레이어 아스텔앤컨, 그리고 아이리버의 세 가지 주력 분야를 중심으로 사업을 구체화하였다. 특히 아이리버의 경우, 오디오 제품군에 이어 로봇청소기, 공기청정기 등 라이프스타일 가전 제품을 출시하여 소비자 경험을 향상시키고자 하였다. 이러한 노력에도 불구하고 드림어스는 2024년 2,472억 매출에 550억 적자를 기록하였다.

FLO

토 의 과 제

01 초기의 성공에도 불구하고 아이리버가 iPod과의 경쟁에서 실패할 수밖에 없었던 근본 원인은 무엇인가?

02 아이리버가 SK텔레콤에 인수된 이후 최근 콘텐츠 플랫폼으로 사업영역을 확장하는 전략의 타당성에 대해 평가해보자.

iriver

드림어스컴퍼니
(구)아이리버의 홈페이지
www.Dreamuscompany.com

참고
문헌

R e f e r e n c e

1 본 사례는 Walter Issacson의 Steve Jobs 전기 (한국번역판, 2011)과 Business Week, Economist 등의 기사에 기초하여 작성되었다.

2 Susan Schiffman *et al.*, *Introduction to Multidimensional Scaling: Theory, Methods, and Applications*, Cambridge, MA: Academic Press, 1981.

3 P. Cattin and D. R. Wittink, "Commercial Use of Conjoint Analysis: A Survey," *Journal of Marketing*, Summer 1982, pp. 44~53.

4 P. Evans and T. Wurster, *Blown to Bits*, Harvard Business School Press, 1999.

5 Shiv Mathur, "Competitive Industrial Marketing Strategies," *Long Range Planning*, 14, No.4, pp. 102~109.

6 김위찬, Rene Mauborgne, 블루오션전략, 교보문고, 2005.

7 재판매가격 유지행위에 관해 다양한 산업에서 실증적 연구를 한 것으로 T. Gillgan, "The Competitive Effects of Resale Price Maintenance," *Rand Journal of Economics*, Winter 1986, pp. 544~556을 참조.

8 본 사례는 저자와 아이리버의 이명우 부회장, 이판섭 박사 공동집필하였다.

CHAPTER8

04

PART

기업수준의 전략

Strategic Management

Chapter

기업의
다각화전략

다각화에 매력을 느끼는 기업들은 많다.
그렇지만 다각화에 성공한 기업들은 그다지 많지 않다.

United항공사의 다각화 실패[1]

1987년 5월 1일, 미국 United항공사의 Richard Ferris 회장은 회사의 명칭을 Allegis로 변경하게 되었음을 발표하였다. 회사명의 변경은 United항공사가 항공회사로부터 다각화된 종합여행회사로 변신한다는 것을 상징하는 것이었다. Ferris는 다음과 같이 Allegis로의 변신을 설명하였다.

"Allegis는 항공산업의 리더인 United이면서, 최고의 렌트카회사인 Hertz이고, 고급호텔그룹인 Westin입니다. Allegis는 전세계 8,500개 여행사에 60,000개의 터미널을 갖고 있는 컴퓨터 예약망 Apollo를 가진 Covia이기도 하며, 직접마케팅대리점인 MPI입니다. Allegis는 종합여행사인 United Vacations입니다. 그리고 우리가 42개국에 88개의 고급호텔이 있는 Hilton사의 구매를 끝내게 되면, Allegis는 곧 Hilton International이 될 것입니다. ⋯ Allegis는 이와 같이 인수합병된 기업들과 협력하여 세계적으로 여행고객들에게 종합적인 서비스를 제공하며 최고의 품질을 보증할 것입니다. ⋯ 왜냐하면 Allegis 고객들은 비행기예약부터 렌트카, 호텔예약까지 종합적인 서비스를 제공하는 복합여행서비스를 선호할 것이므로 우리의 시장점유율은 증가할 것입니다."

이와 같은 United항공사의 변신은 1979년부터 United항공사를 이끌어온 Ferris의 장기적인 다각화전략에 기인한 것이었다. 이는 그동안의 축적된 여행관련 서비스경험을 바탕으로 고객을 만족시키고, 최고의 수준을 갖춘 여행관련기업들을 인수하여 최고의 브랜드를 갖춘 여행슈퍼마켓이 되려는 전략이었다. 즉, Apollo 예약시스템을 통해서 한 번 예약으로 전세계적으로 비행기, 렌트카, 호텔 예약을 동시에 할 수 있는 최고의 서비스를 고객에게 제공할 수 있으므로 Allegis는 시장점유율을 높일 수 있다고 생각했다. 실제로 Ferris는 항공사와 렌트카, 호텔간의 시너지효과synergy effect로 인하여 연간 1억 달러의 순이익을 더 올릴 수 있다고 제시하였다. 이러한 전략을 추진하기 위하여 Ferris는 1985년부터 2년 동안 총 23억 달러를 들여 각종 여행관련회사를 적극적으로 인수하였다. 그 첫 번째 대상은 1985년 8월에 5억 8천만 달러를 주고 사들인 Hertz였다. 다음은 1986년 2월, 7억 5천만 달러를 주고 구매한 Pan American Airline의 태평양노선이었다. 이를 통해 태평양지역에서 빠르게 성장하는 10개 나라의 노선을 확보할 수 있었다. 같은 해 12월 23일에는 Hilton International을 9억 5천만 달러에 구매하기로 계약하였다. 이로써 Allegis는 전세계적으로 150여 개의 최고급호텔을 갖출 수 있게 되었다.

| 그림 9-1 | 세계의 주요 항공사 |

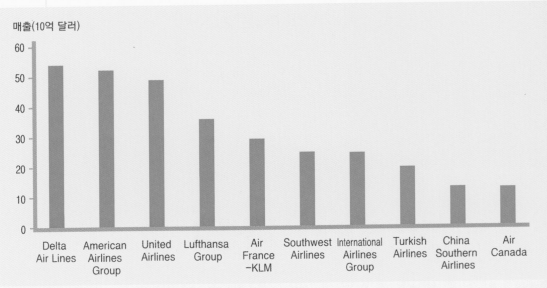

출처: Forbes, 2023년 기준.

그러나 Ferris의 꿈을 이루는 데에는 많은 어려움이 따랐다. 우선 단기간에 여러 기업을 인수하는 데 있어 자금상의 어려움이 있었다. 더욱이 1987년 1월, United와 경쟁노선을 갖고 있는 Continental Airline과 Eastern Airline을 소유한 Texas Air는 United를 상대로 극심한 가격경쟁을 감행하였다. 자금사정이 좋지 않았던 Allegis는 결국 비용을 줄이기 위해 8개 도시의 운항을 중단하기로 했다. 운항중단을 통해서 어느 정도의 비용

절감이 가능했지만 노조원들과의 관계가 문제가 되었다. 운항중단으로 노조원들의 불만과 동요가 따랐고 29일 동안의 조종사들의 파업이 있었다. 노동조합은 비용절감을 위해 임금삭감에는 동의했으나 구체적인 삭감 정도에 관해서는 많은 절충이 필요했다.

한편 인수한 회사의 경영방식에 있어서도 문제가 있었다. Hertz는 총매출의 3분의 2 정도를 공항지역에서 거두었지만, United항공사를 이용

그림 9-2 Allegis의 부침(1987년 2월~6월의 주가변동)　　　　　　　　　　　(단위: $)

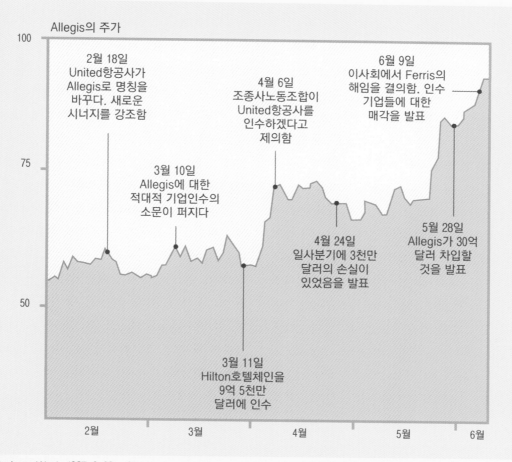

Allegis의 주가

2월 18일 United항공사가 Allegis로 명칭을 바꾸다. 새로운 시너지를 강조함

3월 10일 Allegis에 대한 적대적 기업인수의 소문이 퍼지다

3월 11일 Hilton호텔체인을 9억 5천만 달러에 인수

4월 6일 조종사노동조합이 United항공사를 인수하겠다고 제의함

4월 24일 일사분기에 3천만 달러의 손실이 있었음을 발표

5월 28일 Allegis가 30억 달러 차입할 것을 발표

6월 9일 이사회에서 Ferris의 해임을 결의함. 인수 기업들에 대한 매각을 발표

출처: Business Week, 1987. 6. 22, p.35.

하는 고객은 Hertz 총이용자수의 18% 정도에 불과하였다. 따라서 Hertz는 United 이외에도 라이벌 항공사인 Texas Air를 포함한 많은 항공사들과도 긴밀한 관계를 유지해야 할 필요가 있었다. 그럼에도 불구하고 United의 경쟁항공사들은 오히려 Hertz를 견제할 가능성이 높았다. 결국 Hertz는 Allegis를 포함하여 24개가 넘는 항공사와 호텔들과의 우수고객프로그램과 마케팅협정에 참여하였다. Hertz의 최고경영자인 Frank Olson은 "우리는 United 이외의 항공사와 긴밀한 관계를 구축할 필요가 있습니다"라고 말하였다.

그러나 Allegis의 부회장이었던 Zeeman은 계열사들간의 시너지효과만을 생각하여 가능한 한 경쟁자와의 관계를 멀리하려고 하였다. 예를 들어, 경쟁호텔인 Hyatt Hotel이 유리한 조건으로 United항공사와 우수고객프로그램을 함께 제공할 것을 제안하였지만, Zeeman의 영향력으로 인해 United항공사는 더 불리한 조건으로 계열사인 Hilton호텔과 계약할 수밖에 없었다. 또한 United항공사의 잡지에는 경쟁호텔과 렌트카회사의 광고를 싣지 않기로 하였다. 그러나 계열사 때문에 경쟁사들의 광고를 싣지 않는 것이나 타 렌트카회사와 타 호텔체인과의 관계를 소원하게 하는 것은 궁극적으로 United항공사에 손해가 되는 일이었다. 바로 이러한 점이 Allegis가 '여행슈퍼마켓'이 되는 데 있어서의 가장 큰 딜레마였다. 한편 United항공사의 최대 라이벌인 American Airline은 Hertz의 최대경쟁자인 Avis렌트카회사와 인수합병을 통하지 않은 전략적 제휴를 통한 협력프로그램을 개발하였다.

Allegis는 또한 합병한 회사의 경영에도 많은 어려움을 겪었다. Pan American Airline의 태평양 노선의 경우는 장기적으로 이익을 내리라는 전망에도 불구하고 치열한 가격경쟁과 노후화된 비행기로 인한 높은 운항비용 때문에 1985년에 손실이 1억 달러에 달하는 등 이를 정상화하는 데에 많은 어려움이 있었다.

Ferris의 야심적인 '여행슈퍼마켓'전략과 짧은 기간 동안에 벌어진 거대인수합병은 Allegis의 주주와 Wall Street의 증권분석가들을 불안하게 만들었다. Wall Street에서는 Allegis가 단지 잠재적으로 존재할지 모르는 시너지를 위해 너무나 엄청난 인수프리미엄을 지불하고 있다고 보았다. 특히 9억 5천만 달러에 인수한 Hilton은 3억 달러 이상 비싸게 주고 샀다는 비판이 팽배하였다.

이러한 와중에 1987년 4월 24일 Allegis는 일사분기에 총 3천만 달러의 손실을 보았다고 발표했다. 또한, 1987년 5월 Ferris는 인수비용을 충당하기 위해 30억 달러를 차입할 것이라고 발표했다. Allegis의 주주, United항공사의 노조, Allegis에 투자한 투자은행 모두 더 이상 참을 수 없었다. 1987년 6월 9일 이사회가 전격적으로 소집되었고, Ferris는 회장직에서 해임되었다. 이는 Allegis란 이름을 사용한 지 4개월이 채 지나지 않아서였다. 곧이어 Hertz, Hilton, Westin을 다시 매각할 계획이 발표되었고, 회사명칭은 다시 United항공사로 바뀌었다. Ferris가 해임되는 날, Allegis의 주가는 큰 폭으로 상승하였다.

United항공사의 홈페이지
www.united.com

United CEO 인터뷰

01 ›› 서 론

United항공사가 다각화전략에 실패한 이유는 높은 인수합병비용을 지불하면서 다각화를 하였지만, 실제로 성과가 나오지 않았기 때문이다. 이 사례는 다각화를 통한 시너지창출이 얼마나 어려우며, 이를 창출하지 못하는 다각화전략은 실패할 수밖에 없다는 사실을 보여 준다.

사업부전략의 핵심은 각각의 산업이나 시장에서 구체적으로 어떻게 경쟁을 해서 높은 수익을 얻을 것인가의 문제였던 것에 비하여, 기업전략은 어느 시장에서 경쟁할 것인가를 결정한다. 기업들이 앞으로 전망이 좋은 산업으로 신규진입을 하거나 또는 사양산업으로부터 철수를 하는 것과 같은 의사결정은 기업전략의 중요한 요소이다.

이와 같은 기업전략은 한 기업이 여러 사업분야에 참여하는 것을 전제로 한다. 본장에서는 먼저 다각화의 정의와 추세를 살펴보고, 다각화로 얻을 수 있는 경제적인 성과는 무엇이고, 또한 미국에서 일어난 리스트럭처링restructuring과 같은 脫다각화현상이 왜 일어나는지 살펴보기로 한다. 본 장에서 살펴볼 주제는 다음과 같다.

- 다각화의 결정에 영향을 미치는 요인을 살펴본다.
- 다각화가 기업의 이윤극대화에 부합하는 조건을 살펴본다.
- 기업이 갖고 있는 핵심역량과 경영자원에 대한 분석을 통하여 기업이 다각화를 통하여 어떻게 시너지를 만들어 내는지를 살펴본다.
- 다각화된 기업이 여러 사업부를 관리하는 포트폴리오관리기법에 대해 살펴보기로 한다.
- 어떠한 경우에 다각화가 실패하고 다각화의 성공요인이 과연 무엇인가를 살펴본다.

02 ›› 사업단위의 전략에서 기업전략으로

Ⅲ부에서는 사업단위의 경영전략으로서 경쟁우위의 창출과 유지, 비용우위와 가격경쟁, 차별화우위에 입각한 차별화전략 등을 살펴보았다. Ⅳ부에서는 전략의 수립과 실행의 주체를 한 단계 높여 기업차원에서 기업의 제품별, 지역별 그리고 수직적 활동영역을 결정하는 기업전략corporate strategy을 살펴보기로 한다. 기업전략을 수립하기 위한 기본적인 분석틀은 사업단위의 전략을 분석하기 위한 분석틀과 동일하다. 즉, Ⅱ부에서 살펴본 외부환경분석제3장, 기업내부의 경영자원분석제4장, 조직구조, 기업문화, 리더십에 대한 분석제5장이 동일하게 적용된다. 기업전략의 목표는 역시 기업의 장기적인 이윤극대화이다. 또한 신규사업진출, 인수합병이나 제휴 그리고 해외시장진출 등의 기업전략을 수립할 때에도 해당산업의 구조를 파악하는 것과 경영자원과 핵심역량으로 경쟁우위를 창출할 수 있는

그림 9-3 | 본서의 구성체계

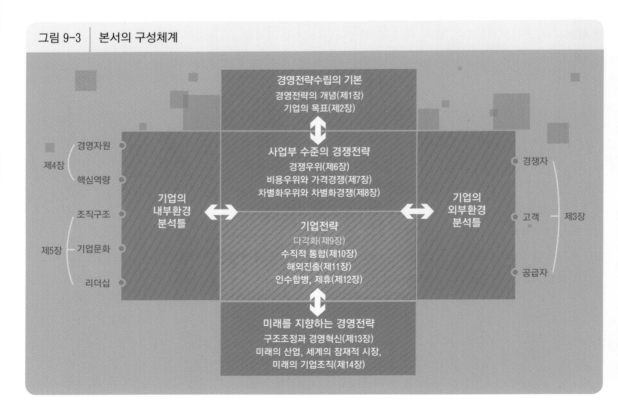

가의 여부가 성공을 가늠하는 주요 요인이다.

　따라서 본서의 Ⅳ부에서는 위의 경영전략분석의 기본적인 분석틀을 갖고 기업전략을 살펴보고자 한다. 기업전략이 무엇인가를 이해하기 위하여는 먼저 기업이 수행하는 여러 활동들을 이해해야 한다. **그림 9-4**는 기업전체수준에서 수행하는 여러 활동을 3차원 공간에 표시한 것이다.

　첫 번째 차원은 수평적으로 다각화할 것인가의 문제이다. United항공사의 사례에서처럼 항공운수산업과 렌트카사업, 호텔업을 하나의 회사가 운영함으로써 각각 따로 운영될 때보다 더 큰 가치를 창출할 수 있는가에 관한 것이다.

　두 번째 차원은 개별사업단위의 가치사슬 중 얼마만큼 스스로 담당해야 하는가의 수직적 통합전략이다. United항공사의 경우에도, 기내식사를 자신이 직접 종업원을 고용하여 승객에게 제공할 수도 있으나 케이터링 업체에 용역을 주어 조달할 수 있다. 제10장에서 살펴볼 수직적 통합전략은 기업이 각 사업의 가치사슬 중 어느 부분을 자신이 수행하고 어느 부분은 외주에 의존할 것인가를 정하는

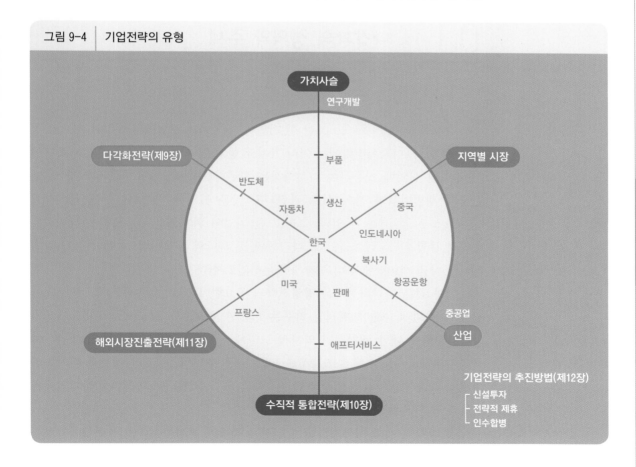

그림 9-4　기업전략의 유형

중요한 기업전략 중의 하나이다.

세 번째 차원은 세계 각국의 시장에 대한 참여결정이다. United항공사는 해외시장을 공략함에 있어서 특정 지역시장 즉 한국, 인도네시아에 취항할 것인가 결정해야 하며, 취항하더라도 자신의 비행기를 투입할 것인가 또는 해당국가의 항공사와 전략적 제휴를 통해 공동운항을 할 것인가를 검토해야 한다. 본서의 제11장에서는 해외진출전략을 살펴본다.

마지막으로 각각의 기업전략의 수행, 즉 다각화, 수직적 통합, 해외진출을 구체적으로 어떠한 방법으로 진출할 것인가의 문제이다. 신규시장진출에는 자신이 독자적으로 새로 모든 것을 구축하는 신설투자의 방법이 있고, 기존기업의 인수와 합작투자와 같은 전략적 제휴도 모색할 수 있다. 본서의 제12장에서는 이러한 다양한 진출방법을 모색하여 본다.

03 ›› 다각화의 정의와 추세

다각화多角化, diversification란 한 기업이 다른 여러 산업에 참여하는 것으로 정의할 수 있다. 다각화전략에는 여러 가지 유형이 있다. 제품이나 판매지역 측면에서 관련된 산업에 집중하여 다각화하는 관련다각화related diversification가 있고, 한국의 재벌기업과 같이 서로 관련되지 않은 산업에 참여하는 비관련다각화unrelated diversification가 있다. 그리고 한 기업이 완제품과 부품생산을 같이하는 수직적 통합vertical integration도 다각화의 또 하나의 유형이다. 수직적 통합에 대해서는 다음 제10장에서 더욱 자세히 논하기로 한다.

이와 같은 다각화전략은 경영전략의 중요한 요소로서 오래전부터 연구되어 왔다. 다각화에 대한 체계적인 연구는 1959년 Alfred D. Chandler의 미국기업의 다각화전략에 대한 체계적인 역사적 고찰에서부터 시작되었다.[2] Chandler는 미국의 DuPont, GMGeneral Motors, Sears와 같은 대기업들이 역사적으로 다각화하여 왔는가를 경영사적인 입장에서 연구하였다. 그의 연구에 의하면 미국기업들은 다음과 같은 유형을 보였다.

첫 번째 단계로 미국기업들은 한정된 시장에 전념하는 단일품목생산기업에서 출발하였다. 두 번째 단계에서는 통신과 운송수단이 발전함에 따라서 기업들이 본래의 작은 지방시장에서부터 점차 전국적인 시장으로 자신의 판매망을 확대하여 나갔다. 세 번째 단계는 기업들이 마케팅과 유통부문으로 수직적 통합을 하는 형태로 통합이 나타났다. 네 번째 단계는 기업들은 마케팅과 유통에서 유휴설비를 활용하기 위하여 점차 다양한 생산품목으로 제품별 다각화를 하게 되었다.

　　이와 같은 Chandler의 연구에 이어서 Richard Rumelt는 미국기업들이 추구한 다각화전략의 유형을 다음과 같이 체계적으로 정리하고 어떤 유형의 다각화가 더 높은 수익률을 올리는지를 연구하였다.[3] Rumelt는 사업분야의 관련성 여부를 표준산업분류 2단위를 기준으로 판단하여, 단일사업기업single business: 주력사업 내에서 매출의 95% 이상을 얻는 기업, 수직적 통합기업vertically integrated firm: 수직적으로 통합된 사업 내에서 매출의 70% 이상을 얻는 기업, 주력사업중심기업dominant diversifier firm: 주력사업 내에서 70~95%의 매출을 얻는 기업, 관련다각화기업related diversifier: 관련사업에서 70% 이상의 매출을 얻는 기업, 비관련다각화기업unrelated diversifier: 관련사업에서 70%에 미치지 못하는 매출을 얻는 기업으로 구분하였다. 이 유형으로 분석한 결과, 미국의 500대 기업 중에서 단일사업을 하는 기업의 수는 점차 줄어들었으며, 관련다각화를 하는 기업과 비관련다각화를 하는 기업들의 수는 계속적으로 증가하였다. 이는 유럽과 일본의 대기업들에도 나타나는 공통적인 현상이었다.[4]

　　그러나 1980년대와 1990년대에 들어서 미국기업들의 다각화전략은 큰 전환을 맞게 되었다. 이 시기에 글로벌경쟁이 심화되자, 비관련다각화를 추구한 많은 기업들은 자신의 주력사업과 관련이 없는 사업분야를 매각하고 주력사업에 집중하는 기업구조조정corporate restructuring을 겪게 되었다. 즉 기업들이 지금까지 십수년간 해왔던 다각화전략에 역행하여 그동안 다각화하여 온 사업부문을 매각하는 脫다각화 또는 집중화현상focusing이 나타나게 된 것이다. 그 결과 미국대기업들의 비관련다각화는 눈에 띌 만큼 줄었다. 즉 '주력사업으로 회귀'back to the core business한 것이다. 이러한 주력사업으로의 회귀성향은 미국과 유럽기업들에 아주 두드러졌었다.

　　미국과 유럽의 기업들이 이러한 탈다각화 또는 집중화현상을 보이는 반면, 아시아의 많은 기업들은 최근까지 여전히 비관련다각화전략을 추진하여 왔다. 과거 한국의 삼성, 현대, LG와 같은 재벌기업들은 꾸준히 비관련부문으로 확장해 왔다. 다른 개발도상국에도 역시 태국의 Charoen Pokphand그룹, 인도네시아의 Lippo그룹과 같이 비관련다각화기업, 흔히 콩글로머릿conglomerate: 복합기업이라고 하는 기업집단이 활발한 활동을 하고 있다.

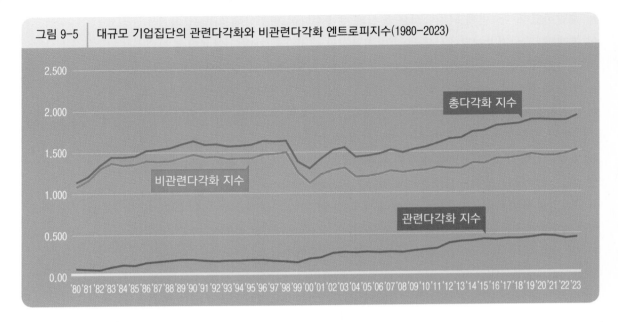

그림 9-5   대규모 기업집단의 관련다각화와 비관련다각화 엔트로피지수(1980-2023)

한국기업의 다각화정도를 Rumelt의 다각화유형이나 이와 비슷한 방식으로 측정하는 것은 쉽지 않다. 먼저 재벌과 같은 기업집단이 존재하는 상황에서 한 재벌기업 안에 존재하는 많은 계열사수준에서 다각화전략을 구분하는 것은 재벌그룹수준의 다각화 정도를 파악하기 위한 적절한 방법이라고 볼 수 없다. 왜냐하면 재벌그룹은 산하 계열사를 실질적으로 통합운영하고 있으며, 계열사 자체가 재벌그룹의 다각화전략의 소산이기 때문이다. 즉, 삼성전자는 삼성그룹 내 전자부문의 사업부문이고, 삼성전자 내의 반도체사업부는 계열사 안의 사업부 중의 하나이다.

재벌의 다각화 경향을 분석하기 위하여, 재벌이라는 기업집단을 하나의 회사로 보고, 전 계열사의 각 산업부문의 매출을 한국 표준산업분류 2단위를 비관련다각화의 기준, 4단위를 관련다각화의 기준으로 삼고, 1980-2023년 기간 꾸준히 30대 재벌리스트에 속한 대기업집단과 이에서 파생한 그룹들의 엔트로피entrophy지수로 다각화정도를 측정하여 1980-2023년간의 변화추이를 보면 **그림 9-5**와 같다.[5] 이들 대규모 기업집단의 관련 및 비관련다각화 지수의 변화를 보면 1997년 이전에는 관련다각화는 큰 변화가 없었으나 비관련다각화가 큰 폭으로 상승해 왔던 것을 알 수 있다. 그러나 1997년 외환위기를 맞게 된 이후, 이렇게 비관련다각화를 추진한 많은 재벌기업들은 도산하거나 구조조정작업을 추진하게 되었다. 이와 같은 구조조정이 끝난 이후에는 한국의 기업집단의 다각화수준에 있어서 비관련다각화의 정도는 그림에서 보는 바와 같이 2000년대 중반까지 다소 낮아졌으나 그 이후 다시 증가하는 추세를 보인다. 반면 관련다각화는 2000년대부터 꾸준히 증가하여 한국의 재벌이 계속하여 관련다각화를 추진해 온 추세를 보여준다.

04 〉〉 **다각화의 목적**

기업들이 다각화전략을 추구하였다가 다시 脫다각화하는 현상을 보면, 과연 다각화의 목적이 무엇이었는가에 대하여 근본적인 의문을 갖게 된다. 본 장에서는 기업의 다각화의 목적을 자세하게 살펴보기로 한다.

성장추구

기업들이 흔히 언급하는 다각화의 목적은 성장이다. 성장은 그 기업조직 구성원들 모두에게 좋은 기회를 제공하여 준다. 예를 들어, 기업이 성장을 하지 못하면, 기업의 관리자들은 승진의 제한을 받게 된다. 한편 기업의 최고경영자의 입장에서도 성장을 위한 다각화는 그 자체로 높은 효용을 준다. 특히 한국의 재벌총수들은 규모를 기준으로 한 그룹순위에 민감하다. 따라서, 기업의 규모를 늘리기 위하여 어느 정도의 수익을 희생해 가면서도 다각화를 추구할 수도 있다. 이와 같은 성장을 위한 다각화는 흔히 '제국건설'empire building이라고 불려져 왔다.

경영학이론은 이와 같이 최고경영자나 직원들이 자신들의 효용을 위해서 다각화를 추구하는 것을 비효율적으로 보고 있다. 즉, 소유와 경영이 잘 분리되어 있는 경우, 최고경영자는 주주들의 이익을 위해 기업을 대신 관리하는 대리인agent에 불과하다. 만일 자신의 만족을 위하여 성장을 추구한다면, 즉 제국건설의 동기로 기업을 방만하게 확장시킨다면, 이는 주주의 이윤극대화에 배치된다. 주주의 손실을 담보로 개인적인 목적을 추구하는 행위는 업무상 배임행위背任行爲라고 볼 수 있다. 이러한 문제를 대리인문제agency problem라고 한다.

그러나 한국은 서구와 다른 대리인 문제를 갖고 있다. 소유와 경영이 분리된 미국과 유럽에서는 전문경영인이 주주의 이해에 배치된 성장을 추구하는 것에 비해, 한국과 같이 일부 대주주인 재벌가족이 대다수 소액주주들의 이해와 배치된 행동을 하는 대주주의 대리인문제가 심각하다. 과거 전문경영인이 아닌 대주주가 직접 경영하는 한국재벌의 최고경영자들은 일부 수익을 포기하더라도 기업의 규모를 확장하는 다각화전략을 취하여 왔기 때문이다. 즉 기업의 대주주이기도 한 재벌에게는 비관련다각화를 통해 기업의 규모를 키우는 것이 기업의 수익을 저해하더라도 자신이 큰 기업을 경영한다는 만족감이 수익을 높이는 것보다 더 큰 효용을 가져올 수 있다. 기업의 성장 자체가 재벌총수의 자존심을 높이는 데 도움이 된다면 재벌총수는 기업의 수익을 포기하고라도 성장을 추구할 것이다.

그러나 이와 같이 기업의 대주주인 재벌총수를 위한 성장지향형 다각화는 잘못된 것이다. 만일 재벌계열사들이 비상장 개인기업이라면, 재벌총수가 성장을 위해 무모한 다각화를 추구하다가 도산하더라도 자신의 선택에 대해 스스로 책임지는 것이므로 아무도 비난할 사람이 없다. 그러나 계열사가 상장기업인 경우, 대주주인 그룹총수가 다수의 소액주주의 이해에 반하여 성장을 추구하는 것은 대주주의 횡포라는 비난을 피할 수 없다. 이러한 관점에서 지난 제2장에서 살펴본 기업지배구조의 강화는 대주주의 횡포를 견제하고 소액주주의 이해를 보호하기 위해 필수적이다.

한편 기업규모의 확대는 과거 한국의 자본시장이 낙후된 상황에서 기업들이 금융시장을 통한 자본조달에 유리하였기 때문에 추진되기도 하였다. 은행에서 융자를 받기 위해서는 종종 투자계획의 타당성보다는 담보제공능력과 계열사에 의한 지급보증이 중요하였다. 따라서, 기업들은 기업의 규모를 키우는 다각화를 추진하였고, 이러한 다각화사업을 모기업 내의 사업부로 존속시키기보다 계열사로 독립시키는 것을 선호하였다. 그러나 이와 같이 금융시장의 낙후 때문에 기업규모를 확대해야 한다는 주장은 점차 금융산업이 발달하면서 설득력을 잃어가고 있다.

특히 이와 같은 성장만을 위한 다각화가 대기업의 성과, 즉 수익성에 나쁜 영향을 준다는 사실은 여러 실증연구에 의하여 밝혀지고 있다.[6] 특히 비관련다각화가 기업의 성과에 나쁜 영향을 준다는 실증연구는 이러한 비관련다각화전략 자체가 기업의 수익률을 높이기보다는 기업의 규모를 쉽게 크게 하는 목적으로 행해져 왔던 것을 반영하는 것이다.

⠿ 위험분산

　　다각화의 또 하나의 목적은 개별 사업부문들의 경기순환에서 오는 위험을 줄일 수 있다는 점이다. 예를 들어, 선글라스장사와 우산장사를 병행함으로써 비가 오면 우산을 팔고 해가 나면 선글라스를 팔아서 안정된 수익을 보장받을 수 있다는 논리이다. 특히 자신의 주력사업분야가 반도체나 철강, 조선과 같이 불경기와 호경기가 반복적으로 순환되는 사업분야일수록, 이러한 필요성을 많이 느낀다. 제1장에서 살펴본 포스코의 사례와 같이 기업들은 자신의 사업분야와 관계 없는 사업분야, 즉 철강산업이 불황일 때 오히려 호황이 될 수 있는 사업분야나 경기불황을 타지 않는 안정적인 사업에 진출함으로써 자금순환의 안정성을 확보하려고 한다.

　　그러나 엄밀한 의미에서 이러한 위험분산목적의 다각화는 주주에게 별로 도움을 주지 못한다. 만일 기업의 목적이 단지 주주의 이익을 극대화하는 것이라면, 주주는 훨씬 쉽게 자신의 위험을 분산시킬 수 있기 때문이다. 즉, 주주가 포트폴리오관리를 통해 스스로 위험분산을 시키는 것은 기업 자신이 다각화를 통해 위험을 줄이려는 것보다 훨씬 더 낮은 비용으로 신속하게 수행할 수 있으며, 개별주주의 판단에 따라서 자신이 취하고 싶은 위험만큼 주식을 분산시킬 수 있다는 이점이 있다.[7]

　　결국 기업의 다각화 자체는 기업의 주식을 소유하고 있는 주주에게 위험분산의 효과를 주지 못한다.[8] 따라서 기업의 위험을 분산하기 위한 다각화는 주주를 위하기보다는 경영자를 위한 다각화라고 볼 수 있다. 많은 실증연구들은 다각화가 실제 주주의 위험을 줄이지 못하고 최고경영자 또는 해당기업 관리자들의 위험만을 줄인다는 것을 밝히고 있다. 한국과 같이 재벌가족이 자신의 전재산을 재벌기업에 투자하고 있는 상황에서도, 위험을 줄이는 다각화는 그룹총수와 같은 대주주의 위험은 줄여 주는 대신, 그만큼 소액주주들의 이해는 희생된다는 비난을 피하기 어렵다. 결국 위험을 피하기 위해 다각화를 한다는 주장은 대주주만을 위한 것이기 때문이다.

　　반면 한국과 같은 기업문화에서 기업의 목표가 그 기업 주주만의 이윤극대화를 추구한다고 볼 수 없다. 한국의 기업에게는 이윤극대화목표 이외에도 종업원들의 후생복지, 종업원들의 고용, 불황기에 안정되게 월급을 지불할 수 있는 것 등의 목표가 있기 때문이다. 따라서 기업의 목표 자체를 주주의 이윤극대화로 좁게 정의하지 않고 폭넓게 모든 이해당사자stakeholder의 이익으로 정의하면 위험

분산을 위한 다각화는 모든 이해당사자의 후생증진을 위한 하나의 방편으로 받아
들여질 수도 있다.

⚙ 범위의 경제성

성장추구를 위한 다각화와 위험분산을 위한 다각화가 주주의 이윤극대화에
는 도움을 주지 않는 것에 비해 범위의 경제성economies of scope 또는 시너지효
과synergy effect는 다각화로 인하여 실제적인 이익이 발생한다.

범위의 경제성이란 한 기업이 두 가지 제품을 동시에 생산할 때 소요되는 비
용이 별개의 두 기업이 각각 한 제품씩 개별적으로 생산할 때에 소요되는 비용의
합보다 훨씬 작은 것을 의미한다.[9] 범위의 경제성이 나타나는 이유는 두 제품의
생산과정에서 공통적으로 투입되는 생산요소가 있기 때문이다. 즉, 어떤 투입요
소가 두 가지 제품의 생산에 공통적으로 사용될 때, 한 기업이 두 제품을 함께 생
산하는 것이 각각의 제품을 서로 다른 기업에서 생산할 때보다 적은 투입요소비
용이 소요된다.

유형자원에서 발생하는 범위의 경제성

범위의 경제성은 유형자원tangible resource에서 발생할 수 있다. 이는 여러 가
지 제품을 동시에 생산함으로써 투입요소나 생산단계의 중복을 피할 수 있다는 데
서 나타난다. 예를 들어, 과거 진로가 쿠어스와 합작으로 맥주시장에 진입하였던
사례를 살펴보기로 하자. 진로는 이미 소주시장에서 큰 시장점유율을 보유하고 있
었고, 또 전국 각지로 이어지는 막강한 유통망을 보유하고 있었다. 따라서 맥주사
업에 진출하기 위해 또 다른 유통망을 구축할 필요는 없었다. 이미 진로가 갖고 있
는 유통망을 활용하여 같은 트럭으로 진로소주와 카스맥주를 함께 도매상과 소매
상에게 판매하면 되기 때문에, 유통망을 처음부터 새로 구축해야 하는 경쟁사업자
보다 훨씬 쉽게 신규진입을 할 수 있었다.

무형자원에서 발생하는 범위의 경제성

다양한 사업분야에 활용될 수 있는 무형자원은 범위의 경제성의 중요한 원천
이다. 유명브랜드, 명성, 기술은 한 사업분야에서 다른 사업분야로 쉽게 이전될
수 있다. 소비자들은 흔히 삼성이나 LG와 같은 대기업들이 새로운 제품을 내놓았
을 경우에 그 제품의 품질이 우수하다고 믿는 경우가 많다. 소비자들은 품질에 대

한 정확한 정보가 없을 때, 그 브랜드나 기업의 이미지, 명성 등으로 미루어 품질을 짐작하기 때문이다.

무형자원의 또 하나의 중요한 요소는 기술력이다. 제4장의 Canon의 사례에서 살펴본 바와 같이 Canon은 광학기술, 정밀기계기술, 전자기술과 같은 무형의 경영자원들을 조합하여 새로운 제품을 만들어 내고 있다. 한편, Amazon은 고객 데이터베이스를 토대로 사업영역을 서적판매에서부터, 음악 CD, Video, DVD, 완구, 게임, 관광상품, 컴퓨터, 공구류, 부엌용품, 전자제품까지 계속 확장해 왔다.

Amazon 다각화

조직상의 능력에서 발생하는 범위의 경제성

제4장의 핵심역량의 정의에서 살펴본 바와 같이 기업이 주요한 기능별 능력을 모두 보유하고 있다고 하더라도 이러한 개별기능별 또는 사업부에서의 역량을 새로이 조합하여 신제품을 만들어 낼 수 있는 조직상의 능력은 기업마다 상이하다. 즉, Canon처럼 기업 내에 있는 핵심기술을 조합하여 신속하게 신제품을 만들어 낼 수 있는 조직상의 능력이야말로 중요한 핵심역량이라고 할 수 있다. 이와 같이 기업이 갖고 있는 조직상의 능력 역시 범위의 경제성을 창출할 수 있는 요소이다.

⁚⬡⁚ 시장지배력

미국과 유럽은 전통적으로 콩글로머릿, 즉 복합기업을 규제하여 왔다. 이 같은 규제를 해 온 이유는 대형화된 거대기업들이 효율성의 증가 없이 기업의 규모만 키워서 시장지배력을 행사하는 것을 막기 위해서였다. 다각화된 대형기업이 시장지배력을 행사하는 것은 다음과 같은 세 가지 경우이다.

첫째, 콩글로머릿은 여러 시장에 참여하고 있기 때문에, 어떤 한 시장에서 경쟁자를 물리치거나 신규기업의 진입을 효과적으로 저지하기 위하여 다른 사업분야에서 나온 수익으로 그 시장에서 가격경쟁을 벌일 수 있다. 즉, 약탈적 가격설정predatory pricing으로 특정시장에서 자신의 비용 이하로 가격을 인하하여 그 경쟁자를 쫓아내는 것이다. 다각화된 거대기업은 다른 사업분야로부터의 자금을 동원할 수 있기 때문이다.

둘째, 다각화된 기업들은 상호구매reciprocal buying를 함으로써 경쟁을 자제하고 서로 암묵적인 담합implicit collusion을 할 수 있다. 예를 들어, 과거 가전사업분야가 없는 현대그룹과 자동차사업이 없는 LG그룹은 서로 상대방에게서 가전제품과 자동차를 구매함으로써 공동의 경쟁자인 삼성그룹을 견제한 바 있다. 이와 같은 상호구매협정은 경쟁을 억제하는 수단이 된다.

셋째, 두 콩글로머릿이 서로 경쟁을 하고 있는 경우, 이 두 기업은 여러 시장에서 상대방과 부딪친다. 여러 시장에서 상대방과 접촉하고 있기 때문에 이들은 서로 상대방과의 경쟁을 자제하려는 경향mutual forbearance을 보인다.

내부시장의 활용

다각화기업이 전문기업에 대해 갖는 경쟁우위 중의 하나는 자본이나 인력을 손쉽게 조달할 수 있는 능력이다. 특히 다각화된 기업은 여러 사업분야에서 안정된 자금의 흐름을 확보할 수 있다. 이와 같이 개별 사업부에서 나오는 자금을 통합하여 활용할 수 있는 능력을 내부자본시장internal capital market이라고 한다.[10] 만일 자본시장이 효율적이라면, 기업들은 좋은 투자계획이 있을 때 언제라도 쉽게 자본을 조달할 수 있을 것이다. 따라서 자본시장이 발달된 국가에서는 이러한 다각화된 기업의 내부자본시장은 비다각화기업에 비해 특별한 경쟁우위를 갖지 못한다. 그러나 한국의 자본시장은 아직도 그다지 효율적이지 못하다. 실제로 많은 기업들이 은행에서 자본을 조달하는 데 있어 상당히 까다로운 조건을 맞추거나 담보를 제시하여야 하고, 금융시장의 각종 규제는 자본을 조달하는 데 많은 어려움을 주고 있다. 한편 다각화된 기업은 내부자본시장 이외에도 내부노동시장 internal labor market을 활용할 수 있는 이점도 있다. 다각화된 기업들은 관련사업부에 있던 인력들을 신규사업부로 전직시킴으로써 훈련으로 지출되는 시간과 비용을 상당히 줄일 수가 있다.

과거 자본시장이 낙후된 상황에서, 많은 한국기업들은 다각화를 통해 내부자본시장을 형성함으로써 안정된 자본을 확보하려 하였다. 자금을 쉽게 동원할 수 있는 재벌기업들은 은행과 주식시장에 의존하지 않고도 자신의 다각화된 사업부문에서 나오는 현금을 가지고 각종 신규사업 프로젝트에 투자를 할 수 있었다. 또한 인력면에서도 한국의 다각화된 기업들은 내부노동시장을 효과적으로 활용할 수 있었다.

다각화된 기업은 이러한 내부자본시장과 내부노동시장을 활용함으로써 외부의 자본시장과 외부의 노동시장에 비하여 더 우월한 정보를 가질 수 있다. 외부자본시장에서는 신규투자사업의 전망에 대하여 자세한 정보를 가지기가 어렵다. 따라서 자신의 위험을 보전하고자 높은 이자율/수익률을 책정하는 것이 보통이다.

그러나 자신의 여유자금을 신규사업에 투자하는 기업은 은행보다 더 많은 정보를 갖고 있기 때문에 외부자본시장에 비해 훨씬 자본비용을 줄일 수 있다. 그리고 신규사업분야에 필요한 인력을 보충함에 있어서도 새로이 신입사원을 공채하는 것에 비해 이미 자사의 다른 사업부에 근무하고 있는 인재에 대하여 그 회사는 보다 자세하고 정확한 정보를 갖고 있다. 따라서 다각화된 기업은 외부의 자본시장과 노동시장에 비하여 훨씬 더 많은 정보를 갖고 있기 때문에 이런 자본과 노동을 외부시장에서 새로이 조달하여야 하는 신규기업에 비해서 훨씬 더 우월한 경쟁우위를 가질 수가 있다.

05 ›› 다각화의 성과

다각화의 성과에 대한 실증분석

일찍이 Rumelt는 관련다각화기업이 비관련다각화기업보다 훨씬 더 높은 수익률을 얻는다는 것을 밝혔다. Rumelt의 연구 이후 많은 연구자들이 관련다각화의 높은 수익률이 다각화전략 그 자체로부터 나오는 것인지, 또는 다른 요인에서 발생하는 것인지에 대하여 격렬한 논쟁을 벌였다. 그리고 지금 학계에서는 관련다각화가 경영자원을 공유하는 범위의 경제성 때문에 비관련다각화기업에 비해 훨씬 더 높은 수익을 보인다는 점에 동의하고 있다. 또한 콩글로머릿 같은 비관련다각화기업이 점차 미국이나 유럽 등에서 자취를 감추는 것도 비관련다각화의 낮은 성과 때문이라고 받아들여지고 있다. 미국에서는 1980년대 중반부터 수익률이 낮은 콩글로머릿에 대하여 자본시장에서 적대적 기업인수hostile takeover와 부채발행을 통한 인수leveraged buyout 등의 방법으로 인수를 한 후 부실경영을 하여 온 무능한 경영자를 쫓아내고 비관련사업을 매각하여 기업의 가치를 높이는 리스트럭처링restructuring이 활발히 진행되었다.

그러나 이와 같은 실증연구결과를 해석하는 데 있어서 주의할 점이 있다. 모든 기업들에게 동일하게 어떤 다각화전략이 다른 유형의 전략보다 항상 높은 수익률을 얻게 해 줄 수 있다는 것을 일률적으로 말할 수는 없다는 점이다. 앞서 제4

장의 경영자원과 핵심역량이론에서 살펴본 바와 같이 개별기업이 갖고 있는 경영자원과 핵심역량은 기업마다 서로 상이하다. 만일 어느 기업이 기술 또는 브랜드와 같은 많은 무형의 경영자원을 확보하고 있을 경우, 이런 무형의 경영자원을 활용할 수 있는 관련사업으로 다각화를 하는 것이 훨씬 수익률을 높이는 데 도움이 될 것이다. 즉 범위의 경제성을 활용하기 위해서는 관련부분으로 다각화하는 것이 수익률을 증대시킨다.

그러나 관련사업부문에 활용할 수 있는 경영자원이 없는 기업들에게 관련다각화를 추구하라고 하는 것은 결코 좋은 충고가 되지 못한다. 현재의 사업부문에서 관련사업부문으로 활용될 수 있는 경영자원을 보유하지 못하는 기업들에게는 오히려 비관련사업부문에서 새로운 기회를 찾아보는 것이 오히려 더 효과적인 전략인지도 모른다. 예를 들어 2000년대 중후반까지 휴대폰 시장에서 선도적인 위치를 차지했던 Nokia는 사실 사양산업화되는 목재산업에서 무선통신사업으로 일찍이 다각화하여 새로운 성장동력을 찾은 기업이었다.

따라서 실증분석을 통해서 도출된 관련다각화가 더 높은 성과를 보인다는 주장은 다만 평균적으로 관련다각화가 비관련다각화보다 성과가 높다는 점을 의미하지, 모든 기업이 관련다각화를 추구하여야 한다는 것은 아니다. 이것은 개별기업이 어떠한 경영자원을 보유하고 있는가에 달려 있기 때문이다.

기업전략이 새로운 가치를 창출하는 방법

다각화전략이 기업의 수익성을 높이려면 새로운 가치를 창출하여야만 한다. Michael Porter는 다각화전략이 성공하려면 다음 세 가지 테스트를 통과하여야 한다고 하였다.[11]

(1) 산업의 매력도 테스트attractiveness test이다. 즉 진입하기로 결정한 그 산업이 구조적으로 유리한 조건에 있으며 앞으로의 전망이 좋아야 한다.

(2) 진입비용 테스트cost of entry test이다. 산업의 매력도 테스트를 통과하더라도 진입비용이 진입 후 얻을 수 있는 수익보다 높으면 이러한 신규사업진출은 결국 손해를 보게 된다.

(3) 개선도 테스트better-off test이다. 새로이 진입한 사업분야에서 그 기업의 다른 사업분야와의 범위의 경제성을 창출함으로써 경쟁기업에 비해 경쟁우위를 갖지 않으면 안 된다.

처음의 두 테스트는 Ⅱ부에서 살펴보았듯이 다각화전략이 성공하려면 진입한 사업의 수익률이 높아서 궁극적으로 그 산업에 진입하는 기업에 높은 수익을 보장해 주어야 한다는 것을 의미한다. 그러나 제3장의 산업구조분석에서 살펴보았듯이 수익률이 높은 산업은 대체로 진입장벽이 높거나 기존기업의 시장지배력이 높은 경우이다. 이처럼 진입장벽이 높은 산업에 들어갈 경우의 진입비용은 상당히 높을 수 있다. 예를 들어, 수익률이 높은 제약산업이나 식음료품산업은 연구개발과 광고를 통하여 높은 진입장벽을 쌓고 있기 때문에 막대한 금액을 투자하지 않고서는 진입에 성공할 수 없다. 따라서 신규진입비용이 그 산업에서 얻을 수 있는 수익을 상회하는가 여부를 반드시 고려하여야 한다.

Porter의 세 번째 개선도 테스트는 많은 기업들이 충족시키기 가장 어려운 조건이다. 이 조건은 두 개의 사업을 각각의 다른 두 기업이 하기보다는 하나의 기업이 이를 수행함으로써 어떤 실질적인 이득이 있는가 하는 문제이다. 즉 다각화 이후 범위의 경제를 통하여 실질적인 효율성증가가 없으면 다각화가 성공할 수 없다는 것을 의미한다. 이와 같이 개선도 테스트를 통과하기 위해서는 기업이 다각화된 경영을 함으로써 무엇인가 새로운 비용절감 또는 경쟁우위를 창출하지 않으면 안 된다는 것을 의미한다.

장의 서두에서 살펴본 Allegis의 실패사례는 이 테스트들을 충족시키지 못하였기 때문이라는 것을 보여 준다. 첫째, 진입비용이 너무 컸다. 2년 동안 Allegis가 인수합병에 지불한 23억 달러의 합병비용은 너무나 높은 것이었다. 피인수기업을 인수해야겠다는 생각만이 너무 앞선 나머지 제대로 상대기업의 가치를 냉정하게 평가하지 않고 너무 높은 가격에 매입하였던 것이었다. 둘째, Ferris는 항공사업, 호텔사업, 렌트카사업 등을 함께 운영함으로써 얻을 수 있는 시너지효과를 너무 과대평가한 것으로 보인다. American Airline은 Avis와 자발적인 협력프로그램을 개발하였듯이, 독립적인 기업들간의 전략적 제휴를 통하여 원하는 효과를 충분히 달성할 수 있었을 것이다. 오히려, Allegis에게는 각각의 다른 사업들간의 전략적 갈등이라는 중요한 장애요인이 존재하고 있었다.

Porter는 위와 같은 세 개의 다각화전략의 기본테스트를 밝힌 다음 다각화전략으로부터 새로운 가치를 창출할 가능성을 **그림 9-6**과 같이 유형화하였다. 즉, 다각화전략은 포트폴리오관리에서 리스트럭처링, 기술과 핵심역량의 이전, 경영자원과 여러 활동분야의 공유의 순서로 점차 높은 가치를 창출한다고 하였다.

다각화전략의 첫째 유형은 콩글로머릿에 의해 주로 이루어지는 포트폴리오관리이다. 콩글로머릿은 여러 가지 비관련부분사업을 마치 주식을 보유하듯이 운

CHAPTER9

용하면서 유망한 사업분야로 신규진입을 하고 사양산업에서 탈퇴를 하는 전략을 추구한다. 그러나 이러한 포트폴리오관리를 통해서 새로운 가치를 창조하기 위해서는 개별주식투자가들이 미처 파악하지 못한 새로운 투자기회, 즉 시장에서 저평가된 기업을 남보다 먼저 발견하지 않으면 안 된다. 이는 단순히 기업을 팔고 사는 것만으로는 새로운 가치가 창출되기가 어렵다는 것을 의미한다.

두 번째 다각화전략의 유형은 리스트럭처링restructuring전략이다. 리스트럭처링은 지금까지 무능한 경영자에 의하여 방만하게 경영되어 왔던 기업을 인수하여 그 경영자를 교체하고 그 기업의 핵심역량과 관련 없는 사업분야를 정리·매각하고 그 기업의 사업영역을 재조정함으로써 가치를 창출한다. 이와 같은 리스트럭처링은 단순한 포트폴리오관리에 비하여 리스트럭처링을 주도하는 기업이 직접 경영에 개입하여 잠재적인 역량을 발굴하고 활용함으로써 새로운 가치를 창출한다는 점에서 차이가 있다.

세 번째 다각화전략의 유형은 그 기업이 갖고 있는 핵심역량이나 기술을 다른 사업부로 이전하여 활용하는 전략이다. 4장의 Canon의 사례에서 살펴본 바와 같이 여러 가지 핵심기술들을 다른 사업부 또는 다른 핵심역량과 결합함으로써 신제품을 만들 수 있다. 즉, 자신이 갖고 있는 기존 경영자원을 신규진입 또는 인

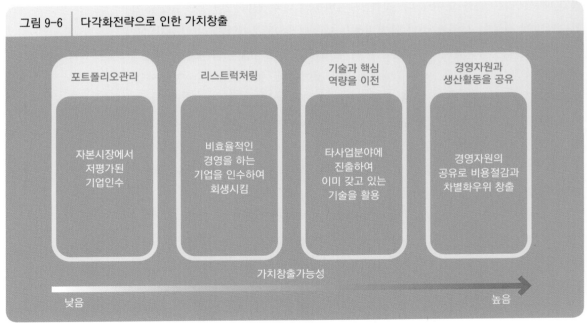

그림 9-6 | 다각화전략으로 인한 가치창출

출처: Porter, "From Competitive Advantage to Corporate Advantage," *Harvard Business Review*, 1987.

수한 사업에 어떻게 하면 더 잘 활용할 수 있는가에 따라 새로운 가치가 창출된다. 활용할 수 있는 능력이 많으면 많을수록 기업은 다각화로 새로운 가치를 창출한다.

네 번째 유형은 여러 사업부간에 경영자원을 공유함으로써 비용절감과 차별화를 유지할 수 있는 방법이다. 즉, 기존사업분야에 있는 활동분야, 예를 들어, 진로사업과 새로운 사업분야인 맥주사업과 유통망을 공유함으로써 경쟁우위를 확보하는 것은 새로운 가치를 창출하는 방법이다. 그림 9-6에서 보는 바와 같이 포트폴리오관리보다 리스트럭처링이, 리스트럭처링보다 기술과 핵심역량의 이전이, 기술과 핵심역량의 이전보다 기업의 경영자원과 활동분야의 공유가 훨씬 더 많은 가치를 창출한다. 특히 경영자원과 활동분야의 공유가 가장 큰 가치를 창출하는 이유는 이것이 일회성이 아니라 장기적이고 지속적이기 때문이다. 따라서 다각화전략이 높은 성과를 얻으려 한다면 단순히 포트폴리오관리나 리스트럭처링을 떠나서 더 높은 가치를 창출할 수 있는 기술의 이전과 활동분야의 공유를 통하여 가치를 창출하도록 노력하여야 한다.

다각화의 과정에 대한 연구

경영전략분야에서 다각화전략에 관한 최근 연구경향은 진화론적인 관점evolutionary perspective에서 다각화의 과정process 자체를 연구한다. 저자의 미국기업의 다각화에 대한 연구에 따르면 기업들이 끊임없는 탐색과 선택search and selection을 통하여 계속적으로 새로운 사업분야로 진출을 하고 이와 동시에 유망하지 않은 사업분야에서는 계속적으로 탈퇴를 하고 있다는 사실을 보여 준다.[12]

이러한 관점에서 볼 때, 기업들은 항상 자신이 보유한 경영자원과 핵심역량을 활용할 수 있는 새로운 사업분야를 끊임없이 탐색search하고 있다. 이렇게 밖으로는 자신의 기존의 핵심역량을 활용할 수 있는 부분을 탐색하면서, 동시에 내부적으로는 더 이상 기업의 수익률에 도움을 주지 않으며 성과를 악화시키는 사양사업이나 핵심역량에 도움을 주지 않는 비관련부분의 사업을 정리하는 것이다. 따라서 기업들은 신규사업으로의 진출과 동시에 기존사양사업으로부터의 탈퇴를 매 순간마다 결정하고 있다. 그림 9-7에서 보는 것과 같이 기업이 일정한 시점에서 어떤 새로운 사업분야($t+1$) 중의 하나로 진출을 하였을 때, 기업은 그 신규사업기회를 기반으로 하여서 다음 시기에는 또 다른 관련분야의 진출을 모색한다. 즉, 기업은 끊임없는 탐색과정을 통하여 핵심역량을 활용하고 동시에 계속 자신의 핵

그림 9-7	다각화의 진화적 과정

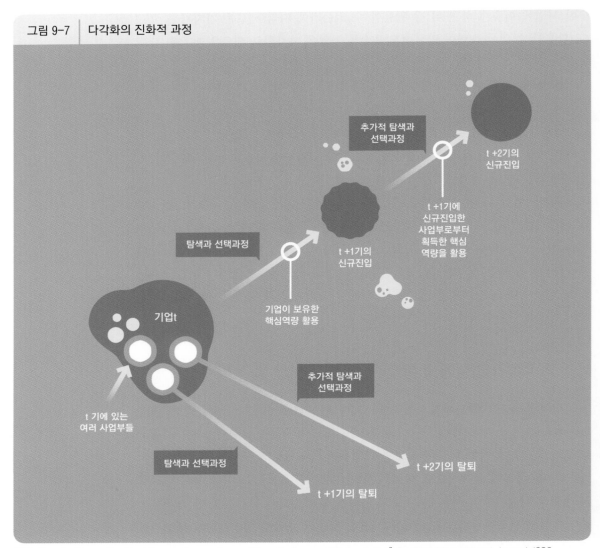

출처: Sea Jin Chang, "An Evolutionary Perspective on Diversification and Restructuring," *Strategic Management Journal*, 1996.

심역량을 확장하고 있다. 또한 새로이 획득한 핵심역량을 가지고 다른 신규사업 분야로 진출하고 있는 것을 알 수 있다. 예를 들어, Canon은 처음에 광학기술이란 핵심역량으로 신규사업분야를 개척하다가, 카메라사업에서 확보한 정밀기기제조 기술을 활용할 수 있는 새로운 사업분야, 즉 복사기사업분야로 진출하였다. 점차, 복사기사업분야에서 얻은 전자기술을 발판으로, 레이저프린터, 그리고 반도체 작기계를 만드는 사업까지 진출을 하였다. 한편, Canon은 수익성이 없는 여러 사 업분야에서 탈퇴하였다.

06 ›› 사업포트폴리오의 관리

지금까지 살펴본 바와 같이 다각화전략의 결과 진출한 다양한 사업분야를 어떻게 관리할 것인가의 문제가 대두된다. 먼저 기업의 사업포트폴리오를 관리하는 방법과 이러한 다양한 사업부들이 경영자원과 핵심역량을 공유하고 축적하는 활동을 체계적으로 조직화하는 방법이 중요하다.

포트폴리오관리기법

제5장에서 살펴본 바와 같이 사업부제조직에서 기획조정실이 수행하는 가장 중요한 기능은 기업 전체의 포트폴리오의 구성을 결정하고 사업부간의 균형을 찾는 데 있다. 즉, 개별사업부에 대한 투자비율의 변화를 통해 포트폴리오의 구성과 자원의 배분을 바꾸는 것이다. 포트폴리오관리기법은 **그림 9-8**에서와 같이 시장점유율과 성장률을 양축으로 하는 BCGBoston Consulting Group매트릭스기법이 주로 사용된다. BCG매트릭스의 수직축은 시장 전체의 매력도를 측정하는 시장의 성장률이다. 급격히 성장하는 시장에는 기업이 생산을 높임으로써 높은 이윤을 얻을 수 있는 기회가 존재하며, 수요가 정체된 산업에서는 수요의 정체로 인한 유휴설비의 존재로 수익률이 하락한다. 한편, 수평축의 시장점유율은 기업이 시장에서 높은 시장점유율을 확보하였는지 또는 그렇지 않은지를 측정한다. 시장점유율이 높은 것은 그 기업이 경쟁우위를 갖고 있다는 사실을 말해 준다. 즉, 시장점유율이 높은 사업에서는 개별기업의 수익률이 다른 개별기업의 수익률보다 훨씬 높을 가능성이 많다. BCG매트릭스는 시장에서의 성장률과 시장점유율이란 단순한 두 가지 변수를 축으로 하여 여러 사업들을 2차원 공간에 나타내어 상호비교가 가능하게 하는 장점이 있다. 한편 McKinsey도 BCG와 비슷하게 시장에서의 지위와 산업의 매력도를 낮음, 높음, 중간으로 나누어서, 시장에서 상대적인 지위와 시장의 매력도가 떨어지는 위치에 있는 사업은 수확harvest 전략을 사용하여 이 사업으로부터 철수하는 전략을 취한다. 시장의 매력도의 높고 시장점유율이 높은 위치에 있는 분야의 경우는, 이 시장을 더 키우기 위해 투자invest를 하는 전략을 취한다. 중간에 위치한 사업은 유지hold전략, 즉 일단은 두고 보는 간단한 처방이

그림 9-8 | BCG포트폴리오 매트릭스

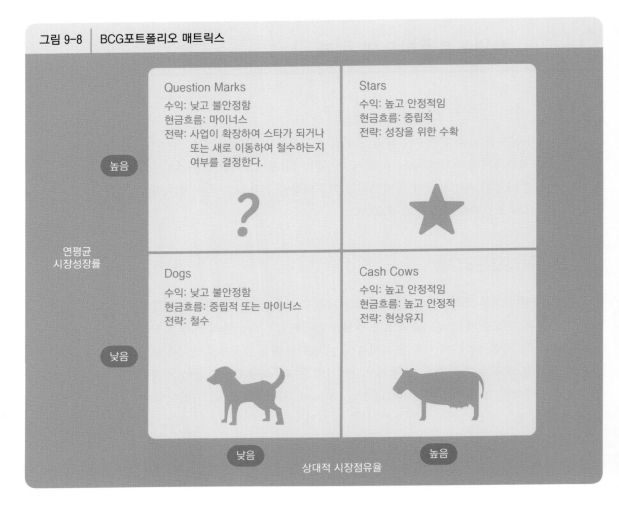

내려진다.

결국, BCG매트릭스를 사용한 포트폴리오관리기법의 결론은 시장점유율도 낮고 성장률도 낮은 산업, 즉 '개dog'라고 표현되는 사업에서는 빨리 탈퇴를 하여야 하고, 시장점유율은 높으나 성장률은 낮은 사업인 '자금젖소cash cow'에 위치한 사업으로부터 많은 투자자금을 뽑아 내어, 현재 시장점유율은 낮으나 전망이 밝은 사업인 '물음표?'에 투자하여 가능한 한 '별star'을 많이 가져야 한다는 것이다.

제5장에서 소개된 Dexter의 사례를 중심으로 포트폴리오 매트릭스를 그려보면 그림 9-9와 같다. 사례의 표 5-1에는 시장점유율 대신 사업부분의 수익률이 제시되고 있으므로 시장점유율 대신에 수익률을 수평축으로 하여 BCG매트릭스를 그려보면 액체코팅, 특수잉크와 같은 사업분야는 수익률은 높으나 성장률이

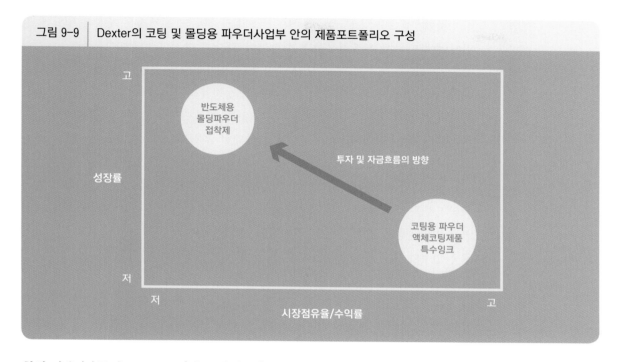

그림 9-9　Dexter의 코팅 및 몰딩용 파우더사업부 안의 제품포트폴리오 구성

훨씬 낮은 '자금젖소cash cow'라고 볼 수 있으며, 접착제와 반도체용 파우더는 성장률은 높으나 시장점유율은 낮은 사업분야로서 '별star'과 '물음표?'의 중간에 위치한다고 볼 수 있다. BCG매트릭스에 따르면 자금젖소인 액체코팅, 코팅용 파우더, 특수잉크사업부에서 이윤을 내어 물음표인 접착제와 몰딩용 파우더에 재투자를 해야만 이 파우더사업부 전체의 장기적인 수익률이 높아진다. Dexter의 파우더사업부의 문제점은 포트폴리오관리기법을 제대로 사용하지 못하고, 각각의 사업부들에 적절한 인센티브를 주지 못했던 점에서 발생했다.

　이와 같은 BCG나 McKinsey의 매트릭스는 우리에게 포트폴리오관리에 대해서 아주 단순하고 명확한 결론을 내려주지만, 실제 기업경영에 적용되기에는 여러 가지 문제점을 갖고 있다.

　첫째, 복잡한 사업의 성격을 시장성장률과 시장점유율로만 표시하려고 하기 때문에 사업부의 잠재적인 성장성을 무시하거나 현재 상황을 너무나 단순하게 파악하기 쉽다는 문제점을 갖고 있다. 특히 BCG매트릭스에서 시장점유율이 경쟁우위를 측정할 수 있다는 가정은 실제로 적용되지 않는 경우가 많다. 왜냐하면 규모의 경제를 활용할 수 있는 산업에서는 시장점유율이 비용우위를 결정하는 아주 중요한 변수이나 규모의 경제가 중요하지 않은 산업에서는 시장점유율은 그다지 큰 의미가 없기 때문이다.

둘째, BCG나 McKinsey의 매트릭스의 또 하나의 문제점은 시장을 어떻게 정의하냐에 따라서 시장점유율과 성장률이 각각 달라진다는 점이다. 즉, 자동차시장을 승용차와 버스로 나눌 것인지, 또는 승용차시장을 소형차, 중형차, 대형차로 나눌 것인지에 따라서 각각의 시장에서의 성장률과 점유율도 달라지게 된다. 즉, 시장의 개념에 대해 통일된 정의가 존재하지 않으므로 매트릭스기법을 이용하여 분석하는 것은 기업이 사용하는 시장에 대한 조작적 정의에 따라서 분석결과가 달라지기 마련이다.

셋째, 앞으로 부연하여 설명하겠지만 시장점유율이 높은 사업단위와 기업이 핵심역량을 보유하고 있는 사업단위는 항상 일치하는 것은 아니다. 따라서 핵심역량적인 관점을 갖지 못하고 외부적인 시장의 상황과 현재의 시장점유율만 가지고 사업부에 대한 전략을 수립한다면 잘못된 전략이 되기 쉽다.

Hamel과 Prahalad는 다각화된 기업들이 사업부조직을 너무 철저하게 따르다 보니 사업부간에 필요한 핵심역량core competence의 이전과 활용 및 공동개발에 많은 어려움을 겪고 있다는 것을 밝혔다. 표 9-1은 핵심역량적인 접근법과 전통적인 사업부접근법을 대조시키고 있다. 사업부제 경쟁의 토대는 현재 생산하는 제품의 경쟁력이고 핵심역량적인 사고방식에서는 핵심역량을 어떻게 하면 더욱 축적할 수 있는가 하는 점이다. 기업구조 역시 사업부조직에서는 제품시장측면에서 바라보는 관련사업부들로 구성된 사업포트폴리오가 기본적인 조직구조이

표 9-1 사업단위적 접근방법과 핵심역량접근법의 차이

	사업단위	핵심역량
경쟁의 토대	현시점의 제품경쟁력	경쟁우위를 구축하기 위한 기업내부의 핵심역량
기업구조	사업들의 포트폴리오	핵심역량과 핵심제품들의 포트폴리오
사업부의 지위	절대적인 자치권. 즉 전략사업부는 현금 이외의 모든 자원을 보유하고 있다.	전략사업단위는 핵심역량의 잠재적인 저장소이다.
자원배분	개별사업단위들이 기본분석단위이다. 자본은 사업단위별로 배분된다.	핵심역량이 기본분석단위이다. 최고경영자는 자본과 핵심역량을 배분한다.
최고경영자의 역할	사업간의 자본배분의 선택을 통해 기업의 수익을 극대화한다.	전략구조의 설정과 안정적인 미래를 보장하기 위한 핵심역량을 구축한다.

출처: C. K. Prahalad and G. Hamel, "The Core Competence of Corporation," *Harvard Business Review*, May-June 1990, pp.79~91.

고, 핵심역량적 접근법에서 파악하는 기업은 핵심역량과 핵심제품의 포트폴리오이다. 또한 사업부의 지위는 독립적이며 각 사업부는 모든 경영자원을 배타적으로 보유하나, 핵심역량적인 관점에서 볼 때 개별사업부는 단지 핵심역량을 일시적으로 저장하고 있는 기관일 뿐이지 다른 사업부와 완전히 독립된 조직이 아니다. 경영자원배분면에서도 사업부제조직은 포트폴리오관리기법을 사용하여 사업간 자본만을 할당하나 핵심역량적인 접근방법에서는 자본과 기술인력들을 핵심역량적인 사고방식에 입각하여 배분한다. 그리고 최고경영자 역시 사업부조직에서는 각각의 사업부간에 어떻게 자본을 할당할 것인가에만 관심을 가지는 것에 비하여 핵심역량적인 사고방식에서는 미래에 경쟁력을 확보하기 위해서 핵심역량을 어떻게 더욱 배양할 것인가에 더 많은 관심을 갖고 있다.

Hamel과 Prahalad는 미국기업들이 경쟁력을 잃고 후퇴한 이유를 미국기업이 사업부제와 포트폴리오관리기법에 너무 얽매인 반면 일본기업들은 핵심역량에 입각한 경영을 해왔기 때문이라고 설명한다. 이들의 설명에 따르면 미국기업들은 사업부제조직에 너무 얽매여 있었기 때문에 어느 한 사업부의 핵심역량을 그 사업부에서만 사용가능한 경영자원으로 파악하였고, 다른 사업부가 그 핵심역량을 필요로 할 때 이를 공여하는 것을 상당히 꺼려하였다. 즉, 사업부조직에서는 각각의 사업부들이 자신의 사업부에 더 많은 투자자금을 확보하기 위해서 다른 사업부와 경쟁을 하여야 하기 때문에 발생하는 경쟁심리와, 각 사업부가 필요한 모든 경영자원을 독자적으로 보유하는 사업부제조직의 기본원리 때문에 사업부간 핵심역량을 공유하여 활용하지 못하는 위험이 존재한다.

기업수준 스탭조직의 역할

다각화된 기업의 전략기획실 또는 기획조정실과 같은 스탭조직은 다각화 전략수립 및 실행에 결정적으로 중요한 요소가 된다. 기획실의 역할에 대해서는 이미 제5장에 자세히 논의된 바 있으나 일반적으로 한국기업에서 흔히 볼 수 있는 기획실의 역할은 크게 세 가지 유형으로 나누어 볼 수 있다.

첫째 모델은 기획실이 사업부의 세부적 의사결정에 일일이 관여하는 '일상적 운영자'형태로서 기업내에 2~3개 소수의 사업부가 있는 소규모기업일 때 더욱 그 실행이 용이하다. 둘째 모델은 '전략적 참여자'로서 각 사업부가 올바른 전략적 의사결정을 할 수 있도록 전략을 체계화하고 이의 수행을 지원하는 데 초점을 둔다. 셋째, '지주회사' 모델은 인사/재무 이외에는 사업부의 의사결정에 일체 관여

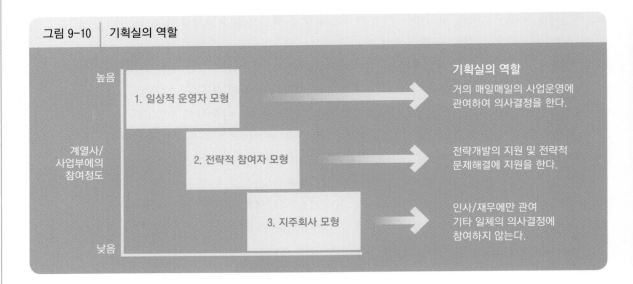

그림 9-10 | 기획실의 역할

하지 않는다(그림 9-10 참조).

국내기업 중 상당수의 기업들이 자율/책임경영제도를 바탕으로 하고 있는 두 번째 모델인 '전략적 참여자' 모델에 해당한다고 할 수 있으나, 어느 모델이 가장 좋은 것인가는 극히 판단하기 어렵다. 왜냐하면, 기업마다 특유의 기업문화가 존재하고, 또한 각 기업이 처한 상황이 서로 다르기 때문이다. 예를 들어, 자율과 책임경영을 강조하는 분위기가 지배적인 기업에서 기획실이 '일상적 운영자'로 행동하면 큰 배타감이 존재할 수 있다. 그러나 사업부의 경영전략수립의 중요성에 대한 인지도와 그 수행의지가 낮고, 전략수립을 할 수 있는 분석력, 기획력 등 문제해결능력이 떨어지는 경우는 오히려 전사차원에서 기획실이 주도하여 운영하는 것이 더욱 효과적일 수 있다. 한편, 개별사업부가 전략수행의 의지를 갖고 있으나 구체적인 분석능력만 결여하고 있을 경우에는 기획실이 '전략적 참여자'로의 역할을 수행하는 것이 효과적이다. 이처럼 기획실은 개별사업부의 성격에 따라 권한 및 역할을 달리해 탄력적인 형태로 운영되어야 한다.

07 ›› 결론 및 요약

다각화는 많은 기업에 있어서 마치 지뢰밭과 같다. 본 장의 서두에 소개한 United항공사와 같이 수많은 기업들이 신규사업분야에 진출했다가 크나큰 실패를 경험하였다. 특히, 기업인수합병으로 다각화를 추구했던 기업들의 실패율은 더욱 높았다.

이와 같이 높은 실패율은 과연 기업들이 주장하는 다각화의 동기가 경제적으로 타당한 논리였는가에 대한 근본적인 의문을 제기한다. 성장과 위험감소를 위한 다각화는 주주 전체를 위한 것이기보다는 경영자 자신을 위한 다각화이다. 다각화로서 더 큰 수익을 얻기 위하여 범위의 경제성, 시장지배력, 내부시장의 활용을 통해 새로운 가치가 창출되어야만 한다.

Porter가 지적하듯이 다각화전략이 새로운 가치를 창출하기 위해서는 기술 및 핵심역량 이전, 경영자원과 활동분야의 공유가 필수적이다. 특히, 우리가 제4장에서 배운 경영자원과 핵심역량의 관점에서 다각화전략을 수립할 필요가 있다. Canon의 사례는 Canon이 다각화전략을 추구하였다기보다, 핵심역량을 추구하다 보니 다각화가 이루어졌다고 이해하는 것이 옳을 것이다. 즉, 다각화는 핵심역량의 확대적용과정이라고 한마디로 요약할 수 있다.

여행의 설레임과 즐거움이 가득한 아시아나항공

여행의 시작은 flyasiana.com에서~

ASIANA AIRLI

금호아시아나그룹의 다각화

　　1988년 정부가 금호그룹에 제2민간항공의 설립을 허용함으로써 20여 년간 독점체제로 운영되던 한국의 항공운수 산업은 경쟁체제로 돌입하게 되었다. 금호그룹은 고 박인천 회장이 1946년 광주택시를 설립하면서 시작되었다. 2년 후 오늘날 금호고속의 모태가 된 광주여객으로 확장되었다. 여객운수사업에서 시작한 금호그룹은 모기업인 광주고속을 중심으로 수직적 통합전략을 추구하였다. 설립 초기만 하더라도 자동차 타이어를 안정적으로 공급받는 것이 쉽지 않았다. 금호그룹은 광주고속의 타이어 자체조달의 필요성을 절감하고 1960년에 삼양타이어공업을 설립하였다. 타이어제조공장을 운영하다 보니 이제는 타이어의 원료가 되는 합성고무의 안정적인 확보가 필요하였다. 이에 따라, 1970년에는 타이어제조원료를 공급하는 한국합성고무를 설립하였다. 1972년에는 타이어수출전문창구인 금호실업을 설립하여, 수출부문의 하방수직계열화를 이룩하였고, 1973년 운수사업의 확장에 따라 미국 모빌사와 합작으로 윤활유 생산업체인 모빌코리아를 설립하였다. 1970년대 초반까지의 금호그룹은 여객운수사업을 모체로 하여 여객운수사업과 수직적으로 관련된, 타이어−합성고무−타이어수출업, 윤활유사업, 금융업으로 사업다각화전략을 추진하였다.

1970년대 후반에 들어서 금호그룹은 정부의 중화학공업추진정책에 발맞춰 비관련분야로 확장하게 되었다. 1976년에는 부도가 난 극동철강을 인수하여 금호산업으로, 역시 부도가 난 마포산업을 인수하여 금호전기로, 명천기업을 인수하여 금호섬유로 발족시켰다. 한편 제일토건이 발전된 금호건설은 당시 중동건설붐의 막바지에 중동건설시장에 뛰어들었다. 계속되는 사업확장으로 수출실적도 늘어나 금호종합무역상사는 1979년에 수출 10억 불 탑을 수상하는 성과를 거두었다.

그러나 1980년대에 들어서면서 '문어발식' 그룹확장의 부작용이 여기저기서 드러나게 되었다. 수출일변도에 따른 성장위주정책의 문제점, 1·2차 석유파동과 국제고금리추세 등으로 인한 석유화학관련산업의 불황, 타이어 수요감소로 인한 삼양타이어의 경영부진에 이어 철강부문의 금호산업 역시 손실에서 벗어나지 못함으로써 금호그룹은

표 9-2 금호아시아나그룹의 다각화 현황 (단위: 10억원)

소속회사명	자산총액	자본금	매출액	당기순이익
아시아나항공(주)	11863.3	372.1	6532.1	40.3
금호건설(주)	1699.4	186.2	2206.7	6.6
에어부산(주)	1358.1	116.6	890.4	104.1
금호익스프레스(주)	371.8	0.7	319.3	8.1
에어서울(주)	265.9	17.5	310.9	91.2
아시아나에어포트(주)	115.5	5.0	212.1	13.1
아시아나아이디티(주)	222.7	5.6	188.4	11.0
금호고속(주)	1297.9	16.6	43.4	−63.6
아시아나세이버(주)	39.5	1.0	18.6	8.7
금호에이엠씨(주)	4.4	0.9	18.1	0.9
에이큐(주)	5.8	0.3	17.8	0.3
케이오(주)	5.3	0.3	17.2	0.6
케이에이(주)	12.0	0.3	14.5	1.1
케이에프(주)	9.2	0.1	12.4	0.6
에이오(주)	1.6	0.3	11.9	−0.3
아시아나티앤아이(주)	91.3	3.7	11.1	6.1
금호고속관광(주)	2.8	2.0	10.7	0.7

출처: 공정거래위원회, 2024년 5월 기준. 매출액 100억 원 이상 계열사.

일대 위기를 맞게 되었다. 따라서 1981년에는 누적적자에 허덕이던 금호산업을 금호실업에 흡수·합병시키고 금호전자를 매각하였다. 1984년에는 철강부문을 완전 매각하였고, 생산과 수출이 분리되어 있던 삼양타이어와 금호실업을 통합하여 주식회사 금호로 상호변경하였다. 흑자기업인 광주고속은 적자에 허덕이던 금호건설을 흡수하여 고속사업부와 건설사업부체제로 전환하였다. 1985년에는 역시 적자를 보고 있던 금호섬유를 매각하였고, 금호화학과 한국합성고무를 합병하여 금호석유화학으로 상호를 변경하였다. 이렇게 과거에 무모하게 비관련사업부문으로 다각화하였던 사업을 모두 매각하여 자신의 주력사업인 운수사업과 타이어, 고무석유화학사업에 집중하였다. 금호그룹이 매각정리한 사업분야는 모두 인수합병에 의해 진출한 비관련사업분야라는 것은 주목할 만하다.

1985년까지 대대적으로 그룹조직을 축소시키면서 내실을 다진 금호그룹은 자신의 주력사업인 운수업과 석유화학산업을 중심으로 재도약의 사업확장에 나섰다. 1986년 일본합성고무와 합작으로 금호이피고무를 설립하였고, 1987년 Royal Dutch Shell과 합작으로 페놀, 아세톤을 생산하는 금호쉘화학, 미국의 Monsanto와의 합작으로 금호몬산토, 1989년 우레탄 기본 소재인 MDI를 생산하는 금호미쓰이도아쓰, 1991년 금호지이화학을 설립하여 석유화학 계열군을 형성하였다.

1987년에는 무역협회와 공동으로 한국도심공항터미널을 설립함으로써 항공산업에 진출할 수 있는 교두보를 마련하였고, 이어 1988년에 정부의 복수민항체제 추진과 함께 제2민항 사업면허를 취득하여 항공운수사업에 진출하게 되었다. 금호그룹은 항공운수사업에 진출하면서, 기존 항공산업을 독점해 온 대한항공과 서비스로 차별화하려고 하였다. 또한 아시아나는 외국항공사와의 전략적 제휴를 활발히 활용하였다. 아시아나는 진출초기에 Northwest항공사와, 이후 United항공사를 비롯한 Star Alliance의 일환으로 공동운항의 이득을 크게 얻고 있었다.

그러나 1997년에 한국과 아시아를 급습한 외환위기는 승승장구하던 아시아나항공과 이를 뒷받침하던 금호그룹에 큰 타격을 주게 되었다. 금호그룹의 항공운수산업진출이 성공하기 위해서는 다음과 같은 몇 가지 조건이 충족되어야 했다. 먼저 해외여행 수요의 지속적인 증가가 전제되어야 했다. 만일 항공서비스에 대한 수요가 증가하지 않는다면 이와 같이 대규모 투자가 소요되는 산업에 신규진출하여 성공할 수 없기 때문이었다. 둘째, 새 항공기를 구매하기 위하여 대규모 외화차입이 필요하였다. 따라서 원화가치의 안정이 무엇보다도 필수적인 전제조건이었다. 1997년 외환위기가 닥치기 전까지 경제상황은 이러한 전제조건을 만족하여 아시아나의 성공을 점치게 하였다. 그러나 외환위기는 이러한 전제조건을 모두 부정하게 되었던 것이다. 2001년 9월 11일 테러사건 이후, 항공운송시장은 다시 꽁꽁 얼어붙었고, 아시아나항공은 또다시 큰 적자를 기록했다.

이러한 아시아나의 위기는 결국 금호그룹 전체를 흔들게 되었다. **그림 9-11**과 같이 금호그룹 계열사는 적자를 거듭해 왔다. 이와 같이 금호그룹전체의 수익성이 심각하게 저하된 주요 원인은 아시아나의 부실에 있지만 다른 계열사들의 수익구조도 매우 악화되어 왔었다. 그 당시 금호그룹 내부에서는 "땅은 벌고 하늘은 까먹고"라는 탄식이 나왔다. 이는 계열사의 전 자금을 아시아나에 쏟아

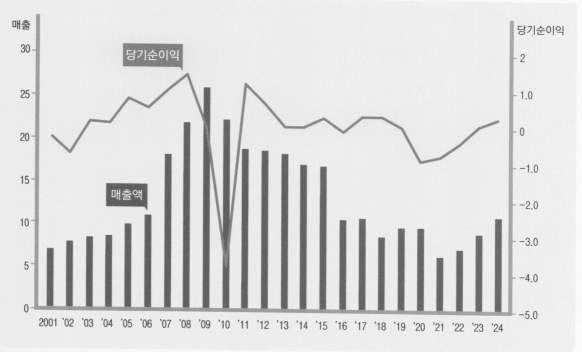

그림 9-11 금호아시아나그룹 전체의 합산재무지표 (단위: 조원)

출처: 공정거래위원회. (~2024.05 기준)

붓느라 석유화학계열의 다른 계열사들이 제대로 투자를 못하였다는 상황에 대해 불만에 찬 소리였다. 2009년 박삼구 금호그룹회장과 박찬구 금호석유화학회장간에 불화가 있었던 것도 금호그룹의 다각화전략에 대한 의견차에서 시작되었다고 한다.

이런 위기상황을 돌파하기 위해 금호그룹은 2001년 회현동사옥을 매각하였고 2003년에는 기내식사업부를 매각하였다. 아시아나항공은 적자노선을 과감하게 축소했고 비핵심부분을 매각하는 등 혹독한 구조조정을 시행하였다. 그러나 이러한 항공운수사업에서의 재무구조개선을 바탕으로 사업확장을 다시 시도하였다. 2006년에는 건설사업을 강화하고자 마침 매물로 나온 대우건설을 두

산그룹과의 경쟁에서 이겨 시가의 두 배 이상을 주고 6조 4천억 원에 인수하였고 2007년에는 대한통운을 한진, 현대중공업을 제치고 역시 시가의 두 배 이상의 가격인 4조 5천억 원에 인수했다. 이와 같은 공격적인 인수합병전략의 결과 금호아시아나는 재계 7위의 재벌이 되었다.

그러나 2008년 금융위기에 뒤따른 건설경기의 악화로 인해 대우건설의 주가가 재무적 투자자에게 약속한 수준보다 약세를 보였다. 따라서 재무적 투자자들에게 일정수준 이상의 주가에 주식을 다시 사들일 것을 약정하는 풋백옵션계약을 제공했던 금호아시아나 그룹은 다시금 생존을 위협받는 상황에 처해졌다. 2010년 그룹의 지주사이던 금호산업과 금호타이어는 워크아웃에 들어가, 채

권단과 재무구조개선약정을 통해 채무재조정에 돌입했다. 현금유동성을 확보하기 위해 대우건설과 대한통운은 포스코와 CJ에게 원래 인수가의 절반 수준도 안 되는 3조 3천억 원과 1조 7천억 원에 다시 매각하게 되었다. 결국 무리한 다각화를 추진하다가 6조 원 가까운 인수프리미엄과 매각손실을 초래하여 그룹 전체가 부도위기에 직면하였다.

그 이후 금호그룹 주요 계열사들은 생존을 위한 긴축경영에 돌입할 수밖에 없었다. 2015년 금호아시아나그룹 소속이던 금호석유화학은 계열분리되었고, 그룹재건을 위해 박삼구 회장이 인수하려던 금호타이어는 자금부족으로 인해 결국 2018년 중국의 더블스타에 매각되었다. 그럼에도 불구하고 금호아시아나그룹의 부채는 계속 불어났다. 금호아시아나그룹이 2019년 말까지 갚아야 하는 외부 차입금 규모가 2조 원에 달하게 되자 금호그룹은 아시아나항공을 매각하기로 결정하였다. 그렇게 되면 금호그룹에게 남은 계열사는 금호산업과 금호고속뿐으로 '승자의 저주'라는 말대로 금호그룹은 공중분해될 처지에 놓였다. 2019년 3월 29일 박삼구 회장이 퇴진하기로 결정하는 날, 사흘 연속 내림세였던 아시아나항공의 주가는 2.9% 상승으로 마감했다.

그러나 2019년 코로나19 바이러스가 창궐하게 되자 항공업계는 다시금 최악의 상황을 맞이했다. 2020년, 아시아나항공은 결국 대한항공에 매각되기로 결정되었다. 그러나 취항지인 세계 각국의 기업결합심사를 통과하는 과정에서 난관이 있어 대한항공과 아시아나의 인수 합병은 3년 동안 이어지며 지연되었다. 2024년 초, 가장 큰 고비였던 유럽연합의 승인을 얻음에 따라 합병은 14개국 중 미국 측의 승인만을 앞두고 있다. 아시아나항공의 인수합병이 확정되면, 마치 한편의 장편 대하드라마처럼 굴곡과 부침이 많았던 금호그룹의 다각화 전략은 그 막을 내리게 된다.

금호그룹 승자의 저주

금호그룹의 아시아나 매각

아시아나의 홈페이지
www.flyasiana.co.kr

토 의 과 제

01 금호아시아나그룹의 다각화과정을 역사적으로 고찰하고 그 성과에 대해 평가해 보자. 각 시기별로 다각화전략이 타당하였는가를 평가하라.

02 금호아시아나그룹의 항공운수사업 진출의 성공 여부에 대해 논하시오. 만일 항공운수산업에 진출하지 않았다면 다른 어떤 전략적 대안이 있었겠는가?

03 앞으로 금호아시아나그룹이 극복해야 할 문제점에 대한 해결책을 모색해 보자.

참고문헌 Reference

1 본 사례는 Business Week, "Allegis: Is a Name Change Enough for UAL?" March 2, 1987과 Business Week, "The Unveiling of An Idea," June 22, 1987에 기초하여 작성되었다.

2 Alfred D. Chandle, Jr., *Strategy and Structure: Chapters in the History of the Indurstrial Enterprise*, Cambridge: MIT Press, 1962와 Chandler의 *The Visible Hand: The Managerial Revolution in American Business*, Cambridge: Harvard University Press, 1977.

3 Richard P. Rumelt, Strategy, *Structure and Economic Performance*, Cambridge: Harvard University Press, 1974; Richard P. Rumelt, "Diversification Strategy and Profitability," *Strategic Management Journal* 3, 1982, pp. 359~370.

4 일본과 유럽의 다각화에 대한 연구는 H. Itami, H. Yoshihara, A. Sakuma, "Diversification Strategy and Economic Performance," *Japanese Economic Studies*, 11, No.1, 1982, pp. 78~110; A. Jammine, *Product Diversification, International Expansion and Performance*, Ph. D. Dissertation, London Business School, 1984, p. 125 참조.

5 P_i각 산업별 매출비중이라고 정의하고, N을 4단위 산업으로 정의한 사업부, M을 2단위로 정의한 사업군이라고 정의할 때, 총다각화지수(DT)는 $DT = \Sigma_N P_i \ln(1/P_i)$로 정의되고, 비관련다각화지수(DU)는 $DU = \Sigma_M P_j \ln(1/P_j)$로, 관련다각화지수(DR)는 $DR = \Sigma_M \Sigma_i \varepsilon_j P_i / \ln(1/P_i)$로 정의한다.

6 H. Levy and M. Sarnat, "Diversification, Portfolio Analysis and the Uneasy Case for Conglomerate Mergers," *Journal of Finance*, 25, 1970, pp. 795~802; J. F. Weston, K. V. Smith, and R. E. Shrieves, "Conglomerate Performance Using the Capital Asset Pricing Model," *Review of Economics and Statistics*, 54, 1972, pp. 357~363.

7 더욱이 기업의 다각화는 그 자체로써 위험을 줄이는 데 한계가 있다. 재무관리의 자본자산가격결정모형(capital asset pricing model)은 이러한 이유를 잘 설명하여 준다. 자본자산가격결정이론은 효율적인 자본시장을 가정하였을 때 증권가격을 결정하는 데 중요한 위험은 그 주식 전체의 위험보다는 그 전체위험 중 일부인 체계적인 위험(systematic risk)에 불과하고 이러한 체계적인 위험은 주식의 베타계수에 의하여 측정된다고 한다. 기업의 다각화는 그 자체로써 기업이 갖고 있는 체계적인 위험을 줄여주지는 못한다. 왜냐하면 비관련부분으로 많이 다각화된 콩글로머릿일지라도 베타계수는 콩글로머릿을 구성하는 개별사업 자체에서부터의 베타계수들의 가중평균이기 때문이다.

8 Y. Amihud and P. Lev, "Risk Reduction as a Motivation for conglomerate Mergers," *Bell Journal of Economics*, Autumn, 1981, pp. 605~617.

9 경제학에서는 범위의 경제성을 sub-additivity라 정의한다. $x_1, x_2, \cdots x_n$재화를 생산하는 기업이 있을 때, $C(\sum_{i=1}^{n} x_i) < \sum_{i=1}^{n} C(x_i)$의 조건을 만족시키는 것으로 표시된다. W. Baumol, J. Panzar, R. Willig, *Contestable Market and the Theory of Industrial Structure*, New York: Harcourt Brace Jovanovich, 1982, pp. 71~72.

10 Internal capital market에 대해서는 Wulf, J., 2002. "Internal Capital Markets and Firm-Level Compensation Incentives for Division Managers," *Journal of Labor Economics* 20 : S219-S262.

11 Michael E. Porter, "From Competitive Advantage to Corporate Strategy," *Harvard Business Review*, May-June, 1987. p. 46.

12 진화론적 기업론은 Richard Nelson and Sidney Winter, *An Evolutionary Theory of the Firm*, Harvard Belknap Press, 1982에 의해 발전되었다.

CHAPTER9

Chapter

10 수직적 통합과 아웃소싱전략

점점 더 많은 기업들이 수직적 통합이란 단어를 싫어한다. 지난날 고도로 통합되었던 거대기업들은 이제 통합되었던 사업부문을 보다 잘 관리할 수 있고 활동력 있는 작은 사업단위로 쪼개고 있다. 즉 통합에 역행하는 것이다. 그리고 그들은 인수가 아닌 전략적 제휴의 형태로 재통합되고 있다.

― Tom Peters, 「해방경영」

Tesla의 수직적 통합[1]

Tesla는 2003년 엔지니어 출신인 Martin Eberhard와 Marc Tapenning이 공동창업한 전기자동차 회사이다. Elon Musk는 초기에 자금을 투자하여 최대 주주로 간접적인 역할을 하다가 2007년 공식적으로 Tesla의 CEO가 되었다. 초기 Tesla는 스포츠카 전문업체인 Lotus와 합작으로 Roadster라는 양산형 고성능 전기차를 만들었으나 실패하였고, 이후 5억 달러에 달하는 개발비를 들여 2012년 Model S를 출시하였다.

Model S는 Tesla의 혁신의 결정판이었다. 종전의 소비자들은 주행거리에 제한이 있고, 고성능배터리 개발에 많은 어려움이 있다는 이유로 전기차 구매를 꺼리고 있었다. 이러한 문제를 인지한 Elon Musk는 배터리 개발에 투자하기 보다 이미 기술혁신과 원가절감이 상당부분 이루어진 Panasonic의 노트북용 배터리 7,000개를 결합하여 배터리 팩을 만들었다. 그리고 과거 Toyota와 GM의 합작투자로 운영되었다가 폐쇄된 캘리포니아 NUMMI 공장을 값싸게 인수하여 생산시설을 갖추었다. Model S는 기존 자동차들이 수많은 부품을 사용하였던 것에 비해 많은 기능 등을 소프트웨어로 콘트롤이 가능하여 부품 수를 혁신적으로 줄였다. 또한 Tesla가 성공할 수 있었던 또 한 가지 요인은 기존의 전기차업체들처럼 원료비 절감을 강조하며 저가시장에 집중하던 전략을 지양하고, 스포츠카 또는 고급차 시장으로 진입했다는 점이다. 고가의 Model S를 사는 고객들은 보유한 차량이 여러 대인 경우가 많으므로, 전기차의 주행거리 제한은 큰 문제가 아니라는 점을 파악한 것이다.

Tesla는 2015년 SUV인 Model X, 2017년에는 소형차인 Model 3를 개발하여 제품 영역을 확대해 왔고, 2016년부터 Nevada주에 50억 달러를 들여 이른바 Gigafactory를 짓기 시작하였다. Gigafactory란 말 그대로 엄청나게 큰 생산공장을 의미한다. Tesla는 Nevada Gigafactory에서 배터리 팩과 자동차 조립생산을 함께 운영하면서 일관생산체제를 구축하였다. Tesla는 같은 개념의 Gigafactory를 중국 상해, 독일의 Berlin, 미국의 Texas에 추가로 건설하였다. 2022년 가동하기 시작한 Texas Austin에 위치한 Gigafactory는 중소형 SUV인 Model Y를 연 50만대 규모로 생산하고 이어 전기 픽업트럭을 추가적으로 생산할 계획이다. 또한 2023년에는 Nevada의 Gigafactory를 확장하여 전기트럭과 배터리팩을 생산하기 시작하였다.

Texas Gigafactory는 지금까지 Tesla가 추구한 수직적통합 전략의 진수를 보여주고 있다. 이 공장은 4층 구조로 신형 원통형 '4680' 배터리 셀을 1층과 4층에서 생산하여 3층의 배터리 팩 조립공정으로 이동하고, 이후 완성된 배터리 팩은 2층의

Tesla의 Texas Austin Gigafactory

| 그림 10-1 | 주요 자동차업체 대비 테슬라의 시가총액 | (단위: 10억 달러) |

출처: Bloomberg 및 Companiesmarketcap. 2024년 3월 기준.

완성차 조립공정으로 이동한다. 무거운 배터리 셀과 팩이 중력에 따라 아래로 내려가는 설계방식을 통해 운송비용을 절감한다.

　Tesla는 과거 Panasonic, 중국 CATL, 한국의 LG 에너지솔루션에게 배터리 셀을 조달받았었는데 신형배터리인 '4680'은 독자적으로 생산하고 있다. 이 배터리 셀은 기존의 배터리 셀보다 용량이 5배나 증가되었고 향후 원가절감을 하기 용이하게 디자인되었다. Tesla는 배터리 셀과 팩을 자체적으로 생산하는 것에 그치지 않고, '기가프레스gigapress'를 만들어 차체를 직접 주물제작하고 구동모터 역시 공장에서 직접 생산하고 있다. 또

한 배터리의 원료가 되는 리튬과 코발트를 공급받기 위해 광산업체와 계약을 하고, 소프트웨어도 직접 디자인하며, 반도체 역시 자체적인 디자인 방식을 도입하여 주문생산하고 있다. 판매방식 역시 기존처럼 자동차딜러를 통하지 않고, 자체매장에서 소비자를 직접 응대하고 있다.

　이와 같이 수직적통합 전략을 철저하게 수행하는 Tesla의 행보는 자동차산업 전반에 영향을 주고 있다. 자동차산업 전반적으로 이른바 'Teslafication'이 일어나고 있다. 즉 Tesla처럼 전 생산 분야를 내재화하는 것이다. Volkswagen은 자체적인 배터리 생산설비에 20억 유로를 투자하여 2030년까지

유럽 전역에 6곳의 배터리 공장을 설립할 계획이고, 자동차용 반도체를 직접 디자인하는 계획을 세우고 있다. Ford와 SK 이노베이션은 상호협력하에 미국에 3개의 배터리 합작투자 Gigafactory를 건설할 계획이다. BMW와 Renault는 리티움의 원활한 공급을 위해 아르헨티나 광산에 투자하였다.

한편 자동차업체들은 소프트웨어 분야에서도 Tesla를 모델로 삼아 자체적인 소프트웨어 제작 능력을 개발하고 있다. 이를 위해 Ford는 Apple의 자동차용 소프트웨어 전문가를 스카우트했고, Volvo, Ferrari 역시 Dyson, ST Microelectronics 등에서 소프트웨어 전문가들을 스카우트하였다. Tesla로부터 시작한 수직적통합은 하나의 큰 추세가 되어 전세계 자동차산업을 근본적으로 변화시키고 있다.

테슬라
Gigafactory

테슬라의
수직적 통합

Toyota의 홈페이지
www.tesla.com

01 ›› 서 론

　　다각화는 상품시장 또는 지역시장에서의 기업의 참여범위를 결정하는 주요한 의사결정인 것에 비해, 본 장에서 살펴볼 수직적 통합vertical integration은 기업이 수직적으로 어떠한 분야에 참여할 것인가, 즉 부품생산에서 유통까지, 기업활동과 관련된 여러 가지 전·후방의 수직적 가치사슬 중에 어디까지를 기업의 내부활동의 범위로 통합시킬 것인가를 결정한다. Tesla의 사례는 전기자동차 생산에 필요한 배터리셀과 팩에서부터 구동모터와 소프트웨어까지 자체적으로 생산·설계하는 수직적 통합전략을 보여준다.

　　이같이 기업의 범위 또는 영역을 결정하는 주요 이론으로는 거래비용이론transactions cost theory이 있다. 즉, 기업의 범위는 시장에서의 거래비용과 내부조직의 비용의 상대적 크기에 따라 결정된다는 이론이다. 따라서 본 장은 먼저 기업

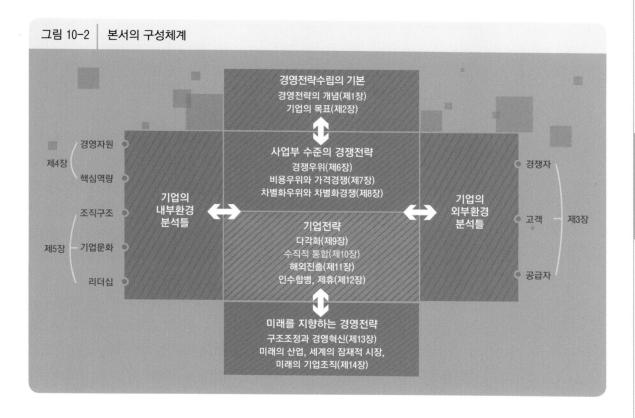

그림 10-2 | 본서의 구성체계

의 범위를 결정하는 거래비용이론을 살펴보고 수직적 통합비용과 그 이득에 대해 구체적으로 살펴본다. 또한 수직적 통합 이외의 거래형태인 장기공급계약관계와 준통합, 전략적 아웃소싱에 대하여 살펴본다.

본 장에서 살펴볼 주제는 다음과 같다.

- 경제활동을 조직하는 데 있어서 기업조직과 시장의 상대적인 효율성을 살펴보고 이러한 관점에서 기업의 범위를 결정하는 거래비용이론을 살펴본다.
- 수직적 통합과 시장에서의 거래의 상대적인 크기를 살펴봄으로써 통합을 할 것인가 또는 시장에서 구매를 할 것인가의 문제, 즉 자체생산과 외부발주make or buy의 결정을 효과적으로 할 수 있게 도와준다.
- 수직적 통합 이외의 거래형태인 시장거래와 장기공급계약, 그리고 프랜차이즈 등에 대해 살펴보고 최근 중요시되는 아웃소싱전략에 대하여 살펴본다.

02 〉〉 거래비용이론과 기업의 범위

⠿ 거래비용이론

수직적 통합은 어느 활동을 시장에 의존하거나 내부화할 것인지를 결정하는 문제이다. 우리가 경제활동을 조직하는 데는 크게 두 가지 방법이 있다. 한 가지는 시장을 통한 거래관계를 맺는 것이고, 또 다른 방법은 기업이 생산, 판매, 공급을 담당함으로써 내부조직이 시장을 대신하는 것이다. 시장메커니즘은 일찍이 Adam Smith가 '보이지 않는 손invisible hand'이라고 지칭한 것과 같이 시장에서의 수급과 가격의 결정에 개입하지 않는다. 그러나 기업내부화의 방법은 기획이나 조정기능에 의한 '보이는 손visible hand'에 의해 조직된다.

일찍이 Ronald Coase는 이 같은 시장과 내부조직과의 선택이 시장과 내부화에서 발생되는 상대적인 비용에 의해서 결정되는 것이라고 밝혔다.[2] Coase는 기업과 시장과의 관계를 이해하려면 먼저 기업이라는 조직이 왜 나타나는가부터 이해하여야 한다고 하였다. 원료를 구매하여 생산하고 판매하는 기업의 생산활동과 그 기업의 생산활동에 부수적인 모든 활동분야들, 즉 연구개발, 재무관리, 인사관리와 같은 기업의 보조적 활동들은 극단적인 경우 모두 시장거래를 통해 수행할 수 있다. 예를 들어, 기술개발이나 생산을 외부 전문가에게 용역을 주고 영업활동 역시 자사의 제품을 대리판매하는 계약을 통해 수행할 수도 있다. 즉, 기업이 수행하는 모든 경제활동을 시장을 통한 거래관계로 대신할 수도 있는 것이다.

그렇다면 기업이 모든 생산활동을 시장에 의존하였을 경우의 비용을 생각하여 보자. 기업이 모든 활동을 시장에 의해 수행한다면 달마다 수십, 수백 건의 계약서를 작성하고 계약대로 업무가 수행되는가를 살펴보고 감독해야 할 것이다. 결국 이러한 시장거래관계에서는 많은 비용이 소요된다. 따라서 모든 것을 시장에 의존하기보다 기업이라는 내부조직을 만들어서 거래관계를 내부화하면 시장을 통한 경제활동보다 훨씬 낮은 비용으로 기업활동을 수행할 수 있다. 즉 Coase의 이론에 따르면 기업이 존재하는 이유는 시장을 통한 거래비용이 기업조직을 통한 관리비용에 비하여 훨씬 더 높기 때문이다. 다시 말하면 시장실패market failure 때문에 기업이라는 내부조직이 생겨나는 것이다.

그러나 기업을 통한 경제활동도 관리비용administrative cost 및 조직 내의 비효율성이 발생한다. Coase는 시장을 통한 거래비용과 기업조직에서 발생하는 관리비용을 비교하여 비용이 더 낮은 방법으로 경제활동이 조직된다고 밝혔다. 이 같은 이론은 1992년 Coase가 노벨경제학상을 수상하는 계기가 되었다. 2009년 노벨경제학상을 수상한 Oliver Williamson은 Coase의 이론을 더욱 발전시켜 시장과 내부조직과의 관계를 분석하는 거래비용이론transactions cost theory을 제시하였다.[3]

Video

Williamson 인터뷰

Coase의 관점에서 분석해 보면 자본주의 초기에는 시장에 의한 거래가 상대적으로 많았다. 그러나 20세기에 들어와 자본주의 경제체제가 더욱 발전하면서 점차 거대기업이 발생하였다. 이는 기술진보와 함께 생산기술의 발전, 회계시스템과 기업조직구조의 발전 등 경영관리기법의 발전으로 내부조직의 관리비용이 줄었기 때문에 가능한 것이었다. 기업의 규모는 점점 더 커져서 제2차 세계대전 이후에는 수직적으로 통합되고 다각화된 다국적기업이 등장하여 전세계경제를 지배하여 왔다. 그러나 공산주의체제가 붕괴되면서 그동안 인위적으로 시장을 대체하여 왔던 내부조직은 다시 시장에 그 자리를 내어 주고 있다. 또한 자본주의시스템 내에서도 자본시장에서 기업경영에 대한 감독이 강화되고 글로벌경쟁이 심화됨에 따라, 과거 비관련부문다각화를 추구했던 콩글로머릿은 구조조정을 통해 비관련다각화를 줄이고 동시에 수직적 통합을 해체하면서 많은 기업들은 주력사업분야로 회귀하고 부품조달시 외주를 늘리는 경향을 보이고 있다. 이러한 현상은 인터넷 등의 정보기술information technology: IT의 진보가 가속화되고 기업간 경쟁이 심화됨에 따라서 시장을 통한 거래비용이 기업의 내부조직을 통한 경제활동의 관리비용보다 낮아지게 되어, 기업들이 점차 내부조직 대신 시장으로 대체하려는 움직임을 대변하는 것이다.

거래비용의 관점에서 본 한국의 재벌조직

제2장에서 한국의 재벌그룹이 수평적으로는 비관련다각화를 추구한 콩글로머릿의 한 형태이고, 수직적으로는 제조업부문의 모기업을 중심으로 부품을 공급하는 계열기업들과 해외수출을 전담하는 종합무역상사가 연결된 수직적 통합구조라는 것을 밝힌 바 있다. 한국의 재벌과 같은 기업집단의 존재는 결코 한국에만 국한된 현상이 아니다. 제2차 세계대전 이전에 일본의 재벌은 한국의 재벌과 유사한 형태로 존재하고 있었고, 아시아와 중남미의 개발도상국에도 한국의 재벌과 유사한 기업집단이 광범위하게 존재하고 있다. 그러면, 무슨 이유로 재벌과 같은 기업집단이 한국과 기타 개발도상국에 공통적으로 나타나는 현상이 되었을까?

저자의 연구에 따르면, 재벌과 같은 기업집단은 개발도상국에서 흔히 찾아볼 수 있는 중간재 및 자본재시장의 실패에서 그 원인을 찾을 수 있다.[4] 개발도상국에서는 주요 부품의 품질이 떨어지고, 안정된 공급을 보장할 수 없는 경우가 많다. 이처럼 중간재시장이 미숙한 상황에서는 부품공급업체와의 수직적 통합을 통해 부품의 안정된 공급을 꾀하는 것이 효율적이다. 과거 한국의 재벌조직에서 부품을 공급하는 계열사가 많은 이유는 한국의 중간재시장의 불완전성에 기인한다. 한편, 과거 해외수출을 전담했던 종합무역상사도 오퍼상과 같은 중간상을 통한 시장거래 대신 계열사인 종합무역상사를 이용함으로써 시장에서의 거래비용, 즉 오퍼상에 지불하는 수수료를 내부화할 수 있는 경제조직이라고 볼 수 있다.

한편, 비관련부문으로 다각화한 콩글로머릿의 형태는 낙후된 한국의 자본시장을 우회하여 내부자본시장internal capital market을 활용하려는 시도로 이해할 수 있다. 은행 및 주식시장이 자본의 효율적 배분 및 기업경영에 대한 통제corporate control의 기능을 할 수 없는 현실에서 기업집단은 내부자본시장을 통해 안정된 자금조달은 물론 계열기업의 경영성과에 대한 효과적인 통제도 가능하기 때문이다. 즉, 한국의 재벌조직은 개발도상국의 공통적인 특성인 중간재시장과 자본재시장의 비효율성 때문에 나타난 경제조직인 것이다.

그렇다면 앞으로 재벌조직은 어떻게 변화할 것인가? 한국은 계속된 경제성장과 더불어 점차 자본시장과 중간재시장의 효율성이 증대되고 있다. 정부의 은행에 대한 규제완화, 증권시장의 확대를 통한 직접금융의 가능성 확대, 금융시장의 개방 등은 앞으로 계속해서 자본시장의 효율성을 높일 것이다. 더욱이 외환위기 이후 강화된 기업지배구조와 적대적 기업인수의 허용 등도 자본시장의 효율성을 강화하는 주요 변화이다. 한편, 중간재시장에서도 부품공급산업의 저변확대와 기술력증진 등은 중간재시장의 효율성을 높여 수직적 통합의 필요성을 감소시킨다. 또한 개별 기업들에 의한 직접수출의 증가도 종합무역상사에 대한 의존을 떠나 제조업체들의 독자적인 해외진출을 증가시키고 있다. 이와 같이 거래비용이론 측면에서 살펴본 한국의 재벌조직은 경제가 성장하고, 시장의 효율성이 증대됨에 따라, 장기적으로 규모가 축소되고 내부의 결속력 역시 약화되리라 예측할 수 있다.

03 ›› 수직적 통합의 비용과 이득

수직적 통합의 정의

　수직적 통합vertical integration이란 한 기업이 수직적으로 연관된 두 개의 활동분야를 동시에 운영하는 것을 의미한다. 수직적 통합은 두 가지 방향으로 일어난다. 후방통합backward integration은 기업이 부품과 원료와 같은 투입요소에 대한 소유권을 갖고 이를 통제할 수 있는 능력을 갖는 것을 의미한다. 그와 반대로 전방통합forward integration은 기업이 유통부문에 대한 소유권과 통제능력을 갖는 것을 의미한다. 이러한 전방통합과 후방통합의 관계는 우리가 사업부전략에서 경쟁우위를 분석하는 데 쓰였던 가치사슬의 개념과 유사하다. 즉 기업이 전방 또는 후방으로 자신의 가치활동을 확대하는 것을 수직적 통합이라고 할 수 있다.

　수직적 통합으로부터의 이득을 결정하여 왔던 종래의 이론은 생산과정을 통합함으로써 발생하는 기술적인 경제성이었다. 예를 들어, 포스코는 철광석을 호주로부터 수송하여 용광로에서 정제하고 철제강판과 같은 최종생산물을 생산한다. 이와 같이 생산단계를 수직적으로 통합하여 일관제철시설을 갖추는 이유는, 한 기업이 여러 단계의 생산활동을 직접 수행함으로써 운송비와 연료비 등의 생산비용을 대폭적으로 줄일 수 있는 경제성이 있기 때문이다. 또한 Tesla의 사례에서 Tesla가 모빌리티서비스 제공에 필요한 소프트웨어 플랫폼을 자체 구축하고, 자사 플랫폼을 얹을 전기차를 빠르게 생산하기 위해 수직통합을 진행하는 것을 보았다. Tesla는 Roadster를 출시한 이후 생산장비와 공장에 공격적으로 투자하여 가격경쟁력을 갖고 Gigafactory에 투자하여 공급망의 혁신을 통해 공정시간을 단축하고, 소프트웨어 등 핵심역량을 제어할 수 있었다.

그러나 이와 같은 기술적인 경제성은 수직적 통합 그 자체를 완전하게 설명하여 주지는 못한다. 왜냐하면 제철생산과정과 같이 여러 생산단계에서 실질적인 기술적 경제성이 존재한다고 하더라도 각 생산단계를 다른 기업이 소유하면서 시장을 통한 거래관계로 생산활동을 효율적으로 운영할 수도 있기 때문이다. 그러나 많은 경우 이와 같은 시장을 통한 경제활동의 조정은 많은 거래비용을 수반한다. 다시 말하면, 기술적인 경제성은 수직적 통합의 필요조건은 되지만 충분조건은 만족시키지 못한다. 수직적 통합의 충분조건은 여러 기업이 시장을 통해 거래관계를 맺는 것보다 한 기업이 모든 수직적 관련활동을 내부적으로 수행함으로써 시장에서의 거래비용을 줄일 수 있다는 것이다.

시장거래비용의 원천

거래비용이론에 따르면, 수직적 통합은 시장의 실패를 의미한다. 시장이 실패하는 이유는 다음의 몇 가지 조건에서 살펴볼 수 있다.

소수거래관계

소수거래관계small numbers bargaining condition는 시장실패의 원인이 된다. 시장에 소수의 거래자만이 참여하고 있을 때, 즉, 독과점시장인 경우, 시장을 통한 거래관계는 효율적이지 못하다. 만약 철광석의 생산자와 철강제품의 생산자가 각각 한 기업만이 존재하여 수직적인 거래관계가 형성되면 한 기업은 독점적인 구매자가 되고 또 다른 한 기업은 독점적인 공급자가 된다. 이와 같은 쌍방독점에서는 양쪽의 독점력의 행사로 끊임없는 협상negotiation과 흥정bargaining이 이루어지고 안정된 균형가격이 존재하지 않는다. 따라서 시장거래관계는 매우 불안정할 수가 있다. 이와 같은 경우, 수직적 통합을 통해 불안정한 시장거래관계를 청산하고 두 생산활동분야를 내부화함으로써 안정적인 수급과 가격을 결정할 수 있다.

자산의 특수성

자산의 특수성asset specificity은 또 하나의 시장실패의 원인이 된다. 만일 Tesla에게 반도체를 공급하는 업체에게 Tesla 차에서만 작동되는 특별한 부품을 주문하는 경우 그 반도체 부품회사는 막대한 금액을 Tesla라는 단 하나의 고객만을 위해서 투자하여야 한다. 만일 그 부품회사가 반도체 생산설비에 투자한 이후에 Tesla가 갑자기 구매를 취소하거나 가격인하를 요구하여 온다면, Tesla만을 위해 막대한 투자를 이미 해놓은 그 부품회사는 큰 위험에 봉착하게 된다. 따라서 기업들은 어떤 특정고객만을 위한 투자는 가급적이면 회피하려는 경향이 있다.

이와 같이 시장에서 소수거래관계가 존재하고 특정고객을 위한 기업특유의 투자가 필요한 경우, 그리고 거래당사자간의 기회주의적인 행동opportunism이 존재할 경우, 시장거래관계는 실패하기 쉽다. 즉, 이미 어떤 고객이 자신에게 종속된 고객이라고 판단되면 제품의 생산자는 기회주의적으로 가격을 올리거나 서비스수준을 낮출 수 있기 때문에 그 시장거래관계는 실패하게 되고 수직적 통합을 통해서 내부화하는 것이 더 효율적일 수 있다.

조세정책

정부의 조세정책은 수직적 통합의 선택 여부에 결정적인 영향을 미칠 수 있다. 예를 들어, 기업이 이윤을 많이 내고 있을 때, 중간재의 이전가격transfer price을 조정하여 세율이 낮은 생산단계에서 이익이 많이 남도록 조정하여 절세효과를 거둘 수 있다. 이러한 절세의 가능성은 부품생산과 완제품조립을 조세구조가 각기 다른 여러 나라에서 수행하는 다국적기업에서 더욱 크게 나타난다.

이상에서 살펴본 세 가지 시장실패요인, 즉 소수거래관계, 고객 특유의 투자의 필요성과 기회주의적인 행동, 정부의 조세정책 등은 시장을 통한 거래행위보다 기업의 수직적 통합을 더 유리하게 만드는 요인이 된다.

내부화의 관리비용

반면 시장거래의 대안인 기업내부화도 그 자체로 상당한 비용이 발생한다. 사실 내부화로 발생하는 비용이 시장에서의 거래비용보다 큰 경우가 상당히 많다. 수직적 통합으로 인한 내부화의 관리비용administrative cost은 다음과 같이 결정된다.

경영관리의 효율성

수직적으로 관련된 여러 사업분야를 내부화하는 데 발생하는 가장 큰 관리비용은 서로 성격이 다른 사업분야를 어떻게 하면 효과적으로 경영할 수 있는가에 있다. 즉, 핵심역량이 서로 다른 부문을 수직적 통합할 때 이러한 문제가 발생한다. 예를 들어, 비누나 샴푸와 같은 소비제품은 생산업체와 별개로 기존의 도매상과 같은 유통망을 통해서 소비자들에게 전달된다. 이와 같이 생산과 유통부문이 수직적 통합이 되지 않고 있는 이유는 생산업체와 유통업체가 서로 다른 핵심역량을 필요로 하기 때문이다. 생산업체는 기술력, 제품개발능력, 생산능력과 같은 핵심역량이 필요하나, 유통업체는 소비자의 수요에 민감하게 대응할 수 있는 능력, 가격 및 비용면에서의 경쟁력, 구매비용을 줄일 수 있는 교섭능력, 소매점에 배달하는 물류능력 등이 중요한 핵심역량이 된다. 만일 어느 기업이 생산과 유통단계를 통합하고자 할 때 그 기업이 유통과 생산의 각 측면에서의 핵심역량을 모두 보유하고 있지 않으면 이를 효과적으로 운영할 수 없다.

유 연 성

현대자동차의
수직계열화의 위험

내부화의 또 하나의 큰 비용은 기업의 유연성flexibility이 떨어진다는 점이다. Tesla는 Gigafactory를 통해 배터리 셀과 팩, 더 나아가 차체와 구동모터까지 직접 생산하고 있다. 현재까지 이러한 Tesla의 행보는 전세계 자동차 산업에 영향을 주며 성장세를 이어가고 있지만, 경기순환에 따라 신속하게 대응하기 어렵다는 한계점을 가지고 있다. 만약 자동차산업이 불황기를 맞는다면 외부에서 구매하는 부품은 주문을 줄일 수 있지만, 자체생산하는 부품은 불황기에도 종업원에게 월급을 주면서 공장을 가동해야하기 때문이다.

기술혁신의 인센티브 부재

Tesla의 경우 생산의 효율성을 높이고 시장에 빠르게 대응하기 위해 수직적 통합이라는 방법을 택했지만, 이 경우 기술혁신의 인센티브가 낮아진다는 문제가 있을 수 있다. 즉, Tesla가 내부적으로 자체생산하기로 결정한 부품을 공급하는 사업부는 생산량 전체를 Tesla에서 구매하기 때문에 계속적으로 비용을 줄이거나 신제품 개발을 통해 매출을 늘리려는 인센티브가 상대적으로 줄어들게 된다. 이에 반해 Tesla에 부품을 공급하는 외주기업의 입장에서는 어떻게 해서라도 비용을 줄이고 신제품을 개발하여 자신의 매출과 이익을 증대시키려는 인센티브가 상대적으로 높기에 기술혁신을 위해 열심히 노력한다. 즉, 내부화된 사업부분은 경쟁을 통한 기술혁신에 대한 인센티브가 없다는 문제점을 갖고 있다.

　그러나 수직적 통합은 위에서 본 바와 같이 내부화에 수반되는 새로운 비용을 발생시킴에도 불구하고 한편으로는 이점도 발생시킨다. 그 중의 하나는 부품 생산단계에서의 부품의 비용구조에 대해 보다 정확한 정보를 갖게 된다는 것이다. Tesla는 배터리와 같은 주요 부품생산을 자체적으로 직접 생산함으로써 부품 생산공정에서 비용구조를 파악할 수 있다. 그 결과 Tesla는 부품생산공정을 내부화할지 아니면 외주생산이 유리한지에 대하여 보다 자세한 정보를 가질 수 있다. 만일 향후 100% 수직적 통합이 아니라 일부만 자체생산을 하고 나머지는 시장에서 구매하는 부분적 통합은 기업이 보다 많은 정보를 가지고 효율적으로 하청기업을 관리할 수 있게 한다.

04 ›› 수직적 통합의 정도 결정

　앞서 살펴본 바와 같이 시장거래와 수직적 통합은 각각의 장단점을 갖고 있다. 실제상황에서 시장거래와 수직적 통합간의 선택은 훨씬 더 복잡하다. 매번 현물시장spot market에서 거래를 할 수도 있고 Tesla처럼 수직적 통합을 할 수도 있지만, Toyota처럼 생산자와 부품공급자간의 장기적인 거래관계long-term market transaction를 통해서 안정적으로 부품을 공급받을 수도 있다. 장기적인 거래관계는 때로는 거래당사자간에 책임과 의무를 규정하는 법적 효력이 있는 계약서의 형태로, 때로는 상호신뢰와 암묵적인 이해에 의해서 유지된다. 일본의 계열系列은 상호신뢰의 밑바탕으로 상호주식보유를 통해 이러한 안정적인 장기공급관계를 더욱 굳건히 할 수 있다는 예를 보여준다.

　그림 10-3은 이와 같은 수직적 관계의 여러 형태를 두 가지 차원에서 비교하고 있다. 첫째는 기업의 수직적 거래관계에서 어느 정도의 통제력control이 필요한가에 관한 문제이다. 통제력의 필요성은 소수거래관계, 자산의 특수성과 같은 시장실패요인으로부터 발생한다. 소수거래관계와 자산의 특수성이 많은 부품들은

그 기업의 핵심부품이나 핵심역량과 관련된 사업이기 쉽다. 즉, 어느 부품이 최종제품의 성능에 큰 영향을 미치는 핵심부품인 경우, 제조업체는 해당부품에 대해 통제력을 가질 필요가 있다. 둘째는 이러한 수직적 관계에서 기업이 어느 정도의 유연성flexibility을 확보할 필요가 있는가에 관한 문제이다.

만일 Tesla처럼 기업이 수직적 거래관계에 대한 강력한 통제를 할 필요가 있는 경우, 해당 기업은 100% 소유권을 가진 수직적 통합이 더 효율적일 수 있다. 그러나 100% 소유하는 것은 투자비용부담만 높일 수가 있으며, 수직적 통합의 관계로부터 비통합으로 손쉽게 이동할 수 있는 유연성이 떨어진다. 이러한 경우에는 합작투자형태의 수직적 통합이 더욱 바람직할 수가 있다. 즉, 합작투자의 형태로 부품생산업체로부터 부품을 공급받으면서 합작투자기업에 대하여 자신이 50%의 통제권을 갖고 있다가, 필요한 경우 합작투자 부품생산업체를 인수하여 100% 소유권을 가진 완전통합으로 이전할 수도 있다. 혹은 수직적 거래관계가 필요하지 않은 경우에는 합작투자에 대한 자신의 지분을 매각하여 하청관계 또는 장기적인 시장거래관계로 이전할 수 있으므로 이런 합작투자형태는 자신이 100% 소유권을 가진 수직적 통합에 비해 훨씬 유연성이 높다고 할 수 있다. 이같이 수직적 통합을 위한 합작투자 형태에 관해서는 다음 제12장의 전략적 제휴를 살펴보며 더 상세히 논의할 것이다.

그 다음 형태는 Toyota의 계열화系列化와 같이 부품공급업자와 최종조립생산자가 상호주식보유를 수반한 장기공급계약을 맺은 형태이다. 즉, 상호주식을 보유하거나 생산자가 부품공급업자의 주식을 일방적으로 보유함으로써 어느 정도 통제를 유지하면서 상호신뢰의 기반을 쌓고 수직적 통합형태가 아닌 시장을 통한 장기공급계약의 형태를 갖는 경우이다. 이러한 계열화는 시장을 통한 장기공급계약을 체결하면서 상호주식보유를 통해 어느 정도 통제권을 행사할 수 있으므로 수직적 통합보다는 훨씬 유연한 수직적 거래관계라고 볼 수 있다.

장기공급계약형태는 주식보유를 수반하는 계열화보다 훨씬 통제가 낮고 보다 쉽게 거래선을 바꿀 수 있어 유연성이 높은 수직적 거래관계이다. 즉, 주식소유를 하지 않기 때문에 계열은 아니지만 장기공급계약을 통해 안정적인 수급관계를 이룩할 수 있는 거래관계를 말한다. 마지막으로 통제의 필요성이 가장 낮고 유연성이 가장 높은 형태가 바로 시장을 통한 단기적인 거래형태이다.

그림 10-3에서 계열화와 같이 상호주식보유로 어느 정도의 통제도 가능하며 또한 시장거래와 유사한 장기공급관계를 맺는 형태를 준통합quasi-vertical integration이라고 한다. 예를 들어 Toyota의 계열거래와 같은 조직형태는 수직적

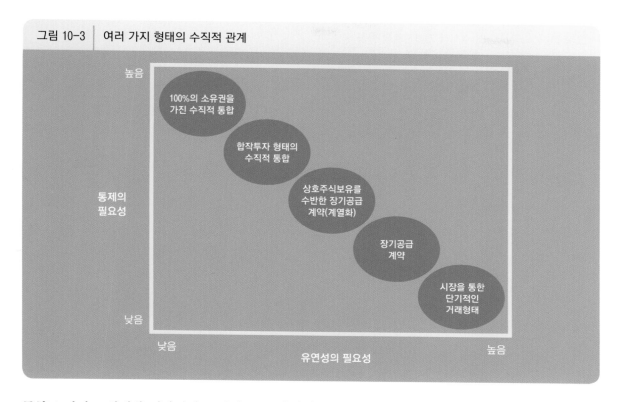

그림 10-3 | 여러 가지 형태의 수직적 관계

통합도 아니고 완벽한 시장거래도 아닌 그 중간형태인 준통합이다. 즉, 겉으로는 시장거래관계처럼 보이나 수직적 통합의 경우와 비슷한 수준의 통제가 가능하다. 이러한 준통합의 형태는 시장과 내부조직간의 상대적 비용을 최소화하면서 유연성과 통제력을 동시에 가지는 효율적인 기업조직이라고 할 수 있다. 이러한 계열화조직은 훨씬 더 강한 통제가 필요할 때 수직적 통합으로 쉽게 이전될 수 있고, 유연성이 더 필요할 경우 장기적인 공급계약이나 단기적인 시장거래형태로 변화할 수도 있다. 예를 들어 Toyota는 전자제품과 같이 자동차의 주요 핵심부품으로 대두되는 일부 품목에 대해서는 수직적 통합을 보다 더 강화하는 현상을 보이며, 핵심사업분야가 아닌 부품의 조달은 좀 더 느슨히 하여 자신의 계열 이외의 기업으로부터도 부품을 공급받고 있다. 즉, 유연성이 필요한 부문에서 비계열기업과의 거래관계를 늘림으로써 시장에서의 거래형태와 좀 더 유사한 형태로 변화하고 있다.

그림 10-4에서 제시한 여러 가지 수직적 관계 중에서 어떤 형태의 거래관계가 최적이라고 말할 수는 없다. 각 기업은 수직적 거래관계에서의 통제와 유연성의 필요성, 앞서 살펴본 거래관계의 빈도와 투자자산의 특수성, 내부조직상의 비

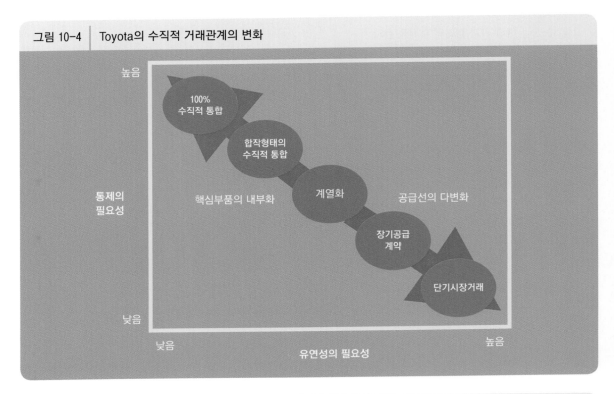

그림 10-4 | Toyota의 수직적 거래관계의 변화

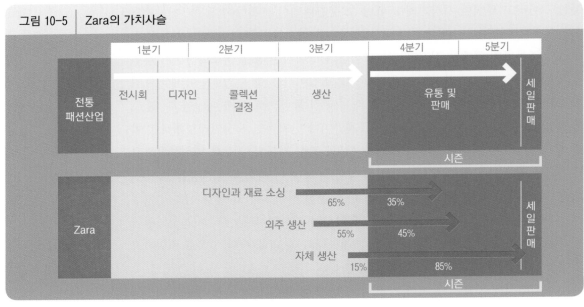

그림 10-5 | Zara의 가치사슬

용문제를 고려하여 최적의 통합수준을 결정하여야 할 것이다. 또한, 수직적 거래
관계의 여러 유형을 동시에 사용할 수도 있다. 스페인의 패션기업인 Zara는 소비

자 수요의 변화에 빨리 대응하는 것으로 유명하다. **그림 10-5**와 같이 통상적으로 경쟁기업들이 3분기 이전부터 상품을 디자인하고 시즌에 앞서 생산을 마치고, 점포에 상품을 배치하는 것에 비해, 디자인과 직물구매를 판매 이전과 그 이후에도 재조정하여, 소비자가 원하는 제품을 즉시 공급할 수 있게 한다. 예를 들어, 붉은색 티셔츠나 특정 디자인제품이 기대한 것 이상 잘 팔리게 되면, 시즌 중간에도 디자인을 새로하거나 제품을 소비자수요에 맞게 재조정한다. 또한 시즌 전에는 외주에 더 많이 의존하다가, 시즌 중에는 Zara 소유의 생산공장에서 제품을 만드는 비중을 높여서 소비자수요의 변화에 민감하게 대응하게 한다. 이와 같이 Zara의 빠른 대응능력은 수직적 통합과 외주를 적절하게 배분하여 사용함으로써 가능하다.

05 ›› 전략적 아웃소싱과 가상통합

⋮⋮ 전략적 아웃소싱

　　미국 및 유럽기업들은 전통적으로 **그림 10-4**와 같은 수직적 거래관계에서 양극단의 방법을 택해 왔다. 즉, 100% 완전소유형태의 수직적 통합을 하거나 시장을 통한 단기적인 거래를 하는 것이다. 그러나 일본기업, 특히 자동차산업의 일본기업들이 세계적인 경쟁력을 갖춤에 따라 유럽과 미국의 기업들은 일본기업이 갖고 있는 경쟁력의 근원이 도대체 어디에서부터 비롯되는가에 관한 연구를 활발히 진행하였다. 많은 연구를 통해 일본기업의 경쟁력은 완전한 수직적 통합도 아니고 또한 완전한 시장거래도 아닌 준통합형태인 계열화로 시장거래와 수직적 통합 둘 다의 장점을 잘 활용하는 것에서 비롯하였다는 점을 파악하고, 일본식 계열조직을 미국과 유럽에 도입하려고 많은 노력을 하였다. 그 결과 구미의 기업들은 부품을 공급하는 업체수를 현저히 줄이고, 부품공급업체와 제조기업들간에 긴밀한 협조관계를 맺고 상호신뢰의 기반 위에 기술공유와 제품의 품질을 향상시키는 일본의 계열화와 유사한 정책을 취했다.

　　동시에 구미의 기업은 수직적 통합으로 자신이 직접 생산하던 부품생산을 상당부문 시장거래로 전환하여 외주outsourcing를 증가시켜 왔다. 즉, 기업들은 자신이 수행하는 여러 활동을 가치사슬value chain의 기법을 통해 분석하고 이 생산활동을 내부적으로 수행할 필요성이 없다고 판단되면 이를 보다 효율적으로 수행할 수 있는 외부의 기업에 용역을 주었다. 따라서 많은 기업들은 자신의 핵심분야가 아닌 활동분야는 적극적으로 외부기업에 외주를 주는 방법으로 사업구조를 재조정하기 시작하였다.

Nike의 역사

이와 같이 아웃소싱전략을 잘 활용하는 기업으로 미국의 Nike 사례를 들 수 있다. 미국의 Nike는 자기자본수익률이 30%가 넘는 미국의 초우량기업 중의 하나이다. 그럼에도 불구하고 Nike는 자신이 직접 운동화를 생산하지는 않는다. Nike는 운동화의 생산활동을 100% 외주에 의존하고 있다. Nike는 운동화를 만드는 과정 중에서 제품디자인과 판매와 같이 가치사슬의 처음과 끝부분만 자신이 담당하고 나머지 생산부분은 전세계의 하청업체에 맡기고 있다. Nike는 하청업체들간에 서로 비용절감 및 품질향상경쟁을 유도하여 그 중에서 가장 낮은 가격과 높은 품질의 제품을 구매한다. 그 결과 노사관계 및 임금협상, 환위험, 보호무역장벽과 같은 여러 가지 복잡한 문제에 직접 관여하지 않고도 싸고 질 좋은 제품을 만들 수 있는 것이다. 그러나 Nike가 이 모든 생산활동을 하청업자들에 맡길 수는 없다. Nike는 본사로부터 품질관리요원을 각 하청업체에 파견하여 하청업체의 생산품질이 자신이 지정한 기준에 부합되는가와 생산공정상의 문제는 없는지를 면밀하게 조사·검토하고 있다. 그리고 'Nike Air System' 같은 핵심부품은 자사에서 직접 생산함으로써 핵심부품에 관한 노하우가 하청기업으로 전파되는 것을 방지하고 있다. 한편 Apple도 iPod, iPhone 등의 생산은 Foxconn과 같은 하청업체에 의존하는 전략을 추구하고 있으나, 주요 생산설비는 Apple이 직접 소유하고 Foxconn에 임대하는 형태로 통제력을 유지하고 있다.

아웃소싱은 이와 같이 구매하는 기업에 최대한의 유연성을 보장하여 준다. 특히 Nike의 운동화와 같이 유행이 중요한 제품이나 Apple의 iPod, iPhone과 같이 기술진보가 빠른 제품은 구매기업이 최대한도의 유연성을 확보하는 것이 중요하다. 왜냐하면 이런 환경에서 구매기업이 수직적 통합에 의존하면 많은 비용과 조직상의 비효율성이 발생되기 때문이다. 이런 산업에서는 외주를 적절히 활용함으로써 부품생산에서 갖고 있는 노하우와 핵심역량을 잘 활용할 수 있고, 막대한 연구개발비용과 쉽게 노후화되는 생산활동에 대한 투자위험을 부품공급업체에 전가할 수가 있다. 또한 이렇게 자신의 핵심역량이 아닌 사업부분을 외주에 의존함으로써 자사가 핵심역량을 가진 활동에 좀 더 집중하여 투자를 할 수 있다는 이점이 있다.

그러나 유의해야 할 점은 아웃소싱을 단지 비용절감측면에서 활용하여, 자신의 핵심부품을 외주에 의존하는 어리석음을 범해서는 안 된다는 점이다. Tesla는 전기자동차의 가장 중요한 핵심부품인 배터리 셀과 팩, 구동모터 등을 100% 자체 생산하고 있다. 초기에 Tesla는 Panasonic, CATL, LG에너지솔루션 등에서 배터리 셀을 조달받았으나 신형배터리는 독자적으로 생산하여 원가를 낮추는 것이 중요하다고 판단한 것이다. 외주에 대한 의존도가 높던 Toyota 역시 자동차의 전자화가 진전되며 전자부품 생산을 수직적 통합으로 이전하고 있다. 결국 아웃소싱은 자신에게 핵심역량이 없는 중요하지 않은 부문에만 한정적으로 사용되어야 한다는 점을 유념하여야 한다.

또한 아웃소싱을 함에 따라 각각의 기능별 분야간의 밀접한 상호협력관계를 잃지 않도록 유의하여야 할 것이다. 기업의 생산활동 중 생산과 마케팅, 디자인, 부품생산 등의 여러 과정은 긴밀한 상호협조관계가 필요하다. 신제품을 디자인할 때는 시장에서 팔릴 수 있는 가격을 고려하여, 적절한 품질과 가격의 부품을 사용하여 생산하는 계획이 필요하다. 그러나 부품생산이 내부화되었을 때에는 쉽게 이루어졌던 이러한 여러 기능별 조직과의 밀접한 협력관계가 일부 부품을 외주에 의존함으로써 상실될 수도 있다는 점에 유의하여야 한다.

아울러, 아웃소싱에 너무 의존함으로써 부품공급업체에 대한 통제를 상실할 수도 있다는 점을 고려하여야 한다. 구매기업이 부품공급업체에 대한 통제권이 전혀 없는 경우에는 부품공급업체에 대한 가격교섭능력이 떨어질 뿐만 아니라 오히려 의존적인 관계로 전락할 수도 있다. 따라서 부품공급업체를 통제하기 위해서 한 공급업체에 의존하기보다는 복수의 업체를 이용함으로써 상호견제와 경쟁을 유도하고, 필요한 경우에는 공급업체의 주식을 보유함으로써 통제권을 확보하는 것이 필요하다.

가상통합

아웃소싱의 가장 큰 문제는 통제력상실의 가능성이다. 그러나 급속도로 발전하고 있는 정보통신기술은 아웃소싱을 최대한 늘리면서도 공급업체와 고객간의 통제와 조정을 가능하게 하고 있다. 이른바, 가상통합virtual integration이라고 불리는 이 방식은 Dell Computer의 Direct Model에 그 초기의 형태를 찾아볼 수 있다. Dell은 소비자의 주문을 받으면서 부품을 구매하고 생산하는 방식으로 날마다 하락하고 있는 컴퓨터 부품의 구매가격을 절감하고 있다. 이러한 Direct Model은 인터넷의 발전에 의해 더욱더 고도화되어 이제는 가상통합의 형태를 갖추고 있다.

Dell 현황

Dell은 자신이 아무런 부품을 생산하지 않는다. Dell은 여러 부품회사 중에서 가장 기술력이 뛰어나고 생산비용이 낮은 소수 공급업체를 선발하여, 이들과 자신이 가진 구매정보를 공유한다. 즉, 소비자가 Dell의 웹사이트에서 컴퓨터를 주문하면, 그 구매정보는 자동적으로 모니터, 하드디스크 드라이브, 메모리, 마이크로프로세서, 마더보드 등을 생산하는 부품협력업체에게 전달된다. 가령, 7,856대의 하드디스크를 내일 오전 7시까지 Dell의 Austin공장의 7번 창고에 배달하라고 지시하는 것이다. 모니터 같이 표준화되고 부피가 큰 부품은 아예 삼성전자나 LG전자의 공장에서 직접 고객에게 우송한다. 배송은 UPS가 Dell의 공장에서 7,856대의 컴퓨터를 픽업하고, LG전자의 Mexico공장에서 역시 7,856대의 모니터를 픽업해서 구매자들에게 배달하는 것이다. Dell은 이렇게 함으로써 나날이 가격이 하락하는 재고를 유지하는 비용을 절감하며, 불필요하게 이 회사에서 저 회사로 부품과 제품을 이동하는 낭비를 줄이게 된다.

Dell은 또한 구매자들의 PC 구매 후 유지보수활동에도 깊숙이 관여한다. Dell은 출시 전에, 그 해당회사에서 사용하는 사내소프트웨어를 미리 장착하여 소비자에게 우송함으로써 기업구매자들이 PC를 구입한 후, 이를 유지보수하는 비용을 절감해 준다. Dell은 주요 고객인 Boeing에 30명이 넘는 자사요원을 배치하여, Boeing이 보유한 십만 대가 넘는 PC를 관리해 주고 있다. 즉, Boeing의 MIS 담당 부서의 역할을 대신하는 것이다. 또한 Dell은 기술정보나 문제해결방법들을 자신의 웹상에 공개하여, 소비자가 스스로 문제를 해결하게끔 도와주고 있다. Dell의 이와 같은 가상통합은 기존의 수직적 통합vertical integration이 생산의 효율성은 높으나, 유연성이 부족하여 환경변화에 빨리 대응하지 못하는 것에 비해, 생

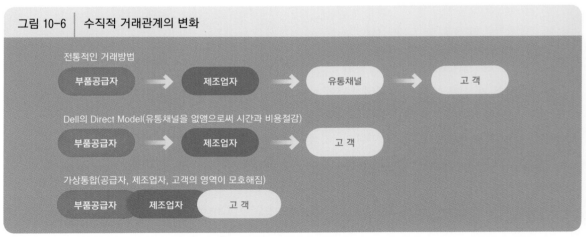

그림 10-6 | 수직적 거래관계의 변화

출처: J. Magretta, "The Power of Virtual Integration," *Havard Business Review*, 1998.

산의 효율성과 고객의 수요에 민감하게 대응하게 하는 것을 가능하게 해주는 것이다.[5] **그림 10-6**은 전통적인 수직적 거래관계에서, Direct Model 그리고 가상통합을 비교한 것이다.

　　이와 같은 가상통합이 적극적으로 활용된다면 최근에 논의가 되고 있는 가상기업virtual corporation과 같이 기업이 극히 제한적인 핵심분야에만 활동을 하고 이외의 나머지 활동부분은 외부기업들에게 외주를 주는 형태의 극단적인 현상도 나타날 수 있다.[6] 가상기업은 생산활동을 시장에서의 거래활동을 통해 조직하는 하나의 네트워크관리회사이다. 한편 가상기업이 운영을 잘못하면 공동화空洞化된 기업hollow corporation이 될 수 있다는 비판도 나오고 있다. 즉, 기업이 생산활동의 대부분을 외주에 의존하다 보면 그 기업의 존재이유, 그 기업이 갖고 있는 핵심역량도 점차적으로 축소되어 궁극적으로 그 기업 자체가 공동화될 수 있다는 우려가 바로 그것이다. 따라서, 아웃소싱을 바라보는 기업입장에서는 과연 장기적으로 그 기업의 전략에 비추어 보았을 때 어떤 활동부분이 기업의 핵심역량이 있는 핵심사업분야인가에 대한 분명한 판단하에 아웃소싱을 결정해야 한다.

06 ›› 결론 및 요약

　　기업의 수직적 활동범위를 결정하는 것은 기업전략의 주요한 과제이다. 그동안 실제 많은 한국기업들은 수직적 통합을 선호하여 왔다. 제9장의 금호아시아나그룹의 사례와 같이, 운수사업에서 타이어생산으로 수직적으로 통합하고, 다시 합성고무사업으로 수직적으로 통합하였었다. 그러나 수직적으로 통합된 기업은 현재 전세계적으로 대변혁을 겪고 있다. 과거 통합된 사업부문을 분사하거나 매각하고, 시장에 의한 거래관계로 되돌아가고 있다. 그 이유는 핵심역량적인 사고가 전파됨에 따라 자신의 핵심부문만 내부화하고, 기타 비핵심부문은 시장을 통하는 것이 비용절감의 효과와 유연성을 확보할 수 있는 방법이라는 것을 깨달았기 때문이다. 이와 같은 배경하에, 본 장에서는 수직적 통합결정의 이론적 배경을 제시해 주는 거래비용이론을 살펴보고, 최적의 수직적 관계를 디자인하는 요소들을 살펴보았다.

사례

현대자동차의 수직계열화[7]

현대자동차는 1967년에 설립되어 Ford와의 기술제휴로 자동차생산을 개시한 이래, 1998년 인수한 기아자동차를 포함하여 생산대수 기준 Toyota와 Volkswagen을 잇는 세계 3대 메이커로 성장하였다. 또한 2000년에는 현대그룹으로부터 분리하여 독자적인 현대자동차 그룹을 이끌고 있다. 현대자동차에는 1차 공급회사vendor, 2차 공급회사, 부품 이외 상품의 납품업체 등 수많은 협력업체가 있다. 현대자동차는 엔진과 변속기 등 핵심부품은 자체 제작하고 나머지 원가의 75~80%를 차지하는 부품은 외주에 의존하여 왔다.

한국의 자동차부품기업은 그 규모가 일본이나 미국기업에 비해 영세하고, 자동차산업에 특화하는 비중이 높다. 그 결과 완성차메이커에 대한 교섭력이 떨어지고 있다. 또한 일본기업에 비해 완성차업체와 정보교환이나 협조체제가 잘 갖추어지지 않고, 부품공급업체가 메이커를 신뢰하는 정도도 낮다. 이는 과거 현대자동차와 하청기업의 기술협력형태가 모기업의 기술력우위로 인해 일방적인 기술지도와 기술이전이 대부분을 차지하였기 때문이다. 하나는 부품업체의 대다수를 차지하고 있는 중소기업이라는 구조적 취약성으로 인해 기술축적이 어려웠다는 점이고, 다른 하나는 해외기술도입에 의한 완성차업체의 모델개발이 하청기업의 부품기술발전을 불필요하게 만들었다는 점이다.

그러나 현대자동차는 미래의 비용절감과 생산성향상을 위하여 부품공급협력업체와의 긴밀한 협조관계가 필요하다는 것을 인식하고, 게스트엔지니어링Guest Engineering 제도를 도입해 부품

업체의 설계능력을 향상시켜왔다. 통상 제품개발 및 설계단계에서 총비용의 80%가 결정되고, 설계가 완료되고 난 이후의 대량생산 준비단계와 대량생산단계에서 나머지 20%가 결정된다. 이 때문에 대폭적인 생산성향상은 하청기업이 제품개발이나 설계단계부터 참여하여 모기업과 공동으로 원가절감노력을 행할 때에만 가능한 것이다. 신차개발 초기단계부터 협력업체설계자들을 현대자동차 기술센터에 상주시켜 부품의 기능, 생산성, 품질, 비용 관련사항을 사전에 공동검토하여 개발업무에 반영하는 이 제도는 업체의 설계 및 개발능력을 향상시키는 한편, 설계의 변경요인을 줄이며 품질향상, 부품개발기간단축, 가격경쟁력향상 등에 크게 기여하여왔다. 또한 현대자동차는 협력업체의 기술개발활동을 통한 기술자립을 유도하기 위한 방편으로 업체별로 기업부설연구소를 설립

| 그림 10-7 | 현대자동차의 매출 및 영업이익 추이 | (단위: 조원) |

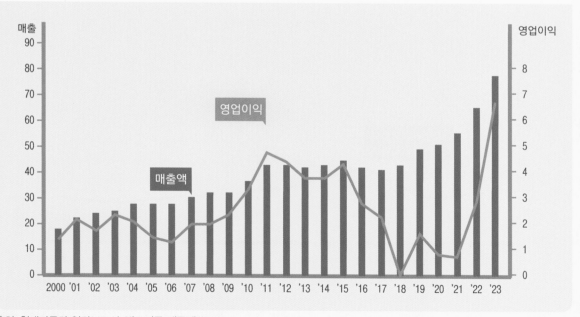

출처: 현대자동차 연차보고서. 별도기준 재무제표.

하도록 유도해 왔다.

그러나 현대자동차와 계열기업과의 관계 중 가장 큰 어려움은 비용인하와 품질개선, 신제품개발의 성과를 누가 얼마만큼 나누어 갖는가의 문제이다. 하청거래는 거래당사자 사이의 쌍무거래이기 때문에 단가결정에서는 협상과정에서의 교섭력에 의해 좌우된다. 또한 단가는 계약기간 중이라도 사정에 따라 언제든지 변경될 수 있다. 단가인하과정에서 계약기간 동안에 발생한 환경변화로 인한 부담을 분산시키고 하청기업의 원가절감의 성과를 흡수하려는 모기업의 입장과 원가절감의 성과를 보호하려는 하청기업의 입장이 뚜렷이 대립된다. 만일 계약기간 중 하청기업이 행한 원가절감활동에 대한 보상이 전혀 없으면, 하청기업의 노력은 위축될 수밖에 없다. 따라서 현대자동차는 하청기업의 제안에 의해 원가절감이 실현되었을 때 그 성과를 공유할 목적으로 '하청기업 VE 제안제도'를 도입하였다. 이 제도는 일본 Toyota 자동차가 처음 채택한 것으로서, 하청기업의 VE활동의 결과 모기업에 설계변경을 제안할 때 그로부터 발생하는 이윤을 50 : 50의 비율로 배분하는 제도이다.

그러나 실제로 단가결정과정에서는 협력업체의 교섭력이 떨어지므로 모기업에 유리한 방향으로 결정되는 경우가 많다. 그 결과, 현대기아차의 계열부품회사와 비계열부품회사간의 영업이익률은 크게 차이가 난다. 그림 10-8과 같이 현대모비스와 같은 현대자동차그룹 내의 11개 계열부품회사의 영업이익률은 높은 수준에서 유지되고 있는 반면, 비계열부품회사의 영업이익률은 상대적으로 낮고 계속 하락하는 추세를 보여 주고 있다.

따라서 향후 현대자동차는 가격경쟁력을 유지하기 위한 지속적인 부품공급업체의 단가인하 필요성과 협력업체에 기술개발능력을 배양할 충분한 이윤과 여유자금확보라는 상충된 목표를 적절히 조화시켜야 한다. 현대자동차가 교섭능력의

그림 10-8   현대 · 기아차 계열부품사와 비계열부품사의 영업이익률 비교

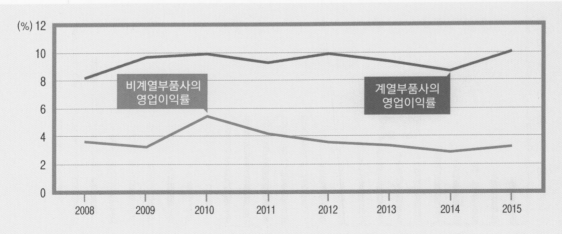

주: 계열 부품사는 현대모비스 등 11개 업체, 비계열은 31개 부품 업체를 대상으로 함.
출처: 산업연구원.

우위를 내세워 지나친 단가인하를 요구하면 대부분이 영세업체인 부품공급업체는 품질개선과 신제품개발에 투자할 여력이 없어질 것이다. 이는 곧 현대자동차의 품질경쟁력에 부정적인 영향을 줄 것이다. 그러나 한편으로는 글로벌경쟁이 치열해지는 자동차산업에서 가격경쟁력의 확보는 필수불가결한 조건이다. 이를 위해 현대자동차는 **그림 10-9**에서 보는 것처럼 '협력사 상생협력 프로그램'을 마련하여 시행하고 있다. 또한 각 품목별로 우수업체를 선정하여 해외 메이저 업체와의 제휴를 추진하는 등 협력업체의 기술향상에 적극적

인 자세를 취하고 있다.

또한 해외공장 설립 초기부터 협력업체와의 해외 동반진출을 적극 권장한 결과, 해외 동반진출 협력업체수는 1997년 34개에서 2022년에는 730개 사로 확대되었다. 같은 기간 협력사의 매출도 지속적으로 성장하여, 2001년 733억 원이던 협력사당 평균 매출액은 2022년 3,225억 원으로 늘어난 것으로 집계되었다. 현대자동차는 2020년에 300개가 넘는 1차 협력업체뿐만 아니라 5,000곳 이상의 2, 3차 협력업체까지 확대하여 동반성장을 실천하겠다는 목표로 '선순환형 동반성장' 5대

그림 10-9　현대자동차-협력사 상생협력 프로그램

출처: 현대기아 구매포탈.

전략을 발표했다.

그러나 현대자동차의 동반성장전략은 전기차로 시장이 급속하게 바뀜에 따라 역시 큰 폭의 수정이 불가피하게 되었다. 전기차에는 기존 내연기관에 필요했던 엔진과 트랜스미션 등이 불필요하고, 반면 배터리와 구동모터, 소프트웨어, 차량용 반도체 등 새로운 부품이 필요하게 된다. 현대자동차가 빠른 속도로 전기차로 제품을 전환하면서 현대자동차에게 납품을 했던 하청업체들도 역시 더 빠른 속도로 사업구조를 전환하지 않으면 시장에서 도태되는 위험에 직면하게 되었다. 이에 현대자동차는 2022년 '신 상생협력 프로그램'을 실시하여 정부 및 유관기관과 함께 협력사를 대상으로 손익, 유동성, 경쟁력 향상을 지원하겠다고 발표하였다. 1차 협력사를 대상으로 진행되던 기존의 프로그램을 확대하여 2·3차 협력사에 공급망 안정화 및 사업다각화를 위한 자금을 지원하였다. 또한, 중소벤처기업부와 공동투자 R&D 기금을 마련하여 협력사의 역량 강화 및 사업구조 전환을 돕고자 하고 있다. 향후 현대자동차와 부품공급업체와의 관계는 어떻게 변할 것인가?

현대자동차 상생프로그램

현대차와 협력업체의 상생발전

토 의 과 제

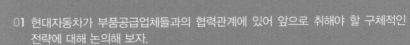

01 현대자동차가 부품공급업체들과의 협력관계에 있어 앞으로 취해야 할 구체적인 전략에 대해 논의해 보자.

02 협력업체의 입장에서 현대자동차와의 교섭력을 증진시키려면 앞으로 어떠한 전략이 필요한가?

현대자동차의 홈페이지
www.hyundai.com

참고문헌

R e f e r e n c e

1　본 사례는 장세진 교수가 Tesla에 대한 기사를 중심으로 작성하였다. 특히 Teslafication에 대한 Economist의 "How supply-chain turmoil is remaking the car industry," 2022, 6월 22일 기사를 참조하였다.

2　R. H. Coase, "The Nature of the Firm," *Economica* 4, 1937, pp. 386~405.

3　Oliver E. Williamson, *Markets and Hierarchies: Analysis and Antitrust Implications*, New York: Free Press, 1975; Oliver E. Williamson, *The Economic Institutions of Capitalism: Firms, Markets and Relational Contracting*, New York: Free Press, 1985.

4　Sea Jin Chang and Ungwhan Choi, "Strategy, Structure and Performance of Korean Business Group: A Transactions Cost Approach," *Journal of Industrial Economics*, 1988.

5　J. Magretta, "The Power of Virtual Integration," *Harvard Business Review*, 1998.

6　Arnold de Meyer, *Creating the Virtual Factory*, Fontainebleau: INSEAD, 1993; W. H. Davidow and M. S. Malone, *The Virtual Corporation*, New York: Harper Collins, 1992. H. Chesborough and D. Teece, "When is Virtual Virtuous? Organizing for Innovation," *Harvard Business Review* (May/June, 1996): 68-79.

7　본 사례는 저자의 지도하에 고려대학교 이판섭과 김영건에 의하여 작성되었다.

해외시장 진출전략

ABB는 어느 특정 지역에 본부를 두지 않는다. 우리는 국가별로 존재하는 많은 기업들이 모여 전세계적으로 운영하는 기업들의 세계연합이다. 우리 본사는 스위스 쥬리히에 있지만 단 100명만이 그 본사에 일하고 있을 뿐이다. 나는 스웨덴인이지만, 우리 본사는 스웨덴에 있지도 않고 8명의 상임이사 중 2명만이 스웨덴인일 뿐이다. 아마도 우리는 미국기업일지도 모른다. 우리는 모든 재무제표를 영어로 작성하고 영어가 ABB의 공식언어이다. 내가 말하는 점은 ABB는 이상에서 묘사하려고 한 바와 같은 기업이 아니라는 것이다. 그러나 ABB에 대한 위의 표현은 모두가 맞다. 우리는 집이 없는 떠돌이가 아니다. 우리는 세계방방곡곡에 집이 있는 기업이다.

— Percy Barnevik, Asea Brown Boveri의 전 회장.

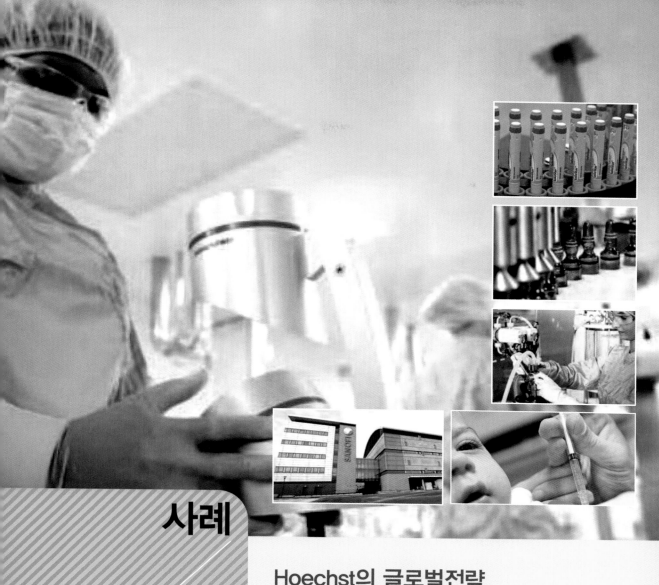

Hoechst의 글로벌전략

Hoechst는 1863년 세계 최초로 석탄에서 염료를 추출하는 기술을 발명하면서 탄생하였다. 그 후 유기화학산업은 제약산업, 플라스틱, 인조섬유, 농약 등으로 발전하였다. 독일은 이 유기화학산업의 선두를 지키면서 세계화학산업을 이끌어 왔다. BASF와 Bayer는 Hoechst와 함께 독일의 3대 화학업체로서 경쟁적으로 성장해 왔다. 19세기 말과 20세기 초에 유럽의 화학자들이 미국으로 이주하면서, 미국에서도 DuPont과 같은 대형회사가 나타나게 되었다.

Hoechst는 자신의 화학특허를 적극적으로 라이센스하거나 수출하는 방식을 통하여 해외진출하였다. 그러나 독일이 1, 2차 세계대전에서 패하게 됨에 따라 전쟁중 독일계기업이 가진 특허권과 상표, 해외자회사 역시 적국 자산으로 지목되어 몰수 및 매각당했다. 예를 들어, 아스피린으로 유명한 Bayer는 전쟁 중 자신의 아스피린 상표가 미국의 Sterling Drug으로 양도되어 아직도 미국에서 아스피린이라는 상표를 사용하지 못하고 있다.

전쟁 후 세계화학산업의 주도권은 미국으로 넘어가게 되었다. 독일의 화학산업이 전쟁중 철저히 파괴된 탓도 있었지만 화학산업의 주생산요소가 석탄에서 석유로 바뀜에 따라 석유의 원활한 공급을 보장받을 수 있는 미국이 주도권을 쥐게 된 것이다. 미국의 DuPont은 세계 최초로 나일론을 발명하였고, 플라스틱분야의 선구자가 되었다. 그 밖에 미국기업은 기초화학산업, 제약산업, 생화학 등 다른 관련분야에서도 첨단을 걷고 있었다. 한편 시장측면에서도 미국시장은 전세계 화학산업의 40%를 차지하는 가장 큰 시장으로 성장하였다.

Hoechst는 전쟁종료 후 이처럼 변화된 환경에서 해외시장진출을 다시 시작했지만 두 차례의 세계대전으로 크나큰 홍역을 치른 탓에 적극적인 해외시장진출을 꺼려 하였다. Hoechst는 먼저 독일에서 생산한 제품을 판매하기 위한 판매법인을 미국에 설립하였다. 그 이후 1954년에는 미국의 자그마한 염료공장을 인수하여 염료를 현지에서 제조하기 시작하였다. 그러나 빠른 속도로 성장하는 제약산업과 합성섬유부문은 생산공장을 세우거나 기존기업을 인수하기에 너무나 큰 자금이 소요되어 진출이 쉽지 않았다. 따라서 Hoechst는 합작투자나 라이센스계약을 맺어 자신이 개발한 약품을 미국에서 판매하거나, 라이센스를 하여 로얄티를 받는 데 만족할 수밖에 없었다. Hoechst의

합작투자 파트너는 대개 원료와 자본을 조달하였고, Hoechst는 기술을 제공하고 판매망을 운영하는 방식이었다. Hoechst의 미국현지법인장이었던 Dieter zur Loye는 다음과 같이 말하였다.

"Hoechst의 초기의 합작투자는 일종의 징검다리 역할을 하였습니다. 우리는 기술을 얻거나 투자자금이 필요할 때 합작투자를 하였습니다. 그러나 합작투자의 판매망은 Hoechst가 직접 통제하도록 항상 노력하였습니다. Hoechst의 궁극적인 목표는 미국에서 독자적인 사업을 벌이는 것이기 때문이지요. 결국, 합작투자는 대부분 우리가 인수하였습니다."

전세계 화학산업은 1980년대부터 급격한 지각변동을 경험하게 되었다. 무엇보다도 화학산업에서 필요한 연구개발비용이 큰 폭으로 상승하였다. 기초화학산업은 보통 매출의 2~3%를 연구개발비로 지출하나 특수화학분야는 7~8% 정도, 제약산업은 매출의 13~15%를 연구개발에 쓸 정도로 그 비용이 상승하였다. 화학산업 내의 연구개발비용이 이와 같이 폭발적으로 증가함에 따라 기업들은 연구개발비의 부담을 줄이기 위해 매출기반을 확충할 필요성을 느꼈다. 즉, 연구개발비용의 상승에 따라, 제품을 한 시장에서만 팔 것이 아니라 전세계시장을 대상으로 판매를 하여야만 그 연구개발비용을 충당할 수 있게 된 것이다. 이와 같은 연구개발비용의 증가는 화학산업전체의 글로벌화를 촉진시켰다.

따라서 Hoechst는 미국시장에 대규모 확장공세를 펴기 시작하였다. Hoechst는 1986년 미국의 화학산업 매출순위 10위인 Celanese를 28.5억 달러에 인수하였다. Celanese는 기초화학분야와 합성섬유, 엔지니어링 플라스틱부문에 미국 내 시장

점유율이 1위 또는 2위인 기업으로 엔지니어링 플라스틱부문에 핵심기술을 보유한 기업이었다. Hoechst는 Celanese의 인수 후 미국에서 제약산업을 확충하려는 노력을 기울여 1993년에는 Copley Pharmaceutical을, 1994년에는 70억 달러를 들여 Marion Merrell Dow를 인수하였다. 이와 같은 Hoechst는 야심적인 기업인수를 통하여 2000년 말까지 미국시장비중을 38.2%까지 높이는 데 성공하였다.

Hoechst는 1994년 Jurgen Dormann을 회장으로 임명하여 많은 사람들을 놀라게 하였다. 보수적인 독일의 업계분위기에 비추어 볼 때, 50대 초반의 젊은 회장은 상당히 파격적인 인사였다. 더욱이 독일에서 비화학전공자가 화학회사의 총수가 된다는 것은 사상초유의 일이었다. Dormann은 미국의 현지법인장으로 오랫동안 미국에서 지냈고, Celanese인수를 주도한 인물이었다. Dormann은 취임 즉시 대규모 개혁을 단행하였다. Dormann이 가장 먼저 손댄 분야는 유럽의

각지에 산재한 비효율적인 공장들을 매각 또는 폐쇄하는 것이었다.

그러나 Dormann의 혁신적인 개혁의 가장 중요한 점은 과거 독일본사중심의 기업조직을 지역분산형 네트워크로 바꾼 데 있었다. Dormann은 Hoechst를 6개의 큰 독립적인 사업분야, 즉 의약, 농업화학, 기초화학, 합성섬유, 플라스틱, 엔지니어링화학분야로 나누었고, 각 지역의 특수성에 따라 사업본부를 이전하였다. 과거 이들 6개의 사업부는 모두 독일의 프랑크푸르트의 본부를 중심으로 주요 의사결정이 이루어졌었다. 그러나, 구조조정 이후 프랑스의 자회사인 Roussel Uclaf가 Hoechst의 전세계 의약산업을 총괄하게 되었고 기초화학분야와 합성섬유부문은 Hoechst의 미국 자회사인 Celanese가 전세계를 총괄하게 되었다. 독일 본사가 계속 총괄을 맡은 부문은 농업화학과 특수화학 플라스틱사업부로 제한되었다.

Dormann이 Hoechst의 조직을 혁신적으로 바꾼 이유는 독일본사중심의 관리체제가 그 한계

표 11-1 전 세계 10대 제약회사 (단위: 10억 달러)

Rank	회사명	매출	순이익
1	Pfizer	100.3	31.4
2	Johnson&Johnson	94.9	17.9
3	Roche Group	69.6	13.0
4	Merck	59.3	14.5
5	AbbVie	58.1	11.8
6	Bayer	53.4	43.6
7	Novartis	51.8	6.9
8	Sanofi	47.7	8.8
9	Bristol-Myers Squibb	46.2	6.3
10	AstraZeneca	44.4	3.3

출처: Fortune, 2023년 기준.

| 그림 11-1 | Sanofi와 Celanese의 매출구성 | (단위: 10억 달러) |

Sanofi

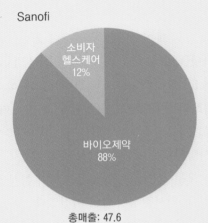

소비자 헬스케어 12%
바이오제약 88%
총매출: 47.6

Celanese

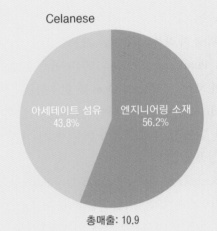

아세테이트 섬유 43.8%
엔지니어링 소재 56.2%
총매출: 10.9

출처: Sanofi와 Celanese의 연차보고서, 2023년 기준.

에 달했기 때문이었다. 기초화학과 합성섬유분야는 미국이 가장 발달하였고 전세계적으로 가장 강한 경쟁자가 있었으므로, Hoechst의 미국 자회사인 Celanese가 주도권을 갖고, 세계 다른 지역에 있는 사업부를 총괄하여야 한다는 논리였다. 의약품분야도 연구개발능력이 뛰어난 프랑스와 미국 자회사에 전권을 주었다. 즉, 더 이상 다국적기업이 출신국가에 경영자원과 의사결정권을 집중시키지 않고 세계 각 지역 특유의 경영자원을 활용할 수 있도록 기업활동을 재편한 것이었다.

Hoechst는 1999년 전세계를 놀라게 하였다. 130여 년의 전통을 가진 Hoechst가 프랑스의 Rhone-Poulenc과 합병을 통해 의학 및 생명공학을 주사업분야로 하는 새로운 기업인 Aventis로 재탄생하게 된 것이다. Aventis는 기업본부를 프랑스의 Strasboug에 두기로 하였으며, 생명공학에 집중한다는 계획을 밝혔다. 이에 따라, Aventis는 당시 매출기준 세계 7위의 제약회사가 되었다. 합

병으로 중복된 연구개발활동들을 조정·통합함으로써 Aventis는 신약개발에 소요되는 막대한 연구개발투자비용을 보다 효과적으로 사용할 수 있었다. 또한 Aventis는 Hoechst와 Rhone Poulenc의 농화학분야를 통합하여 주 사업분야로 삼았다. 그러나, 이와 같은 제약 및 농화학부문과 달리 산업용 일반화학과 공업용 플라스틱 분야는 연구 개발보다는 생산의 효율성이 중요시된다. 이 때문에 이들 사업부문은 Celanese AG로 분리하여 독립시켰다. 그리고 산업가스 업체인 Messer와 Herbert는 사업을 철수하였다.

이와 같이 생명공학과 산업용 화학부문을 분리하게 됨에 따라서, Aventis와 Celanese의 매출과 순이익은 크게 성장하였다. 이처럼 전세계 화학산업의 글로벌화에 적극적으로 대응한 Hoechst의 글로벌전략은 Aventis와 Celanese로 재탄생되어 각각 생명공학과 산업화학에 집중하는 것으로 결실을 맺었다. 이후 Aventis는 2004년 프랑스의

제약회사인 Sanofi-Synthelabo와 합병하여 Sanofi-Aventis로 통합되었으며 여러 대형 제약회사들과의 합병을 거듭하며 세계적인 제약회사 중 하나로 성장하였다. 인공지능 기술을 활용해 의료솔루션을 개발하여 2022년 6월 digital accelerator를 출범하여, 선도적인 디지털 헬스케어 기업이 되겠다는 의지를 밝히기도 했다.

한편 Celanese는 2004년 미국의 대표적인 사모펀드 Blackstone에 인수되었다가 2005년 뉴욕 증권거래소에 성공적으로 재상장IPO되었다. 이후 Celanese는 아시아에서의 입지를 다지기 위해 2006년 아세틸 사업부를 상하이로 옮기고 2007년에는 난징 화학컴플렉스를 설립하였고, 2016년에는 싱가포르에서 에틸렌비닐아세테이트의 생산을 시작하였다. 또한 2022년 DuPont의 Mobility & Materials 사업부문을 인수하여 열가소성 폴리에스터 엘라스토머TPC 분야에서 전 세계 1위의 점유율을 차지하게 되었다. 이처럼 Celanese는 글로벌전략을 바탕으로 엔지니어링, 플라스틱 및 기타 화학제품 분야에서 세계적인 경쟁력을 갖추게 되었다.

Sanofi 소개

Celanese 소개

SANOFI   Sanofi의 홈페이지
www.sanofi.com

Celanese   Celanese의 홈페이지
www.celanese.com

CHAPTER11

01 〉〉 서 론

본 장에서 살펴볼 해외시장진출전략은 판매 및 생산활동지역을 전세계로 다각화하는 것이라고 볼 수 있다.

Hoechst는 자신이 유럽시장에 지나치게 편중하였음을 깨닫고 미국시장진출에 주력하였다. 초기에는 라이센스와 합작투자가 그 주종을 이루다가, 기존의 합작투자기업을 인수하여 100% 자회사로 만들고, 기초화학과 합성섬유분야의 거대기업인 Celanese와 제약산업의 Copley와 Merrion Merrell Dow를 인수하여 미국시장에서 활동을 강화하였다. 또한 1999년에 프랑스의 Rhone Poulenc와 2004년에는 Sanofi와 합병하여 Sanofi-Aventis와 Celanese로 재탄생하였다.

Hoechst의 사례로부터 기업들이 다양한 진출방법을 통해 다국적기업으로 성장하는 과정을 살펴보았다. 또한 해외진출이 단순히 기존제품을 해외시장에 판매

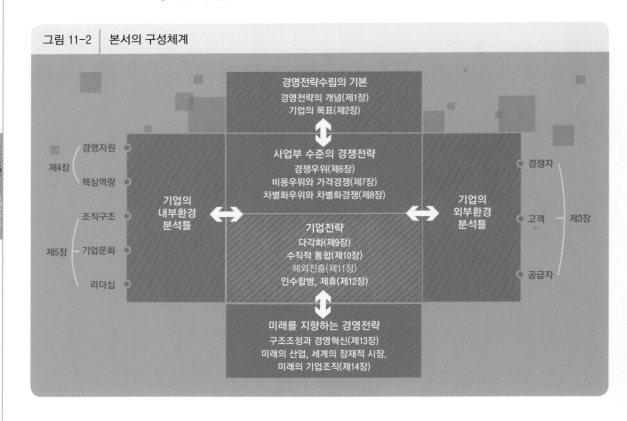

그림 11-2 | 본서의 구성체계

경영전략수립의 기본
경영전략의 개념(제1장)
기업의 목표(제2장)

사업부 수준의 경쟁전략
경쟁우위(제6장)
비용우위와 가격경쟁(제7장)
차별화우위와 차별화경쟁(제8장)

기업의 내부환경 분석틀

기업의 외부환경 분석틀

경영자원
제4장
핵심역량

조직구조
제5장
기업문화
리더십

경쟁자
고객   제3장
공급자

기업전략
다각화(제9장)
수직적 통합(제10장)
해외진출(제11장)
인수합병, 제휴(제12장)

미래를 지향하는 경영전략
구조조정과 경영혁신(제13장)
미래의 산업, 세계의 잠재적 시장,
미래의 기업조직(제14장)

하는 것뿐만 아니라, 신규사업진출 또는 핵심사업부문의 강화의 목적에서도 이루어질 수 있음을 알게 해준다. 본 장에서 살펴볼 주제는 다음과 같다.

- 해외시장진출의 다양한 방법을 살펴보고 그 장·단점을 살펴본다.
- 해외시장진출전략 중 가장 중요한 방법인 직접투자의 동기와 유형 및 그 진출 과정을 살펴본다.
- 기업이 해외시장진출을 통해 다국적기업으로 성장하는 것을 이해하고 효과적인 다국적기업의 경영방법에 대해 살펴본다.

02 ›› 글로벌전략의 수립

글로벌전략의 정의

글로벌전략이란 단순히 국가간의 경계를 넘어서 규모의 경제를 추구하는 것 또는 낮은 비용으로 가격경쟁을 하는 것 이상으로 기업의 생존에 중요한 요소이다. 근본적으로 내수위주의 기업은 전세계적으로 자원을 획득하고, 전세계를 대상으로 판매하는 글로벌기업과 경쟁할 수 없다. 이 두 기업이 가격경쟁을 할 때, 글로벌기업은 해당 시장만 가격경쟁에 노출되나, 내수기업은 전체매출이 노출되기 때문이다.

글로벌전략을 수립하는 중요한 이슈 중 하나는 글로벌기업이 생산활동을 어떤 국가들에 배치해야 하는가의 문제이다. 즉, 가치사슬을 어떻게 전세계적으로 배치하는지가 중요한 것이다. 예를 들어, 유통이나 마케팅, 애프터서비스 같은 활동들은 소비자가 위치한 곳이면 반드시 필요한 활동들인 반면 생산, 구매, 연구개발 같은 활동들은 국가마다 있을 필요가 없다. 생산과 연구개발 같은 활동이 규모의 경제효과를 누리기 위해서는 소수의 생산기지에 특화하는 것이 중요하기 때문이다. 또 한편 운송비가 많이 소요되는 산업이거나 국가간의 보호무역장벽이 심할수록 기업활동을 집중시키기보다는 분산시킴으로써 비용과 위험을 줄일 수 있다.

둘째, 이렇게 각국에 분산된 연구개발, 생산, 판매활동 등을 조정하고 통합할 능력을 어떻게 확보할 것인가 하는 문제이다. 조정coordination이란 정보의 공유,

책임 및 권한의 할당 등을 뜻한다. 만일 삼성전자의 북미법인에서 디지털압축기술을 개발했다면 그 기술을 한국의 본사와 전세계에 퍼져 있는 자회사에 이전하여 삼성전자 전체의 생산성을 높일 수 있다. 또한 다국적기업에서의 조정과정은 경쟁상대방에 대하여 유연하게 대처할 수 있는 힘을 길러 준다. 이런 글로벌기업은 경쟁기업과 싸울 장소와 방법을 보다 유리하게 선택할 수 있다. 예를 들어, 중장비산업의 Caterpillar는 일본의 강력한 경쟁기업인 Komatsu를 견제하기 위하여 일본기업인 Mitsubishi중공업과 Mitsubishi Caterpillar 합작투자를 설립하였다. 이로써 Caterpillar는 경쟁자인 Komatsu에 가장 큰 고통을 줄 수 있는 시장이자 Komatsu의 텃밭인 일본시장에서 Komatsu를 견제할 수 있었던 것이다.

Porter는 글로벌 전략을 이상의 두 가지 문제점, 즉 기업활동을 어떻게 전세계에 배치configuration할 것인가와 전세계에 배치된 활동을 어떻게 조정coordination할 수 있을 것인가를 고려하는 일이라고 정의하였다.[1]

글로벌전략의 유형

그림 11-3은 글로벌기업의 기업활동의 범세계적 배치와 그런 기업활동의 조정방법에 따라 기업들이 추구하고 있는 글로벌전략의 유형을 나누어 본 것이다.

우하향에 위치하는 기업은 지역적으로 집중화되어 있으나 전체적인 기업활동의 조정이 약한 수출위주의 마케팅전략을 사용하고 있다. 예를 들어, 한국에서 생산한 후 수출하는 형태로 해외영업을 하는 유형이다. 우상향에 위치한 기업은 기업활동이 지역적으로 집중되어 있어 기업의 범세계적인 활동을 본사에서 강하

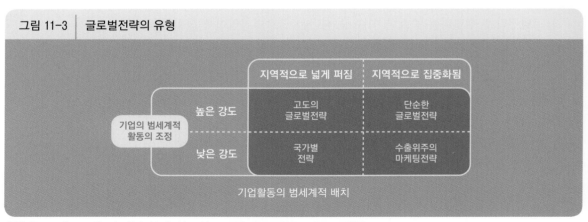

그림 11-3 | 글로벌전략의 유형

	지역적으로 넓게 퍼짐	지역적으로 집중화됨
높은 강도	고도의 글로벌전략	단순한 글로벌전략
낮은 강도	국가별 전략	수출위주의 마케팅전략

기업의 범세계적 활동의 조정

기업활동의 범세계적 배치

출처: Porter, *Competition in Global Industries*, Harvard Business School Press, 1985.

게 통제하는 전략을 구사한다. 이는 주요 국가에 소수의 자회사를 설치해 두고 자회사를 본국의 본사가 조정·통제하는 체제를 의미한다. 그 대표적인 예로 일본과 현재 한국의 대부분의 다국적기업을 들 수 있다.

좌하향의 기업은 국가별전략multidomestic strategy을 추구하고 있다. 과거 유럽과 미국의 다국적기업들은 각국의 자회사의 운영을 자회사에 일임함으로써 본사와 자회사간의 긴밀한 협조관계가 없는 형태이다. 좌상향의 기업들은 여러 국가에 자회사를 설립한 후 강력한 통제로 이들을 하나의 기업으로 묶는 방법을 취하고 있다. 이런 기업은 고도의 글로벌전략을 추구하고 있으며 초국적기업 transnational corporation이라고 볼 수 있다.[2]

이렇게 글로벌전략의 유형을 살펴볼 때 주의해야 할 점은 어느 유형이 다른 유형보다 반드시 우수한 것은 아니라는 점이다. 글로벌전략 또는 국가별전략의 선택은 산업의 특성 및 기업이 가지고 있는 능력 등에 따라 좌우된다. 예를 들어, 식음료산업은 국가마다 소비자의 기호와 문화가 서로 다르기 때문에 국가별로 제품의 특성이 서로 다르다. 또한 각국의 유통경로도 상이하기 때문에 대부분의 경우 식음료산업은 국가별전략 multidomestic strategy을 추구하는 경우가 많다. 이에 비해 패스트푸드 산업은 글로벌산업의 성격을 갖고 있다. 왜냐하면 패스트푸드는 표준화된 제품을 전세계적으로 동질적인 수요를 가진 소비자층에 주력하기 때문이다. 따라서 McDonalds처럼 패스트푸드 사업에서 성공한 기업들은 글로벌전략 global strategy을 추구하고 있다. 또 다른 예로 호텔산업은 각 국가마다 소득수준이 다르고 문화적 차이가 존재하기 때문에 국가별전략을 추구하는 경우가 많다. 그러나 Hilton, Sheraton, Intercontinental 등과 같은 특급호텔의 경우는 주요 고객들이 전세계를 여행하며 활동하는 기업고객이기 때문에 전세계 어디를 가더라도 동일한 수준의 서비스를 제공할 수 있어야 한다.

03 ›› 해외시장 진출방법의 결정요인

구체적인 해외시장으로의 진출방법을 모색하는 데 있어 **그림 11-4**와 같이 기업내부의 경영자원과 해당 진출국의 환경을 고려해야 한다.

기업내부의 측면에서 볼 때 기업이 갖고 있는 경영자원과 핵심역량, 즉 기술, 브랜드, 그리고 국제화경험은 진출방법 선택에 큰 영향을 미친다. 예를 들어, 기술력이 강한 기업이나 유명한 브랜드를 보유하고 있는 기업은 합작투자나 라이센

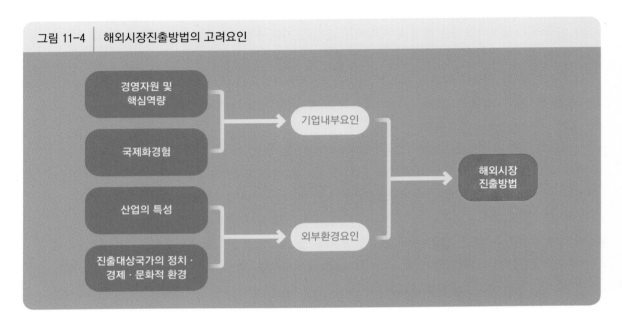

그림 11-4   해외시장진출방법의 고려요인

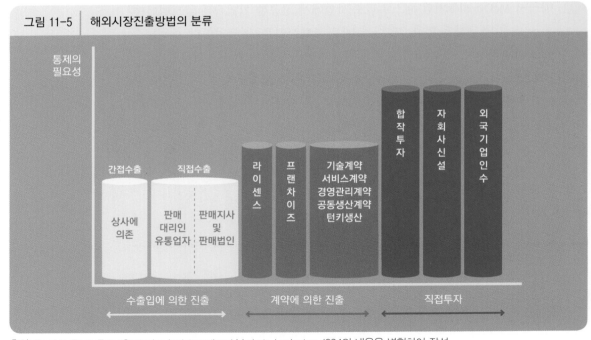

그림 11-5   해외시장진출방법의 분류

출처: Franklin Root, *Entry Strategies for International Markets*, Lexington, 1994의 내용을 변형하여 작성.

Strategic Management

스보다 100% 소유의 자회사를 선호하는 경향이 있다.

또한 외부환경요소로는 해당 산업의 구조적인 특성과 진출하고자 하는 국가의 정치·경제·문화적인 환경이 있다. 예를 들어, 규모의 경제가 큰 산업의 경우, 지역별 생산거점을 구축하는 전략이 필요하다. 한편 진출예상국가의 정치·문화·경제적 환경은 진출방법에 큰 영향을 미친다. 또한 해당 진출국가의 소득수준은 공장의 입지나 해외자회사의 위치에 영향을 준다.

해외진출방식은 **그림 11-5**와 같이 수출, 계약, 직접투자의 세 가지 유형이 존재한다. 단순수출이나 계약보다는 직접투자에 큰 규모의 투자가 소요되며, 그 결과 위험도 높아진다. 즉, 수출에 의한 해외사업의 운영은 일회성 거래의 형태를 띠며, 단기적이고 위험의 정도가 낮은 가장 단순한 해외시장 진출방식이다. 계약에 의한 진입방식은 주로 외국의 현지기업과의 계약에 의해 해외사업을 운영하는 방식으로, 라이센스와 프랜차이즈가 대표적인 형태이다. 반면 해외직접투자는 기업측면에서 가장 통제의 강도가 큰 형태일 뿐만 아니라, 자금과 인력을 많이 투입해야 하고 그만큼 위험이 높은 진입유형이다. 해외직접투자는 기업이 특정 해외시장에 그만큼 전력하고 있는 경우에 주로 사용된다.

이와 같이 기업들이 해외시장진출시 활용할 수 있는 다양한 전략적 대안들

그림 11-6 │ 해외시장진출방법의 발전과정

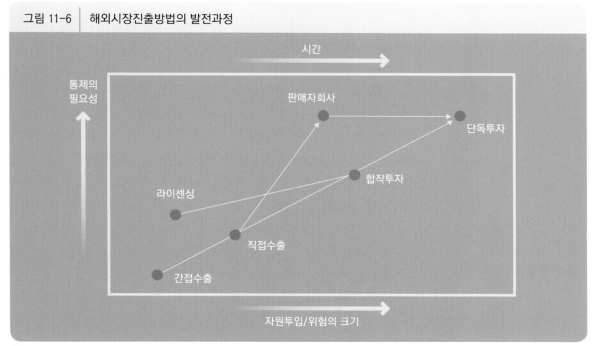

출처: Franklin Root, *Entry Strategies for International Markets*, Lexington, 1994, p. 39.

중에서 가장 적절한 진입방식을 선정하기 위해서는 내부적인 경영자원과 외부환경요인에 대한 분석이 필요하다. 흔히 기업의 국제화과정은 몇 단계의 과정을 거치면서 해외시장에의 몰입commitment 정도를 점차로 높여 가는 진화론적 관점으로 설명할 수 있다. 일반적으로 **그림 11-6**과 같이 기업의 국제경영활동이 확대되어감에 따라 간접수출, 직접수출, 라이센스, 판매법인, 합작투자, 직접투자의 순으로 그 활동규모와 몰입의 정도가 점진적으로 확대된다.

예를 들어, 삼성전자의 미국진출은 초기에 그룹 내 종합무역상사인 삼성물산을 통한 간접수출로 이루어졌으나 수출물량이 증대됨에 따라 직접수출로 전환하였다. 수출규모가 더욱 커지고 유통망을 장악할 필요성이 대두됨에 따라 판매법인을 설립하였고, 중국을 비롯한 세계 각지에 생산법인을 설립하였다. 현재 삼성전자는 베트남에 대규모 휴대폰 조립공장을 운영하고 있다.

삼성전자 베트남 공장

04 >> 시장거래와 계약에 의한 해외진출

수출에 의한 해외시장 진출

수출은 각종 재화의 국제간 이동을 통한 가장 기본적인 해외시장 진출방식으로 간접수출과 직접수출로 나누어진다. 간접수출이란 종합무역상사나 흔히 '오퍼상'으로 불리는 수출대행업자를 통해 이루어지는 것으로 기업이 직접 수출관련업무를 수행하지 않으므로 해외시장을 개척하는 데 큰 노력이 필요하지 않다. 또한 자본투입이 적기 때문에 그만큼 위험도 적다. 그러나 간접수출은 수출대행업자에게 높은 수수료를 지불하여야 하는 단점이 있다. 또한, 자신이 직접 해외업무를 수행하지 않으므로 국제화경험이 축적되지 못하고 해외시장에 대한 정보를 획득하기가 곤란한 어려움이 있다. 또한 자신의 제품이 해외에서 어떻게 팔리는지 알수 없고 자기제품의 브랜드 이미지를 높일 수 없다.

이에 반하여 직접수출은 자신의 수출전담부서나 판매법인을 통하여 해외시장개척, 현지딜러관리, 판촉행위 등 수출 제반업무의 기능을 직접 수행하므로 자사제품에 대해 강한 통제력을 갖는다. 또한 직접수출은 해외지사와 판매법인을 통해 자신의 상표를 보호할 수 있고 해외시장의 수요변화나 시장변화에 대한 정보를 지속적으로 본사에 보고하고, 해외의 주요 고객들과 직접적인 접촉을 통해 해외시장기반을 구축하고 수출경험을 축적할 수 있다. 그러나 직접수출을 위해서는 수출입업무에 대한 지식이 필요하고, 해외마케팅활동을 수행할 수 있는 능력을 가진 인력자원이 필수적이다. 현지판매법인은 현지상관습에 따라 현지딜러와의 신용거래가 가능하므로 딜러에 대한 신용조사와 외상매출금관리가 필요하다. 또한, 전국적인 애프터서비스망을 갖추는 것이 필요해지므로, 장기적으로 경쟁력 있는 제품이 있어야만 현지마케팅에 대한 장기적 투자가 가능하다.

라이센스와 프랜차이즈

국제계약에 의한 진입방식은 기업이 기술, 상표, 물질특허권, 저작권과 같은 지적 소유권, 컴퓨터소프트웨어와 같은 기술적 노하우, 경영관리 및 마케팅과 같은 경영적 노하우 등 경영자산을 하나의 상품으로 취급하여 현지기업과 일정한 계약에 의해 판매하는 방식이다. 이러한 계약에 의한 방법으로는 라이센스license, 프랜차이즈franchise, 생산계약manufacturing contract 등의 방법이 있다.

라이센스는 진출예정국에 수출이나 직접투자에 대한 무역장벽이 존재할 경우 하나의 대안이 된다. 저개발국가 중에는 아직도 수출이나 100% 소유의 자회사를 규제하고 합작투자나 라이센스를 요구하는 나라가 많다. 둘째, 상품을 국가간에 직접 이동시키는 비용이 너무 많이 소요되는 경우 라이센스는 효율적인 해외사업운영방법이 된다. 예를 들어, 국내에 판매되는 버드와이저 맥주는 미국에서 직수입한 것이 아니라 국내기업의 라이센스에 의해 생산된 것이다. 이는 맥주를 해외로 수송하는 데 많은 비용이 들기 때문이다. 셋째, 기술과 서비스와 같이 이전비용이 많이 소요되는 무형자산의 경우, 라이센스는 효과적인 해외사업운영방법이 될 수 있다. 넷째, 투자국의 정치적 위험이 큰 경우, 기업들은 위험부담을 줄이기 위해 직접투자보다 라이센스를 선호하게 된다.

그러나 라이센스는 다음과 같은 단점을 갖고 있다. 첫째, 라이센스는 자사의 브랜드나 기술에 대한 보호와 통제가 힘들다. 둘째, 라이센스는 직접 현지에서의 마케팅활동 또는 생산활동을 하는 경우에 비해 이익이 적다. 셋째, 라이센스는 경쟁자를 만들 위험이 있다. 라이센스는 기술이나 무형자원을 일정기간 공여하는 것이나, 라이센스를 받은 기업이 공여된 기술을 자기 것으로 만들어 장기적으로 경쟁자로 등장할 수 있다. 넷째, 라이센스를 공여하게 되면 적어도 그 계약기간이 종료될 때까지 그 나라에서 다른 활동을 하거나 라이센스업자를 교체할 수 없게 된다. 라이센스비용의 결정요인에 대해서는 제12장에 보다 자세히 논의하기로 한다.

프랜차이즈는 라이센스의 한 형태이지만 라이센스보다 훨씬 강한 통제를 가능하게 한다. 라이센스계약이 기술이나 브랜드만을 일정기간 동안 공여하는 것에 비해 프랜차이즈는 품질관리, 경영방식, 기업체의 조직 및 운영에 대한 지원, 마케팅지원 등 프랜차이즈업체를 직접적으로 관리하거나 통제한다. 프랜차이즈는 Pizzahut이나 McDonalds와 같은 음식점과 호텔, 주유소 등의 서비스 업종에서 많이 이루어진다. 프랜차이즈의 점포의 소유권은 사업주가 가지나, 그 점포에서 사용하는 장비와 실내장식은 프랜차이즈기업이 일괄 공급한다. 그 결과 전세계적으로 Pizzahut이나 McDonalds는 품질이 표준화되어 자사의 브랜드 이미지를 유지 및 통제할 수 있는 이점이 있다. 호텔도 프랜차이즈로 운영되는 대표적인 업종이다. 조선호텔은 신세계그룹이 Westin체인에 가입하여 운영하는 프랜차이즈호텔이다. 가입의 대가로 Westin이라는 상호를 쓸 수 있고 전세계 Westin체인점에서 예약을 해준다. 그 대신 Westin본사에서 관리자를 파견하여 Westin이란 이름에 어울리는 서비스를 제공하도록 호텔운영에 간섭하고, 그 대가로 수입의 일정률을 경영지도비라는 명목으로 받아간다.

프랜차이즈의 이점은 첫째, 적은 자본으로 해외시장확대가 가능하다는 것이다. 둘째, 프랜차이즈는 상당히 표준화된 마케팅이 가능하며 광고에 있어서 규모의 경제성을 갖는다. TV로 Pizzahut의 광고를 하는 것은 전국의 Pizzahut 점포를 다 함께 광고하는 것과 다름없다. 셋째, 각 가맹점에 동기를 부여할 수 있다. 즉, 프랜차이즈 가맹업체는 일정의 수수료만 지불하고 나머지 영업수입은 자사의 수익이 되므로 각 매장이 매출을 증대하기 위해 노력하게 된다. 그러나 프랜차이즈는 라이센스와 유사하게 통제를 유지하기 힘들고 장기적으로 경쟁자를 키울 수 있다는 문제가 있다.

이 밖에도 생산계약방식이란 Nike나 Reebok과 같은 회사가 한국의 하청업자에게 일정한 품질과 가격에 운동화를 납품하도록 계약을 체결하고 이러한 계약에 의해 국제경영활동을 수행하는 방식이다. 일종의 하청생산방식인 생산계약은 하청업자에게 생산기술과 품질관리기술을 공여한다. 생산계약의 장점은 자신이 직접 공장을 운영하지 않고서도 신속하게 시장진입이 가능하고, 시장환경이 불리해질 때 신속히 철수할 수 있다는 것이지만, 품질을 지속적으로 관리하기 어렵고 경쟁자를 키울 수 있는 가능성이 존재한다. 이 밖에 국제계약방식으로는 위탁경영이나 서비스계약, 턴키공사turn-key operation가 있다. 서비스계약은 항공사의 경우, 기내음식물의 공급과 항공기정비를 자사가 직접 운영하지 않고 계약을 통해서 서비스를 제공받는 형태이다. 턴키공사는 생산플랜트를 일괄적으로 만들어 주는 위탁생산방식을 말한다.

05 ›› 직접투자에 의한 해외진출

해외직접투자는 해외사업에 대해 보다 강한 통제력을 갖는다. 통계목적상 해외에 있는 법인체의 주식을 20% 이상 소유하는 것을 직접투자라 정의한다. 20% 미만의 주식소유는 단순한 증권투자와 유사한 포트폴리오투자로 간주된다. 이처럼 직접투자의 정의에 일정지분 이상의 소유가 들어가는 이유는 직접투자가 단순

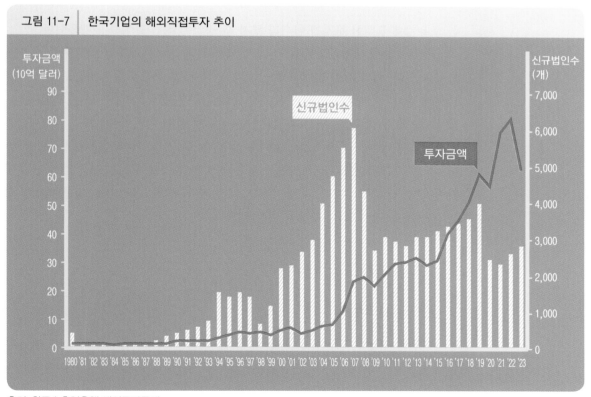

그림 11-7   한국기업의 해외직접투자 추이

출처: 한국수출입은행 해외투자통계.

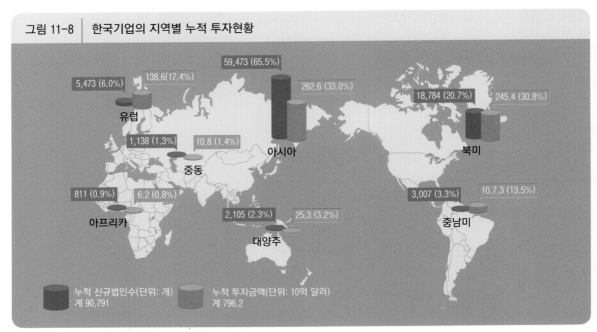

그림 11-8   한국기업의 지역별 누적 투자현황

유럽: 5,473 (6.0%)   138.6(17.4%)
아시아: 59,473 (65.5%)   262.6 (33.0%)
북미: 18,784 (20.7%)   245.4 (30.8%)
중동: 1,138 (1.3%)   10.8 (1.4%)
아프리카: 811 (0.9%)   6.2 (0.8%)
대양주: 2,105 (2.3%)   25.3 (3.2%)
중남미: 3,007 (3.3%)   10.7.3 (13.5%)

누적 신규법인수(단위: 개)
계 90,791

누적 투자금액(단위: 10억 달러)
계 796.2

출처: 한국수출입은행 해외투자통계, 2023년 기준.

한 소유지분에 대한 투자가 아니라 투자 후 경영에 직접 관여하기 때문이다.

한국기업의 해외직접투자는 **그림 11-7**과 같이 1990년대부터 폭발적인 증가를 보이고 있다. 이와 같은 한국기업의 해외직접투자의 누적분을 지역별로 보면 **그림 11-8**과 같다. 지역별로 보면 아시아에 대한 직접투자가 많이 이루어지고 있는 것을 알 수 있다. 한편, 북미와 유럽은 투자건수에 있어 아시아지역보다 적으나, 투자건당 투자금액은 상대적으로 높다는 것을 알 수 있다. 이와 같은 투자 1건당 투자규모가 북미와 유럽이 더 높은 이유는 북미와 유럽에 투자하는 산업이 기술집약적이거나 자본집약적인 산업이 많기 때문이다. 한편, 아시아에 대한 직접투자는 노동집약적인 산업이 주종을 이루고 있다.

직접투자의 동기

경쟁우위의 활용

기업이 경쟁우위를 갖고 있을 때, 이를 내수시장뿐만 아니라 더 넓은 해외시장에 활용할 수 있으면 더 큰 수익을 보장받을 수 있을 것이다. 즉, 해외직접투자를 통한 국제화의 가장 큰 목적은 기업이 갖고 있는 경쟁우위의 해외시장에서의 활용이다. 그러나 내수시장에서 경쟁우위를 갖고 있다고 해서, 해외시장에서 성공한다는 보장은 없다. 왜냐하면 국제화의 경험이 부족한 기업은 외국의 현지기업에 비해 많은 불리한 점을 감수하여야 하기 때문이다. 외국기업은 언어와 문화면에서 현지기업에 비해 불리하고, 현지국의 유통망에 대한 접근과 대정부관계에서 취약하다. 국제경영학에서는 이와 같이 외국기업이 갖는 불리함을 '외국인비용liabilities of foreignness'이라 부른다. 따라서, 외국기업은 외국인비용을 충분히 상쇄할 수 있는 경쟁우위를 가지고 있어야 한다. Hymer는 이와 같은 이유로 기업들이 '독점적인 경쟁우위monopolistic advantage'가 있는 경우에 해외직접투자를 행한다고 주장하였다.[3] Hymer가 독점적 경쟁우위를 강조한 이유는 그만큼 외국인비용이 크므로 이를 상쇄할 만큼의 경쟁우위를 보장해 줄 수 있는 기술, 브랜드, 마케팅능력이 없으면 직접투자가 성공할 수 없기 때문이다.

내부화

기업들이 해외직접투자를 하는 또 한 가지 중요한 이유는 지적 자산과 원자재 등을 해외로 이전하는 데 있어 시장거래나 계약을 이용하는 것보다 기업내부거래를 통해 수행하는 것이 더욱 효율적이기 때문이다. 이는 다국적기업이 경영자원의 국제간 이동을 효율적으로 수행하는 조직체라는 것을 의미한다. 이는 제10장에서 살펴본 거래비용이론transactions cost theory과 일치한다.[4] 즉, 기술과 브랜드와 같은 경영자원은 시장을 통해서 거래하기 힘든 경영자원이고, 원자재의 해외구매 역시 가격, 품질, 납기일면에서 많은 불확실성이 존재한다. 해외직접투자는 이와 같은 시장거래를 기업내부의 거래로 내부화internalization함으로써 효율성을 높인다.

환율 및 무역장벽의 위험감소

해외직접투자는 수출에 대한 각종 관세 및 비관세장벽에 대한 우회수단으로 종종 사용되기도 한다. 한편, 직접투자를 통한 생산지역의 다변화는 환율변동의 위험으로부터 기업을 보호해 주는 역할을 한다. 수출위주의 국제화전략을 추구하였던 일본기업들은 엔화의 급상승으로 큰 손해를 보았다. 그 이후 일본기업들은 적극적으로 해외직접투자를 행하고 있다. 이는 생산기지가 일본에 집중됨으로써 나타나는 환위험을 직접투자를 통해 완화하려는 전략으로 이해할 수 있다.

직접투자의 유형

직접투자의 구체적인 방법은 합작투자joint venture, 신설투자greenfield investment, 인수합병acquisition으로 나누어 볼 수 있다. 합작투자는 투자자금과 위험을 분담하고, 합작파트너로부터 현지상황에 대한 정보를 빨리 파악할 수 있으며, 현지의 네트워크형성에 유리하다는 장점이 있다. 또한, 현지파트너를 가짐으로써 지역사회에 기여한다는 평가도 받을 수 있고, 정치적 위험도 줄일 수 있다. 그러나 합작파트너와 경영방법 및 전략면에서 차이가 있을 경우, 이를 조정하는 데 큰 어려움을 갖는다. 또한 합작투자는 합작파트너에게 자신의 기술이 이전되어 장차 경쟁기업을 만들게 되는 위험도 존재한다. 합작투자에 대해서는 다음 제12장에서 자세히 다루고자 한다.

이에 비해, 100% 소유의 단독투자는 투자기업이 완전한 통제를 갖는 장점이 있고, 합작파트너를 고려할 필요가 없으므로 해외자회사의 경영이 단순한 면이 있다. 그러나 단독투자는 투자기업이 모든 위험을 혼자 부담하므로 위험부담이 크고, 파트너의 도움 없이 스스로 현지네트워크를 만들어야 하는 부담을 갖고 있다.

한편, 단독투자의 경우에도 신설투자와 기존기업의 인수합병이라는 두 가지 선택이 있다. 신설투자는 투자기업이 필요한 현지인력을 필요한 만큼 유연하게 선택할 수 있다는 장점이 있다. 그러나 신설투자는 투자결정 후 조업시까지 상당히 오랜 기간 동안의 준비가 필요하다. 이에 비해 인수합병은 빠른 속도의 진입을 가능하게 한다는 장점이 있다. 즉, 이미 운영중인 생산설비, 브랜드, 유통망을 한꺼번에 인수하므로 쉽고 빠르게 시장점유율을 높일 수 있다. 그러나 인수합병은 많은 경우 상당한 프리미엄을 지급해야 한다. 그 사업분야에서 실패한 기업을 인수하였을 때, 이를 회생시키기 위하여는 인수합병 결정시 기대하지 않았던 많은 비용을 부담하게 될지도 모르는 위험도 있다. 한편 인수기업을 통합하는 과정은 상당히 높은 수준의 관리기술을 필요로 한다. 인수합병의 구체적인 방법에 대해서도 다음 제12장에서 보다 구체적으로 다루고자 한다.

직접투자의 과정이론

실제의 해외직접투자는 일회의 투자가 아니라 오랜기간 동안의 계속된 투자의 반복이다. 국제경영분야에서는 이와 같이 직접투자의 순차적 과정을 강조하는

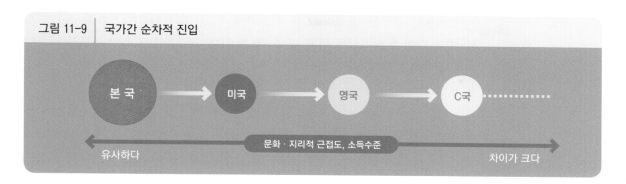

그림 11-9 | 국가간 순차적 진입

연구가 많이 이루어지고 있다.

일찍이 Johanson과 Vahlne은 기업들의 해외진출과정을 수출에서 판매법인으로, 그 다음 과정에서 생산법인을 설립하여 순차적으로 진입한다고 밝혔다.[5] 또한 Davidson은 기업이 세계의 여러 국가에 진출할 때에 동시다발적으로 진출하기보다 문화·언어·경제적 환경이 비슷한 국가로부터 상이한 국가의 순서로 순차적으로 진입한다고 밝혔다.[6] 즉, 그림 11-9와 같이 기업은 외국인비용을 줄이기 위하여 본국과 비슷한 국가에 먼저 진입하여 국제화경험을 쌓은 다음 점차적으로 이질적인 문화와 환경의 국가로 진출한다는 것이다.

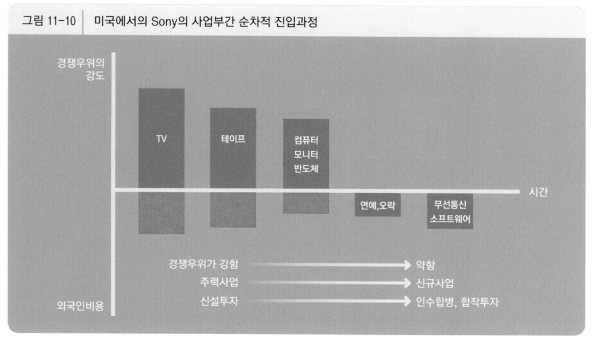

그림 11-10 | 미국에서의 Sony의 사업부간 순차적 진입과정

출처: Sea Jin Chang, "International Expansion Strategy of Japanese Firms," *Academy of Management Journal*, 1995.

저자의 연구는 기업이 여러 사업부를 갖고 있는 다각화기업일 경우 **그림 11-10**과 같이 현지기업에 비해 경쟁우위가 강한 사업부에 최초의 투자가 이루어지고 점차적으로 경쟁우위가 약한 사업분야로 순차적으로 진입하고 있다는 사실을 보여 준다.[7]

예를 들어, Sony는 과거 미국시장에 진출할 때, 그 당시 가장 경쟁우위가 높았던 TV사업부문부터 직접투자를 하였다. 이는 Sony가 국제화 초기에 직면한 외국인비용이 컸기 때문에, 이를 상쇄할 만큼 큰 경쟁우위가 있는 사업부터 직접투자가 이루어져야 했기 때문이다. TV사업부문을 운영하면서 미국인 현지경영자를 고용하고, 현지경영에 대한 노하우를 축적하게 됨에 따라, TV보다 경쟁우위가 낮은 테이프, 컴퓨터 모니터 사업들도 미국에 진출할 수 있었다.

이후 Sony의 대미직접투자는 또한 미국기업에 비해 경쟁우위를 갖지 못한 연예, 오락, 무선통신, 소프트웨어분야에 중점적으로 이루어졌다. 이러한 사업분야에서의 직접투자의 목적은 Sony가 갖고 있던 독점적 경쟁우위를 미국시장에서 활용하기 위해서라기보다 미국이 주도하고 있는 사업분야에 직접투자를 함으로써 미국 특유의 경영자원을 획득하려는 동기, 즉 내부화동기가 주목적이라고 볼 수 있다.

한편, 직접투자의 유형도 시간에 따라 변화하고 있다. 과거에는 Sony가 강한 경쟁우위를 가진 사업분야에 진출할 때는 신설투자방식을 선호하였으나 최근에는 점차로 기업인수합병과 합작투자방식을 선호하고 있다. 이는 투자기업 자신이 강한 경쟁우위를 가진 경우에는 신설투자가 유리하나 외국의 경쟁우위를 흡수할 목적일 때는 인수합병과 합작투자가 더 효과적일 수 있다는 것을 보여준다.

06 ›› 다국적기업경영

다국적기업Multinational Enterprise은 둘 이상의 국가에 현지법인을 갖고 있는 기업으로 정의된다. 즉, 해외직접투자를 통해 다국적기업이 탄생하는 것이다. Perlmutter는 다국적기업의 본사와 자회사간의 관계, 더 나아가 다국적기업의 구성원의 마음가짐에 따라 다국적기업의 유형을 다음 세 가지로 구분하

| 표 11-2 | Perlmutter의 다국적기업 유형 |

	본국중심주의	현지중심주의	세계중심주의
조직구조	본국의 조직은 복잡하게 분화되어 있으나, 자회사는 단순한 구조이다.	다양하고 서로 독립적인 조직	상호연관성이 높고 복잡하게 연결되어 있음
의사결정권	본국 본사로 집중	본사의 권한이 적음	본사와 자회사간의 긴밀한 협조체제
경영성과의 평가와 통제	본국의 평가기준이 외국인과 자회사에게 적용됨	현지의 기준이 적용됨	전세계적으로 적용가능하고 현지사정에도 맞는 기준을 선택함
포상과 징계와 같은 인센티브 제도	본사에 집중되며 자회사에는 없다.	자회사에 따라 다름	다국적기업 전체의 성과와 개별자회사의 목표에 맞는 인센티브를 개발하고 적용함
정보전달과 의사소통	본사에서 자회사로 일방적인 명령과 지시	본사와 자회사간 또한 자회사끼리의 정보전달이 적음	쌍방향으로 활발한 정보 전달이 이루어짐
국가에 대한 개념	본국과 동일시	개별자회사는 현지국과 동일시	국경을 초월함
인사관리	본국출신의 직원을 주로 승진시킴	현지인이 각 자회사를 운영함	국적을 초월하여 개별업무의 최적임자를 선발하여 임무를 부여하고 승진시킴

출처: H. Perlmutter, "The Tortuous Evolution of the Multinational Corporation," *Columbia Journal of World Business*, January-February 1969, p.12.

였다.[8]

첫째, 본국중심주의Ethnocentrism는 다국적기업의 출신국가에 있는 본사가 주요 의사결정권을 장악하고, 본국의 가치관과 경영시스템을 해외 자회사에 강요하는 체제이다. 표 11-2와 같이 의사결정권은 본사에 집중되어 있으며, 본국의 인사정책과 성과평가기준이 획일적으로 해외자회사에 적용된다. 또한 본사에서 파견나온 직원이 의사결정권을 주도하며 이들이 주로 승진하게 된다. 이러한 본국중심적인 사업방식은, 특히 한국과 일본기업에 강하게 나타나는 현상으로 자회사의 자율성을 박탈함으로써 해외자회사의 핵심역량의 창출과 유지가 불가능하다는 것이 취약점이다.

둘째, 현지중심주의Polycentrism는 세계 각국의 문화와 경제환경이 서로 다르므로 현지를 가장 잘 아는 현지인이 현지에 맞는 방법으로 자회사를 운영해야 한다는 가정에서 비롯된다. 다국적기업의 본사는 대부분의 의사결정을 현지의 경영자에게 위임하고, 금융적인 통제만 가한다. 그 결과, 본사의 권한은 제약되고 본

CHAPTER11

사와 자회사간 또한 자회사끼리 의사소통 및 정보교환은 거의 일어나지 않는다. 따라서 현지중심주의의 단점은 자회사가 서로 독립적으로 운영되므로 전세계적인 제품전략의 수립과 실행이 어렵다는 점이다. 또한 자회사별로 제품기획, 생산, 판매를 달리하므로 규모의 경제를 활용할 수 없고 궁극적으로 비용이 높아지는 단점이 있다. 이러한 현지중심주의는 일찍부터 국제화된 유럽과 미국의 다국적기업에서 많이 나타났던 현상이다.

그러나 Perlmutter가 생각한 이상적인 다국적기업은 본국중심주의도 현지국중심주의도 아니었다. Perlmutter는 세계중심주의Geocentrism에 따라 운영되는 기업이 진정한 의미의 다국적기업이라고 정의하였다. 세계중심주의는 본사와 자회사간의 쌍방향의 정보교환과 협력적인 의사결정이 빈번하고, 상호의존적인 구조를 갖는다. 세계중심주의의 다국적기업에는 본사와 자회사라는 개념이 없다. 해외자회사는 특정사업분야에서 주도적인 입장을 취할 수 있으며, 특정업무를 가장 잘 수행할 수 있는 사람은 국적을 불문하고 채용한다. 최근에는 이러한 세계중심주의적 사고를 갖는 다국적기업을 초국적기업transnational enterprise이라 부른다.

현재 빠른 속도의 국제화를 추진하고 있는 한국기업들은 본국중심주의적인 사고방식에서 탈피하는 것이 중요하다. 한국기업들은 상당히 본국주의적 중앙집권적인 경영방식에 익숙하여 있고, 해외자회사를 한국의 경영방식으로 운영하려는 경향이 있다. 성공적인 해외자회사 운영을 위하여는 자회사에 충분한 자율권을 보장해야 현지경영인과 기술인력을 보다 효과적으로 활용할 수 있다는 사실을 잊어서는 안 될 것이다.

07 ›› 결론 및 요약

해외시장진출은 제9장에서 살펴본 다각화전략과 유사한 점이 많다. 다각화전략이 기업이 갖고 있는 경영자원과 핵심역량을 새로운 사업분야에 적용하여 시너지를 창출하는 것이라면, 해외시장진출전략은 기존의 사업분야에서 해외시장으로 진출하여 시장을 확대하는 것이다. 성공적인 해외시장진출전략의 수행을 위해서는 해외사업운영에 대한 경험과 투자대상국의 정치·경제·문화적 환경에 대한 이해가 필수적이다.

　　기업들은 간접 및 직접수출, 라이센스와 프랜차이즈와 같은 국제계약, 그리고 해외직접투자 등의 방법으로 국제화되어 간다. 다양한 해외시장진출전략 중 가장 큰 투자를 필요로 하고 위험부담이 높은 방법은 직접투자이다. 직접투자를 통해 다국적기업이 되면, 해외자회사로 이루어진 국제네트워크조직을 효과적으로 경영할 능력이 필요하게 된다. 최근에 주목받고 있는 초국적기업 관점은 해외자회사와 본사가 서로 대등한 관계에서 국가특유의 경쟁우위를 활용할 수 있는 방법으로 운영되고 있고, 국적과 상관 없이 유능한 인재를 활용하도록 경영방식을 변화시키고 있다.

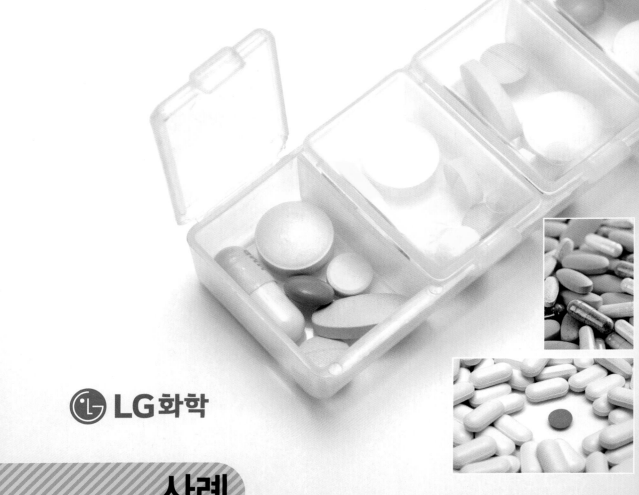

⨀ LG화학

사례

case

LG화학 생명과학부문의 글로벌 전략[9]

1947년 창립한 LG화학은 화학 및 소비재 분야의 선두
기업으로서, 2001년 LGCILG Chem Investment, LG화학, LG
생활건강 3개사로 분할하였다. LGCI는 화학분야 지주회사
의 역할을 담당하며 생명과학에 전문적으로 투자하고, 나머
지는 석유화학, 산업재, 정보전자소재를 담당하는 LG화학,
그리고 생활용품과 화장품 사업을 하게 되는 LG생활건강으
로 분할한 것이었다.

2002년에는 생명과학부문을 LGCI에서 독립해 LG생명
과학으로 출범시키게 되었다. 출범과 함께 LG생명과학은 생
명과학 분야 중, 인체의약과 동물의약, 식물의약 등을 집중
사업분야로 선정하였다. 이를 위해 신약개발의 성공가능성

이 높게 나타나고 있는 항감염제, 항암제 등의 분야에 주력하는 한편, 글로벌기업들과 제휴를 통해 R&D와 마케팅 역량을 확보한다는 장기전략을 밝혔다. 이를 통해 '세계적 신약을 보유한 초우량 생명과학회사'로 도약하고자 했다.

신약개발부문은 막대한 투자가 요구되나, 기술적 불확실성이 높기 때문에 그만큼 위험 부담도 많은 분야이다. 하나의 신약이 개발되고 시장에 출시되기까지에는 상당히 오랜 시간과 비용이 소요된다. 통계에 의하면 평균 1만 개의 화합물 중 1개가 최종으로 개발되며, 그 기간도 10년 가까이 소요된다고 한다. 또한 화합물의 발견 이후에도 임상실험과정에서 심각한 독성 문제가 뒤늦게 나타나, 시장에서 철수하는 경우도 가끔 발생한다. 이렇게 기술적 불확실성이 높기 때문에, 그에 따른 위험부담과 자원확보의 문제로 신약개발은 대기업들에 의해서 주로 이루어져 왔다. 제약회사들이 M&A 등에 의한 대형화를 추구하는 경향도 이러한 근본적인 문제 때문이다. 표 11-1과 같은 제약산업의 글로벌 기업들은 매출의 15~20% 이상을 연구개발에 투자하고 있다. 이러한 제약산업의 대형화 추세는 경쟁의 대상이 다른 산업과 판이하게 다르다는 것에서도 그 이유가 있다. 신약개발 분야에서의 진정한 경쟁자는 다른 제약회사가 아닌 바로 자연nature이기 때문이다. 이러한 이유로 합병을 통해 두 회사의 연구개발 프로그램을 통합하고, 생명공학 벤처기업들과의 전략적 제휴가 가장 빈번하게 이루어지는 분야 중의 하나가 바로 신약개발이다.

과거 LG화학의 생명과학사업부는 외국제약업체들의 특허가 만료된 의약품을 모방복제하여 일반의약품generic을 개발하는 수준을 벗어나지 못하였다. 퀴놀론계 항생제의 경우도 LG화학이 독자적으로 신약을 연구하기 이전에는 독일의 Bayer사의 퀴놀론 항생제인 사이프로플로삭신, 에녹사신 등 외국제약사의 제품을 모방하는 형편이었다. 그러나 특허만료 이전의 제품들을 복제하는 것을 법적으로 금지시키는 물질특허제가 1987년에 도입됨에 따라 LG화학은 더 이상 외국제약사들의 제품을 모방·생산하는 것이 불가능해졌으며, 정식으로 기술도입을 할 경우 공급자의 과도한 로열티 요구로 채산성을 맞추기가 어렵게 되었다. 또한 국내의약품 시장이 전면적으로 개방되어 외국의 선진제약사들이 직접 진입하게 됨에 따라 의약품을 수입하여 판매하는 판매대행 역시 어려워졌다. 이러한 위기상황에서 LG생명과학은 좁은 국내시장에 한정하여 외국제약회사의 제품을 모방 생산·판매하는 방식의 사업전략으로는 의약사업이 더 이상 성장할 수 없다는 판단을 하고, 전세계시장을 대상으로 혁신적인 신약개발을 추진하게 되었다.

LG생명과학은 1987년에 개발에 착수하여 약 4년에 걸친 작업 끝에 세파계 항생제를 개발하였으나, 임상실험 전단계에서 강한 독성이 발견되어 개발이 중단되었다. 그 다음으로 LG생명과학이 국제무대를 겨냥하여 독자개발을 추진한 신약이 퀴놀론계 항생제였다. 퀴놀론계 항생제란 세균의 유전자증식 작용을 하는 효소DNA Gyrase의 기능을 억제하여 살균작용을 하는 항생제로, 광범위한 항균력과 탁월한 효과를 가진 차세대 항생제로 평가되고 있었다. LG생명과학이 항생제 개발에 주력한 이유는 상대적으로 개발기간이 짧고 투자규모가 적게 소요되는 의약분야이기 때문이었다. 그 당시 미국 대학에서 유기화학을 전공한 홍창용 박사가 중심이 된 연구진은 퀴놀론계 항생제의 분자 구조를 변환하여 5각형 고리를 변환한 화합물구조를 개발하였다.

그러나 LG생명과학은 이와 같은 새로운 항생제 개발과 이를 상품화하는 것은 전혀 다른 문제라는 사실을 알게 되었다. 보다 구체적인 임상실험을 진행하여, 외국에서 의약품허가를 얻을 능력이 부족했던 LG생명과학은 항생제분야에 강한 GlaxoSmithKline에게 신물질의 개발권을 라이센스하게 되었다. LG생명과학이 독자적으로 임상개발을 추진하여 높은 부가가치의 실현과 제약사로서의 국제적인 브랜드 이미지 제고를 모색할 수도 있었으나, 임상실험 및 기초연구가 빈약한 LG생명과학은 파트너가 필요하다는 사실을 절실히 느낀 것이다. 그 결과 2003년 국내최초로 FDA승인을 받은 퀴놀론계 항생제 '팩티브'의 상업화에 성공하게 되었다.

표 11-3과 같이 LG생명과학의 의약품사업 부문에서의 제휴는 대부분 독자개발을 위한 기초연구와 신약개발에 대한 공동연구 그리고 선진 제약회사들과 공동마케팅 등을 위해 추진되고 있다. 이러한 전략적 제휴는 기술료, 로열티 등과 같은 경제적 성과뿐 아니라 선진 제약업체들의 노하우를 습득할 수 있는 장점이 있다. LG생명과학은 마케팅제휴를 통해 선진업체의 의약마케팅 노하우를 습득하고 있고, LG생명과학이 필요로 하는 기

표 11-3   LG생명과학(현 LG화학 생명과학부문)의 제휴현황

국가	제휴사	제휴현황
중국	Huadong Medicine Ningbo	미용필러 중국 판매 및 상업화 권리 제공
	Weijian Pharma Group	난임 치료제 독점판매계약
일본	Mochida Pharmaceutical	엔브렐 바이오 시밀러 사업 제휴
		Humira 바이오 시밀러의 사업 제휴
프랑스	Sanofi-Aventis	차세대 당뇨치료제(DPP-IV) 관련 기술제휴
멕시코	Stendhal	당뇨치료제 기술제휴
파키스탄	Ghazr Brothers	부스틴 장기공급 계약
한국	대웅제약	당뇨치료제 공동 프로모션 계약
영국	Avacta	차세대 단백질치료제 관련 기술제휴
스웨덴	Sprint Bioscience	비알코올성 지방간염 치료제 공동개발
미국	Kryptos Biotechnologies	초소형 분자진단기기 기술제휴
미국	유니버설 디스플레이 (UDC)	유기발광다이오드(OLED) 발광층 개발에 대한 전략적 제휴
핀란드	Neste	바이오포리머 및 바이오케미칼 제품생산 협력
중국	TransThera Biosciences	간염 NASH 치료제 신약개발 파이프라인 판권 제휴
.	UNICEF	신제품 소아마비 백신 공급 계약 체결
미국	Aveo Pharmaceuticals	미국 항암치료제 시장 진입을 위한 미국 바이오 기업 인수

출처: LG화학 연차보고서.

* 2017년 LG생명과학이 LG화학에 흡수합병됨에 따라 2016년까지의 자료는 LG생명과학, 2017년 이후의 자료는 LG화학의 생명과학부문 제휴 현황의 자료임

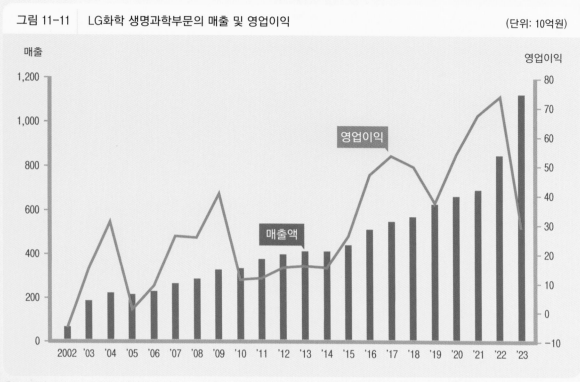

그림 11-11　LG화학 생명과학부문의 매출 및 영업이익　(단위: 10억원)

출처: 전자공시시스템. 2016년까지의 자료는 LG생명과학, 2017년 이후의 자료는 LG화학의 생명과학부문의 부문별 자료임.

술을 보유하고 있는 해외제약사들과 전략적 제휴를 통해 신약개발 및 상업화를 추진하고 있다.

　'팩티브'를 개발하는 과정에서 LG생명과학은 국제수준의 임상실험 데이터를 확보하게 되었을 뿐만 아니라, FDA승인을 받는 과정에서 글로벌스탠다드에 맞는 공장설비를 건설하게 되었다. 또한 미국 오시언트Oscient사와의 판매제휴를 시작으로 대만의 홀링Holling사, 사우디의 타북Tabuk사, 브라질의 아쉐Ache사 등 14개국의 상위 제약회사와 기술 수출 계약을 체결함으로써 신약개발 후 유통망 구축과 수익창출방안에 대한 경험도 얻을 수 있게 되었다.

　2010년에 LG생명과학은 녹십자와 의약품 판매·유통에 관한 포괄적 업무제휴를 체결했다. 시장에서는 이에 대해서 국내유통망이 강한 녹십자와 해외네트워킹이 강력한 LG생명과학의 결합으로 양사의 경쟁력 강화에 도움이 되는 것으로 평가하였다. 또한 2012년에는 신흥 시장 및 당뇨 치료제 분야의 선도기업인 Sanofi 자체개발 당뇨 치

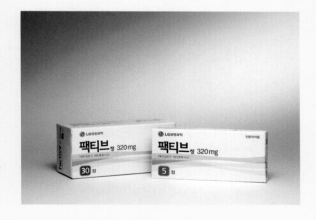

료제 '제미글로'에 대한 기술제휴를 체결하였으며, 2013년에는 멕시코의 Stendhal과 '제미글로' 및 '제미메트'에 대한 개발 및 판매계약을, 2014년 12월에는 파키스탄 Ghazi Brothers와 향후 10년 간 '부스틴'의 장기공급 계약을 체결하는 등 세계시장 공략을 위한 적극적인 행보를 보여 왔다.

2017년 LG생명과학은 장기적, 안정적인 신약개발 투자를 확대하기 위해 LG화학 생명과학사업본부로 다시 흡수합병되게 되었다. 이에 따라 LG화학은 막대한 투자비용을 충당할 자금을 공급하고 동시에 바이오사업 육성을 통해 사업 포트폴리오를 더욱 강화할 수 있었다. 2020년 말 배터리사업을 LG에너지솔루션으로 분사한 이후 LG화학은 남아있는 내부사업 중 생명과학 부문에 가장 많은 연구개발비용을 투입하고 있다. 2022년에는

R&D 투입금액을 2021년 대비 60% 이상 증액한 3,120억 원으로 책정하였으며, 2023년 기준으로는 약 3,750억 원을 R&D에 투자하여 신약물질의 개발에 집중하고 있다. LG화학은 신규 시장 개척을 위해 미국 바이오 기업을 인수하는 등 글로벌 시장에서의 입지를 더욱 확고히 하기 위한 노력을 활발하게 진행 중에 있다.

이러한 전략의 결과, LG생명과학은 2021년 0.8조 원에서 2023년 1.2조 원으로 꾸준한 매출 상승을 기록하는 성과를 보이고 있다. LG화학의 생명과학 사업이 앞으로도 '팩티브' 개발 과정에서 보여준 것과 같이 성공적인 신약개발과 해외진출을 통해 생명과학 분야의 글로벌 기업으로 성장할 수 있을까?

Video

LG화학의 바이오사업 육성

LG화학

LG화학의 홈페이지
www.lgchem.com

토 의 과 제

01 LG화학의 국제화과정을 살펴보고 그 과정에서 나타나는 해외시장진출전략의 유형에 대해 토의해 보자.

02 LG화학이 채택한 전략적 제휴 외에 해외진출을 위해 무슨 대안이 있는가? 각 대안의 장단점에 대해 논의해 보자. Hoechst의 글로벌전략에서 배울수 있는 함의는 무엇인가?

Strategic Management

참고
문헌

Reference

1 Michael E. Porter, *Competition in Global Industries*, Harvard Business School Press, 1985, p.28.

2 Christopher Bartlett and Sumantra Ghoshal, *Managing Across Borders: The Transnational Solution*, Boston: Harvard Business School Press, 1989.

3 S. Hymer, *The International Operation of National Firms: A Study of Direct Foreign Investment*, Cambridge: MIT Press, 1960; R. Caves, "International Corporations: The Industrial Economics of Foreign Investment," *Economica*, 1971.

4 대표적인 저자로 J. F. Hennart, *The Theory of the Multinational Enterprise*, Ann Arbor, University of Michigan Press, 1982 참조.

5 J. Johanson and J. Vahlne, "The Internationalization Process of the Firm," *Journal of International Business Studies*, 1977.

6 W. Davidson, "The Location of Foreign Direct Investment Activity," *Journal of International Business Studies*, 1980.

7 Sea Jin Chang, "international Expansion Strategy of Japanese Firms," *Academy of Management Journal*, 1995.

8 H. Perlmutter, "The Tortuous Evolution of The Multinational Corporation," *Columbia Journal of World Business*, January–February 1969.

9 본 사례는 장세진 교수의 지도하에 고려대학교 대학원의 박훤정, 김문구가 작성하였다. LG화학의 퀴놀계 항생제의 개발과정에 대한 이춘근의 고려대학교 경영학 박사 논문 "조직능력과 지식창출," 2000. 6.은 본 사례를 작성하는 데 큰 도움이 되었다.

CHAPTER11

Chapter

12 전략적 제휴, 합작투자, 기업인수합병

C/O/N/T/E/N/T/S

남자도 여자도 기업도 자기와 맞는 짝을 만나고
그를 통해 만족을 느끼기란 쉽지 않은 것 같다.

— 경영전략을 수강한 어느 학생의 넋두리.

사례

case

Video

Netflix가 바꾼
엔터테인먼트 산업

Netflix의 성장과 전략적 제휴[1]

Netflix는 1997년 Reed Hastings현 CEO와 Marc Randolph 초대 CEO가 미국에서 공동설립한 온라인 DVD 대여서비스 회사로 출발했다. 당시 미국 오프라인 비디오 대여시장은 인구의 90%가 10분 내에 매장을 방문할 수 있다는 통계가 나올 정도로 전국적인 체인망을 가졌던 Blockbuster가 독점하고 있었다. Blockbuster와 정면승부가 불가능하다는 사실을 직시한 Netflix는 간편한 대여과정과 저렴한 가격으로 차별화를 시도했다. 사용자가 웹사이트에서 보고 싶은 영화를 선택하면 우편으로 DVD를 전달받고 시청이 끝나면 반송용 봉투에 담아 다시 우편함에 넣어두는 방식이었다. 또한, 월정액으로 DVD를 무제한 대여하는 요금제를 시도하여 한 번에 여러 편의 DVD를 대여하는 것도 가능했고, 무엇보다 연체료를 받지 않는 정책이 큰 강점이었다. 반납일이 지나면 하루에 1달러씩 청구하여 전체 매출의 10%를 연체료로 꼬박꼬박 받아가던 Blockbuster와는 완전히 대비되는 전략이었다.

고객들은 낮은 가격에 편리함을 제공하는 Netflix로 서서히 이동하기 시작했다. Netflix는 2000년 사용자 취향과 콘텐츠 선택을 정확하게 예측하기 위해 사용자들이 웹사이트에 남긴 평점에 기반하는 추천시스템을 성공적으로 도입하여 매출세를 이어 갔다. DVD 플레이어의 대중화에 힘입어 2002년에는 Nasdaq에 상장되었고 그 당시 60만 명을 넘어선 가입자 수는 2005년 400만 명을 돌파했다. Blockbuster도 뒤늦게 연체료 제도를 없앴으나 Netflix의 성장세를 막기엔 역부족

이었다. 더 이상 연체료 수입은 발생하지 않았고, 연체가 늘어남에 따라 재고회전율이 떨어졌으며, 원하는 비디오를 구하지 못하는 결과로 매장 내 고객경험이 악화되는 악순환이 반복되었다. Blockbuster는 결국 2010년 파산하게 되었다.

DVD 대여시장에서 입지를 굳힌 Netflix는 2007년부터 전통적인 사업방식을 탈피하기 시작했다. 예전부터 고려했으나 느린 인터넷 속도 때문에 실현하지 못했던 온디맨드on-demand 스트리밍 서비스 출시를 결정한 것이다. 특정 플랫폼에 고정된 기존 스트리밍 서비스들과 달리, Netflix는 다양한 플랫폼 환경에서도 원활하게 이용하도록 지속적으로 노력했다. 이를 위해 Netflix는 각종 가전제품 기업들과 전략적 제휴를 맺었다. 2008년에는 Microsoft의 Xbox, 블루레이blue

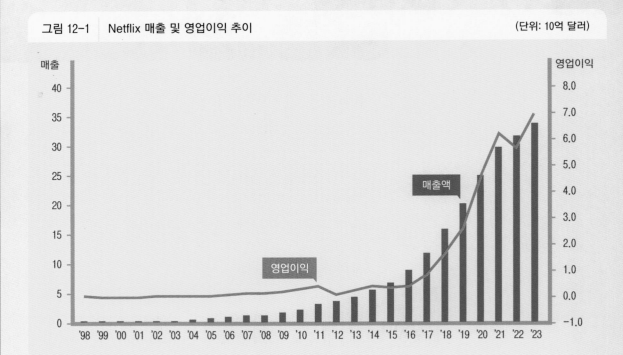

그림 12-1 Netflix 매출 및 영업이익 추이   (단위: 10억 달러)

출처: Netflix 연차보고서.

ray 플레이어, TV 셋톱박스set-top box환경에서, 2009년부터는 Sony의 PlayStation을 비롯한 기타 인터넷연결지원 디바이스에서 스트리밍 서비스를 제공하기 시작했다. 2010년부터는 Apple의 iPad, iPhone과 iPod Touch, 그리고 Nintendo Wii까지 더욱 다양한 환경으로 서비스 제공 범위를 넓혔다.

이때까지만 해도 Netflix는 미국시장만을 중심으로 서비스를 운영하고 있었다. 해외진출을 앞둔 Netflix에게는 다음과 같이 꼭 해결해야 할 과제들이 있었다. 취향이 서로 다른 소비자들을 만족시킬 수 있는 콘텐츠를 국가별로 확보해야 했고, 현지언어로 자막을 만들어야 했으며, 무엇보다 국가별 규제와 소비자 특성을 명확하게 파악할 수 있어야 했다. 각국에서 이미 선점효과를 누리고 있던 업체들과 경쟁에서 이기는 힘이 필요했다.

Netflix는 새롭게 진입하는 시장에서 실패하지 않기 위해 진출국가를 순차적으로 결정하되,

새롭게 진출할 때마다 그 전까지 학습된 노하우를 바탕으로 현지화를 가속화하는 전략을 구사했다. 2010년 Netflix는 미국과 시장환경이 가장 유사한 캐나다에서 최초로 해외서비스를 출시했고, 이듬해에는 중남미와 카리브해 지역으로 진출했다. 2012년에는 영국을 중심으로 한 일부 유럽국가에서부터, 2014년에는 프랑스, 독일, 스위스를 비롯한 다수의 중부 유럽국가들로 서비스 지역을 확대했으며 전 세계 가입자 수 5천만 명을 돌파했다. 2015년에는 호주와 일본을 중심으로 한 아시아시장에 뛰어들었고, 한국시장에서는 이듬해부터 서비스를 개시했다. 이미 2017년 기준 130개 국가에 진출한 Netflix는 전체 가입자 수 1억 명을 넘어섰고, 2023년에는 2.6억 명의 가입자를 확보하며 190개국 이상의 해외시장에 성공적으로 진출하게 되었다. 190개국 이상의 해외시장에 성공적으로 진출하게 되었다그림 12-2 참조.

Neflix의 이러한 고속성장에는 기기 제조업체

그림 12-2   Netflix 국가별 매출 비중   (단위: 10억 달러)

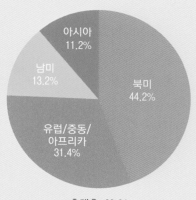

- 아시아 11.2%
- 남미 13.2%
- 북미 44.2%
- 유럽/중동/아프리카 31.4%

총매출: 33.64

Netflix 연차보고서, 2023년 기준.

부터 이동통신사 및 케이블 사업자, 인터넷서비스 제공업체들과 전략적 제휴를 통해 상생관계를 형성한 것이 큰 기여를 하였다. 일례로 2016년 Netflix는 다국적 케이블TV 회사인 Liberty Global과 연간 25억 달러 규모의 파트너십을 체결하여 30여 개국 고객들에게 고품질의 콘텐츠를 제공하였고, 유럽의 Vodafone, Unitymedia, Deutsche Telekom, Sky, Canal+, TV 라틴아메리카의 Telefónica, 일본의 KDDI 등 각국의 주요 통신사, 케이블TV, 위성방송들 역시 Netflix의 제휴 파트너였다. Vodafone이 아일랜드에서 TV서비스를 시작하면서 TV리모컨에 Netflix 전용버튼을 추가하였고, 신흥국 및 개발도상국 사용자들이 대부분 모바일을 통해 서비스에 접속하는 사실을 파악하자, 모바일 인터페이스를 효과적으로 개선하는 데 집중하였다.

2018년 1월 창사 이래 처음으로 시가총액 1천억 달러를 넘기며 같은 해 5월 Walt Disney의 시가총액마저 잠시 뛰어넘었던 Netflix는 2020년 코로나19 바이러스 확산에 따른 특수를 누리며 시가총액이 어느새 2천억 달러를 넘어서게 되었다. Netflix에 대응하기 위해서 Walt Disney Company는 Disney+를 출시하였고, Hulu, WarnerMedia의 HBO Max 등의 주요 콘텐츠 판매자들도 콘텐츠 가격을 올리거나 독자적인 OTTover the top 서비스를 연이어 출시하였다. 10분 미만의 숏폼short-form OTT Quibi와 TikTok의 등장, YouTube의 성장, 그리고 Apple TV+의 등장 또한 Netflix에게는 새로운 위협이었다.

이러한 콘텐츠 회사와 미디어 회사들의 견제를 뛰어넘기 위하여 Netflix는 2013년부터 직접 콘텐츠 제작과 배급에 투자하기 시작하였다. 2017년 매출의 70% 수준이었던 약 80억 달러 규모의 Netflix Original 콘텐츠 투자액은 2020년 170억으로 2배 커졌고, 2028년에는 이를 260억 달러까지 올릴 것으로 계획하고 있다. 실제 Netflix는 한국의 드라마와 영화에 적극적으로 투자하여 왔다. 2018년에는 스튜디오 드래곤이 제작한 '미스터 선샤인'의 총제작비 400억 원 중 70%인 280억 원을 들여 독점배급권을 가져갔다. 2019년에 투자한 '킹덤' 시즌1의 회당 제작비는 23억 원 수준으로 알려져 기존의 제작비의 5배 이상 높은 수준으로 결정되었다.[2] 2021년에는 '오징어게임'에 투자하여 세계적인 돌풍을 일으켜 전세계 Netflix 컨텐츠 중 1위를 차지하였고 골든글로브상을 비롯한 각종 상을 석권하였다. 이후 넷플릭스는 '지금 우리 학교는', '더 글로리' 등의 드라마 작품을 연달아 제작하여 큰 화제를 불러일으켰고, 'D.P.', '마스크걸'과 같이 웹툰과 웹소설 등 타 장르의 드라마화를 통해 오리지널 콘텐츠를 더욱 확대하였다. 높은 제작비는 그만큼 콘텐츠의 완성도를 높인다. 이는 전세계적으로 콘텐츠를 제공할 수 있는 Netflix만이 할 수 있었다.

Reed Hastings는 2019년 영국 왕립TV협회 컨퍼런스에서 앞으로 스트리밍 시장의 경쟁은 더욱 치열해질 예정이지만 그럼에도 불구하고 다른 미디어 그룹들과는 달리 콘텐츠 제작회사들을 인수합병하기 보다는 공동으로 투자하는 방식의 전략적 제휴를 선호한다고 밝혔다. 2022년 구독자의 증가추세가 둔화되자 Netflix의 주가는 최고점 대비 70%나 하락하였었다. Netflix가 향후 얼마나 좋은 컨텐츠를 전세계적으로 확보하는가에 따라 미래가 달려있다고 해도 과언이 아니다.

NETFLIX   Netflix의 홈페이지
www.netflix.com

01 >> 서 론

Ⅳ부의 기업수준의 전략 중에서 다각화, 수직적 통합, 그리고 해외진출에는 단독투자, 전략적 제휴 또는 합작투자, 또는 인수합병의 방법이 있을 수 있다. 특히 인터넷, 자동차, 항공기, 화학, 통신, 로봇공학, 반도체산업 등에서는 전략적 제휴와 인수합병이 활발히 이루어지고 있다.

한편 전략적 제휴와 인수합병은 기업수준에서만 일어나는 것이 아니라 사업부 수준에서도 일어날 수 있다. 즉, 사업단위별로 경쟁우위를 갖기 위해 경쟁자와 일시적인 제휴를 할 수도 있고 필요에 따라서는 인수합병도 가능하다. 그러나 전략적 제휴와 인수합병을 기업수준의 전략으로 살펴보는 이유는 종종 기업간의 전략적 제휴나 인수합병이 한 사업부에만 관련되는 의사결정이기보다 여러 사업부문에 영향를 미치고, 또한 큰 투자와 경영자원의 투입이 필요하기 때문이다.

그림 12-3 | 본서의 구성체계

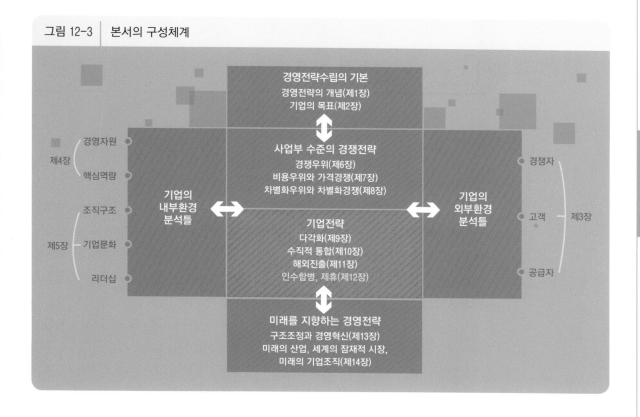

본 장은 자신의 핵심역량을 가장 잘 활용하거나 자신의 핵심역량을 보완하기 위하여 전략적 제휴를 어떻게 활용할 것인가를 보여준다. 한편 기업인수합병도 역시 넓게 정의하였을 때 전략적 제휴의 일종이라고 볼 수 있다. 제휴파트너가 너무 필요한 나머지 두 기업이 한 회사로 합쳐지는 것이기 때문이다. 따라서 본 장에서는 인수합병을 가장 긴밀한 형태의 전략적 제휴의 종류로서 함께 살펴보고자 한다.

본 장에서는 다음의 주제를 살펴본다.

- 전략적 제휴의 정의와 유형, 그리고 이러한 전략적 제휴를 하게 되는 동기를 살펴본다.
- 이러한 전략적 제휴의 대표적인 유형으로서 라이센스, 합작투자를 살펴보고 이러한 전략적 제휴를 효과적으로 수행할 수 있는 구체적인 경영방법을 살펴본다.
- 전략적 제휴의 한 가지 유형이라고 할 수 있으며 그 자체로도 상당히 중요한 전략적 의미를 가지는 인수합병전략을 살펴본다.

02 ›› 전략적 제휴의 정의

전략적 제휴strategic alliance는 경쟁관계에 있는 기업이 일부 사업 또는 기능별 활동부문에서 경쟁기업과 일시적인 협조관계를 갖는 것을 의미한다. 전략적 제휴의 가장 근본적인 원리는 상호성reciprocity이다. 즉, 파트너끼리 상호이익을 위하여 경영자원들을 공유, 교환, 통합하는 조직적 접근을 의미한다. 이러한 전략적 제휴 중에서 가장 느슨한 형태의 제휴는 우리가 흔히 보기 쉬운 라이센스협정, 상호마케팅협정 등이 있다. 이보다 더 긴밀한 기업간 제휴는 합작투자와 상호주식보유를 통한 제휴관계이다.

이와 같이 경쟁관계에 있는 기업들이 제휴를 맺는 것은 결코 새로운 현상이 아니다. 이는 오래전부터 국가간의 경쟁 또는 전쟁에서 일찍부터 전략적 제휴를 해왔던 이유를 기업들이 이제야 깨닫기 시작한 것이다. 국가간의 경쟁에서 제휴의 역할에 대한 이해는 기업간의 경쟁을 이해하는 데 많은 도움을 준다. 많은 사람들은 전략적 제휴가 경쟁보다 협조의 성격이 강하다고 믿고 있다. 그러나 이는 잘못된 생각이다. 전략적 제휴의 가장 근본적인 목적은 경쟁이다. 즉, 경쟁기업과의 제휴는 경쟁기업과 협조체제를 구축하는 것 그 자체가 목적이 아니라, 제휴관계 이외의 기업들과 효과적으로 경쟁을 하기 위하여 그 제휴기업과 일시적으로 협조하는 것에 불과하다.

　예를 들어, 제2차 세계대전 중 영국, 미국, 프랑스 연합국은 독일을 중심으로 하는 주축국에 효과적으로 대응하기 위하여 소련을 연합국으로 끌어들였다. 이는 소련과 장기적인 협조체제를 형성하기 위한 것이 아니라 공동의 적인 독일에 효과적으로 대항하기 위한 것이었다. 나치독일이 붕괴하자 전쟁 중 돈독한 협조체제를 유지하였던 미국, 영국, 프랑스와 소련은 곧 적대관계로 돌아섰다.

03 〉〉 전략적 제휴의 목적

⠿ 자원과 위험의 공유

　자신이 참여하는 모든 시장에서 경쟁기업에 대한 우위를 가질 수 있을 만큼 충분한 경영자원을 가진 기업은 존재하지 않는다. 따라서 보완적인 제품이나 유통망, 그리고 생산기술을 가진 다른 기업들과 전략적 제휴를 하는 경우가 많다. 특히 최근 모든 산업에서 연구개발투자가 더욱 중요해지고 생산시설투자에 소요되는 비용은 막대해졌다. 예를 들어, 항공기산업의 Boeing은 일본의 Mitsubishi중공업과 긴밀한 제휴관계가 있으며, Boeing의 가장 큰 경쟁사인 Airbus사는 Boeing사에 효과적으로 대응하기 위하여 영국과 프랑스, 독일의 항공기제작기업들이 컨소시엄consortium형태로 설립한 기업이다. 이와 같이 연구개발투자비용과 생산비용이 큰 산업에서의 전략적 제휴는 높은 고정비용에 대한 투자와 그에 따른 위험을 낮추는 효과를 갖고 있다.

Airbus와 Boeing

신제품개발과 시장진입의 속도단축

신제품개발에 소요되는 시간은 경쟁이 심화됨에 따라 계속적으로 단축되어 왔다. 경쟁기업에 비해서 더 빠르게 제품을 내어놓는 기업일수록 높은 수익을 보장받을 수 있고 초기진입자의 우위를 누릴 수 있기 때문이다. 일본의 가전산업과 자동차산업이 과거 미국에 대해서 경쟁우위를 가질 수 있었던 근본적인 원인 역시 일본기업들이 훨씬 유연한 조직구조를 기반으로 미국기업보다 더 빠르게 신제품을 개발하여 시장에 내놓았기 때문이었다. Stalk는 이 같은 일본기업의 신제품 개발속도를 '시간에 의한 경쟁우위time-based competition'라고 정의하였다. 한국의 삼성전자나 현대자동차는 최근 일본의 경쟁자보다 더욱 신속하게 신제품을 개발함으로써 경쟁우위를 가질 수 있었다.

이토록 시간에 의한 경쟁우위가 중요해짐에 따라 모든 기업들이 갖고 있는 공통적인 고민은 시장진입의 속도 단축에 필요한 모든 경영자원을 각 기업이 보유하고 있지 못하다는 것이다. 예를 들어, 프랑스, 독일, 스페인의 항공기 제작사들이 컨소시엄consortium형태로 만들어진 Airbus는 각 개별기업이 충분히 자체적으로 디자인하여 생산할 수 있는 능력을 보유하고 있으나, 만약 개별기업이 독립적으로 개발을 하려고 할 경우에 주요 경쟁사인 Boeing에 비해 개발이 늦어지거나 비용이 많이 들 것을 우려하여 탄생하였다. 더욱이 기업들이 필요한 모든 경영자원을 자체적으로 보유하고 있지 못한 경우에는 이러한 전략적 제휴의 필요성은 더욱 높아진다. 시장진입의 속도단축을 위한 전략적 제휴의 중요성은 Netflix의 사례에서도 알 수 있다.

산업표준의 선택

많은 산업에서 전략적 제휴가 추구하는 목적 중의 하나는 기술의 표준화를 이루는 것이다. VCR산업에서 일본의 Sony와 Matsushita가 산업표준화를 위해 경쟁하다가 Sony의 베타방식이 실패한 사례는 산업표준의 중요성을 알려준다.

이와 같이 산업표준이 없는 경우에는 기업과 소비자 모두가 혼란을 겪기 때문에 기업들은 산업표준을 만들기 위해 전략적 제휴를 맺는 경우가 많다. Sony는 베타방식에서 실패한 쓰라린 경험을 토대로 하여 경쟁자들과의 교차라이센스cross-licensing를 통해 CD와 DVD기술을 전세계표준으로 만드는 데 성공하였다. 이와 같이 전략적 제휴를 통하여 산업표준을 결정하는 것은 기술개발이 빠르고

네트워크 경제성network externality이 있으며 산업표준이 아주 중요한 역할을 하는
산업에서 중요한 역할을 한다. 네트워크 경제성이 중요한 산업에 있어서의 전략
에 대해서는 제14장에서 보다 자세히 다룬다.

기업의 유연성 확보

전략적 제휴가 중요한 또 한 가지 이유는 신제품개발과 신시장진출뿐만이 아
니라 기존의 사양산업에서 탈퇴하는 데에도 유용하기 때문이다. 예를 들어, 미국
의 Corning은 점차 수요가 성숙화되고 국제경쟁이 심화되는 TV브라운관사업을
일본의 Asahi와의 합작투자로 전환하였다. 이는 Corning이 공장문을 닫고 TV브
라운관사업에서 완전히 철수하기보다는 합작투자로 전환함으로써 전망이 좋아질
때 언제든지 합작투자를 기반으로 하여 다시 사업을 계속할 수 있다는 계산에서
나온 것이다. 즉 전략적 제휴를 통하여 사양화된 사업을 합작투자로 전환하면 이
는 사업의 전망이 다시 좋아지면 합작투자를 기반으로 하여 언제든지 확장을 할
수 있는 콜옵션call option과, 전망이 나빠지면 합작투자파트너에게 지분을 팔고
쉽게 철수할 수 있는 풋옵션put option을 갖는 것이다. 결국 전략적 제휴는 기업이
사업에서 철수를 고려할 때에도, 옵션을 갖고 있는 것과 같은 유연성을 준다.

또한 전략적 제휴를 통하여 기업은 자신의 핵심역량이 아닌 주변활동기능을
외주를 줌으로써, 자신의 설비투자비용을 줄이고 보다 유연한 비용구조를 가질
수 있게 된다. 제10장의 수직적 통합에서 살펴본 바와 같이, 최근에는 기업들이
수직적 통합을 지양하고 외주활동outsourcing을 늘리는 경향이 있다.

04 >> 전략적 제휴의 주요 유형

전략적 제휴에는 다음 **그림 12-4**와 같이 다양한 유형이 있다.

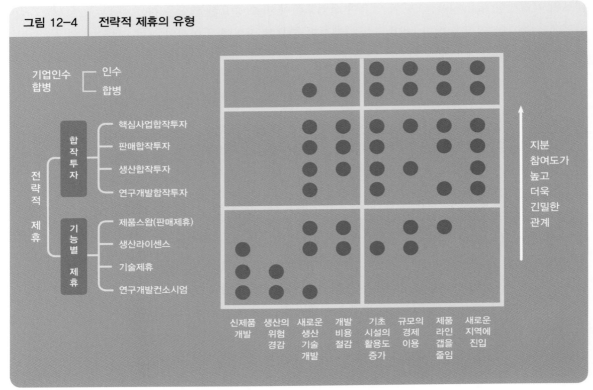

| 그림 12-4 | 전략적 제휴의 유형 |

출처: J. Bleeke and D. Ernst, *Collaborating to Compete*, John Wiley & Sons, 1993, p. 60.

⚙ 기능별 또는 업무별 제휴

기능별 제휴functional agreement는 지분참여 없이 그 기업이 수행하는 여러 가지 업무 분야의 일부에서 협조관계를 갖는 것이다. 이러한 제휴관계는 상당히 구체적인 기능별 분야, 즉, 연구개발, 생산, 마케팅, 기술, 유통 같은 각각의 기능별 분야에서 공동프로젝트를 수행하는 것이다. 이런 기능별 제휴에서는 합작투자와 같은 새로운 조직이 창출되지 않고 제휴의 영역 역시 대단히 제한적이다. 주요 기능별 제휴형태를 보면 다음과 같다.

연구개발 컨소시엄R&D consortium은 첨단산업분야에서 흔히 볼 수 있는 현상이다. 일부 컨소시엄은 정부에 의해 전적으로 또는 일부를 보조받는 경우도 있다. 한국정부는 항공기, 정보통신, 반도체 생산기술분야에서 공동연구 컨소시엄을 직·간접적으로 지원을 하였다. 이런 컨소시엄이 과연 만족스러운 성과를 얻었는가에 대해서 논란의 여지가 많지만 일부 분야에서는 상당한 성과를 얻었다. 한국의 통신업계가 정부의 주도하에 전자식교환기인 TDX를 개발한 것이 그 예이다.

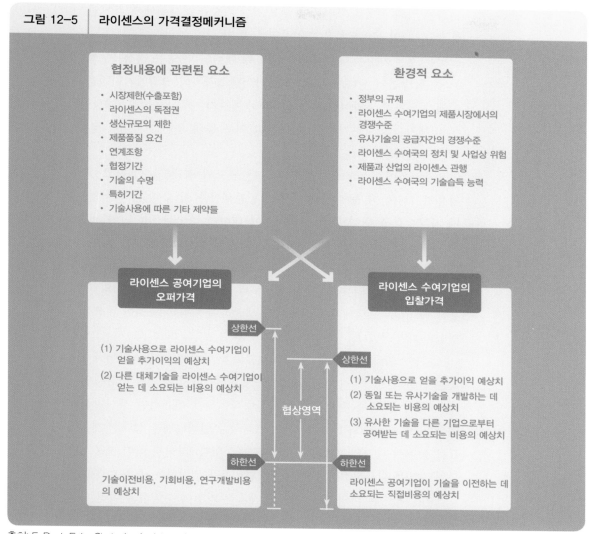

그림 12-5 | 라이센스의 가격결정메커니즘

협정내용에 관련된 요소
- 시장제한(수출포함)
- 라이센스의 독점권
- 생산규모의 제한
- 제품품질 요건
- 연계조항
- 협정기간
- 기술의 수명
- 특허기간
- 기술사용에 따른 기타 제약들

환경적 요소
- 정부의 규제
- 라이센스 수여기업의 제품시장에서의 경쟁수준
- 유사기술의 공급자간의 경쟁수준
- 라이센스 수여국의 정치 및 사업상 위험
- 제품과 산업의 라이센스 관행
- 라이센스 수여국의 기술습득 능력

라이센스 공여기업의 오퍼가격

상한선
(1) 기술사용으로 라이센스 수여기업이 얻을 추가이익의 예상치
(2) 다른 대체기술을 라이센스 수여기업이 얻는 데 소요되는 비용의 예상치

하한선
기술이전비용, 기회비용, 연구개발비용의 예상치

라이센스 수여기업의 입찰가격

상한선
(1) 기술사용으로 얻을 추가이익 예상치
(2) 동일 또는 유사기술을 개발하는 데 소요되는 비용의 예상치
(3) 유사한 기술을 다른 기업으로부터 공여받는 데 소요되는 비용의 예상치

협상영역

하한선
라이센스 공여기업이 기술을 이전하는 데 소요되는 직접비용의 예상치

출처: F. Root, *Entry Strategies for International Market*, 1994, p. 125.

기술제휴 또는 기술라이센싱형태는 대체로 한 기업이 다른 기업에 생산기술을 공여하거나 자신의 기술을 기반으로 하여 신제품을 개발할 수 있는 권리를 공유하는 것을 의미한다. 이러한 기술제휴와 제품개발 라이센스는 대체로 일정액의 로얄티를 일회적으로 지불하고 매출의 일부분을 지속적으로 로열티로 지불한다. 이는 주로 신제품개발과 생산의 위험과 비용을 절감하는 것이 주된 목적이라고 할 수 있다.

특히 교차라이센싱cross-licensing은 기업들끼리 서로 기술을 주고받는 형태이다. 예를 들어서 CD컴팩트디스크가 처음 개발되었을 때 Sony와 Philips는 산업표준화를 위해서 서로 자신들이 갖고 있는 기술을 상대편에게 라이센스함으로써 공동으로 CD의 산업표준을 개발하였다. 이와 같이 기업간에 필요한 기술을 서로 주고받는 것은 제휴관계 이외의 기업들에 대하여 더 높은 경쟁우위를 확보할 수 있는 좋은 방법이 된다. **그림 12-5**는 라이센스가격의 결정메커니즘을 보여준다. 라이센스의 가격은 라이센스 공여자와 수여자가 각기 판단하는 예상이익의 폭과 다른 대체기술의 공여가능성, 독자개발 여부 등의 요인들에 의해 상한선과 하한선이 결정된다.

생산라이센스production license는 규모의 경제를 활용하고 유휴생산시설을 활용하기 위하여 둘 이상의 기업이 공동생산을 할 수 있는 라이센스를 보유하거나 자체수요를 위해 직접 특허기술에 대하여 라이센스를 받아 생산하는 방법이다. 예를 들어, IBM은 과거 Intel로부터 마이크로프로세서를 라이센스를 받아서 자체적으로 생산을 하였었다. 왜냐하면 IBM은 마이크로프로세서에 대한 자체적인 수요가 크기 때문에 이를 Intel로부터 구입하는 것보다 IBM의 자체생산시설을 통해 마이크로프로세서를 라이센스 생산하여 사용하는 것이 비용상 훨씬 유리하였었기 때문이었다.

제품스왑product swap은 판매제휴를 의미한다. 제품스왑이나 판매제휴의 유형은 타사의 생산품에 자사의 브랜드를 붙여 마치 자사의 생산품인 것처럼 판매하는 방식이다. 주문자상표부착생산방식OEM이 대표적인 생산방식의 하나이다. 예를 들어, Honda와 Isuzu는 서로 트럭과 유틸리티밴을 상대편 제품에 자사의 상표를 붙여서 각자의 판매망을 통해 판매하였다. 따라서 이런 제품스왑을 통해 규모의 경제를 활용하고 자신의 제품개발비용을 절감하는 좋은 효과를 얻고 있다.

이상에서 본 바와 같은 기능별 제휴는 기업이 수행하는 여러 활동 중에서 극히 제한된 일부 기능에서만 일어나기 때문에 많은 경우 기업들은 지분참여를 하지 않고서도 제휴를 할 수 있다. 그러나 이런 기능별 제휴의 일부는 상호유대관계를 높이기 위해서 주식을 교환하기도 한다. 이러한 지분참여는 이를 바탕으로 하여 일부 사업분야에 국한된 제휴관계를 더 넓은 제휴관계로 그 폭을 확장할 수 있는 가능성을 제시하여 주기도 한다.

합작투자

전략적 제휴관계가 그 기업의 전략에 중요한 역할을 하게 되고, 제휴를 통해 보다 높은 범위의 경제성과 시너지를 창출할 필요를 느낀다면, 기업들은 합작투자joint venture의 형식을 고려할 수 있다. 합작투자는 연구개발, 판매, 생산에서 이루어질 수 있으며 나아가서는 자신의 핵심사업분야 자체를 합작투자화하는 경우도 발생하고 있다.

일부 기능에만 국한된 기능별 제휴와 달리 합작투자는 법률적으로 모기업으로부터 독립된 법인체를 설립한다. 이러한 합작투자방식은 기능별 제휴처럼 한 기능이나 업무분야에 국한되어 있기보다는 기업활동의 여러 분야에 걸친 종합적인 협력관계가 필요할 때 실행하는 경우가 많다.

지분율은 합작투자에 양 기업이 공여할 수 있는 핵심역량을 누가 더 많이 갖고 있는가와 양자간의 교섭능력에 따라서 결정이 된다. 현대자동차와 중국의 북경기차BAIC의 베이징현대 합작투자는 이러한 50 대 50의 합작투자의 대표적인 사례이다. 그러나 50 대 50의 합작투자의 맹점은 두 회사가 의견이 다를 때 이를 신속하게 해결하여 줄 수 있는 구조적인 해결책이 없다는 것이다. 그러나 50 대 50의 합작투자는 다음 절에서 살펴볼 바와 같이 합작투자 파트너들의 몰입을 증가시키는 장점이 있다.

05 ›› 성공적인 제휴방법

제휴파트너 선정상의 유의점

전략적 제휴에서 성공하기 위해서는 좋은 제휴파트너를 선정하는 것이 중요하다. De la Sierra는 전략적 제휴의 파트너를 선정하는 데 가장 중요한 기준으로 다음 양립성compatibility, 능력capability, 몰입성commitment의 3C를 강조하였다.[3]

양 립 성

양립성compatibility이란 전략적 제휴에 참여하는 기업의 전략이 서로 모순되거나 이해가 상반되지 않는가 하는 점이다. 예를 들어 eBay는 자신의 경매사이트를 많은 고객에게 알리기 위해 AOL과 제휴를 맺었다. 만일 AOL이 자신이 직접 경매사업을 할 의사가 있었다면 이러한 제휴는 일어나지 않았을 것이다. 따라서 다음과 같은 점에서 제휴파트너의 전략을 검토하여야 한다.

첫째, 전략의 양립성을 검증하기 위하여 제휴파트너의 제휴네트워크를 살펴보아야 한다. 즉 제휴대상기업이 현재 우리 회사와 경쟁하고 있는 기업과 다른 면에서 밀접하게 관계를 갖고 있지 않은지 만일 그렇다면 파트너기업이 제휴를 통하여 우리의 기술이나 정보를 얻었을 때 경쟁기업에 유출할 가능성이 있는지를 살펴보아야 한다. 그리고 제휴가 끝났을 때 이 제휴파트너가 자신의 경쟁자로 부각할 것인가도 고려하여야 한다.

둘째, 기업문화의 양립성은 제휴의 주요 성공요인이다. 모든 기업들은 나름 독특한 기업문화를 가지고 있다. 따라서 제휴에 참여하는 기업들의 기업문화의 차이가 제휴의 목적달성에 걸림돌이 되지 않는지, 또한 기업문화의 차이를 극복할 수 있는지를 알아보아야 한다. 이를 위하여 제휴파트너가 지금까지 전략적 제휴를 해 온 역사나 과정을 살펴보는 것이 많은 도움이 된다. 즉, 지금까지 제휴대상기업이 어떤 전략적 제휴관계에 참여하였으며 그 제휴관계에서 성공적이었는지 또는 갈등이나 문제를 일으켰는지 살펴보아야 한다.

셋째, 경영관리시스템의 차이 역시 제휴의 양립성의 주요 요소이다. 기업경영에 있어서 가장 중요한 요소는 사람이다. 특히 국제제휴에서는 국가간에 상당한 문화의 차이가 존재하기 때문에 상호신뢰의 기반 위에서 제휴를 운영하는 것은 쉽지 않다. 언어와 문화의 차이가 존재하기 때문에 자신의 의사를 완벽하게 전달하기가 힘들며 경영관리시스템과 의사결정의 분권화나 집권화, 배당정책 등 여러 가지 경영시스템의 차이는 제휴당사자들에게 상호불신과 많은 갈등의 소지를 안겨주기 때문이다.

예를 들어, 제휴파트너가 중앙집권적인 의사결정구조를 가지고 있을 때, 모든 의사결정은 최고경영자와 상의하여야 한다. 그러나 한 기업은 중앙집권화되어 있고 다른 기업은 분권화되어 있다면 제휴파트너와 의사결정이나 의견조정을 할 때에 많은 시간이 소비되고 갈등을 일으킬 소지가 많다.

파트너의 능력

전략적 제휴를 고려할 때 우리는 파트너가 갖고 있는 경영자원과 핵심역량을 정확하게 파악하여야 한다. 전략적 제휴에서 상대편 기업의 능력과 핵심역량을 평가하는 이유는 제휴를 통해서 자신이 갖고 있는 약점을 보완하고 강점을 강화하는 것이 필요하기 때문이다. 핵심역량의 관점에서 보면, 두 회사가 상호보완적인 핵심역량을 가지고 있는 것이 바람직하다. 예를 들어, 건설장비사업에서 미국의 Clark과 스웨덴의 Volvo는 합작투자를 통해 미국의 Caterpillar와 일본의 Komatsu에 대항하려고 하였다. Volvo는 유럽과 중동지역에서 높은 시장점유율을 가지고 있는 반면에 Clark은 이 지역에서 시장점유율이 낮았다. 또한 Clark은 미국시장에서 시장점유율이 높았지만 Volvo는 미국시장에 진출한 적이 없었다. 이처럼 지역적으로 상호보완적인 두 기업이 자신의 약점을 보완함으로써 성공적으로 Komatsu와 Caterpillar 등과 경쟁할 수 있는 능력을 갖출 수 있었다.

제휴에의 몰입성

아무리 제휴파트너가 핵심역량과 경영자원을 갖고 있고 양사의 경영관리시스템과 기업문화의 양립성이 높을지라도 제휴당사자들이 제휴를 성공적으로 만들어 가기 위하여 시간과 에너지, 경영자원을 투입하지 않으면 성공할 수 있는 가능성은 매우 희박하다. 따라서 제휴파트너를 선택할 때, 자신의 파트너가 전략적 제휴를 성공적으로 수행하기 위하여 얼마만큼 열심히 임할 것인가를 파악하는 것이 중요하다.

이를 위해서는 전략적 제휴가 제휴파트너의 핵심사업분야에서의 제휴인지 주변사업부에서의 제휴인지를 고려하여야 한다. 만일 전략적 제휴가 파트너에게 중요하지 않은 주변사업분야에서 이루어진다면 그 파트너는 제휴를 성공적으로 이끌기 위한 시간과 경영자원을 많이 쏟으려고 하지 않을 것이며, 조그마한 갈등이 있어도 쉽게 제휴를 포기할 가능성이 높다. 이와 같이 한 회사가 수수방관하거나 무임승차하려는 기회주의적인 행동을 하려고 한다면 이런 제휴는 실패할 가능성이 높게 된다. 따라서 전략적 제휴를 상대편 회사의 비주력사업분야에서 선택하기보다는 이 전략적 제휴를 위해서 혼신의 노력을 다할 수 있는 파트너를 선택하는 것이 훨씬 바람직하다. 과거 미국의 TRW와 일본의 Fujitsu는 Fujitsu가 만든 POS터미널과 현금자동인출기를 미국에서 판매하는 합작회사를 설립하였던 경험이 있다. 그러나 TRW는 Fujitsu의 제품을 미국에서 판매하는 데에 전력투구를 하지 않았다. 왜냐하면 이 사업분야가 TRW의 주력사업분야와는 거리가 먼 주변사업분야였기 때문이었다. 결국 TRW가 이 사업분야를 포기함에 따라서 Fujitsu는 원점에서 미국시장진출을 할 수밖에 없었다.

성공적인 제휴경영기법

적절한 파트너선정 못지않게 그 제휴를 어떻게 경영할 것인가 하는 점이 제휴의 성공 여부에 큰 영향을 미친다. 전략적 제휴의 성공적인 경영을 위하여는 다음 사항에 유념하여야 한다.

첫째, 전략적 제휴가 본질적으로 단기적인 목표수행을 위한 전략이라는 점을 잊어서는 안 된다. 많은 기업들이 오해하는 사실 중 하나는 제휴를 본질적으로 두 기업간의 장기적인 협력관계로만 이해하는 것이다. 이것은 상당히 위험한 발상이다. 전략적 제휴란 서로 경쟁적인 기업들이 구체적인 전략적 목표를 공동으로 성취하기 위해서 일시적으로 협력한 것에 불과하다. 즉, 제휴의 가장 중요한 목표는 경쟁이다. 궁극적으로 경쟁을 위해 일시적으로 협력할 뿐이다. 만일 한쪽 기업이 구체적인 전략적 목표를 갖고 제휴에 임하는 것에 비하여, 상대편 기업이 막연히 장기적인 협력관계를 유지하려는 태도로 제휴에 임한다면, 후자의 기업은 마치 짝사랑에 빠진 것과 같다. 오래 지속되는 장기적인 제휴가 결코 성공적인 제휴는 아니다. 전략적 제휴의 성공여부는 과연 그 제휴에 임하는 기업들이 그 제휴의 목표를 달성하였는가에 달려 있다. 오히려 일정 목표를 달성하기 위해 제휴를 오래 지속하면 할수록 실패한 것으로 볼 수 있다.

전략적 제휴의 평균수명은 상호지분을 출자한 합작투자인 경우는 5년 정도이고, 지분보유 없는 단순한 라이센스나 공동연구개발 프로젝트는 그보다 훨씬 수명이 짧다. 이렇게 전략적 제휴가 근본적으로 그 수명이 짧은 것은 경쟁관계에 있는 기업들이 분명하고 구체적인 목표를 위해서 단기적으로 협력하는 체제이기 때문이다. 따라서 기업들이 각자의 목표를 달성하고 상대편 기업으로부터 더 이상 얻을 것이 없으면 과감하게 제휴를 종료하는 것이 상책이다. 두 기업이 소기의 목적을 달성하였다면 이 제휴는 성공적인 제휴이고 양자가 모두 만족한 가운데 제휴관계를 마칠 수 있다. 따라서, 전략적 제휴를 장기적으로 계속하고자 한다면, 그 다음 단계의 새로운 목표를 추구하는 경우에만 바람직하다.

둘째, 제휴는 대부분 한 쪽 제휴파트너가 상대 파트너의 지분을 인수함으로써 끝마치게 된다. 따라서 전략적 제휴를 수행하는 기업은 제휴가 끝난 후에 어떻게 처리할 것인가에 대한 사전대비를 할 필요가 있다. 많은 경우, 계약서상에 제휴종료시에 어느 기업이 시설물 등의 합작투자에 대한 구매의 우선권을 갖는가를 지정하여 둔다. 즉, 제휴당시 종료시 시설물과 합작투자기업에 대한 구매에서의 우선권을 주는 것은 마치 금융시장에서 콜옵션call option을 가진 것을 의미하고, 두 기업 중 먼저 팔 수 있는 권리를 지정하는 것은 풋옵션put option과 같다. 제휴계약시에는 이러한 옵션을 지정함과 동시에 그 옵션행사가격 역시 지정한다. 제휴종료시의 구체적인 인수가격은 양자간의 교섭력과 전략적 비전에 의하여 결정된다. 만일 두 기업 모두 합작투자의 종료시 합작투자기업을 인수하려고 할 경우 그 콜옵션이나 풋옵션의 가격은 높아질 것이다. 만일 어느 기업은 합작투자의 인수를 원하고 다른 기업은 인수를 원하지 않을 경우는 당연히 한 기업은 콜옵션을 갖고 다른 기업은 풋옵션을 갖게 된다.

셋째, 성공적인 제휴는 제휴를 통해서 자신의 약점을 계속적으로 보완할 수 있는 기술을 파트너로부터 배우고 자신의 강점을 더욱더 개발하는 것이다.일본기업들이 강력한 경쟁우위를 갖추게 된 원인은 그들이 전략적 제휴를 학습기회로서 잘 활용하여 자신의 핵심역량을 획득하고 더욱 축적해 왔기 때문이다. 예를 들어, 제4장에서 살펴본 Canon은 전자계산기를 만들기 위해 Texas Instrument와 제휴관계를 통해서 관련기술을 획득하였고, Hewlett Packard와는 컴퓨터생산기술, Apple과는 소프트웨어기술, Kodak과는 의료용기기제작기술, 독일의 Siemens사와는 팩스인터페이스기술을 배웠다. 이와 같은 전략적 제휴를 통하여 자사가 갖지 못한 핵심역량을 파트너로부터 적극적으로 배워서 궁극적으로 제휴기간이 끝난 이후에는 자신의 기술로 습득하였다.

한편 제휴파트너로부터 배우는 것뿐만 아니라, 제휴파트너 역시 우리의 핵심역량을 배우고 있다는 점을 잊어서는 안 된다. 제휴를 통해서 파트너와 공유하는 기술은 더 이상 자신만의 기술이 아니다. 따라서 성공적인 제휴를 위해서는 과거의 기술은 이미 파트너에게 넘어갔다고 여기고 계속해서 새로운 기술을 개발하지 않으면 궁극적으로는 자신이 갖고 있는 핵심역량을 유지할 수 없게 된다. 이와 같이 전략적 제휴의 가장 중요한 사항은 서로가 자신의 약점을 보완하고 자신의 강점을 더욱 강화하기 위해서 계속적으로 학습learning한다는 점이다.[4]

넷째, 제휴를 성공적으로 이끌려면 조직 전체적으로 전략적 제휴를 성공적으로 수행할 수 있는 조직상의 핵심역량을 개발하여야 한다. 전략적 제휴의 경영에는 최고경영자뿐만이 아니라 기업의 중간관리층이나 하부에 있는 엔지니어와 기술자들간에도 활발한 정보교환과 원활한 협조체제가 필요하다. 이를 위하여 최고경영자뿐만이 아니라 중간관리층, 그 이하 기술이전과 공동개발, 판매를 담당하는 엔지니어와 영업의 실무진들도 그 제휴의 목적을 알고 있어야 한다. 흔히 실패하는 전략적 제휴는 최고경영자들끼리 제휴결정을 하고 기업의 하부조직은 최고경영자가 결정한 사항을 일방적으로 지시받아 수행하는 기업에서 많이 일어났다. **그림 12-6**은 성공적인 제휴경영을 위하여 최고경영자와 사업부의 중간관리자, 그리고 엔지니어와 공장노동자들간의 수평적인 의사소통이 필수적임을 보여준다. 즉, 제휴의 구체적인 목표가 무엇이고 이런 제휴가 우리 회사의 전략에 어떻게 부합되는가를 이해하여야 한다. 특히 국제간의 제휴를 성공시키려면 제휴당사자 모

그림 12-6 | 성공적인 제휴를 위한 조직간의 수평적 관계의 중요성

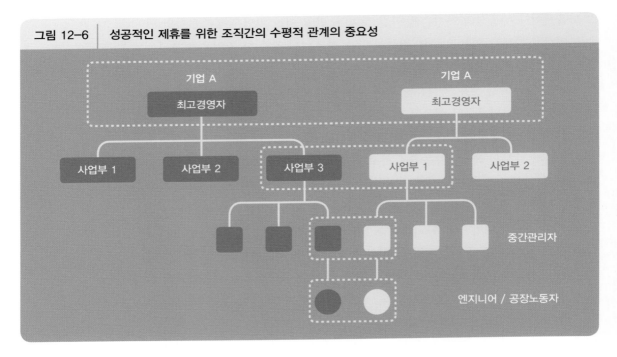

두 국제적인 안목이 있어야 한다. 또한 제휴관계는 끊임없는 협상관계이다. 따라서 제휴에 수반되는 수많은 기술, 마케팅협약 등에서는 양자간의 공동의사결정이 필요하고 이를 위해서 뛰어난 협상능력이 요구된다. 이러한 전략적 사고와 국제적인 안목과 협상능력은 단순히 최고경영자뿐만 아니라, 사업부서장, 중간관리자, 엔지니어, 노동자 수준까지, 즉 조직 전반에 걸쳐 이러한 능력을 갖추는 것이 성공적인 제휴의 필수조건이다.

06 ›› 기업인수합병

최근 한국에서는 기업의 인수합병Merger & Acquisition이 활발히 일어나고 있다. 전략적 제휴가 독립적인 기업들이 일부 기능면에서 협조체제를 이루는 것에 비해 기업인수합병은 두 기업이 하나로 통합하여 운영하는 형태라고 볼 수 있다. 그러나 넓은 의미로 볼 때, 기업인수합병 역시 전략적 제휴의 하나라고 볼 수 있

다. **그림 12-4**와 같이 기업이 제휴관계에 투자하는 지분이 높아짐에 따라 두 기업이 전략적 제휴에 몰입commitment하는 정도가 높아진다. 기업인수합병이란 두 기업이 서로가 너무나 절실히 필요로 하고 있기 때문에 합하여 하나의 기업으로 새롭게 탄생하는 것이다. 즉, 가장 강한 형태의 제휴관계라 볼 수 있다.

인수합병의 목적

과거 서구에는 비관련다각화전략을 수행함으로써 자신의 본래의 사업부문와 관련성이 없는 기업들을 인수하여 많은 콩글로머릿이 탄생하였다. 반면, 1980년대 후반에는 기업들이 과거에 수행해 온 비관련사업부문을 다시 매각함으로써 인수합병이 활발히 일어났다. 한편, **그림 12-7**과 같이 1990년대 후반부터는 글로벌화 추세 속에 경쟁력을 강화하기 위한 M&A가 활발하였고, 인터넷 버블이 꺼진 2000대 초반과 2008년 글로벌금융위기, 2019년의 코로나-19 사태 이후 다소 주춤해졌다가 다시 활발하게 진행되고 있다.

이러한 기업인수합병 붐이 왜 일어나는 것일까? 우리는 먼저 인수대상기업의 가치를 판매자보다 구매자가 높게 평가하지 않으면 기업인수합병이 발생하지 않는다는 사실을 명심해야 한다. 즉, 구매자가 판매자보다 그 인수대상기업이 가진

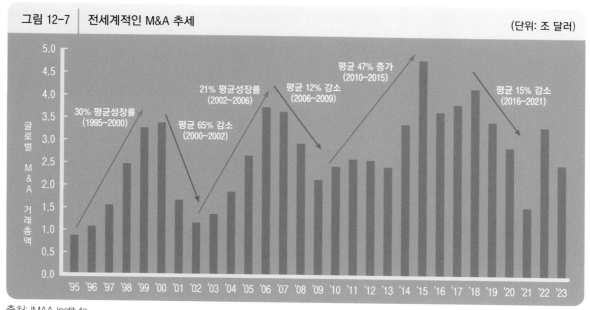

그림 12-7　**전세계적인 M&A 추세**　　　　　　　　　　　　　　　　　　(단위: 조 달러)

출처: IMAA Institute.

자산을 통해서 더 많은 수익을 올릴 수 있다는 판단이 없으면 기업인수합병이 일어날 수 없다는 사실을 직시해야 한다. 인수합병의 목적을 이해하기 위하여는 이와 같이 구매자가 판매자보다 더 높은 가치를 창출할 수 있는 이유를 이해해야 한다.

신속한 시장진입

인수합병은 시장진입시 필요한 시간을 절약한다. 기업이 신규시장에 들어가 독자적으로 사업을 키우는 데는 많은 시간과 노력이 요구된다. 그러나 많은 경우 기업들은 새로운 사업분야에 필요한 경영자원과 핵심역량을 전부 보유하고 있지 않으며, 필요한 경영자원과 핵심역량을 취득하는 데 많은 시간이 소요된다. 따라서 신규사업분야에 빠르게 진출하여야 할 필요성이 있을 경우, 이미 그 사업분야의 업체를 인수하는 것이 훨씬 진입시간을 줄일 수 있다. 왜냐하면, 인수를 통해서 피인수기업이 가지고 있는 핵심역량을 일순간에 습득할 수 있기 때문이다. 특히 신속한 진입이 경쟁우위창출에 정말 중요한 요소라면 기업인수합병에서 지불하는 프리미엄은 충분히 그 가치가 있는 것이다.

규모의 경제와 범위의 경제의 활용

기업들은 때로 인수합병을 통해 규모의 경제와 범위의 경제를 실현하고자 한다. 한국의 은행들이 합병을 통해 대형화를 시도하는 현상은 규모의 경제를 활용하려는 의도이다. 더욱이 한 산업에 소수의 기업만이 존재하고 있는 과점적인 시장구조하에서 이 소수의 기업들은 합병을 통하여 거대기업으로 새롭게 탄생함에 따라서 독점력을 행사할 수 있게 된다. 미국에서 20세기 초반에 상당히 많은 수의 수평적인 합병이 일어난 이유는 합병을 통해 거대기업화함으로써 시장지배력을 높이려는 의도로부터 비롯된 것이었다. 미국의 법무부는 반독점법Antitrust Law을 재정하여 독점력을 크게 증가시킬 수 있는 수평적인 합병을 금지하고 있다. 한국의 공정거래법 역시 시장지배적인 사업자가 수평적 합병을 통해 독점력을 얻는 경우를 규제하고 있다. 실제로 과거 SK텔레콤과 신세기통신의 합병의 조건으로 공정거래위원회는 통합기업의 시장점유율을 50% 이내로 제한할 것을 전제조건으로 허가한 바 있다.

리스트럭처링

기업들이 인수합병으로 새로운 가치를 창출할 수 있는 방법은 자본시장에서 저평가된 자산을 구입하거나 또는 리스트럭처링을 통해 그 기업의 자산가치를 더 높이는 것이다. 만일 어느 기업이 방만한 경영으로 인하여 기업의 가치가 저평가 되고 있다면 이 기업을 인수하여 경영층을 교체함으로써 가치를 증대시킬 수 있다. 1980년대 미국에서는 콩글로머릿에 대한 적대적 기업인수hostile takeover를 통하여 방만한 경영을 해 온 기업의 경영진을 교체하고, 핵심사업이 아닌 분야는 시장에서 매각하여 시장가치를 높이는 리스트럭처링이 성행하였다. 이와 같이 인수합병은 구조조정의 중요한 수단으로 평가되고 있다.

성숙산업으로 진입

인수합병은 산업전반적으로 유휴시설이 많은 산업에서 선호되는 진입방법이다. 특히 생산시설이 포화상태에 있는 산업에 진출하려고 할 때 공장을 새로 건설하여 산업 내 과잉생산설비를 추가할 필요는 없다. 예를 들어, 자본집약적이며 성숙화된 석유화학산업에서는 기업들이 신규로 진입할 때 공장신설보다는 기존기업의 인수 방식을 선호한다.

해외시장 진출

기업인수합병은 해외시장을 개척하는 좋은 방법이기도 하다. 외국시장에 대하여 완벽한 시장정보를 갖고 새로운 유통망을 확보하고 생산시설을 갖추기까지는 많은 시간과 투자자금이 소요된다. 따라서 해외시장을 개척할 때는 새로 공장을 짓는 것보다 기존기업의 인수가 훨씬 쉬운 방법이 되기도 한다. 실제로 제11장에서 살펴본 Hoechst의 사례와 같이 화학산업에서는 유럽기업들이 많은 미국기업들을 인수하여 미국시장에 진출하였다. 한국기업 역시 1990년대 대대적인 해외인수합병에 나섰다. LG전자의 Zenith인수, 삼성전자의 AST Research인수, 현대전자의 Maxter인수와 같이 대규모 인수합병도 해외시장진출의 방편으로 이루어졌다. 2007년에는 두산인프라코어가 Ingersol Rand의 Bobcat사업을 50억 달러에 인수한 바 있다. 외국기업 역시 한국에 진출할 때 인수합병의 형태로 진입하기도 한다. 1998년 P&G는 쌍용제지를 인수하였고 Duracell은 서통의 선파워 건전지의 브랜드와 유통망을 인수하였다.

인수합병의 성과

과연 이렇게 활발한 기업인수합병의 성과는 어떠하였을까? 과거 한국에서는 자본시장에서의 매입을 통한 인수합병보다 실패한 기업, 즉 부도난 기업에 대한 인수합병이 주종을 이루었다. 또한 많은 경우, 정부가 특혜금융을 제공하면서 실패기업의 인수를 추진하였으므로 인수합병전략의 성과에 대한 평가를 내리기는 상당히 어렵다. 그러나 자본시장을 통한 인수합병이 활발히 일어난 미국에서의 인수합병의 성과에 대한 연구에 따르면, 관련부문에서의 기업인수의 성과는 높으나 비관련부문에서의 기업인수의 성과는 훨씬 취약하게 나타난다.[5] Porter의 연구결과에 따르면 미국에서 일어난 기업인수합병의 경우 70% 정도는 실패하고 약 5년 사이에 다시 매각이 된다고 한다.[6] Scherer와 Ravenscraft도 기업인수합병으로 기업을 인수하였다가 다시 매각한 많은 경우들을 심도 있게 연구한 결과 대부분의 기업들이 인수합병을 통해 새로운 가치를 창출하는 데 실패하였다는 것을 보여주었다.[7] 한편 1990년대 활발히 일어났던 한국기업의 해외인수합병 역시 대부분 실패하였다. LG전자는 1995년 Zenith를 약 3억 달러에 인수한 이후 총 10억 달러에 가까운 누적손실을 기록한 뒤 결국 모든 생산설비를 폐쇄하기에 이르렀다.

이와 같이 기업들이 인수합병을 통해 새로운 가치를 창조하는 데 실패하는 이유는 크게 두 가지 요인, 즉 인수전략 그 자체의 실패와 통합과정의 실패로 나누어 볼 수 있다.

인수전략의 실패

기업들의 인수합병이 실패로 돌아가는 가장 큰 이유는 인수합병을 통해 새로운 가치를 창출하는 데 실패하기 때문이다. 이러한 가치창출의 실패는 기업들이 인수합병시 많은 프리미엄을 주고 기업을 인수한다는 사실 때문에 더욱 심각해진다. 즉, M&A에는 이른바 승자의 저주winner's curse라는 것이 존재한다. 인수기업이 매각기업에 30~100%의 인수프리미엄을 지불하는 경우, 인수 이후 통합된 두 기업으로부터 그 인수프리미엄 이상의 새로운 가치가 창출되지 못한다면 그 인수합병은 실패한 셈이 된다. 실제로 10장의 금호아시아나 그룹의 다각화 사례에서 살펴본 바와 같이 금호아시아나그룹은 2006년 대우건설을 6조 4천억 원에, 2008년에는 대한통운을 4조 5억 원에 당초 시장에서 추정한 예상가격의 두 배에 달하는 높은 가격으로 인수하였다. 그 결과, 금호아시아나그룹은 인수하는 것에는 성공하였는지 모르지만, 실제로 그 인수프리미엄 이상의 새로운 가치를 창출하는 데 큰 어려움이 있었다. 결국 금호아시아나그룹은 2009년 유동성 위기를 겪고, 대우건설과 대한통운을 원래의 인수가격의 절반 수준에 다시 매각하지 않으면 안 되는 위기에 처하게 되었다.

인수합병을 통해 창출될 수 있는 새로운 가치는 합병으로 얻을 수 있는 시장지배력의 증가, 규모와 범위의 경제를 통한 비용절감, 그리고 두 기업이 갖고 있는 경영자원을 결합하여 어떠한 새로운 경쟁우위가 창출될 수 있는가에 달려 있다. 만일 현재 기업이 추구하는 전략에 비추어 볼 때, 인수프리미엄 이상으로 새로운 가치가 창출될 수 없는 경우는 기업인수합병을 포기하는 것이 바람직하다. 따라서 인수합병 전에 자신의 전략을 검토하여야 한다. 왜 이 기업을 인수하여야 하며, 자사의 전략에 비추어 인수대상기업이 보유한 경영자원이 어느 정도의 가치가 있는지 계산하여야 한다.

따라서 인수합병시에는 인수합병전략에 대한 분명한 전략적인 검토와 아울러 인수합병기업에 대한 면밀한 검토와 이에 입각한 협상이 가장 중요한 과제이다. 그림 12-8은 인수합병의 통상적인 절차를 보여준다.

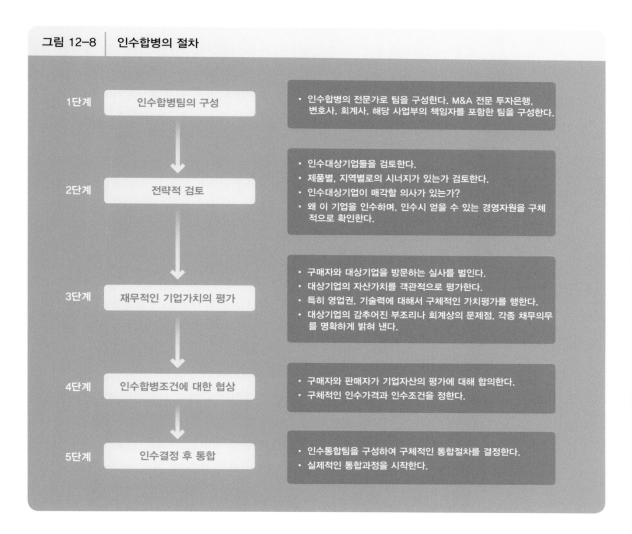

그림 12-8 | 인수합병의 절차

| 1단계 | 인수합병팀의 구성 | • 인수합병의 전문가로 팀을 구성한다. M&A 전문 투자은행, 변호사, 회계사, 해당 사업부의 책임자를 포함한 팀을 구성한다. |

| 2단계 | 전략적 검토 | • 인수대상기업들을 검토한다.
• 제품별, 지역별로의 시너지가 있는가 검토한다.
• 인수대상기업이 매각할 의사가 있는가?
• 왜 이 기업을 인수하며, 인수시 얻을 수 있는 경영자원을 구체적으로 확인한다. |

| 3단계 | 재무적인 기업가치의 평가 | • 구매자와 대상기업을 방문하는 실사를 벌인다.
• 대상기업의 자산가치를 객관적으로 평가한다.
• 특히 영업권, 기술력에 대해서 구체적인 가치평가를 행한다.
• 대상기업의 감추어진 부조리나 회계상의 문제점, 각종 채무의무를 명확하게 밝혀 낸다. |

| 4단계 | 인수합병조건에 대한 협상 | • 구매자와 판매자가 기업자산의 평가에 대해 합의한다.
• 구체적인 인수가격과 인수조건을 정한다. |

| 5단계 | 인수결정 후 통합 | • 인수통합팀을 구성하여 구체적인 통합절차를 결정한다.
• 실제적인 통합과정을 시작한다. |

통합과정의 실패

인수합병당사자인 두 기업이 가진 경영자원이 아무리 상호보완적이고 좋은 인수합병대상기업이라고 하더라도, 실제로 인수 후 두 기업의 통합과 운영에서 실패한다면 어떠한 가치도 창출할 수 없게 된다. 특히 두 기업이 상충된 기업문화를 갖고 있을 경우, 많은 갈등을 일으킬 소지가 있다.

기업 중에는 기업인수합병에서 상당한 노하우를 축적한 기업들도 있다. 유럽의 Electrolux는 200건 이상의 기업인수합병을 통하여 세탁기, 냉장고 등 백색가전분야에서 범세계적인 기업으로 성장하였다. 그 원인 중의 하나는 인수합병을 효과적으로 할 수 있는 노하우를 가지고 있었다는 것이다. Electrolux는 인수합병대상기업을 물색하면서 자신의 전략에 인수대상기업들이 잘 부합되는지를 항상 고려하였으며, 인수 이후 빠른 시일 내에 새로운 경영팀을 조직하여 비용절감 프로그램을 시작하였다. 고객들에게는 인수 이후 더 나아진 서비스를 제공할 것을 약속하였고, 각종 문화적인 차이에서 비롯되는 갈등을 조속히 해소할 수 있는 방법들을 모색하였다. 즉, Electrolux가 성공한 비결은 인수대상기업의 선정에 신중하였고, 인수 이후 통합 및 조정과정을 효과적으로 잘 수행할 수 있는 노하우를 많이 축적하였다는 점에서 찾아볼 수 있다.

Haspeslagh와 Jemison은 기업인수합병의 통합과정에 대한 자세한 연구를 하였다.[8] 이들은 인수합병 의사결정시에 왜 이 기업을 인수하여야 하는지 분명한 전략을 가지고 협상에 임해야 한다고 강조한다. 또한 협상과정에서 상대기업이 높은 가격을 요구할 때 중간에서 자리를 박차고 나올 수 있는 용기가 필요하다고 한다. 이러한 협상과정에 일단 들어가면 관성이 존재하여 적정가격 이상의 가격을 지불하게 되는 경우가 많다. 따라서 언제든지 협상을 종결할 수 있는 자제력을 가져야 한다. 한편 협상에서는 기업인수합병을 전담하는 전담팀이 조직되어서 인수대상기업의 물색과 협상에 임할 전략을 항상 준비하고 있지 않으면 협상에서 성공을 거두기 어렵다고 한다.

또한 이들의 연구는 인수 이후의 통합과정이 중요한 단계라고 밝히고 있다. 이런 인수통합과정에서는 다음 두 가지 측면의 균형을 이루어야 한다. 첫째로 인수합병을 통해 규모와 범위의 경제성을 창출하기 위해서는 양 기업간 경영자원의 공유와 핵심역량의 활발한 이전이 필요하다. 이러한 규모와 범위의 경제성을 살리려면, 통합과정은 빠른 시일 내에 종결지어야 한다. 둘째로 동시에 인수된 기업의 핵심역량을 보호하려면 어느 정도의 조직상의 자율성을 보장하여 주지 않으면 안 된다. 따라서 기업인수합병은 인수과정을 살펴보면서 통합의 속도를 조절하는 진화론적인 접근이 필요하다고 한다.

07 >> 결론 및 요약

전략적 제휴는 경쟁관계에 있는 기업이 일부 사업부문 또는 기능별 활동부문에서 일시적인 협조관계를 갖는 것을 의미한다. 전략적 제휴에 있어 유의하여야 할 점은 제휴의 성격 자체가 경쟁을 위한 일시적인 협력이라는 점이다. 또한 제휴의 성공 여부는 제휴파트너가 보유한 경영자원과 핵심역량을 얼마나 빠른 시일 내에 자기 것으로 만드는가에 있다. 한편, 기업인수합병은 기업이 갖지 못한 경영자원을 피인수기업으로부터 획득하는 방법이다. 많은 기업들이 인수합병전략에서 실패하는 이유는 인수합병으로 발생할 수 있는 시너지를 과대평가하거나, 순조로운 통합에 실패하였기 때문이다.

본 장에서 살펴본 전략적 제휴, 합작투자, 기업인수합병은 기업전략을 수행하는 데 필수적인 전략적 수단이다. 이의 효과적인 활용이 기업의 성장을 좌우한다 해도 과언은 아닐 것이다.

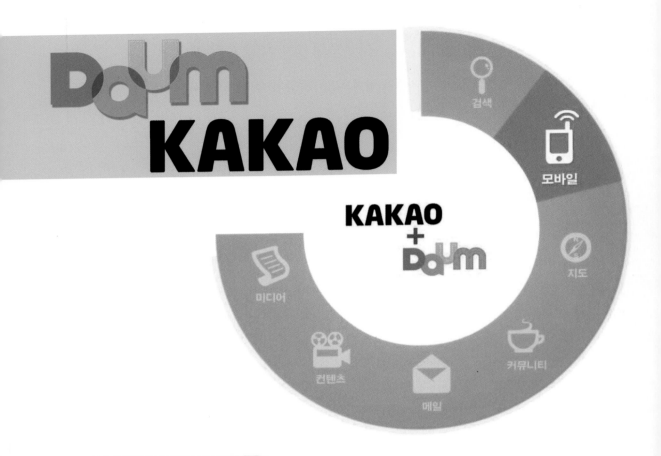

다음과 카카오[9]

   (주)다음커뮤니케이션은 1995년 설립된 후, 컴퓨터는 인간과 사회의 커뮤니케이션을 돕는 '커뮤니케이터 Communicator'라는 인식하에 협동작업, 의사소통, 메시징 등을 위한 다양한 서비스와 소프트웨어를 개발해 오고 있다. 다음의 커뮤니케이션 지향주의는 과거 '판문점'의 광고카피에서 잘 나타난다. '인터넷이 마음의 벽을 허뭅니다'라는 광고는 남북한 판문점 군인들을 등장시켜 파장을 일으켰다. 1999년 코스닥에 등록한 다음은 인터넷포털서비스인 'Daum', 범용 전자우편hanmail.net서비스, 동호회서비스 Daum 카페를 제공하여 왔다.

   포털사업의 성공요인은 누가 먼저 초기에 독특하고 창

의적인 컨텐츠와 서비스를 통해 광범위하고 안정적이며 충성도 높은 사용자기반을 창출해내고 이를 바탕으로 온라인 광고, 전자상거래 등 다른 사업으로 성공적으로 확장하여 얼마나 높은 수익성을 달성하느냐에 달려 있다. 이를 위해 다음은 전략적 제휴를 최대한 활용하여 왔다. 다음은 포털 서비스 분야에서 LG텔레콤, 안철수컴퓨터바이러스연구소, 서울랜드 등과 전략적 제휴를 맺었으며, 전자상거래 분야에서는 전자랜드21, 코스메틱랜드, YES24, 오이뮤직, LG홈쇼핑, 소프트랜드, GS리테일, 호텔신라, e-Hyundai 등 국내 유명 전문쇼핑몰업체들과 제휴관계를 형성하여, 제휴업체들이 다음에 입점해서 다양한 상품들을 회원들에게 공급할 수 있도록 하였다.

이와 같이 다음이 전자상거래 업체와 전략적 제휴를 맺어왔던 이유는 상거래 비즈니스 경험이 상대적으로 적은 포털업체와, 많은 고객이 자신의 웹사이트를 방문하길 원하는 쇼핑몰간의 이해관계가 맞기 때문이었다. 협력관계의 결과, 다음은 포털사이트에 쇼핑몰을 링크시켜 이를 통해 발생하는 매출의 일정부분을 수수료로 받게 되었다. 이와 같이 다음이 추구하여온 전략적 제휴에는 선순환과정positive feedback이 있었다. 많은 회원 수로 인해 유명 대기업들과 제휴관계를 맺을 수 있게 되었고, 유명 대기업과의 제휴관계는 소비자들에게서 신뢰를 받을 수 있게 되었다. 이는 또다시 가입자 수의 증가를 가져오게 되는 것이었고, 이러한 가입자 수의 증가는 좀더 유리한 조건으로 제휴를 체결할 수 있게 하였다.

다음은 2014년 카카오와 합병을 전격적으로 발표하였다. 카카오는 한게임 창업자이자 NHN의 대표인 김범수가 2006년 아이위랩을 창립하면서 시작되었다. 아이위랩은 2010년 모바일 메신저 서비스인 카카오톡을 출시하였다. 이는 당시 경쟁

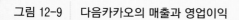

| 그림 12-9 | 다음카카오의 매출과 영업이익 | (단위: 조원) |

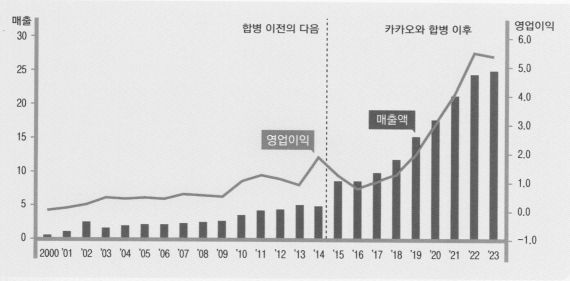

출처: 카카오 연차보고서.

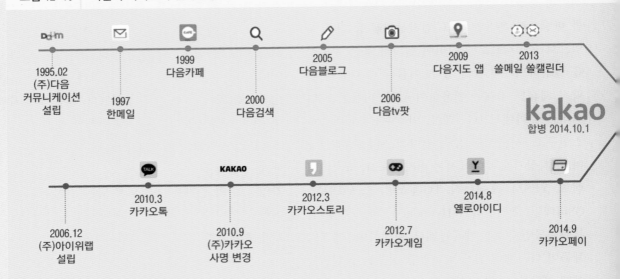

그림 12-10   다음과 카카오의 진화과정

서비스인 WhatsApp이 유료였던 것에 비해 무료로 1:1 대화, 그룹 대화, 이모티콘 등 서비스를 제공하면서 차별화되었고, 6개월 뒤 가입자가 100만 명을 넘는 등 큰 인기를 끌면서 빠른 속도로 성장하기 시작하였다. 이에 힘입어 아이위랩은 사명도 카카오로 변경하였고, 이후 2012년 카카오스토리와 카카오게임 서비스가 출시되어, 2013년 7월 카카오톡 가입자가 1억 명, 카카오게임 가입자는 3억 명을 돌파하게 되었다.

　다음이 카카오와 합병을 하게 된 계기는 PC에서 모바일로의 변화에 대응하기 위한 다음의 탈출구모색인 동시에 카카오는 다음과의 합병을 통한 우회상장의 필요가 있었다. 당시 다음은 인터넷 포털 및 검색사업이 네이버와 구글에 뒤지면서 이미 성장동력을 잃은 상태였다. 한편 카카오 역시 모바일메신저의 한계를 뛰어넘는 서비스가 필요했고 향후 성장을 위해 IPO를 통한 자금유치와 인력확충이 절실히 필요한 시기였다. 겉보기에는 다음의 2,000명과 카카오의 600명 조직의 결합으로 다음이 카카오보다 컸지만, 합병 당시 장외거래가로 계산한 카카오의 시가총액은 이미 다음의 2배 이상이었고, 주식교환 역시 1:1.56의 비율로 카카오 주주들에게 유리하게 이루어졌다. 다음의 이재웅 창업자는 합병과 동시에 최대주주자리를 내주게 되어, 김범수 의장이 다음카카오에 영향력을 행사할 수 있는 지분은 45%에 이르게 되었다. 김범수 의장은 합병 직후, "네이버가 1등이고 다음이 2등인데 같은 차선으로 달리면 어떻게 네이버를 이길 수 있나? 새 합병법인은 차선을 갈아타야 한다"라고 말하며 카카오가 향후 전략을 주도할 것을 밝혔다.

　다음카카오의 합병 후 사업 역시 카카오 위주

출처: 카카오 IR자료의 그림을 수정·보완함.

로 개편되었다. 다음카카오에서는 다음포털, 한메일메일, 카페커뮤니티, 버즈런처런처서비스 등 기존 다음이 주도하던 웹기반 사업에서 오히려 카카오검색검색, 카카오택시, 카카오페이모바일 연계 O2O 서비스 등 카카오가 강점을 지닌 모바일서비스에 역량을 집중하고 있는 듯한 인상을 준다.[10] 결국 2015년 9월, 다음카카오는 사명을 카카오로 바꾸면서 다음을 지웠다.

카카오는 이어 국내 최대 디지털 음악 플랫폼 '멜론'을 운영하는 로엔엔터테인먼트를 인수하고, 택시, 대리운전, 주차 등 이동 전 분야를 포괄하는 자회사 카카오 모빌리티를 설립하는 등 모바일 분야에 있어서 계속적으로 활발한 행보를 이어가고 있다. 특히 2017년 7월에 출범한 인터넷 은행 '카카오뱅크'는 입출금부터 계좌개설과 해외송금까지 모두 모바일로 가능해 기록적인 가입자 증가 속도를 보였다. 이와 같이, 카카오와 다음커뮤니케이션의 합병은 PC와 모바일간의 권력교체를 여실히 보여주면서, 인수합병을 통해 보다 효과적으로 대응할 수 있었던 사례를 보여준다.

2020년 코로나19 사태로 인한 사회적 거리두기 현상의 증가로 카카오는 2021년 6월에는 시가총액 3위를 달성하기도 했다. 2021년 플랫폼 독과점 문제가 공론화되며 규제리스크가 부각되었고 주가가 하락하고 있지만 신규성장동력 확보를 위한 투자와 인수합병을 지속하며 위기극복을 위해 노력하고 있다. 예를 들어, 2022년 카카오헬스케어 부문을 신설하여 디지털 헬스케어 서비스를 제공하고 있으며, 2023년에는 뮤직 콘텐츠 부문의 경쟁력 강화를 위해 SM엔터테인먼트의 인수에 뛰어들기도 하였다.

그러나 카카오의 인수합병 전략에 대한 부정

적 평가도 존재한다. 카카오는 2017년 카카오모빌리티를 분사하여 카카오내비, 카카오택시 등을 통한 스마트모빌리티 서비스를 제공하였다. 이후 서비스를 높이기 위해 꾸준히 여러 택시 회사들을 인수하였고, 카카오T는 택시 호출 시장에서 2021년 기준으로 94.5%의 점유율을 차지하는 거대 플랫폼으로 성장하였다. 그러나 이러한 독점적인 시장지위에 기반한 '카카오의 횡포'에 대한 논란이 끊이지 않고 있다. 예를 들어 '카카오T블루'는 가맹 택시를 우선적으로 배차하면서 운임의 20%를 수수료로 부과하면서 소비자의 선택의 폭이 줄고 가격이 높아진다는 비판을 받고 있다. 또한 SM엔터테인먼트 인수전에 참여했을 때, 카카오가 2,400억 원을 투입하여 공개매수가격 이상으로 주가를 조작한 혐의가 발견되면서 카카오 투자총괄대표가 구속되기도 하였다.

이처럼 카카오의 인수합병 전략에는 명암이 존재한다. 단순히 인수합병을 통해 회사 규모를 늘리는 것에 이어, 지속적으로 서비스를 개선하고 회사를 관리할 수 있는 경영전략의 중요성이 더욱 강조되고 있다.

카카오 확장의 문제점

김범수, 이재웅, 이해진의 인연

토 의 과 제

01 다음이 그동안 추구해온 전략적 제휴가 과연 효과적이었는가?

02 다음카카오 합병의 타당성에 대해 검토해 보자.

03 향후 카카오가 다음과 추가적으로 시너지를 창출할 수 있는 방안을 모색해 보자.

kakao

카카오의 홈페이지
www.kakaocorp.com

참고문헌

R e f e r e n c e

1 본 사례는 장세진 교수의 지도로 카이스트 경영대학 배유로가 작성하였다.

2 '넷플릭스 날개'단 K드라마, 동아일보, 2020. 7. 1. 기사.

3 M. Cauley de la Sierra, *Managing Global Alliance*, Addison Wesley, 1995 참조.

4 제휴의 학습능력에 대해서는 Kale, P., Dyer, J., Singh, H., "Alliance Capability, Stock Market Response and Long-term Alliance Success," *Strategic Management Journal*, 2002: 747-767과 Zollo, M., Reuer, J. J. and Singh, H. "Interorganizational routines and performance in strategic alliances", *Organization Science*, 2003: 701-13 참조.

5 인수후 성과에 대해서는 H. Singh and C. Montgomery, "Corporate Acquisition Strategies and Economic Performance," *Strategic Management Journal*, 1987, pp.377~386와 Zollo M, Singh H. 2004. Deliberate learning in corporate acquisitions: Post-acquisition strategies and integration capability in U.S. Bank mergers. *Strategic Management Journal* 25(13): 1233-1256 참조.

6 M. Porter, "From Competitive Advantage to Corporate Strategy," *Harvard Business Review*, 1987.

7 F. M. Scherer and D. Ravenscraft, *Mergers, Sell-offs and Economic Efficiency*, Washington, DC, 1987.

8 Phillipe Haspeslagh and David Jemison, *Managing Acquisition: Creating Value through Corporate Renewal*, Free Press, 1991.

9 본 사례는 장세진 교수의 지도하에 고려대학교 박훤정과 김영건이 작성하였다.

10 "카카오합병 1년, 다음이 사라졌다." 이데일리 2015.11.24.

CHAPTER12

PART

05

미래를 지향하는 경영전략

Strategic Management

13 구조조정과 경영혁신

조직은 그 자체가 학습기관이며, 학습은 조직의 근본적인 목적 중의 하나이다. 학습이란 학교 교실에서만 이루어지는 것이 아니며 또한 관리자들을 위해 행해지는 활동도 아니다. 학습으로 정의되는 활동은 생산활동과 동일하다. 학습은 생산활동에 종사하는 사람에게 별도의 시간을 요구하는 활동이 아니라 생산활동 그 자체이다. 즉 학습은 노동의 새로운 형태인 것이다.

- Shosanna Zuboff, In the Age of the Smart Machine.

GE의 경영혁신[1]

　　1981년 미국의 GEGeneral Electric의 회장에 취임한 Jack Welch는 취임사에서 "앞으로 10년 후 나는 GE를 전세계적으로 가장 독특하고 의기가 충만하며 기업가정신이 뛰어날 뿐만 아니라 전세계적으로 가장 다각화가 잘된 기업으로, 그리고 전세계적으로 품질이 가장 뛰어난 회사로 만들고 싶다"라고 말하였다. Jack Welch는 2001년 9월 이 취임사를 발표한 지 20년이 지난 다음 퇴임하면서, 자신이 취임사에서 밝혔던 꿈을 다 이루었다. 당시 GE는 전세계적으로 가장 수익성이 높은 기업으로 기록되었으며, GE의 회장으로 재임 중 Jack Welch는 미국의 Fortune지가 선정한 최고로 존경받는 기업인 중의 한 명으로 매년 선정되어 왔었다. 과연 무엇이 GE를 전세계적인 초우량기업으로 만들었으며 Jack Welch를 전세계적으로 존경받는 경영자로 만들었는가?

Jack Welch가 회장에 취임할 당시 GE는 미국의 대표적인 콩글로머릿conglomerate이었다. 1981년 당시 GE에는 약 350개의 사업부가 있었으며 미국의 전제조업분야의 2/3 정도에 참여하고 있을 정도로 굉장히 다각화된 기업이었다. 이러한 GE의 비관련다각화는 Jack Welch 전대前代의 회장들에 의한 작품이었다. 제9장에서 살펴본 포트폴리오관리기법은 모두 GE가 자신의 다각화된 사업들을 효율적으로 경영하기 위해 개발해낸 경영기법들이다.

Jack Welch가 GE의 회장으로 취임한 후 가장 먼저 한 일은 이렇게 방만하게 운영되고 있는 사업들을 정리하는 것이었다. Jack Welch는 350개에 달하는 사업의 부서장들에게 "전세계적으로 시장점유율이 1위나 2위가 아닌 사업부는 전부 매각할 것이다"라고 공언하였다. 그리고 Jack

Welch는 자신이 한 말을 지켰다. 주방용품 사업부문을 Black and Decker에 매각하였고, 미국의 가장 큰 TV회사인 RCA를 인수한 지 1년 만에 다시 프랑스의 Thomson에 매각하였다.

당시 Jack Welch에게는 'Neutron Jack', 즉 '중성자탄 잭'이라는 별명이 붙었다. 이는 중성자탄이 터지면 건물은 남아 있으나 인명만 피해를 주는 것과 같이 Jack Welch가 한번 다녀간 공장은 마치 중성자탄이 터진 것처럼 건물은 남아 있으나 공장의 모든 사람들이 해고되어 사람들이 보이지 않는다고 해서 붙여진 별명이었다. 이렇게 전세계적으로 경쟁력이 없는 작은 사업부문들을 정리한 이후 남은 사업분야를 13개의 사업분야로 나누었다. 그림 13-1은 Jack Welch 당시 GE의 13개 사업부를 보여준다.

Jack Welch는 많은 사업을 매각함과 동시에 이들 13개 사업부문을 보강할 수 있는 회사들을 인수하였다. 1980년과 1993년을 비교하면 Jack Welch는 약 90억 달러에 달하는 자산을 매각하였

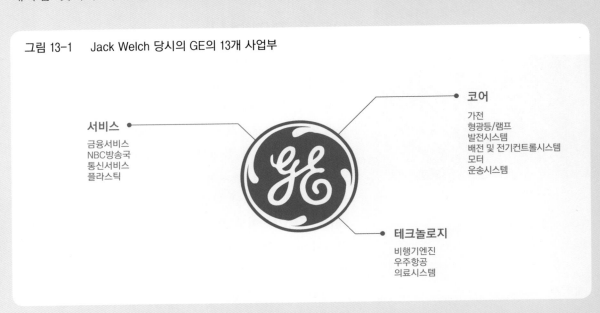

그림 13-1   Jack Welch 당시의 GE의 13개 사업부

서비스
금융서비스
NBC방송국
통신서비스
플라스틱

코어
가전
형광등/램프
발전시스템
배전 및 전기컨트롤시스템
모터
운송시스템

테크놀로지
비행기엔진
우주항공
의료시스템

으나 대신 180억에 달하는 새로운 자산을 인수하였다. 1980년의 GE의 전체 종업원수는 40만 명에 달하였으나 1993년에는 23만 명으로 대폭적으로 줄었다. 종업원은 이렇게 반 가까이 줄었음에도 불구하고 GE의 전체 매출은 같은 기간 동안 3배 가까이 증가하였다.

　　Jack Welch는 이상과 같이 취임 초기에는 경쟁력이 없었던 사업부분을 정리하고 핵심사업분야에 주력하는 전략으로 이른바 기업의 하드웨어, 즉 사업포트폴리오를 정리하는 데 주력하였다. 그러나 사업부들에 대한 정리가 모두 끝난 1980년대 중반부터 Jack Welch는 경영의 주안점을 점차 기업내부로 돌려, 기업내부의 생산성을 높이기 위한 소프트웨어측면에서의 여러 가지 경영혁신운동을 벌였다.

　　Jack Welch가 제일 먼저 경영혁신을 일으킨 분야는 기업의 조직구조를 대폭 간소화하는 것이었다. Jack Welch는 GE가 너무나 관료주의화되어 있다고 느꼈다. 즉, 회장 아래에 섹터sector라는 큰 사업단위가 있고 그 밑에 다시 여러 개의 그룹이라는 중간단계조직이 존재하고, 다시 이 그룹이 몇 개의 사업부를 관리하게 되어 있어서 사업부장과 최고경영자 사이에는 2~3개의 단계가 존재하고 있었고 더 세분화된 제품별 사업부 각각의 사업부들마다 존재함으로써 GE의 전체조직은 피라미드와 같은 관료주의조직이 되어 있었다. 게다가 관료주의화된 조직을 효과적으로 통제하기 위해 존재하는 많은 기획실의 스탭들은 개별사업부를 너무 일일이 간섭하고 통제하고 있기 때문에 오히려 경영성과를 떨어뜨리고 있었다.

　　Jack Welch는 이처럼 복잡한 여러 단계의 위계질서조직을 대폭적으로 간소화하는 대규모 조

직개편을 단행하였다. 사업부와 최고경영자간에 있던 섹터와 그룹이라는 중간단계들을 모두 없애버리고 GE의 13개의 사업부를 Jack Welch가 직접 통제하는 조직으로 모두 바꾸었다. Jack Welch는 이렇게 중간관리층을 없애고 조직을 단순화하는 것은 조직의 관리자들에게는 업무량을 상당히 가중시키는 것은 사실이나, 관리자들이 자신의 업무가 과다하게 되면, 사소하거나 중요하지 않은 의사결정들은 부하들에게 권한을 이양하고 조직 내에서 쓸데없는 알력다툼에 신경을 덜 쓰게 된다고 믿었다.

　　또한 그는 기획조정실 스탭들의 권한을 대폭적으로 줄였다. 기획조정실은 제5장에서 살펴본 바와 같이 개별사업부들의 성과를 감독하고 장기적인 투자계획을 수립하는 것이 그 기능이라고 밝혔었다. 그러나 Jack Welch는 이와 같은 기획조정실의 전통적인 기능을 180도 바꾸었다. 즉, 기획조정실의 기능을 감시와 조정기능으로부터 13개 사업부들을 보조하는 협력자의 기능으로 전환한 것이다. Jack Welch는 과거 개별사업부들이 수치를 중심으로 두껍고 형식적인 사업보고서를 제출하던 것을 지양하고, 13개 사업부들이 단 한 페이지 분량의 보고서를 최고경영자인 자신에게 직접 제출하도록 요구하였다. 그는 이 한 페이지의 보고서만으로도 각 사업부들의 주요한 문제점들을 일목요연하게 파악할 수 있도록 하였다.

- 지금 당신 사업부가 있는 산업은 전세계적으로 어떻게 변화하고 있는가? 즉, 시장의 다이나믹스 dynamics는 무엇인가?
- 우리의 경쟁자가 지난 3년 동안 이와 같은 시장의 움직임에 대하여 어떠한 전략을 취해 왔는가?

- 우리는 지난 3년 동안 같은 시장의 움직임에 대하여 어떻게 대응하여 왔는가?
- 향후 3년간 우리의 경쟁자는 어떻게 우리에게 위협이 되겠는가?
- 이런 시장의 움직임과 경쟁자의 움직임을 고려하여 보았을 때 우리 회사는 어떻게 대응할 수 있을 것인가?

Jack Welch는 한편 관리자들의 급여체계를 개편하여 개인별로 보너스 차가 많도록 조정하였다. 그리고 지금까지는 최고경영층만의 독점이었던 스톡옵션을 더 많은 사람들이 혜택을 볼 수 있도록 방침을 바꾸었다.

이와 같은 조직개편에 대하여 일부에서는 관리자들의 업무가 가중되어서 과로에 시달리고 있고, 노동조합에서도 Jack Welch의 경영혁신 때문에 많은 사람들이 일자리를 잃게 된다는 불평을 하였다. 이러한 비판에 대해 Jack Welch는 다음과 같이 말하였다.

"과거 GE는 다른 나라의 대기업들과 마찬가지로 종업원들과 암묵적인 종신고용계약을 체결하고 있었다. 이러한 암묵적인 계약은 열심히 회사가 시키는 대로 일하기만 한다면 회사가 당신을 평생 동안 돌봐 줄 것이라는 의존심을 종업원들에게 심어주었다. 이와 같이 마치 부모와 자식간의 관계와 같은 충성심은 사람을 외향적으로 만들지 않고 내부지향적으로 만든다. 이와 같은 암묵적인 계약은 이제 바뀌어야만 한다. 이제 모든 사람들이 적극적으로 위험을 추구하여야만 한다. GE가 여러분에게 약속해 줄 수 있는 유일한 것은 전세계시장을 무대로 경쟁에서 싸워 이기려고 하는 사람들에게 GE가 최고의 기회를 제공해 줄 수 있다는 사실이다."

이와 같이 Jack Welch는 자신이 하고 있는 경영혁신이 궁극적으로는 GE가 가지고 있는 기업문화를 바꾸는 것이라는 것을 깨닫고 있었다. 리스트럭처링restructuring과 다운사이징downsizing은 관료주의를 타파하고 생산성을 일부 높일 수 있지만, 장기적인 생산성향상은 기업문화의 변화 없이 지속되기가 힘든 것이었다.

이와 같이 기업문화를 바꾸려는 시도로 Jack Welch는 '워크아웃Work Out'이라는 제도를 마련하였다. 이 워크아웃이라는 제도는 종업원들이 관리자들과 대화를 통하여 문제를 풀어가는 일종의 공청회와 같은 제도였다. 각각의 사업부에 있는 종업원들이 이틀 내지 사흘 정도 함께 숙식하며 현재의 경영관리시스템에 대해 공개적으로 그리고 솔직히 비판과 검토를 한 후, 이러한 검토 끝에 나온 여러 가지 대안들을 찾는다. 이 워크아웃이 끝날 무렵 해당 사업부문의 관리자들은 자신의 부하 종업원들의 여러 제안에 대해 즉석에서 답변해야만 했다. 이 워크아웃에는 답변을 미루거나 얼버무릴 수가 없었다.

이상과 같이 Jack Welch가 만들려고 하는 기업문화는 다음 세 가지를 강조하는 것이었다. 즉, 속도speed, 단순함simplicity, 자신감self confidence의 세 가지였다.

먼저 속도란, 신속한 의사결정이 필요하다는 것을 의미하였다. 경쟁자보다 빨리 신제품을 만들기 위해서는 경영자들이 신속히 의사결정을 함으로써 좋은 기회를 잃지 않도록 하는 속도가 중요하였다.

둘째로는 단순성을 가져야 하였다. 엔지니어들에게 있어서 단순성이란 깔끔하고 기능이 우수한 디자인을 말하였고, 마케팅에서는 분명하고 명

료한 마케팅제안을 의미하였다.

셋째, 자신감은 사람들이 관료주의적 조직구조에서와 같이 부서장과 같은 권위에 의존하지 않고, 스스로 정보를 받고 판단할 수 있는 자신감을 의미하였다.

이와 같이 Jack Welch는 속도, 단순성, 자신감과 같은 기업문화는 대규모 변혁을 의미하며 상당히 오랜 기간이 필요하다는 사실도 알고 있었다. 실제 Jack Welch가 자신의 후계자로서 Jeffrey Immelt를 선택한 것도 향후 GE의 성장을 위해서는 기업문화의 지속적인 혁신이 필요하고, Jeffrey Immelt가 이에 가장 적합한 경영자라는 판단이 들어서였다. Jack Welch가 'Neutron Jack'이란 별명과 같이 차갑고 냉정한 이미지를 갖는 것에 비해, Jeffrey Immelt는 좀 더 온화하고 격려를 하는 치어리더와 같은 이미지를 가지고 있었다.

Jeffrey Immelt는 회장에 취임한 후, GE의 성장동력을 더 이상 미국 중심의 사업구조에서 찾을 수 없다고 판단했다. GE가 높은 주가를 유지하기 위해서는 지속적으로 두 자리 숫자의 성장을 해야 하였다. 그러나 과거와 같이 선진국 시장을 중심으로 성장한다면 이와 같은 두 자리 숫자의 성장은 불가능하였다. 따라서 Jeffrey Immelt는 향후 성장동력이 중국, 인도와 같은 이머징마켓에 있다고 파악하고, 사업 포트폴리오를 재조정하였다. 이머징마켓은 후발경제이므로 건설, 교통, 발전, 의료와 같은 사회간접자본에 대한 투자가 중요한 시장이다. 이와 같은 전략의 수립 이후, GE는 수익성이 높지만 향후 성장잠재력이 낮은 플라스틱 사업을 매각하고, 그 자금을 모두 에너지, 발전, 담수화 장비와 같은 에너지관련 인프라사업과 기술관련 인프라사업에 투자하였다. 그 결과 **그림**

그림 13-2   GE의 사업구조의 변화

(단위: 10억 달러)

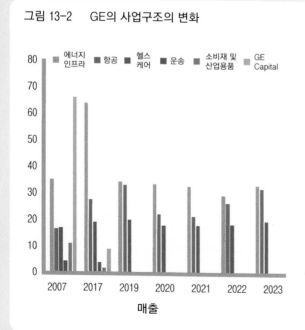

매출

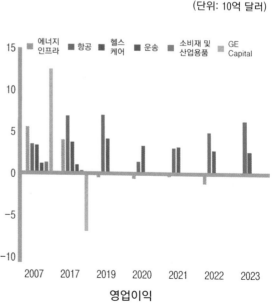

영업이익

출처: GE 연차보고서.

13-2와 같이 GE의 사업포트폴리오에서 에너지 인프라와 기술 인프라 사업의 비중은 2017년에 크게 높아지게 되었다. 2015년에는 과거 큰 수익을 창출했던 GE Capital을 일부 매각하기로 결정했고, 2016년에는 가전부문도 중국의 하이얼에게 매각하였다.

또한 Jeffrey Immelt의 사업구조조정은 GE의 기업문화와 경영관리시스템의 변화를 동반하였다. 과거 GE는 선진국에서 연구개발활동을 하여 신제품을 개발하고, 점차 개발도상국으로 기술이전을 하는 방식의 기업활동을 하였다. Immelt는 성능은 비슷하면서도 생산원가는 혁신적으로 낮은 신제품을 이머징마켓에 있는 GE자회사들의 주도로 개발하여 시장을 공략하고, 이 제품을 점차 선진국시장에도 전파하는 방법을 시도하는 역혁신reverse innovation전략을 추구하였다. 이는 이머징마켓에서 먼저 개발하여 선진국시장으로 전파되기 때문에 전통적인 기술혁신의 방향과는 반대방향으로 이동하는 것이기 때문이었다. 또한 이머징마켓은 종종 제품 라이프사이클을 뛰어넘어 제품의 품질이나 소비자의 수요가 선진국시장으로 빠른 속도로 접근하는 특징이 있다. 예를 들어, 중국의 가전산업은 VCR시장을 거치지 않고 직접 DVD시장으로 발전하였다. 이러한 접근방법의 한 예로, GE는 중국자회사의 연구개발조직의 주도로 초저가 초음파진단기를 개발하였다. 이는 초음파진단기로는 상상하기 어려운 $15,000의 가격으로, PC를 활용하여 10배 이상의 가격으로 선진국 시장에서 보급되고 있는 GE의 기존의 초음파진단기와 성능이 다를 바 없었다. GE는 이 제품으로 중국과 인도시장을 먼저 공략하고, 미국 본토시장에도 향후 저가 초음파진단기를 보급하려고 했다.

또한 이머징마켓에서 인프라스트럭처사업의 주요 고객은 현지국 정부이다. GE는 Jeffrey Immelt가 회장이 된 이후, 대정부교섭능력을 특히 강조하였다. GE는 국가관리자country manager의 역할을 강화하여, 주요 시장마다 GE를 대표하는 회장자리를 만들었다. 즉, GE China회장, GE India회장과 같이 국가별 최고경영자를 임명하여, 이들로 하여금 GE를 대표하여 대정부 협상창구를 단일화하고, 현지국 정부가 필요한 각종 인프라스트럭처에 대한 종합적인 솔루션을 제공하려고 노력했다.

그러나 2017년부터 GE의 경영성과는 악화되기 시작하였다. GE는 가장 오래되었던 전구사업부문을 매각하기로 결정했다. 과거 영업이익의 많은 부분을 차지하던 GE Capital의 부진은 GE 주가 하락으로 이어졌다. 2015년 Jeff Immelt회장이 일부 매각하기도 했지만 GE Capital은 많은 부실을 안고 있어서 계속 손실을 내고 있었다. 결국 2017년 Jeffrey Immelt는 사퇴하고 John Flannery가 후임으로 임명되었다. 하지만 대대적인 구조조정과 기업문화의 혁신을 추진했던 John Flannery의 계획에도 불구하고 GE의 주가는 바닥을 모르고 떨어졌고, 결국 GE는 2018년 다우존스 산업평균지수에서 퇴출되는 수모를 겪었다. John Flannery는 취임 14개월 만에 경질되었고, 2018년 10월 GE는 창사 이후 최초로 내부 인사가 아닌 타사 출신의 Larry Culp를 신임 CEO로 임명하게 되었다.

Larry Culp는 2019년 운송 관련 사업을 담당하는 GE Transportation을 Wabtec과 합병함에 따라 분사spinoff하였다. 2021년 11월, GE는 운영 및 핵심산업 집중을 위해 3개 회사로 분사한다는 계획을 발표했다. 이 계획에 따라 2023년 1월, GE

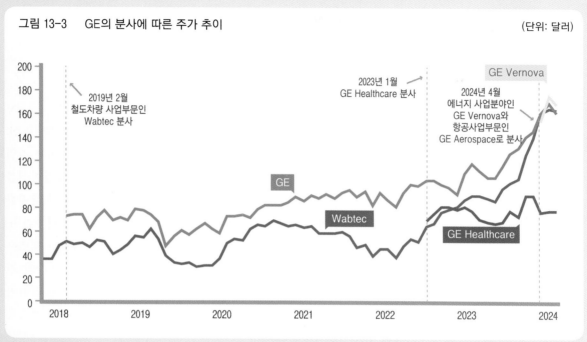

그림 13-3   GE의 분사에 따른 주가 추이   (단위: 달러)

출처: GE 연차보고서.

Healthcare가 자회사로 분리되어 정밀의료기기 및 헬스케어 전반의 사업을 담당하게 되었다. 2024년 4월에는 지속가능발전과 재생에너지 전환 사업을 전담하는 GE Vernova가 분리되었다. 이와 같은 분사의 결과 GE는 항공서비스 회사인 GE Aerospace, GE Healthcare, GE Vernova의 3개로 분리되어 각자 자신의 사업분야의 전문화 및 핵심 역량 강화를 위해 노력하고 있다. 분사 후 Wabtec, GE Vernova, GE의 이름을 유지하는 GE Aerospace 의 주가는 상승하는 추세를 보여준다. 과연 Larry Culp가 GE가 위기를 극복하여 과거의 영광을 되찾을 수 있을 것인가? 또 한번의 경영혁신이 필요한 시기이다.

전 CEO Jack Welch 인터뷰

전 CEO Jeffrey Immelt 인터뷰

현 CEO Larry Culp 인터뷰

GE의 홈페이지
www.ge.com

01 ›› 서 론

　　V부에서는 '미래를 지향하는 경영전략'이라는 주제로 구조조정과 경영혁신, 미래의 산업, 시장, 조직에 대해서 살펴보기로 한다. GE의 경영혁신 사례는 기업 전략의 중요한 요소인 리더십과 기업문화의 중요성을 일깨워 주고, 경영혁신을 통해 구조조정과 조직학습이 이루어지는 과정을 보여준다. Jack Welch의 강력한 리더십은 GE의 관료주의적 기업문화를 타파하고 사업구조를 전세계에서 1위 또는 2위를 하는 사업만으로 재구성하였다. 한편 후임자인 Jeffrey Immelt는 새로운 성장동력이 이머징마켓에 있다고 판단하여 GE의 사업구조를 에너지인프라와 기술인프라사업으로 재정의하고, 제품개발이나 경영관리도 이머징마켓을 공략하기 적합하게 재조정하였다. 한편 2018년 CEO로 임명된 Larry Culp는 GE를 헬스케어, 항공, 에너지 사업의 3개로 분사하였다.

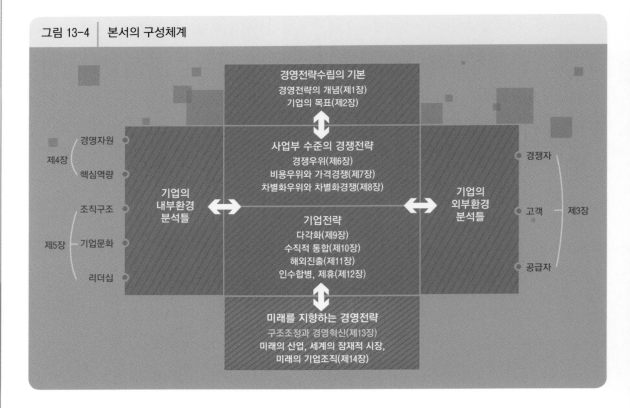

그림 13-4 | 본서의 구성체계

현실의 기업경영에는 지속적인 변화와 적응을 저해하는 각종 제도적 제약이 있고, 변화의 필요성에 대한 인식 역시 경영자들마다 차이가 있다. 따라서 기업들은 지속적으로 전략을 유연하게 조정하기보다 오랜 기간 변화가 없다가 짧은 순간 큰 폭의 변화를 보이는 구조조정을 수행하곤 한다. 본 장에서는 구조조정과 경영혁신의 구체적인 유형과 방법을 살펴보고 기업의 조직 자체가 학습조직으로 변화하는 과정을 살펴보려고 한다. 본 장의 주제는 다음과 같다.

구조조정이 일어나는 이유와 유형에 대해 살펴본다.

- 많은 대기업들이 행하고 있는 경영혁신의 중요한 요소인 사업구조조정, 재무구조조정, 조직단순화, 팀별조직으로의 변화, 리엔지니어링, 디지털 트랜스포메이션Digital Transformation의 개념과 구체적인 방법론을 살펴본다.
- 기업이 경영혁신을 지속적으로 수행하기 위해 필요한 조직학습이론 또는 지식경영이론과 벤치마킹의 방법론을 살펴본다.

02 ›› 구조조정의 정의

구조조정의 원인

구조조정restructuring이란 시스템이나 조직을 새로운 방향으로 조정하는 것을 의미한다.[2] 기업차원에서는 사업포트폴리오의 개편, 부채비중감소와 같은 자본구조의 변화, 조직구조의 혁신, 보상과 인센티브제도의 개혁, 기업문화의 혁신과 같은 기업경영의 제반 시스템의 변화를 말한다. 만일 기업들이 평상시 기업외부와 내부의 환경을 이해하고 이에 따라 자신의 전략을 수시로 조정한다면 구조조정은 특별히 필요하지 않을 것이다.

그러나 한국이 1997년 외환위기를 맞아 금융권의 대규모 퇴출과 합병, 기업들의 연이은 도산과 매각, 합병, 퇴출 등의 과정을 보면, 지속적인 조정과정보다는 오랜 기간 동안 아무런 변화가 없다가 어느 한 순간 기존시스템이 붕괴하면서 새로운 시스템으로의 변혁이 한꺼번에 이루어지는 현상을 볼 수 있다. 이러한 구조조정은 한국뿐만 아니라 미국, 유럽, 일본에서도 나타난다. 이는 기업 및 경제가 스스로 지속적인 변화를 추구하기보다, 변화에 저항하고 현체제를 고수하려는 관성inertia을 갖고 있으며, 구 시스템이 한계에 다다랐을 때야 비로소 변화가 한꺼번에 이루어지는 속성을 가지고 있기 때문이다.

최근에 빠른 속도로 발전하고 있는 복잡계이론complexity theory은 이러한 시스템의 변혁을 잘 설명하여 주고 있다.[3] 복잡계이론은 현실이 균형equilibrium에 있는 것이 아니라, 안정화하는 힘과 변화를 요구하는 힘에 따라 일순간 놀라운 변화가 생길 수 있다고 설명한다. 아무런 예고 없이 경제위기가 도래하는 현상, 나날이 상승하던 주식시장이 어느 날 갑자기 폭락하는 현상, 세계적인 호황과 불황이 예측불허로 반복되는 현상에 대한 이유를 복잡계이론에서는 어느 한 사람의 행동이 다른 사람에게 영향을 미쳐 증폭되기 때문이라고 설명한다. 이와 같은 양의 피드백positive feedback은 순식간에 커다란 변혁을 가져오게 된다.

⚙️ 기업구조조정의 방법

기업구조조정corporate restructuring이란 말 그대로 기업의 운영시스템의 변혁을 의미하므로 사실상 그 유형은 기업의 운영시스템을 어떻게 나누어보는가에 따라 다를 수 있다. 그러나 통상적으로 기업구조조정은 크게 세 가지, 즉 사업구조조정, 재무구조조정, 조직구조조정으로 나눈다.[4]

먼저 사업구조조정business portfolio restructuring은 다각화된 사업포트폴리오에 있어서의 변화를 의미한다. 사업구조조정이란 일부 사업이나 자산을 매각하거나

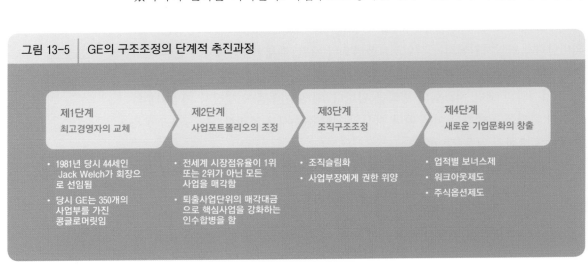

| 그림 13-5 | GE의 구조조정의 단계적 추진과정 |

제1단계
최고경영자의 교체
- 1981년 당시 44세인 Jack Welch가 회장으로 선임됨
- 당시 GE는 350개의 사업부를 가진 콩글로머릿임

제2단계
사업포트폴리오의 조정
- 전세계 시장점유율이 1위 또는 2위가 아닌 모든 사업을 매각함
- 퇴출사업단위의 매각대금으로 핵심사업을 강화하는 인수합병을 함

제3단계
조직구조조정
- 조직슬림화
- 사업부장에게 권한 위양

제4단계
새로운 기업문화의 창출
- 업적별 보너스제
- 워크아웃제도
- 주식옵션제도

divestment 또는 asset sales, 해체liquidation, 또는 분사화spin-off하는 다양한 사업포트폴리오의 구성에 있어서의 조정을 의미한다.

　　재무구조조정financial restructuring이란 기업의 자산의 구성비율, 즉 부채 대 자기자본비중을 바꾸거나, 부채발행인수leveraged buyout 등을 의미한다. 1997년 외환위기 이후, 한국정부는 기업의 부채비중을 200% 이하로 낮추도록 지도하였다. 조직구조조정organizational restructuring이란 기업의 조직구조를 보다 단순한 형태로 조정하거나 조직의 규모를 축소하는 변화, 기업문화의 혁신적인 개혁을 의미한다. 조직구조조정은 기업의 여러 사업부들을 합치거나 나누고, 권한이양의 정도를 바꾸는 것을 포함하며 이에 따라 인력조정도 발생할 수 있다.

　　실제 기업들이 구조조정을 하는 경우 위의 세 가지 구조조정을 함께 추진하곤 한다. GE의 구조조정과정을 살펴보면, 그림 13-5와 같이 최고경영자의 교체 → 사업구조조정 → 조직구조조정 → 기업문화의 변혁과 같은 순서로 진행되어 왔음을 알 수 있다.

　　GE의 구조조정은 먼저 최고경영자의 교체로부터 시작하였다. 당시 GE의 이사회에서는 GE가 지나치게 비관련다각화를 한 콩글로머릿이라고 판단하고 GE를 혁신적으로 바꿀 변화의 주도자로 당시 44세였던 Jack Welch를 회장으로 선임하였다. 이와 같이 기업들이 구조조정을 추진할 때, 최고경영자의 교체를 수반하는 이유는 기업전략의 수정과 사고의 패러다임의 변화를 가능하게 하기 때문이다.

　　Jack Welch는 회장이 된 후, 우선적으로 사업구조조정에 착수하였다. 그가 사업포트폴리오를 개편하는 데 사용한 기준은 전세계 시장점유율이 1위 또는 2위에 도달했는지 여부였다. 시장점유율이 낮은 사업은 모두 매각되었고, 그 매각대금은 전세계 시장점유율이 1위, 2위인 사업들을 보다 강화하기 위한 인수합병을 위해 쓰여졌다.

　　이와 같이 사업구조조정을 추진한 뒤, Jack Welch는 조직개편을 서둘렀다. Jack Welch는 먼저 그룹기획조정실에 해당하는 스탭조직을 대폭 정리하고 많은 권한을 사업부장에게 위임하였다. 또한 한 사업부장이 많은 사업단위를 직접 관장하도록 책임과 권한의 폭을 넓혔다. GE의 구조조정의 최종점은 새로운 기업문화의 창출이었다. Jack Welch는 의존적인 기업문화를 보다 혁신적으로 바꾸기 위하여, 워크아웃제도를 실시하였고, 큰 업적별 보너스를 지급하였다. Jack Welch가 원하는 기업문화는 속도, 단순함, 자신감을 강조하여, 회사와 종업원과의 새로운 계약이 되었다.

　　한편, Jeffrey Immelt가 GE의 신임회장이 된 후, 이머징마켓을 새로운 성장동력으로 파악하고 에너지인프라사업과 기술인프라사업으로 사업구조조정을 하고, 더 나아가 제품개발 및 경영관리시스템을 이머징마켓의 특성에 맞게 조정한 것도 앞서 살펴본 구조조정의 단계적 추진과정과 일치하고 있다. 한편, Jeff Immelt의 후임이었던 John Flannery와 GE 역사상 최초로 외부에서 발탁된 Lawrence Culp 는 GE Capital의 악성부채와 철도차량과 같은 부실화된 사업을 정리하고 GE의 경영성과를 높이기 위한 또 한차례의 구조조정을 실시하고, GE를 세 개의 독립적인 사업단위로 분사화를 추진하고 있다.

이와 같이 GE의 사례에 나타난 기업구조조정의 단계는 물론 모든 기업들에게 일괄적으로 적용될 수는 없다. 구조조정을 해야 하는 기업들의 사정은 각기 다르므로 때로는 조직구조조정이 사업구조조정을 선행할 수도 있으며, 여러 종류의 구조조정이 동시에 진행될 수도 있다. 실제로, GE는 재무구조조정을 할 필요가 없었다. 그러나 GE에서 보여준 구조조정의 과정은 흔히 일어나는 수순이다. 사업구조조정과 재무구조조정은 단기적으로 추진될 수 있으나, 조직구조조정과 기업문화의 혁신은 오랜 기간이 소요되곤 한다.

03 ›› 사업구조조정과 재무구조조정

과거 한국기업의 구조조정의 추진과정은 대부분 기업매각, 합병, 퇴출 등의 사업구조조정business portfolio restructuring과 부채비율경감, 지급보증해소와 같은 재무구조조정financial restructuring이 주를 이루었다. 사업구조조정과 재무구조조정은 사실상 동전의 양면과 같다. 재무구조가 튼튼한 기업은 서둘러서 사업구조조정을 할 필요가 없다. 사업을 매각할 때에도 천천히 원매자를 기다리며, 제 값을 받고 팔 수 있기 때문이다. 그러나 현금흐름이 취약하여 도산의 위험에 처해 있는 기업은 핵심사업이라도 매각하여 도산을 막을 필요가 있는 것이다. 이와 같이 재무구조는 사업구조조정의 폭과 속도에 중요한 영향을 미친다. 한편, 사업구조조정의 일환으로 사업을 매각하거나 부실사업을 퇴출하는 것은 직접적으로 재무구조를 개선하는 효과가 있다. 따라서 사업구조조정과 재무구조조정은 동시적으로 일어나며 상호관련적이라는 사실을 인식할 필요가 있다.

| 그림 13-6 | 사업포트폴리오를 이용한 사업구조조정의 예시 |

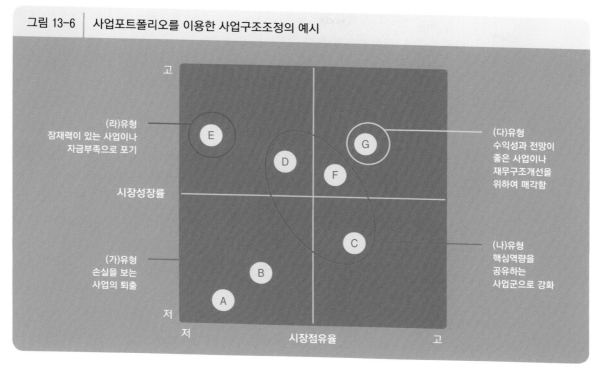

다음 **그림 13-6**은 제9장에서 살펴본 사업포트폴리오 매트릭스를 통해 사업구조조정을 기획하는 예시이다. 이 사업포트폴리오 매트릭스는 '개', '자금젖소', '물음표', '별'과 같이 현재의 경쟁력수준과 향후 시장전망을 중심으로 사업의 성격을 규정한다. 그러나 제9장에서 살펴본 중요한 교훈 중의 하나는 사업의 성격을 이 두 가지 축으로만 구분할 뿐만 아니라, 이들 사업간의 핵심역량의 공유여부를 판단하여야 한다는 점이다. 예를 들어, 그림의 A와 B 사업은 전형적인 '개'유형의 사업들로서 퇴출의 대상이다. 그러나 실제로 구조조정을 할 때 혹시 이들 사업이 기업의 핵심역량의 보존에 중요한 사업들인지 고려해야 할 것이다. C, D, F사업들이 유통망과 기술 등의 핵심역량을 공유하는 사업들인 것에 반해, E사업은 잠재력이나 핵심역량적 관점에서 볼 때, 관련성이 없는 사업이므로 우선순위에서 밀려나게 된다. 이에 반해, G사업은 현재 수익성도 높고 향후 전망도 좋은 이른바 '스타'형 사업단위이다. 만일 기업이 재무구조가 튼튼하다면, G사업을 매각할 필요가 없으나, 현금부족으로 도산위기에 직면할 때에는 이 사업을 매각하여 현금을 확보할 필요가 있다. 자신이 놓치기 싫은 만큼 이를 사고자 하는 기업을 쉽게 찾을 수 있기 때문이다. 외환위기 당시 대상그룹이 라이신 사업을 독일의 BASF에 매각한 것이 대표적인 사례이다.

성공적으로 사업구조조정과 재무구조조정을 달성한 기업들의 사례를 보면 다음과 같은 공통점을 발견할 수 있다.

첫째, 이들 기업들은 돈이 되는 우량기업을 매각하였다. 사업구조조정이 더디게 진행되는 기업들은 손실을 보는 부실기업만 매각하려는 경향을 보인다. 그러나 이에 대해, 두산그룹의 박용오 전 회장은 "나에게 걸레면 남한테도 걸레다"라는 말로 표현하였다. 즉, 자신이 처분하고자 하는 부실기업을 기꺼이 인수하고 싶은 기업은 없다는 뜻이다. 특히 부채상환을 위한 현금확보가 당장 필요한 기업은 위의 **그림 13-6**의 G사업과 같이 수익성과 전망이 좋은 사업을 매각하여서라도 구조조정을 해야 할 것이다.

둘째, 부실기업은 적극적으로 정리하였다. 한화그룹은 자신의 대표적인 부실기업인 경향신문을 5,000억 원을 추가로 지급하면서 분리하였고, 석유화학, 금속가공업 등을 분사화하거나 퇴출시켰다. 이와 같이 부실기업정리과정에서 유의하여야 할 점은 이들 기업들이 '감정적'인 측면을 배제하고 철저히 기업가치에 입각하여 정리를 단행하였다는 것이다. 즉, 이들 기업들은 그룹의 모태가 된 기업이나 그룹본사의 사옥, 최고경영자가 애착을 두는 사업이라도 필요하다면 매각하였다.

셋째, 이들 기업은 사업의 성격이 유사한 사업 등을 통폐합하였다. 두산그룹은 9개의 계열사를 (주)두산으로 통합하였고, 대상은 (주)미원과 (주)세원을 합병하고 식품관련 계열사를 통합하였다. 이러한 유사업종 통폐합은 인력감축과 비용절감에 도움이 되며, 그동안 방만하게 벌여왔던 사업을 통합하여 핵심역량을 집약하는 데 도움을 주고 있다.

넷째, 이들 기업들은 이상과 같은 사업구조조정과 재무구조조정의 결과로 현금이 확보되고 재무구조가 개선되어 금융비용을 낮춘 다음, 새로이 확보하는 자금

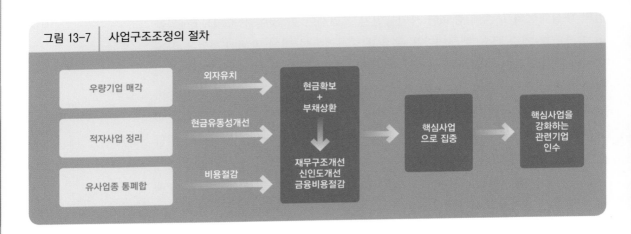

그림 13-7   사업구조조정의 절차

을 자신의 핵심사업부문에 투자하였다. 두산그룹은 구조조정의 결과 확보된 현금을 사용하여 한국중공업을 인수하였다. 한화그룹 역시 자산매각으로 얻은 자금으로 석유화학사업에 더 많이 투자하고 있다. 이와 같은 사업구조 및 재무구조조정의 절차는 **그림 13-7**과 같이 요약될 수 있다.

이와 같은 사업구조조정과 재무구조조정의 과정에서 중요한 점은 핵심역량에 입각한 사고이다. 사업구조조정을 위하여 가장 먼저 수행할 업무는 자신의 핵심역량이 무엇인가에 대한 질문이다. 따라서 구조조정의 방향은 이러한 핵심역량을 더욱 배가하고 핵심사업을 확장하기 위하여 어느 사업을 매각하여야 하는가를 결정하여야 한다. 적자사업을 정리할 때에도 과연 그 사업을 정리함으로써 자신의 핵심역량을 잃게 되는 것이 아닌가를 검토해야 하며, 현금확보를 위해 우량기업을 매각할 경우에도 다른 핵심사업들을 운영하는 데 필요한 핵심역량을 잃게 되는 것이 아닌가를 검토해야 한다. 만일 매각대상사업이 다른 사업들과 연관성이 높을 경우에는 해당 사업 하나를 매각하기보다 지분매각이나 합작투자로의 전환 등을 모색하여 핵심역량의 보전에 힘써야 한다.

04 ›› 조직구조조정

사업부제의 강화

제5장에서 살펴보았듯이 기업들이 사업부제를 채택하는 이유는 사업부장에게 권한을 이양하고 책임경영을 확립시키기 위한 것이다. 많은 한국기업들은 사업부제를 강화하여 책임경영과 이에 따른 성과급제를 도입하고 있다. 일부 기업은 개별사업부에 대해서 독립성을 부여하고 독립채산제를 실시하는 '소사장제'를 운영하고 있다.

'소사장제'보다 사업부제조직을 더욱 강화하는 조직형태는 '분사화分社化'이다. 분사적 조직은 흔히 '컴퍼니 조직company structure'이라고 불리기도 하는데 개별사업단위가 독자적인 대차대조표와 손익계산서를 갖고 독립적인 회사처럼 운영되며, 분사의 사장은 손익에 대한 책임뿐만 아니라 자산의 처분에 대한 권리도 갖는다. 이들 분사적 조직에 있어서 모기업은 은행과 같은 역할을 하여, 분사에 자본금을 투자하고, 이자를 받고 자금을 대출해 주며, 연말에 자본투자에 대한 배당금을 받는다. 제5장에서 살펴본 삼성물산의 사업유닛제도가 이러한 분사적 조직의 한 예이다. 이들 분사들이 법적으로 독립된 회사로 운영되면 중앙의 본사가 모기업의 역할을 하는 지주회사holding company가 된다.

그러나 제5장에서 밝힌 바와 같이 사업부제의 단점은 사업단위간에 협력이 약하고, 적절한 성과측정과 보상체계가 필요하다는 사실이다. 특히 분사조직의 분사들은 다른 분사와의 내부거래에도 시장가격을 적용하고 다른 분사와 경영자원과 핵심역량의 공유하거나 투자에 소홀해질 가능성이 더욱 크다. 또한 분사화된 조직이 지나치게 단기적인 재무성과에 집중하게 되면 장기적인 투자가 이루어지지 않는다는 단점도 생길 수 있다.

이러한 사업부제조직의 단점을 극복하기 위해 GE의 Jack Welch는 개별사업부간 기술공여와 상호협조 같은 경영자원의 공유를 촉진시킬 수 있는 분위기를 만드는 데 주력하였다. 사업부간 협조체제는 공식적인 조직구조의 개편만을 통해서 이루어지지 않는다. 개별 사업부서장들간 혹은 하부직원들 상호간의 비공식적인 관계를 통하여 다각화된 기업에서의 범위의 경제성과 시너지의 창출이 가능한 것이다. Jack Welch는 '경계가 없는 회사boundaryless company'라는 개념으로 사업부간의 상호협조체제를 강조하였다. Jack Welch가 새로 창조하려는 GE의 기업이념은 개별사업부간 혹은 자신의 기능별 영역간에 쌓여 있는 경계를 허물어뜨리고 사람들이 서로 다른 영역으로 쉽게 들어가 도와줄 수 있는 체제를 창출하려는 것이었다.

GE의 경영혁신은 우리가 흔히 볼 수 있는 다각화된 대기업에 공통적인 여러 문제를 해결하는 시도라고 볼 수 있다. 다각화된 기업이 겪고 있는 공통적인 문제는 다음과 같이 요약할 수 있다.

- 사업부제조직에서 책임경영을 하는 것은 비용절감에는 도움이 되나 기업의 순발력과 창의성을 높이는 데에서는 도움이 되지 않는다.
- 사업부제조직은 개별사업부가 독립적인 사업주체로서 다른 사업부와는 독립적인 경영자원을 갖는다는 가정하에 이루어져 있다. 그러나 기존사업을 운영하는 데는 사업부제도가 효율적일지 몰라도 미래의 사업을 창출하는 데는 사업부간의 연계를 통하여 새로운 경영자원과 핵심역량을 창출하는 것이 더 중요하다.

- 포트폴리오관리기법은 서로 독립적인 사업들에만 적용가능하다. 그러나 많은 경우 사업부들은 서로 관련되어 있어 경영자원의 공유와 핵심역량의 이전으로 경쟁우위를 창출한다.

이와 같은 대규모·다각화된 기업의 문제점을 간파한 Jack Welch가 GE의 경영혁신을 통해 의도했던 두 가지 목표는 어떻게 하면 대기업으로서의 이점을 활용하면서 동시에 중소기업에서 찾아볼 수 있는 순발력을 가질 수 있는가였다. 현재 사업부제조직을 채택하고 있는 기업들은 순발력과 창의성, 경영자원과 핵심역량의 공유에 취약할 수 있다는 단점을 인식하고 이 문제를 최소화하도록 조직설계를 해야 할 것이다.

조직단순화

중간관리층의 생략

Jack Welch가 기존의 GE의 조직에서 가장 심각한 문제라고 파악한 것은 조직이 너무 방만해지고 관료주의화됨에 따라서 신속한 의사결정이 이루어지지 못한다는 점이었다. 따라서 Jack Welch는 GE의 조직에서 중첩된 섹터와 그룹과 같은 중간관리층을 없애 버리고 최고경영자가 13개의 사업부를 직접 관장하는 체제로 바꾸었다. 최근 기업들 사이에 팀조직이 확산되고 이에 따라 중간관리층의 감소가 나타나는 추세는 이러한 생각을 반영하고 있다.

기획실의 역할 변경

Jack Welch는 조직구조만 단순하게 만든 것이 아니라 종전에 수행하여 온 장기전략계획시스템도 대폭 수정하였다. 과거 장기전략계획은 계획의 수립과 실행에 기획조정실이 깊이 관여하는 제도였다. 그러나 Jack Welch는 이와 같은 기획조정실의 기능을 대폭 축소하고, 두꺼운 책자가 되기 쉬운 장기전략계획을 주요 산업의 동향, 경쟁자의 동향, GE의 대응방안 등에 대한 단 한 페이지의 보고서로 대체하게 하였다. Jack Welch는 기획조정실을 종래의 감사, 기획, 통제의 기능에서 개별사업부를 도와주고 지원해 주는 보조자로서의 기능으로 전환시켰다.

아웃소싱의 증대

제10장에서 살펴본 바와 같이 아웃소싱은 기업이 반드시 자신이 수행할 필요

가 없는 가치사슬의 일부를 외주에 의존하는 것이다. 최근 한국기업이 구조조정이 활발히 진행됨에 따라서 비핵심활동분야의 아웃소싱이 크게 일어나고 있다. 예를 들어, 과거 총무부에서 수행하던 기능을 별도 법인으로 독립시키는 분사화가 한 가지 예이다. 이와 같은 아웃소싱의 증대는 조직의 군살을 빼서 효율을 증대시키고, 독립한 부서도 업무전문화로 효율성을 증대시키는 장점이 있다.

수평적인 팀조직

많은 기업들은 수직적인 단계를 축소함과 동시에 위계질서에 입각한 부서별 조직에서 조직구성원간의 수평적 관계를 강조하는 팀조직으로 변화하고 있다. 팀조직team organization이란 관료화된 위계질서적 조직이 아니라 팀의 구성원이 동등한 지위를 갖고 주요 업무를 수행하는 수평적인 조직을 말한다.[5]

팀조직이 최근 각광을 받는 이유는 기술이 빠른 속도로 발전하고 있으며 시장이 개방되고 경쟁이 더욱 치열해지는 것에 있다. 전통적인 위계질서조직은 직무의 범위가 좁고 모든 정보를 관리자들만이 독점하여 관리자들만이 업무를 계획하고 조직의 하급자들에게 지시를 하는 것에 반해 팀조직에 있어서는 모든 조직원이 정보를 공유하고 공동으로 업무를 결정하고 또한 수행한다. 그 결과 빠른 의사결정과 대응, 새로운 아이디어 창출이 가능해진다.

업무재설계와 디지털 트랜스포메이션

과거 한국에서 많이 각광을 받았던 경영혁신기법 중의 하나는 업무재설계 또는 비즈니스 리엔지니어링business reengineering이었다. 비즈니스 리엔지니어링은 "기존의 업무방식을 근본적으로 재고려하여 과격하게 비즈니스시스템 전체를 재구성하는 것으로서 프로세스를 근본단위로 업무, 조직, 기업문화까지 전 부문에 대하여 대폭적으로 성취도를 증가시키는 것"이라고 정의된다.[6] 즉, 정보처리기술의 혁신적인 발전에 힘입어, 공동의 데이터베이스를 구축하고 모든 부서에서 정보를 공유한다면, 병렬작업이 많아짐에 따라서 과거보다 작업시간을 대폭적으로 단축할 수 있고 또한 그 결과 고객에 대한 서비스의 질을 높일 수 있는 것이다.

한편 최근에는 디지털 기술을 활용해서 기업의 업무 프로세스뿐만 아니라 사업모형까지 혁신적으로 바꾸어 보자는 디지털 트랜스포메이션Digital Transformation이 주목받고 있다. 특히 2020년 전세계를 강타한 코로나19 바이러스 때문에 재택근무와 비대면 서비스 등에 대한 수요가 늘어나게 되자, 이번 기회를

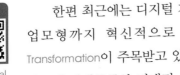

DBS의 Digital Transformation

계기로 과거 전통적으로 업무를 수행했던 방법과 유통채널, 고객관리 등 모든 측면에서 정보통신기술을 활용해서 업무재설계와 사업모형 혁신이 이루어지고 있다.

05 ›› 기업문화의 혁신과 학습조직으로의 변화

과거 조직구조조정과 경영혁신운동이 실패하는 주된 이유는 일회성一回性의 운동이었기 때문이다. 아무리 좋은 경영혁신프로그램을 개발하고 이를 실천한다고 하더라도 지속적인 변화를 가져오지 못하면 구성원들은 얼마 지나지 않아서 과거의 방식을 구태의연하게 쫓아가기 쉽다. 본 절에서 살펴볼 학습조직이론은 조직이 자신의 업무방식을 개선하고 조직의 기본원리를 다시 살펴봄으로써 조직이 계속 변화하는 것을 의미한다. 이러한 학습조직이론은 지식경영knowledge management이란 이름으로도 유사한 논의가 진행되었다.

조직학습과 지식경영

조직학습organizational learning 또는 학습조직learning organization이란 말 그대로 조직이 학습을 한다는 것을 의미한다. Peter Senge에 따르면 "학습조직이란 구성원들이 진실로 원하는 성과를 달성하기 위해서 지속적으로 조직의 역량을 확대시키고, 새롭고 포용력 있는 사고능력을 함양하며 학습방법을 서로 공유하면서 지속적으로 배우는 조직"이라고 정의된다.[7] 한편, 지식경영knowledge management은 기업의 경쟁력의 근원을 기업이 가진 지식에서 파악하고, 이러한 지식을 창출하도록 유도하며 지식을 조직구성원이 공유함으로써 그 가치를 극대화할 것을 강조한다. 결국, 기업의 경쟁우위의 원천으로 지식을 강화하고 지식의 습득 및 활용을 중요시한다는 점에서 조직학습과 지식경영은 같은 주장을 하고 있다.

GE의 사례에서 워크아웃을 통해서 조직하부의 종업원들이 2~3일에 걸친 토의를 한 다음에 자신들 조직의 문제점과 업무의 개선방안 등을 건의하는 것을

Peter Senge의 학습조직

살펴보았다. 워크아웃은 종업원들로 하여금 자신의 업무프로세스를 개선하도록 하는 제도라고 볼 수 있다. 이와 같은 프로세스를 통해 조직의 구성원들은 다른 기업들의 성공사례뿐만이 아니라 실패사례로부터 스스로 배운다. 결과적으로 조직은 환경의 변화를 인식하고 효과적으로 이에 대응하는 능력을 배양하게 된다.

Shosanna Zuboff는 In the Age of the Smart Machine이라는 저서를 통하여 "교육 또는 학습은 현대 노동의 새로운 형태이다"라고까지 말하였다.[8] 이는 조직의 학습을 위해 강의나 세미나들에 참가하여 학습활동을 하는 것이 아니라 생산활동 그 자체가 학습라는 것을 강조한다.

한편, 지식경영의 대가인 노나카 이쿠지로 교수는 기업의 지식이 창출되고 축적되는 과정을 개인, 집단, 조직, 조직간에 지식이 상호작용하여 증폭되는 과정으로 이해하였다. 노나카는 지식을 표현할 수 있고 문서로 기록가능한 '형식지explicit knowledge'와 말로 전달할 수 없는 노하우 같은 '암묵지implicit knowledge'로 나누고 개인이 가진 암묵지를 형식지로 전환하며 동시에 각 개인이 가진 암묵지를 사회화과정에 의해 전수받고, 또한 데이터베이스화된 형식지를 습득하여 이를 재조합함으로써 개인 ↔ 그룹 ↔ 조직 ↔ 조직간의 상호작용에 의하여 기업의 지적 자산이 증대되어진다고 설명하였다.[9]

이와 같은 학습조직이론 또는 지식경영이론은 한국기업에 많은 시사점을 주고 있다. 과거 한국기업은 노동의 투입양에 집중하고, 질에 대한 관심을 두지 않았다. 또한 관료적인 조직구조와 연공서열식의 조직운용은 특히 조직의 하부에 있는 직원으로 하여금 새로운 지식을 학습하고 이를 활용하여 경영성과를 높이려는 노력을 시들하게 만들었다. 그러나 최근의 구조조정을 통해 종업원의 의식에 변화가 생겼다. 과거에는 개인이 조직에 충성하면 조직은 그 개인을 정년퇴임까지 고용을 보장하는 사회적 계약이 암묵적으로 이루어졌다. 이제는 개인은 조직에게 성과를 제공해 주고 조직은 그 반대급부로 능력 있는 개인에게 성장의 기회를 보장해 주는 새로운 사회계약이 이루어지고 있는 것이다. 이와 같은 관점에서 조직은 개인들이 지식을 창출하고 활용하는 조직구조와 기업문화를 제공해야 할 책임이 있고 각 개인은 자신의 지식증대에 힘을 써야 할 필요가 있다. GE의 Jack Welch는 GE가 제공해 줄 유일한 약속은 전세계시장을 무대로 싸워 이기고자 하는 사람들에게 GE가 최고의 기회를 제공해 줄 수 있는 것이라고 선언한 바 있다.

벤치마킹

기업들이 학습조직으로 변화하기 위해서 이미 어떠한 활동분야에서 상당히 높은 성과를 보이고 있는 기업들의 사례로부터 그 구체적인 방법을 찾을 수 있다. 즉, 벤치마킹benchmarking을 통해서 다른 기업들이 하고 있는 방식을 학습하는 것이다.

흔히 벤치마킹에 대해 오해하기 쉬운 점은 정보수집과정과 벤치마킹을 혼동하는 것이다. 벤치마킹은 단순한 일회성행사나 단순정보수집과정 또는 단순복제나 경쟁자의 모방이나 전문적인 유행어가 아니라, 지속적인 프로세스로 조직학습의 기본이라고 볼 수 있다. 벤치마킹은 다른 사람으로부터 배우는 새로운 학습과정이라고 볼 수 있으며, 실용적인 기법으로 일정한 원칙이 있어야 하고, 노력과 시간이 요구되는 장기적인 업무프로세스로서 업무의 생산성을 높여 주는 유용한 기법이라고 할 수 있다.

벤치마킹에는 **표 13-1**과 같이 세 가지 유형이 있다. 첫 번째 내부벤치마킹은

표 13-1 | 벤치마킹의 유형

유 형	대 상	사 례	장 점	단 점
내부 벤치마킹	• 서로 다른 위치, 부서, 사업부, 지역 내에서의 유사한 활동을 하는 부서	• Xerox의 미국의 제조업무와 Fuji Xerox의 업무 • 사업부서별 마케팅전략(복사기사업부와 워크스테이션 사업부간의 전략	• 데이터수집이 용이하다. • 다각화된 기업에 좋은 기회이다.	• 관점이 제한된다. • 내부적인 편견에 사로잡히기 쉽다.
경쟁자 벤치마킹	• 동일한 고객층을 대상으로 제품을 판매하는 직접적인 경쟁자	• Canon • Ricoh • Kodak • Sharp	• 업무실적과 연관된 정보 등 비교할 수 있는 실적/기술을 얻는다.	• 데이터 수집이 어렵다. • 윤리적인 문제가 있다. • 기업문화의 차이가 있다.
기능적 벤치마킹	• 최신의 제품/서비스/프로세스를 가지고 있는 것으로 인식되는 조직	• 창고업(L.L. Bean) • 출하상태 추적(Federal Express) • 고객서비스(American Express)	• 혁신적인 기법을 발견할 가능성이 높다. • 쉽게 전환할 수 있는 기술/기법 • 전문적인 네트워크 구축 • 관련 데이터베이스 접속 • 자극적인 결과	• 다른 산업에서 발달된 기법을 다른 환경으로 이전시키는 데 어려움이 있다. • 이전시킬 수 없는 정보가 많다. • 시간소모가 많다.

출처: 스핀돌리니, 벤치마킹과 기업경쟁력, 황태호 옮김, 김영사, 1992, p. 42.

같은 조직 내의 서로 다른 사업부에서 벤치마킹을 하는 것이다. 이 방법은 데이터의 수집은 용이하나 시야가 좁아지는 단점이 있다. 두 번째 벤치마킹의 유형은 경쟁회사를 벤치마킹을 하는 것이다. 이는 비교가능한 정보를 얻어 직접 대비가 가능하나 데이터 수집상의 어려움이 있고 산업외부의 지식을 얻지 못한다는 단점이 있다. 마지막으로 기능적functional 벤치마킹은 기업이 수행하는 여러 활동분야에서 가장 뛰어난 기업들을 다른 산업에서 발견하여 배우는 방법이다. 그러나 특정 산업에서 발달된 기법들은 다른 산업, 다른 환경으로 이전시키기가 어렵고 상당히 많은 시간이 소요된다. 이러한 단점에도 불구하고 기능적 벤치마킹을 하는 이유는 종종 어느 특정 기능분야를 학습하는 데 유용하기 때문이다.

글로벌혁신네트워크

다국적기업들의 새로운 추세는 과거 다국적기업들의 본사에서 신제품을 개

| 그림 13-8 | P&G의 Connect & Development전략 |

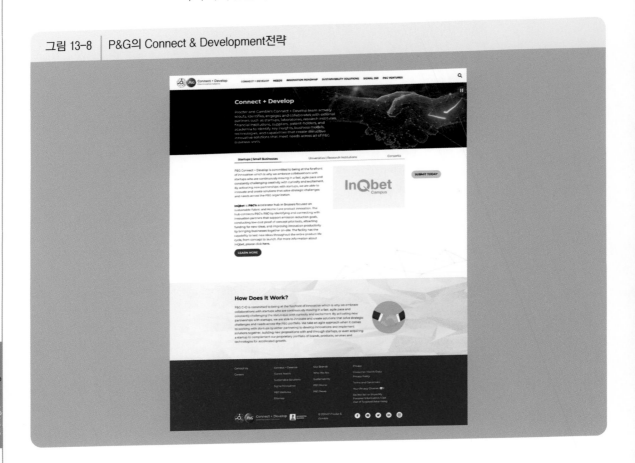

발해서 해외의 자회사로 이전하는 방식에서 탈피하여, 혁신적인 아이디어를 전세계적으로 찾는 것이다. 예를 들어 과거에는 미국, 유럽 등 다국적기업들의 본사에 위치한 연구개발센터에서 선진국 소비자를 대상으로 제품과 서비스를 개발하여, 저개발국에 이전해왔었다. 이와 같은 모델의 한계는 R&Dresearch & development 센터에 일하는 소수의 연구자들의 역량에 의존하는 것이다. P&G와 같은 다국적 기업은 이러한 접근방식의 한계를 느끼고, C&Dconnect & development방식으로 혁신적인 제품을 찾고 있다그림 13-7. P&G의 전임 회장인 A. Lafley에 따르면, C&D방식은 전세계 뛰어난 두뇌를 갖고 창의력을 갖고 있는 개인이나 회사와 협업을 가능하게 한다. P&G는 자신의 홈페이지에 자신이 필요로 하는 기술이나 역량을 제시하고, 관심 있는 파트너들을 해당 사업부서로 연결하게 하였다. 이렇게 전세계 누구나 접근할 수 있는 방식으로 P&G는 해당 사업부서와 협업을 통해 새로운 제품을 개발하는 것이 가능해졌다. P&G는 이미 1,000건 이상의 협력프로젝트를 수행하면서, 전세계적으로 뛰어난 재능을 가진 기업과 혁신적인 제품을 개발하고 있다.

Video

Lafley가 말하는
Open Innovation

06 ›› 결론 및 요약

최근 한국기업에 구조조정과 경영혁신운동이 활발히 추진되고 있다. GE의 경영혁신운동은 그 중 하나의 예에 불과하다. 이와 같은 구조조정과 경영혁신운동은 치열한 글로벌경쟁에 대응하기 위해 기업의 사업구조 및 재무구조, 조직구조와 기업문화 및 각종 업무프로세스를 개선하는 것이다.

본 장에서는 이러한 경영혁신을 주도하는 주체인 최고경영자의 역할을 살펴보고, 사업구조조정과 재무구조조정, 조직단순화, 리엔지니어링, 디지털 트랜스포메이션Digital Transformation 같은 구체적인 방법을 살펴보았다. 그러나 이와 같은 경영혁신은 기업이 혁신을 지속적으로 수행할 수 있는 학습조직으로 바뀌지 않으면 지속될 수 없다. 따라서 본 장에서는 그러한 학습조직으로 변화하는 당위성을 제시하고, 그 구체적인 방법인 벤치마킹을 살펴보았다.

사례

두산그룹의 구조조정[10]

　'먼저 궁리하고 앞서 진출하고 빨리 철수하자.' 이는 두산그룹의 재도약을 진두지휘하였던 박용오 회장이 내건 '패스트 사이클fast cycle 경영전략'이었다. 두산은 이와 같은 경영혁신을 통해 보수적인 기업문화를 '가치와 수익중심'의 기업문화로 탈바꿈할 수 있었다.

　두산그룹은 개화기인 1896년 당시 보부상이었던 매헌 박승직이 설립한 포목점을 모태로 1946년에 두산상회를 설립하면서부터 현재의 그룹명인 두산이라는 사명을 사용하기 시작하였다. 이후 두산상회에서 무역업을 시작하였고 두산건설, 두산음료, 두산기계 등을 설립하였다. 이러한 성장 과정을 통해서 두산그룹 내에서는 자연스럽게 보수·안정의

그룹 분위기가 형성되었으며, 가족적이고 온정주의적인 분위기가 확산되어 있었다.

그 결과 두산의 각 계열사들은 건설과 유리 등을 제외하고는 영업실적이 매년 악화되고 있었다. 두산그룹의 주력사업이었던 OB맥주가 하이트맥주와의 경쟁에 밀리자, 경영상황은 계속 악화 일로를 겪게 되었다. 두산은 그룹창립 100주년이었던 1996년을 기점으로 그룹의 현주소를 정확히 파악하고 미래를 향한 정확한 방향성을 확립하기 위해서 McKinsey Consulting의 자문을 받아 1996년 1월 '트라이씨Tri-C'라는 태스크 포스팀을 구성하였다.

트라이씨팀이 약 2달 동안에 걸쳐서 두산그룹에 대한 실사를 한 결과, 두산그룹은 위기감이 감돌던 1996년까지도 과거와 마찬가지로 형식적인 장기전략계획을 수립하고 있었으며, 매년 일정비율로 증액하여 예산을 집행하고 있었다는 사실을 발견하였다. 따라서 매출은 어느 정도 계획과 일치하였으나 손익은 급격히 악화되고 있었다. 두산그룹은 1995년 한 해에만 9천억 원의 마이너스 현금흐름을 기록하였으며, 1996년에도 5천 6백억 원의 마이너스 현금흐름을 기록하게 될 것으로 예측하였다.

따라서 두산그룹은 **그림 13-8**에 나타나 있는 프로세스에 따라 성장성이나 미래 수익성이 떨어지는 한계사업에 대하여 정리작업에 착수하였다. 한계사업의 정리는 무엇보다 '수익성'이라는 원칙 하에 이루어졌다. 1995년에는 두산창업투자, 두산렌탈, 두산환경산업을 두산동아에 합병하였으며, 1996년 4월에는 동아인쇄도 두산동아에 편입

그림 13-8　　두산그룹의 구조조정체계

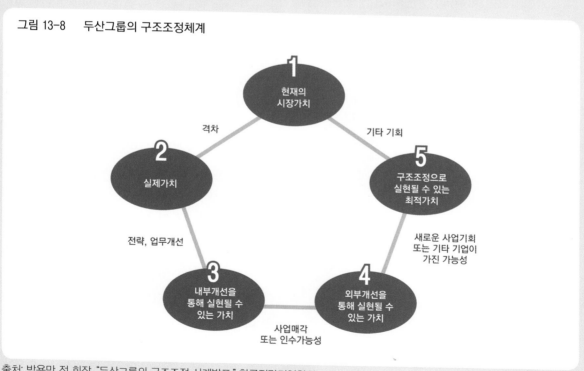

출처: 박용만 전 회장, "두산그룹의 구조조정 사례발표," 한국전략경영학회.

시켰다. 또한 1997년 9월 말에는 경영상의 어려움을 겪고 있었던 OB맥주를 두산음료와 합병하였다. 또한 합병 후인 1997년 11월, 음료사업을 미국 코카콜라에 4,322억 원을 받고 매각하였다. 음료사업은 수익성이 좋은 사업 중의 하나였음에도 불구하고, 음료사업이 코카콜라에 의존하는 종속적인 사업이란 점에서 미래성이 없다고 판단했기 때문이었다.

또한 두산은 자산매각에 있어서 '제값을 못받아도 과감하게 팔아라', '나에게 걸레면 남에게도 걸레다'라는 두 가지 원칙을 고수하였다. 이러한 원칙은 회사나 부동산을 팔 때는 가격이 생각보다 적게 매겨지더라도 과감히 팔아치우라는 내용을 담고 있었다. 내가 걸레처럼 여기는 회사는 남이 가치 있게 볼 리가 없다는 것이다. 두산은 1996년 합작투자를 했지만 실질적인 경영권이 없는 한국 네슬레 보유지분을 매각하고, 한국 3M과의 합작투자 역시 매각했다. 또한 두산상사가 보유중이던 한국코닥의 주식을 5백억 원에 합작선인 미국 코닥사에 매각하였다.

이와 같은 일련의 기업매각에 대하여 당시 두산그룹의 기조실장이었던 박용만 전 회장은 다음과 같이 말하였다.

"오랫동안 사업을 해 왔음에도 불구하고 저희 그룹 내에서 기업의 가치라는 것이 무엇인지에 대한 분명한 인식이 없었습니다. 그런데 저희들이 계열사 및 지분을 매각하면서부터 가치에 대하여 인식을 하게 되었습니다. 우리나라의 기업들은 오랫동안 성장과 소유를 매우 중요시해 왔습니다. 이 때문에 수익성이 있는 기업에 대한 경영권의 확보는 매우 중요하였으며, 이러한 기업이나 사업에 대해서는 매우

높은 가치를 두고 있었습니다. 그러나 이는 단지 기업의 소유주만이 느끼는 가치에 대한 개념일 뿐 모든 불특정다수에게 적용될 수 있는 가치의 개념은 아니라는 것을 알았습니다. 물론 이전에 이를 인식하고 있었던 것은 아니었습니다. 저희가 기업을 팔게 되면서부터 비로소 진정한 기업의 가치에 대해서 인식하게 되었습니다."

이러한 일련의 구조조정작업을 통해 두산그룹은 1997년 자기자본비율을 1996년 12.6%에서 1997년 17%로 증가시켰으며, 투하자본이익률 ROIC도 1996년의 1.7%에서 1997년에는 9.7%까지 상승시켰다. 두산의 구조조정은 시기적절한 것이었다. 1997년 외환위기로 인해 재계순위 30위 안에 위치한 기업들의 연쇄도산이 일어났다. 아마도 두산그룹이 미리 구조조정을 하지 않았다면, 외환위기로 인해 부도가 난 그룹들의 행렬에 합류했을 것이다.

그러나, 외환위기의 여파로 두산의 재무구조는 다시 악화되었다. 이를 극복하기 위해 두산은 우선 건설부문 3개사를 두산건설로, 포장재부문 3개사를 두산포장으로 합병하고, OB맥주는 Interbrew와 합작으로 전환하고 나머지 계열사는 (주)두산으로 통합하는 것을 주요 골자로 하는 2차 구조조정안을 발표하였다. 이와 같은 구조조정안에 대해 박용만 기조실장은 다음과 같이 말하였다.

"9개의 계열사를 독립하여 운영할 경우에는 구조조정을 하기가 대단히 어려워집니다. 또한 이해관계도 상당히 복잡해집니다. 때문에 계열사들 안에 소속되어 있는 자산이나 자원들을 계열사간에 이동하기가 어렵습니다. 뿐만 아니라 법이나 제도적인 측면에서 볼 때, 실제로 통합하는 데 상당한 기간이 소요되며,

사업양수의 경우에도 세무문제가 매우 복잡해집니다. 그러나 만약 9개의 기업을 통합하게 되면 미래를 바라보고 사업군을 정리할 수 있기 때문에 구조조정을 실시하기 훨씬 용이해집니다. 또한 사업구조조정의 기반이 조정될 수 있게 됩니다. 사업의 철수가 대단히 용이해지고 사업부 내에서 인력의 재배치가 쉬워지며, 원하는 사업만 떼어내어서 외국인과의 합작투자할 수 있습니다. 또한 합작투자를 통해 유입되는 현금을 모회사에 투입함으로써 모회사의 재무구조를 건전하게 할 수 있습니다. 이를 통해 추가적으로 모회사의 미래지향적인 구조조정이 가능하게 됩니다. 이러한 이유들이 9개의 사업을 (주)두산으로 통합하는 데 작용하였습니다."

그러나 2차 구조조정은 그룹 내 사업의 (주)두산으로의 통합과 OB맥주의 정상화방안이 주류였고, 미래의 성장사업이 무엇인가는 밝히지 못했다. 두산 내에서는 그룹의 성장엔진을 확보할 때까지는 그룹의 구조조정이 완성된 것이 아니라는 분위기가 지배적이었다. 따라서 2000년대에는 그룹의 미래의 성장엔진을 확보하기 위해 적극적으로 노력하였다. 먼저 두산그룹은 민영화를 추진하고 있던 한국중공업의 인수에 뛰어들었다. 한국중공업은 담수 및 발전사업에 주력하던 기업으로 2000년 말 기준으로 매출액 2조 4천억 원, 자산총액 3조 5천억 원에 달하는 거대기업이었다. 이를 인수하여 두산중공업으로 개명하자 카타르에서 2억 7천만 달러의 담수화설비를 수주하는 등 중동에서 담수화설비 특수가 일어나면서 영업실적이 빠르게 개선되었다. 두산중공업의 영업실적 개선에 고무된 두산그룹은 2003년에는 건설업과 레미콘 사업을 하던 고려산업개발을 인수해 두산건설과 통합함으로써 건설부문을 강화했다. 2005년에는 당시 M&A 시장에서 알짜배기 기업으로 각광받던 대우종합기계 인수에 성공하였다. 대우종합

그림 13-9　　두산그룹의 경영성과　　　　　　　　　　　(단위: 조원)

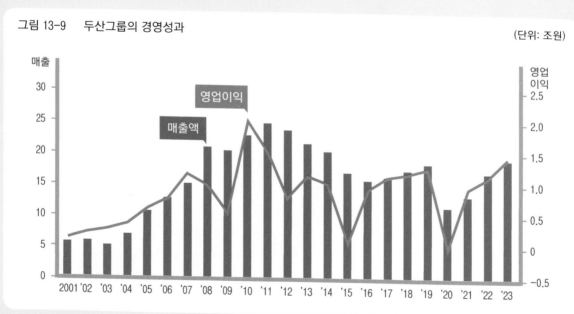

출처: 두산 연차보고서. 연결기준 재무제표.

그림 13-10   두산그룹의 소유구조

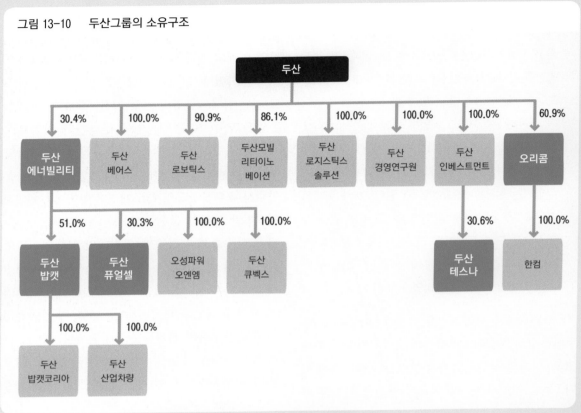

출처: 공정거래위원회, 2023년 5월 기준. 상장회사는 녹색으로 표시하였음. 해외기업 제외.

기계는 국내 굴삭기, 지게차, 공작기계 분야에서 1위 업체일 뿐만 아니라, 해외시장에서도 그 기술력과 유통력을 인정받고 있었다. 대우종합기계를 인수함으로써 두산그룹은 비로소 소비재 중심의 사업구조에서 산업기반시설, 건설, 기계장비, 에너지, 국방, 생산설비 등을 포함하는 방대한 인프라 지원 사업ISB: Infrastructure Support Business 중심의 사업구조로 전환하였다. 두산그룹은 대우종합기계의 사명을 두산인프라코어로 변경하고, 두산인프라코어와 기존의 두산중공업을 중심으로 적극적인 직접투자와 M&A를 통해서 해외시장을 개척하기 시작하였다. 두산그룹은 2006년에 보일러 설계 및 엔지니어링 분야에서 원천기술을 보유한

영국의 밥콕과 루마니아 최대의 주단조 업체인 크베너 IMGB를 인수하여 각각 두산밥콕과 두산 IMGB로 변경하고 두산중공업의 사업역량을 더욱 강화하였다. 또한 2007년에는 소형 건설장비부문에서 세계 1위인 밥캣을 인수하였다. 이를 통해 두산인프라코어는 소형부터 중대형에 이르는 제품 포트폴리오를 갖춘 세계적인 건설장비 기업으로 도약하였다. 또한 2008년에는 유압기계 전문회사인 동명모트롤현 두산모트롤과 노르웨이의 목시엔지니어링현 두산목시을 인수함으로써 건설기계분야의 사업역량을 더욱 강화하였다. 2011년에는 인도의 화력발전시장에 진출하기 위해 첸나이웍스를 인수했다. 2011년에는 또한 독일의 친환

경발전설비업체인 AE&E Lentjes를 인수하였다.

그러나 2008년 글로벌 금융위기 이후 경기침체가 장기화되고, 특히 두산이 주력하던 중국시장이 침체되자 두산그룹의 주력계열사들인 (주)두산, 두산중공업, 두산인프라코어 등이 적자를 보게 되면서 두산그룹이 또다시 유동성 위기설에 휘말리게 되었다. 두산은 2014년 공장기계사업부를 MBK파트너스에게 1조 1천억 원에 매각하고, 2016년에는 두산건설의 알짜 사업인 배열회수보일러HRSG 사업을 GE에 매각하는 등 사업부 및 자산 매각을 통해 자금을 수혈했다.

그러나 2018년에 들어서며 두산중공업의 자회사인 두산건설이 부동산 경기침체와 대규모 아파트 미분양으로 어려움을 겪게 되었고 이를 지원하게 되면서 차입금이 5조 원 가까이 불어났다. 또한 정부의 탈원전정책은 원자력발전시설이 주력사업인 두산중공업에 큰 타격을 주었다. 결국 2020년 두산은 재무구조개선을 위한 경영정상화 방안 이행조건으로 두산중공업을 제외한 모든 계열사 및 주요 자산을 매각 대상에 포함하는 MOU를 채권단과 체결하기에 이르게 되어 또 한 차례의 커다란 구조조정에 직면하게 되었다.

결국 현금유동성을 확보하기 위하여 두산은 2021년 알짜배기 회사인 두산인프라코어를 현대중공업에 매각하였다. 다만 두산중공업이 보유한 Bobcat의 지분은 매각에서 제외되었다. 한편 2022년 윤석열 대통령이 본격적으로 탈원전정책을 폐기하면서 두산중공업에 다시금 기회가 찾아왔다. 두산중공업은 두산에너빌리티로 이름을 바꾼 후 소형원자로, 가스터빈, 해상풍력, 수소에너지 등으로 차세대 친환경 에너지 사업에 집중하고 있다. 또한, 2019년 두산의 연료전지 사업부문 인적분할로 설립된 두산퓨얼셀을 통해 수소터빈 사업에 착수하였다. 두산그룹의 구조조정은 마침내 그 결실을 맺을 것인가?

Video

두산그룹 구조조정

토 의 과 제

01 두산그룹의 구조조정을 살펴보고 성공적으로 진행된 구조조정의 측면과 아직 미진하다고 생각되는 부분이 어디인지 논의해 보시오. 향후 두산그룹이 성공적인 구조조정을 할 수 있는 방안은 무엇인가?

02 한국기업의 입장에서 구조조정을 효과적으로 수행하기 위해서 필요한 조직구조, 기업문화 및 기업지배구조 측면에서 수반되어야 할 변화에 대해서 토의해 보시오.

두산그룹의 홈페이지
www.doosan.com

CHAPTER13

참고
문헌

R e f e r e n c e

1 본 사례는 Jack Welch의 자서전과 저서인, Jack: Straight from the Gut, Business Plus, 2001과 Winning, Harper Business 2005; Noel Tichy and Ram Charan, "Speed, Simplicity, and Self-Confidence: An Interview with Jack Welch," *Harvard Business Review*, 1989 등 기타 기사에 기초하여 작성하였다.

2 한국기업의 구조조정에 대한 구체적인 방법론에 대해서는 강효석·권석균·이원흥·조장연의 『기업구조조정론』 홍문사, 1998 참조.

3 복잡계이론에 대해서는 M. Waldrop의 Complexity(한글번역판: 김기석·박형규 옮김, 케이오스에서 인공생명으로, 범양출판사), 1995 참조.

5 존 H. 젠거 외 3인 공저, 『초일류 팀 만들기』 김영한 옮김, 성검출판사, 1994 참조.

6 Micheal Hammer and James Champy, *Reengineering the Corporation: A Manifesto for Business Revolution*, Harper Business, 1993; James Short, "The New Industrial Revolution," *Sloan Management Review*, 1990; Thomas Davenport, "Process Innovation: Reengineering Work through Information," *Harvard Business Review*, July–August, 1990.

7 Peter Senge, *The Fifth Dicipline*, New York: Doubleday, 1990.

8 Shoshana Zuboff, *In the Age of the Smart Machine: The Future of Work and Power*, New York: Basic Books, 1988.

9 Ikujiro Nonaka and Hirotaka Takeuchi, *The Knowledge-Creating Company*, Oxfod University Press, 1995.

10 본 사례는 저자의 지도하에 고려대학교 경영대학의 이판섭과 김문구가 작성하였다.

메모

Memo

14 태동하는 미래의 산업, 세계의 잠재적 시장, 미래의 기업조직

미래를 예측하는 제일 좋은 방법은 자신이 스스로 그것을 창조하는 것이다.
– Apple사의 회장이었던 John Sculley.

Adobe의 성장전략[1]

　　Adobe사는 Xerox PARCPalo Alto Research Center의 연구
원이었던 John Warnock과 Charles Geschke에 의해 1982년
설립되었다. 두 연구원은 제록스에서 텍스트와 그래픽의 통
합프린팅을 촉진하기 위한 최신의 소프트웨어를 개발하였
다. 이 소프트웨어를 개발한 후, 당시 미국 Silicon Valley에
소재한 유수벤처캐피탈 회사인 Hambrecht & Quist의 창업
투자자금을 받아, 회사의 이름을 Adobe라 정하고 영업을 시
작하였다. Adobe사의 첫 제품은 PostScript라는 소프트웨어
로서, 프린터와 같은 출력장치와 컴퓨터 프로그램 사이의 인
터페이스interface기능을 제공하였다. 초기 제품의 인터페이
스의 구성은 page description language, interpreter, fonts

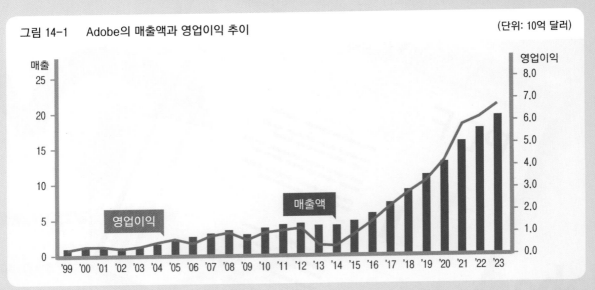

그림 14-1　Adobe의 매출액과 영업이익 추이　　　　　　　　　　　　(단위: 10억 달러)

출처: Adobe 연차보고서.

등의 세 부문으로 이루어져 있었다.

　출시 초기에 Adobe사는 자사 소프트웨어인 PostScript를 구성하는 주요 요소 중의 하나인 page description language를 다른 소프트웨어 개발업자들이 자유롭게 이용할 수 있도록 공개하였다. 이러한 초기의 공개표준결정에 대하여 공동설립자인 Geshcke는 다음과 같이 설명하고 있다.

　"Adobe는 표준이 공개되도록 하였으며 이를 통해 우리의 제품이 자유롭게 이용될 수 있도록 하였습니다. 또한 이러한 제품과 관련한 기술을 많은 이들이 이용할 수 있도록 문서화하여 배포하려는 결정을 내렸습니다. 당시 저작권과 상품권에 대해서는 보호하였지만 인터페이스는 경쟁관계에 있는 누구나에게 공개하였습니다. 이렇게 한 이유는 우리 사업에서 성공을 거두기 위해서는 표준수립이 중요하다는 것을 알았기 때문입니다. 만약 우리가 표준을 수립하는 데 최고가 된다면 경쟁자들이 지속적으로 우리를 위협하지는 못할 것이라는 판단에 따른 것이죠."

　또한 Adobe는 PostScript의 그래픽관련 기반기술을 그래픽분야의 전문가집단을 위한 다른 응용소프트웨어에도 적용될 수 있도록 확장하여 Adobe Illustrator를 출시하였다. 이 제품은 곧 그래픽분야의 전문가들로부터 큰 호응을 얻었다. 이후에도 디지털 이미지편집을 위한 PhotoShop, Adobe PageMaker 등을 출시하였다.

　Adobe의 Acrobat은 사용자들이 어떠한 형식의 전자문서라도 PDFportable document format라 불리는 통합문서형식으로 변환할 수 있게 하였다. PDF형식으로 문서가 저장된 후에는 문서는 다른 사용자에게 쉽게 전달될 수 있었으며, 원래의 문서용 응용소프트웨어에서 제공하는 형식 그대로 볼 수 있고, 또 출력도 할 수 있게 되었다. Adobe는 과거 PostScript이 그러하였던 것처럼 PDF를 인터넷상의 문서교환에 있어서 사실상의 표준으로 만들고자 하였다.

　산업표준을 획득하기 위해서는 많은 수의 고객을 확보하는 것이 중요하다는 인식을 가진

그림 14-2　　Adobe의 사업별 매출액 비중 추이　　　　　　　　　　　(단위: %)

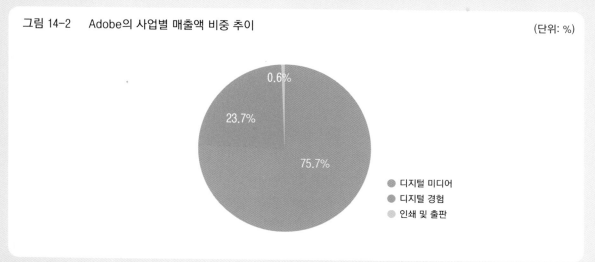

디지털 미디어
디지털 경험
인쇄 및 출판

출처: Adobe 연차보고서, 2023년 기준.

Adobe는 Acrobat Reader를 되도록 많은 수의 소비자들이 무료로 이용할 수 있도록 하였다. 당시 미국의 최대 온라인서비스 업체인 AOL과 제휴하여, AOL의 고객들이 Acrobat Reader를 자유롭게 이용할 수 있도록 하였으며, 컴팩, 델, 소니 같은 다수의 컴퓨터 판매업자들과 제휴관계를 맺고 이들 기업들이 생산하는 컴퓨터에 출시부터 Acrobat Reader가 탑재될 수 있도록 하였다.

PDF 이용자들의 증가는 Adobe사에게 새로운 수익원을 제공해 주었다. 예를 들어, Adobe는 한 달에 9.9달러나 일년에 99.9달러의 이용료만 지불하면 제한없이 PDF파일을 만들 수 있도록 하는 서비스를 제공하였다. **그림 14-2**에서 보는 것처럼 Acrobat 관련 전자문서사업부문은 디지털미디어 사업에 중요한 위치를 차지하고 있다. 한편, Adobe사는 e-Book 시장에도 산업표준을 차지하기 위해, e-Book의 생산을 담당하는 출판업자와 e-Book을 판매하는 온라인 서점 등과의 제휴관계를 적극 추진하였다.

또한 플래시로 유명한 매크로미디어사를 인수하여 Adobe 제품의 디지털 역량을 강화하였으며 각각의 Adobe 제품들이 다양한 기기에 호환될 수 있도록 하는 데 노력하여, Adobe의 제품은 PC, 매킨토시, Linux 등의 모든 컴퓨터에서 운용할 수 있었다.

Adobe는 산업의 초기에 자사 제품에 대하여 무료다운로드를 제공함으로써, 소비자 기반을 넓히고, 산업표준으로 자리잡게 하는 전략을 사용한 대표적인 사례이다. 또한 양의 피드백 현상positive feedback을 활용하여 수익을 창출하는 사업모형의 대표적인 기업이라 할 수 있다. Adobe의 무료다운로드 전략과 산업표준의 획득과 같은 전략은 특히 클라우드를 중심으로 한 정보통신 기술이 발전함에 따라, Creative Cloud, Document Cloud, Experience Cloud 등 다른 사업영역으로 꾸준히 확장되고 있다.

Adobe사의 홈페이지
www.adobe.com

Video

CEO Shantanu
Narayen 인터뷰

CHAPTER14

01 >> 서 론

　　Adobe는 소프트웨어 산업에서 산업표준이 되기 위해 초기 무료 소프트웨어를 제공하였다. 이는 소프트웨어가 고정비용의 성격이 강하고 네트워크 외부성도 강한 산업의 특징에서 나온 전략이다.

　　지금까지 본서에서 언급된 많은 산업들은 이미 성숙된 산업이었다. 성숙한 산업은 구조가 확립되어 있고 자연스럽게 경쟁의 법칙이 나타나는 경우가 많으나, 태동기의 산업은 모든 것이 불안정하다. 본 장에서는 산업이 태동하는 시점, 즉 산업의 형성기에 필요한 전략과 산업의 쇠퇴기에 필요한 전략을 각각 살펴보려고 한다. 소프트웨어 산업에서는 태동기산업에서 흔히 볼 수 있는 불확실성과 활발한 기업들의 활동을 볼 수 있다.

　　한편, 선진국시장의 성숙산업은 신흥시장에서는 성장하는 시장이 된다. 그러

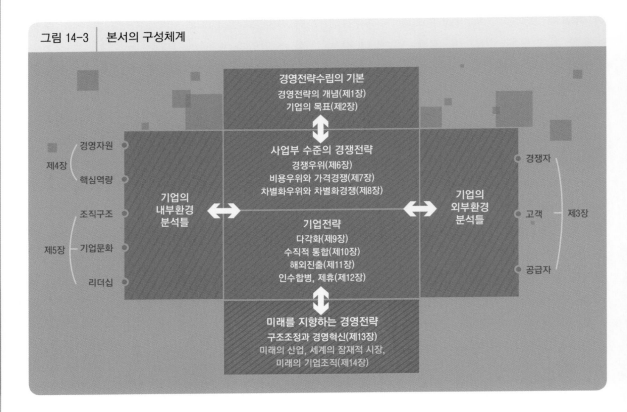

그림 14-3 ｜ 본서의 구성체계

나, 신흥시장은 기업들에게 새로운 도전을 요구한다. 본 장에서는 신흥시장을 공략하는 전략에 대해 자세히 살펴보기로 한다. 또한, 이러한 미래의 전략적 도전에 대한 기업조직과 경영자의 자질에 대해서도 고찰해 보기로 한다.

　본 장에서 살펴볼 주제는 다음과 같다.

- 태동기산업의 특징을 살펴보고, 태동기산업에서의 주요 의사결정, 즉 시장예측, 진입시기와 방법에 대해 논한다.
- 쇠퇴기산업은 우리가 내수시장을 넘어 전세계로 눈을 돌리면 반드시 쇠퇴기산업이라고 단정할 수 없는 측면이 많다. 본 장에서는 쇠퇴기산업에서의 주요 의사결정을 살펴본다.
- 본 장에서는 마지막으로 미래의 기업조직이라 할 수 있는 네트워크형 기업조직과 미래의 경영자에게 필요한 자질에 대해 살펴본다.

02 ›› 태동하는 산업에서의 경영전략

산업의 수명주기모형

　'제품수명주기이론product life cycle theory'은 마치 사람처럼 새로운 제품은 태어나고 성장하며 성숙해지고 그리고 점차 쇠퇴하면서 마지막에는 수명을 다한다는 이론이다. 각 제품들이 수명주기가 있는 것처럼 산업도 역시 수명주기가 있는 것이다. **그림 14-4**는 대표적인 산업의 수명주기를 보여준다. 산업은 태동기를 거쳐서 성장기에는 시장에 제품이 알려지면서 그 수요가 급격히 증가하는 경향을 보이나, 성숙기에 가서 수요의 증가는 완만해져서 점차 줄어드는 현상을 보인다. 이와 같은 산업의 수명주기를 결정하는 주요 동인dynamics은 수요의 증가패턴이다. 수요의 증가 그 자체는 사람들이 제품에 대해 갖고 있는 지식이 점차 확산diffusion되는 과정이라고 볼 수 있다.

　한편, 기술진보의 측면에서 산업구조를 살펴보면 산업의 태동단계에서는 산업의 표준이 되는 제품이 없이, 여러 표준들이 서로 산업표준이 되기 위해서 격렬한 경쟁을 벌인다. 그러나 경쟁우위가 없는 제품들이 시장에서 탈락되면서 산업

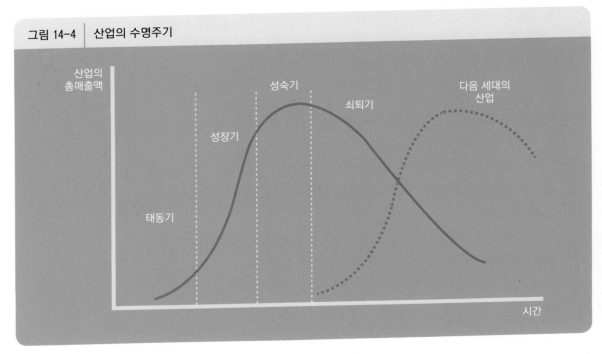

그림 14-4 산업의 수명주기

의 표준화standardization가 이루어진다. 한편, 산업성장이 정점에 이르고 제품이 표준화되면 기술진보의 초점은 점차 제품혁신product innovation으로부터 생산과정혁신process innovation으로 바뀌게 된다. 초반에는 디자인의 변화가 잦았으나 점차 디자인의 성격도 비용과 내구성 위주로 바뀌고 표준화에 따라 차별성이 없어져 간다. 왜냐하면 비용우위에 의한 가격경쟁이 더 중요해지기 때문이다.

무역은 선진국간 무역으로부터 점차 후진국으로 확대·증가한다. 경쟁 역시 산업의 초반에는 소수기업 위주의 독과점체제를 이루다가 점차적으로 신규진입이 많아지고 경쟁이 치열해지며 궁극적으로는 가격경쟁을 통해서 기업들의 철수가 나타난다.

기술의 발전과정

산업이 태동기를 거쳐서 성장기, 성숙기, 쇠퇴기를 거치는 동안 기술은 점차 표준화되고 확산된다. 기술발전의 시초는 물리학과 전자공학과 같은 기초과학지식으로부터 비롯된다. 발명invention이란 새로운 지식의 창출 또는 기존지식의 조합을 통해서 새로운 제품과 생산공정을 만들어 내는 것을 말한다. 반면 혁신innovation이란 발명을 최초로 상업화하는 과정이다. 즉, 새로운 생산방법을 통해

서 제품이나 서비스를 생산하고 마케팅하는 활동을 말한다. 이와 같은 발명, 혁신
의 다음 과정은 이 기술이 점차 사회 전반적으로 퍼져가는 확산diffusion과정이다.
이러한 확산과정은 공급측면에서는 다른 경쟁기업들이 신기술을 모방imitation하
고, 수요측면에서는 소비자들이 신기술을 채택adoption하는 두 개의 과정으로 이
루어져 있다.

　　이 과정에서 산업표준이 나타나게 되면 이를 대체하는 것은 어렵다.

　　첫째, 제7장에서 살펴본 경험효과 또는 학습효과는 산업표준을 바꾸는 것을
억제한다. 이미 표준화된 기술을 기반으로 계속적인 제품개발과 대량생산체제를
갖추면 비용감소의 효과가 크다. 따라서 산업표준이 정해지고 나면 이러한 학습
효과를 살리기 위해서 산업표준을 바꾸지 않으려는 경향이 있다.

　　둘째, 네트워크 외부성network externalities은 산업표준을 바꾸기 어렵게 한다.[2]
네트워크 외부성이란 제품으로부터 만족을 느끼는 정도는 같은 제품을 소비하는
소비자가 많으면 많을수록 증가한다는 것을 의미한다. 예를 들어, Adobe의
Acrobat이 이미 널리 유포된 상황에서 소비자들은 이미 익숙해진 소프트웨어를
사용하길 선호한다. 이와 같이 소비자가 선도진입제품에 고착lock-in이 되는 현상
은 네트워크 외부성이 강한 소프트웨어, 통신, 인터넷 등의 첨단산업에서 자주 일
어나고 있다. 이러한 네트워크 외부성이 강한 제품에 대해서 소비자들은 산업표
준이 정해질 때까지 구매하기를 꺼려할 것이기 때문에 기업의 입장에서는 고객을
유도하기 위해 무료로 소프트웨어를 제공하면서, 최신 버전이나 full version에서
수익을 내는 전략을 구사할 수 있다. Adobe가 Acrobat Reader를 무료로 다운로드
하게 한 것도 이 점에 기인한 것이다.

　　한편, 기술적인 특성이 표준화되고 지배적인 디자인dominant design이 등장
함에 따라서 수요는 급속히 증가하며 생산기술의 발전은 급속한 비용감소를 가져
온다. 신제품이 처음 개발되었을 때는 연구개발투자에 많은 비용이 지출되고 소
규모 생산시설을 운영하기 때문에 생산비용이 상당히 높지만, 일단 제품이 표준
화되면 앞서 밝힌 경험효과 때문에 생산비용은 급격히 하락하게 된다.

태동기산업에서의 전략적 의사결정

시장예측

　　태동기산업에는 시장에 기술적인 불확실성이 존재한다. 따라서 시장을 예측

하는 것은 매우 어렵다. 정확한 예측을 위해서는 시장의 잠재적인 규모와 성장에 대한 정보, 어떠한 기술과 제품, 디자인이 시장을 주도할 것인가에 대한 이해, 어떤 유통채널을 확보할 것인가에 대한 이해가 필요하기 때문이다. 반면 과거의 데이터를 가지고 미래를 예측하는 기존의 방법은 도움이 되지 않는다.

많이 이용되는 시장예측기법에는 시나리오scenario기법, 델파이Delphi기법이 있다. 시나리오기법이라는 것은 경제, 기술, 사회적인 요소들을 종합적으로 평가해서 이러한 환경변수들이 달라짐에 따라서 시장의 구조나 산업표준들이 어떻게 변하는지를 여러 다른 방향으로 조사하고 그 발전가능성을 연구하는 방법이다.[3] 시나리오기법은 상호관련된 기술적·경제적·사회적 요소들을 종합함으로써, 미래에 나타날 가능성이 있는 몇몇 대안을 구체적으로 볼 수 있다는 장점이 있다. 델파이기법은 그 방면의 전문가로 구성된 전문가집단의 토론을 통해 미래의 발전방향에 대한 그들의 견해들을 수렴하는 방법이다. 이러한 델파이기법은 그 방면의 전문가들이 갖고 있는 여러 지식을 사용하는 데 효과적인 방법이다.

시장진입의 시기

태동기에 있는 산업의 중요한 전략적 선택은 지금 진입할 것인가 아니면 이후 시장의 불확실성이 줄어들었을 때 진입할 것인가 하는 선택이다. 최초에 진입하는 기업이 성공하는 경우도 있지만 오히려 기술과 시장의 불확실성 때문에 실패하는 경우도 많으며, 불확실성이 사라진 후에 진입한 기업들이 주도권을 갖는 경우도 종종 볼 수 있다. 예를 들어, 제트여객기, X-ray scanner, PC, VCR, 전자레인지, 게임기들은 오히려 후발주자가 최초진입자를 제치고 성공한 사례이다.

최초진입자의 우위를 결정하는 요인은 다음과 같다.

첫째, 최초로 기술혁신을 하였을 때 특허권, 시간상의 우위 또는 학습효과의 우위로 기술혁신이 얼마나 보호받을 수 있는가가 진입의 시기를 결정한다. 예를 들어, 제약산업에는 최초로 새로운 약을 개발하면 일정 기간 독점적인 특허권이 보장된다. 따라서 이러한 제약산업에서는 강력한 최초진입자의 우위가 보장되므로 모든 기업들이 연구개발에 총력을 기울이고 있다.

둘째, 기업이 가지고 있는 경영자원에 따라 진입의 시기를 결정하여야 한다. 퍼스널컴퓨터산업에서 Apple은 시장을 개척한 선구자였고 IBM은 후발업체였다. 이러한 진입의 시기는 두 회사의 경영자원에 비추어 볼 때 서로 최적의 선택이었다고 볼 수 있다. 1980년대 초반에 Apple이 가지고 있는 경영자원은 그들이 가진 기술과 상상력뿐이었고, 마케팅능력과 자금동원능력이 결여되어 있었다. 이에 반해 IBM은 재무, 생산, 유통, 브랜드면에서 강력한 우위를 가지고 있었기 때문에 불확실성이 강한 퍼스널컴퓨터시장에 일찍 진입해야 할 이유를 느끼지 못하였다.

셋째, 산업표준의 중요성은 진입시점결정에 큰 영향을 미친다. 산업의 진화과정 중 태동기에는 여러 가지 기술이 나타나지만 시간이 지남에 따라 하나의 표준으로 수렴하여 간다는 것을 배웠다.

이와 같이 산업표준이 중요한 산업에서는 특히 산업의 태동기에 있어서 Adobe와 같이 자신의 제품을 무료로 나누어 주거나 또는 손실을 보면서 공급하는 현상이 나타나기도 한다.

위험관리기법

태동하는 산업의 불확실성에서 발생하는 위험에 대비하여, 시장을 주도하는 주도적 소비자lead user를 중심으로 테스트를 한 후 점차적으로 시장 전체로 진출하는 방법을 사용할 수 있다.[4] 또 한 가지는 유연성flexibility을 키우는 것이다. 기술 또는 시장의 변화가 예측하기 어려우므로 최고경영자들은 이러한 환경의 변화를 끊임없이 관찰하여 환경의 변화에 대하여 즉각적으로 반응하여야만 한다.[5]

파괴적 기술혁신에 대한 대응

앞서 살펴본 기술의 불확실성은 단지 산업의 태동기에만 존재하지 않는다. 과거 산업 내에 큰 기술적 변화가 있을 때 많은 기업들은 이러한 변화에 대응하지 못하고 사라져 갔다. 특히 과거의 기술에 집착하였던 기업들이 새로운 기술을 갖고 시장에 진입하는 기업과의 경쟁에서 패배하고 도태되는 경우를 종종 볼 수가 있다. 전자부품산업에서 Sylvania라는 회사는 세계 최고의 진공관 기술을 갖고 있었으나 진공관에서 반도체로 산업의 추이가 변화하는 것에 대응하지 못하고 진공관기술만을 고집하다가 결국은 파산하고 말았다. 타이프라이터로 유명한 Smith Corona도 워드프로세서가 타이프라이터를 대체하는 경향에 적극적으로 대처하지 못하고 이제는 종적을 감추게 되었다.

파괴적 기술disruptive technology 또는 파괴적 혁신disruptive innovation이란 기존의 시장질서를 파괴하여 새로운 시장을 창출하는 혁신 또는 기술을 말한다. 반면 보존적 혁신sustaining innovation은 시장질서를 파괴하지 않고 현 기술의 성능을 개선하는 기술 또는 혁신을 말한다. Christensen에 따르면, 기업들은 종종 파괴적 기술혁신이 도래하는 것을 인식하지 못한다.[6] 많은 경우, 파괴적 기술혁신의 초기

파괴적 혁신

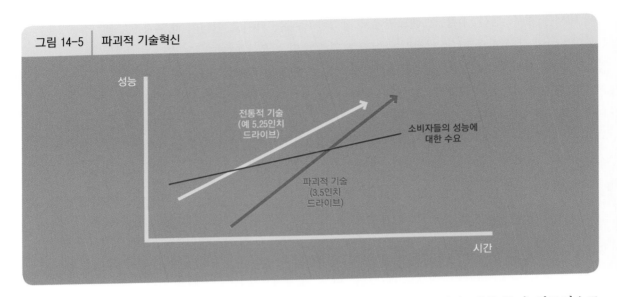

그림 14-5 | 파괴적 기술혁신

단계에는 기존 기술에 비하여 성능이 열등하기 때문이다. 예를 들어, 하드디스크 드라이브 산업에서는 계속해서 크기가 작은 하드디스크들이 속속 등장하였다. 즉 8인치, 5.25인치, 3.5인치, 2.5인치 등 지속적으로 하드디스크 드라이브의 크기가 작은 제품들이 출시되었다. 크기가 작으면, 저장용량도 이에 비례하여 작은 것이 보통이다. **그림 14-5**에 있는 것처럼, 기존의 5.25인치 드라이브 공급업체가 시장을 주도하고 있을 때, 3.5인치 드라이브는 그 용량이 소비자의 수요에 못미쳐서 5.25인치 드라이브 공급자들은 3.5인치를 경쟁상품으로 여기지 않았다. 그러나, 5.25인치 드라이브 공급업체가 간과했던 것은 3.5인치 드라이브의 성능이 더 가파른 속도로 개선되고 있다는 사실이었다. 따라서, 3.5인치를 경쟁상대로 보지 않고, 5.25인치 드라이브에만 집중하던 업체들은 어느 순간 3.5인치 드라이브의 성능이 소비자들의 수요를 충분히 충족시키자 순식간에 도태되게 되었다.

이와 같이 산업의 선두주자들이 차세대 기술을 가진 경쟁자에게 대체되는 현상은 다른 산업에서도 자주 나타나고 있다. 무선전화는 유선전화를 대체하고 있고, 디지털 TV가 아날로그 TV를 대체하고 있다. 아날로그 가전시대에 Trinitron 브라운관 TV를 선보이고, 휴대용 오디오기기인 Walkman, Discman을 출시하는 등 산업 내 선도적인 기업이었던 Sony가 디지털 TV로 먼저 진입한 삼성전자에 뒤쳐지게 된 것도 디지털기술이 파괴적 기술이었기 때문이다. Tesla의 부상은 기존 퇴적연료를 사용하는 내연기관 자동차업계에 대해서 전기차가 파괴적 기술이라는 점을 보여준다.

이러한 파괴적 기술혁신이 경영자들에게 두려운 이유는 그 태동기, 즉 파괴적 기술이 처음 시장에 나타났을 때의 성능이 기존제품에 비해 열등하기 때문에 이를 간과하기 쉽다는 점이다. 전기차도 주행거리에서 열등한 기술이었으나 빠른 시간 내 낮은 비용으로 대용량 배터리가 개발되면서 시장을 바꾸고 있다. 따라서 파괴적 기술에 대응하려면, 새로운 기술의 성장잠재력을 평가할 수 있어야 한다. 만일 그 신기술이 파괴적 기술이라고 판단되면 빨리 기존제품을 포기하고 신기술로 이전해야 한다.

성숙산업과 이머징마켓전략

산업이 태동기를 거쳐서 성장기, 성숙기에 이를 때, 기업이 당면한 과제는 어떻게 치열한 가격경쟁에서 살아남을 것인가이다. 기업들은 새로운 시장을 찾아 적극적으로 해외로 진출할 필요를 느낀다. 본 절에서는 특히 성숙산업에서 새로운 시장인 이머징마켓을 개척하는 전략을 살펴보기로 한다.

시장이 성숙됨에 따라 경쟁우위의 종류는 차별화에 의한 경쟁우위에서 비용우위로 그 비중이 달라지게 된다. 이는 제품이 표준화됨에 따라서 차별화할 수 있는 가능성이 줄어들고, 둘째로 기술이 산업 내의 타기업에 확산됨에 따라서 자신의 경쟁우위가 쉽게 모방이 되며, 셋째로 낮은 비용을 가진 해외경쟁자가 시장에 진입함으로써 급속히 가격경쟁력을 상실하기 때문이다. 따라서 이렇게 제품이 표준화된 시장에서는 기업들이 어떻게 비용우위를 유지할 것인가가 가장 큰 관건이다.

이렇게 성숙산업에서 비용우위를 유지할 수 있는 방법으로 다음 세 가지 중요한 요소를 살펴볼 수 있다.

첫째, 성숙한 산업에는 규모의 경제economies of scale가 비용우위를 결정하는 중요한 변수가 된다. 성숙한 산업에는 이미 제품이 표준화된 상태이므로 대량생산에 의한 규모의 경제를 잘 활용하는 것이 기업간의 비용우위를 결정하는 요인이 된다. 따라서 기업들은 이렇게 표준화된 산업에서 경쟁우위를 획득하기 위하여 제품을 더욱더 표준화하고 자동화를 통한 대량생산으로 규모의 경제를 충분히 활용하려고 한다.

둘째로 비용우위는 낮은 투입요소비용에서 나온다. 그 중 노동비용과 원자재비용은 아직도 각국마다 큰 차이가 있다. 특히 성숙기에 있는 산업에서 저임금국가의 수출품과 경쟁을 하게 되면 효과적인 가격경쟁력을 갖기가 어렵다. 따라서, 한국의 기업들 역시 이런 낮은 투입요소비용을 가지고 있는 저임금국가에 직접투

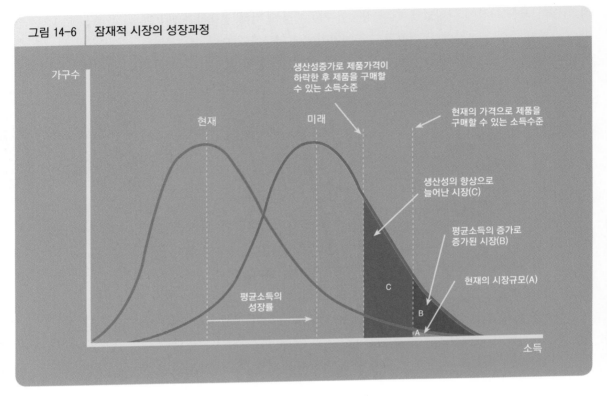

그림 14-6   잠재적 시장의 성장과정

자를 하여 생산한 후 수출하면, 중국기업의 제품 못지 않은 가격경쟁력을 가질 수 있다.

한편 성숙된 산업에서 이머징마켓은 기업들에게 또 다른 시장기회를 제공한다. 예를 들어, 의류산업은 한국에서는 성숙산업일지 모르나 중국에서는 성장기에 있는 산업이고 볼 수 있고, 한국의 TV 역시 성숙산업에 속하지만 저개발국인 인도에서는 태동기 또는 성장기에 있는 산업이라고 볼 수 있다. 따라서 어떤 산업도 완전한 사양산업이 될 수 없다. 내수시장만을 자기 시장으로 파악하는 좁은 안목을 갖고 있는 기업에게는 그 산업이 사양산업이 될 수 있지만, 전세계를 자기 시장으로 보는 기업에게는 태동기 또는 성장기에 있는 산업이라고 볼 수 있기 때문이다. 따라서 이윤이 낮고 시장 매력도가 떨어지는 성숙산업이라고 해서 그 산업을 포기할 것이 아니라 눈을 해외로 돌려 새로운 시장을 찾아 진출하는 것이 바람직한 전략이다.

현재의 인도와 같은 이머징마켓의 시장규모는 낮은 국민소득으로 인해 **그림 14-6**에서 A로 색칠한 부분에 불과할 정도로 상당히 작다고 볼 수 있다. 하지만 시간이 지남에 따라서 그들의 평균소득이 증가하고 시장이 크게 확대되면 그림의 B

부분만큼 커질 것이다. 또한 산업의 생산성향상에 의해 제품의 가격은 더욱 낮아져, 시장규모는 향후 C의 영역까지 더욱 증가할 것이다. Prahalad는 이와 같은 이머징마켓에 집중하는 전략을 "Bottom of Pyramid"로 부르고, 미래의 새로운 성장동력이 되리라 예측한 바 있다.[7] 향후 10년간 Bottom of Pyramid에서 약 10억 명의 중산층이 생겨나리라 예상하고 있다. 이는 한국기업, 특히 성숙산업의 기업에 큰 기회를 제공한다.

한편, 제13장의 GE사례에서 살펴본 바와 같이, 이머징마켓에 진입할 때 기존의 제품을 단순히 생산 또는 판매하려는 전략은 성공적일 수 없다. 이머징마켓의 소비자들은 구매력이 낮으므로, 선진국시장을 염두에 두고 개발한 제품들은 가격경쟁력을 가질 수 없다. 이에 GE는 이머징마켓에 있는 GE 자회사들의 주도로 성능은 비슷하면서도 생산원가는 혁신적으로 낮춘 신제품을 개발하여 해당시장을 공략하고, 이 제품을 선진국시장에도 전파하는 역혁신reverse innovation 전략을 추구했다. GE가 중국자회사의 연구개발조직의 주도로 초저가 초음파진단기를 개발하여 중국과 인도시장을 먼저 공략하고, 선진국시장에서도 이러한 저가 초음파진단기를 보급하는 전략은 좋은 사례를 제공해 주고 있다.

Reverse Innovation

03 ›› 지속가능한 성장전략

최근 중요한 경영이슈로 제기되고 있는 과제 중의 하나는 어떻게 온실가스배출과 환경오염을 줄이고 지속가능한 경제성장sustainable growth을 추구할 수 있는가의 문제이다. 이는 화석연료에 대한 의존도를 줄이고, 온실가스배출을 줄이며 기타 환경오염을 줄이면서 경제성장을 추구해야 한다는 논지로 녹색성장전략green growth strategy이라고 불리기도 한다. 정부는 이러한 목표를 달성하기 위해, 온실가스감축목표를 제시하고, 태양광, 바이오, 풍력 등과 같은 신재생에너지와 환경오염을 줄이는 기술을 개발하기 위한 연구개발을 지원하는 등 각종 정책을 펼치고 있다. 일찍이 노벨경제학상을 수상한 코즈Ronald Coase는 환경문제와 같이 개인의 이익과 사회적 이익이 일치하지 않는 시장실패의 상황에서는 정부가 개입할 수밖에 없다는 사실을 지적하였다. 그러나, 정부의 친환경정책과 한국기업들이 추구하는 친환경성장전략 중에서 간과되고 있는 한 가지 사실은 이러한 정부정책과 기업의 전략이 새로운 사업모델 없이는 성공할 수 없다는 사실이다.

효과적인 친환경성장전략이 새로운 사업모델을 필요로 한다는 사실은 근본적으로 환경, 에너지, 의료, 운송수단을 포함한 물류와 같은 문제들이 개별적인 기술영역이 아니라, 수많은 기술과 정치, 사회, 문화적인 요소들이 결합된 큰 시스템system이며, 이들 구성요소간에 상호작용하는 복잡성complexity을 갖고 있다는 사실에서 기인한다. 이에 반해 개별 산업, 즉 반도체나 바이오산업에서의 기술은 각각 독립적이며 타 산업과의 연계도 적다. 따라서 여러 요소들이 결합되어 복잡한 형태로 상호작용을 하는 시스템인 환경, 에너지, 의료, 물류 등의 문제는 개별구성요소 단위의 국지적인 최적화보다 글로벌 최적화를 추구할 필요가 있다.

이러한 점을 보다 잘 이해하기 위하여, 현재 우리가 당면한 문제들을 살펴보기로 하자. 유엔의 조사에 따르면 전세계인구는 2050년까지 100억 명으로 두 배 가까이 증가하며, 이에 따라 에너지에 대한 수요 역시 같은 기간 동안 두 배로 증가하리라 예상하고 있다. 만일 현 상태를 가정한다면, 이러한 에너지 수요 증가는 화석연료에 대한 수요의 80% 이상의 증가를 의미하며, 이산화탄소의 증가로 인해 지구온난화는 더욱 가속화될 것이다. 인구증가는 또한 자연환경을 파괴하지 않고 어떻게 식량의 공급을 늘릴 것인가에 대한 문제도 수반한다. 또한 **그림 14-7**에서

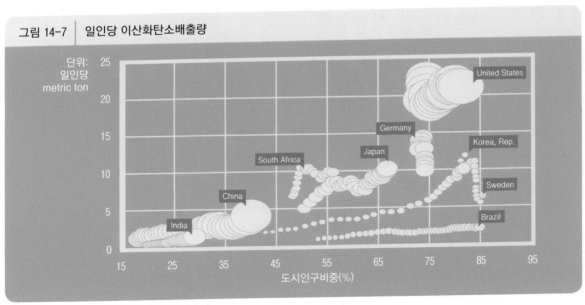

그림 14-7 | 일인당 이산화탄소배출량

주: 원의 크기는 전체 이산화탄소 배출량(kiloton)
출처: World Bank.

보는 바와 같이 인구증가가 대부분 도시화를 수반하기 때문에 어떻게 도시가 슬럼화되는 것을 미연에 방지할 것인가에 대한 문제도 고려해야 한다.

이러한 문제들을 효과적으로 해결하기 위해서는 친환경성장전략이 새로운 사업모델에 기반해야 한다는 사실을 다음 몇 가지 사례에서 살펴볼 수 있다. 중국 천진에 신도시를 개발하는 에코시티Ecocity는 그 한 가지 사례이다. 중국은 지방의 인구가 대도시로 이주하여 도시가 슬럼화하는 고민거리를 갖고 있었다. 바로 이 문제에 착안한 에코시티는 중국천진시와 싱가포르 투자청이 합작투자하여 환경 친화적인 신도시를 개발하였다. 에코시티에는 90% 이상 대중교통수단에 의존하며, 에너지소비를 최소화하며 태양광과 같은 재생가능한 에너지를 최대한 활용하고, 마실 물도 생활하수를 재생하거나 바닷물을 담수화하여 자급자족하도록 도시 설계 단계부터 고려하였다. 천진시정부는 도시의 팽창에 따른 슬럼화를 미리 방지하고, 동시에 환경오염을 막고 에너지수요의 효율화를 꾀하는 것이 목적인 반면, 이 신도시개발에 필요한 자본을 투자하는 싱가포르투자청은 도시개발에서 얻어지는 개발이익으로부터 투자한 자본을 회수하는 계획이다. 싱가포르가 갖고 있는 각종 도시개발의 노하우와 담수 및 하수 재처리 기술 등을 적극활용하여 투자 비용을 절감할 수 있다는 것이 또 한 가지 장점이다. 천진의 에코시티에서 우리가 얻을 수 있는 교훈은 도시화가 수반하는 환경문제에 대한 해결책을 환경친화적인 신도시를 개발하여 개발이익을 추구하는 새로운 사업모델에서 찾았다는 점이다. 천진시정부와 싱가포르투자청은 사업모델의 큰 틀에 합의하고, 담수화시설, 하수 재처리시설, 대중교통운수, 부동산개발, 건설회사들은 이 프로젝트에 참여하고 이윤을 추구하고 있다.

에코시티

친환경성장전략을 새로운 사업모형을 통해 추구하는 또 한 가지 사례는 전기자동차산업에서도 찾아볼 수 있다. 자동차산업은 수많은 부품으로 구성되며 다양한 기술들이 필요한 복잡한 산업이다. 최근 들어, 자동차업계는 기후변화로 인한 이산화탄소 배출 규제와 에너지 안보, 경제성 등의 이유로 친환경자동차에 주목하고 있다. Tesla가 전기자동차에서 성공하자 도요타, 현대자동차, GM, 르노/닛산 등 자동차산업의 주요 업체들은 배터리와 가솔린 엔진을 추가하는 하이브리드 전략을 수정하고 순수 전기자동차 개발을 서두르고 있다. 그동안 전기자동차는 기술적으로 해결해야 하는 문제점들이 존재하고 충전 인프라가 미비하여 실용성과 수익성이 떨어진다는 인상을 주었다. 실제로 전기자동차 모델인 미쯔비시의 아이미브i-MiEV, 닛산의 리프Leaf, GM의 볼트Volt 등은 저조한 판매량을 보였다.

전기자동차에 대하여 소비자가 느끼는 불안감은 재판매가치, 안전성, 지속성

CHAPTER14

및 주행거리에 대한 불안 등이다. 이에 대해 Tesla는 Elon Musk의 개인 재산을 들여서까지 재판매가치를 보장해주는 정책을 실시하고, 슈퍼차저Supercharger 등 충전인프라에 투자해왔다. 한편 Tesla는 실리콘밸리에 기반을 둔 IT인력이 주축이 되어 자동차업계의 관행을 따르지 않고 다양한 시도를 통해지속적인 혁신을 추구하고 있다.

Tesla는 기존의 자동차업체들과 같은 단순 제조업체를 뛰어 넘어 연료보급의 개념으로까지 확장하는 새로운 비즈니스 모델을 추구하고 있다. 앞서 10장에서 살펴보았듯이 Panaconic으로부터 배터리를 공급받고 있으나 공급이 수요를 따라가지 못하는 현실을 타개하기 위하여 Panaconic과의 합작투자한 세계 최대 배터리공장에서 배터리를 자체 생산하기로 했다. 일명 Gigafactory라 불리는 이 프로젝트를 통해 테슬라에 배터리를 안정적으로 공급하는 동시에, 역시 Elon Musk가 창업한 태양광 설치서비스 기업인 Solarcity와의 연계를 통해 태양광 등 신재생에너지원으로 전기를 생산하는 충전소를 건설하고 있다. 판매방식에 있어서도 기존의 자동차업체들이 딜러를 통해 제품을 판매하던 것과 달리 Tesla는 직영매장을 통해 판매하며, 이들 매장은 대부분 고급쇼핑몰이나 패션스트리트에 위치하고 있다. 소비자들은 Tesla 매장에서 직접 차량 디자인을 변경할 수 있는 체험을 할 수 있다. 이는 유통비용을 낮추는 동시에 소비자에게 생소한 전기자동차에 대한 인식의 개선도 가능하게 하였다. 또한, 낮은 수준의 재고를 유지하여 비용절감도 추구하고 있다.

앞서 살펴본 에코시티와 Tesla 두 사례는 이들이 에너지 효율화와 온실가스 배출감소에 대한 기술개발에만 주력하는 것이 아니라, 기술과 사회, 문화 등 다양한 요소들을 종합적으로 고려하여 사업모델을 혁신하고 있음을 보여준다. 이 두 사례의 또 한 가지 공통점은 정부와 긴밀한 협조하에 이런 새로운 사업모델을 추구하고 있다는 사실이다. 에코시티는 천진시 정부와 싱가포르 투자청이 토지와 자본을 합작투자 형태로 공급하고, 이러한 큰 틀 속에 담수화 처리회사, 하수처리회사, 건설회사, 부동산회사들이 참여하고 있다. Tesla의 경우에도 정부의 친환경정책 기조와 맥을 같이하여 전기자동차를 보급하고 충전인프라를 확충하고 있다. 미국 연방정부는 전기자동차에 대해 7,500달러의 세액공제를 제공하였으며, 캘리포니아 등의 주정부도 2,500달러의 보조금과 다인승차량 전용차선HOV Line 이용 등의 혜택을 제공하고 있다. 이 두 사례에서 볼 수 있듯이 친환경성장전략을 추구하는데 필요한 기업들의 핵심역량은 규제를 이해하고 정부와 협력하여 큰 프로젝트를 종합적으로 설계하고 운영할 수 있는 시스템 운영능력과 대정부교섭능력이다.

04 >> 미래의 기업조직: 네트워크형 기업조직

네트워크형 기업조직

　　제10장과 제12장에서 최근의 전략적 아웃소싱이나 전략적 제휴의 경향을 살펴보았고, 제13장에서 기업들의 조직구조가 점차 팀조직과 같이 수평적 조직구조로 바뀌고 있다는 현상을 살펴보았다. 이와 같은 추세가 계속되면 미래의 조직구조는 기업들이 수많은 전략적 제휴를 통해서 기업의 내부에서 수행하던 활동이 다른 경쟁기업 또는 공급업체, 그리고 고객과의 네트워크로 연결되는 하나의 네트워크형 조직을 통해 수행하는 방식으로 바뀌리라 예상되고 있다. 네트워크형 기업조직이란 경쟁기업, 공급업체, 고객들이 서로 긴밀하게 연결되어 기업들이 마치 복잡한 형태의 전략적 제휴를 하고 있는 것처럼 보이는 조직을 말한다. 즉, 이러한 네트워크에 가입하는 모든 기업들은 그 기업이 핵심역량을 가진 활동에만 주력하고 각각 다른 핵심역량을 가진 기업들과 제휴를 통해서 연결되어 있다. 예를 들어, 과거에는 한 제조업체가 생산과 디자인, 판매의 활동을 동시에 수행했었지만, 네트워크형 기업조직에서의 제조업체는 제품의 디자인에만 전념하고 생산은 다른 전문업체에 하청을 주며 판매 역시 판매를 전담하는 기업에 일임하는 형태이다. **그림 14-8**은 이런 네트워크형 조직의 한 예를 보여 주고 있다.

　　최근에는 이러한 네트워크형 기업조직의 극단적인 형태로서 '가상기업virtual corporation' 또는 '가상조직virtual organization'이란 용어가 등장하였다. 가상기업은 기업간의 관계가 장기적이거나 안정적이지 않고 단기적이고 일시적인 네트워크로 구성된 기업을 말한다. 앞서 정의한 네트워크형 기업조직이 합작투자와 같이 안정적인 제휴관계인 것에 비해 가상기업의 기업간의 거래관계는 일시적인 경우가 대부분이다. 즉, 가상기업이란 단기적인 시장거래관계를 통하여 부품과 서비스를 필요할 때 필요한 만큼만 구매하는 아주 유연한 형태의 기업이다.

　　일본의 ED콘트라이브는 전통적인 회사조직을 뛰어넘는 '조직파괴'의 실례를 보여 주고 있다. ED콘트라이브는 컴퓨터 통신주변기기 업체로 좋은 품질의 제품을 대기업보다 싸게 생산하여 급성장하였다. 가와이 사장은 다음과 같이 말한다. "회사는 영속하지 않는다. 다만 인간을 위한 수단일 뿐이다." 즉, 예전처럼 회사

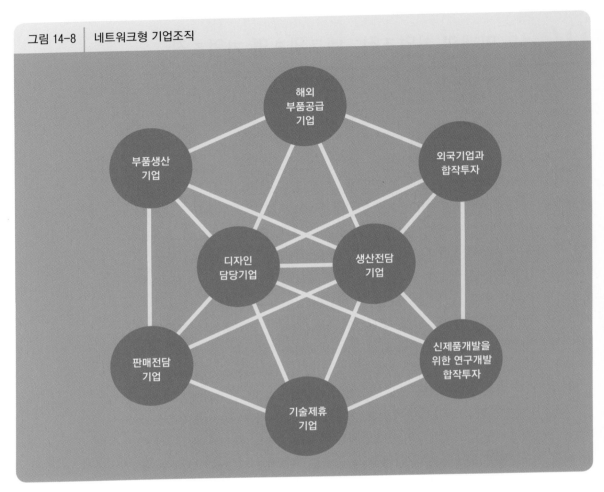

그림 14-8 | 네트워크형 기업조직

또는 조직을 위해 개인이 희생하는 것이 아니라, 사원이 자기실현을 위해 회사조직을 수단으로 이용하는 개념으로의 전환을 추구한다.

이 회사는 기존회사조직의 부, 과와 같은 조직을 없앴다. 대신 프로젝트를 중심으로 아메바형 조직으로 바꾸었다. 사원이 낸 프로젝트계획이 받아들여지면 누구라도 팀장이 되어 팀을 만들 수 있다. 능력에 따라 한 사람이 여러 팀에 속할 수도 있다. 월급도 따로 없이 각 팀이 낸 실적에 따라 팀원들이 나누어 갖는 철저한 성과급시스템이다. 예를 들어, 영업팀이 1억 원의 이익을 얻었으면, 50%는 세금 및 부대비용으로 사용하고, 50%는 각각 25%씩 회사와 영업팀이 나누어 갖는다. 외부사람도 팀원이 될 수 있으며 정식사원도 팀에 끼지 못하면 약간의 생계비 외에 한 푼도 받지 못한다. 정해진 근무시간이란 아예 없으며, 임원은 사원의 투표로 뽑는다. 최근 홀라크라시Holacracy라고 불리기도 하는 이와 같이 네트워크형

Video

Holacracy

기업조직이나 가상기업이 미래의 기업조직으로서 각광을 받는 이유는 다음에서 찾아볼 수 있다.[8]

첫째, 최근 기술과 시장이 급격하게 변화하게 되자 기업들은 유연한 조직을 갖출 필요성을 절실히 느끼고 있다. 빨리 변화하는 시장에서는 과거와 같이 관료주의적이고 경직된 조직으로는 신속히 대응하기가 어렵다. 또한 시장과 기술이 빨리 변화할 때 한 기업이 모든 생산활동영역에서 핵심역량을 갖는 것은 불가능하다. 이와 같은 네트워크형 기업조직은 각기 다른 핵심역량을 가진 기업조직이 자신이 잘 수행할 수 있는 활동을 분담함으로써 적은 비용으로 신속히 변화에 대응할 수 있다는 큰 강점이 있다.

둘째, 이러한 네트워크형 조직이 미래에 큰 각광을 받는 이유는 인터넷을 비롯한 정보통신기술information technology의 발달로 이러한 네트워크형 조직을 효과적으로 통제할 수 있는 능력이 생겼기 때문이다. 만일 이런 네트워크형 기업조직을 효과적으로 통제할 수 없으면 비효율성을 초래하기 쉽고 자신의 핵심역량을 제휴파트너에게 쉽게 넘겨 줄 수 있는 가능성이 생긴다. 정보통신기술을 통해서 각 제휴의 성과를 즉각적으로 얻을 수 있고, 전자우편이나 인터넷을 통하여 손쉽게 정보를 가공·처리하고 전달할 수 있으므로 이러한 네트워크를 효율적으로 운영할 수 있는 능력이 생긴다.

셋째, 소비자들의 수요패턴의 변화는 네트워크형 기업조직을 선호하게 하는 또 한 가지 요소이다. 우리가 앞서 살펴본 Adobe 사례에서 월별 일정 요금을 내고 소비자가 PDF로 파일변환을 하듯이 최근에는 소비자들이 원하는 서비스를 원하는 시간에 원하는 양만큼 소비하는 것을 가능하게 한다. 또한 Microsoft의 Office가 큰 메모리가 필요하고 불필요한 기능들이 많은 값비싼 소프트웨어인 것에 비해, Apple의 iPhone, iPad에 사용되는 응용소프트웨어는 필요한 기능만 갖추고 가격도 매우 저렴하다. 이러한 서비스가 있기 전에는 소비자들은 파일 하나를 변환하기 위해 소프트웨어를 구매하거나 자신이 좋아하는 노래 한 곡을 듣기 위해 전체 CD를 구입하거나 책에 있는 일부 지식을 얻기 위해 책 전체를 구입하여야 하는 등 원하는 것 이상 불필요하게 구입하여야 했다. 그러나 정보통신 혁명을 통해 원하는 소프트웨어를 원하는 만큼만 사용하고, 음악을 원하는 양만큼 구매할 수 있고, 책 전체에 있는 정보가 아니라 필요한 정보를 필요한 시간에 적정한 가격을 지불하고 구매할 수 있게 된다. 즉, 미래의 소비자들의 수요패턴은 이와 같이 원하는 시간에 원하는 양만큼 구독subscription하는 것으로 바뀌어지고 있다.

·⦙⦙· 미래의 경영자

만일 네트워크형 기업조직이 미래의 기업조직이 된다면 이와 같은 조직을 운영하게 될 관리자나 경영자들은 어떠한 자질을 갖추어야 하는가? 네트워크형 기업조직 또는 가상기업조직이 미래의 기업조직이 될 것이라고 예측하는 사람들은 그러한 조직에서 일하는 경영자들 역시 과거의 관료주의적인 조직제도에서 일하던 관리자들과는 현격히 다른 경영능력을 갖춘 사람들이 필요하리라 생각하고 있다. 관료주의적인 기업조직에서 일하는 관리자는 조직에 충성을 다하는 조직인이다. 그러나 앞으로 다가올 네트워크형 조직에서 일하게 될 사람들은 조직인이기보다는 전문가로서 구성될 가능성이 훨씬 더 높아지게 된다. 즉, 기업 그 자체가 기업들간의 네트워크로 구성될 뿐만이 아니라 그 기업 내부의 구성원 자체도 각각 나름대로 전문성을 지닌 사람들로서 구성된다는 견해이다.

그림 14-9와 같이 네트워크형 기업은 내부의 전문가와 외부의 전문가로 구성되어 있으며 각 전문가들은 자신이 능력을 가장 잘 발휘할 수 있는 분야, 즉 전문분야에 집중하게 되고 과거의 위계질서조직에서 부하들을 통솔하던 관리자들은 더 이상 그 역할을 수행하지 못하게 된다. 과거의 경영자들이 마케팅관리, 인사관리, 재무관리와 같은 여러 가지 기능별 관리기법을 가지고 자신의 기능적 조직을 통제하는 것이 그들의 주임무였다면, 미래의 네트워크형 기업조직에서의 경영자들은 외부의 기업간 네트워크를 어떻게 효과적으로 관리할 것인가, 또한 기업내부

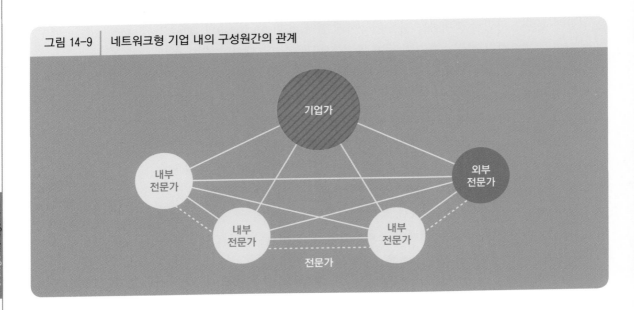

| 그림 14-9 | 네트워크형 기업 내의 구성원간의 관계 |

에 있는 여러 전문가들을 어떻게 효과적으로 조직하고 운영하여 높은 경영성과를 얻을 것인가 고민하는 일이 이들의 주요한 업무가 될 것이다. 이와 같은 미래의 조직구조에서 성공할 수 있는 경영자들에게는 특별히 다음의 세 가지 자질이 요구된다.

첫째, 미래의 경영자들에게는 전략적인 사고가 특히 중요하다.

전략적 제휴와 합작투자를 통한 기업들간의 장기 및 단기적 제휴관계가 늘어남에 따라 이러한 제휴를 수행하고 관리하는 데 있어서 혼란에 빠지기 쉽다. 우리가 왜 이러한 제휴를 하며 어떠한 목표를 달성하기 위한 것인가에 대한 분명한 목표의식 없이는 혼란 속에 빠지기 쉽고 자신의 핵심역량을 파트너에게 쉽게 넘겨주기 마련이다. 따라서 이러한 네트워크형 기업조직을 효과적으로 관리하기 위해서는 경영자들이 전략적 사고를 갖는 것이 무엇보다도 중요하다고 볼 수 있다.

둘째, 미래의 경영자들에게 더욱 중요한 경영자적 자질은 글로벌한 안목과 사고방식이다.

미래의 기업활동은 내수시장만을 상대로 할 수 없으며 또한 산업이 더욱 글로벌한 성격을 띠게 됨에 따라서 외국기업들과의 경쟁뿐만이 아니라 합작투자, 인수합병, 해외직접투자와 같은 활동이 필수불가결한 경영활동이 될 것이다. 이러한 글로벌한 경영환경에서 효과적으로 기업을 운영하려면 경영자는 무엇보다도 글로벌한 안목과 사고방식을 갖추는 것이 필요하다. 자신이 경쟁하거나 제휴하는 외국기업들과 자신의 기업을 위해서 일하는 외국인 종업원들의 사고체계 및 가치체계를 충분히 이해하지 않으면 이러한 복잡한 제휴관계나 네트워크형 기업조직을 효과적으로 운영할 수 없게 된다. 따라서 글로벌한 안목과 사고방식은 미래의 경영자들이 갖추어야 할 가장 중요한 자질 중의 하나로 손꼽을 수 있을 것이다.

셋째, 미래의 경영자들에게 필요한 능력은 교섭능력이다.

미래의 기업조직이 네트워크형 기업조직의 형태를 띠고 또한 기업내부에서도 전문가들로 구성된 조직이 주를 이루게 되면 이러한 기업에는 내부적으로 또는 외부적으로 끊임없는 교섭bargaining과 협상negotiation이 일어난다. 수많은 제휴관계와 네트워크관계에서 보다 더 유리한 조건으로 네트워크조직을 운영하려면 뛰어난 협상능력이 필수불가결한 조건이다. 즉, 이러한 협상능력을 갖춘 경영자들만이 네트워크형 기업조직을 효과적으로 운영할 수 있는 것이다.

이상에서 우리는 미래의 경영자들에게 필요한 능력을 전략적 사고, 글로벌한 안목과 사고방식, 교섭능력의 세 가지로 살펴보았다. 그러나 이러한 세 가지 능력이 중요하다고 하여 지금까지 우리가 경영학에서 배운 마케팅관리나 생산관리,

재무관리, 회계학 또는 인사관리 등 기능별 학문분야가 중요하지 않다는 말은 아니다. 이러한 경영학의 제반 지식은 유능한 경영자가 되기 위해 필수적인 것이며 앞으로의 경영자들도 이러한 관리기법들을 잘 사용할 수 있는 능력이 필요하다. 그러나 전략적인 사고나 글로벌한 마인드, 교섭능력과 같은 것은 단순히 교과서를 읽고 배우고 강의를 들음으로써 얻어지는 것은 아니다. 이러한 능력을 갖춘 경영자가 되기 위해서는 평소 생활 속에서 전략적으로, 국제적으로 생각하는 습관을 기르도록 노력하는 것만이 지름길이 될 것이다.

05 ›› 결론 및 요약

　　본 장에서 우리는 태동기와 성숙기에 있는 산업에서의 전략적 선택을 살펴보았다. 태동기의 산업에는 기술과 시장에 많은 불확실성이 존재한다. 이러한 태동기산업에서 주의하여야 할 점은 완벽한 시장예측이나 최적시장진입시기결정 또는 위험을 최소화하는 기법은 존재하지 않는다는 것이다. 기업들은 오히려 유연성을 갖고 변화하는 환경에 보다 민첩하게 대응하는 것이 더욱 필요하게 되었다.

　　한편, 성숙산업에서는 비용우위가 더욱 중요해지고, 임금이 낮은 저임금국과의 경쟁이 심화된다. 이러한 산업에서는 기업들이 사양산업화된다고 해서 포기하기보다는 비용우위를 제공하는 이머징마켓으로 국제화하는 것이 대안이 될 수 있다. 한국에서는 성숙산업이라도 인도나 중국과 같은 이머징마켓에서는 성장산업인 경우가 많기 때문이다.

　　이와 같이 기업간의 전략적 제휴가 늘어나고 국제화가 진행되면, 미래의 기업구조는 하나의 네트워크 형태로 변화하게 된다. 이러한 미래의 네트워크형 기업조직에서는 전략적 사고와 국제적인 감각, 협상능력을 지닌 경영자가 필요하게 된다.

LINEAGE II
Goddess of Destruction

NCsoft의 급성장[9]

NCsoft는 1997년 설립이래 국내 온라인게임 분야에서 독보적인 위치를 점하고 있는 온라인게임업체이다. NCsoft는 창업 이래 SK텔레콤의 Netsgo 서비스 내 온라인게임인 리니지Lineage 등을 개발했다. 특히, NCsoft가 개발한 온라인게임 리니지는 서비스 첫해인 1997년 5억 4천만 원에 불과했던 2000년에는 580억 원으로 늘었고, 이후 폭발적으로 성장하고 있다.

'높은 고정비와 낮은 변동비'의 속성을 갖고 있는 온라인 게임시장에는 수확체증의 법칙이 작용한다. 일반적으로 게임산업은 크게 전자오락실과 같은 업소에서 이용되는 아케이드게임, Sony의 Playstation과 같은 비디오게임,

그림 14-10　　NCsoft의 매출액과 영업이익의 추이　　　　　　　　　　(단위: 10억원)

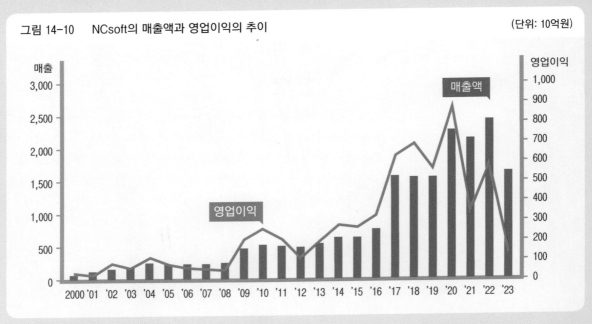

출처: NCsoft 연차보고서.

Starcraft로 대표되는 PC게임, 그리고 원격지에 떨어진 서버컴퓨터에 가접속을 하고 서버에 접속된 다른 게이머들과 게임을 즐기는 온라인게임online game 등으로 구분할 수 있다. 리니지는 국내 최초로 인터넷을 기반으로 한 온라인게임으로, MMORPG Massive Multiplayer Online Role-playing Game의 장르에 속한다. MMORPG란 텍스트를 기반으로 한 온라인게임이었던 MUDMulti User Dungeon에 그래픽 요소를 가미한 일종의 역할수행게임Role playing game으로서 개인간 실력을 겨루는 기존의 네트워크 게임처럼 전략이나 전술만을 겨루는 것이 아니라 자신의 감정을 그대로 담을 수 있는 캐릭터를 만들어서 사이버 공간을 여행하는 방식이다.

　　NCsoft가 리니지로 성공한 요인은 크게 다음 네 가지로 나누어 볼 수 있다. 첫 번째 요인은 고객이 컨텐츠에만 몰입하게 했다는 점이다. 공짜

컨텐츠를 찾아 몰려든 네티즌의 눈길을 끌어올려 광고수익을 내겠다는 포털업체들의 전형적인 전략을 탈피하여, 리니지는 게임 중간에 광고를 채택하지 않았다. 또한 게임 에피소드의 업그레이드를 통해 꾸준히 게이머들의 관심을 끌었다. 두 번째 요인은 중독성 있는 게임 컨텐츠를 통해 고착효과lock-in를 창출한 점이다. NCsoft는 무료로 클라이언트 프로그램을 배포한 후 일정액을 받는 수익모델을 적용하여, 최초에 많은 고객을 끌어들일 수 있었다. 일단 리니지에 재미를 들인 고객은 쉽게 다른 게임으로 옮기지 못했다. 게다가 다른 온라인게임에서 채택하지 않았던 PKPlayer Killing를 도입했고 마음이 맞는 사람끼리 조직을 형성할 수 있도록 했다. 또 피라미드 구조로 이루어진 아이템 제도도 고착효과의 창출에 큰 역할을 했다. 세 번째 요인은 사용료를 최종 사용자가 납부해야 한다는 고정관념을 탈피하여 가격차별전략을 실시

한 점이다. NCsoft는 PC방용 가격체계를 따로 책정하고 PC방에 마케팅력을 집중하였다. 이는 B2C기업과 개인 컨텐츠였던 온라인게임을 B2B기업과 기업화하여 수익을 창출한 것이다.

NCsoft는 국내 온라인게임 분야에서 1위의 자리에 만족하지 않고, 해외에도 활발히 진출하였다. NCsoft는 리니지를 대만에 라이센스했으며, 일본에서는 일본최대 IT업체인 소프트뱅크와 더불어 NC Japan을 설립하고 이를 통해 온라인게임을 현지에 서비스하고 있다. 또한 미국에서도 게임 개발자인 Garriott 형제를 스카우트하여 자회사를 설립하여 현지에 유료서비스를 시작하였다. 그러나 한국에서 생산한 콘텐츠를 현지 언어로 바꾸어 제공하는 서비스는 북미와 유럽과 같이 문화적 코드가 다른 시장에서는 한계를 보이고 있다. 따라서 향후 현지기업이 개발한 게임을 소싱하여 전세계로 유통하는 방법을 모색하고 있다.

그러나 리니지의 흥행 성공과 활발한 해외진출로 성공가도를 달리던 NCsoft도 도전에 직면하게 되었다. 첫째, 해외 메이저 게임업체들이 대작 게임들을 국내에 출시하면서 치열한 경쟁에 직면하게 되었다. 2004년 Blizzard가 월드오브워크래프트World of Warcraft를 출시하여 국내시장점유율을 늘려가기 시작하였다. 이로 인해 NCsoft는 길드워즈Guild Wars와 같은 신규게임 포트폴리오를 위해 마케팅비용 증액과 신규인력채용을 가속화할 수밖에 없게 되었으며 그에 따라 NCsoft의 순이익은 감소하는 추세를 보였다. 이후 NCsoft는 2008년에 또 다른 MMORPG인 아이온AION을 출시하여 2009년에는 전년대비 두 배 이상의 매출액을 달성하였으나, 2011년 Riot Games가 리그오브레전드League of Legends를 국내에 출시하면서 또다시 위기에 직면하게 되었다. 이에 NCsoft는 2012년에 또 다른 MMORPG 게임인 블레이드 앤 소울Blade & Soul과 길드워즈 II Guild Wars II를 출시하였고, 2016년 Blizzard의 야심작 오버워치Overwatch가 국내 게임시장에 진입하자 여기에 맞추어 신작 게임 MXM 출시를 준비하기도 했다.

그림 14-11   NCsoft의 지역별, 제품별 매출구성   (단위: %)

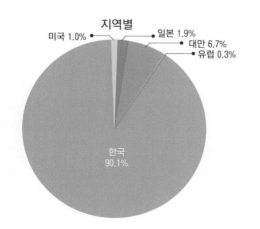

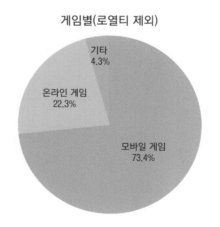

출처: NCsoft 연차보고서, 2023년 기준.

둘째, 스마트폰의 대중화로 인해 그 영역이 확장되고 있는 모바일 게임시장에서의 경쟁 또한 NCsoft를 위협하고 있다. NCsoft도 이러한 모바일 게임시장의 확장에 편승하여 2012년 모두의 게임, 2014년에는 PC 온라인게임 리니지와 연동되는 모바일 게임인 리니지 모바일 헤이스트를 출시하였다. 특히 2016년 텐센트와 손을 잡고 중국에 출시한 블레이드 앤 소울 모바일을 시작으로 리니지 레드나이츠, 아이온 레기온즈 등 기존 작품을 활용한 모바일 게임 출시를 시도하기도 했다.

모바일 게임은 온라인 게임과 달리 모바일 플랫폼 기업에게 수수료를 지불해야 하고, 광고비 부담도 높으며, 제품의 수명주기도 짧은 편이다. 2017년 리니지 모바일 버전인 리니지M과 2019년 리니지2M의 성공적인 출시로 NCsoft의 매출은 급상승하였지만 리니지에 의존하는 NCsoft의 근본적인 문제점은 아직 해결하지 못하고 있다. 특히 NC에서 출시하는 새로운 게임들은 리니지와 유사하였으므로 소비자들이 외면하게 되어 수익성 제고에 도움이 되지 못하였다. 실제 2022년에는 그 전 해에 비해 주가가 절반으로 폭락하였다. 영업실적은 좋으나 미래의 성장성에 대해 시장에서 부정적인 평가를

받은 것이다. 2023년에는 리니지 시리즈의 매출이 감소함에 따라 전년도 대비 70% 이상 영업이익이 감소하면서 이러한 위협이 현실로 다가오게 되었다. 한편, NCSoft는 세계게임시장에서 큰 비중을 차지하고 있는 콘솔 플랫폼에서는 별다른 성과를 보이지 못하고 있다.

최근에는 5G 네트워크의 도입으로 게임패드, 마우스, 터치 등의 조작에서 발생하는 입력데이터를 지연없이 클라우드 서버로 전송하여 연산 및 그래픽 등 모든 데이터 처리 후 실시간으로 디스플레이 장치에 영상을 전송하는 클라우드 게임이 새로운 플랫폼으로 급부상하고 있다. 또한 게임 IP를 활용하여 영화나 드라마 같은 2차 콘텐츠를 개발하여 흥행시키는 것도 중요한 과제이다. 이에 NCSoft는 2024년 구글 클라우드와의 협업을 선언하여 게임개발 과정 전반에 AI 기술을 적극 활용하겠다는 전망을 발표했다. 또한, 소비자 경험을 향상시키기 위해 게이밍 생태계 구축 플랫폼을 개발하는 것을 목표로 하고 있다. 이처럼 빠르게 변화하는 게임시장에 적응하기 위한 NCSoft의 노력이 결실을 맺을지 향후 그 귀추가 주목된다.

Video

NCSoft 주가폭락

WINDOW TO THE FUTURE

NCsoft의 홈페이지
www.ncsoft.com

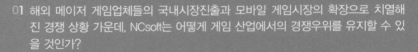

토 의 과 제

01 해외 메이저 게임업체들의 국내시장진출과 모바일 게임시장의 확장으로 치열해진 경쟁 상황 가운데, NCsoft는 어떻게 게임 산업에서의 경쟁우위를 유지할 수 있을 것인가?

02 PC방이 쇠퇴하고 있는 상황에서 모바일 게임에 대한 매출을 높이는 전략과 해외시장으로 사업을 확장하는 전략을 구상해 보자.

Reference

1 본 사례는 장세진 교수의 지도하에 고려대학교 이판섭이 작성하였다.

2 C. Shapiro and H. Varian, *Information Rule*, Harvard Business School Press, 1999.

3 C. A. R. McNulty, "Scenario Development for Corporate Planning," *Futures*, April 1977; J. P. Leemhuis, "Using Scenarios to Develop Strategies," *Long Range Planning*, 18, April 1985, pp. 30~37; Pierre Wack, "Scenarios: Uncharted Waters Ahead," *Harvard Business Review*, September–October 1985, p. 72와 "Scenarios: Shooting the Rapids," *Harvard Business Review*, November–December 1985, p.139; Arie de Geus, "Planning as Learning," *Harvard Business Review*, March–April 1988, pp. 70~74.

4 Eric von Hippel, "Lead Users: A Source of Novel Product Concepts," *Management Science*, 32, July 1986.

5 Eisenhart, K., and Sull, D., 2001, "Strategy as Simple Rules," *Harvard Business Review*, January.

6 Bower, Joseph L. & Christensen, Clayton M. (1995). "Disruptive Technologies: Catching the Wave" *Harvard Business Review*, January–February 1995; Christensen, Clayton M. (2003). *The innovator's solution: creating and sustaining successful growth*. Harvard Business Press.

7 C.K. Prahalad, *The Fortune at the Bottom of the Pyramid: Eradicating Poverty through Profits*, Wharton Publishing 2004.

8 B. Robertson, *Holacracy: The New Management System for a Rapidly Changing World*, Henry Holt and Company, 2015.

9 본 사례는 장세진 교수의 지도하에 고려대학교 박세근과 김영건에 의해 작성되었다.

색 인

저자소개

장세진은 현재 싱가포르 국립대학 림킴산 석좌교수로 재직하고 있다. 서울대학교 경제학과를 졸업하고, 미국의 펜실베이니아대학교 와튼경영대학(Wharton School)에서 경영전략과 다국적기업경영을 전공하여 경영학박사학위를 취득하였다. 미국 뉴욕대학교(NYU) 스턴경영대학의 교수로서 경영전략분야의 MBA 강의를 담당하였다. 1994년부터 2008년까지 고려대학교 경영대학 교수를 역임하였고, 2006년에는 금호아시아나 석좌교수로 임명되었다. 2013년부터 2023년까지 싱가포르 국립대에 재직하면서 KAIST 경영대학원 테크노 SK 석좌교수를 겸직하였다. 또한 저자는 일본의 후지츠아시아장학생으로 선발되어 일본의 후지츠사에서 근무한 경험이 있고, 미국의 스탠포드경영대학원, 구주경영대학원(INSEAD), 런던경영대학원, 와튼경영대학, 일본 히도츠바시대학의 교환교수를 역임하였다. 2007년에는 학술진흥재단과 교육인적자원부의 인문사회부문 국가석학으로 선정되었다.

저자는 경영전략과 국제경영을 주로 강의하고 있다. 사례위주의 강의방식을 채택하여 서구 및 한국의 기업사례를 중심으로 경쟁전략, 기업전략, 글로벌전략 등을 심도있게 토론위주의 강의를 열고 있다. 저자의 주연구분야는 기업수준의 전략으로서 다각화, 리스트럭처링, 전략적 제휴, 다국적기업경영에 대한 연구를 하여 왔다. 저자의 연구논문은 경영전략분야의 전문학술지인 *Strategic Management Journal, Academy of Management Journal, Organization Science, Journal of Management Studies, Journal of Business Venturing, Journal of Industrial Economics, Review of Economics and Statistics* 등에 게재되었고, 현재 다수의 논문이 심사중에 있다. 한국재벌의 내부운영과 경영성과에 대한 연구에 기초한 *Financial Crisis and Transformation of Korean Business Groups: The Rise and Fall of Chaebols*은 Cambridge University Press에서 2003년 출간하였고, *Business Groups in East Asia*를 Oxford University Press에서 2006년 출간하였다. 2008년에는 *Sony vs. Samsung: The Inside Story of the Electronics Giants' Battle for Global Supremacy*를 Wiley에서 영문으로 출간하였고, 이는 한국어, 일어, 중국어 등으로 번역되어 동시 출간되었다. 또한, 2013년 *Multinational Firms in Asia*를 Oxford University Press에서 출간하였다. *Journal of International Business Studies*와 *Strategic Management Journal*의 부편집장을 역임했고 *Industrial and Corporate Change*의 부편집장으로 활동중이며 *Strategic Management Society, Academy of International Business*에서 Fellow로 선정되었다.

제13판
경영전략

초판발행	1996년 6월 30일
제2판발행	1999년 2월 27일
제3판발행	2002년 3월 10일
제4판발행	2005년 9월 10일
제5판발행	2007년 9월 10일
제6판발행	2010년 8월 25일
제7판발행	2012년 8월 30일
제8판발행	2014년 9월 1일
제9판발행	2016년 8월 30일
제10판발행	2018년 8월 30일
제11판발행	2020년 8월 30일
제12판발행	2022년 8월 20일
제13판발행	2024년 8월 20일

지은이	장세진
펴낸이	안종만 · 안상준
편 집	전채린
기획/마케팅	박부하
표지디자인	이수빈
제 작	고철민 · 조영환
펴낸곳	㈜ **박영사**
	서울특별시 금천구 가산디지털2로 53, 210호 (가산동, 한라시그마밸리)
	등록 1959. 3. 11. 제300-1959-1호(倫)
전 화	02)733-6771
f a x	02)736-4818
e-mail	pys@pybook.co.kr
homepage	www.pybook.co.kr
ISBN	979-11-303-2119-6 93320

정 가	39,000원